LA

POMONE FRANÇAISE

TRAITÉ

de la culture et de la taille

DES

ARBRES FRUITIERS.

DE L'IMPRIMERIE DE BEAU,
à Saint-Germain-en-Laye.

AVANT-PROPOS.

Quoique la première édition de *la Pomone française*, qui ne contenait que le traitement de la vigne et du pêcher, ait été épuisée promptement, nous avons cependant eu le loisir d'y reconnaître certaines fautes et beaucoup de corrections à opérer, ce qui nous fut un avertissement salutaire pour examiner avec plus de soin les autres parties de *la Pomone* que nous avions en portefeuille. Plus nous nous sommes consacré à ce travail, plus nous avons reconnu qu'on se presse toujours beaucoup trop de livrer à l'impression les ouvrages qui traitent de la culture (1) ; et si nous nous décidons aujourd'hui à donner une troisième édition, corrigée et complétée par la culture de presque tous nos arbres fruitiers et par un petit traité de physiologie végétale, résultat de nos nombreuses observations, et destiné uniquement à être utile aux cultivateurs, ce n'est pas que nous soyons entièrement satisfait de notre travail, mais parce que du moins nous y avons apporté tous nos soins, et qu'il nous a fallu céder aux instances de nos amis et aux demandes réitérées de beaucoup de propriétaires. D'ailleurs, nous avons trouvé un motif d'encouragement dans les ouvrages qui ont paru

(1) La première édition de *la Pomone* a paru en 1816, et depuis cette époque l'auteur a travaillé constamment à compléter l'ouvrage qui est livré aujourd'hui à l'impression. Une seconde édition parut en 1842; elle venait d'être épuisée lorsque l'auteur fut enlevé à sa famille.

depuis *la Pomone*, et qui tous, sans restriction, ont adopté nos principes généraux, sans cependant que les auteurs de ces ouvrages se soient conformés à l'usage qui veut que ceux qui écrivent sur un sujet déjà traité fassent connaître en quoi les principes qu'ils annoncent diffèrent de ceux des auteurs qui les ont précédés, et cela dans le but de mettre en évidence les erreurs ou les omissions commises de part et d'autre. Nous croyons, dans l'intérêt de nos lecteurs, devoir suppléer à cet oubli, en signalant, à mesure que l'occasion s'en présentera, les opinions qui diffèrent des nôtres, afin qu'ils puissent mettre par eux-mêmes en expérience dans la pratique les points contestés. De cette manière, on s'instruira véritablement, toute incertitude cessera ; on travaillera avec fruit, et la science horticole fera plus rapidement des progrès. Nous espérons que, lorsque nos principes sur la culture et la taille des poiriers, pommiers, et autres arbres fruitiers, seront plus répandus, ils serviront, comme ont servi ceux de la taille de la vigne et du pêcher, à former de nouveaux professeurs. Notre but, en écrivant *la Pomone*, sera atteint si ceux qui viennent après nous trouvent dans les connaissances que nous leur transmettons des moyens d'en acquérir de nouvelles, et contribuent à leur tour aux progrès d'une science bienfaisante pour toutes les classes, et qui, dans tous les temps, a charmé les loisirs et délassé de travaux plus graves des hommes qu'elle a rendus heureux.

LA
POMONE FRANÇAISE.

LIVRE PREMIER.

DE LA VIGNE.

CHAPITRE I.

De la Vigne en général.

Considérations générales sur la culture de la vigne pour la cuve. Collection de
toutes les espèces de vignes à la pépinière du Luxembourg ; parti qu'on en
pourrait tirer. Détails historiques sur les vignobles de la France. Causes de la
détérioration des vins des environs de Paris. L'auteur ne traitera que de la
culture de la vigne sous le rapport du jardinage ; il adoptera presque exclusivement les procédés suivis à Thomery, où l'on récolte le raisin dit *de Fontainebleau,* le meilleur qui se consomme à Paris.

Notre intention est de traiter successivement de la culture des
différentes espèces d'arbres fruitiers, et nous avons cru devoir
commencer par la vigne et le pêcher, parce que leurs tailles,
moins compliquées, ont d'ailleurs quelque analogie, en ce sens
que, dans la vigne comme dans le pêcher, la taille des branches
fruitières a pour but de les concentrer le plus près possible de
la branche qui les porte, en ménageant à leur talon un bourgeon de remplacement pour l'année suivante.

De toutes les cultures, celle de la vigne, comme vignoble,
est la plus variée ; chaque canton, chaque village même a une
méthode particulière que le temps a consacrée, parce qu'elle a
été jugée la plus appropriée au sol et au climat. Aussi un traité
de la culture de la vigne n'est-il souvent que celui du canton
habité par l'auteur. Si la personne qui écrit veut innover, elle

ne peut raisonnablement le faire qu'en présentant de nouveaux résultats, obtenus par un grand nombre d'années de travaux et comparés avec ceux de l'ancienne méthode. Ce travail, qui demanderait du temps et de la persévérance, ne serait encore que partiel par rapport au sol de la France. D'après ces consi-dérations, il paraît difficile, pour ne pas dire impossible, que nous possédions de longtemps un traité complet de la culture de la vigne.

C'est d'après ces raisons que j'engage les particuliers qui veulent s'adonner à l'agriculture à se tenir en garde contre les charlatans de science agricole ; ceux-ci mettent dans leurs écrits une théorie formée au coin de leur feu à la place de vérités re-connues, et pourraient les entraîner dans des erreurs étranges et toujours onéreuses. Il faut cultiver la vigne suivant la mé-thode du pays, jusqu'à ce que, par des essais comparatifs sou-vent répétés, on ait acquis la certitude d'innover avec connais-sance de cause. Les cultivateurs novices doivent se persuader *que ce qui paraît vraisemblable en théorie n'est pas toujours vrai.* Dans le doute, il faut toujours préférer les résultats posi-tifs aux résultats spéculatifs, quoique d'ailleurs ces derniers soient annoncés comme réels dans les écrits de gens dont la réputation en agriculture est souvent étonnante.

Je suis cependant très-loin de penser que la culture de cha-que vignoble soit portée au degré de perfection qu'elle peut at-teindre. J'entrevois, dans ceux que je connais, beaucoup de changements à opérer ; mais je n'oserais les indiquer qu'en masse : pour les proposer avec détail, il faudrait avoir fait des expériences plus en grand. Je crois même que l'art de faire le vin est encore dans l'enfance, et que la France pourrait obte-nir, avec les mêmes récoltes, des résultats plus avantageux (1). J'ajouterai que l'espèce de raisin cultivée dans chaque vignoble

(1) Le miel et le sucre, mêlés dans le moût avant la fermentation, ajoutent à la qualité du vin. Macquer rapporte, dans un mémoire lu à l'Académie des Sciences en 1779, les procédés qu'il a employés à cet égard avec succès , et, de-puis, Chaptal a donné un *Traité sur la Fabrication des Vins.* L'art de fabriquer les vins, qui souvent descend jusqu'à la falsification, était connu chez les Grecs et les Latins. Suivant Pline, on pouvait rarement juger du mérite des vins de la province de Narbonne, parce que les habitants, pour en changer la couleur et le goût, employaient des herbes, de la fumée, et même des choses nuisibles, jusqu'à de l'aloès.

n'est pas toujours celle qui conviendrait le mieux au sol du canton.

La réunion, en 1801, au jardin du Luxembourg, de toutes les espèces de vignes cultivées en France, nous a fait pressentir les avantages que les pays vignobles pourraient tirer un jour d'une pensée aussi belle que rapidement exécutée. Maintenant que toutes les espèces sont reconnues, classées et multipliées, il faudrait qu'on en formât des collections complètes, pour être envoyées de Paris au chef-lieu de chaque département ; par ce moyen, les cultivateurs qui cherchent le perfectionnement se trouveraient à portée de juger si telles ou telles espèces ne seraient pas plus avantageuses à leur sol que celles qu'ils cultivent, faute d'en connaître d'autres ; ils auraient à choisir, entre quatre à cinq cents sortes de raisins, celles qui pourraient mûrir plus facilement, dont les qualités pour la cuve seraient préférables, etc., etc.

La collection du Luxembourg nous a déjà fait gagner, pour le climat de Paris, au moins une douzaine d'espèces de très-bons raisins de table qui jusque-là y étaient inconnues. Plusieurs de ces raisins valent le chasselas ; d'autres le remplaceraient avec avantage dans les jardins où ce dernier ne mûrit pas bien. Le raisin est un des fruits les plus salutaires lorsqu'il est parfaitement mûr ; mais aussi il est pernicieux pour ceux qui en mangent quand il ne l'est pas. Ce motif est bien suffisant pour nous décider à rechercher avec soin les espèces qui mûrissent facilement et à bannir les autres.

La culture de la vigne est et doit être variée en raison des qualités du sol ; c'est en vain que l'on ferait venir à grands frais du plant de Chypre, de Madère ou de la Bourgogne, si le terrain et le climat où l'on veut l'élever diffèrent essentiellement de ceux qui lui conviennent, et si l'on ne sait pas lui donner une culture appropriée à ces différences.

Le travail commencé au potager de Versailles, où j'ai fait cultiver la nombreuse collection du Luxembourg, restreint déjà le nombre des espèces à propager aux environs de Paris à douze ou quatorze pour la table, et à une cinquantaine pour la cuve ; ainsi il faudrait peu de temps et d'expériences pour choisir entre elles. Au reste, je ne recommande ces expériences qu'aux propriétaires éclairés, car rien n'est en général aussi nuisible aux progrès de la science agricole que des essais mal dirigés, et c'est ce motif qui m'a fait, au commencement de cet article, engager les nouveaux acquéreurs, ou ceux qui commencent à s'occuper d'agriculture, à se conformer d'abord aux usages reçus dans leur canton ; en supposant même qu'ils aient des connaissances et des moyens pécuniaires, il seront plus fructueusement employés après quelques années d'observations.

De toutes les cultures, celle de la vigne pour la cuve demande le plus d'expérience et d'avances de fonds. Deux choses doivent être prises en considération lorsqu'il s'agit de l'améliorer : veut-on récolter pour le commerce ou pour sa propre consommation ? La culture de la vigne pour le commerce est déjà portée dans chaque canton à un certain degré d'avancement, c'est-à-dire que partout on en est vraisemblablement arrivé à faire produire à la vigne la plus grande quantité possible. Dans ce cas, l'amélioration à opérer consisterait donc à trouver parmi les plants d'un grand rapport ceux qui, à quantités égales de produit, s'accommoderaient mieux du terrain et surpasseraient en qualité ceux déjà cultivés.

Quant à l'amélioration absolue sous le rapport de la qualité, il n'appartient qu'à des propriétaires riches de l'effectuer. Leur choix fait, ils devront planter avec plus de soin, ne pas tailler autant ni sur un aussi grand nombre de coursons, ne pas fumer les terres avec des fumiers trop verts. Il n'est point de vignoble sur lequel on ne puisse, en opérant de cette manière, récolter de bon vin ; il faut même attribuer la détérioration des vins des environs de Paris à l'adoption de pratiques contraires (1).

---

(1) Les vins des environs de Paris, ceux d'Orléans et autres, ont eu bien certainement des qualités supérieures à celles qu'ils ont aujourd'hui. On sait que l'empereur Julien a donné des éloges à ceux des environs de Paris. Henri Ier estimait singulièrement celui de Rebrechien, près d'Orléans ; Louis-le-Jeune, en 1147, écrivait de la Terre-Sainte à Suger, son premier ministre, de donner à son cher et intime ami Arnould, évêque de Lisieux, soixante mesures de son très-bon vin d'Orléans. En 1510, lorsque les ambassadeurs de l'empereur Maximilien traversèrent la France pour se rendre à Tours, où était Louis XII, la reine, à leur passage à Blois, leur envoya trois barils de vin de Beaune et d'Orléans ; ce dernier était donc comparable à celui de Beaune, qui était bon

J'ai vu dans ma jeunesse s'opérer, à Ville-sur-Arce et aux environs, une altération notable dans les vins de mon pays. A l'exemple des autres habitants du canton, on a arraché successivement le plant de *pinneau* de toutes nos vignes pour le remplacer par le *gamet*, parce que ce raisin rapporte cinq à six fois davantage, qu'il est moins délicat, et qu'il résiste mieux aux variations des saisons. Un seul coteau nommé Valperouse a été excepté, du moins pendant que nous en sommes resté le propriétaire ; à l'imitation de nos ancêtres, nous avions l'habitude de réserver la récolte de ce coteau pour la consommation de notre table, et peu de vins de la bonne Bourgogne pouvaient lui être comparés. Voilà donc, de nos jours, sur un vignoble bien plus étendu que celui de Suresne, la qualité totalement échangée contre la quantité. Or, si un pareil changement, calculé à la fois par un si grand nombre de propriétaires, a pu s'effectuer à une distance de 200 kilomètres de Paris, doit-on s'étonner que les mêmes calculs aient été faits quelques années plus tôt par ceux dont les vignobles sont placés près du centre de la consommation ?

Il n'y a donc pas de doute que les cépages de tous les vignobles des environs de Paris n'aient été successivement changés, pour être remplacés par des espèces infiniment plus abondantes ; on augmente même chaque jour ces vertus productives par des engrais de toute nature, tels que les immondices que la police

alors, car depuis 1308 c'était le vin que les moines de Cluny étaient obligés de fournir pour la table de Sa Sainteté ; on en transportait à Reims pour la cérémonie du sacre des rois de France. Peut-on révoquer en doute que les coteaux de Meudon, Garche, Rueil, Saint-Cloud, Suresne, etc., aient autrefois produit de bons vins, puisque Louis XIV, au dire de l'abbé de Marolles, en faisait ses délices ? La bonne réputation de celui de Suresne existait encore en 1702 : l'abbé de Chaulieu représente son ami, le marquis de La Fare, allant souvent en boire au cabaret à Suresne. Il est hors de doute que l'excessive verdeur qui se fait remarquer aujourd'hui dans les vins de ces mêmes coteaux n'a pu être prise par nos rois ni par les gourmets du temps pour une qualité qui les leur fît comparer aux vins de Bourgogne. La réputation du clos des Célestins, à Mantes, n'est déchue que depuis une cinquantaine d'années ; on assimilait ce vin au bordeaux, au cahors, parce qu'il ne perdait rien de sa qualité après un voyage de long cours ; on assure en avoir porté en Perse sans qu'il ait éprouvé la moindre altération. On doit doublement regretter la destruction du clos et du plant. Il eût été intéressant d'acquérir par nous-mêmes la preuve qu'un canton aussi voisin de la Normandie peut donner des vins épais et spiritueux, comparables à ceux du midi de la France.

fait sortir des villes pour leur salubrité. Quoique la qualité actuelle des vins fasse reconnaître l'abus de l'emploi de ces sortes de fumiers, le débit n'en est pas moins aussi rapide qu'assuré, tant le nombre des consommateurs d'un goût peu délicat est considérable. Ce dernier motif est si puissant que les vignerons de Suresne ne voudraient pas changer leur cépage, à moins qu'on ne leur en offrit un plus abondant, la qualité dût-elle encore en être amoindrie. C'est aussi le voisinage d'une capitale et l'augmentation d'une population qui ont détruit en Italie la qualité du Messique, du Cécube, du Falerne, si vantés au temps d'Horace, et qui, cent ans après, étaient tous détériorés au point où nous les voyons aujourd'hui. Déjà nos vins de Bourgogne commencent à dégénérer. Il n'y a que les particuliers riches, résidant sur leurs propriétés, qui puissent conserver le type des bons vins de leur pays (1).

Dès le moment où les rois cessèrent de paraître s'intéresser à leurs vignobles, les grands et les riches ne tardèrent pas à suivre leur exemple; dès-lors les vignes furent abandonnées à l'esprit mercantile, qui, pouvant se livrer sans réserve et sans entraves à son génie, a tout détérioré, jusqu'au temps heureux où un prince viendra encore prendre, pour le bonheur des peuples, le titre de seigneur immédiat des meilleurs vins de la chrétienté.

Le sol de la France ne peut être abâtardi; il n'a dégénéré en aucune façon, ni cessé d'être aussi riche qu'il l'a toujours

(1) Nos ducs de Bourgogne étaient désignés, dans les autres cours, sous le nom de *Princes des bons vins;* ils prenaient le titre de *Seigneurs immédiats des meilleurs vins de la chrétienté.* Philippe-le-Bon ne voyageait point qu'il n'eût à sa suite des vins de ses domaines. On voit par les Capitulaires de Charlemagne qu'il y avait des vignobles attachés à chaque palais d'habitation, avec un pressoir et tous les ustensiles nécessaires à la fabrication des vins. Ce prince entre avec ses économes dans les plus petits détails : il leur défend de se servir d'outres, il veut qu'ils emploient de bons barils cerclés en fer. L'enclos du Louvre, comme les autres maisons royales, a renfermé des vignes jusqu'en 1160. Louis-le-Jeune put assigner annuellement sur leur produit six muids de vin au curé de Saint-Nicolas. D'Aussy dit que lorsque les Portugais s'établirent à l'île de Madère, en 1420, ils y apportèrent des plants de Chypre, dont le vin passait alors pour le premier de l'univers. Ceux que recueillit la colonie nouvelle acquirent une grande réputation, et François Ier, encouragé par ces exemples, voulut imiter les Portugais. Dans ce dessein, il fit planter cinquante arpents près de Fontainebleau avec des ceps venus de la Grèce; on bâtit même près du vignoble, selon l'ancien usage, un pressoir, qui fut nommé *le Pressoir du roi,* et qui a été reconstruit par Henri IV.

été ; il est prêt encore à justifier son ancienne réputation (1).

Notre intention n'étant pas de faire un traité sur la culture des vignobles, nous nous bornerons à cet égard aux réflexions qui précèdent ; quoique très-succinctes, elles suffiront pour indiquer les causes de cette détérioration, les moyens de l'arrêter, et la marche à suivre pour ramener les choses à un meilleur état. L'objet principal de ce traité est la culture de la vigne dans les jardins, et le but que nous nous sommes proposé est de fournir aux nombreux propriétaires de maisons d'agrément les moyens d'exécuter par eux-mêmes, ou de faire exécuter sous leur direction immédiate, les améliorations faciles dont cette culture est susceptible, et que l'indifférence et l'esprit de routine font presque généralement négliger.

Nous adopterons la méthode de culture suivie à Thomery, parce que nous l'avons pratiquée en grand dès 1804, lors de la restauration de la treille impériale du château de Fontainebleau. Cette circonstance nous a fait étudier à Thomery les procédés de culture suggérés à ses habitants par un sol peu favo-

(1) Après avoir cité les époques qui ont été les plus favorables à la culture de la vigne, nous croyons devoir, pour satisfaire la curiosité des lecteurs, indiquer celles qui lui ont été contraires. Six cents ans avant J.-C., la Gaule avait acquis, par ses vins, une réputation et une source de richesses, qui fut malheureusement fermée tout à coup par les tyrans auxquels elle était soumise. En l'an 92, Domitien, à l'occasion d'une année de disette en grain, qui avait été en même temps excessivement abondante en vin, ordonna d'arracher toutes les vignes qui croissaient dans les Gaules. Cet arrêt de proscription fut exécuté avec rigueur et eut son effet pendant près de deux siècles entiers. Ce fut le sage et vaillant Probus qui, après avoir donné la paix à l'empire par ses victoires, rendit aux Gaulois, en l'an 282, la liberté de replanter la vigne. Ils en profitèrent avec empressement. Les légions romaines répandues dans la Gaule furent même employées à ces plantations. Bientôt la plupart des coteaux furent couverts de vignes ; elles n'eurent plus pour bornes les Cévennes, comme sous les deux premiers Césars ; elles s'étendirent jusque sur le territoire des Parisiens.

Lorsque la vigne fut introduite chez nous pour la première fois par les Phocéens, nos pères suivirent pour sa culture tous les procédés grecs ; mais, à la seconde époque, comme ce fut un présent des Romains, il est probable qu'ils adoptèrent les méthodes de ceux-ci, leurs instruments, leurs pressoirs, leurs lois pour la vendange, etc., etc.

En 1566, le royaume ayant éprouvé une disette, Charles IX, abusé comme l'avait été précédemment Domitien, en attribua la cause à la trop grande abondance de vignes, et une ordonnance régla que, dans chaque canton, elles ne pourraient occuper que le tiers du terrain ; il voulut que les deux autres tiers fussent convertis en terres labourables ou en prés. Henri III, en 1577, modifia l'ordonnance du roi son frère. Louis XV, en 1731, fit défense de faire de nouvelles plantations de vignes, et de renouveler celles qui seraient restées incultes pendant deux années seulement.

rable à la maturité du raisin. Cette assertion étonnera sans
doute beaucoup de personnes qui se sont persuadées, sans
rechercher la vérité, que la réputation du raisin de Thomery
était due exclusivement aux qualités toutes particulières du
terrain. Cette croyance aveugle a été jusqu'ici un obstacle au
perfectionnement de la culture de la vigne dans nos jardins,
en ce sens qu'elle a empêché qu'on imitât le mode de culture
suivi à Thomery. Il est à propos, à cet égard, que l'on sache
que le vignoble de Thomery et ceux qui l'environnent produisent un très-mauvais vin. Les cultivateurs de ces cantons ont eu
à lutter, même pour leurs raisins de treille, contre une maturité tardive; ils ont surmonté cet obstacle par la culture, en
mettant la vigne dans une situation qui la force à mûrir hâtivement son bois, et par conséquent son fruit, aussi bien que
par une égale répartition de la sève dans toutes les parties de la
plante. Leurs autres procédés de culture découlent de ceux-ci;
d'où il résulte que leur méthode ne ressemble en rien à celle
qui est pratiquée ailleurs.

Quoique le sol de la treille royale de Fontainebleau soit aussi
différent de celui de Thomery que de celui des environs de
Paris, il a suffi de cultiver cette treille à la Thomery pour lui
faire produire de meilleurs et de plus beaux raisins qu'à Thomery même ; ce qui est dû au sol infiniment supérieur, aux
perfectionnements de la culture, et aux soins que nous avons
exigés, et que les cultivateurs de Thomery ne pourraient donner
à leurs vignes, parce qu'ils sont toujours surchargés d'ouvrage.

Nous avons de fortes raisons de croire que, si les treilles des
jardins des environs de Paris étaient cultivées à la Thomery, le
raisin y serait meilleur encore et plus hâtif que celui de Fontainebleau. Mais les propriétaires auront à combattre à cet égard
l'esprit de routine de leurs jardiniers, et la fatale croyance où
ils sont que c'est le sol seul, et non la culture, qui fait produire
de bons raisins. Nous les invitons cependant à se persuader que,
si le sol de Thomery était aussi favorable à la vigne qu'ils le supposent, les habitants de cette localité n'eussent rien changé à
leur antique culture ; mais comme il en est tout autrement, il
faut bien croire qu'ils y ont été déterminés parce que le sol ne
répondait pas à leur attente, et que, ne pouvant le changer,

ils se sont décidés à modifier la culture, et ils en ont imaginé une nouvelle tout-à-fait différente de l'ancienne, je veux dire de celle que nous suivons encore. Dès ce moment ils ont quitté la routine pour entrer dans les voies du perfectionnement qui donne à leurs récoltes une prépondérance incontestable, tandis que nos jardiniers, plus habiles sous d'autres rapports, suivent encore l'antique routine pour la culture des treilles. Nous ferons plus loin la comparaison de la culture ancienne et de la culture à la Thomery ; on sera sans doute étonné qu'une aussi grande différence entre deux cultures données à une même plante n'en produise pas une plus grande encore dans les résultats.

Nous terminerons par quelques détails sur les diverses méthodes à suivre pour hâter et forcer la maturité du raisin, et enfin par des considérations générales sur les moyens à employer pour introduire la culture de la vigne dans les pays nouvellement défrichés.

CHAPITRE II.

Description de la Vigne.

Notre vigne est un arbrisseau (1) sarmenteux, garni de mains ou de vrilles à l'aide desquelles il s'attache aux murs ou aux autres arbres.

Le bois de la vigne est recouvert de deux écorces, dont la plus extérieure est, sur le jeune bois, d'une couleur plus ou moins

(1) Strabon, qui vivait au temps d'Auguste, rapporte qu'on voyait dans la Margiane des ceps de vigne que deux hommes pouvaient à peine embrasser. Pline nous apprend qu'à Populonium il existait une statue de Jupiter faite d'un seul morceau de bois de vigne, qui, après plusieurs siècles, n'avait pas éprouvé d'altération. Les temples de Junon, à Patera, à Marsilia (Marseille), à Metapontum, étaient soutenus par des colonnes de vigne. La charpente du temple de Diane, à Ephèse, était construite avec le même bois.

On prétend que les portes de la cathédrale de Ravenne sont en bois de vigne, dont les planches ont plus de 4 mètres de hauteur sur 0m,25 à 0m,28 de largeur. On a vu dans les châteaux de Versailles et d'Ecouen de très-grandes tables d'une seule planche de ce bois. Des voyageurs qui ont pénétré en Afrique ont remarqué des vignes qui avaient jusqu'à 3 et 4 mètres de circonférence. En Amérique, je n'en ai point vu de cette grosseur ni qui en approchassent; mais beaucoup s'élèvent au-dessus des plus grands arbres.

foncée, suivant celle du fruit, et présente des fibres longitudinales qui se détachent facilement; l'écorce intérieure est au contraire très-adhérente au bois, lequel est lui-même dur et sans
aubier perceptible. Cette observation a fait dire aux auteurs
anciens, et aux modernes, qui les ont vraisemblablement crus
sur parole, que, *cette plante n'ayant ni liber ni couche corticale,
la sève monte également des racines à l'extrémité supérieure des
rameaux par toutes les parties du bois, au lieu de passer, comme
dans les autres arbres, entre l'écorce et la partie ligneuse ; d'où
il suit* (disent-ils) *que la vigne seule peut être greffée sans avoir
besoin du contact des deux écorces.* Il est d'autant plus nécessaire de relever cette dernière erreur qu'elle a été adoptée par
des auteurs très-estimés.

Les bourgeons de la vigne sont garnis de nœuds saillants, dont
chacun porte d'un côté un œil, et du côté opposé une grappe ou
une vrille, ou rien.

Les feuilles sont alternes, divisées en cinq lobes inégaux,
dont les bords sont dentelés irrégulièrement. Elles sont portées
par des pétioles ou queues fortes, grosses, longues, cylindriques, de même nature que le sarment, dont elles sont le prolongement. Chaque queue présente à son insertion deux yeux :
l'un, petit, que l'on nomme faux bourgeon, se développe en
même temps que la feuille ; si, dans une vigne vigoureuse,
on le laisse subsister, il donne naissance à plusieurs bourgeons
inutiles qui se développent au préjudice du fruit. L'autre œil,
gros, obtus, enveloppé d'une bourre très-fine et très-serrée,
recouverte d'écailles, ne s'ouvre qu'après l'hiver ; il est toujours double et quelquefois triple.

Au printemps, presque tous les yeux formés l'année précédente s'ouvrent et produisent à leur tour d'autres bourgeons.
Les bourgeons, qui sont d'une force modérée, portent dans leur
partie inférieure depuis une jusqu'à trois grappes , et dans certaines espèces jusqu'à cinq et six ; celle du talon est presque toujours la plus forte. Lorsque la sève arrive avec trop d'abondance, la grappe dégénère en vrille.

On distingue l'avortement de la coulure. L'avortement a lieu
lorsque l'acte de la fécondation est incomplet ; dans ce cas, les
grains sont sans pepins ; ils n'atteignent pas la moitié de leur

grosseur ordinaire, mais ils sont plus délicats au goût, et mûrissent plus tôt que les autres. La coulure entraîne la perte complète d'une partie des grains et quelquefois même de la grappe entière ; elle se manifeste lorsque des pluies froides et continues tombent dans le temps de la floraison; alors la corolle ne se détache point, les étamines restent collées et ne peuvent lancer leur poussière, et la fécondation n'a pas lieu. Outre les circonstances atmosphériques, la coulure peut encore être occasionnée par une maladie particulière de la plante (la gerçure) dont nous parlerons ci-après. Toutes les fois que la floraison de la vigne a lieu par un temps pluvieux, mais accompagné de soleil et de chaleur, la fécondation n'en est pas moins complète, et le fruit réussit parfaitement. On a prétendu mal à propos garantir les vignes de la coulure en leur enlevant un anneau d'écorce au-dessous du fruit (1).

(1) L'enlèvement d'un anneau cortical pour hâter la maturité des fruits ne doit et ne peut se pratiquer que lorsque ceux-ci sont noués; cette opération ne peut donc empêcher la coulure. Elle réussit très-bien sur la vigne, mais elle est très-variable dans ses effets. Nous avons vu certaines années où elle n'avançait la maturité que d'une manière très-peu sensible, et d'autres où elle la hâtait de trois semaines. L'anneau pour la vigne se pratique immédiatement au-dessous du fruit ; si on le place entre deux grappes, il en résulte que la plus basse n'est quelquefois pas encore arrivée à sa grosseur que celle située au-dessus de l'anneau est mûre.

Cette opération est une preuve évidente que la sève monte par les étuis médullaires, descend par les écorces, et n'y monte pas, puisque le bourrelet que forme la sève, tendant à fermer la plaie, se trouve sur la lèvre supérieure de l'anneau, et qu'il n'y en a point sur celle inférieure. Lorsque l'anneau a été enlevé de bonne heure et qu'il est peu large par rapport à la grosseur du bourgeon, ou lorsqu'il y a dans l'arbre un grand mouvement de sève, la plaie est promptement fermée ; mais si on enlève de nouveau l'écorce qui la recouvre, on trouvera que le bois qui avait été mis à découvert est très-noir, et que cette couleur s'étend plus loin, en se dégradant insensiblement et également des deux côtés de l'anneau.

Nous avons fait faire, pour cerner la vigne, un outil dans lequel on place le bourgeon au moyen d'un ressort qui le presse également et toujours davantage à mesure qu'on le tourne. C'est une espèce de petit rabot. La description en serait difficile ; nous nous bornerons à annoncer qu'on peut se le procurer à Versailles, chez Varin, coutelier, rue Saint-Pierre.

Il est à propos de prévenir que, pour cerner les bourgeons de la vigne, on doit attendre non-seulement que le grain soit bien formé, mais encore que le bourgeon ait acquis assez de consistance pour supporter l'opération ; autrement on s'exposerait à couper le bourgeon ou à l'affaiblir tellement que le moindre vent le casserait.

L'anneau cortical était connu depuis longtemps, mais plutôt par les physiologistes que par les cultivateurs, lorsqu'en 1811 un particulier annonça à plusieurs sociétés d'agriculture que cet anneau pratiqué sur la vigne garantissait le

La fleur de la vigne répand une odeur suave, principalement le soir et le matin, lorsque le temps est calme et chaud. Elle est petite, et composée d'un calice bordé de quatre ou cinq onglets, de quatre ou cinq pétales verts disposés en rose, qui demeurent longtemps fermés, de quatre ou cinq étamines chargées de poussière fécondante qui s'échappe au moment de l'épanouissement de la fleur. L'ovaire devient, comme

fruit de la coulure; il colporta, comme preuve de son assertion, dans ces sociétés, au Jardin des Plantes, ailleurs et chez moi, des sarments chargés de très-beaux raisins noirs. Sa visite se terminait par demander une approbation écrite; il était déjà nanti de celle de M. Thouin et de plusieurs autres savants très-distingués. Mon refus à cette demande fut motivé sur l'impossibilité de pratiquer la plaie annulaire avant ou pendant la floraison de la vigne, attendu qu'alors le bourgeon était encore trop tendre et l'écorce trop peu formée pour supporter cette opération; qu'elle n'était praticable, et encore avec beaucoup de précaution, qu'après la formation du grain, et lorsqu'il était parvenu à la grosseur d'un plomb de chasse nº 3, essai que nous avions fait réitérer plusieurs fois au potager de Versailles; en conséquence, qu'il était inadmissible que la plaie annulaire pût empêcher la coulure de la grappe, puisqu'elle ne pouvait être pratiquée ni avant sa formation, ni avant la formation ligneuse du bourgeon. Ces raisonnements, qui restèrent sans réponse valable, n'empêchèrent pas cet individu de chercher ailleurs d'autres attestations; il obtint un rapport ou plutôt un procès-verbal favorable des autorités locales et environnantes du canton où étaient situées ses vignes. On put croire alors que les récoltes en vin étaient désormais assurées en France.

Vers cette époque, l'ouverture des Chambres eut lieu pour la session de 1811, et M. le comte de Montalivet, alors ministre de l'intérieur, traçant dans son discours le tableau prospère de la France sous le rapport du progrès des sciences, des arts, des manufactures, et en particulier de l'agriculture, annonça l'abondance que cette heureuse découverte allait répandre sur notre pays.

Nous citons cette anecdote pour signaler d'une manière remarquable l'époque où l'on a commencé plus particulièrement à étudier les avantages que l'agriculture pourrait tirer de l'enlèvement de l'anneau cortical, et en même temps pour faire voir que si, au centre des lumières, les discours d'un simple villageois ont pu faire commettre une telle erreur, les particuliers doivent être très-réservés lorsqu'il s'agit de découvertes merveilleuses, surtout en agriculture. Combien de personnes se sont trouvées ruinées pour avoir été trop crédules à l'égard de semblables merveilles! Je m'estimerai très-heureux si mon avertissement peut être salutaire.

Nous rentrons dans notre sujet en saisissant cette occasion pour renouveler l'avis que nous avons déjà donné, celui de ne croire sur parole aucun auteur agricole, et moi tout le premier, et de n'admettre pour valables nos assertions qu'après les avoir vérifiées une à une, parce que, qu'elles soient bonnes ou mauvaises, en suivant cette marche, elles concourront également toutes à l'instruction de ceux qui les adopteront.

Il serait intéressant de connaître quelle influence éprouverait la graine d'un fruit dont la maturité aurait été hâtée par l'anneau cortical; quelle différence il y aurait entre le produit des graines de deux grappes séparées par un semblable anneau.

On pourrait, sur ce sujet, proposer aux jeunes gens qui entrent dans la carrière beaucoup de questions semblables à résoudre.

l'on sait, une baie charnue, fondante, qui varie de grosseur, de forme, de couleur, d'odeur et de saveur, suivant les différentes variétés ; elle est couverte d'une peau lisse et mince, et renferme depuis un jusqu'à cinq pepins, presque ligneux, en forme de larme.

Le raisin contient, outre la semence, deux substances très-différentes : la pulpe et la résine colorante. La pulpe forme la partie muqueuse, le suc du raisin, et n'est généralement point colorée (1). La résine colorante est adhérente intérieurement à la peau ; elle conserve une espèce d'âcreté, malgré la maturité du fruit. La fermentation dans la cuve développe, divise et mêle avec le suc du raisin toutes les parties de cette résine, ce qui cause la coloration du vin (2).

La grappe est formée de plusieurs grapillons ou bouquets, dont les supports sont attachés dans un ordre alterne sur la queue ou raffe. Cette raffe, ainsi que les vrilles, sont de même nature que les parties constituantes des bourgeons. Il y a des espèces vigoureuses où la grappe est surcomposée.

Les racines de la vigne sont plutôt chevelues et latérales que pivotantes ; elles sont creusées par le bout, percées d'une infinité de petits trous ou pores, et elles ont en général peu de volume relativement à l'étendue du cep ; d'où l'on a inféré que cette plante pompe plus de matières nutritives par ses feuilles que par ses racines ; cependant le moindre retranchement fait à celles-ci produit des effets très-sensibles sur la vigueur de la plante.

CHAPITRE III.

Végétation de la vigne.

Avant de vouloir tailler et gouverner la vigne, il est indispensable de connaître sa manière de végéter, afin de pouvoir

---

(1) On sait que la pulpe de l'espèce dite *teinturier* fait exception, et qu'elle est si fortement colorée que, dans certains cantons, on la cultive pour donner de la couleur au vin.

(2) L'art de faire du vin blanc avec du raisin noir n'était pas encore généralement connu au douzième siècle ; un moine de Saint-Denis, nommé Guillaume, le même qui a donné la Vie de Suger, écrivait à ses amis que, près de Châtellerault, il avait vu, non sans surprise, faire du vin blanc avec du raisin noir.

seconder ses dispositions naturelles ou de s'y opposer efficacement si elles contrarient trop nos projets sous le rapport de la
forme à laquelle nous voulons l'assujettir et des produits que
nous désirons en obtenir.

La vigne porte toujours son fruit sur le bourgeon de l'année, c'est-à-dire que la grappe et le bourgeon se trouvent
encore au printemps renfermés dans la même bourre. (On
appelle bourre de la vigne ce que l'on nomme œil dans les
autres arbres.) Ainsi, à cette époque, la vigne commence par
pousser le bois sur lequel sera attachée la grappe qui mûrira
à l'automne. Chaque printemps aussi fait ouvrir tous les yeux
formés sur le bois de la pousse précédente, à moins que les
bourgeons n'aient pas été taillés ou qu'ils l'aient été trop longs ;
dans ce cas, les yeux de leur talon ne s'ouvrent pas et s'affaiblissent ; mais ils ne perdent pas entièrement leur faculté
végétative.

Chaque œil de la vigne est toujours accompagné d'un ou de
deux sous-yeux, qui remplacent l'œil principal en cas d'avortement ou de gelée de celui-ci ; ils se développent quelquefois tous
les trois, et portent des grappes lorsqu'on les laisse subsister ; leur développement est plus tardif que celui de l'œil principal.

La vigne a la faculté de percer de son vieux bois dans tous
les endroits où il y a eu le rudiment d'un œil.

D'après cette manière de végéter, il est évident qu'une vigne
abandonnée à sa nature se dégarnirait successivement chaque
année par le bas pour porter vers le haut ses nouveaux bourgeons. D'un autre côté, tous les yeux s'ouvrant à la fois, la
sève, trop inégalement partagée, ne produirait que des bourgeons grêles, incapables de donner de bons fruits.

Ainsi les produits d'une vigne abandonnée à elle-même sont
nuls ; l'art de la culture et celui de la taille sont donc indispensables pour la vigne, qui, sous ce rapport, est une véritable con-
quête de l'homme. Heureusement sous sa main elle devient
aussi féconde que docile. Si même elle était moins facile à conduire, on ferait plus d'efforts pour chercher ce qui lui convient
le mieux ; mais elle s'accommode de presque toutes les cultures, elle vit malgré les mauvais traitements, et ce n'est que

par la comparaison de ses produits que l'on peut juger quelle est, parmi les différentes manières de la cultiver, celle qui lui est la plus favorable suivant le terrain, l'exposition et le climat où elle se trouve.

CHAPITRE IV.

Des terres propres à la culture de la vigne.

Les jardins des environs de Paris peuvent produire des raisins aussi bons que ceux de Thomery.

L'espèce de terre la plus favorable à la végétation de la vigne est, sans contredit, une terre franche, saine, riche, conservant sa fraîcheur naturelle pendant les chaleurs de l'été. Les pousses d'une vigne plantée dans un tel sol sont d'une vigueur extraordinaire, et le fruit a les plus belles apparences ; nous en avons vu pousser, la seconde année de leur plantation, des sarments de 3^m,65 de long, et, la troisième, de 7 mètres. Cependant un pareil terrain ne serait nullement favorable aux qualités du raisin. Il paraît constant que celles-ci sont en raison inverse de la force végétative de la plante, ou du moins que, pour qu'elles soient les meilleures possible, la végétation doit être égale dans toutes les parties de la plante, et en rapport avec l'intensité et la durée de la chaleur atmosphérique. Si la plante ne contient pas une abondance de sève capable de résister à l'action de la chaleur, elle languit, meurt ou reste stérile ; mais si, au contraire, elle attire plus de sève que la chaleur atmosphérique ne peut en élaborer, le bois ne prend point de consistance, la sève continue toujours à s'élancer avec force et rapidité vers le haut des bourgeons sans refluer vers les grappes, et celles-ci, quoique très-grosses, restent aqueuses et dépourvues de principe sucré.

Ainsi, toute terre qui conserve beaucoup de fraîcheur est généralement un obstacle à la maturité et aux qualités du raisin, quoiqu'elle soit favorable à l'accroissement du bois. Une terre douce, légère, en pente, laissant écouler les eaux et retenant la chaleur, est celle qui convient le mieux à la culture de la vigne pour obtenir de beaux produits.

Il n'y a point de jardin sous le climat de Paris où le raisin

2

ne puisse devenir aussi beau, aussi bon, aussi parfait que celui de Fontainebleau (1); il suffira pour cela de se conformer au mode de culture suivi à Thomery.

Mais les propriétaires aisés, par lesquels l'amélioration devrait commencer, sont d'une indifférence extrême; ils paraissent ignorer complétement tout ce qu'ils peuvent faire à cet égard. La plupart, avec des dépenses extraordinaires en achats de terre de bruyères, font croître contre leurs murs du nord des plantes qui ne sont qu'agréables, et ils n'ont pas l'idée qu'avec beaucoup moins de frais ils obtiendraient, contre leurs murs du midi, du levant et du couchant, des productions plus utiles. L'apport de quelques tombereaux de terre légère et sablonneuse, mélangée avec celle des plates-bandes de l'espalier, suffirait le plus souvent pour faire produire au terrain des arbres qui couvriraient les murs d'une belle verdure et qui donneraient des fruits délicieux.

On se dispense ordinairement d'une opération aussi simple que peu dispendieuse, et l'on garnit ses espaliers sans s'enquérir si la qualité de la terre et la disposition du sol sont convenables ou non au plant qu'on veut lui confier. La vigne, qui croît partout, pousse presque toujours trop bien; mais le fruit est sans qualité, mûrit très-tard ou ne mûrit point du tout, et le propriétaire finit par se persuader qu'il est apparemment impossible d'obtenir de bons raisins contre les murs de son jardin. Il devrait pourtant se rappeler qu'avant le rapport de la terre de bruyères dans ses plates-bandes du nord on n'y voyait point croître des rhododendron, des magnolia, des azaléa, des cléthra, des calmia latifolia, et mille autres plantes de pur agrément que nous avons su y faire croître.

Assez généralement la terre des jardins est trop compacte pour la vigne, surtout lorsque les ceps sont plantés à de

_____

(1) Ou plutôt Thomery, village voisin qui s'est fait, dit d'Aussy, pour les grains et les fruits, le courtier de tout le canton. Depuis d'Aussy, ce commerce, loin de diminuer, s'est étendu jusque dans le Nivernais, le Bourbonnais et l'Auvergne.

A Fontainebleau même il n'existe que la treille royale (de 1384 mètres de longueur), dont la culture a été, pour ainsi dire, abandonnée pendant vingt-cinq ans, et dont je n'ai eu dans le temps les moyens de renouveler qu'une partie avec succès.

grandes distances les uns des autres ; dans ce cas, on peut facilement la diviser avec du sable végétal pris à la surface des terrains de cette sorte. Si, au contraire, le sol du jardin était d'une nature trop aride, il faudrait l'amender avec de la terre franche, qu'on amalgamerait soigneusement avec celle destinée à l'espalier. Il faut éviter toute parcimonie dans les frais de plantation ; la prospérité et la durée des sujets sont toujours en raison des soins qu'on a apportés dans cette première opération. On ne doit point cultiver de légumes dans les plates-bandes, ni souffrir que les arbres environnants approchent trop des racines de la vigne.

Les terrains naturellement glaiseux et humides présentent le plus de difficultés pour y cultiver la vigne avec succès ; cependant, en vidant entièrement les plates-bandes, en plaçant dans le fond des plâtras, et en remplissant le reste avec de la terre légère disposée en pente, exhaussée au-dessus des allées, on obtiendrait encore des productions dont on aurait lieu d'être satisfait et qui pourraient dédommager de la dépense.

Le sol naturel de Thomery est bien loin d'avoir les qualités qu'on lui suppose. J'ai visité souvent ce canton avec beaucoup d'attention ; la terre y est très-inférieure à celle des plates-bandes de nos jardins, que l'on pourrait d'ailleurs préparer à peu de frais pour la vigne. On croit généralement que les sables de Fontainebleau sont hâtifs : c'est encore une erreur ; pendant le jour, ces sables sont brûlants par l'ardeur du soleil qu'ils reflètent ; ils sont glacés pendant la nuit. Si le raisin est si bon, si hâtif à Thomery, il faut en chercher la cause, comme nous l'avons déjà dit, dans les soins éclairés qu'on y apporte à la plantation, à la taille et à la culture de la vigne, plutôt que dans les qualités du sol.

Lorsqu'on voudra faire la dépense nécessaire, la plupart de nos jardiniers sont aujourd'hui assez instruits pour préparer convenablement les terres de leurs espaliers de manière à y recevoir de la vigne, des pêchers, des poiriers, etc., en faisant toutefois pour chaque espèce des amalgames différents ; car il est bien reconnu que ces divers arbres ne doivent plus être confondus, le long du même mur, les uns avec les autres. Cependant on les plante presque toujours dans le même sol, comme si l'on était en droit d'attendre que l'espèce de terre qui amène la poire à sa perfection pût y amener aussi bien les autres fruits. Les propriétaires se contentent de ce que leur terrain, tel qu'il se trouve, peut produire. Il y a, en effet, des qualités de terre où tout vient à peu près bien; mais il y a une foule de nuances dans le bien, tandis que la perfection n'en admet point. Quoi qu'il en soit, il n'y a point de propriétaire qui ne fasse toutes les années à sa campagne des dépenses beaucoup moins bien entendues et plus considérables que celle que je propose ici; d'ailleurs, les essais peuvent s'opérer successivement sur une petite longueur d'espaliers, et, par ce moyen, ils ne seront jamais ruineux ni désastreux pour ceux qui voudront les tenter.

CHAPITRE V.

Des moyens de multiplier la vigne.

Boutures et crossettes préférables aux plants enracinés. Marcottes ou chevelées ; précautions à prendre pour les coucher. Provins; en quoi ils diffèrent des marcottes. Semis; ce moyen n'a produit jusqu'ici, au potager du roi, rien qui soit avantageux. Greffe de la vigne; elle donne momentanément des raisins très-gros lorsqu'on la pratique sur d'anciens ceps. Manière de greffer la vigne ; choix des rameaux, etc.

Le bois de la vigne, ainsi que celui de toutes les plantes sarmenteuses remplies de moelle, se multiplie très-facilement de boutures et de marcottes.

Les *boutures* ou *crossettes* sont des sarments de la dernière pousse, longs de 0m,50 à 0m,60, ayant à leur talon un peu de bois de deux ans; on les place verticalement en bonne terre, au mois de mars, après les avoir fait tremper pendant quelque temps dans du jus de fumier, en ne laissant sortir que deux yeux bien aoûtés; mais il vaudrait mieux les coucher dans des rigoles de 0m,27 à 0m,30 de profondeur, suivant la qualité du sol. Ces boutures prennent racine dans l'année même, et sont en état de donner des fruits au bout de trois ou quatre ans, si toutefois pendant cet intervalle les gelées ne fatiguent pas trop les bourgeons. Il n'est pas rigoureusement nécessaire de laisser du bois de deux ans au talon des crossettes, parce que les sarments prennent racine à l'endroit de tous les yeux qui sont enterrés. La bonne disposition des yeux qui sont hors de terre est indispensable. On doit préférer, pour effectuer une plantation, les boutures au plant enraciné.

La *marcotte*, le *couchage* ou la *chevelée* doit se faire dans le mois de février ou de mars; on peut même l'opérer jusqu'au mois de mai. Pour marcotter la vigne, on couche un brin de l'année, tenant à la souche, dans une rigole profonde de $0^m,14$ à $0^m,16$, de manière à ce que la partie enterrée ait au moins $0^m,33$ de longueur. Le succès dépend du choix d'une place bien aérée pour y coucher le sarment, et du rapport de terre neuve ou d'engrais dans la rigole, si l'ancienne terre se trouvait trop épuisée. Les précautions à prendre pour obtenir des marcottes bien enracinées sur toute la longueur du bois enterré consistent à retirer tous les yeux de la branche à partir du cep jusqu'au point où elle commence à entrer en terre, à ne point faire faire au sarment un coude trop roide, soit à l'entrée, soit à la sortie de la rigole. Moins on rompt les fibres du bois, plus on obtient de belles et nombreuses racines. On marcotterait même un bois de deux ans naturellement coudé avec plus d'avantages qu'un jeune sarment que l'on serait forcé de trop contraindre. Le bois de deux ans pousse de plus fortes racines, mais en moins grande quantité.

Les couchages affament les souches; un pied de vigne serait bientôt ruiné si on le marcottait souvent. Cette opération, à Thomery, n'est pratiquée que sur les ceps ruinés, usés, malades, que l'on veut détruire; c'est le dernier moyen que les cultivateurs de ce pays emploient pour en tirer parti; ils appellent ces marcottes des *chevelées*.

Ce moyen de multiplier la vigne par couchage n'améliore pas les espèces, qui restent absolument les mêmes. Les boutures propagent plus sûrement les accidents heureux que la culture produit quelquefois sur un seul sarment ou sur tous ceux d'un même cep. Elles ont en outre l'avantage inappréciable de ne point altérer la souche, qui continue à servir d'étalon et à produire de bonnes récoltes.

Les habitants de Thomery, qui cultivent une très-grande quantité de chasselas à leurs espaliers ou dans leurs vignes, ont remarqué que cette espèce présente souvent d'heureux accidents ; aussi ont-ils le plus grand soin de choisir pour leurs plantations des crossettes prises sur les ceps qui sont le moins sujets à couler, qui rapportent le plus abondamment, qui sont les plus hâtifs, et sur ceux surtout dont les grappes sont le mieux faites, et dont les grains, blonds, transparents, égaux, peu serrés, se colorent le plus facilement. On conçoit qu'ils ne voudraient pas marcotter de tels pieds dans la crainte de les épuiser. Ces cultivateurs rivalisent entre eux à qui possédera une variété supérieure. Mais ce mode de toujours choisir, pour former des plantations, les boutures sur les ceps qui rapportent le meilleur raisin, tend nécessairement à perfectionner l'espèce.

Les *provins* sont des *marcottes* qui ne doivent pas être transplantées, et qu'on établit, par cette raison, dans des rigoles ou des fosses plus profondes.

On multiplie aussi la vigne par semences ; mais ce moyen n'est point usité, parce qu'il donne le plus souvent des variétés inférieures à celle qui les a produites. J'ai fait semer au potager de Versailles une assez grande quantité d'espèces de raisin. Ce plant très-nombreux a commencé à rapporter au bout de quatre ou cinq ans ; ce qui est en opposition avec le résultat des expériences de Duhamel, qui assure qu'un pied de vigne élevé de pepin n'avait encore produit chez lui aucun fruit au bout de douze ans de culture.

Nous avons éprouvé que les variétés obtenues au potager de Versailles rentraient à peu près dans les espèces originaires, c'est-à-dire que les pepins récoltés sur des chasselas ont donné des raisins assez ressemblants au chasselas ; mais aucun jusqu'ici ne l'a égalé. Quoi qu'il en soit, il ne faut pas se décourager, et les grands établissements doivent essayer les semis.

On propage encore les diverses sortes de vignes par la greffe. Ce moyen fournit d'abord des pousses de dimensions incomparablement plus fortes que l'espèce sur laquelle on a coupé les rameaux ; les premiers fruits se ressentent un peu de cette vigueur ; la seconde année, les pousses sont moins vigoureuses ; enfin, chaque année, elles deviennent moins fortes, jusqu'à ce que la sève, trouvant des canaux assez multipliés, ne soit plus forcée de créer des bourgeons qui sortent des proportions que la nature, non contrariée, a fixées à cette plante.

La greffe, en résumé, pour la vigne, comme pour toutes les autres espèces d'arbres, ne fait que perpétuer les espèces sans les changer; l'amélioration n'est qu'apparente, et n'a de durée que le temps nécessaire à la nature pour faire rentrer dans l'ordre les choses que la main de l'homme en a détournées.

La greffe de la vigne se fait en fente, ainsi que celle qui est pratiquée sur les arbres en plein vent; plus elle est près de terre, plus elle est assurée. On étête provisoirement les sujets, et on rafraîchit la coupe au moment de l'opération, qui se fait un peu avant la sève; on taille le rameau en coin, avec une retraite qui repose sur l'aire de la coupe du sujet. Ces deux entailles seront faites près du seul œil que doit avoir le rameau; cet œil, placé ainsi au niveau du sommet de la fente, devra, par son empâtement, recouvrir la plaie faite au sujet. On placera le rameau de manière à faire coïncider ses écorces avec celles du sujet; on assujettira le tout avec de la ficelle; puis on enduira la partie greffée avec de la poix chaude ordinairement employée à cet usage.

Si la vigne que l'on a greffée est placée contre un mur, on aura soin de coiffer la greffe avec un cornet de papier, afin de l'abriter des rayons du soleil et d'empêcher l'air d'être trop souvent renouvelé.

Il arrive toujours que l'opération de la greffe retarde d'une quinzaine de jours au moins le développement du rameau, qui ensuite s'élance avec force et rapidité, prolongeant indéfiniment sa végétation. On pincera plusieurs fois ces greffes pour les arrêter et faire mûrir le bois; s'il restait herbacé, malgré cette précaution, on devrait le couvrir aux approches des gelées. On attendra l'année suivante pour couper la ligature, afin qu'elle ne cause pas d'étranglement.

Les rameaux de vigne destinés à la greffe doivent être levés avant que la sève soit en mouvement; on laissera du vieux bois au talon du rameau, plutôt pour prolonger sa conservation que pour s'en servir. Les rameaux seront mis dans de la mousse et déposés dans un lieu frais jusqu'au moment de l'opération;

ou bien on se contentera de les piquer en, terre à l'ombre et au nord.

On se sert de la greffe pour rajeunir un pied de vigne ; ce qui vaut mieux que de le recéper entre deux terres, en ce sens que les bourgeons qui sortent des yeux bien formés de la greffe s'ouvrent plus promptement et sont plus vigoureux que ceux qui percent de l'écorce du cep que l'on veut rajeunir.

CHAPITRE VI.

Plantation neuve des vignes en treilles menées par cordons.

Distance entre les cordons ; leur nombre. Distance entre les ceps. Préparation de l'emplacement ; plantation. En quoi nous différons de la pratique d'un auteur moderne.

Chaque pied ne doit porter qu'un seul cordon de chaque côté. La distance la plus convenable à mettre entre les cordons est de 0^m,50, et celle entre les ceps de 0^m,55 à 0^m,65 au plus, ainsi que le pratiquent les cultivateurs de Thomery. Les qualités de la terre peuvent modifier un peu ces dimensions. Si le mur est assez élevé pour recevoir cinq étages de cordons, les ceps ne seront qu'à 0^m,55 de distance l'un de l'autre (*voyez* Pl. I), afin que la longueur de chaque bras ne soit que de 1^m,39. Avec moins de cordons, on pourra écarter les ceps jusqu'à 0^m,66. S'il n'y a que deux étages de cordons, et que l'on veuille conserver toujours entre les ceps cette même distance de 0^m,66, chaque tige n'aura qu'un seul bras de 1^m,33 d'étendue, et tous les bras seront tournés du même côté.

Ce mode de plantation à la Thomery n'entraine pas d'abord la destruction des arbres qui sont placés contre les murs ; on ne les arrache que lorsque la jeune vigne est assez forte pour être couchée vers le mur et commencer à produire. En conséquence, on ouvre, à 1^m,33 en avant du mur, une tranchée, qui lui est parallèle, de 0^m,27 à 0^m,30 de profondeur sur 0^m,45 de largeur. On place dans cette tranchée, sur de la terre meuble, et dans le sens de sa longueur, des crossettes bien choisies, ayant environ 0^m,66, que l'on arque vers l'extrémité, afin de la faire sortir au-dessus du sol ; la partie excédante sera taillée à deux yeux (1). La tranchée sera ensuite remplie à demi avec de la terre neuve, sur laquelle on répandra un lit de fumier assez épais pour conserver aux racines la fraîcheur nécessaire à leur développement, fraîcheur que l'on entretiendra au besoin par des arrosements. Si l'on remplissait entièrement la tranchée, il se formerait au collet de la crossette des racines qui seraient inutiles, puisqu'elles se trouveraient détruites lors du second couchage. Celui-ci s'exécutera aussitôt que les ceps auront pris assez de force et de consistance pour produire des jets vigoureux, en état de gagner le mur (ce qui arrive ordinairement vers la troisième année de la plantation des crossettes).

Alors on défoncera le reste de la plate-bande entre les crossettes et le mur ; on arrachera les arbres qui y sont, en ayant soin d'en retirer toutes les racines, de renouveler en partie les terres et de les fumer, et on leur donnera une pente assez rapide vers l'allée. Le défoncement terminé, on ouvrira vis-à-vis de chaque cep une rigole de 0^m,33 de profondeur, se dirigeant vers le mur, dans laquelle on couchera toute la vigne, composée d'un seul jet que l'on aura laissé pousser cette année sur chaque souche. Ce jet sera garni de tous ses yeux (2) ; arrivé au mur, on lui fera faire, pour sortir de terre, un coude très-arrondi, précisément à la place que l'on aura marquée sur le mur. On raccourcira ce jet, autant que possible, à la hauteur du pre-

(1) On ne doit pas coucher les crossettes en travers de la tranchée, afin de n'être pas obligé, lors du second couchage, de forcer ou de briser le premier coude.

(2) Nous différons ici d'opinion avec M. Dalbret, qui recommande, p. 164, *d'annuler avec la serpette tous les yeux qui se trouvent enterrés* sur la vigne que l'on couche vers le mur. L'erreur grave que commet ici M. Dalbret provient de deux causes : la première, c'est qu'il n'a vraisemblablement jamais pratiqué ce qu'il professe à cet égard ; la deuxième, qu'il aura sans doute mal interprété *la Pomone*, lorsque nous recommandons, à l'article *Marcotte*, d'annuler tous les yeux qui se trouvent *hors de terre*, et non en terre, à partir du pied-mère qui fournit la marcotte jusqu'au point où elle entre dans le sol, attendu que ces yeux donneraient naissance à autant de bourgeons qui nuiraient au développement des deux ou trois yeux qui sont à l'autre extrémité de la marcotte. Quant aux yeux enterrés, ils sont destinés à fournir des faisceaux de racines qui donneront la vie à la marcotte ; si on les supprimait avec la serpette, comme le recommande M. Dalbret, il ne sortirait point ou très-peu de racines. Le propriétaire qui aurait suivi un tel conseil perdrait non-seulement sa vigne, mais encore les trois ou quatre années de culture employées jusqu'au moment du couchage.

mier cordon, plutôt en dessous qu'en dessus. On aura soin d'espacer également toutes les tiges ; puis les rigoles seront remplies
à demi avec la terre de la fouille, et le surplus avec du fumier à moitié consommé. Ces jeunes vignes produiront de
très-beaux raisins dès la première année du couchage ; les
tiges, tout en continuant d'atteindre la hauteur où elles doivent
former lentement leurs cordons, produiront aussi des fruits.

En ne donnant pas aux rigoles plus de 0^m,33 de profondeur,
les racines se trouvent placées assez près de la surface du sol
pour éprouver les influences bienfaisantes de l'atmosphère ,
sans se trouver exposées à être offensées par les labours, qui,
du reste, doivent toujours se faire avec la houx à crochet.

On pourrait se persuader que l'on obtiendrait des résultats
plus prompts en plantant un espalier avec des marcottes ou des
chevelées ; mais nous devons avertir que les crossettes sont préférables sous beaucoup de rapports. D'ailleurs, l'avantage que
semble promettre l'immense quantité de racines qui sortent
de chaque œil de la chevelée est illusoire ; ces racines périssent presque toutes après la plantation. Quant aux marcottes
couchées dans des pots ou des mannequins, il faut en bannir
l'usage, parce qu'il est bien reconnu que les cultivateurs ne cou-
chent jamais les vignes en bon rapport ; ils ne marcottent que
les vignes usées , qu'ils veulent détruire.

Ce mode de plantation est très-opposé à celui généralement
adopté. La plupart des jardiniers plantent la vigne au pied des
murs, dans des plates-bandes nivelées et destinées à porter
d'autres cultures ; ils placent les ceps à de grandes distances les
uns des autres, et il résulte de là une végétation trop active et
trop prolongée pour que les fruits puissent facilement mûrir
dans notre climat.

A Thomery, la vigne est mise dans une situation bien différente. Les ceps sont rapprochés, et leurs racines, qui se croisent de toutes parts, garnissent la terre de la plate-bande, qui
ne peut leur fournir un excès d'humidité ; aussi les pousses sont
moins fortes et leur végétation est plus tôt terminée ; les yeux
sont plus rapprochés, et enfin la terre, nourrie par une
grande quantité d'engrais, fournit chaque année des récoltes
précoces et toujours abondantes. Il faut ajouter que la taille

et le pincement pratiqués sur ces vignes distribuent la sève également dans toutes les parties de la plante (1).

CHAPITRE VII.

De la taille.

La vigne ne peut être productive si elle n'est taillée. Des effets de la taille sur le bois et sur le fruit. But de la taille sous le rapport de la forme et des produits. Moyens pour disposer une vigne en treille et en cordons. Moyens pour disposer une vigne en souche. Avantage que présente une treille disposée en cordons. Des effets d'une taille assise sur les sous-yeux et sur les bourgeons qui en proviennent. Des effets d'une taille assise sur les yeux les mieux conformés. Considérations générales sur la taille des coursons ou branches à fruit. Taille des coursons d'une vigne en treille. Taille des coursons d'une vigne en souche.

La vigne, après avoir été provignée vers le mur et taillée sur trois ou quatre yeux, fournira autant de bourgeons portant fruits, qui seront palissés, ébourgeonnés et arrêtés en saison convenable. On ne laissera pas à ces bourgeons toutes les grappes dont ils seraient chargés. Aussitôt après la récolte, si elle est faite de bonne heure, ou sinon au mois de février ou de mars suivant, on supprimera sur chaque tige le bourgeon supérieur, afin de rabattre cette tige très-près de la naissance du bourgeon inférieur, à moins que celui-ci ne soit faible; car il faut toujours conserver le bourgeon le plus fort, que l'on taille ensuite plus ou moins long, suivant sa destination et la vigueur avec laquelle la vigne a poussé. On n'aveuglera pas, ainsi que cela se pratique trop souvent, les yeux qui sont sur les tiges, pour ne laisser croître que ceux du haut; on laissera tout pousser, parce que le bois de la vigne, plus que celui des autres arbres, ne profite et ne prend du corps qu'en raison du nombre de bourgeons dont il est garni; on aura soin seulement de favoriser la pousse des autres bourgeons en pinçant, rognant, rabattant même les bourgeons inférieurs qui tendraient à les égaler. Aucun de ces derniers, si la vigne est bien conduite, ne devra acquérir trop de force.

Après cette première opération de ravalement, on raccour-

(1) On peut doubler les distances des ceps sans augmenter la longueur des bras, en plantant alternativement au midi et au nord, et en pratiquant dans le mur des trous à la hauteur des cordons provenant des ceps placés au nord, afin de les faire passer au midi, où ils viendraient remplir le cadre général. C'est ainsi qu'on peut en user dans les terrains légers et arides. (*Voyez*, Pl. I, le cordon de la tige F.)

cira toutes les tiges A pour faire naître sur chacune deux bras
horizontaux dirigés comme l'indique la planche I; toutes ces tiges
A seront taillées sur un œil double qui se trouvera à la hauteur
de la latte horizontale qui détermine par avance la place que doit
occuper le premier cordon. Si cet œil double ne se trouvait pas
à la place où on le désire, on raccourcirait les tiges A sur le premier œil placé immédiatement au-dessous de la latte, afin de faire
naître un nouveau bourgeon qui offrira l'année suivante, par ce
double rapprochement, à son talon, deux yeux assez voisins pour
former exactement le premier cordon à la hauteur de la latte.

Les tiges B (Pl. I) seront également taillées sur le premier
œil au-dessous de la latte qui devra recevoir le second étage
de cordon, afin de préparer pour la taille suivante le développement de ce second étage. Toutes les autres tiges seront un
peu plus ou un peu moins raccourcies à cette hauteur. On ne
laissera développer sur chaque tige que deux ou trois bourgeons portant les fruits; les autres seront pincés, rognés et
tenus courts, ne devant avoir d'existence que pour attirer la
sève sur la tige. Les autres tiges, C, D, E, etc., seront successivement traitées comme les tiges A et B.

On mettra pour prolonger les cordons la même lenteur que
l'on a apportée à former les tiges. On allongera chaque année
les cordons en raccourcissant à trois ou quatre yeux le bourgeon
de prolongement, en ayant soin d'asseoir la taille sur un œil
placé du côté du mur ou en dessous, afin que le cordon suive
dans son développement une ligne droite, sans nœuds et sans
coudes. On ne laissera développer à fruit que les bourgeons
placés sur la partie supérieure du cordon; les autres, sur le
devant ou en dessous, seront pincés plusieurs fois dans le cours
de la saison, puis définitivement supprimés à l'automne.

La seconde année, au temps de la taille, on raccourcira les
trois bourgeons qui sont sur les cordons; ils seront taillés à
deux yeux, sinon le bourgeon terminal, qui sera taillé à trois ou
quatre yeux, comme bourgeon de prolongement. Les deux autres
bourgeons que nous venons de désigner, et que quelques personnes nomment broches, étant taillés en coursons sur deux yeux,
pousseront deux ou trois bourgeons qu'on palissera, qu'on
ébourgeonnera et qu'on arrêtera en saison convenable, en obser-

vant de différer de quelques jours le pincement du bourgeon le plus près du cordon, dans le but d'en favoriser le développement, parce que c'est toujours sur ce bourgeon le plus rapproché du cordon que doit se faire la taille de l'année suivante; les autres au-dessus devant être tous supprimés à la taille, on pincera plusieurs fois, comme il en a déjà été question, les pousses qui sont placées en dessous ou sur le devant du cordon, pour ensuite les supprimer tout-à-fait à l'automne.

Les yeux situés sur les cordons qui donnent naissance aux coursons doivent toujours être placés sur le dessus du cordon, et avoir entre eux une distance de $0^m,16$ à $0^m,20$, afin que les deux ou trois bourgeons que produit annuellement chaque courson après la taille trouvent place au palissage. Nous appelons courson ce que dans le midi de la France on appelle coq. Cette distance des coursons entre eux sur les cordons s'obtiendra par le même procédé que l'on a employé pour développer sur les tiges les cordons précisément à la place qui leur était assignée, c'est-à-dire par un double rapprochement. On continuera ainsi chaque année l'établissement des coursons, le prolongement des cordons et celui des tiges, jusqu'à ce qu'ils aient rempli le cadre qui leur a été réservé; après quoi les cordons n'auront plus de bourgeon de prolongement; ils ne seront garnis que de coursons.

On pourrait être tenté de donner, dès la première année, aux cordons, toute la longueur qu'ils doivent avoir, c'est-à-dire $1^m,33$ de chaque côté. Il résulterait de cet empressement deux fautes : l'une, que les yeux placés sur le cordon pourraient se trouver à une trop grande distance les uns des autres, ce que l'on évite en employant plus de temps pour former les cordons; l'autre, que tous les coursons placés sur un cordon ainsi improvisé se trouveraient être du même âge; alors celui de l'extrémité conserverait toujours des éléments de vigueur beaucoup plus considérables que ceux qui sont plus rapprochés de la tige; la sève, qui tend naturellement à se porter à l'extrémité du cordon, se trouverait excitée à suivre ses penchants, tandis que, lorsqu'on établit successivement les coursons, ceux qui se trouvent près de la tige sont déjà constitués lorsque ceux des extrémités commencent à naître.

Nous avons déjà dit que c'est dans l'égale répartition de la sève dans toutes les parties de la vigne, que les cultivateurs de Thomery savent établir et maintenir, que réside la cause la plus réelle de leurs succès. C'est aussi pour atteindre ce but plus facilement qu'ils ne forment les coursons que les uns après les autres, et qu'ils ne donnent aux cordons de leurs vignes que peu d'étendue. Il est alors facile, par le pincement, de faire refluer la sève sur les coursons les plus rapprochés de la tige; tandis que, si les cordons avaient 7 à 10 mètres de longueur, comme cela se voit dans presque tous les jardins des environs de Paris, le pincement produirait peu d'effet, et la sève se porterait avec d'autant plus d'impétuosité vers les extrémités que les cordons seraient plus longs. Dans ce cas, la sève ne pouvant être refoulée vers la tige, les pousses de ces longs cordons deviennent de plus en plus inégales entre elles ; les fruits ne sont beaux que vers l'extrémité des cordons, et décroissent en se dirigeant vers la tige (1).

Lorsque la surface du mur sera régulièrement couverte par la vigne, les soins du cultivateur se borneront à maintenir constamment la treille dans cet état prospère. Il y parviendra en asseyant toujours la taille annuelle des coursons sur le bourgeon le plus près du cordon ; cependant, en n'observant que cette seule condition, il pourrait arriver que le bourgeon sur lequel on taille, se trouvant chaque année un peu plus éloigné du cordon, finît à la longue par en être distant de 0m,16 à 0m,20, et même au-delà, ce qui occasionerait un très-grand vide sur toute la surface du mur. On prévient cette défectuosité et même cette perte en profitant des bourgeons qui percent souvent au talon des coursons ou sur la vieille écorce des cordons. Dans ce cas, on favorise leur développement par tous les

_____

(1) Ces faits sont en opposition avec le principe que M. Dalbret veut établir, p. 167, savoir : *Qu'il vaut mieux, dans ce genre de végétal* (la vigne), *forcer la sève à se porter du centre à l'extrémité que de l'extrémité au centre.* M. Dalbret n'a sans doute pas réfléchi que, si le principe qu'il veut établir était admissible pour la culture de la vigne, il ne serait pas nécessaire de forcer la sève à se porter aux extrémités des cordons, puisqu'elle s'y précipite tout naturellement. C'est pour cette raison que nous devons travailler sans cesse à l'en détourner. Si on suivait l'avis de M. Dalbret, on occasionnerait un très-grand désordre dans toute la plante. M. Dalbret n'indique pas non plus la longueur à donner aux cordons de la vigne ; son dessin sur les planches laisserait croire qu'elle peut être illimitée.

moyens connus, et, lorsque ce bourgeon est assez fort pour remplacer le courson, on supprime celui-ci avec la scie. On peut provoquer la sortie de ces bourgeons de remplacement par une taille courte ou par des engrais; mais les jardiniers soigneux évitent de recourir à ces moyens, en ne négligeant point d'accueillir les bourgeons qui percent de la vieille écorce, et en ne manquant jamais l'occasion de renouveler les coursons. Nous ajouterons que les bourgeons destinés à former les cordons doivent être abaissés avec beaucoup de précaution vers la latte horizontale, dans la crainte de les rompre. Il faut attendre qu'ils soient devenus tout-à-fait ligneux pour les ployer et les appliquer sur la latte.

Beaucoup de jardiniers se croiront sans doute plus habiles que les cultivateurs de Thomery, parce qu'au lieu d'employer sept ou huit années à élever une treille ils n'y mettront que deux ou trois ans, formant des tiges de 2^m,33 de hauteur avec des jets de l'année, et établissant de suite à leur sommet des cordons qu'ils allongent avec la même précipitation. Ces jardiniers attribuent notre lenteur au seul amour de la symétrie. En effet, une treille conduite selon notre méthode satisfait l'œil bien autrement que celle dont les cordons sont établis sans prévoyance et sans soins, tels que les bourgeons se présentent, offrant partout des arcs et des coudes. Cependant ce n'est pas seulement l'amour de la symétrie qui détermine notre conduite dans la formation de nos treilles, mais bien plutôt l'opportunité d'une marche lente, qui assure dans toutes les parties de la plante l'égale répartition de la sève et sa libre circulation. Cette marche diffère essentiellement de celle que suivent par routine la plupart des jardiniers; mais, pour peu qu'on réfléchisse aux conséquences de ces deux méthodes si opposées, on comprendra que la sève doit s'élaborer bien différemment dans les tiges sur lesquelles on a fait développer successivement des germes de fructification très-rapprochés les uns des autres, ou dans celles qui sont abandonnées sans obstacles à toute la fougue d'une jeune végétation. Sur ces dernières, les yeux sont très-espacés, beaucoup s'oblitèrent, et les mérithalles sont très-allongés. D'après cet exposé, il n'est pas surprenant que deux treilles élevées d'après des méthodes si

opposées offrent des produits aussi différents que ceux qui se
font remarquer sur les treilles de Thomery et sur celles des environs de Paris.

La récolte de ces treilles commence dès l'année même du
couchage. Les tiges vigoureuses fournissent trois ou quatre
bourgeons qui peuvent rapporter chacun deux grappes ; on
supprime ces bourgeons à mesure que la tige s'élève, et l'année
suivante on en laisse sortir de nouveaux, qui seront supprimés
à leur tour. Ainsi, les ceps destinés à former les derniers cordons n'en seront pas moins productifs jusqu'au moment où ils
viendront remplir le cadre général de l'espalier.

On ne peut disconvenir qu'une vigne menée par cordons, et
de cette manière, offre trois avantages importants : 1° de distribuer également la sève dans toute la plante ; 2° de garnir régulièrement et sans perte tout l'espace qui lui est consacré ; 3° de
rendre la taille si simple et si facile, lorsque les cordons sont
établis, qu'elle peut être faite par tout ouvrier qui en aurait
la plus légère notion. On ajoutera qu'elle donne lieu à une
très-grande économie de temps, que l'on serait forcé d'employer à réfléchir au lieu d'agir, si la vigne était étalée sans
symétrie sur les murs, parce qu'il faudrait, à chaque coup de
serpette, prévoir si les bourgeons qui vont sortir des yeux sur
lesquels on taille trouveront place au palissage sans nuire aux
autres. On est étonné que les habitants de Montreuil-aux-Pè-
ches, qui consacrent des murs entiers à la culture de la vigne,
ne la conduisent point par cordons ; aussi leurs murs ne sont-
ils jamais garnis comme ceux de Thomery. Il est visible que
leur culture, à cet égard, n'a point changé depuis deux cents
ans, et qu'ils sont encore dans le sillon de la routine.

Après avoir parlé de la taille sous le rapport de la forme à
faire prendre à la vigne, il reste à parler de ses effets sur les
branches à fruits ou coursons. Ils tendent en général à empêcher la dissémination de sève qui aurait lieu si on laissait
subsister les nombreux sarments et bourgeons anticipés disposés à sortir des yeux, des sous-yeux, et même de l'écorce.
La taille et le pincement concourent à établir dans la plante un
rapport convenable entre ses facultés d'aspiration et celles d'é-
vaporation. Lorsqu'une vigne a trop de moyens de pomper une

humidité toujours renaissante, le mouvement de ses principes séreux est trop rapide, la sève ne s'élabore point, ne se
concentre point, et l'on n'obtient que des raisins aqueux, et
par suite des vins sans qualité et sans durée.

Il faut donc mettre la vigne dans une situation telle qu'on
puisse, sans de grands inconvénients, en restreindre le volume,
et ne lui faire aspirer qu'une quantité de parties aqueuses relative à la chaleur du climat où elle se trouve ; un sol peu riche,
ne retenant que l'humidité nécessaire au développement d'une
végétation lente, mais substantielle, remplit chez nous ces conditions. Si le sol est trop humide, on est obligé de proportionner la taille à l'abondance de la sève. Les vignes, à Thomery,
plantées le long des murs, à 0ᵐ,55 de distance l'une de l'autre,
sous la forte saillie du chaperon des murs, et pincées de bonne
heure, n'éprouvent, par la réunion de toutes ces circonstances, qu'une végétation modérée, toujours terminée avant les
froids. Dans la plupart des jardins, au contraire, nous voyons
des vignes dont la végétation trop prolongée n'est arrêtée que
par les gelées; aussi ces plants rapportent-ils des fruits de qualité
inférieure, qui parviennent rarement à une maturité complète.

Pour revenir à la taille, nous ferons observer que celle qui est
faite (ainsi que cela se pratique ordinairement pour la vigne)
sur des bourgeons sortis des sous-yeux, étant moins favorable
à la force et à l'étendue de l'arbre que si elle était pratiquée
sur les yeux bien conformés, est par conséquent plus avantageuse aux produits. Cependant, en allongeant çà et là quelques
bourgeons, et les taillant sur de bons yeux, ceux-ci se déve-
lopperont avant les autres et porteront des grappes plus belles
et plus hâtives ; mais il ne faudrait pas abuser de ce moyen,
car on finirait par affamer les ceps; les autres pousses décroî-
traient, et l'espalier présenterait bientôt des vides. Une taille
bien entendue établit et maintient l'équilibre entre tous les
coursons d'un même bras, en même temps qu'elle concentre les
jeunes pousses le plus près possible des cordons.

La taille des coursons ou branches fruitières se pratique en
les rabattant sur le bourgeon le plus voisin de leur insertion,
pour tailler ensuite ce bourgeon à un, deux, ou même trois
yeux, suivant la qualité de la terre et l'exposition.

3

Cette taille des coursons est annuelle; elle doit être faite plus ou moins longue, suivant l'indication donnée par les pousses précédentes; c'est-à-dire que si, par exemple, après avoir taillé sur un seul œil, on a obtenu une pousse trop vigoureuse, on aura soin, l'année suivante, de disséminer la sève en taillant sur deux yeux, et même sur trois, sauf à revenir ensuite sur ses pas si les pousses s'affaiblissaient.

On conçoit que, si on donnait aux bourgeons une taille trop allongée par rapport à leur vigueur, les yeux ou les sous-yeux du talon ne s'ouvriraient que faiblement ou même point du tout; alors la taille de l'année suivante se trouverait assise sur un bourgeon déjà distant de quelques centimètres du cordon, et bientôt l'espace d'un cordon à l'autre ne serait plus suffisant pour contenir les branches fruitières, qui se dégarniraient d'ailleurs par le bas, et le mur cesserait d'être entièrement couvert.

Les considérations qui doivent guider en général dans la détermination du nombre des coursons et de la longueur à leur donner lors de la taille sont : 1° que la vigne chargée d'un trop grand nombre de coursons et de bourgeons s'épuise, et qu'elle dépérit aussi lorsqu'on la tient trop courte par rapport à son âge et à l'étendue de ses racines, parce qu'elle ne donne alors que du bois sans solidité; 2° que, dans le cas où le raisin a coulé, ce qui a tourné au profit de la végétation du bois, on ne risque rien à la taille suivante d'allonger, sauf à rétrograder par la suite; et que si, au contraire, les gelées, les vers blancs, ou autres accidents, ont fatigué la pousse, il faut tailler court et ne laisser que peu de bourgeons bien choisis. Certaines espèces, toutes choses égales d'ailleurs, doivent être taillées plus courtes que d'autres : telles sont le gamet, le meunier, le précoce, le mélier et autres, dont les boutons rapprochés se chargent d'une grande quantité de grappes. Les espèces que l'on doit tailler long sont les muscats en général, particulièrement le blanc, les chasselas vigoureux, le gouet, le morillon blanc et autres, dont les yeux sont très-éloignés.

Quant aux vignes en treilles, plantées à petites distances, comme nous l'avons prescrit, on taillera leurs coursons à un ou deux yeux, y compris celui du talon. Dans le cas seulement où la vigne aurait beaucoup de vigueur, parce qu'elle serait jeune ou nouvellement fumée, on taillerait une partie des bourgeons sur trois yeux; encore faudrait-il qu'ils fussent très-rapprochés.

Les coursons des vignes de souches se taillent suivant les mêmes principes; seulement, dans certaines contrées, on laisse sur un des coursons un brin sans le tailler. Ce brin s'appelle pique, ployon ou marcotte, suivant qu'on le conserve droit, ou qu'on le ploie, ou qu'on l'enfonce en terre pour lui faire prendre racine. Il rapporte quelquefois autant à lui seul que le reste des coursons de la souche; mais il faut, pour charger une vigne de ces longs bois, qu'elle soit vigoureuse, plantée dans un bon terrain, et qu'elle ait au moins quatre années de plantation. Les vignerons des environs de Paris les multiplient beaucoup trop, ce qui épuise la plante et diminue la qualité des produits. Le fruit des coursons mûrit toujours avant celui des longs bois; il y a encore pour ces derniers une différence prononcée entre les époques de maturité des grappes du sommet et de celles de la partie inférieure de la branche. Leur plus grand avantage est d'offrir, lorsque les gelées printanières ont détruit les jeunes pousses, la ressource des yeux ou sous-yeux de leur talon qui n'auraient pas poussé, et sur lesquels on pourrait rabattre.

CHAPITRE VIII.

Considérations sur la nécessité de l'égale répartition de la sève dans la vigne.

Elle décide de la perfection des fruits, de leur abondance, aussi bien que de la régularité de la forme de l'arbre. La méthode de Thomery diffère essentiellement à cet égard de celle qui est suivie aux environs de Paris.

Lorsque nous recommandons l'égale répartition de la sève dans les arbres, nous n'avons pas seulement pour but de les soumettre plus facilement aux formes que nous voulons leur imposer; nous voulons encore donner à leurs productions toute la perfection dont elles sont susceptibles, et aux récoltes une régulière abondance.

Les cultivateurs de Thomery ne doivent en partie la grande supériorité de leurs fruits et de leurs récoltes qu'au bon emploi qu'ils savent faire de la sève, en la distribuant également sur chacun des ceps de leurs vignes. L'intelligence ou peut-être l'instinct qui a dirigé ces cultivateurs à cet égard est d'autant plus admirable que la vigne se soumet à toutes les formes, sans qu'il soit nécessaire de s'occuper, comme pour les autres arbres, du balancement de la sève. Il a fallu qu'ils eussent pressenti, puis reconnu, qu'une égale répartition de la sève dans toute la plante était moins nécessaire à la forme de l'arbre qu'à la perfection des fruits, sur lesquels elle a des effets extrêmement remarquables; aussi est-elle observée par ces cultivateurs avec une grande exactitude, tandis que nos jardiniers semblent ignorer tout-à-fait son utile influence. Ils savent seulement qu'ils peuvent se passer de cette répartition de la sève pour soumettre sans obstacle la vigne à toutes les formes qu'ils veulent lui donner. Ils abusent tellement d'une docilité qui les trompe que l'on pourrait croire qu'ils ont pour but principal, dans la culture de la vigne, de répartir la sève de la manière la plus inégale sur toutes les parties de cette plante; aussi voyons-nous que la différence des récoltes est en raison de la différence des cultures.

Pour mieux faire comprendre comment les cultivateurs de Thomery parviennent à une égale distribution de la sève dans la culture de la vigne, jetons d'abord un coup d'œil rapide sur la manière tout opposée dont la plupart des jardiniers des environs de Paris traitent cette plante. Si la tige de la vigne est destinée à atteindre le haut de l'espalier, ils se hâtent de l'y conduire, et, aussitôt que les sarments destinés à former les cordons commencent à se développer, ils les étendent de toute leur longueur, se contentant, lors de la taille, d'en retrancher la moitié et de supprimer tous les yeux qui sont placés au-dessous du cordon, et ne laissant se développer que ceux placés au-dessus. A la pousse, ces yeux s'ouvrent en autant de bourgeons, tous d'une force très-inégale : ceux de l'extrémité sont très-vigoureux, tandis que ceux situés près de la tige sont très-faibles. Au printemps suivant, ces jardiniers allongent encore les cordons, de manière à leur faire acquérir très-promptement 8 à 10 mètres d'étendue; puis ils taillent tous les sarments qui sont sur ces cordons à un ou deux yeux, ce qui établit des coursons. C'est de ces coursons que sortiront désormais chaque année les bourgeons de la vigne. On conçoit que les canaux séveux des coursons de l'extrémité des cordons sont plus large et peut-être plus multipliés que ceux placés près de la tige, d'où il résulte que les bourgeons qui naîtront sur des coursons ainsi établis conserveront toujours entre eux une inégalité de force qui devient pour toujours un obstacle insurmontable à l'unité de végétation dans toutes les parties de la vigne, unité si nécessaire à la perfection de ses produits.

Les cultivateurs de Thomery agissent bien différemment ; ils établissent les coursons successivement, et toujours très-lentement, de manière à ce que chaque nouveau courson n'ait de vigueur en plus sur son voisin que celle résultant inévitablement de sa position, mais qu'on parvient facilement à neutraliser par le pincement. Les cordons de leurs vignes n'ont au plus que 1^m,33 d'étendue de chaque côté, et chaque pied de vigne n'en porte que deux; ainsi la différence de vigueur entre les bourgeons de l'extrémité et les bourgeons rapprochés de la tige n'est jamais très-sensible, et le pincement a toujours assez d'efficacité, sur une aussi petite étendue, pour faire refluer la sève depuis l'extrémité du cordon jusque vers la tige. L'effet d'une égale distribution de la sève dans toute la plante a pour résultat très-prononcé une maturité prompte et complète du bois et des fruits en même temps ; ce qui est un double avantage, parce que la maturité parfaite du bois assure toujours celle des fruits, et prépare pour l'année suivante une abondante récolte. Faut-il s'étonner si, par ces deux manières si différentes de tailler la vigne, on obtient de part et d'autre des produits si différents? Il est bon de remarquer que nous ne faisons ici mention que de la taille; nous ferons plus tard une comparaison plus complète entre tous les procédés de culture suivis à Thomery et ceux en usage aux environs de Paris.

CHAPITRE IX.

De la coupe.

Précautions à prendre en opérant lors de la taille et de l'aveuglement des boutons.

La coupe des bourgeons à raccourcir ne doit jamais être

faite près d'un œil, parce que, le bois de la vigne étant sujet à mourir jusqu'à une certaine distance de cette coupe, il pourrait arriver que la *mortalité* gagnât jusque sous l'œil, l'affamât ou le fît périr ; d'ailleurs, si le bourgeon était trop près de l'extrémité, il serait exposé à être très-facilement décollé par le vent. On prévient tout inconvénient en taillant à $0^m,015$ ou $0^m,02$ au-dessus de l'œil. Il est essentiel que la surface inclinée de la coupe soit opposée à l'œil terminal, afin que celui-ci ne soit pas mouillé par les pleurs, ce qui lui serait nuisible, surtout s'il survenait des gelées. On taillera sur des yeux latéraux ou tournés vers le mur, de façon que les bourgeons puissent être facilement palissés. On aura soin de couper les bourgeons à supprimer très-près de l'insertion de celui sur lequel on rabat, afin de faciliter le recouvrement de la plaie ; et, dans le cas où il n'y aurait pas de semblables suppressions à faire, il faudrait toujours rabattre de la même manière l'onglet de la taille précédente. On ne doit pas oublier, en taillant, que, la vigne n'ayant pas d'aubier sensiblement apparent, ses plaies sont très-difficiles et très-longues à se cicatriser ; il importe donc de faire les amputations avec précaution et netteté, et surtout d'éviter d'en faire d'inutiles. On aura soin de couvrir d'onguent de Saint-Fiacre les plaies un peu considérables.

Beaucoup de personnes qui ne voudraient pas employer le sécateur pour tailler leurs autres arbres fruitiers s'en servent pour tailler la vigne ; nous les invitons à réfléchir que la vigne, ayant peu de moyens de recouvrir les plaies qui lui sont faites, semblerait devoir être très-ménagée à cet égard, surtout lorsqu'il s'agit de la suppression d'un bourgeon près de l'insertion d'un autre, ou seulement du ravalement des onglets. On comprend combien il importe de se servir pour ces opérations d'un instrument très-tranchant.

On a peu de ménagements, en général, pour la vigne, parce que, quelque traitement qu'on lui fasse subir, sa végétation n'en paraît pas affectée ; mais c'est aux résultats qu'il faudrait faire attention : on s'apercevrait que les produits se ressentent toujours des mauvais traitements et du mauvais emploi de la sève. Le sécateur est plus expéditif, il est vrai, mais il est aussi fatal à la vigne qu'aux autres arbres fruitiers.

CHAPITRE X.

De l'ébourgeonnement.

Ses effets sur la végétation. Précautions à prendre lorsqu'on ébourgeonne au temps de la floraison. Manière d'opérer. Pourquoi on doit ébourgeonner plus tard les vignes plantées à de grandes distances.

L'ébourgeonnement s'exécute lorsque le développement des nouveaux bourgeons est commencé ; il consiste à couper avec un instrument tranchant tous les bourgeons faibles, excepté ceux qui sont destinés à remplacer ou à concentrer les coursons. On supprime aussi les bourgeons doubles ou triples, et même ceux qui, portant fruit, n'auraient pas assez de vigueur pour l'amener à maturité, ou qui en seraient trop chargés relativement à l'âge ou à la faiblesse du cep. On retranche, en un mot, tous ceux qui feraient confusion au palissage et qui ne seraient pas utiles aux produits de l'année ou nécessaires à la taille de l'année suivante, et l'on ne conserve communément sur chaque courson qu'un ou deux bourgeons portant fruit.

Un ébourgeonnement prématuré produit les mêmes effets qu'une taille tardive, en donnant lieu à des épanchements de sève trop abondants. On attendra donc, pour supprimer les bourgeons trop nombreux ou ceux mal placés, que la sève se soit formé de nouveaux canaux en développant une quantité suffisante de feuilles, et qu'elle ait déjà pris une certaine consistance. Ces bourgeons ne seront pas retranchés jusqu'au ras de l'écorce ; mais on aura soin de leur laisser un petit talon garni d'une feuille, sauf à le rabattre à la taille d'hiver, s'il y a lieu.

L'ébourgeonnement de la vigne est indispensable ; il doit être successif, et répété autant de fois qu'il devient nécessaire. Il arrête toujours la végétation de la plante sur laquelle on l'opère, et cette suspension est plus ou moins prolongée, suivant le nombre des bourgeons supprimés ; c'est pourquoi il ne faut pas en ôter trop à la fois lors de la floraison.

L'ébourgeonnement des vignes plantées et taillées suivant nos préceptes est presque nul : chaque courson ne conserve qu'une ou deux pousses.

Quant à l'ébourgeonnement des vignes plantées à de grandes

distances, il n'a lieu que lorsque les bourgeons ont acquis de
0^m,32 à 0^m,40 de longueur, et par conséquent assez d'étendue
pour avoir de la consistance; autrement on ferait perdre inutilement à ces vignes vigoureuses une trop grande quantité de sève.

On sera très-exact à supprimer, au fur et à mesure de leur
développement, les ailerons ou entre-feuilles qui sortent dans
les aisselles de chaque feuille. Pour cette opération, on doit
saisir le bourgeon principal de la main gauche, afin de l'assujettir, et avec la droite, en commençant par le haut, on prend
chaque bourgeon anticipé en le tirant en contre-bas : il se détache presque toujours avec facilité. Si l'on avait trop attendu,
et qu'il fût devenu ligneux, il faudrait le couper.

CHAPITRE XI.

De l'évrillement.

Les vrilles doivent être supprimées lorsqu'elles sont encore herbacées; on ne
doit pas les arracher ni les éclater; on doit leur laisser un petit talon à la base.

L'évrillement des grappes s'effectue de bonne heure ; dans
les années d'abondance on doit même supprimer les grapillons
dont les fortes grappes sont ordinairement accompagnées, et
qui nuiraient à l'accroissement et à la qualité de celles-ci. Le retranchement des vrilles est nécessaire, parce qu'elles consomme-
raient une grande quantité de sève au détriment du fruit et
du bois, surtout dans les chasselas, où elles sont très-longues;
elles auraient aussi l'inconvénient de rendre, par leurs enlace-
ments, le palissage long et difficile. Dès que les bourgeons
ont développé deux ou trois vrilles, il faut avoir soin de les
supprimer tandis qu'elles sont encore herbacées, parce qu'elles
peuvent être coupées avec les ongles. On ne doit jamais les
arracher ; le moindre mal qui en résulterait serait une perte de
sève. Si on les laisse devenir ligneuses, il faut employer la demi-
serpette ; alors l'opération devient longue. Les vrilles ne doivent pas être coupées au ras de l'écorce ; il faut leur laisser
un petit talon de 0^m,005 de longueur. On répète l'évrillement autant de fois qu'il est nécessaire.

CHAPITRE XII.

Du pincement.

Il détermine la maturité du bois et du fruit ; il sert aussi à rétablir et à maintenir l'égale répartition de la sève dans tous les bourgeons d'un même bras. Les cultivateurs de Thomery pratiquent le pincement avec succès.

Le pincement est très-utile dans la culture des arbres fruitiers en général, et particulièrement dans celle de la vigne. Les habitants de Thomery en font usage avec beaucoup de succès et d'intelligence.

Il a pour effet de suspendre momentanément la pousse des bourgeons sur lesquels on le pratique, ce qui favorise la formation de tous les yeux et des boutons de ce bourgeon, en raison de leur proximité de l'endroit pincé. Cette opération accélère par conséquent la maturité de ce même bourgeon, qui devient plus tôt ligneux et solide, et favorise d'autant les bourgeons voisins qui ne sont point pincés.

On conçoit qu'il ne faudrait pas pincer de trop bonne heure, parce que les yeux du talon, en mûrissant trop promptement, pourraient s'ouvrir avant les gelées et détruire l'espoir de l'année suivante. Si, au contraire, on ne pinçait pas du tout, et qu'en même temps on entretînt par des engrais et des arrosements multipliés la végétation et le développement des bourgeons jusqu'aux gelées, les extrémités de ceux-ci se trouveraient fatiguées, tandis que les boutons du talon seraient avortés ; il faut donc garder un juste milieu entre ces deux extrêmes.

Le but du pincement est de concentrer la sève sur les cordons, en fortifiant les yeux inférieurs, afin de pouvoir y asseoir la taille avec avantage.

A Thomery, on pince les bourgeons d'une vigne formée lorsqu'ils ont 0^m,50, c'est-à-dire lorsqu'ils atteignent le cordon qui leur est immédiatement supérieur, qu'on ne leur laisse jamais dépasser ; on les arrête sur le huitième ou neuvième œil. Les bourgeons faibles qui n'atteignent pas le cordon sont pincés à des hauteurs variables ; le but n'est plus alors de les arrêter, mais bien de fortifier, selon le besoin, les yeux de remplacement.

Une vigne de trois ans de couchage est pincée du onzième au treizième nœud ; les jeunes vignes qui ne sont pas encore en cordon le sont du douzième au quinzième œil, selon les localités.

Il arrive souvent que les bourgeons de l'extrémité des cordons attirent à eux toute la sève, et que ceux placés plus près de la tige languissent. On rétablit promptement l'équilibre (qu'il eût mieux valu ne point laisser rompre) en pinçant à plusieurs reprises les bourgeons vigoureux. Le pincement sert donc aussi à régler la force respective des bourgeons d'un même bras. On pincera huit jours plus tôt les bourgeons des extrémités.

Comme les treilles de la plupart des jardins sont plantées à de grandes distances, elles poussent plus vivement, ce qui force à mettre $0^m,66$ d'intervalle entre les cordons. Malgré cet espacement, les bourgeons s'élancent encore au-delà, et l'on ne croit pouvoir les arrêter qu'en coupant cet excédant lorsqu'ils sont devenus ligneux. Cette opération s'appelle *rogner la vigne.*

Il y a trente ans que les habitants de Thomery conduisaient encore leurs treilles de cette manière ; mais, depuis qu'ils ont obtenu des variétés de chasselas dont le bois est moins gros et les yeux moins écartés, et surtout depuis qu'ils ont planté à des distances plus rapprochées, le pincement seul leur a suffi pour régler la végétation des coursons ; bien entendu que ces coursons ont été formés lentement et successivement.

CHAPITRE XIII.

Du palissage.

Il sert à soutenir les bourgeons. La direction plus ou moins inclinée qu'on fait prendre à ceux-ci n'influe pas d'une manière sensible sur leur végétation, comme il arrive ordinairement à tous les autres arbres fruitiers.

L'inclinaison des bourgeons de la vigne ne paraît pas avoir d'influence marquée sur la force de leur végétation. Ainsi, lorsqu'une treille ne sera pas formée en cordon, on pourra sans inconvénient étendre ses pousses sur le mur dans la position où elles se présenteront, de manière à le garnir et à bien exposer les fruits. Il n'en serait pas de même des branches de tout autre arbre, sur le développement desquelles une direction plus ou moins inclinée produit des effets très-sensibles.

L'époque du palissage est indiquée par la croissance des bourgeons et le besoin de les attacher, afin d'empêcher qu'ils ne soient décollés ou rompus par le vent. On doit commencer par ceux qui sont destinés à former des tiges ; on attache ensuite les bourgeons destinés à former des bras. Les jeunes vignes doivent être palissées les premières, puisqu'elles poussent plus vigoureusement.

Les premiers liens seront volants, afin que le bourgeon qui croit en grosseur ne soit ni gêné ni blessé. On ne fixera définitivement les bourgeons que lorsqu'ils seront devenus assez ligneux pour supporter cette opération. On s'exposerait à casser les pousses vigoureuses si l'on voulait leur faire changer brusquement de direction ; il faut les y amener graduellement, et l'on n'y parvient quelquefois qu'à la deuxième année. On veillera à ce que les bourgeons ne se glissent point entre le treillage et le mur, et jamais on ne les croisera l'un sur l'autre.

Chaque bourgeon vertical des vignes disposées en cordons et plantées selon notre méthode recevra deux attaches : l'une sur la latte intermédiaire , l'autre sur celle du cordon supérieur, que les bourgeons ne devront pas dépasser.

CHAPITRE XIV.

Retranchement des grappes.

Quelque temps après le premier palissage, on doit retrancher, surtout si l'année est abondante, une partie des grappes, qui, trop nombreuses, mûriraient difficilement, et supprimer la grappe la plus élevée sur les bourgeons qui en auraient trois ; on retranche même quelquefois les grappes provenant des sous-yeux, lorsque le bourgeon est trop faible pour les nourrir ou lorsqu'on a intérêt à le conserver. Ces suppressions doivent être faites au moment où le grain est déjà de la grosseur d'un pois. C'est aussi l'époque de desserrer les grains sur les grappes, ce qui permet à ceux qui restent de grossir davantage.

Cette opération sera précédée de la recherche des chenilles

d'un sphinx qui se retire de préférence dans les grappes dont les grains sont serrés, où il s'enveloppe de fils soyeux qui retiennent l'humidité dans les années pluvieuses, et font pourrir la grappe (1). On éclaircira aussi les grains trop serrés des muscats et autres ; sans cette précaution ils mûrissent difficilement.

CHAPITRE XV.

Épamprement.

On est dans l'usage d'effeuiller la vigne pour faire prendre au chasselas des treilles bien exposées les couleurs vives et transparentes que le soleil seul peut produire ; ceux qui viennent à l'exposition du nord ne sauraient les acquérir, et ils se distinguent par là très-facilement dans les marchés.

Il faut une certaine expérience pour saisir le moment favorable d'effeuiller. Si l'on épampre trop tôt, le raisin ne mûrit plus ; il reste aigre, grisonne et durcit. Si on effeuille trop tard, lorsque le raisin est mûr, il ne se colore plus. On évite ces deux écueils en s'y prenant à trois fois différentes, et en commençant lorsque le raisin est mûr aux trois quarts. Dans le doute, il vaudrait mieux opérer trop tard. L'épamprement modère le cours de la sève ; il pourrait même l'arrêter si on en faisait abus.

Pour bien effeuiller sans endommager le pétiole ou la queue, dont la conservation est nécessaire à la nourriture des fruits et des boutons, il faut prendre la feuille entre les deux premiers doigts, en appuyant le pouce dessus, et lever subitement le poignet, afin de la séparer net du pétiole à l'endroit de son insertion sur lui. Il n'y a que les ouvriers sans expérience qui se servent des ongles ou de la serpette. D'ailleurs les feuilles sans pétiole qu'on obtient par ce moyen sont plus propres à l'emballage des pêches et autres fruits.

CHAPITRE XVI.

Soins à donner aux raisins sur la treille.

Lorsqu'on veut conserver le raisin pour l'hiver, il faut le met-

---

(1) Cette recherche des vers est une opération assez longue ; à Thomery elle est exécutée avec soin chaque année par des femmes et des enfants.

tre en sacs un peu avant la maturité, par un temps sec et après avoir bien épluché les grappes. Il n'est alors presque jamais coloré ; mais il n'en est pas moins savoureux lorsqu'il est venu à une bonne exposition. Les sacs garantissent le fruit de la voracité des oiseaux et des mouches ; ils le préservent des pluies et de la pourriture, retardent sa maturité, empêchent qu'elle ne soit tout-à-fait complète, et le rendent enfin par là moins susceptible de s'altérer. Les sacs en crin sont préférables à ceux en papier, que les pluies et les oiseaux peuvent percer ; ils sont à la vérité plus chers, mais c'est une dépense une fois faite. Ceux qu'on trouve dans le commerce n'ont que 0^m,23 de longueur ; il faudrait qu'ils eussent au moins 0^m,25 à 0^m,28. Lorsque le tissu en est peu serré le raisin s'y conserve également bien et s'y colore davantage. Les habitants de Thomery ne font point usage de sacs ; néanmoins ils conservent du raisin sur leurs treilles jusqu'à la fin de décembre. Leurs fruits sont abrités des premiers froids par des draps, des couvertures, des tapisseries ; puis ils placent sur les grappes des poignées de fougère qu'ils passent à travers le treillage ou qu'ils y attachent. C'est en 1816, pour la première fois, qu'un cultivateur de ce pays employa des paillassons au lieu de draps et de couvertures.

CHAPITRE XVII.

De la cueille et de la conservation du raisin.

La cueille du raisin, soit pour être emballé, soit pour être conservé, doit être faite par un temps très-sec ; autrement il se gâterait promptement. On évitera de le manier en le cueillant ; on le prendra par la queue, afin de ne point enlever le duvet ou la fleur. Les pluies abondantes enlèvent ce duvet, que le raisin ne reprend plus ; rien ne peut le lui rendre ; les divers essais faits à cet égard ont été infructueux. Ce duvet est plus perceptible sur le raisin noir ou violet que sur le chasselas. On se sert de la serpette pour la cueille, en ne laissant pas de queue au raisin qu'on emballe ; mais, pour le conserver dans le fruitier, on le coupe un peu au-dessous du nodus, qui jaunit et se détache facilement lorsque la grappe est mûre.

Les raisins que l'on veut conserver se cueillent avant leur parfaite maturité ; autrement ils ne se garderaient pas : c'est sans doute ce qui fait dire que les raisins venus en terre forte s'altèrent moins promptement que ceux qui ont poussé en terre légère, parce qu'en effet la maturité des premiers est plus tardive. Les cultivateurs de Thomery étendent leur raisin sur un lit de fougère pour le conserver, dans les années où cela est possible ; mais les particuliers qui voudraient le suspendre à des cordes de crin feront bien, pour l'y attacher promptement et sans trop le manier, d'employer de petits fils de fer de 0^m,055 de long, pliés en *S*. On passe un des crochets dans le bas de la grappe, qu'on renverse, et l'autre sur la corde ; les grains, se trouvant dans le sens contraire à celui qui leur est naturel, ne se touchent point et sont moins sujets à se corrompre. Il faut, avant et après cette opération, éplucher soigneusement le raisin.

On peut encore conserver du raisin très-longtemps en faisant passer un cep dans une caisse pour lui faire prendre racine. On sépare ce cep de la souche lorsque le raisin est près d'être mûr, et l'on rentre la caisse dans une orangerie, où le fruit reste frais jusques après l'hiver.

CHAPITRE XVIII.

Emballage.

Pour bien emballer le raisin dans les paniers, on se sert de feuilles non mouillées, dont on forme des lits qui alternent avec les rangs de grappes, en laissant le moins de vide possible. Le fond et les côtés du panier doivent être garnis avec du foin doux. Le raisin sera toujours épluché avant d'être emballé.

Les habitants de Thomery emballent leurs raisins avec de la fougère, qui est pour eux un article très-important. Sa récolte commence du 8 au 10 août ; alors tous les habitants du canton se répandent dans la forêt de Fontainebleau, dont bientôt toute la fougère est moissonnée ; ils sont même obligés quelquefois d'aller jusque dans la forêt d'Orléans, et souvent de faire huit ou dix lieues pour s'en procurer.

La fougère qui vient au pied des rochers est préférable à celle qui croît sous les arbres ; ses feuilles sont plus serrées, mieux garnies à la base et moins étiolées. On les étend d'abord à l'air pour les faire sécher à demi, puis on les lie soigneusement par paquets, et on les rentre pour s'en servir au besoin.

CHAPITRE XIX.

Des labours.

Les labours se font à la houe; ils doivent être très-légers, pour ménager les racines, que l'on pourrait offenser. Le premier labour, dans les terres fortes, se donne aussitôt après la chute des feuilles, afin que les gelées puissent pénétrer dans le sol et le diviser plus profondément. Le second labour aura lieu immédiatement après la taille. Les habitants de Thomery ne donnent ce labour qu'à la fin de mai.

Les binages se répètent aussi souvent que les herbes paraissent ; il ne faut jamais les laisser croître de manière à ce que la terre puisse être effritée, et que la plante se trouve privée des rosées et de l'air qui lui sont nécessaires. Il est inutile d'insister pour que les labours ne s'exécutent, dans les terres fortes surtout, qu'après qu'elles seront ressuyées, et toujours par un beau temps.

CHAPITRE XX.

Fumier et engrais.

Les cultivateurs de Thomery fument leurs treilles très-amplement tous les trois ans.

L'opinion générale proscrit l'usage du fumier dans la culture de la vigne ; aussi dans les jardins particuliers ne reçoit-elle d'autres engrais que ceux qu'on répand sur les plates-bandes des espaliers, pour les fleurs ou les légumes qu'on y cultive. Les habitants de Thomery sont au contraire dans l'usage de fumer très-amplement leurs treilles tous les trois ans. A cet effet, à l'entrée de l'hiver, ils ouvrent au pied du mur de leur espalier une vive jauge de 0^m,85 à 1 mètre de largeur, dans laquelle ils jettent une assez grande quantité de fumier à demi consommé, qu'ils recouvrent ensuite légèrement de terre ; l'année suivante, ils font une opération semblable, en avant, sur le reste de la largeur de la plate-bande. Ils apportent si peu de précaution à ce travail que le fumier repose souvent sur les racines, qui doivent sans doute en être altérées ; cependant la qualité du fruit n'en éprouve aucun dommage ; car il est certain qu'il est toujours le plus délicat et le plus parfait qu'on puisse se procurer à Paris, et peut-être même ailleurs.

Quoi qu'il en soit, je pense que les vignes plantées à petites distances doivent être fumées amplement, mais qu'il serait mieux de ne pas découvrir autant les racines. Les fumiers nouveaux ne seront employés, pour la vigne surtout, qu'avec beaucoup de réserve ; il vaut mieux attendre qu'ils soient en partie consommés.

Les meilleurs engrais sont, à mon avis, les terres neuves, les curures de fossés et d'égouts, les immondices des rues, mélangées avec du marc de raisin ou avec du fumier, lit par lit, et remaniés plusieurs fois jusqu'à ce qu'ils soient en décomposition. On mettra le tout en meule, et ces terres, ainsi préparées, attendront le temps convenable pour être employées (1).

CHAPITRE XXI.

Effets du pavage sur les racines de la vigne.

C'est ici le lieu de faire remarquer que les vignes palissées contre les bâtiments au pourtour desquels il règne un revers en pavé, et qui ne sont jamais fumées ni labourées, vivent plus longtemps sans s'épuiser, ont une végétation plus réglée que les autres, et donnent des raisins aussi beaux et plus abondants. Je citerai à cette occasion un fait récent et de nature à suggérer des expériences utiles. A Thomery, l'égout d'un mur élevé de 5 mètres nuisait, par le rejaillissement de la terre, aux fruits des deux cordons inférieurs d'une longue et belle treille exposée au midi, et le propriétaire, pour y remédier, garnit le pied de ce mur d'un pavage en tablettes de grès de 0^m,55 sur 0^m,65.

Dès ce moment, la végétation de sa vigne, dont les racines

---

(1) Les Gaulois, qui amendaient leurs terres avec de la marne, imaginèrent aussi de fumer leurs vignes avec de la cendre. Pline dit qu'on en saupoudrait même les raisins lorsqu'ils commençaient à mûrir ; et l'on ne peut nier, ajoute-t-il, que la poussière, dans cette contrée (il parle de Narbonne), ne contribue plus à leur maturité que le soleil même.

n'éprouvaient plus d'une manière aussi brusque les alternatives de la sécheresse et de l'humidité, a été beaucoup plus régulière, et les raisins, frappés par la réverbération du soleil sur les grès, sont devenus plus savoureux. Le succès de cette opération, qui date de quatorze ans, avait déterminé le frère de ce propriétaire à suivre son exemple et à paver une assez grande longueur de plate-bande d'espaliers. Il crut perfectionner ce système en garnissant avec soin en ciment tous les joints des dalles; mais il n'eut de bonne récolte que la première année ; bientôt la vigne s'affaiblit, et il fut obligé d'enlever le pavé, qu'il a fait replacer depuis, avec le même succès qu'avait obtenu son frère, mais en se gardant bien, cette fois, de boucher les joints, par lesquels s'introduit une partie des eaux pluviales, nécessaire pour entretenir une humidité salutaire. Il est peut-être bon d'ajouter que le même cultivateur, ayant levé, en 1814, quelques pierres, fut effrayé de trouver les racines à la superficie du sol, s'empressa de recharger toute la plate-bande de terre neuve, et fit replacer ensuite les pavés ; en sorte que le seul amendement qu'il ait donné depuis douze ans n'a pas même été commandé par l'affaiblissement de la végétation.

Je dirai, en passant, que toutes les vignes palissées contre les maisons de Thomery ont été plantées à 1ᵐ,35 ou 1ᵐ,65 en avant de ces bâtiments, pour être ensuite couchées dans une tranchée; après quoi on a rétabli le pavé qui règne généralement au pourtour des maisons.

L'abbé Rozier avait fait, dit-on, paver à Béziers une vigne en plein champ, dans laquelle il récolta abondamment d'excellents vins pendant plusieurs années qui furent stériles pour les vignobles voisins. Au moment où on allait suivre son exemple, sa vigne périt tout-à-coup. Ce que nous avons rapporté plus haut nous laisse entrevoir les causes qui ont dû produire à Béziers la perte de cette vigne; mais il est fâcheux que nous ne connaissions pas les motifs auxquels l'abbé Rozier l'attribuait.

4

CHAPITRE XXII.

De Thomery.

Description du site. Qualité de la terre. Distribution intérieure des enclos.

Il nous reste encore à parler de la disposition des murs et de la construction des treillages, lorsqu'ils doivent être exclusivement destinés à la vigne ; or, nous ne pouvons donner de meilleurs préceptes à cet égard qu'en indiquant ce qu'on fait à Thomery. Nous saisirons cette occasion pour entrer dans quelques détails descriptifs sur la seule localité où l'on ait cultivé jusqu'à présent avec un succès sans égal le chasselas, comme objet principal de spéculation.

Le village de Thomery se compose de trois hameaux ; ceux d'Effondray et de Thomery, qui se touchent, sont situés au pied d'un coteau baigné par la Seine ; un peu plus loin, mais à une certaine hauteur, est celui de By, où il parait qu'on a cultivé plus anciennement le chasselas ; tous les trois sont dans la forêt, à une lieue de Fontainebleau. Le versant du coteau regarde le nord et l'est : le nord pour Effondray et une partie de Thomery, et l'est pour By.

Sur la rive gauche est un autre coteau plus élevé, plus rapide, et également rapproché de la rivière ; malgré sa pente, il avait été autrefois planté en vignes, et on y voit encore un pressoir bâti ou plutôt réparé par Henri IV. Les effets de la gelée s'y font sentir beaucoup plus vivement qu'à Thomery.

La rivière, resserrée entre le coteau des Pressoirs et celui de Thomery, offre un aspect des plus agréables et des plus pittoresques que l'on puisse rencontrer dans la forêt de Fontainebleau ; cette position, souvent environnée de vapeurs et de brouillards, réunit, sous ce rapport, les conditions les plus favorables à la végétation de la vigne et à la coloration de son fruit, lorsque le soleil vient le frapper.

La terre de Thomery est en général de médiocre qualité ; les veines y sont très-inégales ; beaucoup d'espaces sur ce coteau n'ont pas été jugés assez fertiles pour mériter d'être enclos ; on n'y compte pas plus de 205 hectares entourés de murs. La culture du chasselas comme raisin de table pour la consommation de Paris est moderne ; il y a quarante ans que les terrains qui y sont employés aujourd'hui étaient plantés de vignes produisant un vin dont le prix était de 15 à 20 francs la pièce ; ce n'est même que depuis vingt ans que l'on a commencé à bâtir dans les clos des murs de refend. A cette époque, le sommet du coteau était encore couvert de bois ; il a été depuis défriché et planté en vignes. La qualité de la terre, dans ce dernier emplacement, paraissait d'abord favorable ; mais on trouve à peu de profondeur un lit de glaise qui retient l'eau. La vigne a pu y réussir pendant les premières années ; elle y dépérit actuellement ; les ceps deviennent noirs, et en les arrachant on trouve leurs racines pourries. Dans l'année 1817, beaucoup ont été détruites pour être remplacées par d'autres cultures (1).

§ 1er. — DES MURS.

Ils sont garnis de chaperons très-saillants. Murs de contre-espalier.

Le sol de Thomery est généralement assez ferme pour qu'il ne soit pas nécessaire de descendre la fondation des murs de clôture à plus de 0^m,50 ou 0^m,65 au-dessous de sa surface. On donne à ces murs 2^m,65 d'élévation au-dessus de terre ; ceux de refend, dans l'intérieur des clos, n'ont que 2^m,15, et ne sont construits que trois ans après la plantation des crossettes, c'est-à-dire lorsque la vigne est assez forte pour être couchée ; les uns et les autres sont maçonnés avec la terre de la fouille, puis recrépis avec un mélange de chaux, de sable fin et de plâtre. Tous ces murs sont chaperonnés en tuiles versant l'eau des deux côtés, avec une faîtière sur l'arête. Il y a cinq rangées de tuiles sur chaque face, ce qui fait à peu près cinquante tuiles par mètre courant pour les deux côtés du chaperon. Les tuiles avancent assez pour former une saillie de 0^m,25 à 0^m,30. Il est présumable que les habitants de

(1) Les bonnes qualités du sol à sa superficie ne suffisent pas toujours pour décider la réussite d'une plantation ; la nature des couches inférieures, leur épaisseur, leur inclinaison, les vapeurs et les exhalaisons qui se portent à la surface, peuvent seules expliquer les causes du succès ou de la non-réussite en opérant sur des terrains semblables en apparence. On ne saurait donc étudier avec trop d'attention le sol qu'on se propose de planter.

Thomery n'ont d'abord construit cette saillie que dans la vue
de mettre leur raisin à l'abri des eaux pluviales. Cependant
ils en retirent encore d'autres avantages importants auxquels ils ne semblent pas prêter beaucoup d'attention, tels
que ceux de garantir, jusqu'à un certain point, les bourgeons
des gelées printanières, et de modérer ou de ralentir l'action
de la sève dans tous les temps, et plus utilement encore
après l'ébourgeonnement et le pincement. Si on lui reproche
de couvrir de son ombre le cordon supérieur, et d'être quelquefois un obstacle à la parfaite maturité de l'extrémité de
ses bourgeons, cette défaveur est compensée par la faculté de
conserver jusqu'à Noël les grappes sur les cordons. On pourrait
même les laisser au-delà de ce terme en plaçant des paillassons
par-dessus la fougère qui enveloppe ces grappes.

Les expositions du midi, du levant et du couchant, sont plantées en vignes. Les murs de clôture sont garnis de cinq étages
de cordons, et les autres de quatre. L'exposition nord est plantée en poiriers très-mal dirigés. Le défaut des connaissances nécessaires à cette culture empêche les habitants de Thomery d'en
tirer un meilleur parti. Quelques-uns plantent au nord des
vignes dont les raisins sont très-inférieurs, parce que le soleil
n'y darde ses rayons qu'au commencement et à la fin du jour ;
les plus industrieux font passer au travers de leurs murs, par
les trous qui ont servi pour échafauder la construction, des
brins de vigne qu'ils disposent en cordons à la bonne exposition ; cette combinaison a pour but de moins fatiguer la plate-
bande du midi, où les ceps pourraient être plantés à une plus
grande distance si cet arrangement était conduit d'une manière
régulière, comme je l'ai indiqué planche I (1).

Il est remarquable que les vignes plantées contre le mur du
nord, et dont on a fait passer les brins au midi, sont quelquefois
atteintes par la gelée tandis que celles qui sont plantées au
midi et palissées contre le même mur en sont exemptes ; ce qui

----

(1) M. Dalbret, p. 163, conseille, *lorsque des issues ou barbacanes auront été
pratiquées au pied du mur, d'y faire passer la tige, ce qui est préférable à ce
que la Pomone enseigne*. M. Dalbret semble ignorer que des barbacanes ne se
pratiquent qu'aux murs de terrasses ou autres, pour l'écoulement des eaux, et
que, dans ce cas, il ne doit pas être question d'y planter de la vigne.

peut être attribué à la plus grande abondance de la sève des bourgeons du nord ; les grappes et les grains de ces bourgeons sont aussi un peu plus gros, et mûrissent plus tard que ceux du midi. On a soin de boucher avec de la terre franche les trous par où l'on a fait passer la vigne, afin que les insectes ne s'y retirent pas, et aussi pour éviter un courant d'air défavorable aux productions qui en seraient frappées.

Les murs de refend doivent être parallèles, et distants de 12 à 14 mètres l'un de l'autre ; quelques cultivateurs ne laissent que $8^m,25$ d'intervalle, ce qui n'est pas suffisant, le terrain se trouvant alors trop couvert par l'ombre, qui nuit aux plants qu'on y cultive ; la distance de 12 à 14 mètres permet, au contraire, d'établir avec avantage des contre-espaliers et des vignes dont on tire encore un grand produit.

La direction des murs de refend suit assez généralement la pente du sol ; ainsi, au hameau d'Effondray, les murs vont du levant au couchant ; à Thomery, ils s'inclinent un peu vers le midi ; enfin, à By, ils sont dirigés du midi au nord. L'exposition la plus estimée pour la précocité du raisin est celle du midi ; aussi les cultivateurs de ce pays ne manquent-ils jamais de se la donner toutes les fois que la division des héritages et la situation du terrain le comportent. L'exposition du levant est la plus productive, parce qu'aucune des deux faces du mur n'est absolument mauvaise.

Les murs sont généralement très-bien entretenus ; on n'y voit ni trous, ni joints, ni crevasses, qui favorisent la retraite et la propagation des insectes. Les cultivateurs de Thomery préfèrent la chaux au plâtre pour la construction de leurs murs. Ils les blanchissent, afin d'augmenter la somme de chaleur que reçoit la grappe par la réflexion des rayons solaires ; ils attachent une grande importance à ce que les grappes soient très-rapprochées du mur.

Le terrain entre les murs est divisé par des contre-espaliers en treillages de $2^m,65$ en $2^m,55$, et chaque intervalle entre ceux-ci est planté d'un rang de vignes soutenues par des échalas et cultivées comme celles des champs ; on les appelle *plants de souche*. Ceux qui mettent plus de distance entre les contre-espaliers y élèvent deux rangs de vignes de souche. Le contre-espalier le plus près du mur n'en est éloigné que de 2 mètres; cet espace est occupé par un sentier et une plate-bande de 1^m,50 à 1^m,65, dans laquelle on ne cultive jamais rien.

Le treillage des contre-espaliers a 1^m,16 de hauteur ; il est soutenu par des poteaux distants de 1^m,65, et disposé de manière à recevoir deux étages de cordons. L'intervalle entre ces cordons est de 0^m,50.

Les vignes de souche sont, dans chaque rang, distantes de 1^m,33 ; elles sont taillées sur quatre ou cinq coursons, lesquels sont élevés de 0^m,33 à 0^m,40 au-dessus du sol, afin que la terre délayée par les pluies ne rejaillisse pas sur le chasselas. Ce raisin de souche se met dans le fond des paniers, parce qu'il n'est jamais ni aussi beau ni aussi bon que celui des treilles. Lorsque les années sont abondantes et qu'on ne peut le vendre comme raisin de table, on en fait du vin.

Quelques cultivateurs de Thomery ont construit, en dernier lieu, des contre-espaliers en maçonnerie de 1^m,16 de hauteur et de 0^m,16 à 0^m,20 d'épaisseur; ils n'en placent qu'un seul en avant de leurs grands murs du midi, et donnent à leurs chaperons, qui n'ont qu'une seule pente, une saillie de 0^m,14. Les propriétaires qui ont un bon terrain, bien exposé, tireront un grand parti de ces espèces de contre-espaliers.

Ces industrieux habitants ont encore imaginé de remplacer les piquets des contre-espaliers en treillage par de petites barres de fer de 0^m,74 de longueur, scellées avec du soufre dans des prismes de grès de 0^m,65 de long sur 0^m,11 à 0^m,14 d'équarrissage; ces prismes, qu'ils nomment *coins*, et qui sont enfoncés en terre de 0^m,40 ou 0^m,43, sont éloignés l'un de l'autre de 1^m,65. Lorsqu'ils sont tous plantés et bien alignés, on lie à chaque barre un montant de treillage qui s'élève jusqu'à 1^m,16 au-dessus du sol, et on fixe sur ces montants principaux cinq lattes ou traverses placées à 0^m,25 de distance l'une de l'autre, en commençant par le haut, de manière que la dernière soit à 0^m,16 au-dessus du sol. C'est elle qui soutient le premier cordon; le second est sur la troisième traverse. Le tout est maintenu par des montants intermédiaires, comme dans les autres treillages.

Chaque coin de grès, armé de sa petite barre de fer, coûte 1 franc, c'est-à-dire le double des piquets en bois ; mais la durée de ceux-ci n'est que de neuf à dix ans, tandis que celle des coins est illimitée et qu'ils dispensent des soins de l'entretien annuel. Beaucoup de cultivateurs de By et de Thomery usent de ce moyen. Il vaudrait mieux que le scellement fût en plomb ou d'une autre matière, parce que le soufre peut faire éclater la pierre.

§ 2. — DES TREILLAGES.

Le treillage contre les murs est formé de lattes horizontales placées à 0^m,25 de distance, et de lattes verticales espacées de 0^m,50 ou 0^m,55. Ces dernières n'ont d'autre but que de maintenir contre le mur les lattes horizontales, qui servent seules à attacher les cordons et à palisser la vigne. Ce treillage est moins dispendieux que celui qui est employé ordinairement pour le palissage des autres arbres fruitiers, dont la maille est de 0^m,22 sur 0^m,25. Nous aimons mieux multiplier les crochets pour maintenir les lattes horizontales et réformer les lattes verticales.

Après avoir fait connaître le genre de treillage en usage à Thomery, nous indiquerons celui dont nous nous servons, parce qu'il est plus favorable à la maturité du raisin, plus commode pour le cultivateur, et en même temps plus économique. Notre treillage est totalement dépourvu de lattes verticales, et même des lattes horizontales placées entre les cordons ; celles-ci sont remplacées par de gros fils de fer que l'on tend d'un crochet à l'autre et que l'on tourne autour du crochet. Nous ne conservons de lattes que celles qui sont nécessaires pour attacher les cordons et pour les maintenir sur une ligne droite et horizontale. On aura soin que la tête des crochets soit assez près de la latte pour que le cordon de vigne ne puisse s'y trouver engagé. Ce treillage laisse approcher les grappes plus près du mur ; il évite au jardinier de donner un premier lien volant aux bourgeons ; il lui suffit de les passer derrière le fil de fer, ce qui se fait très-promptement. Ce treillage n'offre aux insectes aucun abri qui les dérobe aux recherches du cultivateur. Les lattes horizontales doivent toujours être parallèles au chaperon du mur, quelle que soit la pente du sol ; il faut avoir égard à cette condition pour déterminer par avance la place de chaque cordon.

Les échalas destinés aux vignes de souche sont en bois sec ; ceux de châtaignier ou de chêne encore verts, étant chargés d'une substance âcre, deviendraient nuisibles aux jeunes racines. Si l'on n'en a pas d'autres, il faut les faire tremper dans l'eau pendant plusieurs jours ; on aura soin aussi de faire écorcer les échalas, afin que les vers ne puissent s'y loger.

CHAPITRE XXIII.

Résumé comparatif de la culture de Thomery et de celle qui se pratique dans la plupart des jardins.

Pourquoi l'on ne suit pas généralement les procédés de culture pratiqués à Thomery. Comparaison de ces divers procédés avec ceux qui sont en usage ailleurs. Ces procédés seront plus tôt adoptés en Belgique qu'en France.

Après avoir traité de la culture de la vigne avec détail, et en donnant presque toujours la préférence à ce qui est pratiqué à Thomery, nous pensons qu'il peut être utile de résumer les principales différences qui existent entre la culture de ce canton et celle en usage dans les jardins des environs de Paris, et cela avec d'autant plus de raisons qu'il y a déjà vingt-cinq ans que nous avons consigné, dans la première édition de cet ouvrage, les procédés de culture suivis à Thomery, et que nous ne connaissons que très-peu de cultivateurs qui les aient appliqués ailleurs. En recherchant la cause d'un fait si extraordinaire dans un pays où il ne manque ni sociétés horticoles, ni même professeurs, ni lecteurs, puisque deux mille exemplaires de la première édition de *la Pomone* ont été promptement épuisés, nous pensons que nous avons peut-être omis de démontrer assez clairement que les succès obtenus à Thomery étaient dus plutôt au mode de culture qu'à la qualité ou à l'exposition toute particulière du sol ; nous n'avons sans doute pas assez fait connaître comment les cultivateurs de Thomery sont parvenus à mettre la vigne dans une situation où elle est forcée de mûrir chaque année hâtivement son bois, et par conséquent ses fruits ; procédé tout-à-fait indépendant des qualités du sol, puisqu'on peut obtenir les mêmes résultats sur presque tous les terrains des environs de Paris. Nous allons essayer, dans cette nouvelle édition, de réparer cette omission, en consacrant ce chapitre à l'exposition des différences qui existent entre la culture de la vigne à Thomery et celle qui est en usage à Paris.

Nous espérons que nos lecteurs comprendront enfin que, si le raisin de Thomery et celui de Paris étaient produits par des vignes cultivées à peu près de même, on serait alors fondé à croire que le sol de Thomery est infiniment préférable, pour la beauté et les qualités du fruit, à celui de Paris ; mais, comme la vigne est cultivée très-différemment dans ces deux localités, on trouvera plus raisonnable d'attribuer la différence des produits à la différence des cultures plutôt qu'à celle des qualités toutes particulières du sol.

Dans les jardins des environs de Paris, on plante ordinairement la vigne au pied des murs ; à Thomery, on la plante à 1 mètre en avant, pour, après deux ou trois ans de culture, la coucher vers ce mur.

A Paris, on plante des chevelées ; à Thomery, des crossettes choisies sur les ceps qui portent toujours les plus beaux fruits.

A Paris, on laisse entre chaque cep un intervalle de 7 à 8 mètres ; à Thomery, on ne laisse que de 0m,55 à 0m,68.

La vigne, à Paris, est étendue en éventail sur les murs ou plus souvent en cordons ayant de 7 à 8 mètres de longueur de chaque côté, et la même vigne forme quelquefois deux étages de cordons ; à Thomery, chaque cep fournit un seul cordon de 1m,33 seulement d'étendue de chaque côté.

A Paris, on profite de toute la vigueur des jeunes pousses pour former très-promptement des tiges et des cordons ; à Thomery, on met plusieurs années pour obtenir les mêmes résultats.

A Paris, les murs ont des chaperons de 0m,05 à 0m,07 seulement de saillie, et souvent pas du tout ; à Thomery, les murs sont chaperonnés en tuiles qui saillissent de 0m,24 à 0m,26.

A Paris, les plates-bandes où est plantée la vigne sont de niveau avec les allées ; à Thomery, elles sont fortement inclinées.

A Paris, les cordons de vigne sont espacés de 0m,65 ; à Thomery, de 0m,50.

A Paris, les cordons de vigne occupent le haut des murs, dont le reste est couvert par des pêchers, des abricotiers, des poiriers, etc.; à Thomery, on ne place contre le même mur qu'une même variété d'arbre.

A Paris, on cultive dans les plates-bandes toutes sortes de plantes; à Thomery, on n'y cultive rien, et on les fume amplement tous les trois ans.

A Paris, on éteint les yeux qui sont mal placés ou qui gêneraient pour allonger promptement les tiges et les cordons; à Thomery, on laisse tout pousser, mais on pince ces pousses.

Nous pourrions encore citer les différences qui existent sous le rapport de la taille, de l'ébourgeonnement, du pincement, du palissage, de l'épamprement, et autres soins divers; mais celles dont nous venons de faire mention paraîtront sans doute assez considérables pour avoir une très-grande influence sur les produits, indépendamment du sol.

Nous essaierons encore, pour déterminer la conviction des cultivateurs, de développer ici les conséquences qui résultent de chacun de ces procédés.

Les vignes plantées à de grandes distances ont nécessairement des cordons très-allongés, qui se chargent d'une quantité de feuilles et de bourgeons. Ces nombreuses productions excitent les racines à fournir une grande abondance de sève; elles obéissent d'autant mieux qu'elles peuvent plus facilement s'étendre et se saturer de l'humidité de la terre qui les environne; d'où il résulte que les vignes, dans cette situation, prolongent leur végétation jusqu'aux gelées, de sorte que les fruits et le bois mûrissent tardivement et toujours imparfaitement. A Thomery, les nombreuses racines de la vigne, après avoir contribué au développement d'un petit nombre de bourgeons et de feuilles, ne trouvant plus dans la terre qui les environne un excès d'humidité, laissent plus efficacement les feuilles et les bourgeons perfectionner et enfin terminer leur formation, laquelle s'opère d'autant mieux et d'autant plus promptement que les racines y contribuent alors avec des éments plus concentrés. Quoique l'exposition que nous faisons ici de la marche que suit la nature dans l'accomplissement d'un fait puisse être contestée, le fait n'en existe pas moins, et il importe infiniment au cultivateur de le reconnaître, afin d'être à même de le reproduire et d'en tirer parti.

Nous avons souvent remarqué, aux environs de Paris, que la même espèce de raisin mûrissait plus tardivement à l'espalier que dans les vignes. Il y a à cela deux causes : la première, c'est que la sève est plus également répartie dans les ceps que sur les cordons ; la deuxième, c'est que dans les champs les ceps sont plantés à des distances beaucoup plus rapprochées et dans un sol en pente et moins profond. Par les mêmes raisons, le contraire arrive à Thomery : le chasselas venu sur les treilles y mûrit toujours plus tôt que celui qui pousse sur les souches, celles-ci étant espacées de 1^m,33.

La grande étendue des cordons occasionne une grande inégalité dans la répartition de la sève, qui afflue toujours beaucoup plus abondamment dans les bourgeons des extrémités que dans ceux qui sont situés près de la tige. A Thomery, les cordons n'ayant que 1^m,33, cette inégalité de répartition est moins sensible ; il suffit d'ailleurs, pour l'éviter, de pincer les bourgeons de l'extrémité un peu plus tôt que ceux qui se développent près de la tige. On comprend que toutes les parties d'une plante dans lesquelles la sève coule également accomplissent mieux et plus promptement les différents périodes de leur végétation.

A Paris, on profite de toute la vigueur des jeunes pousses pour former très-rapidement une vigne en cordons d'une grande longueur ; à Thomery, on met plusieurs années pour former une vigne de peu d'étendue ; d'où il résulte que la sève s'élabore bien différemment dans ces vignes lorsqu'elles sont formées.

On sait généralement que les chaperons qui ont une forte saillie, indépendamment de ce qu'ils conservent les murs, préservent la vigne des gelées printanières ; ils influent avantageusement dans toutes les saisons sur la végétation, conservent les raisins dans toute leur beauté, et facilitent les moyens de les laisser sur la treille jusque vers le milieu du mois de décembre. Il est à propos d'ajouter que les cultivateurs de Thomery blanchissent souvent leurs murs, afin que les rayons du soleil, reflétés sur le fruit, hâtent sa maturité et le colorent.

A Paris, les cultivateurs sont dans la nécessité de laisser

0^m,66 d'intervalle d'un cordon à l'autre, parce que, les principes de la taille y étant mal suivis, les bourgeons croissant trop vivement et trop longtemps, on ne pourrait sans inconvénient les arrêter au-dessous de 0^m,66 ; à Thomery, on arrête les bourgeons avec avantage à 0^m,50, d'où il résulte que l'on obtient plus hâtivement, sur une surface égale, un cinquième de récolte de plus qu'à Paris, puisque, sur un mur de 2^m,66 d'élévation, on peut avoir cinq étages de cordons au lieu de quatre.

Avant que l'on se fût avisé de faire la comparaison que nous venons de donner des deux cultures, on était très-éloigné de soupçonner que les habitants de Thomery cultivassent la vigne autrement que nous. C'est cette ignorance qui a fait attribuer aux qualités de leur sol la supériorité non contestée du chasselas de Thomery sur nos marchés, tandis que ce sol est au contraire si peu favorable à la vigne qu'il a forcé les cultivateurs à quitter l'ancienne routine de culture pour en adopter une autre plus appropriée aux exigences de ce sol. Ainsi, c'est aux soins et à l'intelligence des habitants de Thomery qu'est due la supériorité de leurs récoltes, ainsi que l'exemple qu'ils nous donnent.

Nous ajouterons que nous avons eu le loisir d'étudier particulièrement le sol de Thomery, que nous l'avons trouvé d'une qualité très-inférieure à celui de la treille royale du château de Fontainebleau, ainsi qu'au sol de la plupart des jardins environnant la capitale ; d'où il résulte les plus grandes probabilités pour que la vigne, cultivée dans ces terrains comme nous avons fait cultiver la treille royale, donne de plus beaux raisins qu'à Thomery.

Nous désirons que les explications que nous venons de donner déterminent quelques cultivateurs à vérifier jusqu'à quel point nos assertions sont fondées ; quant à ceux qui voudront bien nous croire sur parole, nous les engageons à consulter le chapitre où nous traitons de la Plantation, afin de ne rien déranger dans leur espalier jusqu'à ce que les vignes qu'ils auront fait planter à la Thomery commencent à être en rapport.

Malgré l'exposé que nous venons de faire de la différence notable qui existe entre la culture de la vigne à Thomery et celle

qui est pratiquée à Paris, dans le but de prouver que l'infériorité
des produits de la vigne à Paris est due plutôt à la différence de
la culture qu'à celle du sol, nous n'osons nous flatter de voir
s'opérer de longtemps aucun changement en France à cet égard,
parce que nous avons à lutter contre la routine et contre un
préjugé qui accorde au sol de Thomery des qualités spécialement
favorables à la vigne. Nous espérons beaucoup mieux de la Belgique, où l'on est cependant plus arriéré encore qu'à Paris pour
la culture des treilles. Nous avons remarqué, en parcourant, il
y a quelques années, ce riche pays, une quantité considérable de vignes plus mal plantées et plus mal dirigées que partout
ailleurs ; le produit de ces vignes est nul ou presque nul. Cet
état de choses en Belgique fait mieux sentir la nécessité de recourir à des moyens d'amélioration. Déjà, à Anvers, M. le chevalier Parthon de Von, un des hommes les plus distingués de
ce pays, et auquel l'horticulture doit chaque année de nouveaux
progrès, avait fait en plein air une plantation de vigne destinée
à être cultivée comme à Thomery. L'intelligence réfléchie de
son jardinier rendra très-efficace la sollicitude de M. Parthon
de Von pour le perfectionnement de la culture de la vigne. Nous
ne faisons aucun doute qu'un tel exemple donné dans ce pays
ne soit plus entraînant que les conseils les plus éloquents
que nous pourrions prodiguer à ce sujet. Nous nous bornerons donc, pour ce qui regarde la Belgique, à signaler aux
jardiniers de cette contrée les fautes qu'ils commettent le plus
ordinairement dans la culture de la vigne, soit en plein air, soit
dans leurs serres tempérées.

L'espèce le plus généralement cultivée est le frankenthaler,
connu en France sous le nom de tourdeau de la Drôme ; c'est
aussi le raisin que l'on force ordinairement en Angleterre ; il
est cependant plus tardif que le chasselas, qui devrait lui être
préféré sous le rapport de la qualité. Le bois du frankenthaler
est plus gros, les nœuds sont plus espacés, les feuilles beaucoup
plus larges ; les grappes sont énormément grosses ; les grains
sont rouges, ronds, gros, et tellement serrés que l'on doit
nécessairement les éclaircir. Ce raisin a la plus belle apparence, surtout lorsqu'il conserve sa fleur ; son eau est abondante,
mais elle n'a ni suc ni saveur ; elle perd son acidité aussitôt que

le raisin commence à prendre de la couleur, ce qui le rend supportable, mais insignifiant. La culture du chasselas est préférable, non-seulement sous le rapport de la qualité, mais encore sous celui de la quantité, parce que ses feuilles et son bois occupent moins de place dans les serres.

En Belgique, un seul cep de vigne est planté au pied des pignons ou des murs de jardins, où l'eau séjourne parce que le terrain n'est pas en pente ; les rameaux de la vigne sont étendus en éventail sur les murs, comme le seraient des branches de poiriers très-rapprochés les uns des autres. Les bourgeons sortis de ces rameaux, ne trouvant pas de place lors du palissage, sont nécessairement supprimés ou se croisent. Il faut considérer que la vigne pousse chaque année de longs bourgeons qui doivent avoir d'avance leur place marquée sur le mur, sans se croiser sur de nouvelles ou sur d'anciennes pousses ; autrement il y a confusion et perte de sève pour la plante, parce que les membres sont beaucoup plus nombreux qu'ils ne doivent l'être pour la production du fruit ; il y a aussi perte de temps pour l'ouvrier, qui, au lieu d'agir mécaniquement, comme il pourrait le faire s'il suivait la méthode de Thomery, est forcé de réfléchir pour savoir ce qu'il doit faire de chaque branche qu'il touche. Nous n'insistons autant sur cette faute que parce qu'elle est extrèmement contraire à une bonne culture et qu'elle est généralement commise en Belgique ; nous l'avons remarquée même au jardin botanique de Bruxelles, où l'on trouve cependant une grande intelligence dans la culture des plantes exotiques; mais là comme ailleurs on paraît avoir négligé, avant de cultiver la vigne, le soin d'étudier la manière dont elle végète. Les jardiniers belges semblent ignorer la formation régulière et permanente des coursons. Nous les engageons à consulter cet article, ainsi que la planche I.

Quant aux vignes qui croissent dans les serres tempérées, toutes sont à peu près disposées comme celles que nous avons vues chez M. Van Geert, dans son bel établissement d'Anvers, près du chemin de fer. Sa serre a 29^m,33 de longueur sur 8 mètres de largeur et 10 de hauteur. Les vignes sont plantées en dehors, au midi, sous l'égout des châssis à 1^m,50 de distance l'une de l'autre ; on les palisse tous les ans, en dedans, tout contre le verre, qui est immobile ; chaque cep, en parcourant 10 mètres d'élévation, couvre une largeur de 1ᵐ,50.

On conçoit qu'un seul pied de vigne qui est parvenu rapidement à occuper une aussi grande surface, et dont la végétation est constamment favorisée par le verre et par l'humidité de la terre du dehors, se prolonge indéfiniment ; aussi le fruit et le bois mûrissent à peine. Il résulte encore de ces dispositions que le bois de cette vigne, qui n'est plantée que depuis dix ans, est déjà de la grosseur du poignet. Le jardinier semble ignorer l'art d'établir et de maintenir les coursons, d'où il résulte qu'au palissage il y a tantôt vide, tantôt confusion. Les grappes, dans ces vastes orangeries, sont dans la même position que celles qui, pendant sous un berceau, ne mûrissent presque jamais, parce qu'elles sont privées de soleil. Néanmoins, M. Van Geert récolte annuellement 5 à 600 kilogrammes de raisin frankenthaler, qui, faute d'autre, se vend généralement de 4 à 6 francs le kilogramme. Nous sommes donc très-éloigné de conseiller à M. Van Geert de détruire une vigne qui lui donne un aussi bon produit, et, puisque c'est la mode d'utiliser ainsi ces vastes serres, nous l'engageons du moins à apporter à la culture de cette vigne tous les changements que la culture de Thomery pourra lui suggérer, et, s'il devait en établir d'autres dans ses serres, à se conformer au mode que nous venons de lui indiquer. Il trouvera même encore plus d'avantages à planter de la vigne en plein air, pour être conduite en treille comme à Thomery, et à faire porter, après la sortie des plantes de serre, ses châssis devant les murs. Il pourra remarquer que la couleur blanche des murs, réfléchissant les rayons du soleil sur les grappes qui y sont appliquées, hâtera leur parfaite maturité en les colorant vivement, tandis que les raisins qui sont dans sa vaste serre, quoique la vigne soit palissée contre le verre, ne reçoivent point les rayons du soleil ; ils en sont privés par leur poids, qui les entraîne sous les bourgeons et les feuilles ; d'autre part, ils sont à une trop grande distance du mur pour en éprouver les bons effets. D'ailleurs, le grand volume et le courant d'air qui circule dans la serre autour des grappes est trop vif et trop considérable pour laisser s'opérer une maturité précoce et parfaite.

Les jardiniers belges doivent savoir que les vignes forcées sous bâches ou sous châssis sont presque étouffées ; elles sont plongées dans un air chaud, humide et peu raréfié ; cependant les fruits de ces vignes parcourent promptement tous les périodes qui les conduisent à une parfaite maturité. Il est même très-remarquable que ces fruits ainsi forcés sont plus beaux et plus exquis que ceux qui sont venus en plein air, sans en excepter les expositions les plus favorables à la vigne ; cette plante diffère en cela de toutes celles que nous connaissons, sinon du fraisier, dont les fruits acquièrent aussi plus de parfum étant forcés.

Les arbres, en général, donnent libéralement leurs fruits ; mais ceux de la vigne, du pêcher, du groseillier, du framboisier et du fraisier, dégénèrent aussitôt qu'on cesse de les cultiver, c'est-à-dire de contraindre ou de favoriser leur végétation naturelle, suivant nos intérêts. A Thomery, la contrainte exercée sur la vigne est mieux entendue et plus sévère que celle qu'on exerce à Paris. Il faudrait sans doute, sous des climats moins favorisés, ajouter à ces contraintes pour maîtriser certaines parties de la plante et en favoriser d'autres : c'est une étude à faire ; mais, dans tous les cas, il faut toujours commencer par admettre celles qui sont pratiquées à Thomery, et se persuader que l'organisation de la vigne peut se plier à beaucoup d'exigences, pour peu qu'elles soient calculées sur sa végétation naturelle, comparée à l'état auquel la culture l'a déjà soumise.

CHAPITRE XXIV.

Moyens de hâter et de forcer la maturité des vignes.

Après avoir donné sur la culture de la vigne en plein air, en espalier et en contre-espalier, tous les détails que nous avons crus nécessaires à son amélioration, il nous reste à décrire les moyens employés pour hâter la maturité du raisin, soit en faisant usage de vitraux mobiles, soit en le cultivant dans les serres ou sous des bâches.

§ 1. — VITRAUX MOBILES.

Culture de la vigne sous les vitraux. Les productions qui ne sont que hâtées sont préférables à celles qui sont forcées. Des cordons dans les serres ou dans les orangeries. Ces cordons sont peu productifs.

On peut hâter l'époque de la maturité des raisins d'une treille disposée contre le mur en plaçant au-devant de ce mur des châssis vitrés. Si le mur a 2^m,50 de hauteur, les châssis devront avoir 2^m,66. On les posera sur des montants inclinés, appuyés contre le mur, et portant sur une sablière élevée de 0^m,33 au-dessus du sol, à 2 mètres du mur. Ces montants seront distants entre eux de la largeur du châssis, qui est, en général, de 1^m,33 ; ils seront assemblés à trait d'équerre sur la sablière. Cette charpente légère et mobile sera en même temps d'une assez longue durée, parce qu'elle n'offre aucune mortaise dans laquelle l'humidité puisse séjourner.

Les châssis seront mis en place, sous le climat de Paris, vers la mi-février, aussitôt après la taille et le labour de la vigne. D'un fourneau construit en dehors partiront des tuyaux de chaleur qui circuleront en dedans, près des vitraux. Des paillassons seront étendus sur les châssis pendant les nuits et les journées froides; on aura soin de les enlever aussitôt que le soleil paraîtra. On fera en sorte que la température intérieure éprouve peu de variations ; c'est pour cette raison qu'il faut qu'elle soit modérée. La vigne, sous ces châssis, est plutôt hâtée que forcée. On doit s'arranger de manière à ménager la treille, et à ne point la fatiguer, soit par une taille plus longue, soit en lui laissant plus de grappes que de coutume. L'évrillement, l'ébourgeonnement, le pincement, l'épamprement, doivent être employés pour ces vignes de même que pour celles qui ne sont point couvertes par des vitraux. On sera seulement plus attentif à éviter la confusion, et on ne laissera croître aucune production inutile.

On suppléera aux bons effets des rosées et de l'humidité de l'air extérieur en faisant tomber sur les feuilles des pluies artificielles très-fines, au moyen d'un piston ou d'une pompe à l'usage des serres ; il suffit le plus souvent d'un bassinage. L'eau

5

devra être au même degré de température que l'atmosphère dans
laquelle on la répandra. Ces arrosements seront proportionnés
à la chaleur et à l'avancement de la végétation de la vigne ; le
temps de la floraison n'en dispense pas, pourvu que la chaleur
les commande, car la vigne se noue malgré la pluie lorsque
l'atmosphère est chaude et que le soleil succède aux ondées.
On peut arroser, lorsque le soleil brille, à neuf heures du matin
et à une heure après midi.

Si le vitrage n'a que 24 mètres de longueur, on ne donnera
de l'air que par les portes des extrémités ; mais lorsque la
grappe sera défleurie et que le temps le permettra, on sou-
lèvera quelques châssis ; au reste, moins on pourra se dispenser de donner de l'air, plus on avancera la maturité du raisin.
Les châssis doivent rester devant la treille jusqu'après la récolte
du fruit ; si l'espalier a été bien ménagé, il pourra être hâté
plusieurs années de suite. On aura soin, vers le temps où la
vigne forme les boutons qui doivent s'ouvrir l'année suivante,
de la favoriser dans ce travail, soit en arrosant la terre avec
du jus de fumier, soit simplement en ne la laissant pas trop
se dessécher, parce que les vitraux privent les racines des
bienfaits de la pluie et des rosées. On taillera aussi ces vignes
avant l'hiver.

On éclaircira les grains trop serrés aussitôt qu'ils auront
atteint la grosseur d'un pois. Il ne faudrait pas attendre, pour
faire cette opération, qu'ils fussent trop gros, parce qu'en
maniant la grappe on pourrait lui faire perdre sa fleur ou
l'empêcher de la prendre. On évitera de raccourcir les grappes, qui doivent toujours conserver leur forme pyramidale.

L'espace resté libre entre les vitraux et la vigne peut être
utilisé pour une plantation de fraisiers en pots.

§ 2. — DE LA VIGNE SOUS BACHES.

Le fumier dont on environne les bâches y fait élever la température jusqu'à
37 degrés centigrades. C'est le moyen le plus efficace et le moins dispendieux
d'obtenir des raisins hâtifs. De l'inclinaison à donner aux vitraux.

La culture de la vigne sous bâche est beaucoup plus hâtive
que celle que nous venons de décrire ; on peut même dire

qu'elle est *forcée* ; c'est ce que les jardiniers appellent *chauffer*. Aussi les plants soumis à cette opération en sont-ils fatigués, et ne peuvent ils être chauffés de nouveau qu'après une année de repos. Le cultivateur doit, pendant cette année, les ménager et les soigner tout particulièrement.

Les vignes chauffées sous bâches doivent avoir été disposées à subir ce traitement depuis quatre ou cinq années; on les plante en ligne, à 2 mètres de distance, et les lignes sont espacées entre elles de 3^m,33, afin de pouvoir chauffer en même temps plusieurs rangées de bâches sans que l'une porte ombrage à l'autre. Après deux ou trois années de plantation, on provigne ces plants sur la même ligne, en conservant aux nouvelles tiges entre elles la même distance de 2 mètres.

L'année même du couchage, on établira un treillage léger d'un peu moins de 1 mètre de hauteur ; la latte horizontale qui doit soutenir le cordon sera fixée à 0^m,42 au-dessus du sol, afin que le bout des grappes soit assez éloigné de la terre, qui est toujours humide dans l'intérieur des bâches; autrement elles conserveraient leur verdeur et ne pourraient mûrir. Les tiges, les cordons et les coursons seront établis lentement, et d'après les principes que nous avons déjà indiqués. Chaque pied de vigne fournira deux bras de 1 mètre d'étendue chacun. On tâchera de ne pas laisser plus de 0^m,16 de distance entre chaque courson. Il importe de mettre la plus grande régularité dans l'éducation de ces vignes, afin que le peu d'espace qui existe sous les bâches soit exactement rempli, sans cependant occasionner de confusion.

Lorsque ces vignes seront formées et auront acquis assez de force pour être chauffées, elles seront taillées et le terrain sera labouré dans les premiers jours de février, s'il ne l'a pas été avant l'hiver. On placera sur ces vignes des coffres sans fond dont le grand côté, ayant 1 mètre de hauteur, sera placé contre le treillage ; le petit côté aura 0^m,33 d'élévation. Chaque coffre est destiné à recevoir deux châssis vitrés de 1^m,50 de longueur sur 1^m,33 de largeur. Les coffres seront construits en bois de sapin ou en bois blanc de 0^m,04 d'épaisseur, simplement assemblés à queue d'aronde. Le bois de chêne, ainsi que les équerres en fer, doivent être proscrits, non-seulement par économie, mais aussi parce que des constructions trop solides intercepteraient la chaleur des réchauds de fumier. Les châssis seuls seront en chêne, et les traverses portant le verre seront en fer, le tout peint à l'huile et toujours bien entretenu.

On creusera en dehors des coffres, tant sur le devant que sur le derrière, une rigole de 0m,50 de largeur sur 0m,33 de profondeur, dans laquelle on établira un réchaud de fumier, qu'on élèvera jusqu'au niveau du sommet des coffres; ce fumier sera remanié environ trois fois avant la floraison de la vigne; il procure, avec un peu de feu, assez de chaleur dans l'intérieur pour permettre d'économiser le combustible; mais, lors de la floraison, on doit s'abstenir d'y toucher; il ne sert plus que d'abri, en empêchant l'air extérieur de renouveler l'air intérieur. Lorsqu'on remanie les réchauds, la vapeur du fumier pénètre dans les bâches; elle est de nature à flétrir les fleurs, à faire couler les grappes et à les noircir. C'est pour cette raison qu'on renonce vers cette époque au bénéfice que pourrait procurer la chaleur des réchauds. Plus tard, lorsque les grappes sont formées et que les grains sont déjà gros, on doit encore s'en abstenir, parce que cette vapeur, dont l'odeur est pénétrante, donnerait au fruit un goût très-désagréable, ainsi que nous l'avons éprouvé.

On construit un fourneau en dehors des bâches, et on fait circuler dans l'intérieur, sur le devant, un tuyau de chaleur. On se sert aujourd'hui de tuyaux en zinc contenant de l'eau chaude, et d'un appareil du prix de 150 francs, qui peut chauffer l'intérieur de neuf coffres, ou 23m,40 de longueur. Cet appareil remplace avec un grand avantage les anciens fourneaux, qui ne chauffaient que l'intérieur de trois coffres, ce qui multipliait les feux, les constructions et la surveillance. La chaleur humide qui règne dans les bâches rend les pluies factices moins souvent nécessaires qu'avec les vitraux mobiles. Il faudra cependant ne point les supprimer totalement; on les répandra avant que le besoin s'en fasse sentir. En résumé, on devra donner de l'air à propos, mais peu; retrancher les vrilles, rogner les bourgeons lorsqu'ils seront assez avancés pour que cette opération tourne au profit de la grappe, pincer en temps utile les bourgeons qui s'allongeront trop, afin de gagner le moment favorable pour les rogner définitivement; enfin ne rien négliger de toutes les précautions que nous avons déjà recommandées pour la vigne hâtée, avec cette différence qu'elles doivent être ici plus rigoureusement observées; on doit également éviter tout ce qui occuperait inutilement sous les bâches une place qui peut être mise à profit. Pendant les nuits et les journées froides, on étendra des paillassons sur les châssis, et on aura soin de les enlever aussitôt que le soleil paraîtra.

La culture forcée sous les bâches est beaucoup plus hâtive et plus économique que celle qui est pratiquée dans les serres; car celles-ci ne peuvent être chauffées que par le feu, tandis que les bâches le sont avec le feu et le fumier, et d'autant plus efficacement qu'elles ne contiennent pas un volume d'air aussi considérable que celui qui circule dans les serres. Les dimensions des bâches que nous avons données sont les plus généralement en usage chez les cultivateurs, qui ont pour principe de n'avoir pas dans leur établissement plusieurs échantillons de bâches et de châssis. Ce système offre sans doute de grands avantages; mais nous croyons que ceux qui font de la culture forcée de la vigne une spéculation spéciale trouveraient un grand profit à avoir deux cordons de vigne sous leurs bâches au lieu d'un seul. Dans ce cas, le grand côté de la bâche devrait avoir $1^m,50$ au lieu de 1 mètre, et le petit côté $0^m,50$; les châssis vitrés auraient $1^m,75$ de longueur au lieu de $1^m,50$; ils conserveraient toujours $1^m,33$ de largeur.

La vigne serait plantée à 1 mètre de distance sur la ligne, au lieu de 2 mètres, et les lignes seraient espacées de $4^m,65$ au lieu de $3^m,30$. Les ceps impairs formeraient le cordon du bas, et les ceps pairs celui du haut; chaque cep aurait deux bras de 1 mètre de longueur chacun; le treillage aurait un peu moins de $3^m,50$.

Pour ne rien laisser perdre de la chaleur que le soleil peut développer sous les vitraux, il faudrait qu'ils fussent placés perpendiculairement à la direction des rayons du soleil; leur position devrait en conséquence varier chaque jour.

Nous allons donner le tableau de ces inclinaisons, calculées de mois en mois pour la latitude de Paris.

Pour le 21 janvier	68°52'	Pour le 21 juillet	28°12'
— le 21 février	59 35	— le 21 août	36 29
— le 21 mars	48 50	— le 21 septembre	48 50
— le 21 avril	37 11	— le 21 octobre	59 19
— le 21 mai	28 46	— le 21 novembre	68 39
— le 21 juin	25 22	— le 21 décembre	72 18

Ces indications suffisent pour les constructeurs ; mais les jardiniers, ordinairement dépourvus d'instruments d'optique, pourront faire usage d'une méthode pratique fort simple, et qui n'exige d'autre instrument qu'une planche carrée bien dressée, surmontée d'un style perpendiculaire ; ils poseront cette planche sur le vitrage, et, lorsque l'ombre du style sera d'équerre avec la face intérieure de la bâche, ils soulèveront ou abaisseront le châssis jusqu'à ce que l'ombre formée au pied du style disparaisse.

Quant aux serres dont les châssis ne sont pas mobiles, il est convenable de donner à ceux-ci une inclinaison moyenne entre celles qu'il faudrait appliquer à chacun des mois d'automne et d'hiver pendant lesquels les plantes sont renfermées. D'après le tableau ci-dessus, l'angle avec l'horizon devrait donc être de 63 degrés, toujours pour la latitude de Paris.

Ces considérations sont d'une telle simplicité, et se présentent si naturellement, qu'il y a lieu de s'étonner des différences d'inclinaisons données aux châssis de la plupart des serres existantes, lors même qu'elles sont destinées au même genre de culture.

CHAPITRE XXV.

Insectes nuisibles à la vigne.

Parmi les animaux et les insectes qui nuisent le plus à la vigne, nous signalerons :

Les *taupes*, qui éventent les racines. On doit être très-soigneux de les détruire, parce qu'elles font de grands dégâts.

Les *rats*, les *mulots* et les *loirs*, attaquent le raisin et même quelquefois les bourgeons naissants. On doit tendre des piéges et employer contre eux tous les moyens possibles de destruction.

Les oiseaux, et principalement les *moineaux*, les *merles*, les *grives*, les *gros-becs*, etc., ont bientôt fait disparaître le raisin des treilles si l'on ne prend des précautions contre leur pillage. Il suffit, pour le prévenir ou pour le faire cesser, de tirer quelques coups de fusil le matin, à midi, et le soir avant le coucher du soleil; de suspendre ceux qu'on attrape, d'éparpiller des plumes à terre, ou mieux d'attacher ces plumes à des ficelles que l'on tend vis-à-vis les treilles, et que le moindre vent fait mouvoir.

Les *limaces* se logent dans les murs mal entretenus, et font beaucoup de tort à la vigne en mangeant et en salissant les bourgeons et le fruit; elles ne sortent guère de leurs repaires qu'après le coucher du soleil.

Les *limaçons* ou *escargots* abondent aussi dans les murs mal entretenus. La grosseur et la lenteur de ces animaux, ainsi que la régularité de leurs habitudes, rendent leur destruction facile, et l'on ne doit pas la négliger. Comme ils craignent la chaleur, on est certain de les prendre le matin à la rosée ou pendant les temps de pluie. Ils déposent leurs œufs en terre; ces œufs, ronds et blancs, sont réunis en pelotte, de la grosseur d'une très-forte tête d'épingle.

Le *hanneton* fait beaucoup de mal aux racines de la vigne lorsqu'il est encore à l'état de ver; le nombre des *vers blancs* qui se groupent au pied d'un cep est quelquefois si grand qu'il le fait périr. Lorsqu'une vigne attaquée par les racines ou par le collet peut encore résister, elle languit et ne montre plus qu'une végétation affaiblie (1). Un cultivateur dont l'œil est exercé s'aperçoit, au port ou à la couleur des feuilles, de la présence du ver blanc; il le trouve au pied de la plante et le détruit. Des laitues, des fèves de marais, plantées çà et là, servent aussi à les faire découvrir, parce qu'ils préfèrent les racines de ces végétaux à celles de la vigne; les plantes attaquées se fanent promptement, et décèlent par là le ver qui est à leur pied.

La *chenille arpenteuse* naît au printemps en même temps que les bourgeons; elle les ronge à mesure qu'ils se développent. Cette chenille pourrait mettre en défaut les personnes qui ne la

(1) Les fruits d'un arbre ainsi attaqué sont plus précoces que les autres.

connaissent pas, parce qu'elle ressemble à un petit morceau de bois desséché, et paraît sans mouvement et sans vie. Elle n'est jamais éloignée d'un bourgeon détruit, parce qu'elle ne passe de l'un à l'autre qu'après avoir entièrement mangé le premier qu'elle a attaqué. Souvent les cultivateurs de Thomery sortent la nuit avec des lanternes pour chercher cette chenille, qui pourrait détruire tous les bourgeons d'un cordon les uns après les autres.

Le *ver de la vigne* est une larve provenant d'un œuf déposé dans le pepin lorsque le fruit est à peine formé. Il se nourrit d'abord de la chair de ce grain, dont il sort avant sa maturité, en élargissant la piqûre, qui est toujours voisine du pédoncule ; il file des conduits d'un grain à l'autre. Les grappes à grains serrés sont les plus attaquées de ce ver, ce qui entraîne leur pourriture dans les années humides. Il se tient enfermé dans le grain pendant la nuit et pendant la rosée du matin. On le voit, dans les temps froids, se promener au soleil sur les fruits; mais au moindre bruit, au plus léger mouvement, il se cache avec promptitude. Les cultivateurs de Thomery emploient des journées à chercher et à détruire ces vers, qui leur causeraient un dommage considérable.

L'*urbec* et le *becmore* sont deux charançons très-nuisibles à la vigne. Ils paraissent lorsque les bourgeons ont 0^m,14 à 0^m,17 de longueur, s'attachent aux feuilles nouvelles, les roulent en spirale, et pondent, dans les replis qu'ils ont formés, des œufs extrêmement petits. Pour rendre ces feuilles flexibles et faciles à rouler, l'insecte a eu la précaution d'inciser fortement le bourgeon, ce qui détruit l'espoir de la récolte. La larve de ces charançons n'est pas moins funeste à la vigne que l'insecte parfait, parce qu'elle se nourrit comme lui du bourgeon et du pédoncule des feuilles. Ce sont ces charançons que les cultivateurs de Montreuil appellent *velours-vert*, et qu'on nomme ailleurs *coupe-bourgeon, diableau, lisette,* etc.

Le *gribouri de la vigne* fend les grains du raisin et détruit le parenchyme des feuilles. Lorsque la vigne est attaquée par cet insecte, ses feuilles sont percées comme un crible, son bois est peu nourri, son fruit est rare et mal conditionné.

Le *kermès* s'attaque le plus souvent aux vignes négligées; celles en espaliers surtout sont quelquefois couvertes d'une espèce de kermès particulière à la plante, et que les jardiniers appellent *punaise,* parce qu'ils la confondent avec les insectes qui appartiennent à ce genre. Les kermès portent un grand préjudice à la vigne à laquelle ils s'attachent ; ils en amoindrissent sensiblement toutes les productions, et elle cesse même de porter fruit lorsqu'ils y sont trop multipliés.

On doit détruire les kermès avant la mi-avril, c'est-à-dire avant qu'ils aient fini leur ponte. Ils sont alors fixés sur le bois de la dernière pousse, rangés tout contre les uns des autres, parfaitement immobiles, ressemblant à de gros grains de poivre oblongs, échancrés du côté où ils sont appliqués sur la branche. Nous nous réservons de signaler ce genre d'insectes d'une manière plus détaillée lorsque nous parlerons d'une espèce qui lui ressemble beaucoup, et qui vit sur le pêcher, où elle fait plus de ravages encore que sur la vigne.

Les *mouches,* les *guêpes* et les *frelons,* font de grands dégâts sur les treilles lorsqu'on ne prend pas de précautions pour les détruire ou pour les écarter. Ils entament les fruits les plus mûrs, et toujours de préférence ceux de meilleure qualité. On doit attacher de très-bonne heure contre les murs des fioles emmiellées, à goulot très-évasé, dans lesquelles les mouches et les guêpes viennent se prendre. On se met aussi à l'abri des guêpes et des frelons en faisant la recherche de leurs nids. Un propriétaire soigneux ne doit point laisser subsister à l'entour de ses jardins de vieux arbres couronnés, qui servent d'asile à des armées de guêpes. Les sacs de crin dans lesquels on enferme le raisin le garantissent de toute atteinte.

CHAPITRE XXVI.

Des maladies de la vigne.

Les maladies de la vigne sont plus communes dans les jardins particuliers que chez les cultivateurs de profession, parce que les propriétaires qui veulent planter des vignes se procurent des marcottes qui ne proviennent presque jamais de jeunes ceps en plein rapport, mais plutôt de ceps que l'on veut détruire pour cause d'épuisement ou de maladie. Généralement les jardiniers ne connaissent pas les signes apparents des maladies, et, s'ils rejettent des marcottes malsaines, c'est qu'elles leur paraissent chétives.

Dans les vignobles, la majeure partie des plants est saine, parce que le vigneron choisit toujours ceux qu'il veut employer; il les marque avant la vendange, soit chez lui, soit ailleurs. Ce qui contribue surtout à rendre les maladies rares dans les clos, c'est que, pour propager les espèces, on n'est pas dans l'habitude de greffer ni de semer, comme on le pratique à l'égard des autres arbres fruitiers. Il serait bien à souhaiter qu'on apportât dans le choix de ces arbres autant de soin que les vignerons en mettent dans celui de leurs plants; nos pépinières et nos jardins ne seraient pas dans un état aussi déplorable.

Il est cependant une maladie qui affecte spécialement les vignes, et que l'on nomme la *gerçure*, probablement à cause des crevasses que l'on aperçoit alors sur les branches. Comme ses effets sont le plus sensibles dans les terrains glaiseux et humides, on en a conclu que le terrain était la cause de ce mal; mais la gerçure fait partie des maladies graves inhérentes aux sujets. Elle se propage par les semences, la greffe, les couchages et les boutures; ainsi son principe n'est pas dans le terrain.

Cette maladie se manifeste par l'état des feuilles, qui deviennent rudes au toucher et se couvrent de taches brunes ou couleur de rouille; les feuilles inférieures des bourgeons sont attaquées les premières. Souvent un pied de vigne atteint de gerçure présente des branches malades et d'autres saines. Il est d'autant plus extraordinaire que le bas du cep soit affecté, lorsque le haut reste encore sain, que le contraire arrive dans les autres arbres fruitiers.

Un effet très-remarquable de cette maladie est de n'attaquer quelquefois que la moitié d'une branche dans son épaisseur, c'est-à-dire que tous les bourgeons placés d'un côté de la branche meurent, ainsi que la partie du bois qui les porte, tandis que le côté opposé conserve de la vie et même de la vigueur. Dans ce cas, le côté mort de la branche est extrêmement dur sous la serpette, et les bourgeons décolorés tombent en pourriture.

Les fruits de la vigne attaquée de la gerçure s'en ressentent plus ou moins suivant l'intensité de la maladie; ils coulent en totalité ou en partie; la râfle se dessèche et devient noire; les

grains, d'inégale grosseur, restent verts et acides, se dessèchent
à leur tour, et tombent avant de mûrir. La gerçure n'est malheureusement pas toujours un obstacle à la belle pousse des provins; il est facile de s'y tromper; toutefois, dès la seconde
année, ces pousses, quoique belles, laissent apercevoir les signes
de la maladie. Les provins ne font point de racines si la souche
en est fortement atteinte.

Les cultivateurs de Thomery désignent les ceps affectés de
cette maladie sous le nom de *plant coulart* ou de *mauvais plant.*
Ils savent très-bien que ce mauvais plant se propage par les
marcottes ou les boutures. Quelques cultivateurs les appellent
aussi *plants paralysés.*

Puisque cette maladie se perpétue par les semis et par la
greffe, ainsi que j'en ai fait l'épreuve au potager de Versailles,
il faut en conclure qu'elle n'admet aucun remède, et que l'on
doit s'empresser de détruire tous les *mauvais plants* pour les
remplacer par d'autres d'espèces saines et convenables à la nature
du sol, qu'il ne faut plus accuser de donner ou d'engendrer de
semblables maladies; il ne peut, selon ses qualités, qu'en retarder ou en hâter le développement, lorsque les individus qui lui
sont confiés en recèlent le germe.

Il est des maladies dont les causes sont accidentelles et que
l'on peut prévenir ou guérir; telles sont celles qui proviennent
de la gelée, de l'humidité, des mauvais traitements de la part
des hommes, des animaux ou des insectes.

CHAPITRE XXVII.

Des fautes qui se commettent le plus souvent en cultivant la vigne.

Il pourrait sembler, au premier point de vue, qu'il suffit d'a-
voir indiqué ce qu'il faut faire pour bien conduire la vigne;
cependant nous pensons qu'il ne sera pas inutile de signaler ici
les traitements vicieux auxquels nous avons vu soumettre cette
plante par des jardiniers peu habiles.

Il arrive trop souvent qu'on plante la vigne avec peu de précautions, et dans de très-petits trous. Si on donne, par exemple,
à la plupart des jardiniers, des marcottes de 0^m,66 à 1 mètre de

couche, ils ne manquent pas de les raccourcir aussi sévèrement
que l'exige la mesure de leurs trous, en coupant les racines presque toujours à ras du bois; si la marcotte est encore trop longue
lorsqu'on la présente devant l'ouverture qui a été faite, ils l'enfoncent d'un coup de talon bien appuyé, jettent de la terre dessus,'la piétinent, et l'opération est terminée. Ils ont encore pour
habitude de laisser la tige de toute sa longueur, au lieu de la rabattre sur les deux yeux inférieurs, comme cela doit toujours se
faire, lors même que le cep serait destiné à former une haute
tige; ils retirent, au contraire, les yeux du bas, pour ne garder
que les bourgeons terminaux, et ils exécutent cet *aveuglement*, ou
plutôt cet ébourgeonnement à sec, sans précaution, ce qui occasionne des plaies difficiles à cicatriser et fait languir la plante.

C'est encore une très-mauvaise pratique que de planter des
vignes achetées en pots ou en mannequins, dans l'espoir d'obtenir plus tôt des fruits; de pareils moyens n'atteignent pas le
but de ceux qui les emploient. La lenteur avec laquelle la nature
opère est nécessaire à la perfection de ses produits, et c'est en
voulant les hâter, dans la vue d'une prompte jouissance, que
l'on se trouve condamné à de longues privations. Les pots
sont trop petits pour contenir les racines d'une plante telle que
la vigne; aussi les trouve-t-on souvent contournées autour du
vase, qu'elles tapissent, et où elles sont desséchées et comme
brûlées. Les mannequins, qui pèchent souvent aussi par le défaut de grandeur, ont un autre inconvénient : c'est qu'il est rare
que les vignes y aient été marcottées; les pépiniéristes qui en
font commerce lèvent les chevelées à l'automne, et les plantent
dans des paniers ou mannequins remplis d'une terre très-hu-
mide, qu'ils savent pétrir de manière à ce que la plante se tienne
droite dans le panier, ce qui fait croire qu'elle y a été élevée.

La délicatesse des racines de la marcotte ne permet pas de
faire avantageusement dans les champs une plantation un peu
considérable avec du plant enraciné, parce que les racines seraient nécessairement exposées à être flétries par le hâle ou le
froid avant d'être mises en terre. Il sera toujours plus sûr de
planter des crossettes, ainsi que nous l'avons conseillé pour les
treilles des jardins. D'ailleurs, on ne marcotte que des vignes
usées ou qui produisent de mauvais raisins.

Les jardiniers ne savent pas toujours concentrer la végétation de la vigne; ils laissent trop de longueur aux coursons, et les murs offrent tantôt des vides, tantôt de la confusion. Ils ne font point assez souvent usage du pincement sur les bourgeons de l'extrémité des bras, pour arrêter la sève dans une partie où elle se porte toujours avec trop de force, et pour la faire circuler dans les bourgeons les plus rapprochés du corps de la tige, qu'elle abandonnerait sans cette précaution. On néglige aussi de rabattre les onglets, qu'on voit encore, après dix ou douze ans, rester disposés par étage les uns au-dessus des autres, suivant leur rang d'ancienneté. Les forts brins sont mal amputés; si on prend la scie, les coupes sont mal faites et on oublie de parer la plaie. On décolle les bourgeons au lieu de les couper avec la serpette, en leur laissant un petit talon, etc.

Les négligences que je viens de signaler sont très-communes, et leur influence sur le sort de la plante est cependant très-funeste.

La faute que commettent la plupart des cultivateurs qui chauffent la vigne est de la tailler trop longue et de conserver toutes les grappes qui se développent. Ils ne font rien pour aider à la formation des bourgeons qui doivent s'ouvrir l'année suivante. Ils ne mettent pas à profit le temps accordé à la vigne pour se rétablir, et qui devrait être spécialement employé à favoriser le bourgeon sur lequel devra se faire la taille; ils négligent aussi de supprimer toutes les grappes sur les vignes qui ont besoin de repos.

CHAPITRE XXVIII.

Considérations générales sur l'introduction de la culture de la vigne dans les pays neufs.

La vigne ne saurait être cultivée avec succès dans les pays neufs qu'autant que la population y est déjà devenue nombreuse, et que les défrichements en ont assaini le sol en procurant aux eaux un écoulement facile.

En supposant même que les défrichements ne fussent pas nécessaires pour adoucir le climat ou assainir le sol, ils seraient toujours indispensables pour détruire ou au moins pour éloigner les animaux et les insectes dont les pays neufs sont infestés. Quant à la population, elle doit être assez considérable pour subvenir à toutes les opérations d'une culture qui fournit dans ses détails des occupations à tous les sexes et à tous les âges. La récolte seule suppose l'emploi d'un grand nombre de bras ; il serait à désirer, même en France, qu'elle fût toujours faite assez rapidement pour ne point troubler le commencement de la fermentation, ce qui arrive lorsqu'on ne remplit pas la cuve en un seul jour, et lorsqu'on est obligé de verser la vendange d'une journée sur celle des jours précédents.

Une compagnie a déjà fait aux États-Unis des dépenses aussi considérables que mal entendues pour y introduire la culture de la vigne ; on est allé jusqu'à faire venir du plant et des vignerons de la Bourgogne ; mais rien n'a réussi, parce qu'on a voulu faire, près de Philadelphie, ce qu'on avait l'habitude de faire près de Dijon, quoique le sol et le climat des deux pays fussent très-différents. M. Carroll, à Anapolis, dans le Maryland, a fait aussi venir du plant et des vignerons de France, sans obtenir plus de succès.

Les fautes que j'ai vu commettre à cet égard m'enhardissent à consigner ici mon avis sur la manière dont il faudrait procéder dans un pays neuf, en état de recevoir la culture de la vigne. Or, je crois qu'on devrait faire venir des vignerons avec un jardinier habile pour les diriger ; se procurer en France des plants sains, nombreux, et choisis parmi nos meilleures espèces ; faire planter les espèces semblables à des expositions diamétralement opposées, même contre toute apparence de réussite, et surtout n'abandonner un essai qu'après l'avoir répété pendant trois années consécutives ; enfin, tenir un journal détaillé et exact des opérations et de leurs résultats, afin d'éviter aux autres cultivateurs des recherches infructueuses.

Si on a fait choix d'un jardinier instruit, et que l'on ait pour lui le degré de confiance et toute la considération due à un homme dont les connaissances et le travail peuvent devenir utiles à une population entière, je ne doute pas qu'on ne parvienne à vaincre rapidement les premières difficultés, et qu'en continuant de suivre une marche méthodique, telle que celle que je viens de tracer, on n'aplanisse sans trop de peine celles qui pourraient se présenter par la suite. On ne saurait trop se persuader que des premiers essais mal dirigés découragent, donnent des idées fausses et éloignent l'époque de l'introduction de nouvelles cultures dans un pays.

Non-seulement on s'y est mal pris pour cultiver la vigne aux États-Unis, mais on a commencé à le faire beaucoup trop tôt ; le pays était encore peuplé d'animaux et d'insectes dont le nombre prodigieux sera encore longtemps un des obstacles les plus insurmontables pour la culture de la vigne.

Après avoir cultivé dans les Jersey, près de New-York, une assez grande quantité de pieds de vigne, j'ai pu remarquer, pendant dix ans, qu'elle poussait avec une extrême vigueur, et qu'aucun des amateurs qui la cultivaient aussi dans ce pays ne savait proportionner la taille à cette vigueur, ébourgeonner à propos et saisir le moment favorable pour arrêter les bourgeons. D'une autre part, la floraison était à peine commencée qu'un gribouri nommé dans le pays *rosebug* dévorait les fleurs ; quelques-unes échappaient-elles : un charançon déposait ses œufs dans le grain encore très-petit. Cet insecte attaque de la même manière les prunes de reine-claude, les abricots, les brugnons, les pêches lisses, en sorte que ces fruits ne pouvaient encore, en 1801, réussir aux États-Unis, quoique les arbres de toutes ces espèces fussent très-vigoureux ; tous leurs fruits tombaient au moment de la maturité ou pourrissaient sur l'arbre. A cet inconvénient majeur des insectes, il faut ajouter que beaucoup de plants de vignes que j'ai vus étaient attaqués de la gerçure, surtout le chasselas.

J'ai connu à New-York un propriétaire qui recueillait de très-beau chasselas dans sa cour, par la seule raison que les insectes étaient moins nombreux au centre de cette grande ville qu'à la campagne. Je n'ai obtenu de raisins, d'abricots et de brugnons, qu'autant que j'ai pu envelopper avec de la gaze très-claire la jeune grappe ou les fruits avant qu'ils fussent noués. Le chasselas et les pêches lisses étaient d'une saveur incomparablement plus délicate et plus riche que ceux qui mûrissent en France, même dans les années les plus heureuses.

Il est donc hors de doute que le climat de New-York est favorable à la culture de la vigne, et que cette contrée doit produire un jour d'excellents vins. La vigne sauvage y croît naturellement dans les forêts; elle s'élève au-dessus des plus grands arbres. La plupart de ces espèces sauvages ont le grain très-gros, la peau dure et épaisse, la pulpe d'une saveur douceâtre et désagréable. Les chasselas que j'ai greffés sur ces espèces dans les Jersey ont parfaitement réussi; mais, quant au produit, il a été nul, par les raisons que je viens d'exposer; seulement j'ai obtenu çà et là quelques grains dont la saveur n'avait rien de commun avec celle du fruit sauvage (1).

Au reste, on ne doit pas s'étonner que le climat d'un pays où la pêche en plein vent est délicieuse, où la pomme et la poire sont parfaites, où les arbres qui les donnent ne connaissent d'autres causes de destruction que les insectes qui les attaquent ou la surabondance des fruits, ne puisse être aussi propre à la culture de la vigne qu'aucune autre partie de la terre.

CHAPITRE XXIX.

Catalogue des espèces de Raisins

Faisant partie des 500 variétés de la collection du Luxembourg, et qui viennent à maturité sous le climat de Paris.

(Les espèces qui donnent les meilleurs raisins sont distinguées par des astérisques.)

———

SECTION Iʳᵉ. — RAISINS POUR LA TABLE

POUVANT AUSSI ÊTRE CULTIVÉS POUR LA CUVE.

1. — FRUITS NOIRS ET OVALES.

* Boudales, *Hautes-Pyrénées.*
* Aspirant, *Hérault.*
* Muscat noir, *Jura.*

(1) J'ai eu la curiosité de faire semer à Saint-Coud des pepins de vigne sauvage que j'avais rapportés d'Amérique. La saveur des fruits est restée la même; mais la vigueur des plants est beaucoup moindre que celle qu'ils montrent dans leur pays natal, quoiqu'ils aient été mis dans une terre franche de première qualité. Ces vignes ont quinze ans et rapportent chaque année. On cultive au potager de Versailles le *vitis vulpina* d'Amérique, dont la fleur est plus odorante et plus hâtive que celle de nos vignes; ses bourgeons sont minces, longs, très-vigoureux; son fruit est petit et de très-mauvais goût; ses feuilles sont lisses, d'un beau vert.

2. — FRUITS NOIRS ET RONDS.

* Caillaba, *Hautes-Pyrénées*.
* Arroya, *Hautes-Pyrénées*.
  Pied de perdrix, *Hautes-Pyrénées*.
  Alexandrie, *Doubs*.
  Gros-Guillaume, *Alpes maritimes*.
  Muscat, *Pô*.
  Morillon, *Jura*.
  Bordelais, *Mayenne*.
  Tripied, *Alpes maritimes*.
  Madeleine, *Seine*.
  Raisin perlé, *Jura*.

3. — FRUITS BLANCS ET OVALES.

* Joennen hâtif, *Vaucluse*.
  Muscat d'Alexandrie, *Hérault*.
  Panse musquée, *Bouches-du-Rhône*.
  Panse commune, *Bouches-du-Rhône*.

4. — FRUITS BLANCS ET RONDS.

* Chasselas doré, *Seine-et-Marne*.
* Sauvignon, *Lot*.
* Muscat, *Jura*.
  Muscat, *Bas-Rhin*.
  Chasselas, *Jura*.
  Blanc doux, *Landes*.

5. — FRUITS GRIS OU VIOLETS ET OVALES.

Damas violet, *Hérault*.
Fedlinger, *Bas-Rhin*.

6. — FRUITS GRIS OU VIOLETS ET RONDS.

* Chasselas violet, *Pô*.
* Chasselas rose, *Pô*.

6

Muscat rouge, *Loir-et-Cher*.
Gormier violet, *Cantal*.
Pinneau gris, *Côte-d'Or*.
Muscat gris, *Côte-d'Or*.
Barba rosa, *Pô*.

SECTION II. — RAISINS POUR LA CUVE SEULEMENT.

1. — FRUITS NOIRS ET OVALES.

* * Pinneau fleuri, *Côte-d'Or*.
* * Pinneau de Coulanges, *Yonne*.
* * Pinneau noir, *Vienne*.
* * Rouge espagnol, *Landes*.
* * Liverdun bon vin, *Vosges*.
* * Bourguignon noir, *Seine-et-Marne*.
* * Pulsare, *Haute-Saône*.
* * Raisin perlé, *Jura*.
* * Servant noir, *Hérault*.
* Pique-poule, *Dordogne*.
* Petit rougeaune, *Lot-et-Garonne*.
* Malaga, *Lot*.
* Plant malin, *Côte-d'Or*.
* Barbara noir, *Pô*.
* Soule-bouvier, *Hérault*.
* Pied sain, *Mayenne*.

2. — FRUITS NOIRS ET RONDS.

* * Pinneau noir, *Côte-d'Or*.
* * Jacobin, *Vienne*.
* * Pique-poule, *Landes*.
* * Mauzac, *Lot*.
* * Gros Pique-poule, *Dordogne*.
* * Gruselle, *Drôme*.
* * Pique-poule sorbier, *Lot-et-Garonne*.
* * Pique-poule noir, *Dordogne*.
* * Meunier, *Bas-Rhin*.

* Morillon, *Bas-Rhin,*
* Pinneau, *Yonne.*
* Raisin noir, *Drôme.*
* Epicier grande espèce, *Vienne.*
* Epicier petite espèce, *Vienne.*
* Picardeau gros, *Vaucluse.*
* Gros noir, *Charente.*
* Pinneau franc, *Haute-Saône.*
Balsamina, *Pô.*
Espar, *Hérault.*
Trousseau, *Jura.*
Boutique, *Tarn.*
Camaran, *Hautes-Pyrénées.*
Melon, *Jura.*
Tinto, *Ardèche.*
L'Houmeau, *Charente.*
Tokai, *Hautes-Pyrénées.*
Malvoisie rouge, *Pô.*
Pique-poule noir, *Vaucluse.*
Chasselas noir, *Doubs.*

3. — FRUITS BLANCS ET RONDS.

* Jacobin, *Vienne.*
* Pique-poule, *Lot-et-Garonne.*
* Pied sain, *Mayenne.*
* Raisin perlé, *Jura.*
Muscatelle, *Lot.*

4. — FRUITS BLANCS ET OVALES.

* Sauvignon, *Jura.*
* Raisin de crapaud, *Lot.*
* Sauvignon, *Charente-Inférieure.*
* Auvernat, *Maine-et-Loire.*
Folle verte, *Charente.*
Nebiolo commun, *Pô.*
Blanquette, *Haute-Garonne.*

Mauzac blanc, *Lot*.
Doucet, *Lot-et-Garonne*.
Gamet blanc, *Maine-et-Loire*.
Guilandoux, *Lot-et-Garonne*.
Chaupine, *Aisne*.
Kniperlé, *Bas-Rhin*.

5. — FRUITS GRIS OU VIOLETS ET OVALES.

Gentil brun, *Bas-Rhin*.

6. — FRUITS GRIS OU VIOLETS ET RONDS.

Cromier violet, *Cantal*.

LIVRE DEUXIÈME.

DU PÊCHER.

CHAPITRE PREMIER.

Du Pêcher en général.

Réflexions générales sur la nécessité de la taille; elle doit être appropriée à la manière de végéter de chaque espèce d'arbres. Détails historiques sur la culture du pêcher en France. L'auteur ne partage pas l'admiration exclusive de l'abbé Royer sur la manière de cultiver le pêcher à Montreuil. C'est à tort que l'on a regardé le pêcher comme l'arbre le plus indomptable. Preuves du contraire.

Il est assez généralement reconnu que la culture des arbres, sous les divers rapports de la qualité de la terre, des expositions ou des traitements à leur donner, doit être différente pour chaque espèce; il en est de même de la taille, qui doit aussi être appropriée à leur manière de végéter. On sera donc fort loin d'avoir traité de la taille de tous les arbres parce qu'on aura indiqué *plus particulièrement* celle du pêcher. Cette opération doit être tellement modifiée, suivant les espèces, que les personnes qui veulent cultiver d'après les livres incomplets de certains auteurs sont exposées à des incertitudes que j'ai moi-même éprouvées, et que je voudrais éviter à ceux qui s'occupent d'élever des arbres fruitiers.

La meilleure manière de se servir des livres d'agriculture n'est pas de suivre leurs préceptes comme des oracles, mais de les mettre d'abord en pratique avec l'intention de les soumettre à une vérification. C'est par cette marche que je me suis convaincu de la vérité ou de l'inexactitude des faits qu'ils énonçaient, et que je suis parvenu à me former une doctrine. Je désire, par amour pour l'art, être traité à cet égard comme j'ai traité les autres.

Des personnes très-recommandables ont été jusqu'à dire que la taille des arbres fruitiers est inutile ; nous ne nous arrèterons pas à les réfuter : les praticiens ont surabondamment reconnu, ainsi que nous, que cette opération doit être appliquée aux arbres dès leur jeunesse, dans la vue non-seulement de répartir la sève avec égalité dans tous leurs membres, mais encore d'obtenir des fruits sur toutes leurs branches.

Les arbres taillés perdent, il est vrai, leur port naturel, et leur aspect est moins pittoresque ; mais ils fournissent des pousses plus belles et mieux appropriées aux produits, et rapportent de plus beaux et de meilleurs fruits. La vigne, le groseillier, le coignassier, le néflier, les pêchers et les abricotiers, sont de tous les arbres ceux dont les fruits offrent la différence la plus sensible lorsqu'ils ont ou n'ont pas été taillés. D'ailleurs la taille donne les moyens de diriger contre les murs des arbres dont les productions avorteraient souvent dans notre climat si on les laissait croître en plein air.

Les arbres en plein vent de nos vergers, ceux même qui sont destinés à rapporter des fruits à cidre, devraient être taillés pendant leurs premières années, et dirigés sur des mères-branches d'égale force et également espacées. La charpente de ces arbres étant ainsi disposée, ils offriraient par la suite, lorsqu'ils seraient abandonnés à eux-mêmes, de plus belles têtes et de meilleures productions ; les fermiers ne seraient pas si souvent dans la nécessité de leur faire de fortes plaies pour retrancher les branches qui, ne trouvant plus de place, finissent par nuire aux autres. Enfin une taille bien raisonnée pour chaque espèce, et même pour chaque variété d'arbres, conduit à des résultats si avantageux qu'on a lieu de s'étonner que, malgré le grand nombre d'ouvrages sur la taille des arbres que nous possédons, nous n'en ayons pas encore d'assez détaillés sur cet article important de l'agriculture. La science et l'instruction n'ont pas manqué à nos auteurs ; mais leurs écrits supposent presque toujours des connaissances préliminaires. J'ai eu l'intention de remédier à cet inconvénient en cherchant à être intelligible même pour ceux qui n'ont pas les plus légères notions de l'art. En cela j'ai principalement en vue les propriétaires de maisons de campagne, auxquels je voudrais donner les moyens d'agir par eux-mêmes, ou du moins de bien choisir et de guider leur jardinier. Si j'ai le bonheur de remplir le but que je me suis proposé, je me croirai bien récompensé de mon travail en pensant que j'aurai contribué à leur rendre le séjour de la campagne plus agréable et plus intéressant. En effet, comment ne s'attacheraient-ils pas à leurs habitations lorsqu'ils pourront, dans leurs loisirs, suivre la marche et les progrès de la végétation, la diriger, s'en rendre maîtres sans la forcer, enfin ne reconnaître plus, dans tout ce qui croît et prospère sous leurs yeux, que l'effet de leur prévoyance, et pour ainsi dire de leur volonté.

Le pêcher est originaire de la Perse; il a été apporté dans les Gaules par les Romains. Il est cultivé en pleine terre depuis longtemps dans les cantons vignobles de la France. Columelle parle avec éloge de la pêche gauloise. Parmi les pêches de nos provinces, celles de Troyes et celles du Dauphiné jouissaient d'une grande réputation; les pêches de vigne venues de Corbeil étaient les plus estimées à Paris. La Framboisière, médecin de Henri IV, puis de Louis XIII, écrivait, en 1614, que *la meilleure pêche est celle de Corbeil, qui a la chair sèche et solide, tenant aucunement au noyau.*

L'introduction des bonnes espèces n'a eu lieu que lorsqu'on a commencé à connaître l'art de cultiver le pêcher en espalier. Cette époque ne remonte guère qu'au commencement du siècle de Louis XIV. Du temps de La Quintinie, on regardait le pêcher comme un arbre trop indomptable pour le soumettre à l'espalier, et les murs les mieux exposés n'étaient encore garnis que de poiriers. On crut d'abord que le pêcher devait nécessairement se dégarnir du bas; c'est pourquoi il fut longtemps d'usage de faire régner au-dessous des arbres le cordon de vigne que nous voyons aujourd'hui courir au-dessus. Quoique le motif de cet usage tint à l'enfance de l'art, il est bon de faire observer, en passant, que ce cordon de vigne était moins mal placé alors qu'aujourd'hui, puisque le raisin y mûrissait plus tôt, et que les larges feuilles de la vigne ne dérobaient pas, comme à présent, l'air et la rosée aux pêchers en espaliers.

Les progrès les plus marqués dans la culture du pêcher datent de l'époque où Girardot s'y est adonné. Après avoir dissipé sa fortune au service, ce chevalier de Saint-Louis quitta les mousquetaires de Louis XIV et se retira dans un petit fief de cinq hectares qu'il possédait encore, tant à Bagnolet qu'à Malasie, près de Montreuil. Il divisa cet emplacement par des murs parallèles éloignés de 8 mètres, qui ont été depuis imités dans la province, où on les appelait *murs à la Girardot* (1). Cet établissement, d'un genre tout-à-fait nouveau, prospéra si bien que le seul jardin de Bagnolet, de deux hectares, lui rapportait 12,000 francs année commune, et celui de Malasie deux fois autant.

« Ces murs (dit Le Grand-d'Aussy) avaient tous à leur extré« mité supérieure un chaperon. Girardot avait fait sceller « de distance en distance, et à une certaine hauteur, des rais « de vieilles roues de carrosse; il posait dessus des planches « qui formaient un toit volant, et auquel, lorsqu'il y avait à « craindre, il suspendait des paillassons.

« Girardot déployait tant d'industrie et d'activité, non-seu« lement à se procurer des fruits lorsqu'il n'y en avait point « ailleurs, mais encore à les obtenir meilleurs, plus beaux, et « surtout plus hâtifs, qu'il a vendu des cerises jusqu'à 1 franc « chacune. La ville donnant une fête dans la saison des pêches, « une certaine année où elles avaient manqué partout, excepté « chez Girardot, on lui en acheta trois mille, qui furent payées « un écu pièce.

« Quoiqu'il ne négligeât la culture d'aucun des fruits esti« més, cependant il s'était attaché de préférence à celle des « pêches. Tous les ans il allait à Versailles en présenter au roi. « Son jardin de Bagnolet était devenu, même pour les Parisiens « opulents, un but de promenade et une partie de plaisir; on y « allait en foule, dans la saison des fruits, se régaler de pêches « et admirer la beauté de ses espaliers, et il n'était pas rare d'y

(1) La Quintinie en avait cependant fait construire avant lui de semblables au potager de Versailles, mais sans saillie au chaperon.

« compter, dans certains jours de la semaine, jusqu'à cinquante
« ou soixante carrosses à la fois. »

Tant d'éclat devait à coup sûr éveiller l'émulation des cantons voisins. Animé par l'exemple, celui de Montreuil se livra
tout entier à la culture des fruits, et les personnes qui savent
avec quel succès, depuis cette époque, s'y sont appliqués les
habitants de ce village, avoueront que c'est là la véritable gloire
de Girardot.

L'un des écrivains qui ont le plus loué l'industrie des Montreuillois est l'abbé Roger, dans sa *Pratique du Jardinage*, qui
parut en 1770; mais il a porté trop loin son admiration pour
ces estimables cultivateurs. Si on l'en croit, ce sont eux qui ont
inventé les murs de refend, les paillassons, les brise-vents, le
palissage à la loque, l'emploi des os de mouton pour treillage, etc. Suivant lui, leur vocation pour le jardinage est due à
l'un de ces événements singuliers qu'enfante quelquefois le hasard, etc. Il n'était pas besoin d'anecdote invraisemblable et
romanesque pour imaginer que des cultivateurs voisins de la
capitale ont pu se consacrer à la seule culture des arbres fruitiers. L'assurance du débit, l'appât du gain, et surtout l'exemple
de Girardot, dont ils avaient la fortune sous les yeux, ont dû
suffire pour leur inspirer cette idée. Mais ils n'ont rien inventé
de tout ce que leur attribue l'abbé Roger; tout cela existait
avant eux. Rarement, dans les arts qui tiennent à l'intelligence,
le simple cultivateur imagine quelque chose de nouveau; il n'a
ni le temps nécessaire, ni l'argent, ni les lumières qu'il lui
faudrait pour entreprendre et pour suivre certaines découvertes.
S'il cultive des fruits, il mettra ses soins à les avoir ou plus
abondants, ou plus gros, ou plus hâtifs que les autres, parce
que c'est le moyen de gagner davantage; mais tout ce qui ne
tendra qu'à perfectionner les espèces, à les rendre meilleures,
tout ce qui ne se présentera pas avec la perspective d'un débit
plus prompt ou plus avantageux, il le négligera.

Ce n'est point que je prétende diminuer en rien la gloire des
Montreuillois; mais il faut au moins ne leur attribuer que celle
qui leur est due; or la leur est de s'être rendus également habiles dans la culture de tous les fruits, dans un temps où on
s'en occupait peu; c'est d'avoir su pratiquer avec une incon-

cevable économie tout ce qu'on a inventé avant eux de plus
favorable aux espaliers; c'est surtout d'avoir perfectionné la
taille et la conduite des arbres.

L'abbé Roger a été imité par presque tous les auteurs qui ont
écrit après lui sur la taille et la culture du pêcher; tous ont
exclusivement prôné la méthode de Montreuil, en annonçant que
les principes qu'ils professaient et qu'ils donnaient au public
étaient exactement ceux que suivent les industrieux habitants
de ce pays; ce qui d'ailleurs n'était pas toujours vrai. Si je ne
partage pas toutes les opinions de ces auteurs, ce ne sera pas
par esprit d'innovation, mais bien parce que je profiterai de
l'avantage d'être venu après ceux dont les lumières et même les
erreurs doivent servir à notre instruction. La méthode que
j'indiquerai sera donc celle de tous ceux qui m'ont précédé,
sans appartenir à aucun d'eux en particulier, et je n'ai fait, à
proprement parler, qu'un choix éclairé par de longs travaux.
Les principes établis et que j'ai reconnus bons seront conservés; quelques erreurs seront remplacées par des vérités qui
paraîtront peut-être nouvelles à beaucoup de personnes, mais
qui sans doute sont déjà pratiquées par un grand nombre de
cultivateurs exercés. Je n'ai rien négligé des connaissances du
siècle pour m'instruire dans l'art que je traite; je me suis même
souvent aidé des lumières et de l'expérience de jardiniers distingués, dont, par ma position, j'ai pu m'environner, tels que
les frères Souchet, Gabriel, Ecoffay, Poiteau, Brassin, Dumoutier, etc. Je suis fondé à croire que la science agricole gagnerait
beaucoup à mettre en action les talents de ces hommes habiles,
surtout ceux du dernier, parce qu'il est plus jeune et semble
particulièrement né pour l'état qu'il a embrassé.

La taille du pêcher a été considérée jusqu'ici par tous les auteurs comme très-difficile; cependant nous verrons qu'elle est
la plus simple de toutes, après celle de la vigne. Suivant eux, le
pêcher serait le plus indomptable de tous les arbres fruitiers; on
ne pourrait le maîtriser qu'en supprimant *le canal direct de la
sève*, et en l'établissant sur deux branches égales formant le V
(pl. III, fig. 9); quelques-uns même veulent que l'ouverture de
ce V soit rigoureusement de 45 degrés, attribuant à cette préci-
sion des vertus extraordinaires; et cependant j'offre ici (pl. VIII,

fig. 1, et pl. IX) quatre pêchers dessinés le 12 novembre 1815 à Boissy-Saint-Léger, à 16 kilomètres de Paris (maison Corse; Corbie, jardinier), comme preuve matérielle du défaut de fondement de cette doctrine.

Les pêchers représentés dans la planche IX ont été plantés à Boissy-Saint-Léger, le 5 mars 1810, au pied des pilastres d'une grande porte charretière. Je les ai dessinés le 12 novembre 1815. Ils avaient trois ans de greffe lorsqu'ils ont été mis dans cet emplacement, et ont été rabattus à $0^m,16$ au-dessus de la greffe. La première année, on les a amplement fumés et arrosés; aussi la tige a-t-elle poussé un jet de $2^m,16$ de hauteur; quelques entre-feuilles ou bourgeons anticipés avaient jusqu'à $1^m,16$ de longueur. L'arbre de droite est une chevreuse garnie de trente bras horizontaux : cet arbre est très-fortement attaqué du blanc; celui de gauche est une grosse mignonne ayant trente-deux bras.

Les pilastres ont $3^m,33$ d'écartement et $4^m,33$ d'élévation ; chaque pilastre a trois faces, sur lesquelles les bras sont palissés horizontalement, à angle droit avec la tige. La face du devant a 1 mètre, chacune des deux autres a $1^m,33$; développement total pour chaque arbre, $3^m,66$.

Le palissage contre ces pilastres, étant fait à la loque, a donné la facilité de mettre une attache à l'extrémité de chaque bras, à mesure qu'il arrivait aux angles des pilastres, et de le faire tourner au moment le plus favorable, c'est-à-dire lorsque le jet cessait d'être herbacé pour commencer à devenir ligneux. Le bourgeon pouvait alors avoir $0^m,20$ à $0^m,22$. Par ce moyen, les bras, sans quitter le mur, font parfaitement le retour d'équerre. On est fondé à conclure de cet exemple qu'une inflexion même très-brusque, lorsqu'elle est donnée avant que les fibres ligneuses soient consolidées, ne devient point un obstacle à la circulation de la sève, car les branches coudées n'ont rien perdu de leur vigueur (1).

Le jardinier a employé très-fréquemment le pincement, afin de maintenir la domination de la pousse terminale de chaque

(1) *Le Jardinier français*, imprimé en 1651, dit que les branches contrariées dans leur direction ne rapportent que de petits fruits, à moins qu'elles ne l'aient été dans leur jeunesse.

bras, et de favoriser le remplacement des branches fruitières. J'ai pu remarquer qu'il a pincé cette année-là (1818) jusqu'à trois et quatre fois les mêmes bourgeons ou entre-feuilles venus en dessus des bras, et qui annonçaient trop de vigueur. M. Corbie, à l'aide de cette opération, a si complétement réussi à maintenir un équilibre parfait dans ses deux arbres que pas un membre ne l'emporte sur son correspondant, et que la partie inférieure des bras est aussi bien garnie que la partie supérieure. On remarque aussi sous le chaperon de la porte deux bras qui sont près de se joindre.

Les tiges de ces arbres, qui ont 4 mètres de hauteur, sont lisses, droites, et ne laissant apercevoir qu'à peine, même aux connaisseurs, les nodus des tailles. L'exposition est au midi pour la face.

Les deux pêchers représentés planche VIII (fig. 1) ont été plantés le 5 mars 1805 contre le mur d'un pavillon isolé, dont la façade circulaire est exposée au nord pour la partie droite (côté A) et au levant pour la partie gauche (côté B). Ces arbres ont été également dessinés le 12 novembre 1815.

Si la vigueur plus grande qui se fait remarquer dans l'arbre de droite n'a pu rien changer à la régularité du dessin que le jardinier avait projeté à l'avance, il faut convenir que cette différence dans la végétation de ces deux arbres a dû nécessiter de la part de celui-ci des combinaisons variées pour la taille et le gouvernement de chacun d'eux.

Dès la première pousse il n'a pas tardé à s'apercevoir que l'arbre A (pl. VIII, fig. 1) végétait avec bien plus de force que l'autre; aussi a-t-il fait prendre au bras de droite une direction forcée et surbaissée, bien différente de celle du bras correspondant de l'arbre B. C'est à cette direction forcée qu'est due l'égalité de végétation qui se fait remarquer dans ces deux bras; ils sont appliqués sur les angles du bâtiment, et leurs branches sont palissées sur les deux faces, c'est-à-dire en retour du mur.

L'arbre A, après avoir parcouru comme l'autre la moitié du cintre de la porte, s'élève pour garnir seul le pourtour de deux fenêtres. La vigueur de cet arbre s'est tellement soutenue que l'artiste a cru pouvoir se servir d'un bourgeon anticipé pour garnir la partie gauche, qui devait s'élever au second étage; il est vrai que la tige qui est entre les deux fenêtres m'a paru faible ; mais M. Corbie, à qui j'en ai fait la remarque, n'a aucune inquiétude sur le sort de cette tige : c'est ce que le temps pourra seul éclaircir.

On est d'abord frappé de la régularité de disposition de ces deux arbres ; mais l'étonnement s'accroît lorsqu'en approchant on reconnaît que ce sont des pêchers, les plus indomptables, dit-on, de tous les arbres fruitiers, et que l'art de la culture a cependant soumis à un arrangement si anormal. Pas une seule branche gourmande ou défectueuse ne trouble l'ordre de la symétrie, qui est aussi exacte sur le mur qu'elle peut l'être sur le papier. M. Poiteau, qui est en même temps un dessinateur habile et l'un de nos horticulteurs les plus distingués, ne croyant pas à l'exactitude de mon premier croquis, s'est transporté sur les lieux pour faire le dessin que nous donnons.

Les deux tiges droites, formant pyramides, s'élèvent à $4^m,60$; le bras gauche du pêcher A parcourt une hauteur verticale de $6^m,80$. Les bras inférieurs qui suivent le contour de la porte ont été placés trop près des bords, ce qui ne laisse pas assez de place sur le mur pour palisser et étendre les pousses du dessous de la branche ; aussi a-t-on été obligé de les palisser en retour d'équerre sur l'épaisseur de la partie cintrée. Le jardinier n'est pas retombé dans cette imprévoyance, et il a fait décrire un plus grand cercle aux membres qui entourent les deux fenêtres ; l'intervalle qu'il a réservé suffit rigoureusement pour le palissage, qui est fait à la loque.

Les coupes des dix tailles qui ont déjà eu lieu sur les tiges principales ont été assises sur des yeux si heureusement placés que les membres qui forment tiges sont droits et sans aucun nodus. Il en est de même pour les membres cintrés ; à peine peut-on y distinguer la place des tailles ; les inflexions pour passer d'une direction à une autre sont si nettes, si courtes et en même temps si bien arrondies, que l'on pourrait croire que c'est un métal qu'on a eu à manier..

Les quatre pêchers que je viens de décrire étaient, en 1815, comme ils le sont encore cette année (1816), garnis de très-beaux fruits ; le pourtour de la fenêtre la plus élevée était garni de dix-huit pêches ; celui de la fenêtre du premier en avait trente. Ce n'est pas que nous proposions ces pêchers comme des modèles à imiter ; nous ne les citons que pour encourager les jeunes jardiniers, et pour leur persuader qu'avec la connaissance du mouvement de la sève, qu'ils doivent étudier avant de tailler un arbre, ils pourront faire prendre au pêcher toutes les formes qu'ils voudront lui donner.

CHAPITRE II.

Description du Pêcher.

Le pêcher, abandonné à lui-même, ne s'élève pas à une grande hauteur, même dans les pays où le climat lui est le plus favorable. L'amandier est l'arbre avec lequel il a le plus d'analogie et de ressemblance ; mais il est moins touffu et moins gros que lui (1).

L'écorce des bourgeons est rouge du côté du soleil et verte du côté opposé ; les feuilles, alternes, lancéolées, pointues, plus ou moins profondément dentelées et surdentelées, répandent une odeur d'amande très-prononcée lorsqu'on les touche. La fleur s'épanouit avant les feuilles ; elle est située sur le rameau d'un an, à la place qu'occupait la feuille de l'année précédente. Cette fleur, de grandeur variable et d'un rouge mat plus ou moins foncé, est composée d'un calice à cinq dents et d'une corolle à cinq pétales. Les étamines, au nombre de trente environ, sont très-courtes, implantées sur le calice ; au pistil, qui est velu, presque rond, succède un fruit à peau cotonneuse ou lisse, suivant la variété. La chair, ferme ou fondante, recouvre un noyau dur, ovoïde, sillonné et rustiqué à la surface, renfermant une et souvent deux amandes à deux lobes. Le pédoncule du fruit est très-court et reste adhérent à la branche ; il est enfoncé dans une dépression du fruit plus ou moins profonde. Le bois est dur, veiné, coloré de rouge, et l'on pourrait, si le tronc était de dimension plus forte, s'en servir pour l'ébénisterie. Les fleurs sont

---

(1) Le contraire a lieu cependant dans certaines contrées, telles que l'Amérique septentrionale, où les amandiers réussissaient si mal, lorsque j'habitais ce pays, que j'ai dû, pour en former des arbres et en obtenir des fruits, les greffer sur pêcher de noyau.

purgatives, ainsi que l'écorce du jeune bois, qui conserve cette vertu même pendant l'hiver.

CHAPITRE III.

Végétation du Pêcher.

Particularités remarquables de la végétation naturelle du pêcher ; elles s'opposent aux formes que l'on veut imposer à cet arbre. L'art change ces dispositions naturelles ; moyens que l'art emploie. Des grosses branches ; des petites branches ou branches fruitières. Le pêcher comparé aux autres arbres fruitiers. Des gourmands. Le cultivateur est le maître de régler lui-même les proportions et les dimensions de toutes les branches du pêcher. De l'âge où le pêcher devient très-productif.

La végétation du pêcher offre des particularités remarquables qu'il est essentiel de connaître, afin de se rendre maître de ses mouvements et de pouvoir plus facilement les diriger. La sève, dans le pêcher, a plus que dans tout autre arbre une tendance à se porter vers les extrémités supérieures des bourgeons, au préjudice de leur base, qu'elle abandonne. La végétation de cet arbre est très-active et presque incessante depuis le commencement de la belle saison jusqu'à la fin d'octobre.

Le jeune bois du pêcher, c'est-à-dire celui de la dernière pousse, est le seul qui produise du fruit et de nouveaux bourgeons ; ainsi, un rameau de pêcher qui a produit fruits ou bourgeons n'en produira plus, et les bourgeons sortis de cette branche auront à leur tour le même sort l'année suivante ; d'où il suit que les branches d'un pêcher abandonné à lui-même doivent successivement se dégarnir par le bas, et n'avoir bientôt plus de verdure qu'à leur extrémité.

Tous les rameaux du pêcher sont terminés par un œil à bois, et garnis d'yeux à feuilles, qui se transforment, durant le cours de la saison, en yeux à bois simples, doubles et même triples, et aussi en boutons à fleurs, qui s'ouvrent et s'épanouissent tous, sans exception, au printemps suivant.

Après ce mouvement général, qui a fait tout ouvrir et épanouir, il ne naîtra plus rien sur les rameaux, ni œil, ni boutons ; ils resteront seulement garnis des bourgeons qui viennent de s'ouvrir ; quant aux fleurs ou aux fruits, rien ne les remplacera. Les boutons à fleurs du pêcher n'ont pas, comme ceux des fruits à pepins, la faculté de laisser après eux des moyens de reproduction; le rameau dénudé n'a donc plus d'autre fonction à remplir que celle de conduire la sève dans les bourgeons qui ont pris naissance sur lui. Il en sera de même de ces nouveaux bourgeons, qui à leur tour deviendront des rameaux, en se subdivisant en autant de bourgeons qu'ils contiennent d'yeux maintenant. Si l'on considère que les bourgeons qui s'ouvrent à la base du rameau sont infiniment moins vigoureux que ceux qui naissent vers son extremité supérieure, on comprendra que la subdivision des bourgeons du bas, pour peu qu'elle soit répétée, les rendra si faibles, et la sève si rare chez eux, qu'ils disparaîtront, et que les rameaux se dégarniront successivement par le bas et n'auront plus de verdure qu'à leur extrémité. Telle est, en effet, la marche de la végétation d'un pêcher qui n'est pas soumis à la taille.

C'est à l'art à convertir des dispositions aussi fâcheuses en d'autres plus favorables à la santé, à la fructification et à la durée du pêcher, en distribuant la sève plus également dans toutes ses parties, et en forçant cet arbre, dont la nature nous a paru longtemps si indomptable, à couvrir nos murs de son feuillage et de ses fruits avec un luxe et une régularité si admirables que l'on croirait que c'est la nature elle-même qui a doué le pêcher de tant de souplesse, et qui l'a doté d'un principe de vie si également actif dans tous ses membres.

Les moyens que l'art met à notre disposition pour atteindre ce but sont la taille, le pincement, le palissage, l'ébourgeonnement et la greffe. Par la taille nous nous opposons à ce que les yeux d'en bas donnent naissance à des bourgeons trop faibles en raison de la distance qui les sépare de l'œil terminal; ainsi, en raccourcissant le rameau, nous diminuons à volonté cette distance et nous augmentons la force des bourgeons du bas. Il est vrai que la taille, en favorisant ces derniers bourgeons, donne trop de vigueur à ceux qui sont placés près d'elle; mais nous nous opposons à cette vigueur en pinçant ces bourgeons aussitôt qu'ils paraissent. Alors la sève, trouvant un obstacle là où elle devait affluer, reflue dans les bourgeons non pincés, leur donne une force qu'ils n'auraient pas eue sans cela, et le bourgeon terminal, que nous avons intérêt à rendre dominant, n'é-

tant pas pincé, devient plus vigoureux. Le pincement sert à
réduire les bourgeons pincés, qui sont près de la taille, à des
proportions égales à celles des bourgeons qui en sont plus éloignés, c'est-à-dire placés près du talon du rameau taillé ; le
pincement sert donc à répartir la sève également dans toutes
les parties de l'arbre. Nous en profitons pour garnir constamment de branches fruitières, dans toute leur étendue, les
grosses branches du pêcher.

Le palissage partiel concourt aussi à modérer le cours de la
sève dans les bourgeons où elle semble affluer trop vivement,
tandis qu'elle continue à circuler sans interruption dans les
bourgeons laissés en liberté.

L'ébourgeonnement arrête momentanément la sève dans la
branche sur laquelle on le pratique. Cette branche est privée
de l'accroissement qu'elle eût pris, proportionnellement au nombre de bourgeons qu'on lui a enlevés ; d'un autre côté, la branche non ébourgeonnée est d'autant plus favorisée que celles
qui l'environnent ont été plus rigoureusement soumises à cette
opération.

Nous nous servons de la greffe pour placer des yeux là où
il nous importe qu'il naisse un bourgeon que la nature n'avait
pas admis dans ses dispositions, mais que l'art peut faire naître
avec facilité, surtout sur le jeune bois de l'extrémité de toutes
les branches.

On pourrait encore remarquer que les diverses branches
d'un pêcher qui croît librement ont presque toutes des dimensions différentes, tandis que les branches d'un pêcher
bien cultivé n'ont que deux dimensions ; elles sont grosses
ou petites.

Les grosses branches, que nous appelons *branches à bois*,
sont persistantes et forment la charpente de l'arbre ; leur destination est de servir au prolongement de cet arbre, en donnant naissance à des ramifications que l'on maintient toujours
inférieures en force aux branches principales, afin que la sève
soit également et proportionnellement répartie entre toutes.

Les petites branches, que nous appelons *fruitières*, sont, au
contraire, annuellement renouvelées, et doivent, autant que
possible, être d'égale force entre elles. Ces petites branches

7

proviennent de bourgeons qui seraient devenus plus ou moins forts, et même qui se seraient transformés en branches à bois, suivant leur position, si le jardinier ne s'y était opposé en réduisant, par le pincement, les bourgeons destinés à prendre de la force aux dimensions des bourgeons les plus faibles. Il ne faut jamais perdre de vue, à cet égard, que c'est au début du développement de ces bourgeons qu'il faut leur imposer, par le pincement, le degré de force que les petites branches doivent acquérir. En effet, c'est à l'insertion même de chaque petite branche qu'il importe le plus que les canaux séveux soient réduits aux dimensions qu'ils doivent avoir ou plutôt conserver, pour que la sève circule également dans toutes les petites branches; autrement, on serait exposé à exercer des répressions continuelles. La destination de ces petites branches est de garnir régulièrement de fruits les deux côtés des grosses branches, d'attirer et de faire circuler la sève dans toutes les parties de l'arbre, et de faire aussi grossir toutes ses branches. Leur renouvellement périodique s'opère en faisant développer, à leur insertion, l'œil qui s'y trouve, et qui servira à les remplacer au temps de la taille d'été ou après celle d'hiver. C'est dans ce sens que nous avons dit que les branches fruitières du pêcher se taillaient, comme celles de la vigne, toujours sur du nouveau bois, dans le but d'obtenir au talon du rameau taillé un nouveau rameau de remplacement pour asseoir la taille de l'année suivante.

Telles sont très-sommairement les dispositions naturelles du pêcher et les moyens de les modifier selon notre volonté; c'est au jardinier intelligent à faire usage de ces moyens. Il nous reste à les exposer avec quelques détails pour les lui rendre plus familiers.

Il existe une grande différence entre le pêcher greffé et les autres arbres fruitiers : c'est qu'il ne conserve pas comme eux des yeux qui, après être restés plusieurs années sans s'ouvrir, deviennent, suivant les circonstances, branches à bois, branches à fruits, et même rosettes ou boutons à fleurs. Dans le pêcher, le retour de la sève au printemps fait éclore tous les yeux ou boutons dont cet arbre est couvert, et si, dans ce mouvement général, quelques-uns restent dans l'inaction, ils perdent leurs facultés végétatives. Les exceptions à cette loi sont toujours partielles et très-rares. On a lieu d'être surpris qu'un cultivateur de Montreuil aussi exercé que M. Lepère annonce, dans sa taille du pêcher carré, que, *pour rajeunir un pêcher usé, qui n'a plus de verdure qu'à ses extrémités, il faut rabattre chaque aile jusque sur le tronc qu'a formé la greffe ; ce refoulement de la sève*, dit-il, *fait sortir quelques yeux sur la partie conservée*. Le plus grand inconvénient de l'application d'un tel conseil serait de faire perdre une année à ceux qui le suivraient, au lieu d'arracher l'arbre usé et d'en replanter de suite un autre.

La plupart des arbres que l'on rabat très-près de la tige même percent des bourgeons au travers de l'écorce ; mais le pêcher greffé, qui n'a point cette faculté, mourrait si on le traitait de cette manière (1) ; on ne peut donc le tailler que sur des yeux déjà formés.

Cette tendance du pêcher à ouvrir à la fois tous ses yeux est si forte que souvent il n'attend pas que le nouveau bourgeon qui doit leur donner naissance soit lui-même développé. Ainsi les bourgeons des gros rameaux, ceux qu'en termes de jardinage on nomme branches à bois, tout en se développant, font éclore de leurs yeux à peine formés d'autres bourgeons longs et minces que certains jardiniers nomment faux bourgeons ou entre-feuilles, qu'on nomme à Montreuil redougeons, et que nous appelons bourgeons anticipés. La même chose peut être observée aussi sur les bourgeons vigoureux de quelques autres espèces d'arbres fruitiers ; mais aucun ne montre autant de ces bourgeons que la vigne et le pêcher ; leur nombre est si grand sur celui-ci que l'on est quelquefois embarrassé, au temps de la taille, de trouver, à la place où il faudrait tailler, un œil qui ne soit pas ouvert en bourgeon anticipé.

Il est aisé de remarquer que ces bourgeons, dont l'existence

---

(1) Ceci ne peut s'appliquer au pêcher franc de noyau, qui perce assez souvent de la tige et des grosses branches lorsqu'il est tenu court.

Le Jardinier français, par Bonnefons, publié en 1651, recommande aux possesseurs idolâtres de leurs fruits de recéper jusque sur le vieux bois leurs pêchers trop vieux, ou maltraités par la gelée, les mauvais vents, ou par toute autre cause, afin de leur faire pousser du nouveau bois. On pourrait conclure de cette observation que, du temps de Bonnefons, on ne greffait pas le pêcher.

est devancée d'une année, ne sont pas constitués comme les
bourgeons sortis des yeux de l'année précédente ; ceux-ci sont
pourvus de feuilles et de boutons dès leur insertion, tandis que
les bourgeons anticipés n'ont de boutons qu'à $0^m,06$, $0^m,08$ et
même jusqu'à $0^m,16$ de leur origine. Il en résulte que, si l'on
est obligé de tailler sur eux, on a des rameaux déjà dénudés
par le bas. Mais lorsque les yeux qui donnent naissance aux
bourgeons anticipés sont doubles, il en reste au talon un qui
ne s'ouvre point et se fortifie. On doit ménager avec soin les
bourgeons anticipés qui sont pourvus de cet œil double, parce
qu'ils peuvent offrir des ressources à la taille.

Nous distinguerons deux sortes de branches sur le pêcher
taillé, celles à bois et celles à fruit, c'est-à-dire les grosses et
les petites. Les premières se divisent en branches-mères, en
membres et en sous-mères. Les branches-mères B (pl. IV, fig. 1)
donnent naissance aux membres C et D, et ceux-ci aux sous-
mères *e, f,* etc. On obtient leur prolongement en raccourcissant plus ou moins chaque année le bourgeon terminal. Les
rameaux à fruit, plus nombreux, placés avec ordre et à égale
distance sur les branches à bois, doivent toujours être concentrés, de manière à abriter celles-ci par leur feuillage.

Ces rameaux doivent leur dimension de branche à fruit à
leur position et au pincement ; nous les appellerons *productions
fruitières.* On concentre ces rameaux le plus près possible de
la branche sur laquelle ils ont pris naissance, en faisant naître
à leur insertion un nouveau bourgeon dont on protége le développement ; puis, à la taille d'été ou à celle d'hiver, on supprime tous les autres bourgeons placés au-dessus de ce bourgeon de réserve, que l'on traite et que l'on taille de la même
manière, afin d'en obtenir du fruit et un bourgeon de réserve
à son talon ; de cette manière les grosses branches d'un pêcher
sont toujours alimentées de sève par une multitude de jeunes
bourgeons destinés à se renouveler annuellement et à porter
des fruits.

Les gourmands sont aussi des rameaux à bois, mais extrêmement vigoureux ; ils s'emparent de toute la sève qui était
destinée à alimenter la partie de la branche qui dépasse leur
point d'insertion, et bientôt cette partie languit, se dessèche et

meurt. On fait plus de tort à un arbre en voulant retrancher
un gourmand déjà formé, ou même trop décidé, qu'en le laissant croître, afin qu'il puisse remplacer sans violence la partie de
branche que sa seule présence a condamnée à périr tôt ou tard;
mais il est plus sage de ne point laisser développer les bourgeons destinés à devenir gourmands, afin de rester maître de
la forme de l'arbre.

L'emplacement des bourgeons qui se transforment en gourmands est généralement le dessus des branches. On les reconnaît dès leur naissance à leur force et à leur empâtement, plus
large que celui des autres qui sont sur la même branche. Si on
les laisse pousser, cet empâtement s'étend et embrasse toute la
branche. Les gourmands développés ont les yeux petits, plats,
très-distants les uns des autres; ceux du bas sont presque éteints;
leurs feuilles sont larges et épaisses; l'écorce est plus raboteuse
que celle des autres branches; le bois, qui n'est pas rond d'a-
bord, reste aplati jusqu'à ce qu'il ait pris tout son accroissement. Si on se décide à conserver un gourmand, il faut, à la
taille d'été, le raccourcir à une certaine hauteur, afin de faire
gonfler les yeux du bas et de les disposer à être utiles après la
taille d'hiver.

Une branche faible à la pousse de l'année peut tout-à-coup
devenir gourmande à la pousse suivante, soit parce qu'on aura
trop raccourci les autres branches, soit par toute autre cause
tendant à arrêter la circulation de la sève dans les parties supérieures de l'arbre. Les arbres taillés, palissés, contraints, à
branches arquées, etc., sont plus sujets à produire des gourmands que les arbres abandonnés à eux-mêmes.

On laisse croître les gourmands sur les arbres que l'on veut
rajeunir en renouvelant leurs branches; dans tout autre cas
leur présence atteste de la négligence de la part du jardinier,
ou un système de conduite *à la Montreuil.* Celui-ci peut convenir à des cultivateurs qui n'ont que peu de temps à donner
à chaque arbre, mais il ne doit pas être adopté par des particuliers jaloux d'avoir des espaliers bien soignés et susceptibles
d'une longue durée (1).

(1) L'abbé Roger de Scabol avance dans ses écrits, ainsi que les auteurs qui
l'ont successivement copié, que les gourmands sont le signe d'une heureuse fé-

Il serait à désirer que la grosseur des branches fruitières qui garnissent les côtés des grosses branches n'excédassent pas celle d'un fort tuyau de plume, ce qui indique assez qu'il faut, lors de la taille, conserver un nombre d'yeux qui soit en rapport avec la quantité de sève que l'on aura à leur distribuer après la taille et le pincement; il est facile de comprendre que, si on ne laissait pas assez d'yeux lorsqu'on dispose de beaucoup de sève, les fruitières deviendraient trop fortes.

On distingue sur les rameaux diverses dispositions dans le placement des yeux et des boutons qui les garnissent; quelquefois un bouton à fleur est accompagné d'un œil à bois (pl. III, fig. 1, *a*); d'autres fois ces deux yeux sont séparés, ou bien un œil à bois se montre entre deux fleurs (pl. III, fig. 2, A); quelquefois encore, deux ou même trois yeux à bois sont placés près l'un de l'autre (pl. III, fig. 3, *a*). Dans ce dernier cas, le plus fort et le plus hâtif est celui qui se trouve au milieu.

On voit encore, dans les arbres épuisés, un rameau ne contenir que des boutons à fleurs (pl. III, fig. 4 *bis*) qui restent ordinairement stériles, à moins que le bourgeon terminal ne soit à bois; lorsque ces rameaux ont un œil à bois au talon B, on doit s'empresser de les tailler sur cet œil B, pour en obtenir un bourgeon de remplacement.

On remarque encore dans les arbres formés une espèce de dard de 0^m,08 environ de longueur (pl. III, fig. 5), entouré de petits bouquets de fleurs, au milieu duquel est un œil à bois qui chaque année s'allonge très-peu, et qui produit pendant plusieurs récoltes les fruits les plus beaux et les moins sujets à manquer. Il semblerait que ces dards sont des bourgeons arrêtés dans leur développement, et on pourrait les considérer comme les véritables branches fruitières du pêcher. On doit ménager ces branches partout où elles se trouvent, et ne les supprimer que lorsque, s'étant allongées, elles sont trop dégarnies à leur base. On les appelle à Montreuil jets de mai, co-

condité, sur laquelle il faut compter pour établir toute l'économie et la disposition des jeunes pêchers. Sans doute un arbre annonce de la vigueur lorsqu'il veut pousser des gourmand ; mais n'est-il pas plus avantageux de faire participer toutes les parties de l'arbre à ces bonnes dispositions que de laisser la sève s'accumuler sur un seul point, et de l'employer ainsi à renouveler inutilement du bois qui n'est pas usé ?

chonnets, petits bouquets, etc. Ces riches productions ne prennent naissance que sur le jeune bois, et non sur le vieux, comme semble l'indiquer M. Lepère, page 33. La fig. 7 (pl. III) représente une branche fruitière et son bourgeon de remplacement A, sur lequel on s'empressera de la rabattre aussitôt que les fleurs ou les fruits seront tombés, afin que la sève qui passerait dans la partie supprimée profite au bourgeon A. La fig. 8 (pl. III) représente en A le pédoncule de la pêche qui reste attaché au rameau lorsque le fruit est mûr.

Les très-jeunes pêchers ne portent pas d'aussi gros fruits que les arbres plus âgés. Ceux qui sont sur leur déclin, mais en bon état, rapportent ordinairement les plus beaux fruits (1). Les branches les plus vigoureuses sur un même sujet donnent des fruits inférieurs en grosseur et en qualité à ceux qui sont produits par les branches moins fortes.

Il est très-remarquable que le fruit du pêcher n'atteint la perfection qu'autant qu'il est accompagné d'un bourgeon à bois; il pourrait cependant arriver qu'un fruit dépourvu de ce bourgeon nourricier fût alimenté par un bourgeon voisin de ce fruit; mais lorsqu'on taille on [ne doit compter que sur les boutons à fleurs accompagnés d'un œil à bois.

Les branches à bois (pl. III, fig. 3), appelées ainsi à cause de leur grosseur et de leur emploi, qui consiste à former la charpente de l'arbre (2), ont, comme celles à fruits, des boutons doubles ou triples; elles ont, en outre, des yeux à bois doubles et triples, et ceux-ci demandent, dès le moment de leur pousse et lors du premier ébourgeonnement, une attention toute particulière. Ils sont très-communs sur le pêcher.

Les boutons à fleurs (fig. 2, 4, etc.) sont ronds, ceux à bois (fig. 3) sont pointus; lorsque ces derniers sont doubles ou triples, l'un d'eux fournit un bourgeon dominant par sa grosseur.

Quand le pêcher a passé la fougue de la première jeunesse, il se couvre à peu près tous les ans d'une égale quantité de fleurs; mais la plupart coulent ou tombent, soit par l'effet des gelées printanières, soit parce que les circonstances atmosphériques de l'été précédent ont été peu favorables à la formation des boutons. Un été trop sec ou trop humide, une excessive abondance de fruits, la maigreur du terrain, le manque de nourriture, etc., sont autant de causes d'avortement pour la floraison du printemps suivant; mais si, à l'époque de la formation des boutons à fleurs, qui est ordinairement pour le pêcher la fin de juin ou le commencement de juillet, on prenait quelques soins pour la favoriser, il n'y a pas de doute que les arbres seraient moins sujets à la coulure; il suffirait le plus souvent de quelques engrais et d'arrosements donnés à propos.

CHAPITRE IV.

De la multiplication du Pêcher.

De la greffe en écusson. Des divers sujets; ceux qui sont préférables. Choix des rameaux, etc. Semis; avantages qu'on pourrait en obtenir.

On multiplie généralement le pêcher par la greffe en écusson sur l'amandier à coque dure et à amande douce; quelques variétés seulement, telles que la bourdine, la madeleine rouge, la royale, la grosse et la petite violette, la violette tardive, doivent être greffées sur des sujets provenant d'amandes amères. L'amandier convient à toutes les sortes de terrains, à moins que le fond ne soit du tuf ou de la glaise; dans ce dernier cas, on greffe sur le prunier de Saint-Julien ou de Damas.

J'ai eu occasion de voir un espalier de 1600 mètres, garni de pêchers greffés sur des sujets des deux espèces, et j'ai pu reconnaître que, dans les premières années, le prunier prenait moins d'étendue et rapportait davantage; ces inégalités de vigueur et de produit deviennent moins sensibles avec l'âge, et disparaissent au bout de treize à quatorze ans. Quant à la qualité des fruits, elle est la même sur les uns que sur les autres.

L'amandier a des racines plus grosses et plus plongeantes que celles du prunier, qui rampent à la surface du sol. La connaissance de ce fait doit suffire pour diriger les planteurs dans le choix de ces deux espèces de sujets, suivant la qualité de la terre qu'ils ont à leur donner. Le prunier doit être planté à une profondeur moindre que l'amandier.

On plante vers le milieu d'avril des amandes qu'on a eu soin de faire germer, dès le commencement de l'hiver, dans une terre douce, fraîche, à l'abri de la gelée et des mulots. Ces amandes doivent provenir d'arbres sains, exempts de gomme et de blanc; ce choix est de la plus grande importance pour le succès de la plantation. On doit avoir la précaution, au printemps, avant de les mettre en pépinière, de couper le pivot avec les ongles, afin de faire pousser les racines à la superficie du sol, ce qui assure la reprise des arbres lors de leur transplantation en espalier. Cette suppression, qui ne donne pas des arbres aussi forts, amène une fructification plus précoce. Il faut observer que les racines de l'amandier ont peu de chevelu, et qu'étant transplantées les grosses racines produisent difficilement des spongioles à leurs extrémités; c'est ce qui fait rejeter avec raison les pêchers greffés sur amandier qui ont plus d'une année de greffe, parce que la reprise de ces arbres est peu assurée, et qu'ils restent toujours languissants lors même que la reprise a lieu.

La même année, vers la fin d'août dans les terrains secs, ou après la mi-septembre dans ceux qui conservent de la fraîcheur, on écussonne ces amandiers (pl. II, fig. 1) à œil dormant à $0^m,12$ ou $0^m,15$ de terre. Les sujets qui ne sont ni sains ni vigoureux ne sont pas greffés, et l'année suivante on arrache ceux qui n'ont pas pris la greffe; car la non-réussite d'une greffe faite par une main exercée annonce toujours dans le sauvageon un vice radical. On choisira pour écussonner les yeux triples, parce qu'on est toujours certain que celui du milieu est à bois (pl. III, fig. 6.) On aura soin de desserrer les ligatures assez à temps pour qu'elles n'occasionnent pas d'étranglement. Les amandiers sont écussonnés quelques jours plus tard que les pruniers (1).

(1) L'écusson *a* (planche III, fig. 6) doit se lever d'un seul coup, et rester sur la lame du greffoir, que l'on insinue entre le germe du bouton et l'aubier. Cette manière d'opérer permet de se servir d'un rameau coupé depuis plusieurs jours, et qui aurait déjà perdu une partie de sa sève. La plupart des auteurs prescrivent

Les jeunes arbres greffés sont rabattus, au commencement du printemps suivant, à 0^m,08 ou 0,^m10 (pl. II, fig. 2) au-dessus de l'écusson, où étaient tous les yeux du sauvageon, à l'exception de celui qui est à l'extrémité ; le bourgeon qui en sort doit être souvent pincé, afin que, sans attirer trop de sève, il puisse cependant entretenir la vitalité de la partie du sujet supérieure à l'écusson, ce qui facilitera la cicatrisation de la plaie lorsqu'au moment de la plantation on rabattra cette partie tout près de l'insertion de cet écusson (pl. II, fig. 3). On soutient les jeunes greffes par des tuteurs, pour les empêcher d'être décollées par le vent, ou on les attache à la partie supérieure du sauvageon.

La greffe ne doit émettre la première année qu'une tige dominante, accompagnée de ses bourgeons anticipés ; si, par un accident quelconque, une greffe venait à être rompue, il faudrait s'empresser de la rabattre sur le plus fort bourgeon, afin que celui-ci puisse remplacer la tige et la continuer.

Il est avantageux que les yeux du bas des jeunes pousses de la greffe ne s'ouvrent point en bourgeons anticipés, car ce sont eux qui, lors de la transplantation, doivent fournir les branches destinées à former l'arbre que l'on se propose d'élever en espalier. On doit donc éviter la rupture ou la courbure de la greffe, ou l'ébourgeonnement inconsidéré des bourgeons anticipés supérieurs, qui pourraient amener ce résultat.

Les sujets de pruniers sont produits par des noyaux que l'on fait germer pendant l'hiver, ou par des drageons pris sur les Saint-Julien ou les deux damas. Ces sujets ne peuvent être écussonnés qu'à la seconde année de leur plantation en pépinière.

---

de cerner l'œil par trois incisions et de le détacher à l'aide du pouce. Ce mode offre des inconvénients : 1° l'obligation d'avoir un rameau coupé fraîchement, sans quoi l'écusson ne pourrait être enlevé qu'avec effort, et l'œil courrait risque d'être offensé ; 2° la forme convexe *b* (planche III, fig. 6) que présente alors cet écusson, et qui le rend moins propre à être appliqué exactement sur le sujet. Nous n'enlevons avec l'écorce que le moins possible de bois, et nous n'essayons jamais de le retirer ; dans ce cas il n'est point un obstacle à la reprise de l'écusson ; au contraire, ce peu de bois donne de la consistance à l'écorce, qui glisse plus aisément entre celles du sujet, sans risquer de ployer et de s'avarier. Il ne faut pas descendre entièrement l'écusson dans la fente des écorces, afin de retrancher avec la lame du greffoir, la partie qui excède, en appuyant le tranchant de la lame à la hauteur de l'incision horizontale du sujet. Par ce moyen les écorces supérieures du sujet et de l'écusson coïncideront parfaitement, et faciliteront la réussite de la greffe.

On gouverne les greffes sur pruniers comme nous venons de l'expliquer pour l'amandier. Il ne faut prendre que des drageons ou des noyaux provenant d'arbres sains et vigoureux; les rameaux destinés à la greffe seront également choisis sur des arbres en bon état. On doit éviter, autant que possible, de prendre des greffes sur des espèces affectées de la maladie désignée sous le nom de *blanc*; il est à présumer qu'elles ont été importées avec cette maladie ou qu'on les aura greffées dans l'origine sur des sujets viciés qui auront perpétué le mal.

Toutes les variétés de pêches réussissent sur les quatre espèces de pruniers que nous avons indiquées; les pêches lisses et les deux chevreuses seules ne réussissent pas sur le petit damas. Ce sujet est facile à reconnaître en été, à l'extrémité rouge de ses pousses, tandis que dans l'autre espèce elle est blonde ou jaunâtre; il se distingue en hiver par son bois, qui est plus fort ou moins velu que celui du gros damas; le fruit de l'un et de l'autre est assez hâtif, violet, petit et rond.

Tout ce qu'on vient de dire sur la greffe suppose que cette opération a été faite en pépinière; mais, comme la transplantation fatigue et retarde toujours les arbres greffés, il est plus avantageux de planter des sujets en place, c'est-à-dire près de l'espalier, pour les y greffer au moment convenable. Dans ce cas, on placera deux sujets, afin de pouvoir choisir.

Quelques personnes prétendent avoir greffé le pêcher sur épine noire, afin d'obtenir des arbres nains; nous n'avons pas vérifié cette assertion.

Il n'est pas d'usage de greffer le pêcher sur des sujets provenant d'amandes à coques tendres ou de noyaux de pêche; on croit que les arbres ainsi greffés ne seraient pas de longue durée. Je n'ai point fait en France d'expériences à cet égard; mais je sais qu'aux États-Unis les pêchers, qui sont tous en plein vent, viennent de noyau ou sont greffés sur noyau, et que la cause de leur destruction, lorsqu'elle a lieu, est totalement étrangère à cette circonstance.

On obtient, par les semis, de très-bonnes variétés de pêches; il serait à désirer qu'on les multipliât davantage, ne fût-ce que pour remplacer nos bonnes espèces, presque toutes attaquées de maladies qui abrègent la durée des arbres et influent sur la qualité des fruits. Je répète qu'il est essentiel de prendre les noyaux destinés aux semis sur des arbres bien portants.

CHAPITRE V.

Choix des arbres dans les pépinières.

A quelle époque de la saison on doit faire ce choix ; quelles considérations doivent le diriger. Inconvénients de choisir des pêchers tout formés ; ils sont une véritable déception pour l'acquéreur. Précautions pour la levée et le transport des arbres.

On ne saurait apporter trop de soins et d'attention au choix et à la levée des arbres dans les pépinières. Le choix des pépinières elles-mêmes est fort important ; toutes choses égales d'ailleurs, on doit préférer la plus voisine, afin que les racines soient moins longtemps exposées aux inconvénients de la route, ainsi qu'aux effets du hâle, des gelées, etc. Les pépinières situées en plein champ, à l'air libre, sur des endroits élevés et légèrement en pente, doivent être préférées à celles qui sont entourées de murs, à l'abri desquels plusieurs genres d'insectes qui s'attachent aux arbres croissent et multiplient à l'infini. En tirant des sujets de ces pépinières, on s'expose à introduire dans ses plantations des germes de destruction d'autant plus dangereux qu'ils opèrent lentement, et que le propriétaire n'est amené à prendre un parti violent qu'après avoir vu ses espérances déçues pendant plusieurs années.

Il est des pépinières où les insectes du genre des *coccus* sont tellement multipliés qu'il n'y a peut-être pas d'autre remède que de les renouveler entièrement.

Parmi les espèces que l'on choisit, on doit prendre les arbres les plus forts, les plus vigoureux, dont les tiges bien droites se soutiennent naturellement, et dont le bas de la greffe soit abondamment garni de bons yeux.

Il est avantageux de faire ce premier choix dans le courant de septembre, avant que les pépiniéristes aient nettoyé et arrangé la tige et les branches des arbres qu'ils destinent à la vente, parce qu'on reconnaît mieux alors ceux qui donnent des signes de maladies, telles que le blanc, la gomme, etc. Le blanc se remarque sur les feuilles des extrémités; la gomme se décèle par quelques petites taches, ou même par la mort ou le dessèchement de quelques bourgeons anticipés, ce qui n'empêche pas la pousse et le reste de l'arbre de paraître très-vigoureux. Les plus légers signes de maladie sur une jeune greffe annoncent toujours que cette maladie prendra par la suite, après la transplantation, un caractère plus prononcé.

A la levée des arbres, lors de la chute des feuilles, on pourra encore épurer le choix fait en septembre, et rejeter tous ceux qui, n'ayant pas de feuilles à leur extrémité, en auraient conservé dans le bas ou dans le milieu de l'arbre, ce qui annonce une mauvaise constitution; les dernières feuilles qui doivent tomber d'un pêcher dont l'organisation n'est point altérée sont celles des extrémités.

On devra rejeter aussi les sujets dont les yeux inférieurs, sur lesquels on doit rabattre, seraient ouverts en bourgeons anticipés. La greffe devra n'avoir qu'un an, et être placée sur le sauvageon à 0^m,11 de terre. Nous avons dit plus haut pourquoi la greffe sur amandier ne doit avoir qu'un an.

Les pépiniéristes rabattent près de l'insertion de la greffe les pêchers dont la première pousse a été défectueuse ou ceux qu'ils n'ont pu vendre; ils obtiennent par ce moyen, l'année suivante, de plus beaux jets, qui séduisent les personnes peu expérimentées. Il faut bien se garder de prendre des pêchers ainsi *rebottés*, dont les racines sont trop fortes pour supporter la transplantation, surtout lorsque les arbres ont été greffés sur amandier. Le travail de la levée, tel qu'il s'exécute dans les pépinières marchandes, exige qu'on fasse aux racines de fortes amputations, et ces plaies, qui se cicatrisent difficilement dans le pêcher greffé sur amandier lorsqu'il a plus de deux ans d'âge, sont très-préjudiciables à sa prospérité.

On trouve assez communément dans les pépinières des pêchers déjà élevés sur deux et même sur quatre bras. Rarement l'égalité de force est établie dans ces jeunes arbres; mais, lors même qu'ils seraient parfaitement dressés, on devrait préférer encore ceux qui n'ont qu'une seule tige; car le pêcher greffé ne comporte pas, sans de graves inconvénients, d'être formé ailleurs qu'à la place où il doit rester. Ces pêchers tout formés sont une véritable déception que subissent les propriétaires qui s'imaginent obtenir très-promptement des fruits parce qu'ils auront payé fort cher ces arbustes; ils ignorent qu'ils se privent indéfiniment du plaisir d'obtenir des récoltes abondantes de fruits savoureux. Ces pêchers tout formés restent toujours plus ou moins languissants, parce que les racines de l'amandier sont alors trop vieilles pour supporter la transplantation, et que cette transplantation fait perdre à l'écorce du pêcher tout formé son élasticité. L'interruption ou même le ralentissement de la sève entre les écorces d'un pêcher d'une certaine étendue occasionne un mal irréparable, dont les effets se font sentir sur la végétation future de l'arbre pendant toute son existence. Aussi le plus sûr moyen d'avoir des arbres sains et de longue durée est-il, comme nous l'avons déjà dit, de planter au pied de l'espalier des noyaux ou des sauvageons, ce qui laisse d'ailleurs la faculté de choisir des sujets exempts de maladie, tandis que les pépiniéristes greffent indistinctement les bons et les mauvais; ils ont même l'adresse de greffer de préférence les espèces naturellement vigoureuses sur les sujets les plus délicats, en sorte que leurs arbres ont d'abord une apparence de santé qu'ils perdent avec la première jeunesse, lorsque la maladie du sauvageon s'est communiquée à la greffe. Le propriétaire se persuade alors trop légèrement que le fond de son terrain ne convient pas apparemment aux arbres fruitiers.

Le système que nous recommandons compte, parmi ses avantages, celui de l'économie, puisque les arbres greffés coûtent plus cher que les sauvageons; cette considération, quoique sans importance en général, lorsqu'il s'agit de planter, doit être cependant accueillie avec faveur, puisqu'elle se joint à d'autres plus considérables.

Un autre motif en faveur des sauvageons, c'est qu'on évite d'être trompé et de s'exposer à cultiver pendant plusieurs années une espèce pour une autre. En faisant greffer chez soi, on peut toujours prendre des rameaux sur des arbres sains et dont on a goûté les fruits; car dans une même espèce il se trouve des variétés supérieures, qui se perpétuent par la greffe. Toutes ces petites attentions, qui ont de grandes conséquences pour le propriétaire, ont peu d'intérêt pour les pépiniéristes, qui trop souvent les négligent.

Lorsqu'on procède à la levée des jeunes arbres, il est bon de donner aux ouvriers une gratification par pied dont les racines sont bien ménagées. Le jardinier, qui sera toujours présent à cette opération, examinera les arbres les uns après les autres, à mesure qu'on les sortira de terre ; il rebutera tous ceux dont les racines seraient éclatées, meurtries, attaquées de chancres, chancies, ou sérieusement entamées par les vers blancs.

Les arbres seront étiquetés et emballés avec soin ; on doit à cet effet se munir de paille pour couvrir les racines et entortiller les tiges, afin de préserver celles-ci des frottements et les autres de l'action de l'air. Les arbres seront mis en jauge à leur arrivée, un par un, debout, en étendant et en séparant les racines avec autant de précaution que s'il s'agissait de plantation, celle-ci dût-elle commencer le lendemain, parce que le temps ou les affaires n'amènent que trop fréquemment des changements aux projets de la veille, et que des arbres bien mis en jauge peuvent attendre et sont à l'abri de tout accident.

CHAPITRE VI.

De la forme.

Nécessité de déterminer la forme avant la plantation. On peut donner au pêcher quelque forme que ce soit ; il se soumet à toutes ; preuves de cette assertion. De la forme à la Dumoutier. De la forme en cordons disposés comme la vigne l'est à la Thomery. De la forme en palmette à double tige, dont chaque bras est formé par la tige sans le secours de la serpette.

Il est à propos de déterminer, avant la plantation, la forme que l'on veut faire prendre aux jeunes arbres, afin de régler leurs distances en raison de cette forme, et de bien placer, en plantant, les yeux qui peuvent y concourir.

Il faudrait, pour ainsi dire, tracer d'avance sur le mur les places que les branches principales devront occuper au fur et à mesure de leur développement. On ne travaillera qu'au hasard si l'on n'a pas toujours ce tracé devant les yeux, et, loin de diriger et de conduire l'arbre, on s'exposera à être soi-même entrainé par toutes les circonstances qui se présenteront pendant le cours de la végétation. Il est donc évident qu'il vaut mieux prendre l'initiative, prévoir et donner, dès le départ de la sève, à tous les mouvements qui vont avoir lieu, des directions qui feront arriver les bourgeons doucement et sûrement vers le but qu'on se propose, que d'être sans cesse forcé de recourir, pour arriver à ses fins, à la taille, aux amputations, et autres moyens violents.

L'art de conduire le pêcher est bien moins difficile qu'on ne se l'imagine. Nous avons été les premiers à annoncer en 1816, lors de la première édition de *la Pomone,* que l'on pouvait faire prendre au pêcher toutes les formes imaginables; nous eûmes alors le rare bonheur de trouver dans les environs de Paris des pêchers auxquels on avait fait prendre des formes tracées d'avance sur les murs; quelques-unes d'elles étaient si correctes et si extraordinaires que nous les fîmes dessiner géométriquement, pour que ces pêchers fussent très fidèlement représentés. Nous avons indiqué les localités où étaient ces arbres. Ceux qui ont eu des doutes ont été mis à même de vérifier si les dessins s'écartaient en quoi que ce soit des modèles vivants, et ce serait en vain que l'on voudrait aujourd'hui faire naître des doutes à cet égard. Ce fut M. Poiteau, dont on connaît l'exactitude scrupuleuse, qui voulut bien se charger de dessiner ces arbres. Les beaux pêchers de Trianon et du jardin fleuriste de Saint-Cloud, conduits par M. Dumoutier sous la forme d'un V ouvert (pl. V), ont été aussi dessinés géométriquement. Cette forme était alors la seule que nous eussions adoptée dans les jardins de la couronne. Beaucoup d'objections nous ont été adressées de toutes parts contre cette forme, et même contre la grande étendue qu'on lui avait donnée à Trianon. On a prétendu que tous les jardiniers n'avaient ni l'entente ni le temps nécessaire pour conduire des arbres d'une aussi grande étendue, et qu'il fallait encore, pour l'atteindre, disposer d'arbres très-vigoureux et d'un sol extrêmement propice; enfin, que, si un de ces arbres venait à faillir, ou seulement un de ses membres, il laisserait à découvert une grande surface de mur.

Après avoir pris en considération ces objections, et nous être aidé, selon notre usage, des discussions et des avis de plusieurs horticulteurs, nous avons fait choix de cinq formes parmi beaucoup d'autres : 1° de la forme à la Dumoutier ; 2° de la forme en cordons (1) (pl. VI); 3° de celle en palmette à double tige ; 4° de la palmette à double tige (pl. VII) dont les bras sont successivement formés par la tige ; 5° des pêchers non taillés en palmettes.

La deuxième forme, celle en cordons, nous a été présentée par Dumoutier, pour couvrir les murs avec le pêcher, comme nous les avons couverts avec la vigne (pl. I), à Fontainebleau, où six pieds de vigne, dont chacun a deux bras de $1^m,35$ d'étendue, couvrent un mur de $2^m,70$ de longueur sur 3 mètres de hauteur. Ici (pl. VI) trois pêchers, dont chacun a cinq bras de 5 mètres d'étendue, couvrent un mur de 10 mètres de longueur sur 3 mètres de hauteur. Les bras de la vigne viennent tous s'intercaler successivement et symétriquement à la place qui leur est destinée ; les bras des pêchers viennent également s'intercaler à la place convenue ; ils ont même l'avantage de se suppléer les uns les autres, dans le cas où quelques-uns viendraient à faillir. Ainsi cette forme répond autant que possible aux objections les mieux fondées qui nous aient été adressées. On verra que les trois autres formes, notamment celles en palmettes à doubles tiges, ont l'avantage d'exiger moins de temps et de surveillance ; mais aucune, quelle que soit celle que le jardinier adopte, ne le dispense de connaître nos principes et de s'y conformer exactement ; elle ne lui suppose pas non plus moins d'intelligence qu'il n'en faut pour conduire un pêcher sous la forme d'un V ouvert ; seulement il aura moins souvent l'occasion de l'exercer. Malgré notre déférence aux objections, nous maintenons la forme du V ouvert, sans toutefois lui laisser parcourir toute l'étendue qu'elle est susceptible de prendre. Il suffira qu'elle remplisse le cadre qui lui est assigné. Elle sera

(1) Quoique M. Lepère vienne d'annoncer, dans son ouvrage *sur le pêcher carré*, qu'il s'occupe d'élever des pêchers comme on élève la vigne à Thomery, nous ne croyons pas que, par crainte d'être accusé de plagiat, nous devions priver nos lecteurs du dessin de cette forme, que nous avons en portefeuille depuis longtemps. Nous ignorons du reste jusqu'à quel point notre dessin et nos moyens d'exécution sont conformes à ceux de M. Lepère, qui lui-même n'a vraisemblablement connu la forme que l'on donne à la vigne à Thomery que dans *la Pomone*, puisque personne avant nous n'en avait fait mention. Dans tous les cas, nous ne réclamons ni invention ni priorité, notre instruction et notre ouvrage étant le résultat de l'instruction générale de l'époque.

8

donc contenue, et les distances, lors de la plantation, seront
réglées en conséquence ; mais si un arbre, par sa trop grande
vigueur et par le bon emploi qu'on a su en faire, peut occuper
beaucoup plus d'espace que celui qui lui était d'abord destiné,
il ne faudrait pas priver le jardinier de l'occasion qui se présente de jouir de son travail ; qu'il lui soit donc permis, dans ce
cas, de restreindre les arbres de droite et de gauche, à mesure
que le pêcher qu'il affectionne peut s'étendre. Le jardinier qui
est assez heureux pour offrir des modèles vivants, et qui méritent l'admiration des cultivateurs, favorise plus efficacement
le progrès de son art que ne peut le faire toute espèce d'encouragement.

Ces exemples suffiront sans doute pour convaincre que l'on
peut faire prendre au pêcher toutes les formes possibles et
pour détruire tous les préjugés contraires. Sans paraître vouloir
innover, il est donc permis maintenant de chercher la forme
la plus avantageuse ; ce sera celle qui, troublant et tourmentant
le moins le pêcher dans sa végétation, couvrira le plus prompt-
tement une surface donnée, et pourra être facilement contenue
dans les limites de cette surface, sans nuire ni aux produits,
ni à la santé, ni à la durée de l'arbre.

En annonçant que l'on peut faire prendre au pêcher toutes
les formes que l'on veut lui donner, il est bon d'ajouter : pourvu
que le cadre qui doit contenir ces formes ne soit ni trop restreint
ni trop étendu ; pourvu, en un mot, qu'il soit en rapport avec la
vigueur ou plutôt avec le degré d'extension que cet arbre peut
atteindre. L'art n'a point encore pu faire du pêcher un arbre
nain, donnant des produits et prolongeant son existence. C'est
faute de réflexion que des personnes ont prétendu garnir un
espalier avec une multitude de pêchers plantés tout près les uns
des autres et élevés sur une seule tige, tous inclinés du même
côté. Les inventeurs de cette méthode ont d'abord eu des imitateurs ; mais bientôt les arbres ont dépéri, parce qu'ils n'ont
pu parcourir les divers degrés de leur croissance dans des limites
aussi restreintes. On s'étonnera sans doute, surtout quand il
s'agit de culture, que des innovations contraires au bon sens
soient suivies avec empressement, tandis que l'on trouve de si
grandes difficultés à faire adopter des méthodes consacrées par

des succès, par une longue pratique, et d'ailleurs basées sur des principes conformes aux lois de la nature, tels que le mode de culture de la vigne à Thomery, qui reste toujours confiné exclusivement dans cette localité.

La première forme, celle que nous adoptons de préférence, est représentée par la planche V; nous l'appelons *forme à la Dumoutier*, pour rendre hommage aux talents de cet habile jardinier. Elle nous paraît la plus facile à obtenir, et c'est peut-être la plus convenable pour des pêchers plantés contre des murs de 3 mètres à 3^m,35 d'élévation; elle offre en même temps des moyens simples de faire prendre aux arbres, en les allongeant sur les côtés, toute l'étendue que leur vigueur comporte. On conçoit cependant qu'il ne faudrait pas abuser de cette faculté, et qu'il vaudrait mieux, après leur avoir laissé prendre un certain essor, ménager leur vigueur en la concentrant.

Lorsque nous aurons suffisamment fait connaître, dans le cours de cet ouvrage, quels sont les moyens à employer pour diriger les pousses d'un arbre dans sa végétation, quelle que soit la forme adoptée, nous ferons l'application de ces principes à l'éducation du pêcher que nous donnons ici pour modèle. Le dessin n'est point idéal; il a été pris d'après un arbre existant, planté à Trianon en 1806. C'est après avoir reçu neuf tailles, dont la planche V indique l'emplacement, qu'il est arrivé à l'état de perfection où il est aujourd'hui, remplissant parfaitement le cadre qui lui a été tracé, et dans lequel on veut désormais le maintenir. Son étendue est de 14 mètres sur 3^m,35 de hauteur. Les figures des planches II et IV font connaître la marche progressive qu'on a suivie pour arriver à ce but.

La figure 1 (pl. II) représente le sauvageon qu'on a planté au pied de l'espalier, et sur lequel on a posé deux écussons (fig. 2). La figure 3 (pl. II) indique la première pousse des deux écussons, formant les deux mères-branches B; celles-ci étaient alors peu inclinées, afin que les yeux du dedans, qui ont une tendance naturelle à devenir plus forts que ceux du dessous, ne fussent pas trop favorisés dès leur origine au détriment de ces derniers.

La figure 4 (pl. II) indique l'état de l'arbre à la seconde année, et ainsi de suite. Les mêmes branches sont désignées sur toutes les figures par les mêmes lettres, et l'ordre alphabétique de celles-ci indique celui de la naissance des branches. Les emplacements des tailles successives sur les branches principales sont également indiqués par des numéros correspondant à l'année où elles ont été faites; ainsi, dans la figure 1 (pl. IV), la branche *f*, qui n'a qu'une marque de taille portant le numéro 5, a été taillée pour la première fois lorsque la branche-mère B recevait la cinquième taille.

Le quart de cercle, divisé en degrés (pl. IV, fig. 2), marque la progression suivant laquelle on a abaissé chaque année les mères-branches B pour arriver à l'inclinaison de 68 degrés, où elles se trouvent maintenant fixées (pl. V); elles n'ont été allongées et chargées de tous leurs membres que graduellement, suivant leur force, en favorisant toujours, par les moyens que nous donnerons ci-après, les branches inférieures, que leur position plaçait dans une situation moins favorable, et en restreignant, au contraire, l'accroissement des branches supérieures.

Ainsi la branche C (pl. II, fig. 4 et 5, pl. IV, fig. 1 et 2, et pl. V), qui prend naissance au-dessous de la branche B, n'a qu'un an de moins que cette dernière; on les a fait marcher toutes deux également, tandis que la branche D, qui est au-dessus, et dont la place était désignée dès la seconde année, a été, au contraire, travaillée, contrainte et retardée dans son développement, en s'opposant, par le pincement, à ce que son empâtement sur la mère-branche prît de l'ampleur. Les conduits de la sève ainsi maîtrisés à la base de la branche D pendant quatre ou cinq années, on a pu sans inconvénient permettre alors à cette branche D de commencer à se développer pour remplir le cadre qui lui était réservé.

Enfin les membres *g* et *h* (pl. V) ont été formés les derniers, lorsque les membres inférieurs avaient acquis une vigueur capable de contre-balancer leur action et de conserver la sève que ces branches presque verticales tendaient à leur enlever.

Les branches principales allant en divergeant, il a été nécessaire d'établir à une certaine distance du point de leur insertion des ramifications ou sous-mères-branches pour remplir les intervalles. On a toujours fait prendre naissance à ces ramifications au-dessous des membres et jamais au-dessus (si ce n'est à la branche *m* (pl. V), établie la dernière de toutes), parce que la sève aurait eu trop de tendance à s'y porter, et qu'on ne fût parvenu à l'en détourner qu'en tourmentant l'arbre, en le fatiguant dans sa végétation, et en consommant en surveillance un temps précieux.

Toutes les branches principales d'un pêcher, quelle que soit sa forme, sont également garnies de branches fruitières qui paraissent du même âge, parce qu'en effet elles sont renouvelées tous les ans. On n'a pu exprimer dans ce dessin, à cause de la petitesse de l'échelle, les tailles successives, et toujours très-rapprochées de l'insertion, qu'il a fallu opérer chaque année pour déterminer leur concentration.

Les moyens convenables à l'établissement des autres formes seront indiqués à l'article de l'application des principes généraux de la conduite des pêchers.

CHAPITRE VII.

Des terres propres au pêcher.

Une terre neuve, douce, riche et légère, reposant sur un lit de sable terreux, laissant facilement écouler les eaux, est la plus favorable à la culture du pêcher, tant pour la vigueur et la santé des arbres que pour la qualité des fruits. J'entends par terre neuve celle dans laquelle on n'a pas encore cultivé de pêchers. Il est à propos que le sol soit élevé, très-aéré, un peu en pente. Ce n'est pas que le pêcher ne puisse croître dans des terres fortes et froides, mais alors ses fruits sont pâteux, ou amers, ou aigres, ou insipides, au lieu d'avoir cette eau abondante, vineuse, sucrée et parfumée, qui donne à ce fruit la prééminence sur tous les autres.

Si le terrain était trop compacte, on le modifierait par des engrais et par des amalgames avec des terres légères, prises à la surface d'un sol sablonneux. Les gazons levés sur un bon fonds de terre, et que l'on met en meule pour en laisser consommer les racines, forment une terre dans laquelle tous les arbres prospèrent; on peut même, soit dit en passant, s'en servir pour les plantes délicates, à défaut de terre de bruyère; mais il faut pour cela que le fonds sur lequel on lève les gazons soit riche

et légèrement sablonneux, et en même temps que l'épaisseur
de terre enlevée avec le gazon soit peu considérable.

CHAPITRE VIII.

Fouille et plantation.

La plate-bande destinée à une nouvelle plantation de pêchers
doit être complétement fumée et défoncée un an à l'avance, dès
le mois de février ou de mars, sur une largeur de 2^m,70 et une
profondeur de 1 mètre à 1^m,17. Cependant, si la terre végétale
n'avait pas autant d'épaisseur, et que le fonds fût du tuf ou de
la glaise, il faudrait le percer, pour donner de l'écoulement
aux eaux; on mettrait des pierres et des gravois dans le fond
de la tranchée; puis on surchargerait la plate-bande avec des
terres de rapport, en augmentant en même temps sa largeur.
Dans ce cas, il faudrait employer le pêcher greffé sur prunier,
dont les racines ne sont pas pivotantes.

Si la plate-bande que l'on veut défoncer avait déjà été plantée en pêchers, on en retirerait toutes les terres pour les remplacer par de nouvelles, prises dans les carrés du jardin, et que
l'on amalgamerait avec d'autres, si cela était nécessaire, pour
les rendre propres à la culture du pêcher. Si le jardin était
coupé par des murs de refend, et que l'on eût l'intention de
renouveler la plantation des deux côtés de ces murs, on échan-
gerait les terres du nord contre celles du midi, en y ajoutant les
amalgames nécessaires. Enfin, si le sol était pierreux, on ex-
trairait avec soin les cailloux, et l'on pourrait même passer les
terres à la claie.

Les plates-bandes fumées et défoncées au printemps seront
tenues en culture pendant tout l'été; on peut y planter des haricots hâtifs, et, si la terre était forte, on ferait succéder aux
haricots des plantes qui la rendissent meuble, et que l'on ter-
reauterait amplement. Aussitôt que celles-ci seront enlevées,
on donnera un bon labour, après lequel on ouvrira des trous
de 10 en 10 ou de 12 en 12 mètres, suivant la bonté du terrain, si l'on veut conduire les arbres à la Dumoutier, ou seulement de 4 en 4 ou de 5 en 5 mètres, si on veut les conduire en

cordons. Lorsque les cultivateurs de Montreuil plantent des
pêchers dans un terrain neuf, ils laissent 8 mètres de distance
d'un pêcher à l'autre, et placent dans l'intervalle un poirier,
afin de se ménager des ressources dans le cas où les pêchers (1)
ne réussiraient pas ou ne réussiraient qu'imparfaitement.

Si la terre est légère, on plantera aussitôt après la chute des
feuilles; si elle est forte, on laissera les trous ouverts pendant
l'hiver, afin que les gelées la pénètrent et la rendent meuble, et
on plantera au mois de février ou de mars, suivant la température de l'année, mais toujours avant le mouvement de la
sève. On ne doit point renoncer au bénéfice de l'action des gelées sur les terres qui reposent au bord des trous, sous le pré-
texte que ces trous seraient remplis d'eau au moment de la
plantation; car les terres assez compactes pour ne point laisser
écouler les eaux ne conviendraient point à la culture du pêcher.

On choisira pour planter un temps doux, et on profitera du
moment où les terres seront bien ressuyées, afin qu'elles puissent facilement couler et s'insinuer entre toutes les racines. On
rafraîchira le bout de celles-ci en leur conservant le plus d'é-
tendue possible, et l'on aura soin que les retranchements soient
faits en-dessous et que les parties mises à vif portent sur terre.
Ces retranchements devront faire disparaître les parties meurtries, attaquées de chancres, et en général tout ce qui ne serait
pas en bon état. On supprimera entièrement les racines éclatées, ainsi que la partie du chevelu qui serait desséchée. Il n'y
a que les arbres très-nouvellement levés auxquels on puisse en
conserver une partie en les plantant, pour que la terre s'introduise facilement entre les grosses racines; autrement l'air interposé occasionnerait la moisissure ou le blanc de champignon,
qui ferait périr l'arbre. Les plaies un peu fortes doivent être
promptement recouvertes avec de l'onguent de Saint-Fiacre,
afin de faciliter leur cicatrisation.

L'effet du tassement des terres devra être calculé au moment

(1) Le pêcher est l'arbre auquel les Montreuillois donnent la préférence, et s'ils
en cultivent d'autres, c'est toujours parce que le terrain ou l'exposition ne lui
est pas favorable. Le pêcher, aux portes de la capitale, doit être, en effet, d'un
grand rapport.

de la plantation de manière à ce que, par la suite, les racines ne se trouvent pas trop profondément enterrées, surtout dans les terres fortes; on plantera plus avant dans les terres légères, mais toujours de manière à ce que le soleil puisse avoir de l'action sur les racines. Il faut encore avoir soin : 1° de donner à l'arbre une certaine inclinaison, en le plaçant à environ 0ᵐ,16 du mur; 2° de mettre autant de fortes racines d'un côté que de l'autre; 3° de tourner l'arbre de façon à ce que les yeux les mieux formés soient sur les côtés; 4° d'élever assez la greffe pour qu'elle ne se trouve pas au-dessous du niveau du sol environnant après le tassement des terres.

Ces quatre points bien observés (1), on couvrira de terre les racines, en les séparant et en les établissant lit par lit; toutes doivent passer par les mains du planteur, pour être espacées convenablement et étendues dans toute leur longueur, en ayant soin de ne jamais les forcer. La prospérité d'un arbre ainsi planté dédommagera toujours du temps et des soins que l'on aura mis à l'arrangement de ses racines, qui sont la source de sa santé et de sa vigueur.

Si la plantation a lieu au printemps, on fera au pied de chaque arbre un bassin dans lequel on versera légèrement, à plusieurs reprises, la valeur de deux arrosoirs d'eau, afin de lier la terre aux racines et de mettre plus promptement celles-ci en végétation; cette opération s'appelle *plomber* à l'eau; elle doit être faite avec précaution, pour que l'eau arrive partout également à la fois; autrement on courrait le risque de faire enfoncer inégalement les racines.

Au moment où les boutons commenceront à se gonfler, on rabattra la tête de l'arbre à 0ᵐ,12 ou 0ᵐ,13 au-dessus de la greffe (pl. II, fig. 2), plus bas encore si cette partie est garnie de bons yeux, et autant que possible sur un œil de côté. On retranchera en même temps tous les bourgeons anticipés qui seraient placés sur cette tige, en ayant soin de ne pas les couper au ras de l'écorce, pour ménager le petit bourrelet qui se trouve à leur insertion et qui facilite le recouvrement de la plaie; d'ailleurs, il existe assez souvent au talon du bourgeon un œil bien placé

(1) Les trois premiers s'appliquent aussi à la plantation des sauvageons.

qui peut donner naissance à une très-bonne branche, et qui, par cette raison, doit être ménagé.

CHAPITRE IX.

De la taille.

§ 1. — DES EFFETS DE LA TAILLE.

Des effets de la taille en général. De ses effets suivant qu'on l'exécute avant ou pendant la sève. La taille concourt à rétablir ou à maintenir l'égalité de force entre des branches symétriquement placées ; elle peut servir en conséquence à diriger l'arbre sous le rapport de la forme. Des effets de la taille selon qu'elle est assise sur des yeux bien ou mal conformés, ou placés plus ou moins avantageusement. Des effets d'une taille trop courte sur les branches à bois, effets d'une taille plus ou moins allongée sur les branches à fruits. Le pêcher vit plus longtemps lorsqu'il est bien taillé que lorsqu'il est abandonné à sa végétation naturelle.

On ne saurait trop encourager les personnes qui veulent s'occuper de la culture du pêcher à en bien étudier, avant tout, la végétation et les habitudes. Je le répète, ce n'est que d'après cette connaissance approfondie qu'elles pourront employer avec discernement et avantage les moyens que l'art a mis à notre disposition, et qui sont la taille, le pincement, l'ébourgeonnement et le palissage.

La taille, ou raccourcissement des branches, a pour résultat de donner une grande vigueur à l'œil qui devient terminal, et de faire participer les yeux inférieurs à cet accroissement de force, en raison de leur proximité de l'œil terminal. Ainsi, lorsqu'on la pratique sur de fortes branches, elle change les bourgeons destinés à devenir branches à fruits en branches à bois, et lorsqu'on l'applique à des branches dont les bourgeons eussent été stériles, elle donne à ces bourgeons la force nécessaire pour produire des fruits.

Si on taille pendant que la sève est en grande activité, par exemple lorsque le fruit est noué, on a pour résultat des pousses faibles et très-peu allongées, tandis qu'en faisant cette opération au premier mouvement de la sève, ou même auparavant, on obtient des bourgeons beaucoup plus vigoureux.

Ainsi, on taillera de bonne heure les arbres faibles, et l'on domptera ceux qui sont trop forts en les taillant plus tard, afin qu'ils retiennent mieux leurs fruits.

Lorsque la taille est assise sur un œil bien conformé et bien placé, la sortie terminale donne un rameau qui devient plus fort que celui qu'on a retranché. Si elle est faite, au contraire, sur un œil moins favorisé, un sous-œil par exemple, on a une sortie plus tardive et aussi plus faible que n'était la partie de branche supprimée. Il en résulte que deux branches d'inégale force, que l'on aura négligé d'équilibrer à la pousse, pourront être ramenées à l'égalité par la taille, en tenant la plus forte beaucoup plus courte, afin de rabattre sur les yeux inférieurs, ordinairement mal conformés, tandis que la plus faible sera taillée sur ses meilleurs yeux.

Ce principe a été consigné pour la première fois dans *la Pomone française*; les auteurs qui nous ont précédé ont émis un avis tout opposé.

En laissant sans la raccourcir une branche à bois (1) dont les yeux sont francs, c'est-à-dire rapprochés et propres à donner du fruit, mais trop vigoureuse pour la place qu'elle doit occuper, on l'arrête à peu près au point où elle est, tandis que les branches voisines, rabattues sur de bons yeux, augmenteront en force, et pourront, s'il est nécessaire, l'égaler à la fin de la saison.

Le ravalement d'une branche à bois sur un bourgeon à fruit en arrête les progrès; cette opération doit être peu pratiquée, surtout sur les parties inférieures de l'arbre.

Le ravalement d'une branche à bois sur un bourgeon à bois dont les yeux sont rapprochés, et qu'on laisse de toute sa longueur, aura pour résultat de retarder la croissance de cette branche, de la modérer, et en même temps de concentrer avec avantage la sève dans les parties les plus basses.

La suppression d'une sous-mère-branche, sur un membre qui serait trop vigoureux par rapport à la branche-mère, fait refluer la sève dans la branche-mère, depuis l'insertion du membre sur elle jusqu'à son extrémité supérieure.

_____

(1) Il est bien entendu que les bourgeons à fruit placés sur cette branche seront taillés et concentrés comme si on avait raccourci la branche à bois.

Une taille trop courte sur toutes les parties d'un arbre donne naissance à des gourmands ; une taille trop allongée met tout à fruit, arrête l'arbre et l'épuise.

En général, les branches à bois grosses et bien faites seront taillées, pour étendre l'arbre, un peu au-delà de la moitié de leur longueur, à moins qu'il ne soit nécessaire de faire naître d'autres branches à bois plus rapprochées du talon; les rameaux minces, au contraire, doivent être taillés en deçà de la moitié de leur longueur.

Une taille trop courte sur les branches à bois fait éclore beaucoup de bourgeons à bois trop près les uns des autres, ce qui nuit à l'arbre sous le double rapport de la forme et de la santé, en jetant un grand désordre dans sa végétation, puisqu'on est obligé, par la suite, de supprimer une partie de ces branches, pour la formation desquelles la sève a été employée en pure perte.

Une taille trop longue sur les rameaux à fruit prépare des vides, parce qu'elle nuit au développement de l'œil le plus voisin du talon de ce rameau ; cet œil doit cependant donner naissance à un bourgeon dont la prospérité intéresse beaucoup, puisque c'est lui qui remplacera le rameau actuel à la première taille. Il est donc fort important de ne pas trop l'éloigner du bourgeon terminal, surtout si le rameau à fruit est déjà faible. Dans certaines espèces qui ne portent leurs fruits qu'aux extrémités, on est forcé de tailler long; mais alors on favorise le talon en aveuglant, c'est-à-dire en supprimant les yeux intermédiaires ; c'est ce que quelques horticulteurs appellent *abréger*, parce que cette opération détruit l'effet de la distance qui existe entre le talon et le bourgeon terminal. L'aveuglement des yeux ne doit être pratiqué que dans ce seul cas, c'est-à-dire sur les fruitières qui ont été taillées longues, afin de ne pas perdre le fruit placé à l'extrémité supérieure, et de profiter en même temps de l'œil qui se trouve au talon, sur lequel on rabat le rameau aussitôt après la cueille ou la chute du fruit.

Le défaut de la plupart des jardiniers est de tailler les rameaux à fruit trop longs et les branches à bois trop courtes.

Si on taille sur un bouton à fleur non accompagné d'un

œil à bois, le rameau se dessèche dans cette partie jusqu'au premier bourgeon à bois.

Moins on laisse de fruits sur une branche, plus les bourgeons de cette branche s'allongent et deviennent forts, *et vice versa*.

La taille des branches à bois du pêcher a pour objet la forme de l'arbre, le maintien et l'accroissement de la force de sa charpente, en faisant naître de nouvelles branches à bois là où elles sont nécessaires. Le vice inséparable de cette opération est de multiplier ces branches à bois au-delà du besoin ; mais on y remédie par le pincement, dont nous parlerons ci-après.

La taille des rameaux à fruit du pêcher a pour objet le renouvellement complet de ces sortes de rameaux, en les rabattant annuellement sur le bourgeon le plus voisin de leur insertion, que l'on aura favorisé à cet effet lors de son développement ; elle concentre la sève du pêcher en maintenant sans cesse de nouvelles pousses près des branches à bois, et ressemble, en quelque sorte, à la taille des coursons de la vigne, qui, ainsi que nous l'avons vu, consiste à rabattre près du talon du bourgeon inférieur tout ce qui a poussé au-dessus, pour tailler ensuite sur ce dernier bourgeon. Quoique tous les rameaux à fruit du pêcher ne nécessitent pas un rapprochement aussi rigoureux, il est bon de le concevoir d'abord tel que nous le présentons ici pour être mieux entendu lorsque nous en parlerons avec plus de détails. Tout l'art de la conduite des rameaux à fruit consiste à ménager des yeux au talon de ces rameaux, à les faire éclore, et à favoriser leur développement.

En résumé, la taille concentre la sève dans toutes les parties de l'arbre conservées, mais principalement dans celles qui lui sont immédiatement inférieures, en sorte que la vigueur de ces parties augmente, si ce n'est dans le seul cas où cette taille aurait fait disparaître tous les yeux bien conformés pour n'en laisser que de faibles.

Un pêcher bien taillé vit beaucoup plus longtemps que celui qui est abandonné à la nature ; c'est surtout lorsque l'arbre a jeté le feu de la première jeunesse que les bons effets de la taille sur son organisation et sur la qualité de ses fruits sont le plus sensibles.

§ 2. — DE L'OPÉRATION DE LA TAILLE.

Ce qui doit la précéder. De l'époque. Taille des branches à bois, ou formant la charpente de l'arbre. Taille des bourgeons anticipés. Taille des branches fruitières.

Il est indispensable de dépalisser entièrement l'arbre que l'on veut tailler, afin d'éviter de casser ou d'éclater les branches, et en même temps afin de donner la facilité de détruire les insectes et les repaires où ils peuvent se retirer. L'entretien de la propreté des murs, des treillages, et surtout de l'écorce des arbres, est un objet extrêmement essentiel à leur conservation et à leur santé.

L'époque de la taille ne peut être précisée; elle est marquée par celle où la sève commence à enfler légèrement les bons boutons, ce qui souvent a lieu à la fin de janvier ou au commencement de février, à moins que l'hiver ne se prolonge ou n'ait été très-rude.

Beaucoup de jardiniers attendent, pour commencer à tailler, que les arbres soient en pleine fleur. Le plus grand mal occasionné par cette routine est l'affaiblissement des boutons et des yeux de la partie inférieure des branches, à cause de la perte de sève qui est déjà montée inutilement dans le haut de l'arbre; le moindre est la destruction de beaucoup de fleurs et de bourgeons bien placés, que le jardinier même le plus adroit ne saurait éviter de faire tomber avec ses mains ou ses vêtements.

En outre, les yeux ayant déjà poussé, la crainte de les blesser empêche de rapprocher la taille autant qu'elle devrait l'être, et l'on est obligé alors de laisser des onglets.

Par la méthode que nous suivons, on fait l'ouvrage plus rapidement et plus correctement, et l'économie du temps au commencement de la saison est un avantage précieux qui influe sur le succès de toutes les opérations de l'année; d'ailleurs les plaies sont plus tôt recouvertes, et en général les fruits noués sur une branche taillée de bonne heure profitent beaucoup plus que ceux des arbres taillés en pleine sève.

Les branches à bois formant la charpente de l'arbre doivent

toujours être taillées en raison de leur vigueur et de la forme que
l'on veut donner à l'arbre. On ne raccourcira point une branche
principale avant de s'être assuré que celle qui lui correspond
est également munie d'un œil bien constitué et bien placé pour
être taillée soit à la même hauteur, soit plus bas ou plus haut,
suivant la force respective des deux branches; car, si elles n'é-
taient pas d'égale force, on laisserait à la plus faible plus de
longueur qu'à la plus forte, et on la maintiendrait, en outre,
dans une position plus rapprochée de la ligne verticale, par
conséquent plus propre à favoriser son développement.

Les bourgeons anticipés se taillent ordinairement à deux ou
trois yeux, afin de concentrer la sève et de préparer le plus
près possible de leur insertion des branches à fruit et de remplacement pour l'année suivante.

On doit éviter, à la taille et à l'ébourgeonnement, de laisser
de forts bourgeons dans la partie supérieure de l'arbre et sur le
dessus des branches, afin que la sève ne soit pas trop attirée
par ces sorties avantageusement placées. En cas de négligence
sur ce point, on y remédierait, comme on le dira ci-après, par
le pincement, le palissage et les rapprochements en vert; mais
il vaut mieux, lorsqu'on le peut, ne pas se mettre dans la nécessité de recourir à ces moyens de répression.

Les branches fruitières qui prendraient trop de force seront
taillées courtes au-dessous de leurs meilleurs yeux ; celles qui
faibliraient seront taillées, proportion gardée, plus longues et
sur leurs meilleurs yeux. C'est à tort qu'on a prescrit le contraire dans quelques livres de jardinage.

En effet, lorsqu'on taille longue une branche forte, d'une
part on la rabat sur les yeux le mieux conformés, et de l'autre il se trouve une plus grande quantité de forts bourgeons
qui, en attirant la sève à eux, la font affluer vers la branche qui
les porte ; celle-ci, loin de s'affaiblir, devient plus vigoureuse,
et ce résultat est d'autant plus marqué dans le pêcher qu'il ouvre tous ses yeux et tous ses boutons à la fois.

Les branches fruitières dont la vigueur ne serait pas grande
seront ravalées sur leurs bourgeons de remplacement, et ceux-
ci seront taillés suivant leur force et l'état de l'arbre.

Les rameaux qui n'auraient que des boutons à fleurs seront

supprimés, après qu'on se sera assuré qu'ils n'ont point d'œil à bois au talon; autrement on pourrait tailler sur cet œil pour obtenir un bourgeon de remplacement.

CHAPITRE X.

De la coupe.

Elle doit être faite avec un instrument très-tranchant. Le sécateur doit être proscrit.

Le recouvrement plus ou moins prompt des plaies que l'on est forcé de faire lors de la taille dépend de la manière dont on opère. Il faut que l'instrument dont on se sert soit bien affilé, afin que les plaies soient unies et nettes. La coupe doit être peu oblique pour présenter moins de surface, et être faite à 0^m,0025 ou 0^m,003 au-dessus de l'œil, suivant la grosseur du rameau. Plus la coupe est oblique, plus le recouvrement de l'onglet ou bois mort renfermé sous l'écorce est long à s'effectuer. Lorsque la coupe est faite trop au-dessus de l'œil, il est rare que la sève puisse dès la première année recouvrir la plaie; souvent elle n'en a même pas la force les années suivantes, et il reste ce qu'on appelle un chicot ou bois mort desséché, qu'on est obligé d'enlever. Si, au contraire, la coupe descend trop bas et jusque derrière l'œil, on dit qu'elle l'affame, parce qu'en effet la sève qui devait servir au développement du germe se trouve éventée.

Lorsqu'on supprime une forte branche, il faut la couper au ras de l'écorce de la branche plus grosse sur laquelle elle est insérée. Si dans ce cas on fait usage de la scie, il faut rafraîchir promptement la plaie et la rendre nette et unie; on doit ménager l'écorce, comme partie essentielle du recouvrement des plaies. L'emploi du sécateur est nuisible aux arbres; il n'y a que les cultivateurs accablés d'ouvrage et toujours pressés qui osent en faire usage pour le pêcher, ainsi que cela a lieu à Montreuil, où les qualités toutes particulières du sol viennent atténuer les dommages. On appliquera l'onguent de Saint-Fiacre sur toutes les plaies un peu grandes; le recouvrement sera d'autant plus prompt que l'on mettra plus de soin et de célérité à empêcher l'effet du contact de l'air. On n'attendra jamais pour amputer une branche malade qu'elle soit entièrement morte, parce que la cicatrisation de la plaie serait plus longue et pourrait même ne jamais s'effectuer.

L'emploi de la scie ne demande point de force; le jardinier évitera que la monture de l'outil ne frappe contre l'écorce, ce qui pourrait la meurtrir. Il doit aussi prendre garde, avant de terminer l'opération, d'éclater la branche en pesant trop dessus; il pourra facilement prévenir cet accident en donnant un coup de serpette sur le côté opposé à celui où il commence à scier.

CHAPITRE XI.

Du pincement.

§ 1. — DES EFFETS DU PINCEMENT.

Le pincement est le correctif des inconvénients inséparables de la taille. Des effets du pincement. Il peut, lorsqu'il est pratiqué à temps, changer la destination des bourgeons et régler sans violence et à volonté la force de toutes les pousses. L'abbé Roger condamne formellement le pincement, surtout sur le pêcher; cependant la lecture des anciens auteurs prouve qu'il était pratiqué avec succès de leur temps. Des abus du pincement.

Le pincement pratiqué sur les très-jeunes bourgeons a pour objet de modérer leur accroissement de telle manière qu'ils ne puissent recevoir que la quantité de sève nécessaire à la production des branches fruitières ou des branches à bois utiles à la forme de l'arbre. Le pincement est d'autant plus efficace qu'il agit davantage sur l'empâtement des canaux séveux. L'effet de la taille sur les branches principales est presque toujours de donner naissance à plus de branches à bois qu'on ne peut en employer; le pincement offre le moyen de faire tourner en bourgeons à fruit les bourgeons à bois surabondants, qu'il faudrait sans cela supprimer, ce qui est toujours préjudiciable à la fécondité et à la prospérité de l'arbre. Le pincement peut donc être considéré sous ce rapport comme le correctif des inconvénients inhérents à la taille.

Le pincement d'un bourgeon en arrête la croissance pendant tout le temps que la sève met à reformer à l'extrémité de ce bourgeon le rudiment nécessaire à son prolongement. Lorsque ce temps est long, comme il arrive dans le commencement de nos printemps, où la température reste souvent froide, les bourgeons non pincés, dans lesquels la sève continue de couler, prennent une avance qui leur assure pour toujours une réelle supériorité de force ; si, au contraire, la réparation est prompte, il faut pincer de nouveau.

Ainsi, à l'aide de cette opération faite en temps utile, on change à volonté la destination des bourgeons, surtout lorsque le pincement opère sur l'empâtement.

L'abbé Roger, sachant que la suppression des gourmands est dangereuse, surtout lorsqu'elle est brusque, et ne reconnaissant pas d'ailleurs tous les avantages du pincement, recommande expressément de fonder toute l'économie des arbres sur les gourmands; il prescrit, pour les dompter, de les tailler longs, de les courber, de les éclater même; et, quant à ceux dont il faut se débarrasser, il veut qu'on les rabatte plusieurs fois de suite pendant la durée de la sève.

Des auteurs plus modernes conseillent de tordre les gourmands, de les fendre, de les éclater, de les scier à moitié de leur épaisseur, d'enlever à leur insertion un anneau d'écorce, etc. Je connais des amateurs qui taillent eux-mêmes leurs arbres et qui enchérissent encore sur ces moyens : ils clouent les gourmands contre le mur.

Des arbres mutilés de cette manière, et dont on ne sait pas mieux employer la force et la vitalité, doivent être bientôt dépouillés de leur vigueur. Sans avoir besoin d'une grande expérience en culture, il suffit d'avoir l'esprit juste pour sentir qu'il est au moins inutile de laisser chaque année les arbres se couvrir de branches superflues, qu'on est obligé de supprimer soit à l'ébourgeonnement, soit à la taille, et qu'il est préférable de les bien diriger pendant le cours de leur végétation, afin de ne pas se trouver dans la nécessité d'avoir recours par la suite au fer et à la violence. D'ailleurs, retrancher un gourmand n'est pas supprimer la cause qui l'a fait naître ; sa suppression amène de nouveaux désordres et ne remédie point à une taille trop courte, à des engorgements, à un excès de sève causé par des engrais, etc., etc. Une branche sur laquelle on a retranché un gourmand doit nécessairement languir, parce que les cou-

ches ligneuses qui restent, et qui sont, pour ainsi dire, les racines de ce gourmand, ne pouvant plus être en rapport avec
lui, dépérissent avec la branche qui les porte, et d'autant plus
promptement que la réparation à opérer est plus grande et les
moyens plus épuisés.

Ce n'est point, comme l'indiquent quelques auteurs très-mo-
dernes, pour obtenir des ramifications que je recommande l'u-
sage du pincement; c'est seulement, ainsi que je l'ai déjà dit,
pour arrêter les progrès d'un bourgeon qui, sans cette opération, deviendrait plus fort qu'il n'est nécessaire à la forme ou
à la fructification de l'arbre.

On ne peut trop se hâter de pincer les bourgeons placés au-
dessus des branches, près du bourgeon terminal, qui annonceraient devoir l'égaler; mais on attendra pour pincer ceux du dessous qu'ils soient un peu avancés, parce que leur développement
est plus lent, et qu'il est rare que leur force devienne nuisible.

La faculté que donne le pincement de régler à volonté la
force respective des branches, et de les façonner, pour ainsi dire,
sous les doigts, pendant la première durée de la pousse, me
semble si précieuse que je ne puis comprendre les motifs qui
ont décidé des auteurs très-recommandables à en proscrire l'u-
sage; l'abbé Roger-Schabol, notre maître, auquel l'art du jardinage doit beaucoup, le condamne d'une manière formelle,
surtout pour le pêcher. D'un autre côté, cette opération est
prescrite dans les ouvrages d'auteurs plus anciens (de Bonne-
fous, en 1651; Venette, en 1683; Legendre, en 1684; de Combes, en 1645; et plus récemment, en 1773, dans un ouvrage
rédigé par une société d'amateurs). L'abus que les jardiniers
pouvaient faire de cette opération, du temps de l'abbé Roger,
la lui aurait-il fait condamner trop légèrement, sans qu'il en
connût toutes les propriétés, ni même la manière de la pratiquer convenablement? Cela est assez probable.

§ 2. — OPÉRATION DU PINCEMENT.

Comment il s'opère; dans quel cas; à quelle époque. On ne doit point faire usage
  du pincement pour faire bifurquer un bourgeon et suppléer à une ramification,
  ainsi que le conseille un auteur moderne. Différence entre rogner ou pincer.

Le pincement s'opère en comprimant entre les doigts et en

enlevant ensuite l'extrémité des bourgeons naissants. Si, au lieu de comprimer d'abord, on coupait nettement cette extrémité avec les ongles, le dommage causé au bourgeon serait moins sensible et plus tôt réparé. Cette petite différence dans l'opération en produit d'assez grandes dans les résultats : c'est au jardinier à savoir se servir à propos de ces nuances délicates.

L'opération est bonne lorsqu'on a seulement retranché la petite extrémité qui doit nécessairement se reformer avant que le bourgeon puisse continuer à croître en longueur; elle est mauvaise lorsqu'on a trop différé, et lorsqu'on retranche une assez grande longueur pour arriver jusqu'à un œil formé et prêt à s'ouvrir; dans ce cas, c'est une taille en vert que l'on a pratiquée, et non un pincement, et l'on doit s'attendre à ce que les résultats soient alors accompagnés de tous les inconvénients inséparables de la taille. En effet, la sève aboutissant à l'œil terminal déjà formé du bourgeon rogné y trouvera une issue assez grande par où elle s'échappera, et qui fera développer avec force et promptitude ce même œil, ainsi que ceux qui sont placés au-dessous, et le prolongement se trouvera remplacé presque sans interruption et sans avoir rétréci les canaux séveux de l'empâtement du bourgeon. Dans le premier cas, au contraire, la sève, qui aura été arrêtée pour un temps plus ou moins long, ne se portera plus qu'en moindre quantité dans le bourgeon pincé, pour reformer péniblement cette partie indispensable à son organisation; alors l'excès de sève que ce bourgeon aurait attiré se répartit avantageusement dans les autres membres de l'arbre.

Aussi, pour tirer tout le parti possible du pincement, il faut l'effectuer avant que le bourgeon soit trop allongé, et lorsque les yeux sont encore rapprochés les uns des autres et peu formés; ce doit être, en un mot, une opération de prévoyance.

Si quelques bourgeons mal jugés d'abord, parce qu'on n'aurait pas fait assez d'attention à leur empâtement, prenaient tout-à-coup un trop grand développement, lorsque la végétation serait déjà avancée, il faudrait bien alors avoir recours à l'amputation, supprimer la moitié du bourgeon, ou même davantage, et le rabattre à la fin de juillet sur le bourgeon anticipé le plus bas. Cette opération s'appelle *rapprochement en vert*.

Par l'effet d'un pincement employé avec discernement, la sève ne trouve que le passage dont elle a besoin pour circuler dans des rameaux utiles à la forme et à la fructification de l'arbre, tandis que, si l'on est obligé d'avoir recours aux suppressions, la sève, qui aura d'abord été inutilement employée à former les rameaux qu'on enlève, se perdra encore par les plaies. Cette perte est plus ou moins préjudiciable à la qualité des fruits, à la vigueur et à la santé de l'arbre, selon que les bourgeons qu'on raccourcit sont plus ou moins formés. Il faut donc, lorsqu'on s'est mis dans le cas de n'avoir plus d'autres ressources, se décider à l'employer de bonne heure, afin d'éviter l'opération plus désastreuse encore de la suppression totale du bourgeon à l'époque de la taille.

M. Dalbret, page 55 de son ouvrage, avance que l'on peut employer le pincement pour *faire bifurquer un bourgeon, et suppléer à une bifurcation qui aurait été préparée par la taille et qui n'aurait pas réussi.* Nous n'approuvons point ce moyen de se procurer des bifurcations, surtout dans le pêcher. On en verra plus tard la raison.

Il est évident, d'après ce que nous venons dire, que le bon emploi du pincement suppose une certaine expérience pour juger du degré de force que *pourraient* acquérir tels ou tels bourgeons si on les laissait croître librement, et que par le raccourcissement on supplée au défaut de cette expérience; mais il faudrait en manquer tout-à-fait pour ne pas s'apercevoir de la destinée d'un bourgeon qui serait déjà arrivé au quart de sa croissance; dans ce cas, on serait obligé de *couper* à la taille, tandis qu'avec plus de science on aurait seulement *rogné*, et qu'il aurait suffi aux plus habiles de *pincer*. Ces derniers n'auront jamais sur leurs arbres ni gourmands ni branches fortes qu'aux endroits où il leur conviendra de les avoir.

La sève peut être considérée comme un torrent qu'il est aisé de maintenir dans le lit que la nature ou la main de l'homme lui a tracé; seulement il faut prévoir en temps utile les endroits où elle pourrait faire irruption, la prévenir, obstruer les passages, tout en lui laissant dans le voisinage assez de canaux libres pour s'écouler; alors elle porte l'abondance et la vie dans ces mêmes canaux qu'elle eût abandonnés, et qui se

fussent desséchés si on lui eût laissé la liberté de s'en frayer
de nouveaux, suivant son caprice.

CHAPITRE XII.

De l'ébourgeonnement.

§ 1. — DES EFFETS DE L'ÉBOURGEONNEMENT.

L'ébourgeonnement à sec, ou *aveuglement* des yeux, ne doit se pratiquer que
sur les branches fruitières, avant la pousse. Un auteur moderne conseille d'é-
borgner sur les branches à bois tous les yeux qui se trouvent devant et derrière. Inconvénients graves d'une telle pratique. Effets de l'ébourgeonnement.

Le pêcher est, par nature, celui de tous les arbres fruitiers
dont la prospérité ou le dépérissement dépend le plus des effets
de l'ébourgeonnement.

L'ébourgeonnement a pour but de préparer les opérations
de la taille ; il doit être fait avec discernement et prévoyance,
pour que la taille puisse avoir de l'efficacité sur la forme de
l'arbre.

Il faut distinguer deux sortes d'ébourgeonnements : celui qui
s'opère sur le bois de la taille, c'est-à-dire de la dernière pousse,
et celui des bourgeons anticipés qui se développent sur les
bourgeons de l'année.

L'ébourgeonnement sur le bois de la taille a pour objet de supprimer tous les bourgeons inutiles qui feraient confusion ou qui
ne trouveraient pas de place au palissage ; il doit commencer
avant que les bourgeons aient atteint 0^m,03 de longueur.
Dans la première édition de *la Pomone*, nous avions recommandé l'ébourgeonnement à sec, c'est-à-dire la suppression de
tous les yeux placés sur le devant ou le derrière des branches
à bois, avant qu'ils fussent ouverts ; mais nous avons reconnu
depuis lors qu'il vaut mieux laisser tous ces yeux pousser,
pour réduire ensuite leurs bourgeons à deux ou trois feuilles
qui, en protégeant les branches des ardeurs du soleil, favorisent d'autant la circulation de la sève, tandis que l'ébourgeonnement à sec occasionne des plaies et une perte de sève,
celle qui est employée à leur cicatrisation. Nous ne faisons usage

de cet ébourgeonnement à sec que sur les branches fruitières, pour favoriser le développement du bourgeon de remplacement.

M. Lepère, page 48, conseille *d'éborgner, sur les branches à bois, tous les yeux qui poussent devant et derrière, et quelques-uns parmi les doubles ou triples qui se trouvent souvent à leur sommet*, etc. Nous regrettons d'autant plus d'avoir à signaler cette erreur que c'est peut-être en lisant *la Pomone* que M. Lepère a adopté ces principes, car cette opération n'est pas ordinairement pratiquée à Montreuil.

L'ébourgeonnement sur les bourgeons de l'année consiste dans le retranchement des *bourgeons anticipés* inutiles ou mal placés; cette opération n'a pas d'époque précise, elle est de tous les moments; en un mot, elle dure autant que la pousse; elle doit être conduite de manière à ne point faire de plaie et à ne point laisser de traces.

M. Lepère, page 50, considère l'ébourgeonnement comme étant la suppression des bourgeons développés des yeux qui ont échappé à l'éborgnage ou au pincement; il pense que dans les arbres bien soignés on ne doit ébourgeonner qu'au printemps et en été. C'est ainsi que l'on se conduit à Montreuil, parce que le temps manque aux cultivateurs de ce pays pour opérer un ébourgeonnement successif.

L'effet de l'ébourgeonnement sur le bois de la taille est de réserver, pour les bourgeons que l'on conserve, la sève et l'air que les autres eussent absorbés en pure perte si on les eût laissé croître de 0^m,50 et plus, ainsi que cela se pratique encore dans beaucoup trop de jardins, et même à Montreuil. La réussite des fruits accoutumés de bonne heure à l'air est plus assurée; les rameaux qui restent sont aussi plus robustes, surtout à la partie inférieure, où il est si important de ménager les yeux destinés au *remplacement* de ces même rameaux après qu'ils auront rapporté du fruit.

Un ébourgeonnement tardif oblige à faire en pleine sève des plaies multipliées qui suspendent tout-à-coup la végétation de toutes les parties de l'arbre à la fois, et l'on conçoit que cette suppression, et le retour même de la sève lorsqu'elle reprend son cours, constituent de véritables révolutions qui doivent nécessairement influer d'une manière très-préjudiciable tant sur la qualité des fruits que sur la santé des arbres ainsi traités.

L'abbé Roger estimait que les suppressions faites par l'ébourgeonnement, le raccourcissement des bourgeons et le retranchement des branches à la taille, s'élevaient, chaque année, à plus des deux tiers des produits de la végétation. Si des pêchers ainsi traités prennent de l'accroissement, il est évident qu'ils ne le doivent qu'à un sol très-propice et à l'extrême vigueur dont ils sont doués ; mais tous ne sont pas aussi bien constitués ; aussi, dans les terres ordinaires, une caducité anticipée est-elle bientôt leur partage.

L'effet de l'ébourgeonnement sur les bourgeons de l'année, en supprimant les bourgeons anticipés placés sur le devant et le derrière des branches, et même ceux des côtés qui seraient trop rapprochés, est aussi de donner de la force à ceux que l'on conserve.

En général, les bourgeons ordinaires ou anticipés, d'une branche qu'on laisserait intacte, seraient incomparablement plus faibles que ceux d'une autre branche ébourgeonnée de bonne heure ; si donc on ébourgeonnait *trop tôt* un arbre taillé *trop court,* on obtiendrait des bourgeons *trop forts* pour être fructueux, *et vice versa.* Ainsi, l'ébourgeonnement, tel que nous l'enseignons, fournit, en quelque sorte, les [moyens de corriger la taille lorsqu'elle n'a pas été proportionnée à la force de l'arbre, et, d'un autre côté, il permet de tailler long pour étendre plus promptement les arbres sans les fatiguer ; car il suffit, dans ce dernier cas, d'ébourgeonner dès la naissance des pousses.

Une autre conséquence de ces principes est qu'on doit rarement employer l'ébourgeonnement pour équilibrer la force des branches à bois entre elles, parce qu'on s'exposerait à faire perdre aux bourgeons leur qualité de rameaux à fruit, en affaiblissant les unes et en donnant trop de force aux autres ; la plus grande utilité de l'ébourgeonnement est de préparer une taille facile, qui ne consiste plus que dans des raccourcissements, et non dans des suppressions, toujours préjudiciables à l'arbre.

§ 2. — OPÉRATION DE L'ÉBOURGEONNEMENT.

Du choix des bourgeons à supprimer. De l'ébourgeonnement des bourgeons à bois
doubles ou triples. Utilité de conserver la feuille au talon des bourgeons anticipés que l'on supprime. De l'ébourgeonnement des branches à fruits. Inconvénient d'un ébourgeonnement tardif, tel qu'on le pratique à Montreuil. L'ébourgeonnement doit commencer et finir avec la végétation.

L'opération de l'ébourgeonnement doit se pratiquer soit avec
les ongles, soit avec une lame forte, à dos arrondi, étroite, et
montée sur un long manche.

On attendra, pour supprimer les bourgeons trop rapprochés,
qu'ils se soient allongés de $0^m,015$ à $0^m,025$; ces petits bourgeons seront alors assez bien caractérisés pour qu'on puisse
distinguer ceux qu'on doit conserver de ceux qu'il faut détruire.
Le choix sera réglé par la distance à observer pour que tous puissent trouver leur place, et on laissera presque toujours de préférence les plus faibles au-dessus des branches et les plus forts
au-dessous.

Les auteurs qui nous ont précédé n'ont pas indiqué la manière
de traiter l'ébourgeonnement des yeux à bois doubles et triples
que l'on trouve très-souvent sur les branches du pêcher (pl. III,
fig. 3, a) ; cependant, ces yeux ne devant pas produire des bourgeons également forts, il est à propos de les examiner avec soin,
afin de supprimer ou de réserver, avec connaissance de cause et
selon le besoin, les uns plutôt que les autres. Or, l'œil qui doit
donner naissance au bourgeon le plus fort est toujours celui du
milieu ; en seconde ligne vient celui du devant ; le plus faible est
le plus voisin du mur. Les deux yeux qui doivent disparaître
lorsqu'ils auront poussé ne seront enlevés que successivement,
et le second devra rester plus ou moins longtemps selon le degré d'affaiblissement auquel on veut amener celui que l'on conserve ; l'affaiblissement de celui-ci résultera non-seulement du
partage de la sève entre deux bourgeons, mais encore de la dé-
perdition de sève que déterminera la plaie, et qui sera d'autant
plus considérable que le bourgeon supprimé sera plus gros.

Nous distinguerons, comme nous l'avons dit, une troisième
sorte d'ébourgeonnement, qui consiste à supprimer, pendant la

pousse, sur les bourgeons de l'année, tous les bourgeons anticipés placés sur le devant et le derrière des branches. Il s'effectue
avec le songles, pendant que les bourgeons sont encore herbacés.
On doit toujours respecter la feuille qui se trouve à l'insertion
du bourgeon anticipé ; elle entretient dans cette partie le cours
de la sève et favorise la cicatrisation de la plaie. Avant de se décider à supprimer un bourgeon anticipé qui paraît être en avant
ou en arrière, il faut bien s'assurer si telle est réellement sa position ; car il arrive souvent que le bourgeon principal, en continuant de s'allonger, tourne sur lui-même, surtout lorsqu'il
n'est pas bien attaché. Cette observation s'applique aux bourgeons anticipés qui seraient à de grandes distances les uns des
autres, et que l'on aurait, en conséquence, intérêt à ménager
pour éviter les vides.

Quant aux bourgeons anticipés placés au-dessus et au-dessous
des branches, on attendra pour les éclaircir qu'ils aient atteint
de 0m,08 à 0m,10 de longueur, ou même davantage, toujours
afin d'être en état de faire un bon choix et de ne pas enlever un
trop grand nombre de bourgeons à la fois sur la même branche,
ce qui jetterait du désordre dans sa végétation.

Les bourgeons anticipés conservés doivent alterner et n'être
jamais diamétralement opposés l'un à l'autre, parce que celui
qui serait placé au-dessus de la branche s'emparerait de la sève
au préjudice de l'autre ; ils ne doivent pas être rapprochés de
plus de 0m,12 à 0m,14 ; on conservera de préférence ceux qui
ont un œil au talon ou à peu de distance de l'insertion. Comme
ces bourgeons anticipés seront ligneux, on se servira pour les
enlever d'une lame étroite et à dos rond, afin de ne pas blesser
le bourgeon principal, qui forme souvent un angle très-aigu
avec celui qu'on supprime.

On coupera ces bourgeons anticipés déjà développés à 0m,003
ou 0m,004 et non au ras de l'écorce, parce que des plaies multipliées sur un jeune bourgeon qui n'est pas encore formé pourraient faire fluer la gomme. On conservera aussi la feuille du
talon, afin qu'elle puisse alimenter de sève la petite portion de
bois qui n'a pas été enlevée, de manière que celle-ci disparaisse
petit à petit, sans occasionner sur le bourgeon principal ni plaies
ni cicatrices ; en outre cette feuille servira à garantir ce bourgeon

des coups de soleil qui, frappant sur la plaie et le jeune bois,
pourraient y faire un mal irréparable.

A l'époque de l'ébourgeonnement, et après la floraison, les
rameaux à fruit doivent recevoir un rapprochement en vert; il
consiste à supprimer la partie supérieure du rameau qui n'aurait
pas retenu de fruit ou dont la conservation ne serait pas nécessaire à la nourriture des fruits noués. Dans le cas où le rameau
en serait totalement dépourvu, on le rabattrait jusque sur l'a-
vant-dernier ou le dernier bourgeon du côté de l'insertion, afin
de favoriser le développement des branches de remplacement
pour l'année suivante. Mais si le rameau était fort, et que l'on
eût à craindre que le bourgeon de remplacement ne perdît ses
qualités de rameau à fruit, on pourrait, pour les lui conserver,
garder un plus grand nombre de bourgeons, ou différer le rapprochement jusqu'au moment du palissage ou même de la taille.

CHAPITRE XIII.

Du rapprochement en vert.

De ses bons effets. De l'époque où on doit le pratiquer ; sur quelles parties. Le
rapprochement en vert est sans doute la taille d'été indiquée par les anciens
auteurs.

Le rapprochement en vert est une opération aussi essentielle
au pêcher que l'ébourgeonnement; il a pour objet de donner de
la force aux bourgeons qui en manquent, en même temps qu'il
fortifie les branches principales sur lesquelles il s'opère; il
ranime l'activité de la sève, et favorise à propos le complé-
ment de la formation des boutons à fruit; enfin il prévient la
confusion en retranchant toutes les branches ou parties de
branches nuisibles à l'arbre ou aux fruits, et qu'il faudrait
toujours supprimer à la taille.

En général, on ne doit pratiquer le rapprochement en vert
que lorsque la circulation de la sève commence à se modérer et
lorsque les fruits commencent à grossir, c'est-à-dire dans le
courant de juillet. S'il était fait trop tôt, il ferait affluer trop de
sève dans les parties qui restent, et ne remplirait pas son objet,
surtout dans les arbres très-vigoureux; quant aux arbres ayant

peu de vigueur, son action ne se ferait pas sentir en temps utile.

Ce rapprochement s'opère sur toutes les parties de l'arbre, sur les jeunes bourgeons pincés aussi bien que sur le vieux bois. C'est probablement ce que les anciens auteurs appellent la taille d'été, qui se pratique plus particulièrement sur les branches fruitières, rarement sur les grosses branches.

CHAPITRE XIV.

Du palissage.

§ 1. — DES EFFETS DU PALISSAGE.

But du palissage. Il offre des moyens puissants pour maintenir ou même pour établir l'équilibre de la sève dans toutes les parties de l'arbre.

Le palissage a pour but de diriger la forme et le développement de l'arbre; il favorise la circulation de l'air entre toutes ses parties, et contribue à la beauté ainsi qu'à la maturité des fruits, qu'il permet d'exposer, lorsqu'il en est temps, aux rayons du soleil et à l'action de l'atmosphère. Il peut servir aussi à ralentir la végétation; car le palissage a bientôt fait perdre à une branche forte les avantages qu'elle avait remportés sur celle qui n'y est pas soumise; ou plutôt la première ne perd rien, mais la seconde profite plus qu'elle, parce qu'elle est mieux exposée aux influences de l'atmosphère. Si même on avait des raisons pour faire prendre beaucoup de force à une branche, il suffirait de la dépalisser et de la placer en avant de l'espalier; mais, dans ce cas, pour conserver la position des bourgeons qui sont sur les côtés, il conviendrait de la fixer à trois gaulettes enfoncées en terre (pl. III, fig. 9); sans cette précaution, les bourgeons du dessus, attirés en avant par l'air, feraient contourner la branche.

Une branche faible palissée verticalement ne tardera pas à égaler en vigueur une branche plus forte palissée horizontalement. C'est au jardinier qui veut rétablir l'équilibre entre diverses branches à savoir régler le degré d'inclinaison qu'il faut donner à chacune d'elles; lorsque l'équilibre est rétabli, il doit s'empresser de dépalisser ces branches, pour les ramener à la place qui leur est destinée dans le système général de l'arbre.

Une branche ou un bourgeon palissé verticalement a un double avantage : celui d'être naturellement dans la direction que la sève a le plus de tendance à parcourir, et celui de présenter l'extrémité de ses pousses à l'air et à la lumière.

D'après ces dernières considérations, on ne doit augmenter l'ouverture de l'angle formé par les deux mères-branches d'un jeune arbre que progressivement (pl. IV, fig. 2) et au fur et à mesure que ses ramifications exigent de la place pour s'étendre. En effet, d'une part, les branches-mères pousseront d'autant plus vivement qu'elles se trouveront dans une position plus rapprochée de la ligne verticale, et, de l'autre, la différence de force végétative des yeux du dessus et de ceux du dessous sera moins sensible (1).

Les effets du palissage sont très-sensibles sur un bourgeon déjà formé. Dans le bourgeon naissant, la sève suit les sinuosités qu'on veut lui faire parcourir; mais, dans le bourgeon formé, les canaux s'obstruent plus ou moins en raison de la courbure qu'on fait prendre à la branche. La courbure ne doit se pratiquer que rarement, sur quelques branches fruitières seulement, afin de faire développer plus promptement et plus vivement l'œil du talon destiné à les remplacer. Le jardinier

(1) Cette ouverture progressive de l'angle des deux branches - mères offre, comme on le voit, de grands avantages pour faciliter l'établissement de l'équilibre de la sève entre les bourgeons du dessus et ceux du dessous ; cependant presque tous les auteurs recommandent de porter, dès la première année, cet angle à 45 degrés; quelques-uns le veulent encore plus ouvert ; d'autres attribuent à cette ouverture précise de 45 degrés des propriétés extraordinaires pour la distribution exacte de la sève entre toutes les parties de l'arbre, qui, selon eux, est troublée aussitôt que les mères-branches sont attachées en deçà et au delà de ce nombre de degrés. Les personnes qui ont pris pour guides ces écrits ont dû trouver que les bourgeons du dessus des branches prenaient toujours une supériorité de force trop prononcée, et il n'est pas étonnant que le pêcher leur ait paru un arbre indomptable. J'ai vu des amateurs qui, voulant ouvrir leurs arbres tout-à-coup, étaient obligés de chasser de très-forts clous dans le mur, et d'y appuyer leurs branches, après avoir employé beaucoup d'efforts pour les abaisser. On conçoit que cette opération, en resserrant les fibres, ferme à la sève une partie de ses passages, et l'empêche de circuler dans les pousses inférieures, sans pour cela que son cours soit favorisé dans le reste de la branche; aussi ne manque-t-elle jamais de s'ouvrir, dans ce cas, de nouveaux passages en dessus, et de transformer au sommet des courbures les bourgeons en gourmands d'autant plus embarrassants qu'ils se développent plus près de l'insertion des branches-mères.

intelligent saura, suivant les circonstances, tirer parti de l'exposé général de ces faits.

§ 2. — OPÉRATION DU PALISSAGE.

(Epoque à laquelle on doit le commencer et le terminer.

La nécessité du palissage est indiquée par celle de soutenir
les bourgeons et de donner aux branches la direction voulue
par le système adopté pour la forme de l'arbre. Son exécution
est simple; elle consiste à fixer les bourgeons sur le treillage ou
sur les murs, en les plaçant suivant l'ordre où ils ont commencé
à croître.

On se sert de clous et de loques sur les murs crépis en plâtre,
d'osiers et de jonc sur les treillages. Les branches palissées
après la taille sont attachées avec de l'osier, les bourgeons avec
du jonc (1).

On évitera d'enfermer les feuilles sous les liens, de trop
serrer les branches ou les bourgeons qui ont encore beaucoup
à grossir avant la fin de la sève. Il faudra visiter ces liens de
temps en temps, les relâcher au fur et à mesure qu'ils en auront
besoin, et ne pas attendre qu'ils aient déjà occasionné un
étranglement.

Quelle que soit l'inclinaison qu'on veuille donner à une branche, on doit toujours la palisser en ligne droite, sans coude ni
arc; on ne croisera jamais les branches l'une sur l'autre, à moins
d'une nécessité absolue et pour remplir un vide; ce sera toujours un défaut, mais qu'il faut tolérer lorsqu'il en masque un
autre plus grand. On aura soin qu'aucun bourgeon ne s'introduise entre le treillage et le mur.

On attachera autant que possible les bourgeons à des distances
égales, en laissant tomber les feuilles sur les fruits, afin de les
garantir des impressions trop vives du soleil et de l'air; si, par
l'opération du palissage, un fruit qui était caché se trouve découvert, il faudrait avoir la précaution de le couvrir avec un
petit paquet de bourgeons provenant de l'ébourgeonnement, et
que l'on insinue sous le treillage.

(1) On ne doit point employer le jonc de Marseille, parce qu'il est trop dur;
il meurtrit les bourgeons et émousse les serpettes.

Le danger de l'impression subite de l'air et du soleil, lorsqu'on palisse après l'ébourgeonnement, est moins grand lorsqu'on a pincé et ébourgeonné de bonne heure, parce que les
fruits sont peu couverts et déjà accoutumés à l'air. Par la raison
contraire, lorsqu'on n'a pas ébourgeonné et qu'on palisse tard,
les fruits qui se sont attendris à l'ombre doivent avoir beaucoup
à souffrir lorsqu'arrive le moment de palisser.

Le bourgeon terminal des branches à bois doit toujours être
palissé de manière à prolonger la branche sur une ligne parfaitement droite.

Les jeunes pêchers, qui poussent plus vivement, seront palissés les premiers, avant que les bourgeons aient acquis une
force et une roideur qui nécessiteraient l'emploi de la contrainte
pour leur faire changer de direction. Un autre motif de commencer par les jeunes arbres est la crainte qu'ils ne soient
rompus par les grands vents, ce qui présenterait beaucoup de
difficultés pour les ramener à la forme que l'on se propose de
leur donner, surtout si cet accident arrivait à un bourgeon terminal.

On commencera à palisser par l'extrémité des branches les
bourgeons ou bourgeons anticipés qui seront susceptibles d'être
attachés, en inclinant, autant que possible, les bourgeons du
dessus sur la branche principale, afin d'éloigner ces bourgeons
de la ligne verticale; les bourgeons du dessous, au contraire,
seront rapprochés le plus possible de cette direction. On comprend que cette manière d'opérer a pour but de diminuer l'a-
vantage que les bourgeons du dessus ont naturellement sur
ceux du dessous. C'est encore dans cette vue que l'on palissera
les premiers quinze jours plus tôt que les autres. Enfin, d'après
ce même principe, on palissera de très-bonne heure çà et là les
bourgeons qui annonceraient devoir être les plus vigoureux,
en les approchant plus ou moins du mur, et ils perdront bientôt leurs avantages.

On favorisera, suivant le besoin, les bourgeons de remplacement, qu'il ne faut pas plus perdre de vue que les bourgeons
terminaux des branches à bois. Lorsqu'on visite un arbre, les
yeux doivent toujours se porter sur ces deux espèces de bourgeons, parce que c'est par les derniers que l'arbre doit s'éten-

dre, et que les autres servent à concentrer la sève près des branches principales, ce qui maintient en tout temps l'arbre bien garni et en vigueur. Le bourgeon de remplacement sera palissé au besoin sur celui que l'on doit supprimer après la récolte.

Un palissage exécuté dans la vue de n'y plus revenir, comme on le fait à Montreuil, serait, par cela seul, très-mal fait, puisqu'on renoncerait ainsi à tous les avantages qu'il présente pour établir ou maintenir l'équilibre de la sève dans toutes les parties de l'arbre, avantages d'autant plus précieux qu'ils s'obtiennent sans violence.

Un palissage bien entendu n'est terminé qu'à la chute des feuilles; à cette époque, les branches doivent être arrêtées et serrées contre le mur pour ne pas être froissées par les vents, et aussi pour que la neige, le givre et le verglas puissent moins facilement s'y fixer. Il faut qu'à cette époque l'œil puisse d'abord saisir l'ensemble de l'arbre, en suivre sans peine toutes les ramifications, et reconnaître dans chaque partie le système général. Les mères-branches, les membres, les sous-branches-mères et les productions fruitières doivent s'y distinguer facilement par leur force graduée. Chaque branche, comme disent les jardiniers, doit former l'arête de poisson. Un pêcher bien palissé, quoique âgé, offre un coup d'œil infiniment plus beau et plus agréable que le plus jeune et le plus vigoureux pêcher abandonné à sa nature, même dans les climats les plus favorables à la végétation de cet arbre.

Le palissage occasionnant toujours une suspension dans le mouvement de la sève, il sera à propos, lorsque le soleil ne frappera plus le mur, d'arroser avec une pompe les feuilles des arbres qui auront été palissés dans la journée. Cet arrosement, qui doit être un bassinage léger, suffit pour que la sève reprenne plus promptement son cours. Le palissage tel que nous le pratiquons entraîne peu d'inconvénients; mais le mode suivi à Montreuil et dans beaucoup de jardins exige la suppression en masse de beaucoup de branches, ce qui arrête tout-à-coup la sève pendant plus ou moins de temps. Les feuilles, découvertes subitement par ces suppressions, et inopinément exposées au soleil, jaunissent et tombent, ainsi que les fruits; enfin la sève se trouve détournée de son cours pour être employée à recouvrir à la fois une multitude de plaies.

Il serait à désirer, pour la prospérité de nos plantes en général, que leur végétation ne commençât chaque année qu'à une époque de la saison assez favorable pour qu'elle se continuât sans interruption jusqu'au terme que la nature a fixé pour leur repos. Sous ce rapport, les pêchers ont beaucoup à souffrir des changements subits de la température de nos printemps, et nos soins doivent tendre à les en préserver. Il ne faut donc pas, sans une nécessité absolue, arrêter la sève dans son cours par nos opérations; si on est obligé de le faire pour le maintien de l'équilibre, il faut tâcher que cette interruption ne soit que partielle, ou se hâter d'y porter remède si elle doit être générale.

Ces suspensions momentanées de la végétation, ajoutées aux mauvais traitements, favorisent aussi le développement des maladies dont nous voyons les arbres attaqués chaque année, suivant que les saisons sont plus ou moins variables et les opérations du jardinier plus ou moins vicieuses.

CHAPITRE XV.

Des branches de remplacement et de réserve.

La nécessité et l'importance du remplacement des branches fruitières sont une conséquence immédiate de la manière dont végète le pêcher. Moyens de préparer et de se ménager des branches de remplacement et de réserve. Avantage qu'on en peut tirer sous le rapport du fruit. Les bourgeons bien placés, mais trop faibles, doivent être traités comme branches fruitières de réserve.

L'art du remplacement des branches à fruit consiste à faire naître tous les ans et à favoriser au talon de chaque branche un bourgeon sur lequel on puisse la rabattre à la taille suivante.

La nécessité de concentrer annuellement les branches fruitières du pêcher sur le bourgeon inférieur est fondée sur la connaissance de sa végétation. En effet, chaque printemps, les branches du pêcher donnent naissance à autant de bourgeons qu'elles portent d'yeux, et si l'arbre était abandonné à lui-même, il ne tarderait pas à se charger de branches à fleurs qui n'auraient bientôt plus d'œil à bois qu'à leur extrémité, en sorte qu'après la floraison ces branches se trouveraient dépouillées dans toute leur partie inférieure, sans espoir de se regarnir jamais, puisque le pêcher, greffé comme on sait, ne perce point, ou très-rarement, de nouveaux bourgeons de son écorce. Il est facile de concevoir qu'un arbre dépérit chaque année avec rapidité lorsque ses branches se dégarnissent par le bas sur une longueur plus grande que celle qu'elles parcourent en s'allongeant. C'est ainsi que nous voyons, dans beaucoup de jardins où l'art du remplacement est mal pratiqué, des pêchers dont la vie semble s'être réfugiée à l'extrémité des branches, par où on croirait qu'elle va s'échapper.

Les rameaux à fruit se taillent ordinairement, ainsi que nous l'avons déjà dit, à 0ᵐ,09 ou 0ᵐ,10, excepté dans certaines espèces, qu'on est obligé de tailler plus long parce qu'elles portent leurs fruits à une plus grande distance de l'insertion des branches. Dans ce dernier cas, l'œil du bas ne donnerait naissance qu'à un bourgeon très-faible, et les yeux intermédiaires, placés plus près de la taille, lui enlèveraient la sève, si l'on n'avait la précaution de les supprimer depuis l'endroit B (pl. III, fig. 7), où commence le fruit, jusqu'à l'œil A.

Par cet ébourgeonnement à sec on fait refluer la sève vers l'œil inférieur, qu'on a soin en outre de favoriser pendant tout le cours de son développement, afin d'en former un bourgeon assez fort pour remplacer à la taille suivante le rameau B, qui a porté fruit.

On n'attend pas toujours le moment de la taille pour rabattre le rameau sur le bourgeon de remplacement. Ainsi, lorsque ce rameau est faible, on peut faire cette opération aussitôt après la récolte des fruits, pourvu toutefois que l'époque de leur maturité ne dépasse pas la fin d'août. Si les fruits ne se nouaient pas ou tombaient avant d'être mûrs, on rabattrait aussitôt la branche sur ce rameau, qui profiterait alors, pendant le reste de la saison, de toute la sève qui aurait coulé en pure perte dans les bourgeons supérieurs B, C, D (pl. III, fig. 2), lesquels seraient devenus eux-mêmes d'autant plus forts qu'ils n'auraient plus eu de fruits à nourrir. Mais lorsque les rameaux de remplacement auront une tendance naturelle à devenir vigoureux, il faudra prendre garde de les développer outre mesure en ne leur laissant pas assez partager la sève avec les bourgeons supérieurs, et on devra dans ce cas conserver quelques-uns de ceux-ci.

Dans la supposition où les fruits tiendraient, on favorisera le bourgeon de remplacement en pinçant ou en rognant les bourgeons nourriciers dont l'accroissement serait jugé devoir lui être nuisible; il faut même, dans certains cas, savoir se priver du fruit pour sauver ou même seulement pour fortifier le bourgeon de remplacement.

Telle est, en général, la conduite à tenir pour gouverner les branches fruitières.

Lorsqu'un de ces rameaux aura une certaine force, on ne devra le remplacer tout-à-fait qu'à la seconde ou à la troisième année. Alors on rabattra à la taille sur l'avant-dernier bourgeon B (pl. III, fig. 2), que l'on taillera long pour avoir du fruit.

Le bourgeon A, du bas, qui était le bourgeon de *remplacement*, deviendra rameau de *réserve*; on le taillera à deux ou trois yeux.

Si, au contraire, un rameau était trop faible pour porter du fruit, et qu'il fût cependant nécessaire pour garnir une place, on pourrait le favoriser pendant deux ou trois ans en le taillant court, mais sur de bons yeux, et l'on finirait par en obtenir un bon rameau à fruit (1).

---

(1) La conduite à tenir pour effectuer le remplacement annuel des branches à fruits est si simple, si facile, et tellement commandée par la manière dont le pêcher végète, que l'on s'étonne que Buteret, édition de 1793, ait pu annoncer dans son ouvrage, d'ailleurs très-estimé, que *l'opération du remplacement des branches à fruits n'est connue qu'à Montreuil*. Pour admettre cette assertion, il faudrait supposer que la nécessité de concentrer le pêcher n'eût été sentie qu'à Montreuil, et que le remplacement des branches fruitières fût resté un secret renfermé exclusivement chez les cultivateurs de ce pays jusqu'au moment où Buteret le divulguait. Il est d'ailleurs notoire que presque tous les auteurs qui ont traité de la culture du pêcher ont fait mention des branches de remplacement. Combes, édition de 1745, Le Berriais, l'abbé Roger-Schabol, etc., en ont parlé; plusieurs auteurs qui les ont précédés recommandent de tailler les branches à fruit alternativement longues et courtes, et ces indications pouvaient suffire à des cultivateurs exercés. Enfin on trouve, dans un *Essai sur la taille du pêcher* imprimé en 1773 par une société d'amateurs, un article positif sur les branches de remplacement, où il est dit que *la taille des branches fruitières a pour objet de leur faire porter quelques fruits, et en outre d'obtenir leurs branches de remplacement.* Quoi qu'il en soit, Buteret a traité du remplacement des branches à fruit d'une manière claire et précise.

CHAPITRE XVI.

Courbure des branches fruitières.

On doit rarement employer ce moyen.

Lorsqu'un arbre est jeune ou trop vigoureux, on peut, lors de la taille, laisser des rameaux à fruit de toute leur longueur, pourvu qu'on les courbe fortement. On ralentit par là le mouvement de la sève, et on assure, par conséquent, la formation des fruits, qu'une végétation trop active aurait fait couler ou avorter; en même temps le développement des yeux du talon se trouve favorisé de manière à pouvoir fournir de beaux rameaux de remplacement.

Ce moyen ne doit être employé que rarement et lorsqu'on veut avoir promptement des échantillons de fruits, afin de reconnaître si l'on n'a pas été trompé dans le choix des espèces; encore les fruits d'une branche arquée n'ont-ils jamais ni la grosseur ni les qualités de ceux des branches qui sont restées droites.

CHAPITRE XVII.

Application des principes généraux à la conduite du pêcher suivant la forme *à la Dumoutier*.

Afin de récapituler les principes que nous venons d'exposer en détail, nous allons en faire l'application en suivant toutes les opérations de la culture d'un pêcher depuis sa plantation jusqu'à sa cinquième année, en supposant successivement qu'on veut lui donner la forme *à la Dumoutier* ou celle à bras horizontaux ou en *cordons*.

§ 1. — PLANTATION ET GREFFE.

On peut commencer l'éducation du pêcher sur un arbre déjà greffé et choisi dans les pépinières; mais il vaut mieux planter soi-même des amandes ou des sauvageons, parce qu'on ne risque pas d'être trompé dans le choix des espèces, et que l'on est plus assuré des bonnes qualités du sujet.

Les sauvageons doivent être choisis entre les plus sains et les plus vigoureux ; on prendra de préférence ceux d'amandiers parmi les semis de l'année, ceux de pruniers parmi les semis de deux ans. On les plantera avec toutes les racines qu'on aura pu conserver, en prenant les soins que nous avons recommandés par rapport à la distance du mur, à celle des arbres entre eux, etc., et ils seront rabattus à la hauteur de 0ᵐ,33, au point A (pl. II, fig. 1).

A la pousse, on laissera sortir une tige dominante et deux ou quatre bourgeons sur les côtés (pl. II, fig. 2), qu'on maintiendra dans un équilibre parfait pendant tout le cours de leur végétation, à l'aide de l'ébourgeonnement et du palissage. Cet équilibre dans les pousses latérales du sauvageon ne doit pas être négligé, parce qu'il tend à établir, dès l'origine, dans les racines, une égalité de vigueur qui doit faciliter par la suite la conduite de l'arbre.

Vers le milieu du mois d'août ou le commencement de septembre, on placera sur le vieux bois, à 0ᵐ,10 de terre, aux points A (pl. II, fig. 2), deux écussons diamétralement opposés l'un à l'autre, et provenant d'arbres bien portants et d'espèces choisies.

Au mois de février suivant, on coupera le sauvageon au ras des écussons (pl. II, fig. 3), et on appliquera de suite sur la plaie de la poix à greffer.

La pousse des écussons sera dirigée ainsi que le représente la fig. 3 (pl. II) ; on aura le plus grand soin de favoriser leur développement et de les maintenir dans une parfaite égalité de force.

L'ébourgeonnement des bourgeons anticipés qui sortiront des greffes, tant en avant qu'en arrière, devra être fait avec les ongles, en laissant la feuille du talon ; on ne retirera des côtés que ce qui ne trouverait pas de place au palissage. Cette dernière opération ne s'effectuera que le plus tard possible, afin de favoriser la végétation des greffes.

Si rien ne dérange l'équilibre, on attendra que les jets de la greffe aient acquis une certaine longueur pour les attacher au treillage. Cette opération n'aura d'autre but que de les empêcher d'être rompus ou froissés par les grands vents, et de leur faire prendre la direction dans laquelle ils doivent croître ; mais ils ne seront pas serrés contre le mur, dans la crainte de nuire à leur développement.

Aussitôt qu'un bourgeon annoncera plus de vigueur que le bourgeon correspondant, on s'empressera d'y remédier en faisant usage des ressources qu'offre le palissage : on attachera le jet le plus fort très-près du mur, en laissant l'autre en liberté, ou bien on palissera le plus fort plus bas que le plus faible ; on relèvera celui-ci, ou même, s'il est nécessaire, on le fixera en avant à des échalas, ainsi qu'on le voit fig. 9 (pl. III).

Comme la taille des deux greffes (pl. II, fig. 3) devra être assise l'année suivante, pour déterminer la forme de l'arbre, assez près de leur insertion, il est inutile, pendant la première année, d'ébourgeonner sans une nécessité absolue, parce qu'on pourrait faire développer des bourgeons dans la partie qui doit rester au-dessous de la taille, ce qui dérangerait l'édifice qu'on se propose d'établir et forcerait à adopter de nouvelles combinaisons. En un mot, les yeux inférieurs, sur lesquels toutes les espérances sont fondées, devront être préservés de tout accident, et s'ils s'ouvraient en bourgeons anticipés on y appliquerait des écussons.

Les deux mères-branches seront dirigées de manière à ne former entre elles qu'un angle d'abord très-peu ouvert (pl. II, fig. 3 et 4), assez seulement pour donner place sur le mur aux bourgeons anticipés qu'elles produiront.

Si par un accident quelconque une des deux branches-mères venait à périr ou restait trop faible, on ramènerait la plus forte ou celle qui aurait survécu à la direction verticale, pour la rabattre sur deux bons yeux au temps de la taille, afin d'obtenir deux nouvelles branches-mères ; mais alors on aurait perdu une année.

§ 2. — PREMIÈRE ANNÉE APRÈS LA GREFFE.

Tous les soins donnés pendant la première pousse de la greffe ont dû avoir pour résultat le bon établissement des deux mères-branches B (pl. II, fig. 4, et pl. V), sur lesquelles va reposer toute la charpente de l'arbre. La fig. 3 (pl. II) indique la disposition d'un pêcher après sa première pousse et au moment de la taille, soit qu'il ait été greffé sur place, soit qu'il ait été pris tout greffé dans les pépinières.

L'opération de la taille peut et doit se faire aussitôt que les froids rigoureux ne sont plus à craindre. Les habitants de Montreuil pensent que l'époque la plus favorable commence vers le 15 février et finit vers le 15 mars. Il est reconnu que les arbres faibles poussent mieux lorsqu'ils sont taillés aussitôt que la saison le permet, et que les arbres trop vigoureux retiennent mieux leurs fruits lorsqu'ils sont taillés plus tard ; d'où il résulte que l'on doit toujours tailler de bonne heure un arbre jeune dont on veut hâter le développement.

Avant de tailler on commencera par dépalisser entièrement l'arbre ; puis on retirera avec soin tous les corps étrangers qui pourraient se trouver entre le treillage et le mur.

On rabattra le chicot P (pl. II, fig. 3) du sauvageon, si on l'a laissé, le plus près possible des écussons, sans les offenser. La coupe sera aussitôt recouverte d'onguent de Saint-Fiacre.

On raccourcira sur un œil du devant, ou, à son défaut, sur un œil du dessous, les deux mères-branches B, à 0^m,40 ou 0^m,50 de longueur, proportionnellement à leur force, aux points n°1, afin de leur faire développer près de la pousse terminale B les membres du dessous C (pl. II, fig. 4). Les autres yeux du devant et du derrière seront pincés lorsqu'ils auront acquis une longueur de 0^m,027 ; ceux qui se trouveront sur les côtés seront conservés ; mais ils ne devront donner naissance qu'à des bourgeons faibles, de la grosseur et de la qualité de ceux à fruit, ce que l'on obtiendra par un pincement et un palissage plus ou moins précoces.

On sent bien que la longueur de la taille, pour cette première année seulement, est déterminée moins par la force de la pousse précédente que par la forme à donner à l'arbre, la sortie des membres C ayant des points fixes dont on ne peut guère s'écarter. Si donc la taille se trouve trop courte par rapport à la vigueur de l'arbre, il faudra mettre ses soins à affaiblir dès leur naissance les autres bourgeons ; dans le cas contraire, il faudra les laisser croître naturellement, et il suffira de les palisser plus tôt et plus près du mur que les bourgeons B et C (pl. II, fig. 4), afin de conserver toujours à ceux-ci un avantage très-décidé, puisqu'ils sont destinés à former des branches principales.

La taille terminée, on attachera au mur les deux mères-branches dans la direction qu'elles avaient reçue d'abord ; ce n'est qu'au mois de juillet que l'on donnera un peu plus d'ouverture à l'angle qu'elles doivent former.

Après la taille et pendant la pousse, quatre choses doivent fixer plus particulièrement l'attention : 1° les pousses terminales des mères-branches B (pl. II, fig. 4) ; 2° celles des membres C ; 3° celles des bourgeons qui sortiront des yeux placés au-dessous des bourgeons terminaux ; 4° enfin celles des bourgeons anticipés qui naîtront sur les pousses terminales B et C.

Si l'œil à bois de la pousse terminale était double ou triple, on ne laisserait que le bourgeon du milieu, comme étant le plus vigoureux et le plus en état de former le prolongement de la mère-branche, et l'on retrancherait les autres.

On attendra, pour diriger les pousses terminales sur le prolongement des mères-branches, telles qu'on les voit dans la fig. 5 (pl. II), que ces pousses soient devenues flexibles en passant à l'état ligneux, car les bourgeons herbacés cassent net lorsqu'on veut les contraindre. On attachera d'abord légèrement ces pousses par le bas, pour faire disparaître petit à petit le coude occasionné par la taille, sans gêner la cime des bourgeons qu'il faut laisser à l'air pour les favoriser. Si la pousse était vive, on resserrerait les liens plus souvent, mais toujours sans effort, afin que les bourgeons ne soient pas blessés en grossissant, ce qui donnerait lieu à la formation d'un bourrelet. Si l'endroit de la maille du treillage où se présente la pousse n'était pas favorable pour l'attacher, il faudrait lier la branche-mère à une baguette qui la dépasserait et sur laquelle on palisserait la pousse terminale.

La pousse des membres C sera favorisée par tous les moyens que nous avons enseignés ; on ne doit pas craindre que leur force puisse nuire un jour aux branches-mères. On les palissera plus tôt ou plus tard suivant leur vigueur ; en général, on ne se hâtera pas.

Les pousses des yeux qu'on a laissés sur les côtés seront maitrisées par un palissage précoce, des pincements réitérés, et même par des rapprochements en vert sur des bourgeons anticipés, s'il est nécessaire, afin de ne faire de ces bourgeons que des branches fruitières, toute la force devant se porter vers les bourgeons terminaux des branches-mères B et dans les membres C.

Quant aux bourgeons anticipés qui naîtront sur les pousses terminales B et les membres C, ceux qui seront placés en avant et en arrière seront enlevés avec les ongles, en laissant la feuille du talon; plus tard on éclaircira ceux des côtés, mais avec discernement. Si, par exemple, les mères-branches avaient été taillées trop courtes en raison de leur végétation précédente, et qu'elles poussassent avec beaucoup trop de vigueur, il ne faudrait pas conserver seulement les bourgeons qui doivent trouver place à la taille suivante, parce qu'ils deviendraient trop forts pour leur destination; on devrait, au contraire, dans ce cas, les laisser naturellement s'amoindrir, en leur faisant partager avec ceux qui sont mal placés une sève trop vive et trop abondante pour permettre la formation d'une petite quantité de bonnes branches fruitières.

§ 3. — SECONDE ANNÉE APRÈS LA GREFFE.

La première taille aux points n° 1 et la conduite de l'arbre, par le pincement, l'ébourgeonnement et le palissage, auront produit quatre parties distinctes, savoir :

1° Les prolongements des deux mères-branches B (pl. II, fig. 4), égaux en force et à peu près aussi garnis de bourgeons anticipés l'un que l'autre;

2° Deux membres du dessous C, bien placés, à égale hauteur et d'égale force;

3° Diverses pousses x, sortant d'yeux placés immédiatement sur les mères-branches;

4° Des bourgeons anticipés, issus tant des bourgeons terminaux B que des membres C, et qui ont été éclaircis et palissés plus ou moins rigoureusement suivant la force de leur végétation.

C'est dans cet état que l'arbre (pl. II, fig. 4) doit être soumis aux opérations de la taille de la seconde année.

Avant de dépalisser l'arbre, on l'examinera avec attention, afin de s'assurer s'il présente un ensemble satisfaisant; ensuite on vérifiera en détail toutes ses parties, comparant celles de droite avec celles de gauche, afin de s'assurer que la sève a été répartie bien également des deux côtés.

Après avoir pris une détermination tendant à rétablir l'équilibre s'il est troublé ou à le maintenir s'il n'a pas été rompu, on détachera toutes les branches du treillage, et on opérera de la manière suivante, en se proposant d'arriver au résultat que présente la fig. 5.

1° On raccourcira (pl. II, fig. 4) les rameaux terminaux des mères-branches B, suivant la force avec laquelle ils auront poussé. (On suppose que les coupes sont faites aux points n° 2.)

On supprimera les bourgeons anticipés mal placés, et on taillera ceux qui restent en branches-crochets, c'est-à-dire à deux ou trois yeux, comme les coursons de la vigne. On laissera plus d'yeux sur les branches-crochets placées dans le bas de l'arbre que dans celles qui seront dans le haut, afin d'y attirer la sève. Si quelques-uns de ces bourgeons anticipés étaient plus vigoureux dans le haut que dans le bas, on les supprimerait, ou, s'il y avait inconvénient à le faire, on exercerait une active surveillance sur leurs pousses pour les affaiblir, afin de retenir la sève dans la partie inférieure.

2° Les deux membres C (pl. II, fig. 4) seront raccourcis plus ou moins, selon leur vigueur, mais toujours de manière à ce qu'ils puissent prendre de la force et de l'étendue. Les bourgeons anticipés, s'ils en portent, seront taillés en branches-crochets.

3° Les divers bourgeons x, placés au-dessous de la première taille n° 1 (pl. II, fig. 4), que l'on aura dû amoindrir pendant leur croissance, seront taillés courts, et même sur les yeux situés près du talon s'ils ont poussé trop vigoureusement, afin d'en faire des branches fruitières; mais s'ils se sont modérément développés, on les taillera à quatre ou six yeux, en ménageant au talon un œil qui puisse servir de branche de remplacement à la taille suivante. Si l'un de ces bourgeons est resté trop faible, on le taillera, proportion gardée, plus long, on l'attachera plus verticalement que les forts, ou même on le laissera libre.

4° Les bourgeons anticipés seront taillés en branches-crochets, comme l'année précédente.

Après la taille, on s'occupera de tout ce qui est relatif à la propreté des murs, des treillages et des arbres.

On attachera toutes les branches sous l'angle où elles étaient avant la taille, à moins que l'on n'ait des raisons pour en affaiblir une, en lui donnant une position plus horizontale qu'à l'autre. Le palissage doit donc être fait par l'ouvrier qui taille, et immédiatement après l'opération, afin qu'il ait encore le souvenir des motifs qui ont dirigé son travail.

A la pousse, lorsque les bourgeons s'ouvriront, on pincera ceux qui, placés immédiatement au-dessous du bourgeon terminal, lui seraient égaux en force ; cette précaution est presque toujours suffisante pour décider une supériorité très-marquée dans le bourgeon terminal, et pour conserver aux bourgeons inférieurs la sève qui tendrait à les abandonner.

Quant aux autres bourgeons placés sur les côtés des mères-branches, on attendra, pour ébourgeonner ceux qui seraient doubles ou triples, qu'ils aient 0^m,03 de longueur s'ils sont placés au-dessous, et 0^m,06 à 0^m,08 s'ils sont au-dessus. On laissera alors les plus forts bourgeons en dessous et les plus faibles en dessus ; ces derniers se trouveront d'autant plus affaiblis que l'on aura ébourgeonné plus tard, d'abord parce qu'ils auront partagé la sève plus longtemps avec ceux que l'on supprime, ensuite parce que la suppression plus tardive de ceux-ci occasionne de plus larges plaies.

Les yeux à bois triples, doubles ou simples, et surtout ceux situés en dessus des rameaux, devront être surveillés pendant leur pousse ; on redoublera d'attention pour ceux qui sont placés près de la taille ; si on les perdait de vue un seul moment, ils pourraient finir par égaler la pousse terminale, qui doit toujours être la pousse dominante.

Au moyen du pincement, il est facile de se rendre maître de graduer à volonté la force de toutes les pousses ; mais il faut pour cela pouvoir disposer de son temps pour visiter souvent ses pêchers, afin d'exercer une surveillance très-active sur les mouvements de la sève, qu'il est extrêmement aisé de réprimer dans ces premiers moments de la végétation.

Les bourgeons anticipés taillés en branches-crochets devront attirer l'attention du jardinier sous le rapport des yeux du talon, qu'il traitera dès-lors comme des bourgeons de remplacement; il fortifiera ceux qui seront trop faibles en pinçant le bourgeon qui est placé au-dessus, ou même en le supprimant.

Chaque bourgeon terminal des branches à bois B et C (pl. II, fig. 4), depuis les points n° 2 jusqu'à leur extrémité, va faire éclore, en s'allongeant, des bourgeons anticipés dont il faut s'occuper; on retirera avec les ongles ceux du devant et du derrière de la branche à mesure qu'ils atteindront $0^m,08$ à $0^m,10$ de longueur et tandis qu'ils seront encore herbacés; mais on conservera toujours avec soin la feuille du talon, et on prendra garde de ne pas détruire l'œil supplémentaire qui pourrait s'y trouver.

Quant à ceux qui se seront développés sur les côtés, on attendra, pour les éclaircir, qu'ils aient atteint $0^m,24$ à $0^m,28$ de longueur, et, pour les palisser, qu'ils aient $0^m,35$ à $0^m,40$; on palissera les bourgeons du dessus quelques jours plus tôt que ceux du dessous. On enlèvera alors avec le couteau à lame étroite ceux qui, étant trop rapprochés, feraient confusion ou troubleraient l'équilibre, et de préférence ceux qui n'auraient pas d'œil au talon. On fera encore en sorte que les bourgeons anticipés restants alternent et ne soient jamais opposés; on ne les retranchera pas au ras de l'écorce du bourgeon principal, mais à $0^m,008$ ou $0^m,009$ au-dessus; enfin la feuille du talon sera conservée comme pour les bourgeons herbacés.

On aura toujours soin de procéder au renouvellement des osiers du palissage avant que le gonflement des branches le rende nécessaire.

Lorsque les bourgeons terminaux des branches principales seront palissés dans toute leur longueur, et sur une ligne parfaitement droite, on exécutera, en commençant par le sommet de l'arbre, le palissage des bourgeons anticipés qui seront assez longs pour être attachés, et on rapprochera le plus possible ceux du dessous, et particulièrement ceux du dessus, du corps de la mère-branche qui les porte.

Le palissage des branches principales, l'ébourgeonnement et le palissage des bourgeons anticipés, seront continués successivement jusqu'à la fin de la saison, au fur et à mesure du besoin. Si un bourgeon anticipé annonçait devoir prendre trop de supériorité sur les autres, il faudrait le pincer ou le rogner, surtout s'il était placé à l'intérieur du V formé par les deux branches-mères. S'il arrivait, par une cause quelconque, que l'extrémité de la branche-mère vînt à faiblir, il faudrait rabattre cette branche sur le premier bourgeon anticipé vigoureux.

On ne se pressera pas trop de palisser les bourgeons anticipés des extrémités ; il faut attendre pour le faire qu'ils soient bien formés ; ceux qui se développent vers la fin de la pousse doivent rester libres jusqu'à ce que la sève soit arrêtée.

Si l'un des côtés de l'arbre acquérait de la supériorité sur l'autre, il ne faudrait pas pour cela palisser son bourgeon terminal plus bas ; ce serait une grande faute, parce que l'on ferait perdre à la branche la ligne droite qu'elle doit conserver ; il faudrait alors dépalisser tout ce côté et l'incliner davantage, tandis qu'on relèverait l'autre, en l'attachant même, s'il était nécessaire, en avant du mur, sur trois piquets, comme le représente la figure 9 (pl. III).

Il est d'une grande utilité de savoir distinguer dès-lors les bourgeons qui par leur emplacement sont destinés à devenir des membres de bifurcation, afin de favoriser ceux du dessous des branches et de restreindre avec prudence la force de ceux du dessus, de manière à ce que ces derniers, tels que les bourgeons D (pl. II, fig. 4), ne soient pas trop vigoureux lorsqu'on sera obligé de leur laisser prendre un certain essor pour remplir leur destination. On arrivera à ce résultat en pinçant le bourgeon D dès son apparition, pour ainsi dire, de façon que son empâtement n'ait pas le temps de s'étendre sur la branche-mère. On ménage successivement au talon de ce bourgeon un rameau de remplacement que l'on s'applique à réduire à de petites dimensions à sa base, jusqu'au moment où l'on pourra sans inconvénient en former un membre de ramification.

§ 4. — TROISIÈME ANNÉE APRÈS LA GREFFE.

Vice du système de ramification adopté par les auteurs modernes.

On peut voir par la fig. 5 (pl. II) que les résultats de la seconde taille sont à peu près les mêmes que ceux de la première (fig. 4), avec cette différence toutefois que les mères-branches B et les membres C ont pris plus d'étendue et sont devenus beaucoup plus forts, ce qui permettra bientôt d'établir sur eux les ramifications nécessaires pour remplir les intervalles qui les séparent.

Les branches fruitières qui ont déjà reçu deux tailles ont aussi pris plus de consistance, et ont poussé des bourgeons plus francs, dont les yeux rapprochés promettent quelques fruits.

La troisième taille, dont on va s'occuper, aura pour but (pl. IV, fig. 1) : 1° la continuation du prolongement des mères-branches B et des membres C; 2° le commencement du développement de la branche D, dont on maitrisera la végétation; 3° la naissance des branches de bifurcation e et f, que leur position désavantageuse commande de favoriser avec modération; 4° la concentration ou le renouvellement des branches fruitières sur les branches principales.

Après s'être bien pénétré de ces considérations, et s'être rendu compte, par un examen attentif, de la situation de l'arbre sous le rapport de la force relative des deux côtés, on le dépalissera en entier et on raccourcira plus ou moins l'extrémité des branches B, suivant la vigueur de la dernière pousse (on suppose que les coupes sont faites aux points n° 3), en observant toujours de ne point raccourcir une branche avant de s'être assuré si celle qui lui correspond présente un œil sur lequel elle puisse être taillée dans les rapports voulus pour l'équilibre de la sève (1).

_____

(1) La difficulté de trouver dans le pêcher un œil également bien constitué sur chacune des branches-mères, et, de plus, placé sur le devant et à la hauteur où l'on voudrait tailler, m'a fait penser que l'on pourrait obtenir tous ces avantages en écussonnant, au mois de septembre et un peu avant que la sève ne soit arrêtée, les branches-mères précisément à la hauteur où elles devront être taillées. Cette opération, que beaucoup d'écrivains ont recommandée dans des cir-

On raccourcira de même les membres C (pl. IV, fig. 1) suivant leur force et avec les mêmes précautions, mais en rabattant toujours sur les yeux les plus favorables à leur développement et placés de manière à fournir des prolongements naturels de la première direction, afin de n'être pas dans le cas de les y ramener.

Le bourgeon D sera taillé assez court, et sur un œil plutôt favorable à la direction de ce membre qu'à sa vigueur.

Les bourgeons *e* et *f* doivent être fournis, autant que possible, par des yeux placés vers la moitié de la longueur de la taille, à l'endroit où les yeux sont le mieux conditionnés, sur les branches principales et à la même hauteur de chaque côté de l'arbre.

Les branches fruitières qui ont déjà reçu plusieurs tailles seront rabattues sur les rameaux de remplacement que l'on aura dû ménager près de leur insertion, et ceux-ci seront taillés, pour porter du fruit, à cinq ou six yeux, suivant leur force et suivant l'espèce du pêcher.

Mais si les bourgeons de l'ancienne branche étaient *francs* (1), on pourrait en laisser venir le fruit et garder la branche de remplacement pour l'année suivante. Ainsi, au lieu de rabattre sur le dernier bourgeon, on rabattrait sur l'avant-dernier, que l'on taillerait assez long, en ébourgeonnant à sec les yeux qui ne seraient pas accompagnés de fleurs; quant aux bourgeons de remplacement, on les taillerait à deux yeux qui devraient être

constances où elle est moins praticable et moins utile, sera très-simple dans ce cas, et offrira des résultats très-avantageux pour déterminer, outre l'équilibre de la sève, l'étendue et la belle forme de l'arbre ; d'ailleurs, les branches-mères ne porteront plus les marques de toutes ces amputations plus ou moins malheureuses qui leur sont faites sur des yeux mal placés.

L'œil placé sur le devant d'une branche est plus favorablement situé que tout autre pour former le prolongement de cette branche. Si on la rabat sur cet œil, on peut espérer qu'en peu de temps et avec quelques soins le nouveau bourgeon prendra tellement bien la place de la partie retranchée qu'on ne distinguera plus l'endroit où la coupe aura été faite ; que si, au contraire, on taille sur un œil du dessus, sa tendance à suivre la ligne verticale étant plus forte sera un obstacle presque insurmontable pour faire disparaître le nodus de la coupe, qui restera toujours marqué par un coude plus ou moins prononcé. Cette recommandation d'éviter des nodus aux endroits de la taille a plutôt pour but de laisser à la sève un libre cours que de satisfaire la vue de l'amateur de beaux arbres.

(1) On dit qu'un bourgeon est *franc* lorsque les yeux et les boutons sont rapprochés.

traités, dès ce moment, avec tous les ménagements que l'on observe à l'égard des branches de réserve.

Les bourgeons que l'on aura pincés l'année précédente pour
les réduire aux proportions de branches fruitières seront taillés
courts pour les maintenir dans ces proportions.

Les bourgeons anticipés seront taillés en branches-crochets.

Avant d'attacher l'arbre dans la position où il était au moment de la taille, on passera une revue attentive entre le
treillage et le mur, et surtout sur le corps et les branches de
l'arbre, afin d'enlever autant que possible les œufs d'insectes
qui pourraient y être déposés. C'est encore l'instant qu'on
saisira pour faire les incisions sur les branches qui seraient ou
qui annonceraient devoir être affectées de la gomme. Un pêcher
portant des traces de gomme n'indique pas moins d'incurie de la
part du jardinier que la présence des gourmands sur les arbres.

Lorsque les diverses pousses seront assez longues pour être
pincées, ébourgeonnées et palissées, on se conduira, pour ces
opérations, d'après les principes déjà détaillés et ainsi qu'on l'a
fait les années précédentes. On devra surtout les surveiller dès
le commencement de leur développement, afin de pincer à
temps toutes celles qui tendraient à devenir des gourmands ou
des branches à bois là où on ne voudrait avoir que des branches
à fruits.

Le développement de la pousse des bourgeons D (pl. IV,
fig. 1) sera surveillé avec une attention toute particulière, afin
de les empêcher de prendre une vigueur que leur position rendrait bientôt embarrassante.

Au contraire, on favorisera par tous les moyens possibles le
développement des bourgeons *e* et *f*, qui doivent former les
branches de bifurcation ; on y parviendra en pinçant les bourgeons qui se trouvent entre elles et le bourgeon terminal, en
les palissant plus tard, en ne les approchant pas trop du mur,
ou même en les maintenant en avant à l'aide d'échalas, pour
décider de bonne heure la sève à s'y porter.

Le système de bifurcation adopté par MM. Dalbret et Lepère
n'est applicable qu'au début de la formation de l'arbre, afin
d'établir en même temps les deux branches-mères et les sous-
mères. Dans ce cas seulement on peut tailler la mère-branche

sur deux yeux et y laisser affluer la sève librement, sans crainte de nuire à aucune production, puisqu'il n'y en a pas encore d'établie; au contraire, la grande vigueur de ces deux bourgeons terminaux, formant la mère-branche et la sous-mère, contribuera puissamment au développement des racines, et l'arbre n'en sera que mieux attaché au sol; mais ce même système devient funeste lorsque, plus tard, on l'applique métho-diquement sur des membres déjà garnis de branches fruitières. En effet, en suivant le conseil que donne M. Dalbret d'établir les bifurcations à l'extrémité d'une branche taillée (sur le bour-geon qui suit immédiatement le bourgeon terminal), on attire la sève sur un même point; elle y afflue avec une véhémence extraordinaire; le bourgeon terminal et le bourgeon suivant, faisant l'office de deux pompes aspirantes qui s'aident mutuel-lement, attirent une grande quantité de sève. Il en résulte que le bourgeon terminal et celui qui forme la bifurcation pren-nent à peu près également une force et une étendue considéra-bles; la sève continue à se précipiter trop rapidement vers eux pour s'arrêter dans les petites branches fruitières qui sont plus au-dessous; leurs canaux s'oblitèrent, ces branches fruitières languissent, et on peut déjà prévoir le dépouillement plus ou moins prochain de l'arbre.

Les personnes qui ont suivi le système de M. Dalbret seront plus à même que d'autres d'apprécier la valeur de nos obser-vations.

Un autre vice encore attaché à ce système, c'est que le bour-geon qui forme la bifurcation est presque aussi fort que celui du prolongement de la mère-branche; on n'a pas à craindre, il est vrai, que ce bourgeon de ramification l'emporte sur l'au-tre, mais cela ne suffit pas; il doit être sensiblement plus faible, en raison de sa position et des fonctions qu'il est destiné à remplir. Mais M. Dalbret, loin de chercher à établir dans ses bifurcations des proportions relatives, s'en éloigne encore en conseillant de leur donner une taille plus allongée que celle qu'on a appliquée à la mère-branche. Or, lorsque l'équilibre de force qui doit régner entre les branches principales et leurs ramifications est rompu dès l'origine, il n'est plus possible de le rétablir par la suite. Une très-longue pratique, d'accord avec nos principes, nous a démontré que l'on ne doit jamais former de branches de bifurcation si près de l'œil terminal, surtout sur des arbres en éventail. Lorsque les arbres sont très-vigoureux, on ne doit pas établir de bifurcation sur le bourgeon de l'année : on ne peut que l'y préparer; encore ne faut-il employer que le troisième ou le quatrième bourgeon situé au-dessous de la taille précédente; car plus haut les canaux séveux sont trop dilatés pour que l'on soit le maître de bien régler le cours de la sève.

Ces fautes ne seraient pas croyables de la part d'un praticien, si elles n'étaient commises dans les démonstrations écrites et figurées de la pl. III de l'ouvrage de M. Dalbret, où l'on peut encore remarquer que les branches C et D, destinées à former des branches de bifurcation à l'intérieur, sont palissées en dehors même de la ligne verticale; de telle sorte que, si l'on eût figuré l'autre moitié de l'arbre, les branches correspondantes se fussent croisées. Toutes les branches fruitières développées sur la même branche-mère sont palissées trop verticalement.

Si l'on oppose à cette critique, qui concerne aussi le système de M. Lepère, que nous avons annoncé et même prouvé par des modèles vivants que l'on pouvait faire prendre au pêcher toutes les formes imaginables, nous répondrons que c'est sous la condition expresse que l'on sera attentif à détourner la sève, dès son départ, de son cours le plus naturel, pour la répartir avec mesure dans toutes les parties de l'arbre, selon les fonctions que chacune doit remplir, et non pas en agissant par saccade. Il faut dans ce cas intercepter plus ou moins les passages par où la sève ne manquerait pas d'affluer, et lui en ménager d'autres dans lesquels elle puisse se répandre; il faut aussi la forcer à rétrograder et à se répartir dans les branches fruitières, ou autres, qu'elle eût abandonnées si on lui eût laissé suivre son cours naturel. Mais M. Dalbret, en établissant ses bifurcations sur le bourgeon qui suit immédiatement le bourgeon terminal, ne s'oppose en rien au cours ordinaire de la sève; il fait plus, il le favorise, il l'active, et il apporte inévitablement le trouble dans la forme des arbres traités d'après son système de bifurcation.

Les élèves de M. Dalbret, ayant, dès le début de l'arbre,

11

établi concurremment, et en même temps avec succès, les branches-mères et les sous-mères, ont dû trouver tout simple de suivre la même marche pour établir les autres ramifications; mais ils ne se sont peut-être pas aperçus que les circonstances environnantes n'étaient plus les mêmes. C'est pour leur faire remarquer quelle en est la différence, et les détourner d'une méthode qui entraînerait la perte des arbres, que nous nous sommes autant étendu sur ce sujet important.

On s'occupera des bourgeons de remplacement et l'on viendra en aide à ceux qui seraient retardés dans leur développement. Les branches de réserve seront traitées avec plus de ménagement encore; on ne laissera sur la branche fruitière que le bourgeon terminal et ceux qui sont nécessaires à la nourriture des fruits. Ces derniers seront pincés et raccourcis; et, dans le cas où le fruit ne se nouerait pas ou viendrait à tomber, on s'empresserait de ravaler la branche sur le bourgeon de remplacement, afin de le faire profiter de la sève qui sans cela aurait été perdue. Cependant, s'il était déjà vigoureux, il ne faudrait pas faire le rapprochement en vert que nous venons d'indiquer, parce qu'on s'exposerait à lui donner trop de force et à lui faire perdre les qualités et les proportions de bonne branche à fruit; du moins on ne pourrait alors les lui conserver que par un travail dont le moindre inconvénient serait la perte de temps.

On accueillera et l'on favorisera avec soin les pousses qui naîtront au talon des bourgeons anticipés taillés en branches-crochets, et, s'il est nécessaire, on leur sacrifiera toutes celles qui se sont développées plus haut.

Si l'extension des pousses du dedans de la branche exigeait qu'on ouvrît l'angle formé par les branches-mères, il faudrait dépalisser tout l'arbre, afin d'effectuer progressivement leur écartement sans rien forcer, sans jamais les courber, et en les faisant, pour ainsi dire, pivoter sur leur point d'insertion. On n'ouvrira point l'angle au-delà de ce qui sera rigoureusement nécessaire pour le palissage de l'année, et on opérera avec précaution, dans la crainte d'abattre les fruits et d'offenser les bourgeons. Ce n'est que pendant la circulation de la sève que l'on peut abaisser les branches principales.

Aux approches de la maturité, les fruits seront découverts progressivement, pour ne pas les exposer tout-à-coup aux rayons du soleil.

§ 5. — QUATRIÈME ANNÉE APRÈS LA GREFFE.

Après la troisième année de taille on aura donc récolté quelques fruits, et l'arbre sera tel que le représente la figure 1 (pl. IV), c'est-à-dire qu'il aura des branches-mères B et des membres C d'une étendue et d'une force assez considérables pour qu'on ait pu déjà commencer à laisser se développer les membres D, quoiqu'en les maîtrisant, ainsi que les branches e et f de bifurcation, que l'on a, au contraire, favorisées.

Toutes les parties de l'arbre se trouveront d'ailleurs également bien garnies de branches fruitières déjà taillées une ou plusieurs fois, suivant leur âge et celui des branches auxquelles elles appartiennent.

La quatrième taille n'aura d'autre but que d'étendre, de fortifier les différentes parties de l'arbre, tandis que l'enlèvement des jeunes bourgeons, celui des bourgeons anticipés, le pincement, le palissage, les rapprochements en vert qu'on exécutera successivement, et au fur et à mesure du besoin, pendant le cours de la végétation, maintiendront ou ramèneront toutes ces parties à un parfait équilibre de forces respectives, de manière à obtenir à la fin de l'année les résultats indiqués par la figure 2 (pl. IV).

L'examen, et, pour ainsi dire, la reconnaissance générale de l'arbre, avant de prendre un parti pour la taille, exigera cette fois un temps plus long, puisque le système est déjà plus compliqué.

Avant d'opérer on dépalissera, mais en laissant cependant une attache à chaque branche principale, dans la crainte qu'elle ne soit entraînée par son propre poids.

On commencera par le raccourcissement des rameaux terminaux, en suivant les mêmes principes que pour la taille précédente.

On passera ensuite aux branches fruitières, sur lesquelles on laissera plus ou moins de fruits suivant leur vigueur et l'état de santé de l'arbre; puis on s'occupera des rameaux et des bourgeons anticipés, que l'on taillera en branches-crochets; enfin, avant de palisser, on fera la recherche des insectes, de la gomme, etc., comme nous l'avons expliqué plus haut.

A mesure que l'arbre avance en âge et que les branches se multiplient, le travail qu'exigent la taille et les autres opérations relatives à la conduite de l'arbre devient nécessairement plus considérable; mais les principes sont toujours les mêmes; ils se réduisent à favoriser le développement des branches qui sont faibles ou des bourgeons que leur emplacement condamnerait à le devenir si on ne venait à leur secours, et à dompter, au contraire, les branches trop fortes, ou mieux à réprimer les dispositions de celles qui tendraient à le devenir.

On devra constamment avoir pour but d'empêcher les branches fruitières du dedans de devenir plus fortes que celles du dehors (1); de maintenir la partie inférieure de l'arbre aussi bien garnie que la partie supérieure; enfin de contenir les branches fruitières dans un tel rapprochement du corps des branches principales que celles-ci semblent rajeunies chaque année par des pousses nouvelles.

En continuant à gouverner l'arbre de cette manière, et en établissant successivement des branches de bifurcation partout où elles sont nécessaires pour remplir les intervalles, il sera facile d'obtenir, après la neuvième taille, un pêcher aussi parfait que celui que nous offrons pour modèle (pl. V), et dont la charpente est telle que les mères-branches, les membres, les branches de bifurcation et les branches fruitières présentent des proportions subordonnées à leurs diverses fonctions.

(1) Nous entendons par branches *du dedans* celles qui se développent au-dessus des branches de la charpente, et par branches du *dehors* celles qui sont placées au-dessous.

CHAPITRE XVIII.

Forme dite carrée.

En quoi consiste cette forme. Vice de cette forme par la manière dont l'auteur prétend l'établir. Obstacles qui s'opposent à la durée des arbres qui y sont soumis.

Nous n'avons voulu nous occuper du pêcher présenté par M. Lepère sous une forme nouvelle, dite *carrée*, comme devant servir de modèle, qu'après avoir suffisamment fait connaître la forme à la Dumoutier, afin que le lecteur puisse juger par lui-même quels sont les moyens les plus efficaces, de ceux de M. Lepère ou des nôtres, pour arriver à remplir avec un pêcher l'espace compris dans un carré long, autrement dit un parallélogramme (1).

Nous répéterons ici qu'il est incontestable que l'on peut faire prendre et conserver au pêcher toutes les formes qu'on voudra lui imposer, pourvu toutefois que dès leur naissance on donne aux bourgeons qui doivent former les branches principales une direction qui ne soit pas précisément celle vers laquelle la sève a le plus de tendance à se porter, et qu'en outre on garnisse les côtés de ces membres de petites branches fruitières, que l'on façonne en pinçant tous les bourgeons qui annonceraient des dispositions à devenir trop forts. Ces petites branches doivent être toutes à peu près d'égale force, et être renouvelées annuellement; ce sont elles qui attirent également la sève dans les membres, qui les maintiennent en vigueur, qui les font grossir et allonger, sans qu'il y ait nulle part dans l'arbre des explosions de sève qui nécessiteraient de la part des horticulteurs des répressions violentes.

D'après cet exposé, il suffit de jeter un coup d'œil sur le pêcher carré de M. Lepère pour s'apercevoir qu'il ne remplit

(1) La forme que propose M. Lepère consiste en deux branches-mères disposées en V ouvert, dont chacune est garnie en dessous de trois membres qui sont formés au bout de six ou sept ans; alors M. Lepère remplit l'intérieur du V en faisant développer à la fois sur chaque branche-mère trois membres qui atteignent tout-à-coup le haut du mur. Jusqu'ici rien n'est nouveau, tout est simple et très-facile; la difficulté consiste à maintenir cette forme, et cette difficulté commence aussitôt que la place est remplie par le développement des trois membres du dedans de l'arbre.

presque aucune de ces conditions, surtout la plus importante, puisqu'au lieu de détourner la sève M. Lepère fait développer à la fois sur la mère-branche trois membres auxquels il donne une direction presque verticale, par conséquent, la position la plus favorable à l'ascension de la sève ; aussi ces membres font-ils l'effet de trois pompes aspirantes s'aidant mutuellement pour attirer toute la sève que l'arbre pourra leur fournir. Il devient donc indispensable, pour s'opposer à une aussi grande puissance de végétation accumulée sur un seul point, d'employer des moyens de répression dont la nécessité se fait sentir sans relâche, et même des moyens violents, parce que la sève tendra toujours à se précipiter vers des passages largement ouverts dans les parties où elle a naturellement le plus de propension à se porter.

M. Lepère croit avoir obvié à ces inconvénients par la précaution qu'il a prise d'établir tous les membres du dessous avant de permettre à ceux du dessus de se développer. Cette précaution n'aura d'autre résultat que de retarder le dépérissement absolu des membres placés au-dessous, parce que, ceux-ci ayant déjà acquis une certaine étendue, il faudra plus de temps pour qu'ils soient tout-à-fait épuisés par les membres du dessus, qui continueront cependant toujours à attirer à eux la sève au préjudice de toutes les autres parties de l'arbre. Ainsi les soins, le temps et les moyens de répression employés pour s'opposer à un effet naturel aussi puissant ne serviront qu'à retarder plus ou moins le dépérissement total des membres inférieurs, mais ne l'empêcheront pas.

A cette première cause de répression que nécessite la forme carrée du pêcher de M. Lepère, il faut en ajouter une autre qui n'est pas moins considérable : c'est que, des trois membres qu'on laisse à la fois se développer sur la mère-branche, le plus fort, dans l'ordre naturel, devrait être celui de l'extrémité supérieure, et le plus faible celui qui est placé près de la base de la mère-branche. Or, comme le modèle qu'offre M. Lepère exige le contraire de ce qui se passe dans l'ordre naturel de la végétation, il devient donc nécessaire d'exercer en outre des répressions d'un autre genre pour arriver au but ; et cependant M. Lepère ne trouve point de danger (page 64) à donner à

chacun de ces membres, dès la première année de leur développement, une taille allongée de 1^m,60 de longueur, d'après
l'échelle qui accompagne les planches, se réservant, dit-il, de
pincer les bourgeons qui sortiront au-dessous de cette taille :
comme si cela pouvait empêcher les membres de grossir et de
recevoir une quantité de sève plus abondante que celle dont ils
auraient besoin. Aussi l'affluence de la sève vers la partie supérieure de l'arbre est si considérable qu'à la troisième taille ces
membres sont représentés même déjà plus gros que les premiers membres du dessous, qui cependant ont été taillés six
fois.

Nous ajouterons que le grand et brusque mouvement de
sève qui a nécessairement lieu dans l'arbre carré de M. Lepère,
soit que la sève se porte en avant, soit qu'elle rétrograde, est
incompatible avec une abondante fructification. On peut voir
au contraire, par l'inspection des planches VIII et IX, que, la
forme donnée aux pêchers de Boissy-Saint-Léger n'ayant nécessité aucune violence, la sève coulant doucement et également
dans toutes les parties de l'arbre, les branches y sont couvertes
de très-beaux fruits.

Nous avons vu comment, en suivant les mêmes principes,
nous sommes arrivé, avec la forme à la Dumoutier, au but que
M. Lepère se propose vainement d'atteindre par sa forme dite
carrée. Sans entrer dans d'autres détails, nous finirons par conclure, en supposant même que M. Lepère eût réalisé la forme
qu'il offre pour modèle, qu'elle serait moins admissible que
celle des pêchers de Boissy-Saint-Léger, attendu qu'elle néces-
siterait plus de temps et de soins que ces dernières pour opérer
les répressions indispensables au maintien de cette forme.

D'après ce que nous venons de dire, tout le monde concevra
facilement que l'on puisse façonner un pêcher sous quelque
forme que ce soit, sans violence, seulement en détournant doucement la sève, en lui fermant les passages vers lesquels elle a
le plus de tendance à se porter, et en lui en ménageant
d'autres; mais on ne concevra pas qu'il puisse en être autrement. Tous les jardiniers savent par expérience qu'un seul
bourgeon qu'on laisserait se développer jusqu'à 1^m,75 ou 2
mètres d'étendue sur le dessus d'un membre suffirait à lui seul

pour affamer ce membre et détruire la forme déjà donnée à
l'arbre. Ces jardiniers pourront donc prévoir quel sera le résultat des trois rameaux que M. Lepère laisse ainsi se développer, tous trois à la fois, sur le même membre.

M. Lepère annonce, pour prouver la bonté de sa méthode,
qu'il aura toujours de jeunes pêchers de l'âge de celui qui lui a
valu la médaille à faire voir aux amateurs qui lui feront l'honneur de le visiter. Dans ce cas, nous engageons ces amateurs à
porter plus particulièrement leur attention sur les pêchers le
plus anciennement établis d'après cette méthode ; ces pêchers
peuvent seuls faire juger du mérite de la forme tant préconisée.

Nous sommes persuadé que personne n'est plus capable de
saisir la justesse de nos observations que M. Lepère ; il se montre, dans son ouvrage, trop bien pénétré de nos principes pour
ne pas comprendre que son travail matériel est en opposition
flagrante avec ce qu'il a écrit, à l'égard surtout de la forme carrée et des pêchers tout formés (1) ; d'où l'on peut conclure qu'il
n'a pas encore mis tout-à-fait en pratique les principes établis
dans la *Pomone française* depuis plus de vingt-cinq ans, et
que cependant il semble avoir suivis dans son ouvrage, qui ne
peut, du reste, qu'être utile aux personnes qui s'occupent de la
taille du pêcher. Nous terminerons en disant que, si les sociétés d'horticulture ont des récompenses à décerner au cultivateur qui sacrifie généreusement une partie de son temps pour
communiquer à tous ceux qui les réclament son expérience et

_____

(1) M. Lepère conseille (page 47), ainsi que cela se pratique à Montreuil et
ailleurs, de ne point planter de pêchers lorsqu'ils ont plus de dix-huit mois de
greffe, parce que les racines de l'amandier, devenant trop fortes, ne supportent
plus la transplantation. Ce conseil est très-judicieux. Mais ailleurs (p. 22 et 90),
il engage à planter des pêchers tout formés, annonçant, cette fois, qu'ils pourront
facilement reprendre et même qu'ils pousseront mieux que ceux qui n'auraient
que dix-huit mois. Cependant ces pêchers tout formés ne peuvent avoir moins
de trois ou quatre années. Nous devons, dans l'intérêt de nos lecteurs, répéter à
cette occasion que la transplantation de pêchers tout formés aboutit presque toujours pour ceux qui les achètent à une véritable déception , parce que cette
transplantation fait toujours perdre à l'écorce des branches du pêcher, en raison de leur étendue, l'élasticité qui est indispensable à la libre circulation de
la sève dans cet arbre. Il arrive toujours, lorsque les pêchers tout formés ne
meurent pas après la transplantation, qu'ils n'acquièrent plus jamais la vigueur
qu'ils devraient avoir, et qui est si nécessaire à la beauté et à la saveur des fruits
du pêcher.

son savoir, M. Lepère mérite éminemment ces récompenses ; sa conduite à cet égard lui a déjà concilié l'estime des honnêtes gens.

Nous touchons au terme de la tâche pénible que nous nous sommes imposée pour l'instruction de nos lecteurs, celle de leur faire connaître sur quels points nous sommes en désaccord avec les auteurs qui ont écrit après notre première édition de *la Pomone*. Nous espérons que l'on a une assez bonne opinion de notre jugement pour être persuadé que ce n'est qu'après un mûr examen, aidé de toute notre expérience, que nous avons osé qualifier d'erreurs des assertions émises, d'une part, par un homme qui a préparé pendant quinze ans les leçons de M. Thouin, et, de l'autre, par un cultivateur né à Montreuil même, qui vient de publier un ouvrage sur la taille du pêcher. Notre réserve a été d'autant plus grande que l'opinion publique, et même le préjugé, doivent être favorables aux deux auteurs que nous venons de citer. D'ailleurs, nous avons annoncé et nous répétons que, pour profiter de nos écrits, il ne fallait pas y ajouter une confiance aveugle, mais se proposer, en pratiquant, de vérifier chacune de nos assertions, afin de s'approprier ce qui est utile dans l'instruction que nous offrons et d'être à même de rejeter tout ce qui serait erroné. Si cette marche avait toujours été suivie, nos connaissances en culture ne seraient pas aussi arriérées.

CHAPITRE XIX.

Pêchers en cordons.

Plantation. Premières dispositions à donner à l'arbre. De la formation successive des bras. Moyens de les obtenir à la place même où ils doivent être. Des soins à donner après chaque taille.

La seconde forme que nous indiquons comme étant la plus facile à obtenir et la plus convenable pour couvrir également les murs dans toute leur étendue, à mesure que les arbres croissent, est celle qui présente des bras horizontaux établis sur une tige verticale (pl. VI). On peut commencer l'éducation d'un pêcher en cordons, soit sur un arbre déjà greffé et choisi dans les pépinières, soit sur un sauvageon greffé en place, ce qui est préférable. Dans tous les cas, les arbres seront plantés à 5 mètres de distance dans un bon terrain, ou de 4 en 4 mètres, si la terre est d'une moins bonne qualité. On aura soin, en plantant, d'espacer les racines et de les éloigner de la maçonnerie de $0^m,17$ à $0^m,19$, en inclinant la tête de l'arbre contre le mur. Si l'arbre est pris dans les pépinières, on rabattra la tige à $0^m,27$ ou $0^m,28$ au-dessus de la greffe, et lors de la pousse on fera choix du bourgeon qui annoncera le plus de vigueur pour former une tige, que l'on favorisera en pinçant tous les autres bourgeons. On maintiendra cette tige droite ; elle ne sera palissée que pour l'empêcher d'être rompue ou froissée contre le mur. On lui laissera tous les bourgeons anticipés qui s'ouvriront, afin de lui donner plus de force et aussi de favoriser le développement des racines. On aura soin de laisser sous la taille un bourgeon, que l'on pincera de bonne heure ; ce bourgeon n'a d'autre objet que d'entretenir la vie au-dessus de l'insertion du bourgeon principal. En opérant ainsi on se ménage les moyens d'enlever au printemps suivant la totalité du bois mort qui forme le chicot ou l'onglet, sans courir le risque d'offenser l'empâtement de la jeune tige, qui au contraire recouvrira promptement la plaie faite sur une partie vivante. En général, les jardiniers n'attachent pas assez d'importance à éviter que le bois mort ne soit recouvert par les nouvelles pousses, ce qui porte cependant un préjudice notable à la santé de l'arbre et à la qualité des fruits.

On devra former au pied de chaque arbre un bassin garni de terreau neuf, pour recevoir les arrosements ; on jettera de l'eau sur les feuilles lorsque le temps sera chaud ; on fera des fumigations de tabac pour écarter les pucerons ; on donnera pendant la saison, au pied des arbres, au moins trois ou quatre binages, après chacun desquels on reformera les bassins, en ayant soin d'en renouveler le terreau ; enfin, on ne négligera aucun des moyens capables de favoriser et d'alimenter la végétation la plus active.

La première année après la plantation, on raccourcira la tige ou le jet de la greffe qui aurait poussé en place à $0^m,50$ ou $0^m,52$ environ au-dessus du sol, afin d'obtenir du bourgeon terminal et du bourgeon suivant la continuation de la tige et le premier bras A (pl. VI) du côté droit. Si l'œil terminal à bois était double ou triple, ainsi que celui qui doit produire le premier bras, on conserverait celui du milieu. Ces deux premiers bourgeons pourront croître l'un près de l'autre, et concurremment, sans aucun inconvénient. Il n'en sera pas de même pour la formation des autres bras, qui doivent toujours être éloignés du bourgeon terminal. Tous les autres bourgeons qui s'ouvriront sur le devant et le derrière du bras seront pincés aussitôt qu'ils auront atteint 0m,25 de longueur; ceux des côtés seront palissés et traités de manière à devenir des branches fruitières. La tige de cet arbre ne doit pas seulement produire des cordons, elle doit aussi être garnie sur les côtés de branches fruitières, et, sur le devant, de petits bourgeons qui auront été contenus par le pincement. On fera en sorte que les bras, ainsi que la tige, ne soient jamais dénudés de feuilles sur le devant; les bourgeons placés en avant, quoique réduits, ne laissent pas que d'attirer la sève et de porter la vie dans les membres sur lesquels on a su les ménager; d'ailleurs ils les abritent de la trop vive ardeur du soleil, et finissent, sur les arbres plus âgés, par se tourner en rosettes.

Il arrive assez souvent que les yeux du talon des bourgeons qui se développent derrière trouvent place sur les côtés et peuvent remplir un vide. Nous avons eu tort de recommander, dans la première édition de *la Pomone*, l'ébourgeonnement à sec de ces yeux, c'est-à-dire la destruction du germe de ces bourgeons mal placés avant qu'ils s'ouvrissent; une plus longue expérience nous a fait connaître les inconvénients de cette pratique. Nous n'ébourgeonnons plus à sec que sur les branches fruitières, pour favoriser le bourgeon de remplacement, dans le cas où l'on est forcé de tailler les branches fruitières très-longues, pour jouir des fruits qui se montrent à leur extrémité; alors nous ne laissons ouvrir que les bourgeons qui sont nécessaires à la nourriture des fruits; encore pince-t-on ces bourgeons. Quant aux yeux à bois intermédiaires, jusqu'au bourgeon de remplacement exclusivement, ils sont tous pincés ou ébourgeonnés à sec.

Le développement des prolongements de la tige et du premier bras A sera favorisé autant que possible. On palissera la tige verticalement, et le bras sous un angle de 60 à 50 degrés.

Les bourgeons anticipés qui s'ouvriront sur le devant et le derrière de la tige et du bras seront ébourgeonnés avec les ongles, en observant de laisser la feuille qui se trouve à leur insertion, et de ménager l'œil du talon, s'il en existe. Les bourgeons anticipés placés sur les côtés seront palissés, après qu'on aura supprimé, avec le couteau à lame longue, étroite, et à dos arrondi, ceux qui feraient confusion; on aura soin de laisser aussi la feuille qui se trouve à leur insertion. Les derniers bourgeons anticipés qui pousseront vers le sommet de la tige et sur l'extrémité du bras resteront libres.

Dans le courant du mois d'août, avant que la sève soit arrêtée, on s'assurera s'il se trouve un œil bien placé à la hauteur où doit naître le second bras, c'est-à-dire au point B, sur le côté gauche de l'arbre, environ à 1^m,50 au-dessus du sol; dans le cas où il n'y en aurait pas, on y placerait un écusson.

La première taille, après l'année de la plantation, et la conduite de l'arbre par le pincement, l'ébourgeonnement et le palissage, auront produit quatre parties distinctes : 1° le prolongement de la tige ; 2° l'établissement du premier bras A ; 3° diverses pousses placées sur la tige; 4° des bourgeons anticipés, sortis tant du bourgeon de prolongement de la tige que du nouveau bras ou cordon.

C'est dans cet état que l'arbre doit être soumis aux opérations de la taille de la seconde année.

Après avoir dépalissé l'arbre, on raccourcira la tige de manière à laisser l'œil qui doit fournir le second bras à peu près au milieu de la partie qui restera sous la taille. Nous éviterons désormais de former les bras avec le bourgeon qui se trouve immédiatement au-dessous du bourgeon terminal, non que l'on ait à craindre que le bras ne devienne trop fort, mais dans le but de répartir plus également la sève, et de ne pas l'attirer trop vivement sur un seul point de la tige. La taille sera assise sur un œil placé sur le devant, si cela est possible, afin que le prolongement de la tige soit sans coude et sans nodus apparents.

On raccourcira le premier bras sur un œil de devant, pour que le bourgeon terminal de ce bras se prolonge sans coude et sans nœud sur une ligne parfaitement droite. Ce raccourcissement a pour but de donner de la force aux bourgeons qui sont les plus éloignés du bourgeon terminal ; on se réserve la faculté d'amoindrir, par le pincement, ceux qui en sont les plus rapprochés. On taillera en branches-crochets, c'est-à-dire à deux yeux, comme les coursons de la vigne, les bourgeons anticipés qui ont poussé l'année précédente. Les bourgeons anticipés placés sur le corps de l'arbre seront taillés sur deux, trois ou quatre yeux.

La taille terminée, on palissera l'arbre dans la même situation où il était avant d'être taillé.

A la pousse, on s'appliquera à favoriser le prolongement de la tige. Si le bourgeon terminal destiné à ce prolongement fléchissait, on s'empresserait de le rabattre sur un bourgeon qui annoncerait de meilleures dispositions. La tige sera toujours maintenue dans une direction verticale.

On favorisera le développement du second bras B en pinçant tous les bourgeons qui se trouveraient sur la tige entre lui et le bourgeon terminal. Les yeux qui s'ouvriront devant et derrière la tige seront pincés aussitôt qu'ils auront atteint 0m,027 de longueur ; on palissera ce second bras sous un angle de 50 à 60 degrés ; les autres bourgeons placés sur les côtés seront également palissés.

Le prolongement du premier bras sera favorisé et dirigé dans son développement sur une ligne parfaitement droite. On veillera à ce que les bourgeons de remplacement des branches fruitières se fortifient et prennent du corps, sans sortir des proportions que doivent avoir ces branches. Les bourgeons qui s'ouvriront devant et derrière la branche seront pincés et contenus ; ceux qui pousseront sur les côtés seront palissés ; on supprimera ceux qui ne trouveraient pas leur place. On veillera avec la plus grande attention à ce que les bourgeons qui s'ouvriront sur le dessus du premier bras ne prennent pas plus de force que ceux qui s'ouvriront dessous ; le bourgeon placé près du bourgeon terminal sera pincé de bonne heure.

Les bourgeons anticipés des nouvelles pousses qui s'ouvriront devant et derrière seront ébourgeonnés avec les ongles ; on laissera la feuille qui est à leur insertion. On pourra abaisser un peu plus le premier bras ; on palissera les bourgeons qui s'ouvriront sur les côtés; on supprimera avec le couteau à lame étroite ceux qui ne trouveraient pas de place; on laissera croître en liberté ceux qui s'ouvriront à l'extrémité des nouvelles pousses vers la fin de la saison.

Lorsque la sève sera ralentie, on dépalissera le premier bras pour l'incliner un peu plus.

On aura soin, avant que la sève soit arrêtée, de s'assurer s'il se trouve au point C, sur le côté droit de la tige, un œil distant d'environ 1 mètre du premier bras; dans le cas contraire, on y placerait un écusson.

La seconde taille a eu pour résultat, après le pincement, l'ébourgeonnement et le palissage : 1° le prolongement de la tige et celui du premier bras A; 2° la création du second bras B; 3° l'établissement de branches fruitières sur le corps de l'arbre et sur la première partie du premier bras; 4° plusieurs bourgeons anticipés sur les nouvelles pousses des membres. Toutes ces diverses productions ont été façonnées par le pincement et le palissage dans des proportions relatives aux fonctions qu'elles doivent remplir.

C'est dans cet état que l'arbre doit être soumis aux opérations de la troisième taille.

Après avoir entièrement dépalissé l'arbre, on raccourcira la tige sur un œil favorable à son prolongement, et de manière à laisser l'œil qui doit fournir le troisième bras C éloigné du bourgeon terminal.

On raccourcira le second bras B, toujours sur un œil favorablement placé pour son prolongement; la partie conservée après ce raccourcissement doit être assez courte pour pouvoir, par le pincement des deux premiers bourgeons qui suivent le bourgeon terminal, établir une égalité de force entre ces bourgeons pincés et ceux non pincés du bas de la taille.

On raccourcira aussi, d'après le même principe, la pousse terminale du premier bras A; on taillera les branches fruitières, dans le double but de les concentrer sur les membres et de préparer au talon de chacune d'elles une branche de réserve. La taille des branches fruitières ne doit encore avoir pour but que leur formation, et non la fructification, qui pourrait entraîner à leur donner une taille trop allongée. On sait que la production prématurée des fruits énerve les branches d'un arbre trop jeune encore ; et comme ce sont, en général, les branches les plus faibles qui retiennent le fruit, il faut, pour la conservation de ces branches, éviter une faute que l'on est trop souvent tenté de commettre.

Tous les nouveaux bourgeons, ainsi que les bourgeons anticipés, seront taillés en branches-crochets.

La troisième taille effectuée, on palissera l'arbre dans la même position où il était avant d'être taillé, à moins qu'en taillant l'on n'ait eu des motifs d'agir différemment. C'est pour cette raison qu'il est essentiel que le même ouvrier taille et palisse immédiatement après la taille. A Montreuil, les cultivateurs, favorisés par la nature du sol, et n'ayant jamais de temps à donner à des opérations aussi délicates, laissent aux femmes les soins du palissage.

A la pousse, on favorisera le développement du bourgeon de prolongement de la tige et celui de l'œil qui doit produire le troisième bras C, en pinçant les bourgeons intermédiaires entre ce bras et le bourgeon terminal, surtout celui qui suit ce dernier.

On favorisera aussi le prolongement du premier et du second bras ; on n'oubliera pas de pincer de bonne heure le bourgeon qui suit le bourgeon terminal. On veillera aussi très-attentivement à ce que les bourgeons placés sur le dessus du bras ne prennent pas plus de force que ceux qui sont placés au-dessous, soit en pinçant ou en palissant plus tôt les premiers et en laissant les autres libres, soit en ébourgeonnant plus tôt ceux du dessous. Le ravalement en vert des branches fruitières qui seraient faibles sur le bourgeon de réserve doit être fait à temps pour être profitable à ce bourgeon. On ne saurait mettre trop de soins à maintenir une stricte égalité de force entre toutes les branches fruitières du même bras.

On pincera les bourgeons qui s'ouvriront sur le devant et le derrière de l'arbre ; on palissera ceux qui s'ouvriront sur les côtés, après avoir supprimé ceux qui ne trouveraient pas de place.

Les bourgeons anticipés qui s'ouvriront sur le devant et le derrière seront ébourgeonnés avec les ongles ; on laissera la feuille à leur insertion ; on palissera ceux qui s'ouvriront sur les côtés ; on conservera la feuille au bas de ceux que l'on supprimera. Vers la fin de la saison, on laissera croître librement les bourgeons anticipés qui pousseraient à l'extrémité des branches.

Avant que la sève soit arrêtée, on s'assurera si l'œil qui doit former le quatrième bras est placé convenablement ; dans le cas contraire, on poserait un écusson au point D.

Vers la fin de juillet on dépalissera les bras que l'on voudra incliner.

On se conduira, pour la quatrième et la cinquième taille, comme on s'est conduit pour les précédentes, toujours dans le but de créer de nouveaux cordons, d'allonger ceux qui sont établis et de concentrer les branches fruitières sur les membres, en favorisant à leur talon le développement d'un bourgeon destiné à les remplacer. On aura soin d'entretenir sur le devant de la tige et des membres des bourgeons pincés de très-près dans le but d'obtenir des feuilles pour garantir la tige et les membres des coups de soleil. Le dernier bras E sera formé avec le prolongement de la tige, dont on dirigera doucement la pointe vers l'emplacement destiné à ce dernier bras.

On aura le plus grand soin, en taillant, d'examiner avec beaucoup d'attention si l'écorce, particulièrement celle des dernières pousses, n'est pas marquée de taches livides qui annoncent la présence très-prochaine de la gomme et des chancres ; lorsque ces taches se montrent, on prévient le mal en pratiquant sur ces rameaux, sur la tige ou sur les membres qui en sont affectés, des incisions longitudinales très-légères, n'entamant que l'épiderme : cela suffit pour suppléer au défaut d'élasticité de l'écorce. L'instrument dont on se sert doit être très affilé, pour ne point déchirer, mais pour fendre net l'épiderme. Cette opération favorise si puissamment l'extension des branches qu'il faut l'employer avec ménagement, dans la crainte de déranger l'équilibre des branches entre elles. Si la gomme avait déjà flué, on inciserait à l'opposé de la plaie, après l'avoir nettoyée. On s'abstiendra de mettre ni onguent ni quoi que ce soit sur ces incisions ; c'est l'action de l'air qui doit contribuer à leur cicatrisation. La présence de la gomme sur un pêcher atteste l'ignorance des moyens que nous indiquons pour la prévenir ou la faire disparaître, ou la négligence du jardinier.

Dans la première édition de *la Pomone,* nous avions déjà fait connaître ce procédé comme ayant été pratiqué avec succès par Dumoutier (1) à Trianon, mais pendant trop peu de temps pour que nous ayons osé l'annoncer comme infaillible. M. Dalbret, dans sa première édition, émet le doute que Dumoutier ait guéri les pêchers de Trianon ; il manifeste toujours les mêmes sentiments dans ses deuxième et troisième éditions. Il nous semble que, d'une édition à l'autre, M. Dalbret eût pu trouver le temps nécessaire pour sortir de ses incertitudes et pour se mettre en état d'annoncer quelque chose de positif sur ce chapitre, qui intéresse si vivement les horticulteurs, lorsqu'en définitive il est si facile de prévenir ou de faire disparaître un fléau aussi désastreux que la gomme pour le pêcher.

Si un des cordons s'affaiblissait, il faudrait en prévoir les conséquences et préparer des bifurcations sur quelques branches fruitières des deux autres cordons, afin de remplir les vides. Le principal avantage de cette forme est de ménager les moyens d'avoir toujours à sa disposition des branches propres à couvrir le mur.

CHAPITRE XX.

Pêcher en palmette.

De la palmette à tige simple. En quoi celle à double tige est préférable. De la marche à suivre pour établir cette forme.

Tel est le nom que nous donnons à un pêcher que nous avons vu chez M. de Nemours, et dont on peut trouver la figure dans

(1) Dumoutier est entré au Jardin des Plantes en 1806 ; il s'est trouvé sous les ordres de M. Thouin, comme préparateur des leçons d'agriculture pratique, lors de la création de ce cours. M. Thouin voulut bien nous le céder, et en 1813 nous le fîmes entrer dans les jardins de l'empereur, où il restaura les arbres du potager de Versailles, d'où il est sorti pour devenir propriétaire à Chaville. Il est maintenant (1850) retiré à Courbevoie, maison Le Pelletier. C'est le seul des jardiniers distingués que nous avons cités dans *la Pomone,* dont les loisirs soient disponibles. Nous ne connaissons personne qui entende aussi bien la plantation, la culture et la taille des arbres, ainsi que le tracé et l'exécution des jardins pittoresques.

la première édition de *la Pomone française*; depuis lors, nous avons cultivé plusieurs pêchers sous cette forme, ce qui nous a mis à même d'en connaître les avantages et les inconvénients. Les avantages sont la simplicité de la forme, l'uniformité de tous les membres et celle des moyens employés pour les établir successivement. Ses inconvénients sont que, des deux bras formés en même temps, l'un tend toujours à prendre plus de force que l'autre, et que, le palissage, qui est le seul moyen dont, dans ce cas, on puisse faire usage comme correctif, s'étant trouvé souvent insuffisant, il a fallu recourir à la taille pour rétablir l'équilibre.

Le désir de parvenir aux mêmes résultats par des moyens beaucoup plus doux nous a conduit à nous servir de la palmette à double tige (pl. VII), et à ne pas faire usage de la serpette pour obtenir la naissance des bras ; il est bien entendu que ces bras seront ensuite taillés, afin de favoriser leur développement. En suivant ce mode, nous avons reconnu que la palmette à double tige était exempte des inconvénients que présente la palmette à tige simple pour la création de ses deux bras, puisque ceux qui sont établis en même temps sur la double tige, étant séparés, n'ont point à lutter de vigueur, et restent toujours indépendants l'un de l'autre. En outre, le bourgeon qui figure le prolongement de la flèche, prenant naissance sur les bras, laisse à ceux-ci le temps de se fortifier, et rend moins sensibles les avantages de sa position, qui sont bientôt maîtrisés par le palissage, et par l'inclinaison plus ou moins brusque que l'on donne à son extrémité, pour le disposer à former un nouveau bras. Enfin la taille, pouvant se pratiquer sur le nouveau bras à une distance plus ou moins éloignée du bourgeon de prolongement de la flèche, donne au cultivateur les moyens de modérer ou d'augmenter la vigueur de celui-ci sans qu'il soit nécessaire d'employer des moyens violents.

Nous sommes fondé à dire que cette forme est préférable à l'autre, puisque pour l'obtenir nous n'avons pas eu besoin de contrarier autant la sève dans ses mouvements naturels que nous avons dû le faire à l'égard de la palmette à tige simple.

Si donc, pour élever une palmette à double tige, on n'a pas eu la prévoyance de greffer en place un sauvageon, en posant deux écussons en face l'un de l'autre, afin d'obtenir deux tiges, on plantera un pêcher pris dans les pépinières, que l'on rabattra à 0ᵐ,15 ou 0ᵐ,20 au-dessus de terre, dans le but de se procurer deux bourgeons destinés à former deux tiges. On favorisera le développement de ces bourgeons en leur laissant la presque-totalité de leurs bourgeons anticipés, et en ne les palissant que pour les maintenir d'égale force et pour les préserver d'être froissés contre le mur ou le treillage.

Au printemps suivant, on taillera chaque tige sur deux yeux bien conditionnés, afin d'obtenir les premiers bras A (pl. VII) et la continuation du prolongement des flèches destinées à former le commencement des seconds bras B. En rabattant les deux tiges comme nous venons de le dire, on aura égard à l'écartement qui doit régner entre elles. Les deux tiges seront verticales, parallèles, et maintenues dans un écartement de 0ᵐ,32 environ ; les bras seront distants l'un de l'autre de 0ᵐ,50 à 0ᵐ55, et le plus près du chaperon du mur en sera éloigné de 0ᵐ,44.

Les bourgeons formant le premier bras A seront d'abord palissés sous un angle de 60 à 70 degrés, pour descendre successivement et rester enfin fixés à celui de 10 degrés ; les bourgeons anticipés seront palissés ; on enlèvera ceux qui ne trouveraient pas de place.

Les flèches seront palissées verticalement, et, lorsqu'elles auront dépassé de 0ᵐ,16 environ la hauteur que doivent atteindre les seconds bras B, on les courbera doucement vers cet endroit, pour, de ce point, les palisser sous un angle de 60 à 70 degrés, et les amener à descendre peu à peu jusqu'à un angle de 10 degrés. Les bourgeons anticipés seront palissés avec soin ; on retranchera ceux qui feraient confusion. L'espace entre les bras, étant fixé à 0ᵐ,50 ou 0ᵐ,55, laisse la facilité de disposer la courbure de manière à ménager sur cette courbure un œil bien conditionné dans la partie qui doit former le bras, soit du côté du mur, soit en dessus, soit en avant ; mais on devrait donner la préférence à celui qui se trouverait placé en avant. Cet œil est destiné à former, au printemps suivant ou plus tôt, une nouvelle flèche dont la partie supérieure formera le commencement du troisième bras C. On veillera à ce que la partie de l'arbre qui figure la tige soit garnie sur les côtés de branches

fruitières ; on laissera même sur le devant quelques petits bourgeons, qu'on pincera, pour y entretenir de la verdure et garantir la tige des rayons du soleil. On doit, autant que possible,
éviter que les tiges et les membres du pêcher se dénudent.

Lors de la taille, le premier bras A (pl. VII) sera raccourci,
afin de favoriser son œil de prolongement et de développer des
branches fruitières dans les proportions de grosseur les plus
convenables à ces branches ; les bourgeons anticipés seront taillés en branches-crochets.

Le second bras B sera taillé à quatre ou cinq yeux au-dessus
des bourgeons anticipés, ce qui pourrait faire que la taille de
ce bras fût assise à l'extrémité du bourgeon. Les bourgeons
anticipés, soit sur la tige, soit sur les bras, seront taillés en
branches-crochets.

Lors de la pousse, on favorisera le bourgeon qui doit figurer la continuation de la flèche ; il sera palissé verticalement,
plus tôt ou plus tard, suivant sa vigueur. Lorsqu'il aura dépassé 0^m,16, on le courbera plus ou moins, suivant sa force,
pour lui faire occuper la place du troisième bras. Les bourgeons anticipés qui trouveront place seront palissés.

Au temps de la taille, on se conduira comme nous l'avons
expliqué pour les bras déjà établis. Le dernier cordon sera palissé à une distance assez éloignée du chaperon pour laisser
la place nécessaire au palissage des branches fruitières.

L'espace d'un bras à l'autre doit être calculé de manière à
pouvoir y placer quelques ramifications de branches fruitières,
qui, en cas d'accidents survenant au bras, pourraient le remplacer et laisser toujours le mur couvert.

Le prolongement de la flèche aura toujours lieu, autant que
possible, sans l'aide de la serpette.

D'après ce mode, on doit peu craindre de voir prendre trop
de vigueur à la flèche, parce qu'elle se trouve bientôt maîtri-
sée par la courbure qu'elle subit vers son extrémité, lorsqu'elle
commence à former un bras. Si cependant elle menaçait de
devenir préjudiciable au membre qui lui a donné naissance, on
ferait usage du pincement. Cette forme n'interdit aucun de nos
moyens de répression ; seulement elle en exige moins souvent
l'application.

Si un des côtés de l'arbre prenait plus de force que l'autre, on le dépalisserait entièrement pour donner au bras de ce côté une inclinaison plus forte; on pourrait aussi relever les bras du côté faible. Tout le côté faible serait taillé plus tôt, plus long, et palissé plus tard, si le cas l'exigeait. Si, sur le côté fort, un bras ou deux étaient faibles, au lieu de les baisser on les attirerait en avant et on les palisserait sur des échalas.

Chaque arbre ainsi conduit couvrira entièrement, vers la quatrième ou la cinquième année, tout l'espace qui lui est destiné, et, ce qui doit le plus intéresser le cultivateur, c'est que les moyens à employer par la suite pour maintenir l'arbre dans les bornes qui lui sont tracées tendront en même temps à le conserver également garni partout.

Pour contenir dans leurs limites les arbres menés en cordons, on rabattra les bras sur un bourgeon plus ou moins rapproché de la taille précédente; puis on raccourcira ce bourgeon suivant la vigueur du bras, ou quelquefois même on le laissera intact, si l'on a intérêt à modérer la force de ce bras. Ce moyen doit être employé avec discernement et ménagement, parce que, s'il était répété deux années de suite, comme il arrête l'arbre aux extrémités des bras, la sève resterait concentrée vers la tige, d'où il pourrait sortir des gourmands. Il serait facile, à la vérité, de s'opposer au développement de ceux-ci; mais il vaut mieux ne pas se trouver dans l'obligation de fatiguer l'arbre par des répressions, en le contrariant dans sa pousse.

Pour être bien en état de diriger les arbres élevés sous cette forme, il importe surtout de se bien pénétrer des effets qu'on peut produire en taillant ou ne taillant pas les bourgeons terminaux des bras. Par la taille on appelle avec force la sève à l'extrémité des branches raccourcies; l'œil devenu terminal donne naissance au bourgeon le plus fort, et les autres vont en décroissant à mesure qu'ils s'éloignent de celui-ci. Lorsqu'on ne taille pas, surtout pendant plusieurs années consécutives, l'effet contraire a lieu; la sève se concentre près du corps de l'arbre, le bourgeon terminal est le plus faible, et ceux qui le suivent augmentent de grosseur et de longueur à mesure qu'ils se rapprochent de l'insertion de la mère-branche, comme des tuyaux d'orgues (1); c'est au jardinier à employer à propos l'un ou l'autre moyen, et à modifier sa conduite suivant les circonstances.

CHAPITRE XXI.

Culture du pêcher sans raccourcir les branches principales.

Des inconvénients de cette méthode.

Plusieurs personnes ont annoncé, avec plus ou moins d'emphase, une prétendue méthode de cultiver le pêcher sans jamais raccourcir les branches principales; bien entendu que, dans ce système, les branches fruitières sont taillées et renouvelées chaque année.

Les premiers pêchers soumis à ce traitement qu'on nous engagea à visiter avaient acquis, en peu de temps, une grande étendue sous la forme du V ouvert; ces arbres étaient dirigés avec beaucoup d'intelligence par M. Sciole, jardinier instruit; mais, les arbres qu'il cultivait étant sujets au blanc, il fut assez souvent forcé de faire des infractions à la loi qu'il s'était imposée, et nous ne pûmes apprécier alors les avantages que l'on pouvait retirer du non-raccourcissement des branches principales du pêcher.

Depuis ce temps, nous avons été souvent en position de voir plusieurs pêchers élevés en palmettes à bras horizontaux non raccourcis; ces pêchers étaient sains, vigoureux, non attaqués du blanc, de sorte que ce n'est que très-rarement que l'on a dû raccourcir la tête de quelques-uns des bras.

Nous avons d'abord remarqué que les membres et la tige de

---

(1) On entend ici par *ne pas tailler* laisser seulement le bourgeon terminal d'un membre ou d'un bras dans toute sa longueur, sans en rien retrancher; mais en même temps on taille, comme de coutume, toutes les branches fruitières qui sont sur ce membre ou sur ce bras, afin d'en obtenir un bourgeon de remplacement placé le plus près possible du membre ou du bras.

Au mois d'août, et même plus tôt, on pincera des bourgeons afin de fortifier les yeux du talon. M. Hardy affirme que cette opération les fait grossir et même doubler.

ces pêchers étaient, dans leur début, très-grêles, et qu'ils restaient tels jusqu'à ce que les branches fruitières, étant devenues
plus nombreuses, plus fortes, et étant souvent renouvelées,
eussent attiré une plus grande abondance de sève dans les membres ; ce ne fut qu'alors que la tige et les membres prirent une
grosseur proportionnée à leur étendue.

Il est encore utile de faire observer que, si, dans le poirier
et autres arbres, nous raccourcissons le rameau terminal de
chaque membre, c'est dans le but de faire ouvrir les yeux du
talon de ce rameau, qui ne s'ouvriraient pas sans ce raccourcissement ; dans le pêcher, où tous les yeux s'ouvrent à la fois
sans exception, le raccourcissement du rameau a un autre objet : celui d'éviter qu'il y ait une trop grande inégalité de force
entre les branches fruitières du talon et celles qui se trouvent
à l'extrémité supérieure du rameau. Si l'on se prive de cette
ressource en ne raccourcissant point le rameau terminal, il devient indispensable, pour établir l'égalité de force entre un plus
grand nombre de branches fruitières, de se servir du pincement réitéré, du palissage partiel, des rapprochements en vert,
etc. ; aussi les pêchers dont nous parlons ont-ils nécessité une
grande surveillance afin d'établir une égale circulation de la
sève dans toutes les parties de l'arbre.

Nous dirons encore qu'à mesure que ces pêchers non taillés
atteignaient le degré de développement dont chacun d'eux
était susceptible, leurs pousses terminales diminuaient d'année en année de force et de longueur, et que la sève, au lieu
de se porter vers les extrémités des membres, ainsi que cela
arrive dans tous les arbres taillés, et surtout dans le pêcher,
affluait davantage dans les branches fruitières les plus rapprochées de la tige. Ceci est une preuve que, lorsqu'on cesse de
raccourcir le rameau terminal d'un membre pendant plusieurs
années consécutives, c'est-à-dire lorsqu'on omet d'attirer par
la taille la sève vers l'extrémité de ce membre, elle reflue vers
la tige, et offre à l'horticulteur des moyens faciles de renouve-
veler les membres qui seraient usés ou trop fatigués

La raison de ce fait est que la sève se trouve continuellement
attirée vers les branches fruitières par la taille, dont le but est
de renouveler ces branches chaque année, et que, lorsqu'elle

n'est plus appelée sur le rameau terminal des membres, elle
entre de préférence dans les branches fruitières les plus rapprochées de sa source, arrivant plus tardivement et de plus en
plus lentement vers celles qui en sont à une plus grande distance. D'ailleurs, l'œil terminal du rameau de prolongement,
cessant d'année en année d'être aussi bien constitué, finit par
ne plus attirer la sève que faiblement.

On peut conclure des faits que nous venons d'exposer que
la forme donnée au pêcher à membres horizontaux non taillés
a l'avantage de ne pas l'exciter incessamment à dépasser trop
vivement le cadre qui lui a été assigné, de l'y maintenir longtemps, tout en offrant des récoltes très-abondantes, jusqu'à ce
que le mouvement de la sève, qui se concentre, dans ces pêchers, de plus en plus vers la tige, soit devenu assez énergi-
que pour avertir le cultivateur qu'il est temps de commencer
à procéder au rajeunissement de l'arbre en renouvelant tous ses
membres.

Ce que nous venons de dire mérite l'attention des personnes
qui s'occupent spécialement de la taille du pêcher.

CHAPITRE XXII.

Des pêchers hâtés ou forcés.

Choix des espèces. Epoque où l'on doit commencer à mettre les arbres en végétation. De la conduite à tenir à l'égard de ces arbres et des fruits. Les pêchers hâtés
plusieurs années de suite n'en sont que plus vigoureux.

Il y a peu d'avantage à forcer le pêcher, mais il y en a beaucoup à le hâter : on est plus assuré des récoltes, et les arbres,
loin d'être fatigués de ce développement précoce, se rétablissent
sous son influence et acquièrent même plus de vigueur, parce
qu'ils se trouvent placés à l'abri de la température variable de
nos printemps, qui détruit trop souvent les récoltes et même les
arbres, dont la végétation se trouve interrompue par le passage
subit du chaud au froid. Cette interruption est en effet la cause
première de presque toutes les maladies qui affectent le pêcher,
surtout de celles qui se déclarent à l'extrémité des jeunes pous-

ses, telles que la cloque, et par suite la gomme et autres. On hâtera donc la végétation des jeunes pêchers que l'on veut former pour être assuré du succès, aussi bien que la végétation de ceux tout formés dont on veut obtenir des récoltes hâtives et abondantes.

Les espèces à hâter ou à forcer sont celles qui sont naturellement précoces ou qui produisent abondamment. On aura dû, lors de la plantation, prévoir l'usage éventuel des vitraux mobiles devant l'espalier, et ne point mélanger les espèces tardives avec celles qui sont hâtives.

Pour hâter les pêchers, on placera devant l'espalier, vers les premiers jours de janvier, des châssis mobiles établis comme ceux dont nous avons déjà donné les dimensions lorsque nous avons parlé du moyen de hâter la vigne. On construira un fourneau hors de l'espace renfermé dans ces châssis, et on fera circuler des tuyaux de chaleur sur le devant de cette serre. On pourra placer en avant deux rangées de pots contenant des fraisiers, et plus en arrière un rang de cerisiers ou de pruniers en pots.

On ne commencera à faire du feu pour mettre les plantes en végétation qu'après que les arbres auront été taillés. La température obtenue par le combustible sera maintenue entre 12 et 15 degrés centigrades ; celle qui sera produite par le verre et le soleil, quoique plus élevée, ne pourra jamais être nuisible, parce qu'elle permettra de donner beaucoup d'air, et que cet air concourt à fortifier les plantes. Il demeure bien entendu que la serre sera ombragée lorsque cela sera nécessaire.

Avant la floraison, on suspendra des fioles emmiellées au treillage, afin d'attirer les fourmis, qui détruiraient beaucoup de fleurs. Après la floraison, on répandra de l'eau en pluie très-légère sur les arbres, avec une pompe à main ; cette eau sera à la température de la serre. Il est à propos de faire observer que les fruits noués grossissent d'abord assez promptement, et qu'ils restent ensuite stationnaires jusqu'à la formation du noyau. A cette époque critique, beaucoup se fanent et tombent ; ceux qui résistent grossissent très-visiblement. C'est alors que l'on doit supprimer tous les fruits trop nombreux, mal placés ou trop rapprochés, et surtout ceux qui nuiraient au développement du bourgeon de remplacement ; on ne doit jamais hésiter à sacrifier le fruit à la prospérité de ce bourgeon, qui, en attirant la sève dans les membres, les maintient toujours garnis et perpétue l'abondance des récoltes. On fera en sorte que l'arbre soit modérément et également chargé de fruits dans toutes ses parties, à moins qu'on n'ait intérêt à amoindrir la vigueur d'un membre ; dans ce cas on lui laissera une plus grande quantité de fruits à nourrir. On ne saurait trop recommander aux jardiniers de ne pas abuser des dispositions que les pêchers dont la végétation est ainsi hâtée ont à retenir beaucoup de fruits, parce qu'il arriverait que ces fruits seraient moins beaux, moins savoureux, et que les arbres s'épuiseraient très promptement.

Les bourgeons seront pincés, ébourgeonnés et palissés souvent, et avec plus de soins que s'ils étaient en plein air. On veillera à ce que les pucerons n'attaquent pas l'extrémité des bourgeons ; il faudra, au moindre indice de leur apparition, les faire disparaitre au moyen de la fumée de tabac, que l'on dirige à l'aide d'un soufflet et d'un appareil disposés pour cet objet. Le tuyau conducteur de la fumée doit avoir une certaine longueur pour que la fumée n'arrive pas trop chaude sur l'extrémité des bourgeons. On renouvellera ces fumigations aussi souvent qu'il sera nécessaire ; autrement les pucerons, favorisés par la température de la serre, se multiplieraient tellement que la végétation des pêchers serait arrêtée par l'extrémité des branches, ce qui leur causerait un préjudice considérable.

A la fin de juin ou dans les premiers jours de juillet, on arrosera le pied des arbres afin de favoriser la formation des boutons qui devront fleurir l'année suivante. On arrosera aussi les feuilles avec la pompe à main. On donnera de l'air aussi souvent qu'on le pourra, afin d'éviter que les jeunes pousses ne s'étiolent ainsi que les fruits ; c'est à l'air libre que ceux-ci doivent acquérir leur dernier degré de grosseur et de maturité. Une partie des châssis aura dû être enlevée avant cette époque.

Lorsque les fruits auront atteint toute leur grosseur, on détournera ou l'on supprimera les feuilles qui les couvrent, afin de leur faire prendre de la couleur.

On pourra placer tous les ans les châssis devant l'espalier pour hâter les mêmes arbres, qui, loin d'être fatigués de ce mode de végétation, n'en deviendront que plus vigoureux. On accordera une ou deux années de repos aux pêchers qui auront été forcés sous bâches ou dans la serre chaude.

CHAPITRE XXIII.

Du pêcher en plein vent.

Les pêchers élevés dans les pépinières ne réussissent point en plein vent.

Le pêcher en plein vent, franc de pied, croît assez bien dans les vignes aux environs de Paris, à Corbeil, à Brie, à Melun, à Thomery, etc. Ces pêchers, venus de noyaux, ont sur le pêcher greffé l'avantage de pousser quelquefois de nouveaux bourgeons sur les vieilles branches, ce qui les renouvelle et prolonge leur existence. Plusieurs de ceux que j'ai visités dans les vignes des pays cités ci-dessus m'ont paru être âgés de trente à trente-cinq ans. Ces arbres, abandonnés à la nature, ont un port peu agréable; mais au moment où ils sont en fleur ils forment un bel ornement pour les campagnes où ils se trouvent multipliés.

Leurs fruits, plus tardifs que ceux de la même espèce qui sont plantés en espalier, sont aussi plus petits, plus acides, et ils ont un goût acerbe que l'on retrouve toujours, même dans les variétés qui, par leur couleur et leur grosseur, sembleraient annoncer qu'elles sont déjà perfectionnées.

Les pêchers greffés dans les pépinières et replantés ne réussissent point en plein vent et périssent promptement Les variations subites de l'atmosphère au printemps, dans notre climat, suspendent la végétation de ces arbres et leur font éprouver des dommages irréparables.

On a quelques raisons de penser que des pêchers venant de noyaux greffés sur place résisteraient mieux et pourraient donner des résultats avantageux, s'ils étaient chaque année taillés et concentrés avec art, et surtout si l'on avait le soin de choisir des espèces qui ne fussent ni trop hâtives ni trop tardives. Il serait à propos, pour gagner des variétés, de ne greffer les pêchers en plein vent que lorsqu'ils auraient produit leur fruit naturel. En général, les pêches tendres, à peau fine, ne réussissent jamais aussi bien en plein vent qu'en espalier, même dans les climats les plus favorables.

CHAPITRE XXIV.

Traitement des pêchers détériorés.

Un auteur moderne conseille de rabattre les deux ailes de l'arbre un peu au-dessus du tronc formé par la greffe. En quoi ce conseil est erroné. Le pêcher ne perce que très-rarement sur la veille écorce.

Les personnes qui se sont pénétrées des principes développés dans le cours de cet ouvrage trouveront qu'il est superflu de consacrer un chapitre spécial à la manière de gouverner des pêchers détériorés par l'âge ou les mauvais traitements; aussi nous bornerons-nous à dire sommairement qu'il faut commencer de bonne heure la taille de ces arbres, les ménager, les décharger de tout bois faible ou inutile ; supprimer successivement les anciennes pousses usées, en les remplaçant par de nouvelles ; accueillir et favoriser le développement des gourmands bien placés qui se présenteraient, et dont on pourrait tirer parti pour renouveler l'arbre. Dans ce cas, on rognera ces gourmands aussitôt qu'ils auront atteint de 0^m,75 à 1 mètre de longueur, afin de faire grossir les yeux du bas ; autrement ces yeux s'oblitéreraient, et le nouvel arbre serait déjà dénudé à sa base. On ébourgeonnera rigoureusement, afin de donner plus de force aux bourgeons restant et d'avoir peu de suppressions à faire lors de la taille ; enfin on palissera assez tard, et on éclaircira les fruits de manière à n'en laisser qu'une quantité proportionnée à l'âge et à la vigueur de l'arbre. On couvrira de fumier la terre qui environne les racines de ces arbres, sans offenser ces racines.

Au reste, de jeunes pêchers bien conduits croissent et s'étendent assez promptement pour qu'il soit presque toujours plus avantageux et plus satisfaisant de faire une plantation nouvelle que de chercher à restaurer d'anciens pêchers trop affaiblis, qui exigeraient de la part du jardinier beaucoup d'expérience et de connaissances acquises. On doit dire cependant que de vieux pêchers qui conservent encore quelque vigueur donnent de meilleurs et de plus beaux fruits que les jeunes, quoique en moindre quantité.

On a lieu d'être étonné qu'un cultivateur né à Montreuil, M. Lepère, avance (pag. 91) que le moyen de rajeunir le pêcher est de rabattre les deux ailes de l'arbre un peu au-dessus du tronc formé par la greffe. Ce refoulement de la sève, ajoute-t-il, fera sortir quelques yeux sur la partie conservée, etc. On ne conçoit pas qu'un cultivateur qui connaît aussi bien que lui la nature du pêcher puisse donner un tel conseil, qui causerait immanquablement la perte totale de l'arbre s'il était suivi. C'est pour éviter cette perte à nos lecteurs que nous relevons une erreur d'autant plus dangereuse qu'elle est propagée par un cultivateur dont on connaît l'habileté à rétablir des pêchers qui ont été mal dirigés, mais qui ont encore de la vigueur.

Tous les horticulteurs savent qu'il n'en est pas du pêcher comme des autres arbres, qu'il suffit de rabattre sur le vieux bois pour obtenir de nouvelles pousses; ce n'est que très-rarement qu'il sort des pousses de la vieille écorce des pêchers greffés qui ont été annuellement taillés, et, lorsque cela a lieu, ce n'est pas parce qu'on les aura rabattus sur le tronc. Il arrive, lorsque les pêchers sont usés, qu'il sort un ou plusieurs jets sur le sauvageon; dans ce cas on favorise ces jets, on les greffe, et un seul peut suffire pour établir un nouvel arbre.

Il ne sera pas hors de propos de faire remarquer ici qu'il n'existe de bourgeons que là où il y a un germe ou un œil. Il n'est pas étonnant que, dans le poirier, le pommier, et autres arbres qui sont munis d'yeux et d'une multitude de sous-yeux qui d'abord ne s'ouvrent point, ces yeux ou sous-yeux finissent par être recouverts par les écorces. Ces germes ainsi enveloppés restent engourdis jusqu'à ce que la sève, ne trouvant plus d'issues, vienne, par un brusque mouvement, les réveiller ; alors ils se font jour à travers l'écorce, et produisent des bourgeons d'autant plus vigoureux qu'ils sont les seuls, dans un arbre recépé, qui puissent recevoir une sève surabondante.

Quoique le pêcher n'ait point de sous-yeux, et que tous les yeux s'ouvrent à la fois, il peut arriver, dans un pêcher venu de semence qui pousse vivement, que quelques yeux soient recouverts par les écorces avant qu'ils aient pu commencer à se développer ; mais, dans un pêcher greffé, dont on rabat toujours la greffe très-près de son insertion, il ne peut rester d'yeux qui ne s'ouvrent point, puisque, indépendamment de la tendance naturelle de la plante, on force encore à s'ouvrir, par une taille très-courte, tous les yeux qui peuvent exister.

CHAPITRE XXV.

Soins à donner aux fruits.

La trop grande abondance de fruits nuit à leur qualité et à leur grosseur, ainsi qu'à la végétation des bourgeons, et, par conséquent, à la récolte de l'année suivante. On attend les premiers jours de juillet pour éclaircir les fruits. A Montreuil, très-peu de cultivateurs prennent ce soin ; ils laissent, en général, sur les arbres tout ce qui ne tombe pas. Il résulte de cette conduite que, dans les années très-abondantes, les fruits restent petits, sans saveur, et se vendent à vil prix, tandis que, si on les eût éclaircis, le débit en eût été plus facile et plus avantageux, et les arbres n'eussent pas été épuisés à nourrir des produits sans valeur. C'est donc vers le 1er juillet qu'il convient, en effet, de retrancher tous ceux qui, étant par bouquet, mal placés ou trop serrés, se nuiraient réciproquement et ne pourraient arriver à la perfection. On fait tomber de préférence ceux qui sont placés à l'extrémité des branches faibles et ceux des branches dont le bourgeon de remplacement ne serait pas assez vigoureux ; dans ce dernier cas, en ôtant le fruit on rabat en même temps sur ce bourgeon. Après l'opération, l'arbre doit être partout à peu près uniformément garni ; l'un des côtés ne doit pas être plus chargé que l'autre, à moins qu'on n'ait l'intention de l'affaiblir pour ramener l'équilibre. On détachera les fruits qu'on veut supprimer en les tournant dans les doigts, sans donner de secousses aux branches et sans ébranler les fruits qu'on veut conserver. On sera quelquefois obligé de dépalisser quelques branches. Enfin le résultat sera le meilleur possible lorsqu'on aura visé plutôt à la qualité qu'à la quantité, et que l'arbre aura été ménagé de manière à n'être chargé qu'en raison de son âge et de sa vigueur. Après ces suppressions, si la terre était sèche, on donnerait aux arbres un bon arrosement.

On découvre les pêches pour leur procurer le goût, le parfum et les couleurs qu'elles sont susceptibles d'acquérir. Cette opération ne doit précéder, pour les pêches rouges, que d'une quinzaine de jours l'époque de leur maturité. On ne doit point exposer tout-à-coup les fruits au soleil, et les pêches d'un même arbre ne seront effeuillées que successivement, à moins qu'on ne veuille les avoir mûres toutes à la fois. Les pêches tardives se découvriront beaucoup plus tôt par rapport à l'époque de leur maturité. On enlève les feuilles avec la serpette, en conservant leur pétiole, et souvent on laisse le tiers ou la moitié de la feuille, si les parties supprimées suffisent pour découvrir le fruit. On ne doit point perdre de vue que ces feuilles doivent être ménagées comme étant les mères nourrices des yeux ou des boutons qui sont à leur insertion. Le bouton dont on arracherait la feuille ne donnerait au printemps qu'une fleur avortée ; souvent même elle ne s'ouvrirait pas. D'après cette considération, on conservera toutes celles qui appartiendraient à une partie de bourgeon qui ne dût pas tomber à la taille.

CHAPITRE XXVI.

De la cueille des pêches.

Elles doivent mûrir sur l'arbre et se perfectionner dans l'office.

La maturité de la pêche se reconnaît à la couleur de la partie abritée des rayons du soleil, qui passe alors du vert au jaune plus ou moins clair. On ne doit toucher le fruit vers cette époque que pour le cueillir. Alors on le saisit avec précaution, et il doit tomber sans effort dans la paume de la main. Les cultivateurs de Montreuil, qui cueillent avant la maturité, donnent au fruit un demi-tour de poignet en tirant un peu à eux, afin de le détacher sans ébranler les autres et sans leur faire éprouver de secousse. Quelques personnes ne savent s'assurer de la maturité qu'en pressant fortement la pêche entre les doigts et le pouce ; elles ignorent sans doute que la moindre meurtrissure causée à

un fruit aussi délicat lui fait perdre promptement ses qualités.
C'est à la vue et en le touchant très-légèrement que l'on doit
reconnaître le degré de maturité de la pêche.

On ne cueillera jamais ce fruit sans être muni d'un panier.
Ceux dont on se sert à Montreuil sont plats ; ils ont 0^m,65 de
long sur 0^m,48 de large, et sont munis d'une anse assez élevée et solide ; leur fond est garni d'un morceau de drap replié
sur lui-même ou d'ancienne tapisserie recouverte de feuilles de
vigne bien débarrassées de toute humidité. Les bords de ce panier ne sont pas à jour, tant pour lui donner de la solidité que
pour éviter les pressions inégales, et ils n'ont que 0^m,25 de
hauteur, afin que l'on ne soit pas tenté de superposer plus de
trois rangées de fruits. Ces cultivateurs ne tiennent jamais à la
fois plusieurs pêches dans la main ; ils les déposent au fur et à
mesure dans le panier, en les enveloppant chacune d'une feuille
de vigne. On ne doit cueillir les pêches ni pendant la pluie,
ni lorsque l'arbre est encore chargé d'humidité, ni pendant
l'ardeur du soleil.

Les pêches portées à l'office doivent rester dans les paniers
pendant vingt-quatre heures avant de les servir ; alors on enlève avec une brosse douce et légère le duvet qui les couvre et
qui cache la beauté et la vivacité de leur coloris. Ce duvet
serait d'ailleurs désagréable à la bouche ; il exciterait des dé-
mangeaisons qu'éprouvent assez vivement les personnes qui
les brossent (1) ; en outre, il est de nature à se charger de poussière et à retenir les émanations des insectes.

Lorsque les pêches sont destinées à être transportées, il faut
les cueillir un ou deux jours avant leur maturité parfaite, en
proportion de l'époque à laquelle elles doivent être consom-
mées. Les jardiniers de Montreuil, pour avoir la facilité de les
manier sans les gâter, de les transporter et d'attendre la vente,
les cueillent toujours beaucoup trop tôt ; aussi les pêches de
Montreuil ont-elles un goût aigrelet, et jamais le parfum délicieux et l'eau sucrée et relevée de celles qui sont cueillies à
leur véritable point. Il y a une différence considérable entre
le fruit de la halle et celui que l'on trouve chez un propriétaire

(1) A Montreuil, les personnes qui brossent les pêches n'ont que les doigts et
le visage découverts, afin de se garantir le plus possible des effets de ce duvet.

amateur. La pêche cueillie avant sa maturité conserve toujours, malgré l'emploi du sucre, un acide dont on ne peut plus la dépouiller et qui attaque les intestins, ce qui fait croire à la multitude que ce fruit délicieux est malsain et indigeste. La pêche cueillie au moment et avec les soins que nous recommandons est un fruit aussi bienfaisant que savoureux, qui mérite toutes les peines que nous nous donnons pour l'obtenir. Les Montreuillois ne brossent les pêches qu'au moment de les emballer, et les rangent avec précaution en les serrant de manière à ce qu'elles ne puissent ballotter, mais pas assez pour les meurtrir; elles reposent sur un lit de mousse fine, recouvert de feuilles de vigne; chaque pêche est elle-même enveloppée de deux feuilles; enfin le pourtour et le dessus du panier sont également bien garnis de feuilles.

Le marché de Paris étant peu éloigné, ils disposent leurs pêches par huit sur de petits paniers plats, sans bords, dont le fond contient deux rangs de trois pêches chacun, surmonté d'un rang de deux. Ces petits paniers sont placés côte à côte sur un noguet qui en contient douze; le tout est arrangé, couvert et emballé avec soin pour la halle. En ne mettant qu'un rang de fruits dans un seul et grand panier, et en ficelant le tout avec soin, les pêches pourraient supporter un voyage de plusieurs jours.

CHAPITRE XXVII.

Des arrosements.

Les arrosements sur les racines doivent toujours prévenir l'extrême sécheresse du sol; lorsqu'on a trop attendu et que les feuilles commencent à se faner, il n'est plus temps; il vaut mieux alors laisser les arbres souffrir de la sécheresse que de les arroser. En effet, la terre étant dans ce cas extrêmement chaude aux environs de l'arbre, si l'on s'avisait de jeter de l'eau sur les racines, il s'y établirait une fermentation intérieure qui en attaquerait l'épiderme (1), et, si l'arbre ne périssait pas dans l'année,

---

(1) Je me suis assuré, immédiatement après une pluie d'orage survenue à la suite d'une grande sécheresse, que la température s'était élevée à 32 degrés centigrades dans une plate-bande de jacinthes où j'avais plongé un thermomètre.

il languirait plus ou moins longtemps, et finirait par mourir
des suites d'une opération tardive et irréfléchie. On pourrait
cependant arroser; mais alors il faudrait, avant de verser de
l'eau au pied des arbres, humecter les feuilles par des pluies factices avec la pompe à main pendant plusieurs jours. On mettra
sur la plate-bande où sont plantés les pêchers du fumier court
pour prolonger la durée de l'effet des arrosements. Si les arbres
ont une certaine étendue, il sera utile de donner au terrain une
légère pente pour conduire l'eau doucement jusqu'au bas de la
plate-bande, où l'on aura au préalable formé une petite digue
afin que l'eau s'y arrête, parce que c'est vers l'extrémité des racines, sur les spongioles, qu'il importe le plus d'humecter la
terre.

Les arrosements des feuilles doivent avoir lieu de temps en
temps, le soir, lorsque la journée a été chaude et lorsque le soleil ne frappe plus sur l'espalier; ils s'exécutent au moyen d'une
pompe que l'on fait jouer doucement. Ces arrosements favorisent singulièrement la végétation; ils la soutiennent et la raniment lorsqu'elle a été suspendue par la chaleur, par un ébourgeonnement ou par le palissage; car il suffit de manier les
branches d'un pêcher, lorsqu'il fait chaud, pour arrêter le cours
de la sève, qu'une pluie douce ou des arrosements donnés à propos rétablissent promptement. On conçoit combien il importe
de ne pas laisser dessécher la terre autour des racines d'une
plante qui prolonge sa végétation pendant toute la durée de la
belle saison, et même jusqu'à la mi-octobre.

CHAPITRE XXVIII.

Des labours.

Le pêcher est un des arbres sur la végétation desquels les labours, ou plutôt les binages, ont les effets les plus heureux et
les plus sensibles. Par la raison que sa végétation est incessante,
il faut que la terre qui environne ses racines soit toujours perméable aux influences atmosphériques.

On doit remuer la terre des plates-bandes avec la fourche
plate, et jamais avec la bêche, dans la crainte de couper les ra-

cines. On labourera avant l'hiver si la terre est forte, après la taille si elle est légère. Les binages auront lieu toutes les fois qu'ils seront nécessaires pour empêcher les mauvaises herbes de croître ou pour ouvrir la terre trop tassée par les pluies. Les cultivateurs de Montreuil, qui ne font rien d'inutile, donnent à leurs arbres trois forts binages : le premier après la taille, le second après le palissage, le dernier dans les premiers jours d'août.

Un cultivateur jaloux de la prospérité de ses espaliers ne doit jamais se permettre aucune culture dans ses plates-bandes, à moins que ce ne soit une bordure d'oseille, ou de salade, ou de fraisiers, dans le but de détourner les vers-blancs des racines des pêchers ; l'emploi de terreaux neufs compensera la perte des sucs que ces plantes auront enlevés aux espaliers.

Pour ne point piétiner la terre des plates-bandes, le jardinier soigneux placera des planches de 0^m,35 à 0^m,40 de large au pied des arbres lorsqu'il devra tailler, ébourgeonner ou palisser. Ces planches seront légères et assez longues pour que l'obligation de les déplacer trop souvent ne fasse pas renoncer à ce soin minutieux, mais important.

CHAPITRE XXIX.

Des fumiers et des engrais.

En général, les fumiers à demi consommés que l'on est dans l'usage d'enterrer au pied des pêchers sont très-préjudiciables à l'arbre et à ses produits ; ils font développer des pousses extraordinaires que rien ne soutient, et que l'on est d'ailleurs forcé de réprimer, afin de maintenir la forme de l'arbre. Les fruits se ressentent de la surabondance d'une sève mal élaborée, et dont le cours est en outre troublé par les nombreux retranchements que l'on ne peut se dispenser d'opérer en pleine végétation.

J'ai souvent eu occasion de remarquer les effets pernicieux du fumier employé inconsidérément ; je citerai l'exemple récent d'un propriétaire qui, ayant eu à sa disposition une grande quantité de fumier provenant d'un camp voisin de sa terre, en avait fait garnir avec profusion le pied de ses espaliers ; il ajouta à cette faute celle de tailler aussi court que si les arbres n'eussent pas été fumés ; aussi dès le mois de juin étaient-ils déjà couverts de gomme, quoique jusqu'alors ces arbres, àgés seulement de dix à douze ans, n'eussent donné aucun signe sensible de cette maladie. En général, on doit apporter une grande réserve dans l'emploi des fumiers, et attendre que les arbres en manifestent le besoin ; dans ce cas, les curures d'étang, de mares, de fossés, qui ont subi l'action de la gelée, ainsi que les terres légères et limoneuses déposées par les eaux, sont les meilleurs engrais que l'on puisse donner au pêcher. A leur défaut, on pourra se servir de terreau neuf bien consommé, que l'on répandra à la surface du terrain lorsque les fruits seront noués et que le danger des gelées sera passé ; mais un amendement qui l'emporte sur tous les engrais consiste à remplacer les terres de la surface des plates-bandes par des terres neuves ou des gazons consommés.

Les cultivateurs de Montreuil garnissent tous les deux ans le pied de leurs espaliers avec du fumier très-vert ; mais il reste étendu à la superficie du sol pendant tout l'hiver et pendant le reste de la campagne, et il n'est enfoui qu'au printemps suivant. Ce mode a l'avantage, dans les terrains légers, de maintenir la fraîcheur au pied des arbres, et d'empêcher aussi la terre de se *sceller,* soit par les averses, soit par le piétinement des ouvriers ; mais d'un autre côté il offre une retraite aux insectes, et favorise souvent leur développement.

On taillera plus long et on ébourgeonnera plus tard les arbres nouvellement fumés. Il ne faut pas perdre de vue que la végétation incessante du pêcher a besoin d'être alimentée, mais jamais forcée ; ainsi les engrais seront employés dans ce seul but et avec beaucoup de ménagements.

CHAPITRE XXX.

Des murs et de leurs expositions.

Les expositions les plus favorables pour le pêcher, sous le climat de Paris, sont le levant et le midi. On utilise encore celle du couchant dans les terrains chauds et légers ; mais celle du nord doit être réservée à d'autres productions.

Pour établir un nouvel espalier, on choisira de préférence un sol élevé et en pente, et l'on y fera construire des murs parallèles à 10 ou 12 mètres de distance l'un de l'autre. Si on les expose au levant, ils seront arrangés de manière à recevoir le soleil depuis son lever jusqu'à midi et demi, afin que le côté du couchant offre encore une exposition favorable. Les murs tournés vers le midi devront être dirigés de manière à recevoir le rayons solaires, en été, jusqu'à quatre heures du soir seulement, lorsqu'on voudra laisser aux murs du nord assez d'avantages pour pouvoir en tirer un bon parti, en les garnissant soit de poiriers, soit d'autres arbres.

La hauteur des murs sera de $2^m,80$ à 3 mètres, et ils seront recouverts d'un chaperon en tuile (pl. III, fig. 10) offrant une saillie de $0^m,25$ à $0^m,28$. Les habitants de Montreuil construisent leurs chaperons en plâtre et ne leur donnent qu'une saillie de $0^m,11$; mais j'ai eu lieu de me convaincre qu'une forte saillie placée au-dessus des pêchers abrite les fruits et facilite les moyens de maintenir la sève dans la partie inférieure des arbres, en même temps qu'elle les garantit de beaucoup d'autres inconvénients.

Les cultivateurs de Montreuil avaient autrefois l'habitude de faire sceller sous les chaperons, et de mètre en mètre, des bâtons formant une saillie de $0^m,50$ et allant un peu en pente (pl. III, fig. 11); ces bâtons étaient destinés à recevoir des paillassons, qu'ils plaçaient au mois de février et qu'ils ne retiraient que vers la fin de mai (1). Maintenant ils n'en font presque plus usage, parce qu'ils ont remarqué que les arbres au-dessus desquels on avait coutume de les étendre étaient au printemps plus attaqués du *vero* que les autres. Il paraîtrait, en effet, que l'abri qu'ils offrent favorise la propagation et le développement des insectes, qui sont très-multipliés dans un pays où les murs sont si rapprochés; mais comme les propriétaires dont les jardins sont isolés ne doivent pas craindre ces inconvénients, je les engage à employer des paillassons, surtout pour les murs exposés au couchant et au midi.

(1) La construction de ces paillassons est simple : ce sont des espèces de claies formées avec des gaulettes entre lesquelles on insinue de la paille ; leur largeur est égale à la saillie des bâtons ; leur longueur est d'un peu plus de 2 mètres, afin qu'ils puissent porter chacun sur trois bâtons, auxquels on les fixe avec des brins d'osier. Ces paillassons doivent être peu épais.

Dans les pays où le plâtre est commun, on en appliquera sur les murs une couche de 0m,034 d'épaisseur, afin qu'en palissant à la loque les clous puissent tenir avec solidité. Les Montreuillois ne font crépir leurs murs neufs qu'à mesure que les pêchers prennent de l'étendue ; ils en donnent pour raison que la première mise de fonds se trouve alors divisée en plusieurs annuités, et que les produits les aident successivement à faire cette dépense ; d'ailleurs, ils ont observé que les clous tiennent beaucoup mieux dans le plâtre neuf, et que le crépissage ne perd rien de sa solidité lorsqu'il est fait sur des murs dont la construction remonte à plusieurs années (1).

Si les murs sont cimentés à chaux et sable, les joints doivent être soigneusement faits. Lorsque les murs sont vieux, et qu'on veut procéder à une nouvelle plantation, il faut absolument enlever le treillage et faire recrépir ou blanchir les murailles, de manière à ne laisser aucune retraite aux insectes et à détruire ceux qui y ont fixé leur domicile, ainsi qu'au treillage. S'il restait quelques vieux arbres qu'on ne voulût point arracher, il faudrait, à l'entrée de l'hiver, les enduire avec un lait de chaux, pour faire périr les tigres, les kermès, etc., dont presque toujours ces arbres anciens et négligés sont infestés, et qui ne manqueraient pas de se propager sur les jeunes.

Les murs de terrasses, en général, ne sont pas propres au pêcher, parce qu'ils sont toujours placés dans un terrain bas, où la plantation manque d'air, et que leur pied est imprégné d'une humidité constante, très nuisible aux racines du pêcher ; quelquefois leur partie supérieure même est humide ou fraîche ; dans ce cas les branches qu'on y palisserait ne tarderaient pas à s'en ressentir. Les murs de terrasses ont d'ailleurs un talus qui rend nul l'effet de la saillie des chaperons.

On pourrait, en construisant des murs neufs, ménager dans la fondation, au devant de l'emplacement destiné à chaque arbre, un vide formant voûte. Ce moyen, employé dans les terrains secs surtout, donnerait aux racines la facilité de s'étendre des deux côtés du mur. Je n'ai point fait cet essai ; mais ce qui

(1) Les Montreuillois construisent leurs murs avec des pierres tendres et la terre du fossé. Ils mettent, de 0m,65 c. en 0m,65 c. (suivant la hauteur), une couche horizontale de plâtre, et de 2 en 2 mètres (suivant la longueur), une chaîne verticale de 1 mètre de largeur, maçonnée en plâtre.

m'a suggéré l'idée de le conseiller, c'est qu'ayant vu, dans un sol peu riche, des pêchers végéter avec une grande vigueur, j'ai reconnu qu'il fallait l'attribuer à ce que les racines de ces arbres avaient passé au travers du mur, dont les matériaux n'étaient assemblés qu'avec la terre du fossé, et qu'elles étaient presque aussi nombreuses d'un côté que de l'autre. Au reste, il ne faudrait pas que les arcades dont il s'agit s'élevassent au niveau ou au-dessus du sol, parce qu'elles détermineraient alors des courants d'air très-préjudiciables à la végétation des arbres.

Nous avons eu l'occasion de voir un mur de clôture dont la construction bien entendue et économique n'offre aucun obstacle à la végétation des arbres qui y sont appuyés ; au contraire, elle la favorise.

La fondation de ce mur est la même que celle des autres ; elle s'élève jusqu'à 0^m,22 au-dessus du sol. Sur cette fondation on pose une caisse ou un moule en bois sans fond, que l'on remplit de plâtras, de gravois et de moellons tendres, rangés grossièrement ; puis on coule sur la caisse du plâtre qui s'insinue dans tous les vides, et qui forme des matériaux qui y sont entassés un tout compacte. On monte ainsi le mur par partie, en diminuant progressivement son épaisseur, de manière à ce qu'il n'ait que 0^m,23 au sommet, que l'on termine par une ou deux pentes, suivant que le chaperon doit avoir un ou deux égouts ; on couvre les pentes de tuiles, auxquelles on donne le plus de saillie possible. Si le chaperon a deux pentes, on place au sommet une faîtière. Le mètre courant d'un mur ainsi construit, élevé à 2^m,65 de hauteur, coûte environ 6 fr. 50 à 7 fr.

Peut-être la solidité et le bon marché de ce genre de murs détermineront-ils les architectes à faire des murs de jardin que la culture puisse utiliser.

CHAPITRE XXXI.

Nécessité d'une forte saillie aux chaperons.

Il est hors de doute que les Montreuillois doivent à la qualité de leur terrain et à la disposition de leurs murs l'avantage

d'obtenir tous les ans d'abondantes récoltes ; cependant, à
l'époque où j'écris, les murs de presque tous les jardins des environs de Paris, ceux même des potagers du roi, sont dépourvus de l'abri conservateur qui couronne les murs de Montreuil;
aussi les espaliers n'y donnent-ils point de récolte régulière ;
les produits sont subordonnés aux plus légères intempéries du
printemps, et une seule nuit suffit quelquefois pour détruire les
plus riches apparences.

Les architectes et les maîtres maçons qui se chargent de faire
bâtir des jardins ignorent, en général, ce qui convient à la prospérité des cultures pour lesquelles ces murs sont élevés; la
saillie qu'ils donnent aux chaperons est trop faible, et devient,
par cette raison, plutôt préjudiciable qu'utile. En effet, lorsque
le chaperon n'a que $0^m,04$ à $0^m,05$ de saillie, l'eau qui en découle
au moment des faux dégels tombe sur les branches et sur les
boutons, s'y gèle de nouveau, et fait à l'arbre un tort considérable, dont on reconnaît toute l'étendue lorsque la sève entre
en mouvement; la gomme et les chancres se manifestent alors
et entraînent bientôt la perte totale des pêchers. Ces inconvénients ne se présenteraient jamais, et les récoltes dépendraient
beaucoup moins de l'irrégularité des saisons, si les murs étaient
munis de chaperons en tuiles offrant une saillie suffisante pour
rejeter les eaux un peu en avant du pied des arbres. Avec cette
addition, les murs et les treillages n'exigeraient pas autant
d'entretien et auraient une bien plus longue durée ; la sève tendrait moins à affluer vers les extrémités, comme il arrive
dans les jardins actuels, où l'on voit toute la vigueur des pêchers se porter dans le haut de l'arbre et abandonner les branches du bas, qui se dégarnissent en peu d'années.

La saillie de $0^m,11$ que donnent aux chaperons de leurs
murs les habitants de Montreuil ne me paraît pas encore assez
forte ; à mon avis, elle devrait être de $0^m,28$ à $0^m,30$ pour les
murs de $2^m,65$ à 3 mètres d'élévation. Je puis citer à l'appui
de cette opinion un espalier de Livry-le-Château, près de Brie
(Chenel, jardinier), qui a près de 1600 mètres de longueur, et
dont les murs, de $2^m,16$ d'élévation seulement, ont une saillie
de $0^m,27$ à $0^m,30$. Toute la surface de ces murs est parfaitement
couverte, le bas aussi bien que le haut. Les branches inférieures

sont si près de terre que les pêches qu'elles portent seraient salies lors des pluies, si l'on n'avait la précaution de répandre de la litière sur le sol. Quant aux récoltes, elles sont chaque année aussi abondantes qu'assurées.

J'ajouterais à ces chaperons un récrépissage en plâtre, qui ferait disparaître l'angle intérieur et les joints que les tuiles offrent en-dessous, afin d'ôter aux insectes tout moyen de retraite. Il y a déjà plus de vingt-cinq ans que nous avons fait connaître combien il serait dans l'intérêt des propriétaires de faire ainsi chaperonner les murs de leurs jardins; cependant nous n'avons encore vu personne suivre ce conseil, tant les améliorations dont la culture est susceptible ont de peine à remplacer les mauvaises et vicieuses routines.

CHAPITRE XXXII.

Des abris.

Nous venons de nous occuper des abris qui s'établissent en même temps que les murs; quoiqu'ils suffisent presque toujours pour garantir les pêchers, il est à propos d'indiquer d'autres moyens dont on puisse facilement et promptement faire usage au printemps, dans les années défavorables; tels sont les *brise-vents* et les toiles.

Les brise-vents ou éperons peuvent être faits en maçonnerie, ou seulement avec des paillassons posés verticalement et à angle droit contre les murs, de manière à garantir et à abriter les arbres des vents dangereux.

L'emploi des toiles demande plus de temps; on les place en pente et en prolongement de l'auvent ou chaperon; on les fixe d'un côté à des crochets adaptés sous les chevrons de l'auvent, de l'autre à des piquets fichés à la surface du sol. Les pièces, dont chacune a de 2^m,65 à 3 mètres de hauteur, sont formées de morceaux de toile d'emballage ou de canevas très-clair, assemblés lé à lé. Le fil de la toile doit être d'une bonne qualité, et les deux bords portant les attaches seront garnis de tresses.

Ces toiles pourront être d'une longue durée si on a le soin, chaque année, avant de les rentrer, de les faire tremper pendant vingt-quatre heures dans une lessive de tan non tirée au clair et qui aura bouilli pendant environ une heure. On étendra ensuite cette toile, sans la tordre, pour la faire sécher avant de la rentrer.

Quelques propriétaires se servent aussi de branches d'arbres rameuses qu'ils fichent en terre sur plusieurs rangs devant leurs espaliers, à une distance d'environ $0^m,50$; elles les garantissent jusqu'à un certain point des effets immédiats du vent et du givre, dont le premier effort se porte d'abord sur ces branches mortes.

D'autres accrochent à leur treillage des cosses de pois qui préservent également les fleurs et les fruits, mais qui attendrissent par l'ombre qu'ils portent la partie inférieure des bourgeons; on ne peut les retirer entièrement que lorsque les fruits ont déjà pris de la force, et cependant jamais sans les offenser plus ou moins, ainsi que les bourgeons.

En général, les auvents ou chaperons suffisent pour préserver les fleurs et les fruits du pêcher de l'atteinte des gelées printanières; si quelquefois on est obligé de recourir aux abris supplémentaires dont nous venons de parler, on doit les employer avec intelligence, et les retirer aussitôt qu'ils ne sont plus nécessaires, parce que l'air est indispensable à la prospérité des pêchers. Au reste, si cet arbre exige pendant tout le cours de sa végétation une surveillance continuelle, aucun peut-être ne récompense plus libéralement et plus constamment les soins du cultivateur vigilant.

L'ancienne méthode de couvrir les pêchers avec des paillassons appliqués contre les murs est vicieuse, d'une part à cause de la difficulté de les étendre et de les retirer sans endommager les bourgeons, de l'autre parce qu'elle prive les arbres d'air et attendrit leurs pousses.

CHAPITRE XXXIII.

Des treillages.

Les mailles des treillages appliqués contre les murs pour le palissage des pêchers doivent avoir $0^m,14$ de largeur sur $0^m,28$ de hauteur. Les brins horizontaux seront solidement attachés à des crochets en fer ou à des os de mouton scellés à cet effet dans le mur, et ayant 0^m,027 de saillie. Les os que l'on a fait bouillir pour en extraire diverses substances ne sont point propres à être scellés dans les murs, parce qu'ils ont perdu par l'ébullition leurs principes conservateurs, et qu'ils deviennent alors friables par une exposition continue aux influences de l'air. Les montants seront appliqués et cousus sur les brins horizontaux avec du fil de fer. Tous ces brins devront avoir reçu deux couches de peinture avant d'être employés ; on donnera une troisième couche au treillage après sa construction.

On aura soin d'exiger du treillageur qu'il n'arrête point son attache en avant et qu'il en rive les pointes, dans la crainte qu'elles ne fassent aux branches des plaies par où la gomme ne manquerait pas de fluer. Il convient aussi que le treillage soit cousu de gauche à droite sur un rang, de droite à gauche sur le rang suivant, afin de donner plus de solidité à l'ouvrage.

Les montants ne seront éloignés l'un de l'autre que de 0^m,14, parce que c est sur eux que l'on palisse presque toutes les branches, et qu'il est commode pour cette raison de les trouver un peu rapprochés. Quant aux traverses, on pourrait les éloigner plus que je ne l'ai indiqué, parce qu'elles ne servent qu'à maintenir les montants ; cependant le treillage que je propose est d'une bonne proportion ; il n'emploie pas plus de bois que la maille ordinaire (de 0^m,22 sur 0^m,25), qui n'offre pas autant de facilités pour la bonne disposition des branches du pêcher.

Le treillage doit être préféré à tout autre moyen de fixer les branches. Le palissage à la loque permet cependant de donner à l'arbre des formes plus correctes, puisque l'on peut arrêter les bourgeons au point exact où on veut les avoir ; il expose moins les fruits à être déformés, il les garantit mieux des gelées printanières, enfin il favorise leur maturité, parce que les branches, appliquées immédiatement contre le mur, ressentent plus énergiquement l'action des rayons du soleil ; mais aussi cette action devient quelquefois assez violente pour faire tout-à-coup périr des branches entières, surtout lorsque les arbres sont déjà mal disposés et plantés dans des terres sèches. Le treillage expose moins la santé des arbres sans compromettre la sûreté des fruits, pourvu toutefois que le chaperon ait une saillie suffisante

pour les abriter du givre, du verglas et des gelées du printemps.
L'air qui circule derrière le treillage est salutaire à la végétation
des branches et des fruits ; enfin un pêcher palissé contre un
treillage est toujours plus vert, plus vigoureux, et acquiert une
plus grande étendue que celui qui est soumis à un autre mode
d'attache. Quant à la promptitude de l'ouvrage, le palissage à la
loque est le plus expéditif.

CHAPITRE XXXIV.

Montreuil.

La culture suivie à Montreuil est très au-dessous de sa réputation. Pourquoi les
arbres de deux ou trois cultivateurs sont beaucoup mieux traités que ceux de
leurs confrères. D'où vient que ce bon exemple n'est pas suivi par tous.

On est tellement persuadé de l'excellence du mode de culture
du pêcher en usage à Montreuil que je redoute jusqu'à un certain point d'attaquer une idée aussi généralement adoptée ;
mais, il faut le dire, les progrès que nous avons faits dans le jardinage laissent Montreuil, qui depuis cent soixante ans n'a rien
changé à ses habitudes, bien loin derrière nous ; ni la taille, ni
la conduite de ses arbres ne peuvent plus être proposées comme
des modèles à suivre. J'engage cependant très-fortement les
jeunes jardiniers à visiter Montreuil, afin de pouvoir juger par
eux-mêmes de l'état actuel de la culture dans ce canton si re-
nommé : la destruction d'une erreur est un grand pas vers la vérité. Le moment le plus favorable pour faire cet examen critique est le mois de novembre, parce qu'à cette époque le feuillage
ne dérobe plus aux yeux les imperfections qu'il couvre pendant
l'été.

La première chose qu'ils auront à remarquer est le peu de
distance laissée d'un arbre à l'autre ; beaucoup d'entre eux ne
sont pas séparés par un espace de plus de 2 mètres ; les vieux
arbres sont mêlés avec les jeunes, et ce mode de plantation ne
peut promettre de brillants succès. Le désir du gain, qui s'oppose à tout sacrifice, même momentané, ne permet pas, lorsqu'une plantation est usée, de la renouveler entièrement ou seu-

lement en grande partie. Le même espalier est donc éternellement
entretenu par de jeunes arbres plantés côte à côte, sous la tête
des mourants et au milieu des racines. Or, la même terre, quelque bien fumée qu'on la suppose, doit finir par se fatiguer de
toujours alimenter les racines d'une même espèce d'arbres, surtout de pêchers. Cette manière vicieuse de planter doit nécessairement amener avec le temps la destruction ou au moins
l'abâtardissement des arbres et des espèces. On conçoit facilement que si l'on opérait, au contraire, des renouvellements par
masse, on aurait la facilité de défoncer le terrain ou même encore d'ouvrir une vive jauge et de changer la terre. Tout ceci
explique pourquoi les clos qui se sont formés depuis peu en dehors de Montreuil, dans des terrains de qualité inférieure, mais
n'ayant pas encore porté de pêchers, offrent cependant des productions préférables à celles des anciens clos ; il faut même que
la terre de ce canton soit aussi favorable au pêcher qu'elle l'est
pour qu'elle puisse toujours être productive. On voyait encore
çà et là, il y a vingt-cinq ans, quelques anciens pêchers dont les
restes attestaient qu'ils avaient été autrefois beaucoup plus beaux
que ceux dont la plantation est plus moderne.

Ce n'est pas que les intelligents cultivateurs de Montreuil ne
connaissent très-bien la nature du pêcher et sa manière de végéter ; ils possèdent cette connaissance à un plus haut degré que
qui que ce soit. Un cultivateur né dans ce pays vient de publier,
sur la taille du pêcher dit carré, un ouvrage dans lequel les
principes généraux, fondés sur la végétation de cet arbre, sont
si parfaitement déduits que l'on a lieu de s'étonner de le voir
préconiser une forme aussi complétement en opposition avec
une théorie si bien exposée. Les cultivateurs de Montreuil n'i-
gnorent pas non plus que l'on peut conduire le pêcher mieux
qu'ils ne le font ; mais ils savent aussi qu'il faudrait y mettre
plus de temps qu'ils n'en ont à dépenser. L'avidité, la crainte
de voir diminuer l'abondance de leur récolte, s'ils s'écartaient
de l'ancienne routine, les tiendront longtemps encore esclaves
des procédés dont les produits connus et acceptés suffisent à
leurs besoins. Cette crainte les empêche d'écouter la voix de
leurs véritables intérêts, et leur fait repousser des moyens qui
les conduiraient à des succès bien plus durables. On ne peut se

défendre, en voyant leur manière de travailler, de penser aux
locataires qui sont à fin de bail.

La culture de Montreuil, quoique produisant une énorme
quantité de fruits, doit cependant être rangée dans la classe des
très-petites cultures, car rien ne s'y fait en grand ; chaque propriétaire est persuadé que sa terre ne peut rien produire de
profitable pour lui que par ses mains ou celles de sa famille ;
c'est le maître qui taille et ébourgeonne lui-même ; le palissage,
regardé comme moins important, est abandonné aux femmes.
Un très-habile cultivateur de ce pays me déclarait avoir près
de six mille mètres d'espaliers à soigner, ce qui suppose entre
vingt-huit et trente hectares de clos. Serait-il raisonnable de chercher la perfection chez des gens écrasés de travail, et auxquels le
temps manque sans cesse ? Ils n'en ont jamais à donner qu'aux
opérations les plus indispensables. Cependant, le pêcher est, de
tous les arbres, le seul peut-être dont on doive sans cesse s'occuper.

Parmi les obstacles qui s'opposent encore à ce que les arbres
cultivés à Montreuil acquièrent toute l'étendue et la beauté dont
le pêcher est susceptible, on peut compter l'usage où sont ses
habitants de ne cultiver que trois ou quatre espèces de pêchers
qui toutes sont attaquées du blanc ou de la gomme ; ces maladies se développent à Montreuil plus qu'ailleurs, parce que le
terrain y est épuisé ; le blanc fait des ravages étonnants dans
les arbres qui sont palissés contre les murs exposés à l'est. On
conçoit facilement qu'il est impossible que de tels arbres puissent prendre de l'étendue, et que leurs fruits ne sauraient avoir
la perfection de ceux qui proviennent d'arbres sains. En effet,
les habitants de Montreuil envoient beaucoup de fruits à Paris,
mais ils en envoient très-peu de beaux, qui, par conséquent, restent toujours fort chers ; encore la plupart de ces derniers vien-
nent-ils des jardins particuliers des environs, où les gens de
Montreuil vont les acheter.

La forme générale des pêchers de Montreuil est, dès la première année, celle du V ; mais rarement il y a égalité de force
dans les deux mères-branches, et cela par une raison très-simple : c'est qu'après la taille on abandonne l'arbre à lui-même
jusqu'au moment de l'ébourgeonnement, qui à Montreuil est

tardif, et qui se fait en une seule fois, pour n'y plus revenir. On ne supprime les bourgeons que lorsqu'ils sont arrivés aux trois quarts de leur développement. Les Montreuillois ne font donc aucun usage du pincement, et le palissage, qui pourrait leur offrir de très-grandes ressources pour équilibrer la distribution de la sève, est abandonné aux femmes, par suite du peu d'importance qu'on y attache, ou plutôt parce que le propriétaire, occupé de l'ébourgeonnement, n'a pas le temps de palisser. Il ne peut tout faire.

Les cultivateurs de Montreuil se pressent beaucoup trop d'établir les membres qui doivent occuper la partie supérieure du mur, et la force de ces derniers l'emporte tellement sur celle des membres inférieurs que ceux-ci disparaissent promptement; alors ils sont obligés, pour garnir le bas, d'abaisser les branches-mères; les membres que cette manœuvre favorise s'emportent, les branches-mères dépérissent et sont remplacées à leur tour. Tout ce grand mouvement, ou, pour parler plus justement, tout ce désordre ne se produit pas sans faire pousser du jeune bois, et, par conséquent, sans donner du fruit. Mais la durée de mouvements aussi brusques et aussi irréguliers ne saurait se prolonger longtemps; le mur se dégarnit par parties, les arbres s'épuisent et meurent après avoir rapporté abondamment pendant quelques années des fruits de grosseur et de qualité médiocres, parce qu'on n'en supprime jamais. Nous avons vu, en 1839, plus de fruits que de feuilles sur certains pêchers; les Montreuillois semblent ignorer que, s'ils en retiraient les trois quarts, le reste serait très-beau, se vendrait mieux et n'épuiserait pas leurs arbres.

A Montreuil on se sert de tout ce qui se présente pour remplir des vides; on croise des branches les unes sur les autres, et, malgré ces licences, les murs ne laissent pas d'être dégarnis par le bas et dans beaucoup d'autres endroits. Des chicots, des onglets, des traits de scie, que la serpette ne vient presque jamais rafraîchir; des mères-branches formant des coudes considérables; des yeux terminaux doubles qu'on a laissé pousser à la fois, l'un faisant le prolongement de la mère-branche, l'autre formant un membre, telles sont les fautes intolérables dont on est témoin à chaque pas, et qui seraient capables d'empêcher un connaisseur de prendre à son service le jardinier qui les aurait commises. Ce n'est cependant pas qu'ils manquent des connaissances nécessaires : MM. Lepère et Mallot en sont une preuve; mais ceux-ci n'ont pas beaucoup d'arbres à soigner, tandis que les autres cultivateurs, encore une fois, sont toujours tellement pressés qu'il leur est impossible d'accorder à la taille de chaque arbre le temps que demanderait seule la réflexion nécessaire pour le bien tailler. Quelque habile que l'on soit, on ne peut tailler un arbre convenablement avant de l'avoir examiné suffisamment pour prendre un parti dont la détermination est toujours d'autant plus longue que l'arbre est plus sorti des bornes qu'on lui avait tracées. C'est ici que se font sentir tous les avantages d'une bonne direction donnée aux arbres dès leur jeunesse; alors les réflexions ne demandent que quelques instants, parce que tout est à sa place; quoique les ramifications soient multipliées, elles se rattachent à un système établi, et tout se déroule facilement sous la main du jardinier, qui ne perd point à réfléchir le temps qu'il faudrait employer à agir.

Les jardiniers qui ont visité Montreuil reconnaissent tous l'exactitude de l'exposé que nous avons fait de la culture du pêcher dans ce canton. MM. Lepère et Mallot ont tort de vouloir faire croire par leurs écrits que la culture du pêcher, à Montreuil, est arrivée presque à sa perfection, et de l'offrir pour modèle. Ces auteurs semblent ignorer qu'ils s'adressent à une jeunesse laborieuse et studieuse, qui cherche à s'instruire, et à laquelle nous ne cesserons de répéter qu'elle n'acquerra une véritable instruction que par la vérification de toutes nos assertions, bonnes ou mauvaises.

Il est probable que les habitants de Montreuil cultivent aujourd'hui le pêcher comme ils le cultivaient il y a un siècle, et qu'ils le cultiveront dans deux siècles comme ils le cultivent aujourd'hui. Il ne serait pas raisonnable d'attendre de ces cultivateurs des changements et des progrès sérieux; satisfaits de leurs succès, ils n'iront pas, par des essais plus ou moins hasardeux, compromettre leur revenu, et courir des chances qui pourraient leur être onéreuses. Il n'appartient qu'à des amateurs, ou à des personnes qui, comme nous, ont été chargées du soin des jardins d'un grand prince, de faire des expériences propres à perfectionner la culture. Nous pouvions, par suite de notre position, multiplier les essais, les faire faire en même temps sur de grandes surfaces, et sur des terrains de qualités diverses, en suivre et en recueillir les résultats, les comparer, et les offrir enfin au public ; mais celui qui attend pour vivre le produit de son travail ne peut, sans risquer de compromettre son existence et celle de sa famille, essayer de sortir du sillon que ses pères lui ont tracé. Néanmoins, les cultivateurs de Montreuil pourraient, sans abandonner totalement leur méthode, profiter d'une partie de nos observations pour la modifier en quelques points très-vicieux, surtout en ce qui concerne la première éducation de leurs arbres, qu'il leur serait facile de diriger avec plus de soins, ce qui leur assurerait plus d'étendue et de durée, et tendrait à leur faire produire des fruits meilleurs et plus beaux que ceux qu'ils obtiennent aujourd'hui.

La critique que je viens de faire n'étonnera que les personnes peu instruites dans le jardinage, art qui a suivi assez rapidement les progrès que les sciences naturelles ont faits parmi nous.

Depuis quelques années, la plupart des jardiniers, dans la vue de se placer plus avantageusement, ont cherché à devenir botanistes ; ils ont été arrachés à leur vie sédentaire, et le désir de s'instruire, amené par la nécessité, a changé entièrement cette classe de cultivateurs. Il y a quarante ans, un jardinier ne supposait pas qu'on pût lui rien enseigner ; aussi chacun d'eux avait-il sa manière de travailler et de tailler les arbres ; ils se seraient crus déshonorés s'ils eussent pris leur voisin pour modèle, tant la vanité et l'ignorance étaient portées chez eux à un haut degré.

Les meilleurs auteurs du temps dont nous parlons n'ont jamais été lus par les jardiniers leurs contemporains ; il n'en est pas de même aujourd'hui ; les jeunes gens qui se destinent à cette profession étudient, s'instruisent, et les propriétaires, en devenant plus éclairés, sont devenus aussi plus exigeants. J'avertirai ceux-ci, en passant, que, dans l'examen des qualités qu'ils désirent trouver chez un jardinier, ils ne doivent pas omettre la prévoyance ; cette qualité est une des plus indispensables au cultivateur, qui ne travaille jamais que pour l'ave-

14

nir. Aussi un jardinier instruit et prévoyant n'a-t-il que des
espérances fondées sur la raison et sur l'expérience ; il est soutenu dans son travail par la certitude du succès ; rien ne le dé-
courage, parce qu'il voit le but ; ni ses forces ni sa patience ne
peuvent être lassées, et il parvient ainsi à surmonter la foule
des obstacles qu'il rencontre à chaque pas. L'assurance de recueillir lui donne cette activité de corps et d'esprit dont il est
toujours animé ; son sommeil est léger, parce que ses plantes
requièrent encore ses soins pendant la nuit ; il ne prend de repos qu'après avoir porté ses regards vers le ciel, et s'être assuré s'il doit lui être propice. Les frimas, les orages, les intempéries de l'air, rien ne peut l'empêcher de venir régulièrement
offrir à la société les plus belles et les plus aimables productions
de la terre.

L'homme que ses occupations obligent à interroger sans cesse
la nature, soit pour la suivre, soit pour la modifier et la diriger
selon ses vues, doit avoir de la sagacité ; il a besoin de patience
et de résignation, parce qu'il est plus souvent qu'un autre soumis à l'empire de la nécessité. Un bon jardinier doit donc être
nécessairement instruit, laborieux, sage et soumis.

Si les jardiniers ne jouissent pas d'une plus grande considération dans la société, c'est qu'ils n'ont pas tous les vertus
qu'exige leur état ; car leur profession devrait, sans contredit,
leur assurer le premier rang parmi les cultivateurs.

Des écoles destinées à l'instruction des jardiniers seraient un
bienfait dont la société pourrait retirer de grands avantages ;
cette idée n'est peut-être pas indigne de la sollicitude d'un gouvernement paternel, ni de la pensée d'un homme d'État. Les
propriétaires trouveraient dans ces écoles des sujets instruits
dans leur art en même temps que des exemples de bonne conduite à introduire dans leurs habitations. Un des moyens d'augmenter le nombre des bons jardiniers serait aussi de bien traiter
et de bien payer ceux qui sont véritablement éclairés.

CHAPITRE XXXV.

Des fautes qui se commettent le plus souvent en cultivant le pêcher.

Toutes les fois qu'on ne sera pas allé faire son choix dans les pépinières avant la chute des feuilles, on sera exposé à acquérir des arbres malades; les personnes qui n'ont pas une longue expérience pourront admettre comme bons des arbres écussonnés trop bas, rebottés, établis sur deux branches, ou déjà dressés, dépourvus d'yeux près du talon de la greffe, mal levés, et dont les racines auront été offensées. Celles même qui s'y connaissent le mieux pourront être trompées relativement aux espèces demandées, que le pépiniériste remplace souvent par d'autres qui ne conviennent pas à l'acheteur. Ainsi, j'ai vu un espalier d'une étendue assez considérable planté entièrement en grosse-mignonne, bien que l'intention du propriétaire eût été de planter des espèces dont la maturité arrivât à des époques successives.

Souvent les transports sont exécutés sans qu'on ait pris les précautions nécessaires pour garantir les racines du hâle ou de la gelée, et les tiges du frottement qui peut les entamer; enfin les arbres, une fois arrivés à leur destination, ne sont pas mis assez promptement en jauge, ou le sont mal, ce qui est pire.

Quant à la plantation, il faut se garder de la faire par un temps humide, dans une terre mouillée, trop forte ou usée. En général, il ne faut jamais planter dans une terre qui n'a pas été défoncée, maniée, et préparée pour l'espèce d'arbre qu'on veut lui confier. Il est assez commun de trouver des espaliers dont les arbres sont trop rapprochés les uns des autres, plantés trop près du mur, ou dont les racines sont écourtées, mal distribuées et rassemblées en paquet, dont la greffe est enterrée, ou dont la tige se présente mal, parce que les yeux ne se trouvent point sur les côtés.

Les propriétaires ne devraient pas souffrir que les murs de leurs jardins fussent sans chaperons, et que, par un défaut d'entretien mal entendu, ils pussent offrir des abris à tous les insectes, au lieu d'être bien rejointoyés, crépis et blanchis; ils ne devraient pas non plus permettre d'établir des cordons de vignes au-dessus des arbres, ni de cultiver de gros légumes ou des pois hâtifs dans les plates-bandes qui contiennent les espaliers; ils devraient s'opposer à l'emploi de la bêche, au lieu de la fourche plate et de la houe, pour remuer la terre au pied des arbres.

Beaucoup de jardiniers attachent peu ou même point d'importance aux irrégularités qui se font remarquer dans les jeunes arbres dès la première année de la plantation; il semblerait, à les entendre, qu'il sera toujours temps de les redresser; mais ils devraient se persuader que ce qui était facile la première année le sera moins la seconde, parce que les racines, dont le développement est proportionné à celui des branches de la pousse précédente, seront toutes, au renouvellement de la sève, disposées à reproduire les mêmes effets, et qu'en s'y opposant seulement alors on occasionnera une plus ou moins grande désorganisation dans le système général de l'arbre.

On taille presque toujours trop tard. Les jardiniers peu instruits tiennent généralement les branches à bois trop courtes et celles à fruit trop longues; ils n'ont ni assez de prévoyance, ils ne prennent pas assez de précautions pour favoriser le développement du bourgeon terminal des branches à bois et des bourgeons du talon qui doivent remplacer les branches fruitières lors de la taille ou immédiatement après la chute ou la cueille des fruits; il y en a même qui n'ont point de plan de charpente arrêté; aussi les pêchers, entre leurs mains, ne prennent-ils que peu d'étendue et se dégarnissent-ils promptement, surtout dans les parties inférieures et dans le centre de l'arbre. Ils s'empressent de supprimer les gourmands ou les branches trop fortes, ce qui est une faute aussi grande que celle de les avoir laissé croître. On sentira toute l'énormité de cette faute si on comprend bien que ces gourmands ont des couches ligneuses qui se prolongent au-dessous de leur point d'insertion; que ces couches, n'étant plus alimentées, dépérissent et font obstacle à la circulation de la sève, ce qui occasionne la gomme et fait naître ailleurs de nouveaux gourmands, que l'on supprimera sans doute encore; mais, de suppression en suppression, on altère bientôt les branches, et, par conséquent, le corps de l'arbre, qui languit et dépérit promptement.

Il faut, lorsqu'on n'a pu empêcher les gourmands de se développer, ou plutôt lorsqu'on les trouve établis (car on peut toujours s'opposer à leur développement), ne pas avoir recours à la suppression, mais chercher à en tirer parti, comme on le fait à Montreuil, en sacrifiant pour leur faire place des branches usées ou près de l'être. On pourra ainsi, en changeant la forme de l'arbre, réparer la faute qu'on a commise, pourvu qu'on le gouverne ensuite de manière à prévenir la formation de nouveaux gourmands. Il est à propos d'ajouter que les gourmands dont on veut se servir doivent être arrêtés à une certaine hauteur, afin de faire gonfler les yeux du bas, qui, sans cette précaution, ne tarderaient pas à s'oblitérer.

Les espaliers offrent trop souvent le spectacle de vieux arbres surchargés de fruits, qui n'ont pas été renouvelés par des gourmands lorsque l'occasion s'en est présentée ou qui ne l'ont été qu'imparfaitement parce qu'on n'a pas su tirer parti des yeux que portait le talon de ces gourmands.

Aux fautes capitales que l'on vient de signaler on peut ajouter celles que l'on commet dans l'opération de la taille, lorsqu'elle est maladroitement faite, en laissant des onglets et des chicots, en donnant des coups de serpette sans faire attention au placement des yeux sur lesquels on taille, en ne rafraîchissant pas les traits de scie avec un instrument bien tranchant, en éclatant les branches, ou en employant des serpettes mal affilées, ou même le sécateur, comme à Montreuil, etc.

Le pincement est un acte de prévoyance auquel la plupart des jardiniers ont recours trop tard, ou même qu'ils omettent totalement; alors ils sont forcés de rabattre successivement à moitié, au tiers, puis aux trois quarts de leur longueur, les bourgeons qu'ils ont laissés en pure perte devenir trop forts, ou gourmands; d'autres tordent ces gourmands, dans le but, disent-ils, de les dompter; ou bien ils les éclatent, enlèvent à leur base un anneau d'écorce, les fendent, les clouent contre le mur; j'en ai vu même qui étaient à moitié sciés. On conviendra que de telles violences ne peuvent remplacer une opération simple, qui aurait détourné le mal dès son origine; aussi n'ont-elles d'autres résultats que d'amoindrir les récoltes et d'abréger la durée de la vie des arbres.

L'ébourgeonnement tardif est mauvais, parce qu'il favorise le développement des branches inutiles et des gourmands aux dépens des bourgeons qui doivent rester ; mais, d'un autre côté, si l'on ébourgeonne à sec ou trop tôt un arbre qui déjà aurait été taillé un peu court, les bourgeons restants deviendront trop forts, et perdront leurs qualités et leurs proportions de branches à fruits. Dans tout autre cas, c'est-à-dire si l'on a donné à la taille une longueur proportionnée à la vigueur de la pousse précédente, on ne saurait ébourgeonner trop tôt, et les arbres traités comme nous l'enseignons prendront promptement une grande étendue tout en se couvrant abondamment de fruits.

L'opération de l'ébourgeonnement, quoique faite à temps, peut avoir de mauvais résultats lorsqu'on supprime, sans distinction de force et de grosseur, les bourgeons qui se développent tant au-dessus qu'au-dessous des branches ; il en est de même lorsqu'on n'a pas la précaution de conserver, au-dessous des branches, les bourgeons les plus forts, au-dessous les plus faibles, de laisser entre eux des distances à peu près égales, et de veiller à ce qu'ils ne soient pas diamétralement opposés, mais disposés en alternant. On opère encore mal lorsqu'on retranche les bourgeons anticipés à ras du rameau, et lorsqu'on enlève avec eux la feuille qui est à leur insertion.

Les jardiniers qui palissent tardivement, pour n'avoir pas à y revenir, se privent d'un des plus puissants moyens que nous offre la nature pour maintenir ou rétablir l'égalité de force entre les branches correspondantes.

Un palissage mal fait offre des branches arquées tandis qu'elles devraient être en ligne droite, des feuilles renfermées dans les liens, des osiers trop serrés, qui, après avoir occasionné des bourrelets et des étranglements, finissent par être recouverts par l'écorce. Les jardiniers peu attentifs laissent les bourgeons s'engager derrière le treillage, ce qui les prive de branches quelquefois très-utiles à la forme de l'arbre ; beaucoup de fruits sont souvent contrefaits parce qu'ils ont été contrariés dans leur développement ; l'osier ou le jonc ne sont pas toujours passés dans le sens indiqué par la position de la branche à attacher, etc.

Il arrive aussi que les fruits sont trop tôt et trop promptement découverts, au lieu de l'être graduellement ; alors ils durcissent et prennent de la couleur aux dépens de la qualité de la chair, qui ne devient ni aussi abondante ni aussi sucrée que lorsqu'on a effeuillé avec les précautions nécessaires. Les ouvriers que l'on charge du soin de découvrir les fruits ne connaissent presque jamais assez les fonctions importantes des feuilles par rapport au bouton ou à l'œil qui se trouve placé à leur insertion ; aussi arrachent-ils ces feuilles au lieu de les couper avec soin, en laissant sur la branche le pétiole et tout ce qu'on peut conserver de la feuille sans priver le fruit des rayons du soleil. Ils découvrent aussi à la fois tous les fruits d'un même arbre, ce qui occasionne dans cet arbre une trop grande révolution et fait mûrir ses fruits simultanément.

La pêche est souvent cueillie avant le moment de sa maturité, quoique pour s'assurer qu'elle est mûre on l'ait quelquefois beaucoup trop maniée ; trop souvent aussi on la cueille par un temps humide ou pendant la chaleur du jour, ce qui tend à détériorer les fruits.

Les fumiers sont presque toujours enfouis trop verts et trop près des racines, Au moment de la taille, on n'a pas assez d'égards pour les arbres nouvellement fumés ; on les tient la plupart du temps aussi courts que de coutume, ce qui produit de grands désordres dans l'économie de ces arbres, à cause de l'excès de vigueur que la fumure donne à la végétation et des suppressions non prévues que cette taille trop courte nécessite.

CHAPITRE XXXVI.

Des insectes qui attaquent le pêcher.

Beaucoup d'insectes nuisent à la végétation du pêcher en attaquant ses feuilles, son bois ou ses racines. Ceux que nous avons remarqués plus particulièrement sous le climat de Paris sont le kermès, les pucerons, les perce-oreilles, le véro, les tigres sur feuilles et sur bois, les lisettes, le ver gris, les limaces, les limaçons, les rats, les loirs, etc. ; les guèpes, les frelons, les mouches ; les hannetons et les vers blancs ; les mulots, les taupes et les courtillères.

§ 1. — KERMÈS.

Les jardiniers, et même des auteurs distingués, tels que l'abbé Roger, Le Berriays, etc., donnent assez généralement aux kermès le nom de punaise; ces insectes, qui font un tort considérable aux arbres fruitiers, et particulièrement au pêcher, doivent être signalés aux cultivateurs, afin qu'ils puissent choisir le moment le plus favorable pour procéder à leur destruction, et nous avons pensé qu'il pourrait être utile de donner quelques détails sur l'histoire naturelle de ces animaux, que leur immobilité pourrait faire confondre avec des productions du règne végétal.

Le kermès femelle a bien deux antennes très-courtes et six pattes, mais ces appendices disparaissent sous un corps semblable à une baie, sans anneaux distincts, lorsqu'il a pris tout son accroissement.

Le mâle est une petite mouche dont la tête, le corps, le corselet et les six jambes sont d'un rouge foncé; il a deux ailes, grandes, d'un blanc sale, bordées d'un liséré rouge carmin; il porte à l'extrémité de l'abdomen deux filets blancs, dont la longueur, qui est double de celle des ailes, accompagne un aiguillon plus court, qui se recourbe un peu en dessous.

Ces insectes, du même genre que les cochenilles, courent en naissant sur les feuilles et sur les tiges des arbres, sont presque imperceptibles, et assez semblables à de petits cloportes blancs; au bout de quelque temps la femelle se fixe sur un point et y reste parfaitement immobile; bientôt son corps se gonfle, la peau se tend, devient lisse et sèche; les anneaux s'effacent et disparaissent; enfin elle perd tout-à-fait la forme et la figure d'un insecte, et ressemble plutôt aux galles ou excroissances qu'on trouve sur les arbres qu'à toute autre chose, ce qui lui a fait donner par quelques auteurs le nom de *gallinsecte*.

Les pêchers, ceux en espaliers surtout, sont quelquefois couverts de deux espèces de kermès : l'une ressemble à de petits grains de poivre qui approchent de la figure sphérique; l'autre, plus grosse, a la forme d'un bateau renversé. Ces espèces de tubercules, lorsque l'animal est vivant, adhèrent

tellement aux branches qu'on ne peut les détacher entièrement
qu'à l'aide d'une lame.

Au mois d'avril, les kermès, qui avaient passé l'hiver appliqués sur les branches, où ils offraient l'aspect de très petites
taches blanchâtres, se dépouillent de leur peau, deviennent
immobiles, et prennent dès ce moment un accroissement rapide. Lorsque celui-ci est parvenu à son terme, les mâles sortent de leur coque par sa partie postérieure et vont féconder les
femelles, qui conservent toujours la forme de galle. Bientôt les
mâles meurent, et les femelles font leur ponte; mais les œufs
ne restent pas à l'extérieur; ils sont ramenés entre la peau du
ventre de la femelle et le lit de duvet blanchâtre sur lequel elle
est posée. Celle-ci meurt à son tour, et son corps, sans changer de forme, continue à servir d'enveloppe et d'abri aux œufs,
dont le nombre est de plus de mille, qui sont sans adhérence entre eux et semblables à une poussière rougeâtre. Dix ou douze
jours après la ponte, les œufs donnent naissance à de petits insectes qui, lorsqu'ils ont acquis le degré de force nécessaire, se
montrent enfin vers le commencement de juin et se répandent
sur les feuilles, où ils se meuvent avec une très-grande rapidité jusqu'à ce qu'ils aient choisi la place qui leur convient le
mieux. Ils ne sont perceptibles qu'à la loupe; mais les fourmis
qu'ils attirent décèlent leur existence. Ils ne rongent point les
feuilles; ils en pompent le suc avec une trompe placée près de la
première paire de pattes. L'expérience a appris aux cultivateurs
que ces insectes épuisent les arbres, les font languir et même
périr. Il paraît qu'ils attirent beaucoup plus de sève qu'il n'en
faut pour leur nourriture, car la terre est quelquefois mouillée au-dessous des branches attaquées par les jeunes kermès,
et ces branches deviennent noires, sales, et couvertes d'une
substance sucrée ayant la consistance du miel.

A cette époque, comme on l'a déjà dit, les jeunes kermès sont
tellement petits qu'on les aperçoit très-difficilement; mais
si dans les jours chauds on détache une des feuilles sur lesquelles ils sont appliqués, cette feuille se dessèche bientôt;
les insectes, n'y trouvant plus de sucs, se mettent en mouvement pour en aller chercher de plus fraiches, et on peut les
voir alors avec plus de facilité. Vers le mois de novembre,

lorsque les feuilles vont tomber, la plupart des kermès les abandonnent et gagnent les jeunes branches, sur lesquelles ils s'attachent et restent engourdis pendant l'hiver. Les froids que nous avons éprouvés aux mois de novembre et décembre 1816, pendant lesquels le thermomètre est descendu à 9 degrés centigrades au-dessous de 0, n'ont point fait périr des kermès qui étaient restés sur des feuilles humides, tombées et très-fréquemment gelées; aussitôt que ces feuilles ont été approchées du feu, les kermès ont retrouvé toute leur agilité; d'où il résulte qu'on doit, avant que les feuilles ne tombent, les couper, pour les enterrer ou les brûler.

Les cultivateurs, pour lesquels nous écrivons, ont un urgent besoin de connaître les moyens les plus efficaces pour parvenir à la destruction des kermès. Or, d'après l'exposé succinct que nous venons de faire, il est évident que l'époque la plus favorable pour les détruire est celle qui suit immédiatement la fécondation, c'est-à-dire le milieu de mai pour le climat de Paris; car alors les femelles, qui restent seules, ayant pris tout leur accroissement, sont plus faciles à apercevoir; comme elles sont déjà mortes ou près de mourir, elles n'adhèrent plus autant à l'écorce, et, en les faisant disparaître, on anéantit dans son germe toute la génération nouvelle dont on eût subi les ravages. Les habitants de Montreuil se servent, pour détruire les kermès, de brosses un peu rudes, qu'ils promènent du bas en haut des branches pour ne point offenser les yeux et les boutons. Il ne faut plus que les jardiniers s'imaginent que les coques de kermès qu'ils voient sur les branches sont autant de punaises que leur peu d'agilité rend toujours faciles à détruire, dans un temps comme dans un autre.

§ 2. — PUCERON.

Le puceron est, sans contredit, l'insecte qui cause le plus de dommage aux jeunes pêchers; il pullule sur les feuilles, qu'il fait recoquiller, et paraît s'attacher de préférence à celles de l'extrémité des pousses, ce qui arrête momentanément la végétation des bourgeons terminaux, qui se courbent et perdent leur direction naturelle.

Les fourmis, qui semblent vivre des dégâts commencés par les pucerons, viennent les augmenter par leur nombre et leurs fréquentes allées et venues.

On détruit les pucerons en nettoyant les feuilles une à une, en coupant celles qui sont trop roulées, ou bien en faisant des fumigations de tabac, ce qui est plus expéditif et moins nuisible à la santé de l'arbre. On se sert pour cette opération d'un appareil en cuivre, dans lequel on met du feu et du tabac un peu humide. La fumée est chassée par le vent d'un soufflet dans un long tuyau que l'on dirige vers les branches attaquées. On doit éviter que la fumée n'arrive trop chaude sur les feuilles, surtout à l'extrémité des bourgeons, ce que l'on obtient en se servant d'un long tuyau pour conduire la fumée. Il faut, pour opérer, choisir un temps calme, et commencer toujours avant que le mal ait fait de trop grands progrès.

On pourrait faire les fumigations sous un châssis portatif extrêmement léger, en bois blanc, garni de papier huilé et fermé latéralement, qu'on appliquerait contre le treillage, en ayant soin de garnir avec de la mousse ou des linges mouillés l'intervalle qui resterait entre le treillage et le mur, afin de ne laisser aucune issue à la fumée, qui détruira promptement tous les pucerons, même ceux qui sont cachés dans les feuilles recoquillées. Il est surtout très-important de préserver des pucerons les jeunes arbres que l'on forme.

§ 3. — PERCE-OREILLES.

Les perce-oreilles font beaucoup de mal en attaquant d'abord les feuilles, ensuite les fruits, qu'ils percent afin de s'y loger. Pour les prendre, les jardiniers de Montreuil placent derrière le treillage ou entre les branches de petits paquets de bourgeons liés ensemble et garnis de feuilles; les perce-oreilles s'y retirent dans le jour; des enfants viennent alors visiter les arbres et secouent ces paquets dans un vase dont la surface est assez lisse pour qu'ils ne puissent en sortir. On place aussi au pied des arbres des pieds de moutons ou d'autres animaux, dans lesquels les perce-oreilles se retirent, et où l'on peut facilement les prendre et les détruire.

§ 4. — VÉRO OU VERDELLET.

Le *véro* ou *verdellet*, ainsi nommé par les cultivateurs de Montreuil, est un petit ver très-agile, qui attaque au printemps, et surtout pendant la sécheresse, les fleurs et les feuilles du pêcher; il semble sortir de l'extrémité des bourgeons, qu'il fait fourcher. Il est très-multiplié à Montreuil, où il cause plus de dégâts qu'ailleurs. Le cocon du véro, très-allongé, est d'un blanc jaunâtre, ainsi que la soie qui l'attache et qui est très-épaisse; il en sort un petit papillon de couleur de soufre. On peut détruire facilement cet insecte lorsqu'il est à l'état de chrysalide.

§ 5. — TIGRES.

Les tigres, qui ont aussi reçu leur nom des cultivateurs de Montreuil, causent de grands dommages aux feuilles et au bois de leurs pêchers.

1. *Tigre sur feuilles.*—Ces insectes s'attachent sous les feuilles et en détruisent le parenchyme; ils sont ailés, blancs, très-nombreux, très-actifs, et passent par masses d'une feuille à l'autre. Les temps de sécheresse et les expositions chaudes leur paraissent favorables; aussi est-ce sur les espaliers exposés au midi et au levant qu'ils se multiplient davantage.

2. *Tigre sur bois.* — Le tigre sur bois se plaît aux mêmes expositions que celui dont nous venons de parler, mais il semble immobile; on croirait voir de petits points de blanc de céruse que l'on aurait posés avec la pointe d'un pinceau très-délié autour d'une branche, mais surtout du côté du mur. Quelques-uns de ces petits points suffisent pour occasionner dans la partie où ils se trouvent le desséchement de l'écorce. La sève tend cependant à surmonter cet obstacle, et forme alors un bourrelet allongé; mais il en résulte toujours des obstructions très-préjudiciables. On peut y remédier en donnant du jeu à l'écorce par l'incision longitudinale de l'épiderme. Mais d'où viennent ces insectes? Comment se multiplient-ils? C'est ce

que les cultivateurs ignorent. Il serait à désirer que les entomologistes s'occupassent particulièrement des insectes qui causent des ravages dans les jardins; leurs recherches à cet égard
seraient très-utiles à l'agriculture, parce qu'elles suggéreraient
sans doute des moyens de destruction qui nous manquent.

Le tronc et les branches principales des pêchers semblent
quelquefois couverts d'une poussière d'un blanc sale, qui n'est
due qu'à la réunion de dépouilles d'insectes et d'insectes mêmes
qui sont probablement du genre des kermès; quelques cultivateurs les prennent encore pour des lichens; mais la matière
rougeâtre qui sort de cette poussière, lorsqu'on l'écrase, ne permet plus de douter qu'elle ne soit animée. Cet effet est plus
sensible vers la fin de juin qu'à toute autre époque.

Plusieurs entomologistes, auxquels je me suis adressé pour
avoir des renseignements sur ces insectes, m'ont déclaré qu'ils
ne les avaient pas encore observés.

Je ne suis parvenu à en débarrasser les branches, sur lesquelles ils déterminent des obstructions, qu'en les faisant laver,
à la chute des feuilles, avec une lessive de cendres et d'urine,
et en les enduisant ensuite avec un lait de chaux. Il faut re-
commencer cette opération plusieurs années de suite.

§ 6. — LISETTE.

La lisette verte et la lisette grise, connues sous le nom de
coupe-bourgeons, sont de petits charençons qui coupent en effet
l'extrémité des jeunes bourgeons. On les éloigne en aspergeant
de temps en temps l'extrémité des pousses avec de l'eau dans
laquelle on a fait bouillir des feuilles de tabac et du savon noir,
et que l'on a mêlée ensuite avec du tabac en poudre. Cette as-
persion, qu'il faut éviter de faire, comme tous les arrosements
en général, pendant que le soleil darde ses rayons sur l'espalier,
éloigne aussi les pucerons. La lisette cause de grands dégâts,
surtout lorsqu'elle détruit l'extrémité du bourgeon terminal
d'une branche-mère ou d'un membre.

§ 7. — VER GRIS.

Les pêchers sont sujets à être attaqués par de petits vers de

couleur cendrée, qui se fixent principalement à l'insertion de la
greffe et à celle des grosses branches. Leur présence s'annonce
par la *vermoulure* et le flux de gomme, qui est plus ou moins
abondant dans ces parties en raison du nombre des insectes. On
les découvre en coupant l'écorce par couche. Ils pénètrent quelquefois jusqu'à l'aubier, et même jusqu'au bois. Ces insectes
commencent leur attaque du côté du mur, et, lorsque l'arbre
est près de périr d'épuisement, ils descendent au-dessous de la
superficie du sol.

Ces insectes se fixent plutôt sur les vieux arbres que sur les
arbres encore jeunes.

Je ne connais pas d'autre moyen de les détruire que d'entamer l'écorce, ce qui est toujours un grand mal, que l'on pourrait prévenir en tenant les arbres propres, et en les couvrant
avec un enduit de chaux, de cendres et d'urine.

§ 8. — LIMACES ET LIMAÇONS.

Les limaces et les limaçons entament les pêches avant leur
maturité ; elles préfèrent celles qui ont la peau lisse. Elles su-
cent aussi les jeunes pousses. Nous avons indiqué, en traitant de
la *vigne*, des moyens de les détruire.

§ 9. — RATS, LOIRS, ETC.

Les rats et les loirs mangent les pêches lorsqu'elles commencent à tourner; aussi doit-on mettre de très-bonne heure des ap-
pâts contenant de la noix vomique pour les détruire. Il faut avoir
la précaution de mettre le poison dans de petits vases que l'on
attache au mur, pour que les animaux domestiques ne puissent
y atteindre. Il y a négligence de la part du jardinier lorsque les
fruits sont attaqués par les rats et les loirs, parce que leur destruction est facile.

§ 10. — GUÊPES, FRELONS, MOUCHES, ETC.

Voyez ce que nous en avons dit à l'article *Vigne*, page 73.

§ 11. — HANNETONS ET VERS BLANCS.

Voyez également l'article *Vigne*, page 71.

§ 12. — MULOTS, MUSERELS.

Ces animaux rongent les jeunes pousses des pêchers à mesure que les bourgeons se développent. J'ai vu, à Trianon, un espalier entier, tout nouvellement planté, être dévasté par ces animaux. Ces accidents accusent l'imprévoyance du jardinier, qui n'a pas su prévenir le mal et tendre des piéges avant le moment de la plantation. Les mulots détruisent aussi les amandes et les noyaux que l'on met en terre.

§ 13. — TAUPES ET COURTILLÈRES.

Les taupes et les courtillères, ou *taupes-grillons*, font beaucoup de tort aux pêchers par les souterrains qu'elles pratiquent le long des murs, et qui exposent les racines aux injures de l'air; en outre, les courtillères rongent ces mêmes racines, dont les plaies guérissent difficilement. J'ai donné, dans un traité sur la culture des patates douces, un moyen de détruire les courtillères qui est aussi infaillible qu'aisé à mettre en pratique. Je vais le répéter ici.

On prépare, en différents points du jardin, à l'automne, des couches avec du fumier chaud, où les courtillères viennent se réunir. En enlevant ces couches au bout de quelque temps, et en nettoyant la place avec un balai, on reconnaît bientôt les trous où les courtillères se sont retirées, aux petites élévations produites par la terre qu'elles rejettent en s'enfonçant dans le sol; on découvre chaque trou, qu'on remplit d'eau, en ayant soin de la verser doucement, afin qu'elle n'entraîne pas au fond la terre des parois; on verse ensuite une seule goutte d'huile, que l'eau, en pénétrant, conduit jusque sur le corps de la courtillère, et qui obstrue ses trachées; l'animal sort alors pour chercher l'air extérieur et périt aussitôt.

Si l'on aperçoit dans les plates-bandes une trace de courtillère, il faut la suivre avec le doigt jusqu'à ce qu'on arrive à l'endroit où cette trace s'enfonce; alors on élargit le trou; puis on verse de l'eau avec précaution, et enfin de l'huile. Si la courtillère ne sortait point, parce que la terre trop mouvante aurait retenu l'huile, on arroserait amplement le terrain et on marcherait dessus pour le tasser. Si la courtillère trace de nouveau, on finira par la prendre en réitérant l'opération.

CHAPITRE XXXVII.

Des maladies du pêcher.

On distingue les maladies accidentelles et celles qui sont inhérentes aux sujets. — Le blanc : de ses effets ; il est incurable, et se communique par la greffe et les semis. — La gomme : moyens de la guérir lorsqu'elle est accidentelle, et d'en diminuer les effets lorsqu'elle est inhérente. — La cloque est inhérente ; moyens d'en prévenir le développement. — Du rouge : il est absolument incurable et sans palliatifs connus.

Les pêchers, ainsi que tous les autres arbres, sont exposés à diverses maladies qui rendent leur végétation languissante et abrége la durée de leur existence. Les causes de ces maladies sont ou externes ou internes. Dans le premier cas, le jardinier soigneux et intelligent peut prévenir, détourner ou guérir le mal; mais si les causes de la maladie sont internes et inhérentes au sujet, on ne peut que soulager celui-ci par des traitements appropriés à son état, sans parvenir jamais à le guérir radicalement.

Les causes externes qui agissent sur le pêcher sont les intempéries des saisons, les insectes et les autres animaux, ainsi que les mauvais traitements. Les moyens à employer pour détruire leurs effets sont exposés dans les articles précédents.

Quant aux causes internes, elles donnent lieu à quatre maladies graves, qui se propagent par les semis et la greffe. Ces maladies sont le blanc, la gomme, la cloque et le rouge.

§ 1. — LE BLANC.

Le blanc, vulgairement appelé *lèpre*, est connu à Montreuil sous le nom de *meunier*, à cause de la couleur blanchâtre que contractent les feuilles, les rameaux et même les fruits des arbres qui en sont atteints. Quelques personnes veulent que cet effet soit dû à la production d'une matière cotonneuse qui s'oppose à la transpiration. En conséquence, l'abbé Rozier conseille de laver les feuilles et les rameaux attaqués, afin d'ouvrir les pores obstrués. Je ne blâme point ce procédé; mais il ne détruit pas le mal, dont le principe est inhérent à l'individu.

Le blanc est une des maladies les plus funestes aux arbres fruitiers ; il se déclare en juin, juillet, août et septembre, et se manifeste d'abord à l'extrémité des pousses. L'arbre ainsi arrêté cesse de s'étendre jusqu'à la fin de la saison. Quelquefois cependant un arbre très-vigoureux, attaqué faiblement et de très-bonne heure, repousse à la nouvelle sève ; mais le blanc ne manque pas de reparaître à l'automne.

Les effets du blanc varient suivant l'époque à laquelle le mal se déploie. Un arbre attaqué vers la fin de septembre est peu retardé ; mais celui qui est atteint dès le mois de juin souffre beaucoup et a de la peine à s'étendre. Les parties malades exhalent une odeur désagréable, perdent leurs feuilles avant le temps et ne portent que des yeux stériles. La sève se concentre alors dans le bas des branches.

Les fruits ont souvent des taches blanches qui les rendent plus ou moins amers et pâteux, selon les espèces et suivant l'intensité de la maladie.

Les arbres atteints par le blanc en sont attaqués tous les ans d'une manière plus ou moins apparente, selon la saison. Ce mal est absolument incurable ; il se communique par les semis et par la greffe, si le rameau a été pris sur un arbre malade, lors même que ce rameau serait sain. Les sujets communiquent aussi le blanc à la greffe.

De ce que le blanc se manifeste à l'extrémité des pousses, M. de La Ville-Hervé a conclu qu'il était produit par des causes extérieures ; car, dit-il, les maladies inhérentes au sujet doivent se manifester du bas en haut, en suivant la marche de la sève. Mais on pourrait, par analogie, répondre que la goutte, chez les hommes, qui provient assurément d'une cause intérieure, attaque cependant presque exclusivement les extrémités du corps.

L'exposition influe sur l'intensité du mal. On voit à Montreuil des espaliers tournés vers le levant dont les arbres ont presque tous le blanc, tandis que d'autres de la même espèce, exposés au couchant, en paraissent exempts (1). Beaucoup de personnes

(1) L'exposition en développe tellement les symptômes qu'en 1816 le pêcher dont nous donnons la figure dans la planche IX, palissé sur trois faces, présentait, à la face exposée au levant, des branches violemment attaquées du blanc, tandis

en ont conclu mal à propos que c'est l'exposition qui donne la maladie. On croit encore assez généralement que certaines espèces y sont plus sujettes que d'autres.

Les causes d'une maladie aussi funeste intéressent trop l'arboriculture pour n'avoir pas excité la curiosité des savants, et plusieurs en ont fait l'objet de leurs recherches. M. de La Ville-Hervé veut que le principe du blanc soit la gomme qui flue des feuilles (cette gomme diffère de l'autre en ce qu'elle ne se dégage pas par bouillon, mais par petites parcelles). Il prétend que la sève, en redescendant après son mouvement d'ascension, trouve à son retour les passages fermés et se jette à l'extérieur.

Le même auteur avance que le blanc est causé par les vents froids, qui arrêtent subitement la transpiration. Il est difficile de faire concorder cette opinion avec les époques auxquelles la maladie attaque les arbres, car on la voit souvent se manifester dans la canicule.

On a, par un système opposé, prétendu que le blanc provenait de la sécheresse ; mais nous le voyons se montrer dans les saisons pluvieuses, en automne, par exemple.

L'abbé Rozier pense que le blanc a le même principe que la miellée, qui n'est qu'un épanchement accidentel de sève.

Duhamel attribue ce mal à l'effet d'une extravasion de sève mal digérée, et il la juge sans remède. « L'amputation de toutes « les branches attaquées, dit-il (si toutefois c'est une ressource), « ne doit point être différée ; encore ce soin est-il inutile : votre « arbre languira malgré cet expédient. S'il donne des fruits, ils « seront sans saveur et très-âpres ; et définitivement, au bout « de trois ans au plus, vous perdrez l'arbre. »

Quant à l'impossibilité d'extirper le mal, Duhamel a très-certainement raison ; mais il est dans l'erreur quant à la courte durée qu'il assigne aux arbres malades ; on sait qu'ils peuvent vivre très-longtemps avec le blanc.

D'autres auteurs enfin voient la source du blanc dans la trop grande affluence vers l'extrémité des bourgeons du principe gommeux, qui se trouve ainsi détourné de ses voies naturelles de circulation. Ils ont cru y remédier par le pincement des

que celles du même arbre qui étaient palissées au couchant n'en offraient que de faibles traces.

branches attaquées ou par l'élagage. Ils se sont flattés d'écarter, par ces procédés, la partie gangrenée, et d'obtenir de nouveaux bourgeons dont les pores offrent à la sève autant de canaux de circulation. M. de La Ville-Hervé notamment justifie cette méthode curative par des raisonnements qui paraissent incontestables, et il finit par dire qu'elle lui a toujours réussi. Cette assertion est malheureusement contredite par l'expérience; tous ces prétendus remèdes contre le blanc ne sont pas même des palliatifs; le pincement et la mutilation surtout ne rendent jamais à un arbre son état de santé et de vigueur normale.

L'opinion vulgaire est que la proximité d'arbres malades suffit pour communiquer le blanc aux arbres sains; l'expérience dément encore ce préjugé. Au potager de Versailles, de grands arbres très-anciens, affectés du blanc, étaient contigus à d'autres pêchers également âgés, qui sont restés constamment en état de santé, quoique j'aie fait croiser à dessein les branches des uns sur celles des autres.

Forcé de reconnaître l'impossibilité de guérir les individus attaqués de cette maladie, je conserve encore l'espérance qu'on pourrait parvenir petit à petit à régénérer les espèces qu'elle a détériorées, en les propageant par boutures herbacées.

§ 2. — LA GOMME.

La gomme affecte plus particulièrement les arbres fruitiers à noyaux que les autres, parce que leur écorce n'obéit pas aux affluences déréglées de la sève; ainsi, tout ce qui fait obstacle au libre passage de la sève est une cause qui détermine la gomme. Les meurtrissures, les gelées, les coups de soleil sur les jeunes pousses, les tailles marquées par autant de coudes très-saillants, les nodus, les plaies non recouvertes, et surtout le peu d'analogie des sujets avec le rameau de la greffe, qui sont autant d'empêchements au libre cours de la sève, doivent contribuer à faire fluer la gomme. Toutes ces causes étant accidentelles offrent des moyens de guérison; mais lorsque l'arbre est attaqué de la gomme parce que la semence dont il provient ou le sujet était gommeux, nous considérons cette maladie comme dangereuse, parce qu'elle est inhérente à l'arbre. Dans ce cas, elle se propage par la greffe ou par les semences.

La gomme se manifeste au printemps et au mois d'août sur les nouvelles pousses et sur celles de l'année précédente, et affecte de préférence les bourgeons les plus vigoureux. Si l'on observe à ces époques les branches d'un pêcher disposé à devenir gommeux, on pourra remarquer, sous l'écorce, des dépôts qui la rendent flasque au toucher. Lorsque ces tumeurs sont petites et peu nombreuses, elles fluent naturellement et l'arbre s'en débarrasse par sa vigueur; mais lorsque l'épiderme ne cède point et que la gomme ne peut s'épancher au dehors, son séjour prolongé détermine d'abord la chute des feuilles, puis l'extinction des yeux et des boutons inférieurs; la force de la végétation, se portant alors à l'extrémité des branches, produit un effet contraire à celui du blanc, qui concentre la sève dans le bas de celles-ci. On voit même périr subitement par la gomme des branches, des membres entiers chargés de fruits (1). Il faut donc se garder de planter de jeunes sujets attaqués de la gomme; car, malgré l'art que le jardinier pourrait apporter à la taille, il aurait peine à les diriger contre les murs, où ils offriraient constamment un aspect désagréable à cause des vides qui se formeraient dans le bas de l'arbre et de ceux qu'occasionnerait la suppression forcée des membres; d'ailleurs les fruits se ressentiraient toujours des mauvaises dispositions de l'arbre.

Un jeune arbre attaqué de la gomme ne pousse pas moins vigoureusement qu'un autre; mais, malgré ses belles apparences, on doit le réformer dès la première année, aussitôt que la gomme se décèle. Quelquefois celle-ci ne fait périr d'abord qu'une ou deux petites branches latérales de la greffe; cela suffit pour indiquer la présence du mal. Les pépiniéristes soigneux ont l'habitude de retrancher les branches attaquées par la gomme; l'acquéreur doit donc observer s'il y a des branches coupées, et s'informer des motifs qui ont nécessité ce retranchement. Les pêchers taillés trop court, fumés à contre-temps, et troublés dans leur pousse, sont plus sujets à la gomme que les autres ar-

---

(1) La moelle des branches que la gomme a fait périr est tantôt jaune, tantôt noire, ou seulement parsemée de points noirs. Les racines d'un arbre malade de la gomme sont toujours plus maltraitées que les branches.

bres, parce que, dans le pêcher, l'affluence de la sève ne force pas, comme dans les autres végétaux, l'écorce à céder, à se détendre. Dans ces arbres, les fibres sont longitudinales ; dans le pêcher elles sont cylindriques.

Le remède contre la gomme accidentelle consiste à pratiquer au-dessus et au-dessous du point attaqué trois ou quatre petites incisions longitudinales très-légères, de $0^m,027$ environ de longueur, dans le but de donner une issue au peu de gomme qui ne serait pas encore sortie ; puis, à l'opposé de ce même point, on pratiquera une ou deux incisions longitudinales de $0^m,10$, $0^m,15$, $0^m,20$ et plus de longueur, suivant le besoin et la grosseur de la branche. Toutes les incisions faites aux arbres sujets à la gomme doivent être très-nettes et très-légères, et ne pas pénétrer beaucoup au-delà de l'épiderme.

On aura soin, avant tout, de retirer la gomme et de nettoyer la plaie, qu'on s'abstiendra de recouvrir de quelque onguent que ce soit ; les corps que l'on mettrait sur ces sortes de plaies conserveraient ou renfermeraient une certaine humidité qui serait très-préjudiciable à l'arbre ; ces plaies doivent rester exposées à l'air et au soleil.

Nous avons acquis la presque certitude que la gomme ne se produit que parce que les écorces ne cèdent pas assez aux affluences de la sève, qui sont souvent déréglées dans le pêcher. Il faut, pour éviter le mal que peuvent causer ces affluences, aussitôt qu'on s'aperçoit que les écorces sont trop tendues, s'empresser de les ouvrir. On en reconnaît le besoin aux pousses grêles de la branche, et à l'inspection de l'écorce, qui a des taches livides. Dans ce cas, une incision longitudinale faite à l'épiderme laisse à l'écorce la facilité de se dilater et d'obéir aux mouvements de la sève, qui, trouvant de nombreux canaux pour la recevoir, les parcourt sans obstacles. Nous avons dit que les incisions faisaient grossir et profiter les branches sur lesquelles on les pratiquait ; il faut donc prendre garde de rompre par des incisions inutiles l'égalité de force des branches entre elles.

Dumoutier a traité, au Petit-Trianon, une assez grande quantité de pêchers qui étaient, pour ainsi dire, abandonnés à cause de la gomme qui les avait attaqués. Tous ceux sur lesquels il a pratiqué des incisions ont donné des pousses plus fortes et plus allongées qu'avant le traitement ; les arbres ont repris de la vigueur, et ils étaient encore, en 1825, très-remarquables par la beauté et la couleur foncée de leur feuillage. La gomme a disparu, et les branches sur lesquelles elle séjournait depuis longtemps en laissent seulement apercevoir les traces, qui sont sèches, un peu noires, mais parfaitement cicatrisées.

Le résultat de ces expériences est contraire à l'opinion que j'ai émise dans mon traité sur les maladies des arbres, où j'ai regardé la gomme comme un mal incurable ; depuis la première édition de cet ouvrage, j'ai acquis la pleine conviction que des incisions faites avec ménagement et en temps convenable suffisaient pour guérir les arbres attaqués de la gomme par des causes accidentelles. Quant aux arbres radicalement viciés, parce que les sujets proviennent d'amandes gommeuses ou de greffes prises sur des arbres affectés de cette maladie, nous en possédons deux que nous empêchons depuis plusieurs années de périr en y pratiquant des incisions aussi souvent que la gomme reparaît. Ces arbres vivent, poussent çà et là de forts rameaux ; ils sont assez étendus ; mais ils ne produisent que très-peu de fruits, les fleurs étant très-rares. Les amandes de ces fruits, dont la chair cotonneuse est insipide, sont gommeuses.

§ 3. — LA CLOQUE.

C'est surtout au printemps ou à la seconde pousse, lorsqu'à de vives chaleurs succèdent des pluies ou des temps froids, que la cloque se développe dans les sujets qui en recèlent le germe. Les feuilles épaississent et se boursoufflent, leur couleur se ternit ; elles se crispent, et les bourgeons se contournent ; on croirait que toutes les parties de l'arbre éprouvent les effets d'une transpiration arrêtée. Le mal est d'autant plus grave que les bourgeons sont plus jeunes.

Les suites de ces accidents sont la chute des feuilles et des fruits, l'appauvrissement des yeux et des boutons, qui ne donnent plus que des productions avortées.

Les jardiniers peu observateurs attribuent la cause de cette maladie aux *mauvais vents*, sans réfléchir que le même mur, frappé dans toutes ses parties par ces mêmes vents, présente des sujets sains à côté de ceux qui sont attaqués de la maladie ; d'où l'on peut conclure que le virus que recèlent ces arbres se développe plus ou moins suivant que leur végétation est arrêtée par une température ou par des pluies froides.

Nous avons eu occasion d'observer depuis plusieurs années au potager de Versailles divers effets de la cloque, entre autres sur un pêcher dont une moitié est palissée sous une corniche très-saillante, et l'autre contre un mur sans chaperon ; il est remarquable que cette dernière moitié de l'arbre est presque tous les ans atteinte par la cloque, tandis que la première en est garantie ; quelquefois seulement des bourgeons de cette partie en sont légèrement frappés ; encore le mal n'atteint-il que ceux qui se détachent du mur et dont l'extrémité est la plus exposée à l'air libre.

Nous proposons comme préservatif, non-seulement les chaperons en tuile (pl. III, fig. 10), mais encore les auvents en paillassons (fig. 11), qui auraient 0^m,50 de saillie, et que l'on pourrait placer et retirer à volonté. Cette dernière couverture sera particulièrement utile aux expositions du couchant et du midi, pour certains sujets et pour certaines espèces, telles que la mignonne à grande fleur, etc.

Comme les pucerons déterminent aussi la déformation des feuilles et des bourgeons, on a pu croire quelquefois que des arbres attaqués par ces insectes étaient atteints de la cloque, et on en a conclu que les arbres cloqués attiraient plus que d'autres les fourmis et les pucerons ; c'est là une erreur : ces derniers animaux ne s'attachent qu'aux feuilles tendres et jeunes de l'extrémité des bourgeons.

Dans le but de guérir l'arbre, on s'empresse souvent de couper les feuilles et même les bourgeons malades ; il vaut mieux attendre, sinon la fin de la crise, au moins le moment où la sève commence à reprendre son cours. Si la saison n'est pas trop avancée, on rabat ces bourgeons sur des yeux sains, même sur ceux du talon ; on peut alors espérer d'avoir des fruits l'année suivante. Dans le cas contraire, il faut ajourner toute suppression jusqu'à la taille du printemps. Lorsque des arbres se trouvent dans ce cas, on doit alimenter la végétation des nou-

velles pousses par des engrais bien consommés et par des arrosements de jus de fumier.

§ 4. — LE ROUGE.

Le rouge est une maladie exclusivement propre au pêcher et
jusqu'à présent incurable. Tout le jeune bois prend d'abord une
teinte rougeâtre, et le sujet périt bientôt, en même temps que
la couleur devient plus vive. Quelques arbres néanmoins conservent une existence languissante pendant trois ou quatre années, au bout desquelles ils meurent tout-à-coup et dans leur
entier. Cet événement arrive communément au printemps ou
lors de la maturité des fruits, dont les arbres attaqués sont naturellement très-chargés, parce que leurs rameaux, poussant
vigoureusement, se mettent tous à fruit.

Les pêchers les plus susceptibles d'avoir le rouge sont ceux
qui ont été greffés sur des sujets d'amandiers à coque tendre,
parce qu'ils poussent d'abord plus vigoureusement que ceux
qui proviennent d'amandes à coque dure. Cette vigueur apparente trompe aussi bien les pépiniéristes que les acquéreurs.

Des observations multipliées m'ont convaincu que le rouge
affecte aussi presque toujours les arbres provenus d'amandes
tachées de gomme intérieurement, ou même seulement sur le
brou.

On a cru remarquer que les pêchers étaient plus fréquemment atteints par le rouge lorsqu'on plaçait des cordons de vignes au-dessus des espaliers; je ne partage point cette opinion;
le rouge est une maladie inhérente au sujet, et indépendante
des causes accidentelles, qui ne peuvent que la faire développer
plus promptement et en augmenter l'intensité. Sous ce point de
vue, les cordons de vignes, qui ont d'ailleurs beaucoup d'autres
inconvénients, peuvent être nuisibles, aussi bien que la mauvaise qualité de la terre, etc., etc.

On ne connaît encore aucun moyen de sauver un arbre attaqué du rouge. Aussitôt qu'on aperçoit les symptômes de la maladie, il faut sacrifier l'arbre, dont les fruits, bien que plus
hâtifs, sont toujours pâteux et insipides, malgré leur belle apparence.

Le rouge se transmet par la greffe et les semis. Puisqu'il est incurable, on ne peut s'en préserver qu'en plantant des pêchers sains; aussi avons-nous recommandé aux acheteurs de faire leurs choix dans les pépinières avant la chute des feuilles, parce qu'on juge mieux alors de l'état de santé des arbres.

CHAPITRE XXXVIII.

Nomenclature et description des différentes espèces de pêches.

Quoique la nomenclature établie par Duhamel pour distinguer les diverses espèces de pêches soit la plus généralement adoptée, j'ai dû préférer celle qu'a donnée M. Poiteau, parce que, lorsque j'ai voulu, aux époques de la floraison et de la maturité, déterminer le nom des fruits suivant la méthode de Duhamel, je me suis aperçu que l'on ne s'entendait plus, que plusieurs espèces avaient disparu, et que Duhamel avait quelquefois donné des noms différents à des espèces semblables; par exemple, la *belle chevreuse* est évidemment l'*admirable,* qu'il aura décrite dans un certain état de maladie.

Duhamel n'a pris pour base de ses descriptions que six caractères; M. Poiteau en a adopté dix, ce qui facilite les recherches. Qu'on veuille, en effet, trouver le nom d'une *pourprée hâtive* avec le système de Duhamel; on sera obligé de la chercher péniblement, parmi une douzaine d'espèces qui ont comme elle les fleurs grandes, le fruit duveté et la chair adhérente au noyau, tandis que, suivant la méthode de M. Poiteau, on la déterminerait sur-le-champ, parce qu'elle est la seule, parmi ces douze sortes, dont les glandes soient *réniformes* (1).

D'ailleurs je n'ai admis dans le catalogue ci-après que les espèces réellement recommandables, parce qu'elles seules intéressent les cultivateurs et les particuliers. Il est d'ailleurs bien reconnu que les catalogues trop détaillés égarent les acheteurs, et ne sont favorables qu'aux pépiniéristes.

(1) Les glandes réniformes présentent une petite cavité dans leur centre; elles sont moins régulières, mais plus grandes que les glandes globuleuses. Le nombre des glandes varie de deux à cinq ou six sur chaque feuille, dans les espèces qui n'ont pas pour caractère d'en être absolument privées.

Les semis que j'avais fait commencer dans la vue de renouveler ou d'augmenter les bonnes espèces auraient offert sans doute beaucoup de nouvelles variétés dont nous n'aurions conservé que les plus parfaites ; mais ces semis ont été détruits ou abandonnés après ma mise à la retraite.

Les cultivateurs commerçants préfèrent à toutes les autres les espèces fortement colorées, celles qui produisent beaucoup, qui rapportent chaque année, enfin celles qui sont moins sensibles aux effets des gelées printanières. Aussi les jardiniers de Montreuil ne cultivent-ils que quatre espèces, qui, plantées à diverses expositions, suffisent pour alimenter la vente pendant toute la saison. Ces espèces sont la grosse-mignonne, la bourdine, la Madeleine à moyenne fleur et la chevreuse tardive.

Les espèces dont les fruits sont le plus gros et le plus savoureux sont, en général, les moins productives ; aussi ne les trouvet-on que dans les jardins des connaisseurs, qui, malgré les dangers que les gelées tardives font courir à ces espèces délicates, pourront assurer chaque année la récolte des fruits en faisant chaperonner leurs murs, ainsi que nous l'avons indiqué.

§ 1er. — DESCRIPTION DES ESPÈCES ET VARIÉTÉS COMPRISES DANS LE TABLEAU, PAGE 243.

I. — *Fruits à duvet dont la chair n'adhère pas au noyau.*

1. *Avant-Pêche blanche* (Duh.). Arbre de médiocre grandeur, ayant les bourgeons effilés, les feuilles dénuées de glandes et bordées de grandes dents. A sa fleur grande et très-pâle succède un petit fruit arrondi d'environ 0^m,027 de diamètre, toujours blanc, dont la chair se détache difficilement du noyau, et dont l'eau, ordinairement très-sucrée, n'a le parfum musqué dont parle Duhamel que dans le cas où l'arbre, en pleine santé, est cultivé dans une certaine qualité de terre. Au reste, le plus grand mérite de ce petit fruit est de mûrir dans la première quinzaine de juillet. Cette espèce était autrefois cultivée à Montreuil.

2. *Pêche d'Ispahan*. L'arbre est venu de noyaux rapportés de Perse en 1799 par Brugnières et Olivier ; il a fructifié pour la

première fois en France en 1806. Ses feuilles sont dénuées de glandes et bordées de grandes dents ; il a la fleur grande et très-pâle. Son fruit, jusqu'ici encore petit et peu coloré, annonce d'excellentes qualités, et pourrait le disputer à nos meilleures pêches si, comme elles, il était cultivé avec tous les soins convenables. Il mûrit à la mi-septembre à Paris, et en novembre à Ispahan.

3. *Madeleine de Courson* (Duh.). Cet arbre, très-sujet au blanc, vigoureux, est d'ailleurs très-fertile ; ses feuilles sont dénuées de glandes et bordées de grandes dents aiguës ; ses fleurs sont grandes et bien colorées. Son fruit, un peu moins gros que la grosse-mignonne, est plus ferme, plus coloré, surtout plus vineux et plus parfumé que celui-ci. Il mûrit vers la mi-septembre et se garde assez bien ; mais la grosse-mignonne, qui mûrit en même temps, doit lui être préférée.

4. *Pêche de Malte* (Duh.). L'absence de glandes et les grandes dents des feuilles de ce pêcher le rapprochent naturellement des Madeleines. Ses fleurs sont grandes et très-pâles ; ses fruits sont ronds, aplatis au sommet, de médiocre grosseur, marbrés d'un rouge de brique du côté du soleil. La chair en est des plus fondantes, presque transparente, fine et très-délicate ; elle a l'eau assez sucrée, fort agréable, mais pas assez parfumée. Cependant la pêche de Malte mérite une place distinguée par sa délicatesse. Elle mûrit du 20 août au 20 septembre. Un terrain bien préparé donne à ce fruit le parfum le plus délicieux.

5. *Pêche Cardinal* (Duh.). Arbre d'une petite stature, très-fertile ; ses feuilles, absolument dénuées de glandes, sont bordées de grandes dents surdentelées. Les fleurs sont de la même grandeur que celles de la Madeleine de Courson ; les fruits, de moyenne grosseur, sont ordinairement aplatis au sommet. Leur peau est recouverte d'un duvet roussâtre qui ressemble à de la moisissure ; mais elle se détache aisément de la chair, qui est fortement marbrée de rouge violet vers la circonférence. Cette chair, fondante lors de la maturité, est fade et devient ensuite pâteuse ; son eau est sans saveur. Cette pêche mûrit à Paris vers le 15 octobre ; elle ne doit être cultivée que pour l'office. Dans le midi de la France, il existe plusieurs sortes de pêches rouges très-bonnes, venues de noyaux, que l'on appelle Pêches-Bette-

raves. J'ai vu aux États-Unis des Pavies de cette couleur d'une grosseur monstrueuse.

6. *Mignonne hâtive* (Poit.). Simple variété de la grosse-mignonne, mais plus petite. Ce fruit, presque toujours terminé par un mamelon fort élevé, a le précieux avantage de mûrir douze ou quinze jours plus tôt que la grosse-mignonne.

7. *Grosse-Mignonne, Vineuse, Belle-Bauce.* La grosse-mignonne est une des plus anciennes et des meilleures espèces de pêches connues; mais, comme on l'a multipliée assez souvent de noyaux, il en est résulté un grand nombre de variétés inférieures qui l'ont un peu discréditée. Cependant il paraît que le type primitif s'est reproduit dans la variété appelée la *Belle-Bauce*, du nom de celui qui l'a retrouvée; il faudrait donc multiplier aujourd'hui cette Belle-Bauce, et abandonner toutes les variétés abâtardies.

L'arbre est très-fertile et devient fort grand; le bois en est flexible, menu, rouge du côté du soleil; ses feuilles sont bordées de petites dents et munies de glandes globuleuses; sa fleur est grande; son fruit arrondi, divisé en deux lobes par un profond sillon, attaché par une queue très-courte, et assez souvent muni d'un petit mamelon au sommet. Cette pêche a ordinairement de $0^m,06$ à $0^m,07$ de diamètre, et se colore d'un très-beau rouge velouté. La chair en est des plus fondantes; quoiqu'elle soit généralement fort bonne, on désirerait qu'elle fût plus constamment parfumée. La maturité de ce beau fruit arrive vers le 20 août; il dure peu, et devient plus pâteux que les autres dans les années pluvieuses. Duhamel en fixe mal à propos la maturité à la mi-septembre.

8. *Grosse-Mignonne frisée* (Poit.). Autre variété de la grosse-mignonne, dont les fleurs sont tellement frisées qu'on a peine à les reconnaître pour des fleurs de pêcher à une certaine distance. Le fruit, très-abondant, n'offre rien de particulier; un peu aigrelet, il mûrit plus tard que les autres et leur est un peu inférieur en qualité. Cette variété a été décrite au potager de Versailles.

9. *Pourprée hâtive* (Duh.). Les arbres qui donnent cette pêche et ceux qui produisent les Madeleines sont les espèces sur lesquelles le blanc fait le plus de ravages. Quand ils ne sont pas

atteints de cette maladie, ils acquièrent en peu de temps une grande étendue par suite de leur vigoureuse végétation. Leurs feuilles, bordées de petites dents, sont munies de grosses glandes réniformes ; aux fleurs nombreuses, grandes et extrèmement colorées, succèdent de superbes fruits bien arrondis, qui atteignent jusqu'à 0^m,07 de diamètre, et qui se colorent en rouge-brun très-foncé du côté du soleil et en jaune du côté du mur ; ils ont la chair très-fondante, l'eau sucrée et un peu vineuse. La maturité de cette excellente espèce arrive vers la fin d'août et précède un peu la grosse-mignonne.

10. *Pêche à fleur double* (Duh.). Les fleurs, belles, grandes et semi-doubles, ne sont pas toujours stériles ; souvent à ces fleurs succèdent des fruits arrondis, d'un rouge vif du côté du soleil, et qui acquièrent jusqu'à 0^m,045 de diamètre. Ils ont la chair savoureuse, acidulée et très-bonne. Leur maturité arrive en plein vent dans la dernière quinzaine de septembre.

11. *Madeleine à moyenne fleur* (Poit.). Cette dénomination est plus exacte que celle de *Madeleine à petite fleur*, qu'on lui a donnée jusqu'à présent. L'arbre a la force, la fertilité et les feuilles de la Madeleine de Courson ; il n'en diffère que par ses fleurs de moyenne grandeur, par son fruit un peu moins gros, meilleur, plus vineux et plus coloré. Ce fruit mûrit immédiatement après la Madeleine de Courson ; quelques auteurs l'appellent *Madeleine tardive*. Cet arbre, sujet au blanc, rapporte beaucoup ; la grosseur et les qualités de son fruit dépendent de la quantité qu'on en laisse sur l'arbre ; lorsqu'on l'a suffisamment éclairci, il peut devenir plus volumineux et plus coloré que la grosse-mignonne.

12. *Alberge jaune, Avant-Pêche jaune, Rosanne.* Cette espèce offre de nombreuses variétés, tant par la grosseur que par l'époque de la maturité de ses fruits ; elle est d'ailleurs très-fertile. Ses feuilles, munies de glandes globuleuses, sont à petites dents, et prennent de très-bonne heure un ton de rouille ; sa fleur est de moyenne grandeur ; son fruit, arrondi ou comprimé sur les côtés, muni ou dépourvu de mamelon au sommet, atteint jusqu'à 0^m,055 de diamètre ; il est remarquable par la couleur jaune qu'il prend en dehors et en dedans longtemps avant de mûrir ; il se teint ensuite d'une couleur rouge foncé

du côté du soleil à l'époque de sa maturité, qui arrive dans la dernière quinzaine d'août. Il faut que ce fruit soit très-mûr pour être bon. J'ai remarqué que cette pêche perd son jus et devient sèche quand l'arbre rentre en sève, ainsi que cela s'observe généralement pour les orangers.

13. *Admirable* (Duh.). Ce nom a été donné à un pêcher de la plus grande taille et de la plus belle végétation, et dont les feuilles sont bordées de petites dents et munies de glandes globuleuses. Les fleurs sont de moyenne grandeur et vivement colorées. Son fruit étonne quelquefois par son volume, mais il a le plus communément 0^m,07 de diamètre ; il est toujours bien arrondi, marqueté du côté du soleil d'un rouge clair, vif, peu étendu ; sa chair est fondante et son eau très-sucrée. Il mûrit dans la dernière quinzaine de septembre.

Si l'arbre n'est pas bien portant, le fruit devient amer et souvent on trouve le noyau ouvert.

14. *Galande* (Duh.). La Galande, connue aussi sous le nom de *Bellegarde*, est d'une espèce très-fertile et d'un bon rapport. Le pêcher qui la porte a les feuilles finement dentelées et munies de glandes globuleuses ; sa fleur est petite, peu colorée ; son fruit, de moyenne grosseur, est ordinairement bosselé dans les années pluvieuses, et toujours si coloré qu'il paraît presque noir. Il est d'ailleurs excellent quand sa saveur n'est pas altérée par un goût d'âcreté qu'il contracte lorsque l'arbre n'est pas en état de santé. Il mûrit vers la fin d'août. Autrefois il était très-cultivé à Montreuil.

15. *Bourdine* (Duh.). Cet arbre, vigoureux et fertile, réussit en plein vent aussi bien que le pêcher grosse-mignonne. Ses feuilles, bordées de petites dents, sont munies de glandes globuleuses ; sa fleur est petite ; son fruit, gros, rond, rarement mamelonné, d'un beau rouge du côté du soleil, a la chair fine et fondante, l'eau vineuse et le noyau petit. Il mûrit vers la fin de septembre.

16. *Téton de Vénus* (Duh.). L'arbre, les feuilles, les glandes et les fleurs du Téton de Vénus, ressemblent à ceux de la Bourdine ; mais le fruit de celui-ci est ordinairement plus gros, moins rouge, et constamment surmonté d'un gros mamelon. Cependant, comme il y a aussi des Bourdines un peu mamelon-

nées, qu'on pourrait confondre avec le Téton de Vénus, nous ferons observer que le noyau de la Bourdine est petit en raison du volume du fruit, et que celui du Téton de Vénus est fort gros. L'une et l'autre mûrissent à la fin de septembre.

17. *Petite-Mignonne* (Duh.). L'arbre qui la donne est un peu plus grand, plus fertile que le précédent, et presque aussi délicat. Ses feuilles sont étroites, bordées de petites dents, et munies de glandes réniformes ; sa fleur est petite, peu colorée ; son fruit, d'un beau rouge tendre, marqué de petits points toujours bien arrondis, varie en grosseur depuis $0^m,027$ jusqu'à $0^m,04$ de diamètre ; son sommet est ou aplati ou muni d'un mamelon aigu ; la chair en est blanche, fine, fondante ; l'eau sucrée et délicieuse. Cette excellente pêche mûrit dans le commencement d'août et se conserve longtemps sur l'arbre, mais elle y devient molle.

18. *Chevreuse tardive* (Duh.). Le pêcher qui la produit est sans contredit le plus fertile de tous. Ses feuilles sont bordées de petites dents et munies de grosses glandes réniformes ; sa fleur est petite et peu colorée. Le fruit, très-duveté, allongé, reste souvent bosselé et irrégulier jusque vers le 20 août ; à cette époque sa chair se forme ; il s'arrondit, commence à se colorer d'un rouge vif qui passe ensuite au rouge pourpre foncé du côté du soleil ; enfin sa maturité arrive presque subitement du 15 au 30 septembre. Cette pêche, ayant la chair bien fondante et l'eau très-vineuse, doit être placée au rang des meilleures espèces.

19. *Pourprée tardive* (Duh.). Ce pêcher se reconnaît à ses feuilles crépues en automne, et garnies de glandes qui sont grosses et réniformes. Sa fleur est petite et peu colorée. Le fruit en est très-velouté, de moyenne grosseur, assez arrondi, d'un beau rouge du côté du soleil ; mais dans les années froides il se colore à peine en dehors, quoique sa chair soit très-rouge autour du noyau. C'est la meilleure pêche qui mûrisse au commencement d'octobre.

II. — *Fruits à duvet dont la chair adhère au noyau.*

20. *Pavie-Madeleine*. On est convenu d'appeler Pavie toute pêche couverte de duvet et dont la chair adhère fortement de-

toutes parts au noyau. Les Pavies, très-estimées en Italie et aux
États-Unis, le sont peu et ne méritent guère de l'être aux environs de Paris, où la température n'est pas assez constamment
élevée pour leur donner toutes les qualités qu'elles acquièrent
dans les pays plus méridionaux (1). La Pavie-Madeleine est celle
qui mûrit le mieux à Paris. Son arbre a le bois gros, les feuilles
grandes, d'un vert foncé, dénuées de glandes et garnies de
grandes dents; la fleur est grande et très-pâle; le fruit est bien
arrondi, de moyenne grosseur, tout blanc, ou légèrement
nuancé de rose du côté du soleil; la chair en devient fondante
et l'eau assez sucrée, lorsque la maturité, qui arrive en septembre, est parfaite. Duhamel lui trouve l'eau vineuse et le noyau
petit.

21. *Pavie de Pomponne.* Cet arbre est très-grand, d'une végétation vigoureuse; ses feuilles sont finement dentelées et munies
de glandes réniformes; la fleur en est grande et très-belle. Cette
pêche est la plus grosse et la plus belle de toutes celles qui nous
sont connues; elle a communément de $0^m,07$ à $0^m,08$ de diamètre, se termine presque toujours par un gros mamelon droit
ou courbé, et se colore du plus beau rouge du côté du soleil;
sa chair est très-ferme et son eau vineuse vers le 15 octobre,
époque à laquelle on est obligé de la cueillir pour la préserver
des gelées.

22. *Pavie jaune* (Duh.). Ce pêcher a les feuilles finement
dentelées et les glandes réniformes; sa fleur est petite. Son fruit
est très-beau; il atteint jusqu'à $0^m,075$ de diamètre, et devient
jaune en dehors et en dedans longtemps avant l'époque de sa
maturité, qui arrive vers la fin de septembre.

III. — *Fruits lisses dont la chair n'adhère pas au noyau.*

23. *Pêche Déprez* (2) (Poit.). M. Noisette, habile cultivateur,
a rapporté ce pêcher du Brabant, en 1808. C'est une espèce délicate, peu multipliée, qui a les feuilles finement dentelées et

(1) Aux États-Unis, où l'on fait de l'eau-de-vie de pêches, on a reconnu que les
Pavies fournissent plus d'alcool que toutes les autres.
(2) Du nom de M. Déprez, juge à Alençon, auquel nous devons les premières
notions exactes sur l'existence et la forme des glandes qui accompagnent le pétiole
des feuilles dans le plus grand nombre des espèces de pêchers.

munies de glandes réniformes ; les fleurs en sont grandes et assez pâles ; le fruit est lisse, de moyenne grosseur, arrondi ou un peu allongé, blanc d'abord, et tirant légèrement sur le jaune à l'époque de sa maturité, qui arrive dans la dernière quinzaine d'août. Cette espèce a été décrite dans l'*Abrégé des bons Fruits*, par Merlet (page 24, édition de 1667) ; elle se présente avec des apparences avantageuses ; le temps et la culture en détermineront le mérite.

24. *Pêche-Cerise* (Duh.). Cet arbre, petit et délicat, a les feuilles finement dentelées et munies de glandes réniformes ; les fleurs en sont petites et peu colorées ; les pêches, également petites, en sont lisses, très-luisantes, terminées par un mamelon, et se colorent d'un beau rouge cerise du côté du soleil. Leur maturité arrive vers la fin d'août. Ces fruits sont fort jolis sur l'arbre ; c'est à peu près tout leur mérite.

25. *Petite-Violette hâtive* (Duh.). Cet arbre devient rarement aussi grand que celui qui porte la petite-mignonne. Il a les feuilles bordées de petites dents et munies de glandes réniformes ; ses fleurs sont petites ; son fruit est lisse, d'un rouge-violet du côté du soleil ; sa chair est fine et fondante ; son eau sucrée et vineuse le met au rang des bonnes pêches. Il mûrit au commencement de septembre, et précède ordinairement la grosse-violette hâtive.

26. *Grosse Violette hâtive* (Duh.). Celle-ci s'appelle grosse-violette hâtive relativement à la variété précédente, car elle n'est que de moyenne grosseur. Son arbre est grand et vigoureux ; il a les feuilles finement dentelées et munies de glandes réniformes ; les fleurs en sont petites ; le fruit, lisse, arrondi, est teint ou marbré de rouge-violet du côté du soleil. Les avis sont partagés sur son mérite. Il mûrit dans le courant du mois de septembre.

Cet arbre a le défaut de se trop charger de fruits ; mais, lorsqu'on a la précaution de les éclaircir, ceux qui restent deviennent d'une qualité supérieure. La couleur foncée de ce fruit le fait cueillir presque toujours avant l'époque de sa maturité ; la santé de cet arbre influe aussi beaucoup sur la qualité de ses produits.

16

IV. — *Fruits lisses dont la chair adhère au noyau.*

27. **Brugnon musqué** (Duh.). Arbre vigoureux et fertile; les feuilles en sont finement dentelées et munies de glandes réniformes; la fleur en est grande. Le fruit, de moyenne grosseur, a la peau lisse , d'un beau rouge-violet du côté du soleil; la chair est ferme, adhérente au noyau; l'eau, abondante, est vineuse et musquée. Ce fruit mûrit vers la fin de septembre; on doit le laisser un peu faner sur l'arbre ou dans le fruitier.

Les meilleures espèces de pêches peuvent être divisées en deux classes :

1re *classe.*	2e *classe.*
L'Avant-Pêche blanche,	La Mignonne hâtive ,
La Petite-Mignonne,	La Grosse-Mignonne frisée,
La Grosse-Mignonne,	L'Alberge jaune,
La Galande,	La Madeleine de Courson ,
La Pourprée hâtive,	Le Téton de Vénus,
La Pêche de Malte,	La Pourprée tardive,
La Madeleine à moyenne fleur,	La Chevreuse tardive,
La Bourdine,	La Petite-Violette,
L'Admirable,	Le Brugnon Musqué,
La Grosse-Violette hâtive.	La Pavie de Pomponne.

TABLEAU analytique des meilleures espèces et variétés de Pêches cultivées dans les jardins de Paris et de ses environs.

	NOMS.	Fleurs grandes.	Fleurs moyennes.	Fleurs petites.	Glandes réniformes.	Glandes globuleuses.	Glandes nulles.	Feuilles à gr. dents.	Feuilles à p'.t. dents.	ÉPOQUE moyenne de la maturité des fruits.
Fruit duveté, dont la chair n'adhère pas au noyau.	1 Avant-Pêche blanche....									15-20 juill.
	2 Pêche d'Ispahan........									15 sept.
	3 Madeleine de Courson....									15 sept.
	4 Pêche de Malte........									Août et sep.
	5 Pêche-Cardinal........									15 octobre.
	6 Mignonne hâtive........									1er août.
	7 Grosse-Mignonne, B.-B. h.									20 août.
	8 Grosse-Mignonne frisée..									20 août.
	9 Pourprée hâtive........									25 août.
	10 Pêcher a fleur double....									15-20 sept.
	11 Madeleine à moy. fleur.									20 septem.
	12 Avant-Pêche jaune, Alb. j.									15-20 août.
	13 Admirable.............									15-20 sept.
	14 Galande..............									25 août.
	15 Bourdine.............									15 sept.
	16 Téton de Vénus........									10 sept.
	17 Petite-Mignonne......									30 juillet.
	18 Chevreuse tardive......									15-30 sept.
	19 Pourprée tardive......									10 octobre.
Fruit duveté, dont la chair adhère au noyau.	20 Pavie Madeleine......									10-30 sept.
	21 Pavie de Pomponne....									15 octobre.
	22 Pavie jaune..........									25 sept.
Fruit lisse, dont la chair n'adhère pas au noyau.	23 Pêche Deprez........									10-20 août.
	24 Pêche-Cerise........									25 août.
	25 Petite-Violette hâtive....									10 sept.
	26 Grosse-Violette hâtive....									15 sept.
Fruit lisse, dont la chair adhère au noyau.	27 Brugnon musqué........									25 sept.

La barre transversale indique *l'absence* du caractère énoncé en tête de la colonne.

LIVRE TROISIÈME.

DU POIRIER ET DU POMMIER.

———•◦•———

CHAPITRE PREMIER.

Du poirier et du pommier en général.

Le poirier est un des plus grands et des plus beaux arbres fruitiers de notre climat; les branches en sont droites, nombreuses, disposées sans confusion; le bois en est dur, très-compacte et agréablement veiné ; il doit sa pesanteur et sa solidité à la quantité de sclérogène déposée contre les parois intérieures de ses tubes et de ses cellules. Cette substance est la même que celle du rocher qui entoure les capsules renfermant les pepins de la poire; elle se fait aussi remarquer sous l'épiderme de ce fruit; elle est moins abondante dans certaines variétés que dans d'autres, mais toujours assez pour qu'une poire mise dans l'eau tombe au fond. C'est une concrétion de la même nature que celle qui enveloppe la semence des fruits à noyaux. Elle est étrangère à l'organisme des plantes; elle est amenée dans les végétaux par l'eau de la sève, puis concrétée et déposée contre les parois intérieures des organes creux et élémentaires dont est formé le tissu végétal.

Les fleurs du poirier sont composées d'un calice charnu à cinq échancrures, qui restent attachées à l'extrémité du fruit, de cinq pétales blancs, de vingt à trente étamines divergentes, et d'un pistil, dont les cinq styles déliés, surmontés de leurs stigmates, reposent sur un ovaire qui fait partie du calice;

les fleurs sont portées sur des pédicules attachés à un pédoncule commun.

La tige du pommier est moins élevée que celle du poirier ; les branches en sont moins élancées, quelquefois presque horizontales, plus nombreuses, et forment une tête arrondie. Le bois en est moins compacte et moins bien coloré que celui du poirier , parce que ses cellules ne contiennent pas autant de sclérogène; le tissu de la pomme , étant plus lâche , contenant plus d'air et moins de sclérogène, ce fruit ne va pas au fond de l'eau. Les fleurs sont rassemblées en bouquet; toutes les queues sont attachées au pédoncule commun. Les étamines, réunies à la base, restent rapprochées ou convergentes.

Telles sont les différences les plus remarquables qui existent entre ces deux arbres. Tout ce que nous aurons à dire de la culture de l'un sera commun à l'autre, si ce n'est que le pommier doit être taillé plus court que le poirier, parce que les yeux du bas des rameaux s'ouvrent en moins grande quantité ; le tissu en étant aussi moins serré, il ne supporte pas de fortes amputations sans de graves inconvénients.

Les feuilles du poirier et du pommier sont stipulées, entières, attachées sur le rameau, dans un ordre alterne, par des queues plus ou moins longues ; les bords en sont unis ou dentelés plus ou moins profondément; le dehors est d'un vert blanchâtre, relevé de nervures fines et saillantes; le dedans est lisse et un peu luisant.

L'ovaire devient un fruit charnu, succulent, terminé par un œil ou ombilic , bordé des cinq échancrures desséchées du calice; il est attaché par une queue plus ou moins longue et plus ou moins grosse suivant les espèces. On trouve dans l'intérieur cinq capsules, ou loges séminales , rangées autour de l'axe, et formées de membranes minces et faciles à rompre ; quelquefois on n'en trouve que quatre. Chaque loge contient n ou deux pepins de la forme d'une larme, composés de deux lobes et enveloppés d'une pellicule assez dure; certaines espèces sont sans pepins.

Nul autre arbre n'offre autant de variétés remarquables par la forme, la couleur, la saveur, et l'époque de la maturité de ses fruits.

CHAPITRE II.

Description des pommiers de paradis et de doucin, et du coignassier.

§ 1. — POMMIER DE PARADIS.

Cette espèce se reproduit toujours la même par la semence ; le fruit, qui en est petit, contient peu d'acide. La tige s'élève à 0m,055 environ et se garnit de ramilles ; les racines, charnues, très-cassantes, minces et très-nombreuses, rampent à la surface du sol. Ce sujet étant greffé émet de nombreuses pousses que le vent agite, et l'arbre, mal attaché au sol par ses racines, est exposé à être renversé. On est dans l'usage de multiplier ce sujet par marcottes ; il serait plus adhérent au sol si on le multipliait par semence, parce qu'il aurait sans doute alors un pivot.

§ 2. — POMMIER DE DOUCIN.

Cette espèce se reproduit aussi constamment la même par la semence. Le fruit en est hâtif ; il a la peau blanche, la chair douceâtre, sans acide ; ses nombreuses racines s'enfoncent dans la terre, et donnent de la solidité à l'arbre. On est dans l'usage de multiplier cette essence par marcottes. Lorsque l'on greffe le pommier sur le doucin, on obtient quelquefois des arbres assez vigoureux pour faire croire qu'ils ont été greffés sur franc. On ne conçoit pas que M. Dalbret (page 173) confonde le paradis avec le doucin. Le pommier greffé sur doucin remplace dans les jardins, avec beaucoup d'avantages, le pommier greffé sur franc, et il devient d'une étendue assez considérable, tandis que le pommier greffé sur paradis reste nain, et ne s'élève guère au-dessus de 1 mètre à 1m,33.

§ 3. — COIGNASSIER.

L'espèce du poirier ne produisant pas de sujets nains, comme le pommier, on emploie le coignassier de Portugal pour en tenir lieu. Cet arbre s'élève peu ; son bois est dur, contourné ; les rameaux sont minces, nombreux, diffus. Il porte ses fruits à l'extrémité des rameaux. Le fruit est gros, piriforme; la peau en est couverte d'un duvet blanchâtre; la chair, sèche, acerbe, astringente, graveleuse au centre, répand une odeur très-forte et fétide. Le coignassier se propage facilement par bouture, mais on est dans l'usage de le marcotter. Il ne végète bien que dans un sol chaud, léger, riche et frais. Peu de terrains lui conviennent.

CHAPITRE III.

Nomenclature des diverses sortes de pousses du poirier et du pommier.

Tous les yeux sont accompagnés de deux sous-yeux supplémentaires. — Des bourgeons à bois : leur utilité; comment on leur substitue des productions fruitières. — Des brindilles : où elles naissent; ce que l'on en doit faire. — Des dards : où ils naissent; de leur traitement; du parti que l'on en peut tirer. — Des boutons à fleurs; où ils naissent; ce qui reste après la fleur ou le fruit. — Des bourses : où elles naissent; leur description; comment on doit les gouverner. — Des lambourdes : où elles prennent naissance; leur description; du parti qu'on en peut tirer. — Des branches gourmandes : leur description; où elles naissent; on ne doit point les laisser se développer, ni les supprimer lorsqu'elles sont établies. — Des branches adventices : parti qu'on en peut tirer. — Ce que l'on entend par branches de faux bois. — Branches chiffonnes ou rameaux aplatis, etc.

Ces diverses pousses sont : le tronc ou la tige, les bourgeons à bois ou les rameaux, les brindilles, les dards, les rosettes, les boutons à feuilles, les boutons à fleurs, les bourses, les lambourdes, les gourmands, les branches adventices, les branches de faux bois, enfin les branches chiffonnes.

Le tronc ou tige est la partie qui s'élève depuis la racine jusqu'à la tête de l'arbre.

Les bourgeons à bois (pl. X, fig. 1) sont, parmi les pousses de l'année, celles qui deviennent les plus fortes; elles prennent naissance sur un rameau. Il arrive quelquefois que les yeux des bourgeons s'ouvrent en bourgeons anticipés, comme dans le pêcher. Lorsque la circulation de la sève est arrêtée, les bourgeons à bois sont presque tous terminés par un œil à bois; ils prennent alors le nom de rameau; d'autres fois l'œil terminal est à fleur, ce qui arrive plus particulièrement dans les

Doyennés, la Duchesse d'Angoulème, la Madeleine, le Graciolli et autres. Le bois des rameaux est gros, long, ligneux, flexible; les yeux dont ces rameaux sont pourvus sont allongés, éloignés les uns des autres, mais très rapprochés vers le sommet; ceux du bas sont plats; ils sont d'abord à bois; tous sont accompagnés de deux sous-yeux supplémentaires. L'œil principal B de l'extrémité du rameau s'ouvre pour en continuer le prolongement; les autres, au-dessous, s'ouvrent latéralement dans l'ordre suivant : en bourgeons, en brindilles, en dards, en rosettes, en boutons à feuilles. Ceux qui sont situés près du talon ne s'ouvrent pas; ils s'oblitèrent, en raison de la distance qui les sépare du bourgeon de prolongement vers lequel la sève afflue; mais on peut les forcer à s'ouvrir en abrégeant cette distance, ce qui s'opère en raccourcissant le rameau à la moitié ou au tiers de sa longueur. Les autres rameaux qui se sont développés, et qui ne sont pas nécessaires à la forme ou à la charpente de l'arbre, sont remplacés, lors de la taille, par de nouvelles productions plus fructifères, ce qui s'obtient en supprimant ces rameaux à l'épaisseur d'un écu, c'est-à-dire en laissant à la base du rameau supprimé assez de bois pour conserver les sous-yeux qui sont à l'insertion du rameau; c'est ce que La Quintinie appelle *tailler à l'épaisseur d'un écu.* Mais il eût dû dire dans quel cas il est bon d'employer ce moyen, et ajouter que cette épaisseur ne doit exister qu'à la partie supérieure de la coupe, et être réduite à zéro au talon du rameau, de telle sorte que l'aire de la coupe, vue de bas en haut, offre un onglet court dans la partie supérieure; enfin il eût encore dû prévenir qu'on doit approcher la coupe plus ou moins près du sous-œil, suivant qu'on veut en obtenir une pousse plus ou moins faible. Le résultat de la taille à l'*épaisseur d'un écu* est de faire ouvrir les sous-yeux en rosettes, en boutons à fleurs ou en brindilles, suivant la volonté du jardinier, qui doit avoir égard à l'àge et à la vigueur de l'arbre.

Au-dessous des rameaux naissent les brindilles. Nous en distinguons de deux sortes : les unes naturelles (pl. X, fig. 2), qui paraissent sur un rameau qui n'a pas été raccourci; les autres accidentelles (pl. X, fig. 3), qui proviennent d'yeux qui avaient été destinés par la nature à devenir boutons à fleurs, mais que le raccourcissement du rameau a forcés à s'ouvrir en brindilles. Celles-ci se distinguent par des rides circulaires à leur base A, et par des dispositions plus prononcées à fructifier; le bois des unes et des autres est mince, allongé, ligneux, flexible, terminé par un bouton à fleur ou à feuille, suivant l'espèce ou l'âge de l'arbre. Les yeux qui garnissent les brindilles sont plus saillants et plus rapprochés les uns des autres que ceux des rameaux ; ils se transforment aussi plus promptement en boutons à fleurs, si on ne les force pas, par la taille ou autrement, à se transformer en bourgeons à bois. Les yeux de la brindille sont aussi accompagnés de deux sous-yeux supplémentaires. Vers la mi-juillet on casse les brindilles (pl. X, fig. 2) au point P, à quatre ou cinq feuilles; sinon on les raccourcit lors de la taille à $0^m,12$ ou $0^m,15$, afin qu'elles puissent soutenir sans se rompre et mener à bien les fruits qu'elles doivent porter. Les premières fleurs sont toujours placées à l'extrémité supérieure de la branche. Le raccourcissement des brindilles a encore pour objet d'empêcher les yeux du bas de s'oblitérer; le cassement a pour but de disposer, plus tôt que ne le ferait la taille, les yeux qui en sont rapprochés à se façonner à fruit, la sève étant forcée d'arriver avec plus d'abondance et de séjourner plus longtemps pour réparer une fracture qu'une amputation, surtout lorsque cette fracture est faite à une époque où le mouvement de la sève est déjà très-ralenti. On ne doit jamais se servir de brindilles pour greffer.

Au-dessous des brindilles naissent les dards (pl. X, fig. 4) ; ce sont des boutons à fleurs que le mouvement de la sève semble avoir portés en avant, par un commencement de pousse. Le dard ne prend naissance que sur un rameau ; il forme un angle presque droit avec celui sur lequel il croît; il n'a point de rides circulaires à la base comme les brindilles accidentelles; sa longueur varie depuis $0^m,015$ jusqu'à $0^m,07$. Son bois est très-roide, ligneux, très-dur sous la serpette ; il est quelquefois, après son éclosion, terminé par un bouton à fleur, mais le plus souvent il finit par un œil pointu, d'un aspect épineux. Cet œil acquiert chaque année, pour devenir bouton à fleur, un plus grand nombre de feuilles; alors il s'arrondit, s'épanouit, et après la fleur il laisse une bourse. Le dard se distingue en-

core du bouton à fleur en ce que la base de celui-ci casse net
au moindre choc, tandis que le dard, qui est roide et ligneux,
y résiste. Il a aussi à sa base des sous-yeux supplémentaires.
Il est rare que l'on soit dans le cas de tailler un rameau sur un
dard ; lorsque cela arrive, on doit raccourcir le dard sur les
sous-yeux, afin que le prolongement du rameau ne fasse pas
un coude, qui serait très-défectueux si dans ce cas on ne retran-
chait pas l'œil qui termine la pointe du dard. Le raccourcissement du dard est encore utile lorsqu'un arbre tiré des pépinières est tellement dégarni du bas que l'on est obligé de
rabattre et de supprimer toutes les pousses qui restent sur sa
tige. Dans ce ravalement général, on raccourcit les dards afin
qu'il sorte de leur point d'insertion des bourgeons à bois dont
on puisse tirer parti pour former la charpente de l'arbre. Enfin,
lorsqu'une branche n'est garnie que de boutons à fleurs, on en
prévient l'épuisement en raccourcissant un ou plusieurs dards,
d'où il sort alors des brindilles, des rosettes, etc., qui, attirant la sève sur cette branche, la font grossir et l'alimentent.

Nous avons dit que presque tous les yeux qui se trouvent sur
un rameau de poirier ou de pommier peuvent devenir autant
de boutons à fleurs (pl. X, fig. 5), s'ils ne sont pas détour-
nés de cette destination par la taille ou par d'autres causes qui
attirent vers eux une trop grande affluence de sève. Ces yeux
se façonnent lentement, et acquièrent chaque année un plus
grand nombre de feuilles qui sont comme implantées à leur
pourtour; elles aident sans doute à la formation du bouton,
qui devient complète après deux ou trois années. Lorsque le
bouton est accompagné de cinq ou sept feuilles il s'épanouit.
Ces feuilles concourent non-seulement au perfectionnement du
bouton à fleur, mais de plus chacune d'elles nourrit l'œil qui
est à son insertion. Ces yeux ainsi groupés forment, après
l'épanouissement du bouton à fleur, d'autres boutons qu'on
appelle bourse, partie charnue d'où sortent successivement
des boutons à fleurs ou des lambourdes, suivant la plus ou
moins grande affluence de la sève dans la bourse, ce que l'horticulteur peut déterminer à son gré. Les bourses et les lambourdes ne peuvent donc exister que sur un arbre qui a déjà
fleuri.

Les feuilles placées au pourtour des bourses nous paraissent indispensables à la nourriture et au perfectionnement des fruits, puisque leur création précède toujours l'apparition des boutons à fleurs. Ce sont ces feuilles qui élaborent les sucs que les fruits ont la faculté de s'approprier ; c'est de leur nombre, et des particules atmosphériques dont elles s'imprègnent, sous l'influence des rayons solaires, que dépendent la grosseur et surtout la saveur des fruits. Si ces feuilles ne recevaient qu'imparfaitement ces influences, elles n'auraient à transmettre au fruit que l'eau pure de la sève, telle que la préparent les spongioles ; dans ce cas les fruits seraient sans saveur ; ce sont donc les feuilles encore plutôt que les fruits qu'il importe d'exposer à l'air libre.

La fig. 6 (pl. X) représente un amas de bourses qui se sont formées sur l'extrémité d'un dard. La bourse est d'une nature molle, spongieuse, charnue, cassante ; c'est pour cette raison que l'ouvrier qui taille des arbres formés en pyramides ou en vases doit avoir des manches étroites, en toile, et non en laine, afin de pouvoir enfoncer librement le bras entre les branches sans s'exposer à casser les boutons à fleurs, surtout si la taille est faite tardivement. L'aspect de la bourse est écailleux ; la quantité de boutons placés les uns près des autres, qui forment la bourse même, la chute répétée de leurs feuilles, établissent chaque année une espèce de plaie et de bourrelet à leur base, ce qui donne à ces bourses l'aspect raboteux qu'auraient de petites écailles superposées ou représentant une vis. Il y a des bourses qui ont jusqu'à $0^m,027$ de diamètre, et quelquefois même $0^m,036$ ou $0^m,04$. Les yeux placés sur la bourse sont plats, enfoncés et évasés ; de ces yeux naissent des boutons à fleurs ou des lambourdes plus ou moins allongées, suivant la vigueur de l'arbre. Au-dessous de la bourse sont agglomérés des yeux qui concourent à la formation du bouton à fleur ; ces yeux, pointus dans leur origine, s'arrondissent et deviennent bientôt de vrais boutons à fleurs.

Le nombre de bourses que porte un arbre en constitue la fécondité ; on ne doit donc rien faire qui puisse détruire ou seulement altérer celles qui sont immédiatement placées sur les membres, à moins qu'elles ne soient tellement multipliées que la branche ou le membre se trouve dépourvu de brindilles ou de lambourdes, dont une certaine quantité, répartie çà et là, est nécessaire à la nourriture de ces bourses et indispensable à la circulation de la sève dans les membres pour augmenter leur extension. Alors, en supprimant une partie de la bourse, en H (pl. X, fig. 6), on obtient sur la partie qui reste une lambourde; si on supprime toute la bourse, comme en I, il se produit ordinairement au-dessous un bourgeon à bois, ou une brindille, ou un dard.

Les soins les plus ordinaires à donner aux bourses se bornent, après la cueille ou la chute des fruits, à rafraîchir, au moment de la taille, avec la serpette, la petite portion charnue de la bourse à laquelle était attaché le fruit; autrement cette partie pourrirait, et le recouvrement de la plaie, par la nature du tissu peu serré de la bourse, se ferait avec une lenteur qui lui serait préjudiciable. Elle peut encore se trouver offensée lorsqu'en cueillant le fruit trop tôt ou maladroitement on enlève avec la queue une portion de la bourse.

On sacrifie les bourses qui se formeraient à l'extrémité des rameaux, des brindilles, ou des lambourdes trop allongées; on attend pour cela que le fruit soit cueilli. Cette suppression a lieu pour ne point laisser se former de bourses trop loin du corps de l'arbre ou des branches, où le fruit est toujours plus beau et d'une réussite plus assurée.

La lambourde (pl. X, fig. 7) ne prend naissance que sur les bourses; c'est une production essentiellement fertile, presque toujours terminée par un bouton à fleur qui ne s'épanouit souvent que la seconde année après son émission. La longueur de cette sorte de rameau va de $0^m,03$ à $0^m,50$, et même au-delà; sa grosseur semble être plus considérable vers sa base; son bois est roide, serré, ligneux; sa fibre courte. Il ne casse pas net. Ses yeux, plus saillants vers l'extrémité supérieure, sont plus rapprochés que ceux des autres rameaux; ils fleurissent successivement en commençant par ceux du sommet; souvent ceux de la base s'oblitèrent lorsqu'on ne raccourcit pas la lambourde. Chaque œil est accompagné de deux sous-yeux supplémentaires.

On peut, selon le besoin, en taillant sur une lambourde, obtenir une branche pour en remplacer une autre; dans ce cas, les yeux qui sont au-dessous de la taille, sinon l'œil terminal, restent disposés à se mettre promptement à fleur. Sur les jeunes arbres on laisse épanouir le bouton à fleur qui termine la lambourde, quelque allongée qu'elle soit; mais à la taille suivante on la raccourcit à 0^m,12 ou 0^m,15 de longueur. Une lambourde peut naître sur une autre lambourde ou sur une bourse, mais jamais ailleurs. La lambourde reste toujours dans des proportions modérées; elle ne peut jamais devenir une branche gourmande. On ne doit point se servir de lambourde pour greffer, parce que les boutons de cette production sont plus disposés à fructifier qu'à donner du bois.

On appelle branche gourmande (pl. X, fig. 8) un rameau qu'on a laissé par mégarde se développer avec beaucoup plus de force et de rapidité que les autres. Le bois d'un gourmand est comprimé; son empâtement est large, son écorce rude; ses feuilles sont grandes et étoffées, ses yeux aplatis et plus distants les uns des autres que ceux des autres rameaux; le tissu en est peu serré et mou. En un mot, toutes les parties qui le composent sont plus fortes et plus précoces dans leur développement que celles des autres rameaux; d'où il résulte que la sève y afflue, au préjudice des autres productions, qui dépérissent d'autant plus vite que le gourmand prend plus d'extension.

Les arbres mal dirigés et trop contraints sont plus exposés que d'autres à émettre des branches gourmandes. On remarque que leur apparition a lieu le plus ordinairement sur le coude des branches arquées, sur le dessus des branches inclinées, et dans le voisinage de celles à l'intérieur desquelles la circulation de la sève se trouve obstruée.

Les endroits où les gourmands peuvent naître étant signalés au cultivateur, c'est à lui d'y porter son attention, afin de prévenir les désordres qu'ils pourraient occasionner si on leur laissait le temps de se constituer et de former de larges canaux par lesquels la sève ne manque jamais d'affluer rapidement. Il suffira presque toujours, pour arrêter le mal, de pincer ou plutôt d'écraser l'extrémité du bourgeon naissant qui pourrait sans cette opération devenir gourmand; si la sève réparait trop promptement la plaie faite près de l'empâtement du bourgeon, on le pincerait une seconde et même une troisième fois s'il le fallait, pour forcer la sève à se répartir dans les autres passages qu'on lui a laissés ouverts.

La suppression d'un gourmand qui serait entièrement développé ne servirait qu'à aggraver le désordre déjà causé par cette production, parce qu'elle ne détruirait pas l'*action* des fibres descendantes de ce gourmand, entre le bois et l'écorce de la branche sur laquelle il s'est établi, action hors de notre portée ; d'où il résulte qu'il y a avantage, dans ce cas, à utiliser le gourmand en lui sacrifiant peu à peu toutes les parties altérées par sa présence.

Nous répéterons ici qu'un arbre dans lequel la sève est également répartie ne donne jamais lieu à l'explosion de branches gourmandes. On ne doit jamais prendre sur ces branches le rameau de la greffe.

On nomme branches adventices des bourgeons qui percent vigoureusement au travers de l'écorce, à l'endroit, bien entendu, où des yeux ou des sous-yeux se sont oblitérés ; cette émission est fréquente sur la tige ou sur le tronc des arbres dont les branches sont usées, et à l'extrémité desquelles il n'y a plus de circulation ; alors la sève refoulée se fraie un passage à l'endroit où les germes lui offrent le moins de résistance. Ces sortes de rameaux sont, dans le principe, mous et spongieux, ce qui les expose à être attaqués par l'insecte qui détermine les chancres. On peut cependant, lorsqu'ils ne sont pas attaqués, en tirer parti pour renouveler l'arbre sur lequel ils apparaissent ; mais il serait préférable de prévenir ces explosions en procédant au rajeunissement de l'arbre par la greffe en couronne. Ces productions adventices ont tous les caractères des branches gourmandes.

On a jusqu'ici désigné sous le nom de *branches de faux bois* des bourgeons qui se montrent accidentellement sur le vieux bois ; ces rameaux n'ont rien qui justifie le nom qu'on leur a donné, puisqu'ils peuvent servir à remplir un vide, à renouveler même la branche sur laquelle ils ont pris naissance, et qu'ils sont d'ailleurs de nature à pouvoir être utilisés ; c'est pourquoi nous les nommons *branches adventices.* Nous n'admettons la dénomination de branches de faux bois que pour les bourgeons restés imparfaits, parce que leur émission a été provoquée à contre-saison et qu'ils n'ont pas eu le temps de s'aoûter. L'apparition de ces bourgeons doit être soigneusement combattue, non-seulement parce qu'il devient nécessaire de les supprimer lors de la taille, mais encore par le désordre qu'ils causent dans toutes les productions qui les avoisinent.

Les branches chiffonnes sont des rameaux qui, aplatis dès leur origine, s'allongent obliquement et rapidement; ils donnent naissance à des ramilles très-multipliées. Ces rameaux deviennent d'autant plus promptement incapables de soutenir le poids des ramilles qu'ils portent à leur extrémité, que chaque année le nombre de ces ramilles augmente dans une proportion d'autant plus considérable que la branche s'éloigne davantage de sa position naturelle. En effet, le poids des ramilles s'accroît tellement qu'il entraîne le sommet du rameau vers le sol, c'est-à-dire qu'il force la partie qui devrait s'élever vers le ciel à se tourner vers la terre. La direction de ce rameau étant arrivée à être diamétralement opposée à ce qu'elle devrait être, la sève descendante ne peut plus circuler, son poids la retenant au sommet du rameau, placé beaucoup plus bas que son point d'insertion; or, comme il est impossible à la sève descendante de remonter, elle s'accumule dans la partie renversée du rameau, où elle forme un nodus, et il se produit une multitude infinie de petites ramilles courtes, chargées de boutons qui sembleraient devoir fleurir, mais qui ne produisent que des feuilles, qui, quoique très-nombreuses, ne donnent par le fait aucune nourriture au rameau, car celui-ci reste toujours mince et hors de toute proportion avec les productions dont il est chargé. Quant à la sève montante, elle ne peut atteindre le sommet du rameau qu'en descendant, puisque ce sommet est dirigé vers la terre au lieu de l'être vers le ciel. Les ramilles se multiplient et se prolongent comme les lambourdes sur les bourses, les unes au bout des autres, toutes tournées vers le sol; on en trouve qui ont plus de 2 mètres de longueur; dans cet état, elles sont le jouet des vents, qui les brisent par morceau. Lorsque ces ramilles sont couvertes de feuilles, elles offrent à une certaine distance l'aspect d'une touffe de gui plus ou moins arrondie ou allongée; au reste, lorsque ces productions arrivent à ce degré de développement, on peut être certain que les arbres qui les portent ne sont l'objet d'aucun

soin. Le poirier, le pommier, et surtout le prunier, sont sujets
à cette monstruosité ; elle a pour résultat une stérilité complète,
et cause un grand dégât dans les arbres qui en sont affectés.
Nous ignorons quelle est la cause qui détermine dans ces bourgeons, dès leur origine, un vice de conformation qui les pré-
dispose à suivre une fausse direction ; quoi qu'il en soit, c'est
au cultivateur attentif à prévenir le développement de ces branches chiffonnes.

Telle est la classification que nous avons adoptée pour les
diverses pousses du poirier et du pommier, parce qu'elle nous
a paru plus simple , et surtout plus naturelle , que celle qui a
été suivie jusqu'à ce jour, qui n'est que de convention, et, par
conséquent, sujette à erreur. En effet, quelle idée nette et positive peut-on se former d'une branche fruitière de premier ordre,
qu'il faut traiter d'une autre manière que celles de deuxième
ou de troisième ordre ? Une telle désignation doit nécessairement jeter de l'incertitude dans le choix de ces branches qu'il
faut d'abord savoir ranger dans le premier, le deuxième ou le
troisième ordre. Cette classification vicieuse prive de clarté
les ouvrages qui l'ont adoptée. Celle que nous proposons étant
basée sur la place qu'occupe chacune des parties qui composent l'arbre, nous espérons qu'il suffira de nommer une de ces
parties pour trouver sur-le-champ et sans hésiter l'endroit où
elle se trouve, le traitement qui lui est applicable, et le résultat qu'il doit produire. Nous n'insistons sur ce point qu'afin de
démontrer l'utilité d'adopter une innovation que nous croyons
nécessaire pour mettre à la portée d'un plus grand nombre
de lecteurs les principes de la science ou de l'art au perfectionnement duquel nous avons déjà contribué par des innovations
plus importantes que celle-ci. Les noms dont nous nous servons dans notre classification sont connus depuis longtemps;
seulement nous leur donnons une application plus directe , et,
à notre avis, mieux coordonnée que par le passé.

CHAPITRE IV.

De la multiplication des pommiers et des poiriers.

Choix des graines. Préparation du terrain. Du semis. Soins à donner au jeune
plant. Classement du plant en trois qualités pour être livré aux pépiniéristes. Où
et comment s'élève le plant de doucin, de paradis et de coignassier.

La multiplication du poirier et du pommier, tant par la voie
des semis que par d'autres moyens, peut être envisagée sous
deux rapports; dans le premier cas, il s'agit de se procurer des
sujets propres à la greffe; dans le second, d'obtenir des variétés
nouvelles et des fruits meilleurs que ceux que nous possédons
déjà.

Nous traiterons particulièrement, dans ce chapitre, de la
multiplication par semis des divers sujets propres à la greffe;
dans les chapitres suivants, nous nous occuperons de l'éducation du plant dans les pépinières, et des moyens d'obtenir de
nouvelles variétés.

La multiplication du pommier et du poirier par la voie des
semis, pour se procurer des sujets destinés à être greffés, demande des soins tout particuliers dans le choix des graines,
dans la manière de les conserver, de les semer, etc. Nous citerons comme exemple la culture des cantons d'où les pépiniéristes tirent le plus généralement les plants de poiriers et de
pommiers dits *Roumois*. Ce nom est celui d'un canton du département de l'Eure qui paraît éminemment propre à l'éducation
du plant de pommier et de poirier, comme celui de Clamart et
de Fontenay-aux-Roses l'est au plant de paradis, de doucin et
de coignassier.

Nous donnerons ici le mode de culture suivi dans le Roumois
comme modèle pour ceux qui voudront s'y conformer, laissant
à chacun le soin de le perfectionner.

Les cultivateurs de ce canton, pour obtenir les pepins dont
ils se servent pour semer, choisissent de beaux fruits sur des
arbres sains et vigoureux, dont les feuilles soient larges et le
bois peu épineux. Ils déposent ces fruits en tas, et les lais-

17

sent ainsi ressuyer, ou plutôt suer, pendant un mois environ; ils les portent ensuite sous des meules, puis au pressoir. On extrait les pepins du marc au moyen d'un crible; on les lave pour les épurer davantage, et, après les avoir exposés à l'air et au soleil, on les dépose dans des baquets placés dans un lieu frais et tempéré, tel qu'une écurie, un cellier; les baquets sont soigneusement couverts, pour empêcher les rats ou les souris d'y pénétrer.

Vers le mois de mars, on sème à la volée les pepins, comme on sème le blé, mais moins dru, sur une terre bien labourée et ameublie avec soin; la graine est recouverte par un bon hersage. On étend ensuite sur le sol un lit de paille peu épais, provenant de démolition de couche ou autre, afin que les pluies ne battent pas trop la terre et que les hâles ne la dessèchent pas. Le terrain a été fumé préalablement avec des engrais chauds, tels que la colombine, la poudrette, les balayures des rues (1), etc.

Lorsque le plant est assez fort pour être *désherbé*, on y procède à l'aide de crochets à deux branches construits particulièrement pour cette opération. Ces crochets ouvrent légèrement la terre, ce qui fait périr les mauvaises herbes sans nuire au jeune plant, dont les racines ont déjà assez profondément pénétré dans la terre. Cette opération ne doit jamais se faire par un temps humide, ni même lorsque la rosée est encore sur les feuilles; si on l'exécutait dans de pareils moments, le plant serait arrêté dans sa végétation, le blanc gagnerait tout le semis, et celui-ci avorterait, parce que le jeune plant se trouverait offensé à la fois dans ses racines et dans ses feuilles. D'après ces observations, il paraîtrait que le jeune plant de pommier et de poirier, comme celui de beaucoup d'autres végétaux, reste toujours languissant lorsqu'il éprouve des perturbations au début de sa végétation.

---

(1) Nous ignorons si M. Lelieur a fait des expériences avec le *guano*; il est probable que, s'il eût vécu plus longtemps, il n'eût pas manqué de faire usage de ce nouvel engrais. Pour nous ranger à l'avis de l'auteur, nous engageons les horticulteurs à faire d'abord cet essai en petit; les résultats qu'ils obtiendront feront connaître s'il y a ou non avantage à se servir de ce produit dans la culture des poiriers et des pommiers.

Note de l'Éditeur.

Si le plant est bien soigné, il aura acquis à la fin de la saison une hauteur moyenne de 0^m,35 à 1 mètre. Vers le mois de novembre de l'année même du semis, on le lève entièrement pour le livrer au commerce; si on le laissait une année de plus, il dépérirait. On fait de ce plant trois lots : le premier, désigné sous le nom de *baliveau*, atteint ordinairement le prix de 25 à 30 francs les 1000 pieds; le deuxième lot, nommé *plant marchand*, vaut 12 à 15 francs le 1000; enfin le troisième est formé avec le *petit plant*, qui se vend 5 à 6 francs également le 1000. On forme de chacun de ces plants des paquets de cent brins, composés de deux poignées qui en contiennent chacune cinquante, que l'on met en tas, les racines de l'une sur les têtes de l'autre; le tout est lié dans le milieu avec un osier. C'est dans cet état que le plant est mis dans des sacs préparés pour cet usage, et expédié selon les demandes.

Le plant de coignassier, de pommier, de doucin et de paradis, est cultivé sur une assez grande échelle, pour l'usage des pépiniéristes des environs de Paris, à Clamart et à Fontenay-aux-Roses, sur des mères destinées à cet effet. On recèpe ces mères pour faire sortir de leurs souches des drageons, auxquels on fait prendre racine en les bouturant; on entretient la terre de la butte toujours fraîche. Ces drageons enracinés sont en état d'être livrés au commerce l'année même du recépage. Si on laissait le plan de coignassier passer l'hiver sur les mères, il serait exposé à être gelé; c'est par cette raison que les cultivateurs n'attendent pas que ce plant soit vendu pour, dès le commencement de novembre, le séparer des mères, l'étêter, et le mettre en état. Le plant de coignassier et celui de doucin se vendent ordinairement de 12 à 15 francs le 1000, et le plant de paradis de 6 à 8 francs. Il paraît que le terrain de Clamart et celui de Fontenay-aux-Roses sont éminemment propres à l'enracinement de ces plants.

On peut encore se servir, pour greffer le poirier, de divers autres sujets, qui sont plus ou moins convenables suivant la nature des terres où les arbres sont cultivés; ces sujets sont l'épine blanche et le cormier. Quelques pépiniéristes trouvent un grand avantage à se servir du sorbier des oiseaux; dans ce cas, ils commencent par greffer près de terre le sorbier sur

épine blanche; ils obtiennent par ce procédé, et en beaucoup
moins de temps que s'ils élevaient un égrain, de très-fortes
tiges de sorbier, d'une grande vigueur et d'une très-belle apparence, très-lisses et sans nœuds, sur lesquelles ils greffent le
poirier; mais comme le sujet ne peut communiquer sa vigueur
à la greffe, ainsi que nous l'avons déjà vu, cette vigueur du
sorbier lui devient fatale, parce qu'elle l'emporte de beaucoup
sur celle du rameau; aussi ces greffes, après avoir poussé vivement la première année, se décollent-elles souvent à la
troisième ou quatrième année au plus tard, et l'arbre périt.

CHAPITRE V.

De l'éducation des plants dans la pépinière.

Comment se cultive le plant de premier choix, dit baliveau, dans la pépinière.
Sa destination. Durée de son éducation. Il sort de la pépinière sans être greffé.
Il est connu sous le nom d'*égrains*. De quelques soins plus particuliers à don-
ner à la formation de la tige du poirier.

Le plant de poirier et de pommier de semis du premier choix,
dit baliveau, destiné à former des égrains, est raccourci à
0^m,22 au-dessus du tronc, de manière qu'après la plantation il
n'y ait que 0^m,10 hors de terre; au moment de planter on
rafraîchit les racines. Ce plant est mis en ligne à 0^m,50 ou
0^m,55 de distance; les lignes sont espacées entre elles de 0^m,72.
Les pépiniéristes regardent ces distances comme suffisantes
pour donner les binages, et au besoin les labours, qui ne doivent avoir que 0^m,11 au plus de profondeur, afin de ménager
les racines et leur chevelu. A la pousse on supprime les bourgeons près du sol.

Les façons à donner pendant les deux premières années de
la plantation consistent dans des binages aussi multipliés qu'il
le faut pour maintenir constamment le terrain exempt de mauvaises herbes, et dans le remplacement exact des plants qui
auraient manqué.

Au commencement du deuxième printemps, avant le mouvement de la sève, on recèpe tout le plant à ras de terre, et l'on donne ensuite un léger labour. Au moment de l'ébourgeonnement, vers le mois de juin, on fait choix sur chaque pied du bourgeon le plus fort et le mieux placé pour former une nouvelle tige, puis on détruit tous les autres; on enlève aussi au fur et à mesure qu'ils se montrent ceux qui paraîtraient vouloir pousser pendant le reste de la saison.

Par l'opération du recépage on procure aux racines une grande activité, qui se soutient en donnant à l'arbre une nouvelle tige dont les tissus sont beaucoup plus larges et plus perméables aux influences atmosphériques; cette tige devient, dès l'année même du recépage, plus forte que n'était l'ancienne déjà endurcie. Ainsi le nouvel arbre s'établit avec tous les principes de vigueur dont son espèce est susceptible, selon que la graine a été plus ou moins bien fécondée.

A l'époque de la nouvelle pousse, on s'occupera des soins à donner à la tige des égrains pour en former des arbres droits, élancés, à écorce lisse et sans nœuds. Mais il devient nécessaire, avant de commencer aucune opération, de connaître comment se forme naturellement la tige des arbres. Nous remarquerons donc d'abord que l'œil terminal de la tige, destiné à former son prolongement, a été façonné par la nature spécialement pour cet objet, et qu'il est placé de manière à s'élancer avec force dans la direction verticale; ensuite, que les yeux latéraux qui sont au-dessous se trouvent d'autant plus rapprochés les uns des autres qu'ils sont plus près de l'œil terminal. Tous ces yeux ainsi rapprochés garnissent la partie la plus mince de la tige; mais cette partie acquerra bientôt, par le développement même de ces yeux, une grande ampleur. En effet, lorsqu'ils commenceront à s'ouvrir, leurs fibres descendantes s'allongeront entre le bois et l'écorce de la tige; elles s'y convertiront en bois, augmenteront très-sensiblement son volume, et formeront une base large et solide à la flèche, pendant qu'elle s'élancera verticalement. D'un autre côté, les fibres ascendantes de ces mêmes yeux donneront des bourgeons latéraux très-rapprochés, affectant une direction plus ou moins horizontale, suivant les espèces. Si alors on laissait croître librement les deux ou trois premiers bourgeons qui sont immédiatement au-dessous du

bourgeon terminal, ils acquerraient une force à peu près égale
à celle de la flèche; dans ce cas leur suppression, qui deviendrait nécessaire lors de la taille, occasionnerait de larges plaies
sur la tige de l'arbre. On évitera ce grave inconvénient en pinçant de très-bonne heure ces deux ou trois premiers bourgeons,
afin d'en arrêter l'entier développement et de faire tourner
la sève, qu'ils eussent absorbée sans cette précaution, au profit
de la flèche et des bourgeons inférieurs.

Il résulte de ces observations que nous avons très-peu de
chose à faire pour seconder la nature dans le développement de
la tige des arbres, puisqu'il suffira de s'abstenir de remplacer
par la taille ou autrement l'œil terminal de la flèche, à moins
qu'il ne lui soit arrivé quelque accident, ce qui retarderait et
dérangerait beaucoup l'organisation de la tige. Nous remarquerons en passant que la nature opère de même pour le prolongement des branches, mais que, loin de favoriser ce prolongement
naturel dans les arbres greffés, nous le retardons et le restrei-
gnons, afin de garnir également les branches de fruits dans
toute leur longueur, à mesure que nous permettons à ces branches de s'étendre. Ainsi d'une part nous aidons la nature en se-
condant ses penchants, et de l'autre nous la contrarions pour
augmenter nos jouissances. C'est au jardinier intelligent à savoir
à propos employer l'art ou laisser agir la nature. Il est donc nécessaire avant tout qu'il connaisse la marche que suit la végétation des plantes qu'il prétend gouverner.

A la fin d'octobre on supprime sur la tige des égrains les
bourgeons qui sont trop près les uns des autres. Cette suppression doit se faire avec beaucoup de soin, en temps opportun,
et de manière à ce que les plaies puissent se recouvrir facilement, sans cependant approcher le taillant de la serpette trop
près de la tige. La distance où l'on doit s'arrêter est indiquée
par une ride qui est à la base du rameau; la coupe, sans attaquer cette ride, sera parallèle à la tige de l'arbre, afin que le
recouvrement s'opère également. Nous appelons *dégorgement*
cette opération, qui doit toujours être précédée, ainsi que nous
l'avons vu, du pincement, afin d'augmenter d'une part la force
de la flèche, et de l'autre de diminuer la largeur des plaies occasionnées par la suppression des bourgeons pincés. S'il arrivait

qu'un bourgeon prît plus de force que la flèche, il faudrait couper cette flèche à $0^m,15$ ou $0_m,18$ de longueur et ramener le bourgeon dans la direction verticale, en liant par un osier le bourgeon coupé à la nouvelle flèche; il est bien entendu qu'on interposera un corps étranger entre l'osier et la flèche pour ne point offenser celle-ci. L'année suivante, on retranchera tout-à-fait le bourgeon ainsi raccourci.

A mesure que le jeune égrain s'élève ainsi naturellement d'année en année, la sève se porte avec un redoublement de force vers son sommet et abandonne les rameaux du bas, qui languissent, se dessèchent et finissent par périr. Nous prévenons ce dépérissement en supprimant chaque année, au temps de la taille, de distance en distance, le long de la tige, les plus forts rameaux, et en raccourcissant les autres à $0^m,10$ ou $0^m,12$, afin d'y attirer la sève et de faire grossir l'arbre. On fera peu à peu disparaître ces rameaux en les retranchant près du corps de l'arbre; je dis près, parce qu'alors le bois qu'on supprime et celui de la tige sont bien formés. La coupe sera nette, et faite de façon à ce que les plaies que ces suppressions occasionnent puissent se recouvrir promptement et que l'écorce de la tige soit lisse, claire et exempte de nodus, au moment où ces arbres seront en état d'être transplantés ou livrés au commerce.

La quatrième année après le recépage, ces arbres ainsi conduits doivent avoir acquis assez de corps et assez de développement pour être tous également rabattus à une hauteur de $2^m,30$ à $2^m,60$ sous tête. Toute la pièce doit pouvoir être débarrassée la septième ou huitième année au plus tard après la plantation, pour peu qu'elle ait été bien dirigée.

Ces arbres non greffés, désignés sous le nom d'*égrains*, sont destinés à être plantés dans les champs, en ligne, sur le bord des routes ou dans les vergers. On les greffe dans la seconde ou la troisième année de leur transplantation, lorsque les racines sont bien attachées au sol. On aime mieux greffer les égrains hors de la pépinière, parce que l'observation a fait connaître que les racines d'un arbre greffé avant d'être transplanté pénètrent moins profondément dans le sol que celles d'un sauvageon, et qu'on n'en obtient jamais par la suite d'aussi bons résultats. En effet, le tissu dilaté des écorces de la greffe, naturellement disposé dans les conditions les plus favorables pour recevoir une grande quantité de sève, se trouve resserré par l'effet de la transplantation, et cette contraction dans la jeune greffe influe sur toute son organisation future.

Le poirier étant plus délicat et plus lent à se former que le pommier, il faudra laisser subsister le long de sa tige une plus grande quantité de brindilles qu'au pommier, afin de la faire grossir. On réglera aussi avec plus de soins les dimensions de la tête, qu'il ne faut pas laisser s'emporter et sortir des proportions qu'elle doit avoir avec le corps de l'arbre. La tige d'un égrain, pour être bien constituée, doit avoir à sa base 0^m,14 à 0^m,16 de circonférence, et 0^m,10 à 0,^{m}12 à la hauteur de 2 mètres.

CHAPITRE VI.

De l'éducation, dans la pépinière, du plant de poirier de semis de second et de troisième choix, pour y être greffé, et former des demi-tiges, des quenouilles et des nains ou buissons.

Pourquoi on n'élève pas dans les pépinières du plant de semis de pommier pour être planté dans les jardins. A quelle distance on plante le plant de second choix. Culture; à quel âge il est greffé. Taille trop allongée donnée au jet des greffes. En quoi l'éducation de ce plant dans la pépinière est vicieuse. Les arbres reçoivent dans les pépinières une direction tout-à-fait opposée à celle qu'ils devraient avoir. Des arbres qui fleurissent ou qui portent des fruits dans la pépinière; illusion complète des acquéreurs à cet égard. Le plant de troisième choix mis en rigole, tandis qu'on devrait le réformer. La greffe sur ces plants introduit chaque année dans le commerce une quantité considérable d'arbres défectueux.

On n'est point dans l'usage d'élever dans les pépinières du plant de pommier de semis de second choix pour y être greffé, parce que le pommier sur franc pousse trop vigoureusement dans les jardins, et ne supporte pas d'ailleurs sans de graves inconvénients des tailles multipliées.

Quant au poirier de semis de second choix, que les pépiniéristes destinent à former des demi-tiges, des quenouilles et des nains, après avoir raccourci le plant à 0^m,22 de hauteur au-dessus du tronc et rafraîchi les racines, ils le mettent en lignes à 0^m,50 ou 0^m,55 de distance l'un de l'autre; les lignes sont espacées entre

elles de 0ᵐ,80. Ces distances peuvent suffire pour élever à la manière des pépiniéristes des demi-tiges et des quenouilles, qui ne
peuvent, comme nous le verrons, donner aucun résultat à ceux
qui les achètent. Il faudrait, pour qu'il en fût autrement, planter
à 0ᵐ,80 en tous sens, afin de pouvoir élever des arbres propres à
former des pyramides, des vases, des éventails, des palmettes.

Les pépiniéristes, après avoir planté de la manière que nous
avons indiquée plus haut, s'occupent, lors de la pousse, de supprimer les bourgeons qui sortent trop près de terre. Le seul
traitement qu'ils fassent subir à leur jeune plant, pendant les
deux premières années après la plantation, se borne à donner
des binages destinés à tenir le terrain toujours propre, et à remplacer très-exactement les plants qui auraient manqué.

Au commencement du deuxième printemps après la plantation, avant le mouvement de la sève, on recèpe tout le plant au
ras de la terre, et on donne ensuite un léger labour. Au temps
de l'ébourgeonnement, vers la mi-juin, on fait choix, sur chaque pied, du bourgeon le plus vivace et le mieux placé pour
former une nouvelle tige ; puis on détruit tous les autres bourgeons et tous ceux qui, pendant le cours de la saison, paraissent vouloir prendre de l'accroissement.

L'année suivante, au temps de la taille, on raccourcit toutes
les tiges à 0ᵐ,40 ou 0ᵐ,50 de hauteur, plus ou moins, suivant
leur force. Pendant le cours de la végétation on ébourgeonne
les pousses qui se montrent au-dessous de l'endroit où l'on se
propose de placer les écussons ; enfin on écussonne à œil dormant, vers la mi-juillet, à 0ᵐ,06 ou 0ᵐ,08 au-dessus du sol.
On a soin, avant l'hiver, d'enlever tous les brins de laine qui
enveloppent les écussons.

Au commencement du troisième printemps, avant le labour,
on rabat toutes les tiges ou sujets à 0ᵐ,08 centim. environ au-
dessus de l'œil des écussons qui ont réussi, et on place les
échalas. A la pousse, on attache le bourgeon de la greffe à la
tige du sujet ainsi raccourci, afin qu'elle ne soit pas décollée
par les vents. Plus tard on place des tuteurs pour maintenir le
jet des greffes dans une direction verticale.

Au printemps suivant, le pépiniériste rabat le jet des plus
fortes greffes à la hauteur de 1ᵐ,32 pour en former des demi-

tiges, celui des moins fortes à 1 mètre ou 1ᵐ,15, pour en former des quenouilles; les plus faibles sont rabattues selon leur
force proportionnelle pour en faire des poiriers nains. A la
pousse, la sève se porte vers la tête des demi-tiges et vers le
sommet des quenouilles ainsi raccourcies, dont les yeux du bas
s'oblitèrent d'autant plus tôt qu'ils sont plus éloignés de l'œil
terminal sur lequel on a raccourci les tiges; il en résulte que
les yeux du bas, si précieux pour former la base de la charpente
de ces arbres lorsqu'ils seront plantés dans les jardins, s'étei-
gnent tout-à-fait par le défaut de circulation de l'air, qu'arrête
le feuillage touffu des demi-tiges, des quenouilles ou des nains,
tous entassés pêle-mêle dans la même pièce de terre; car c'est
la force ou la faiblesse relative de chaque individu qui en détermine le classement.

Si le pépiniériste, au lieu de donner aux tiges une première
taille aussi allongée, les eût raccourcies à 0ᵐ,30 ou 0ᵐ,32 de
hauteur, pour faire ouvrir les yeux du bas en autant de bourgeons latéraux, afin de donner ainsi à la charpente du nouvel
arbre la base qu'elle devrait avoir, ces bourgeons, par suite du
peu de distance laissée entre les tiges, n'eussent pas trouvé de
place sur les côtés pour s'étendre; c'est pour cette raison que
nous avons dit qu'il fallait, pour arriver à de bons résultats,
planter les sujets dans la pépinière à 0ᵐ,80 de distance en tous
sens. Mais le pépiniériste n'eût alors pu faire entrer sur 6,50
mètres carrés que 64 sujets au lieu de 96; son intérêt le porte
donc à nous livrer, à un prix modique, il est vrai, des arbres
dirigés dans un sens opposé à ce qu'ils devraient être. Si à
cette cause de détérioration des arbres on ajoute que les quenouilles élevées dans les pépinières ne sont que le second choix
d'un plant qui est lui-même le second choix de tout un semis,
on comprendra qu'il est impossible qu'en opérant une plantation avec de semblables éléments nous puissions former de
beaux arbres dans nos jardins.

Quant aux poiriers dits nains, qui ne sont nains que parce
qu'ils sont le rebut de ce dernier choix, ils viendront augmenter, lors de la vente, le nombre des arbres détériorés mis chaque année en circulation.

Les arbres ainsi traités sont mis en vente dans la deuxième

et la troisième année de pousse de la greffe. Nous pensons que les arbres très-jeunes qui ont des dispositions à se mettre promptement à fruits, ou qui fleurissent dans les pépinières malgré la richesse du terrain, ont été greffés sur des sauvageons de poiriers de troisième choix, ou sur des coignassiers, avant que ceux-ci ne fussent assez fortement attachés au sol. Nous connaissons une pépinière, voisine de l'habitation que nous occupons, dans laquelle le pépiniériste récolte chaque année pour une somme assez considérable de fruits. Cette récolte lui attire beaucoup d'acquéreurs, qui s'imaginent obtenir promptement des résultats en achetant des arbres qui se montrent aussi fertiles. Tous les jardiniers savent qu'un jeune arbre sain et bien organisé, sauf quelques espèces, doit d'abord produire beaucoup de bois, et que si, au contraire, il commence par se mettre à fruit dans la pépinière, ou aussitôt qu'il en est sorti, c'est le signe le plus évident que son organisation est vicieuse, qu'il est déjà languissant, et qu'il le deviendra rapidement de plus en plus, quelques soins qu'on lui prodigue, même en restant dans la pépinière, à plus forte raison lorsqu'il est soumis à une transplantation. Nous avons connu des propriétaires assez étrangers à la marche que doit suivre la végétation normale d'un jeune arbre pour s'applaudir d'avoir des fruits sur des arbres plantés l'année même. Nous espérons que ces personnes ne nous sauront pas mauvais gré de n'avoir pas plus tôt détruit leurs illusions à cet égard ; elles comprendront sans doute qu'il eût fallu appuyer nos conseils de tous les raisonnements que nous venons d'exposer, ce qui les eût fatiguées sans les persuader peut-être, tandis qu'elles peuvent maintenant commenter à loisir nos raisons, écrites dans leur seul intérêt, et voir jusqu'à quel point elles sont fondées.

Nous avons encore à nous occuper de la manière dont on traite le plant de semis de poirier de troisième choix. Ce plant, qui en bonne culture devrait être anéanti, est mis en rigoles, à 0m,12 ou 0m,14 de distance, les rigoles étant espacées entre elles de 0m,32. Ce petit plant reste dans cette position pendant deux ans ; puis on le lève pour le planter en ligne dans la pépinière. Il est évident que l'emploi de ce plant arriéré dans son développement ne pourra qu'augmenter le nombre des arbres défectueux mis dans le commerce. Il peut cependant arriver que des graines bien conditionnées se soient d'abord mal développées, parce qu'elles auront été semées trop dru ; dans ce cas le plant provenant de ces graines ne serait pas complétement vicié, mais il se ressentirait toujours d'avoir souffert dès le moment de sa naissance, et par cette seule raison il devrait être réformé par tous ceux qui ont l'intention d'élever des arbres vigoureux.

Plus nos observations se multiplient, et plus nous sommes convaincu que nous ne nous sommes point trompé lorsque nous avons avancé que la rareté des beaux fruits était due à la détérioration des arbres; mais nous n'avions pas aussi bien indiqué la cause de cette détérioration, parce que nous l'attribuions à des maladies naturelles, tandis qu'elle n'est en réalité que l'effet des mauvais traitements de l'homme, qui, pour propager les variétés par la greffe, s'est servi de sujets rachitiques, provenant de graines elles-mêmes avortées ou mal conditionnées. C'est en voulant étudier à fond l'art du pépiniériste que nous avons trouvé réunies dans une seule pépinière toutes les causes de détériorations; elles y étaient portées à un si haut degré que nous n'avons pu les méconnaître. Ce sont ces causes que nous venons de signaler. C'est surtout aux propriétaires qui, plusieurs fois trompés dans leur espoir, ont renoncé à faire cultiver le poirier dans leurs habitations, à se convaincre par eux-mêmes de la vérité de nos assertions en faisant planter des sujets de poiriers de semis du premier choix, dits baliveaux, à la place même où ils veulent avoir des arbres, afin de les y faire greffer; il demeure bien entendu que le terrain aura été défoncé profondément; et lorsque leur expérience, j'ose dire d'avance leur succès, aura fait adopter ce mode peu dispendieux de plantation, il n'y a pas de doute qu'avant peu tous les jardins seront garnis d'arbres sains et vigoureux, parce qu'il n'est aucun propriétaire qui entende assez mal ses intérêts pour prendre du plant de seconde ou de troisième qualité lorsqu'il lui est facile de se procurer celui de premier choix.

Quant à la grande vigueur des arbres ainsi établis, dont se plaindront peut-être quelques jardiniers ignorants qui ne savent pas en tirer parti, ils trouveront dans *la Pomone* les moyens de faire tourner cette vigueur au profit de récoltes abondantes, tout en laissant les arbres prendre l'entier développement dont ils sont susceptibles, ou de les restreindre dans des limites possibles sans diminuer en rien les récoltes.

CHAPITRE VII.

De l'éducation, dans la pépinière, du plant enraciné de coignassier.

De la greffe. A quel âge ces arbres sortent de la pépinière. Ces arbres sont aussi mal élevés que ceux sur tronc.

Les pépiniéristes, après avoir raccourci le plant de coignassier à 0m,22 au-dessus du tronc, le plantent en lignes à la distance de 0m,36; ces lignes sont espacées de 0m,66. Cette distance n'est pas suffisante; elle devrait être de 0m,65 sur 0m,80.

A la pousse on ébourgeonne, et on choisit le bourgeon le plus vivace et le plus près du sol pour former une tige; vers la fin de juin, on rabat le plant sur cette nouvelle tige, qu'on raccourcit, au printemps suivant, de manière à ne lui laisser que 0m,32 à 0m,40, suivant sa force.

A la pousse on ébourgeonne, pour préparer la place de l'écusson, que l'on pose à œil dormant, vers la mi-juillet, à 0m,06 ou 0m,08 au-dessus du sol. Ensuite on relève les bourgeons qui sont au-dessus de la greffe, et on les attache tous ensemble avec un osier, afin que l'œil de l'écusson reçoive l'air qui est nécessaire pour déterminer son adhérence au sujet.

Au printemps suivant on rabat les sujets à 0m,08 au-dessus de l'œil des greffes qui ont réussi.

A la pousse, on attache le jet des greffes au sujet d'abord, puis à des échalas, tant pour les maintenir droits que pour les préserver d'être décollés par les vents. On détruira, comme nous l'avons indiqué déjà plusieurs fois, tous les bourgeons qui viendraient à pousser.

Dans l'année qui suit la pousse de la greffe, les pépiniéristes rabattent les tiges les plus vigoureuses à 1m,33 de hauteur, pour en former des demi-tiges; ils rabattent les autres à 1 mètre ou 1m,15 pour en former des quenouilles : ceux qui ont le moins

bien réussi sont rabattus proportionnellement à leur force, pour
en former des nains. Au printemps suivant, le pépiniériste donne
encore une taille très-allongée aux rameaux formant la tête
des demi-tiges et celle des quenouilles. Nous avons déjà dit
en quoi la conduite des pépiniéristes est vicieuse à cet égard;
nous n'y reviendrons pas. A l'automne suivant, c'est-à-dire
trente mois après la pousse de l'écusson, ces arbres sont mis en
vente. Quoique nous ayons déjà donné notre opinion à cet égard,
il n'est peut-être pas inutile de répéter ici que l'on ne devrait
greffer le coignassier que lorsqu'il est fortement attaché au sol
par ses racines.

CHAPITRE VIII.

De l'éducation, dans la pépinière, du plant enraciné des pommiers de doucin et de paradis.

De la greffe. A quel âge ces arbres sortent de la pépinière.

Lorsque les pépiniéristes reçoivent le plant enraciné de pommier de paradis et de doucin, ils le rabattent à 0^m,20 ou 0^m,22
au-dessus du tronc, et plantent les pieds à 0^m,45 ou 0^m,50 de
distance l'un de l'autre, sur des lignes espacées de 0^m,65.

A la pousse on ébourgeonne le sujet, afin de préparer la
place où doit être posé l'écusson, que l'on pratique sur le vieux
bois, vers la mi-juillet, à œil dormant, à 0^m,06 ou 0^m,08 au-
dessus du sol. Si la saison n'avait pas été favorable et que la
sève ne fût pas suffisamment abondante, on différerait l'opération de la greffe jusqu'à l'année suivante. On retire avant l'hiver les fils de laine qui assujettissent les yeux de la greffe.

Au printemps suivant, on rabat les sujets à 0^m,03 au-dessus
de l'œil des greffes qui ont réussi; à la pousse on attache le
bourgeon de la greffe au sujet. Si les greffes poussent vivement, on leur donne des tuteurs.

Dans l'année qui suit la pousse de la greffe, on rabat le jet
des pommiers de paradis à 0^m,24 ou 0^m,28 au-dessus de son
point d'insertion, et les jets des pommiers de doucin à 0^m,40 ou
0^m,50, pour former des pyramides.

La troisième ou quatrième année après la plantation de ces plants, les arbres sont prêts à être mis en vente.

CHAPITRE IX.

Coup d'œil sur les causes de la détérioration générale des arbres et des fruits, particulièrement dans l'espèce du poirier.

Après avoir suivi en détail toutes les opérations qui se pratiquent dans la pépinière, nous sommes amené à reconnaître que quatre causes principales doivent nécessairement contribuer à la détérioration des arbres de l'espèce du poirier, savoir :

1° La greffe sur coignassier, parce que la végétation du poirier ainsi greffé, étant contrariée par celle du coignassier, qui n'est pas de la même nature, à beaucoup d'égards, reste nécessairement languissante ;

2° Le tort que l'on a de toujours greffer le poirier sur des sujets de semis de deuxième et de troisième qualité, moins vigoureux que les autres, ce qui doit produire des arbres qui tendent de plus en plus à se dégrader ;

3° La mauvaise habitude où l'on est de raccourcir le jet de la greffe vers son sommet, habitude qui a l'inconvénient d'attirer une affluence extraordinaire de sève vers cette partie, au préjudice du bas, d'où résulte immanquablement dans ce bas l'annulation des yeux, l'oblitération des canaux séveux, l'endurcissement des écorces. De plus, la vigueur factice des bourgeons du sommet de ces arbres ne pouvant se soutenir, ils dépérissent. Mieux vaudrait laisser croître le jet de la greffe que de le raccourcir ainsi vers son sommet. Que si, au contraire, on eût raccourci ce jet à 0^m,30 ou 0^m,33 au-dessus de l'insertion de la greffe, tous les yeux qui s'y trouvent se fussent ouverts, les fibres descendantes de ces bourgeons eussent préparé à la sève de larges et nombreux canaux de circulation, les écorces se fussent dilatées, et l'arbre eût eu dès sa base tous les principes de vigueur dont sa nature le rend susceptible.

4° La nécessité à laquelle on se trouve réduit de toujours prendre des rameaux pour la greffe sur des arbres ainsi élevés, souffrants, viciés dans leur organisation primitive, ce qui doit en propager tous les vices. On sait, en effet, que la greffe propage aussi bien les mauvaises que les bonnes qualités de l'arbre sur lequel on a pris le rameau, et qu'un rameau pris sur un arbre décrépit, et greffé sur un jeune et vigoureux sujet, amène chez celui-ci une caducité prématurée.

Nous avons déjà dit que, parmi les arbres plantés dans un même terrain, ceux qui d'abord ne végétaient pas aussi vivement que les autres restaient toujours languissants, quelques soins qu'on leur donnât; enfin, qu'il était plus profitable de les réformer de suite que de s'obstiner à les utiliser : c'est là une vérité reconnue depuis très-longtemps. La Quintinie faisait arracher immédiatement, pour les remplacer, dans les jardins du roi, tous les arbres qui lui paraissaient tant soit peu languissants; l'expérience lui avait appris que ces arbres restaient toujours à peu près au même point. Il est de fait que tous les sujets ne sont pas doués des mêmes principes de vigueur, surtout dans les arbres de semis. Ces principes de vigueur ou de langueur, que recèle chaque arbre, s'annoncent dès la jeunesse; c'est pourquoi dans le même semis de pommiers ou de poiriers, le plant d'élite se paie 36 francs le 1000, celui de second choix 15 francs; le reste, qui ne devrait être que du rebut, se vend encore 5 ou 6 francs le 1000. La mise en circulation de cette dernière portion par les pépiniéristes contribue, dans une très-grande proportion, à augmenter chaque année le nombre des arbres qui ne peuvent se développer, sans cependant mourir tout-à-fait. Le plus grand mal qui en résulte, c'est qu'ils occupent inutilement le terrain pendant tout le temps que le propriétaire met à se décider à les remplacer, espérant toujours, mais vainement, que ces arbres, à force de soins, finiront par prendre leur essor.

Nous avons lieu de regretter plus que jamais de n'être pas encore parvenu à propager par bouture les arbres fruitiers, notamment le poirier, comme on propage dans les serres à boutures les camélias, les rosiers, etc. Ce mode de propagation conserverait dans toute leur pureté non-seulement les variétés de fruits, mais aussi les arbres, que la greffe tend à détériorer. Il appartient aux sociétés d'horticulture d'apprécier les avantages qui pourraient résulter de ce mode de propagation et de proposer des prix pour encourager ceux qui le tenteraient avec succès.

On peut remarquer que, sur un certain nombre de boutures, très-peu sont susceptibles d'être réformées faute de vigueur; il suffit d'ailleurs qu'une plante bouturée ait émis des racines pour que ces racines continuent de croître et de se multiplier, lorsqu'elles sont placées dans un terrain convenable. Il n'en est pas de même du plant d'arbres de semis; parmi ces plants, un petit nombre mérite d'être regardé comme de premier choix; beaucoup doivent être rebutés; en d'autres termes, tout ce qui n'a pas poussé vigoureusement sera rejeté, parce que le défaut de vigueur provient ici des qualités de la graine, plus ou moins bien fécondée, et d'autres causes encore; ces causes sont telles que les soins les plus assidus ne peuvent changer la nature première de ces individus, qui, admis comme sujets par les pépiniéristes à cause de leur bas prix, sont incapables de former jamais, étant greffés, autre chose que des arbres rachitiques.

Quoique le plant de coignassier ne soit pas dans les mêmes conditions que celui qui provient de semis, il n'en est pas moins vicié comme sujet, parce qu'il a le très-grave inconvénient de n'être pas de la même espèce que les greffes, qu'il ne réussit que dans certaines terres, et enfin qu'on le fait avorter en greffant presque toujours ce plant avant qu'il soit assez fortement enraciné dans le sol. Du reste nous avons vu que les greffes faites sur coignassier ne sont pas mieux traitées dans les pépinières que les autres.

Il est remarquable que, depuis que les pépinières très-anciennement établies se sont confondues avec les nouvelles, depuis surtout que celles qui avaient été fondées et cultivées par les ordres religieux ont disparu, on ne trouve plus, lorsqu'on veut planter les jardins en arbres fruitiers, que des poiriers dépourvus de la vigueur qu'ils devraient naturellement avoir, soit dans le sauvageon, soit dans la greffe, et le plus souvent dans tous les deux. Mais faut-il s'étonner que le poirier, aussi mal traité depuis longtemps, soit arrivé à un tel degré de détérioration qu'il est très-rare d'en trouver dans nos jardins

18

quelques-uns qui n'aient pas, dès leur jeunesse, des dispositions à se couronner, c'est-à-dire à perdre leurs feuilles vers
les extrémités supérieures des rameaux avant de les avoir per-
dues par le bas, et cela de plus en plus hâtivement d'année en
année? Il n'est pas rare de voir des arbres dont les extrémités
sont dépouillées de leurs feuilles dès le 15 juillet, et même
plus tôt; aussi ces arbres ne peuvent-ils ni s'étendre, ni donner leur fruit; leur végétation est désorganisée; car, dans
l'ordre naturel, les dernières feuilles venues devraient être
les dernières à tomber.

Les pépiniéristes sont, pour ainsi dire, forcés de suivre les
errements déplorables que nous venons de signaler, par l'ignorance et l'avarice de la plupart des acquéreurs, qui, ne sachant
ni reconnaître ni apprécier les immenses avantages d'arbres
soigneusement cultivés, s'éloigneraient peut-être du pépiniériste qui aurait été obligé d'élever ses prix en raison même des
soins dont ses arbres eussent été l'objet. Ce serait aux sociétés
d'agriculture et d'horticulture à se charger d'amener un perfectionnement aussi désirable; il suffirait, pour y parvenir, de
faire connaître le pépiniériste qui aurait abandonné la vieille
routine pour entrer dans une nouvelle voie. Si, comme nous le
croyons, l'approbation de ces sociétés a quelque valeur, elle
ferait la fortune de celui qui la mériterait, attendu que les
améliorations que nous demandons sont d'une utilité générale, non-seulement pour les propriétaires, mais encore pour
toute la population.

Il résulte de l'exposé que nous venons de faire du travail
des pépinières que le poirier y est tellement mal traité que c'est
à cette cause principalement que l'on peut attribuer la rareté
des beaux arbres dans les jardins et celle des beaux fruits sur
les marchés. On peut prévoir, si les pépiniéristes ne changent
pas leur mode de culture, que la disette des fruits deviendra de
plus en plus grande, parce que les arbres qui sortent des pépinières sont dans une crise visible de dépérissement, et qu'ils ne
produiront bientôt plus ni bois ni fruits, ce qui fera renoncer
à leur culture. Déjà beaucoup de propriétaires, aux environs
de Paris, après avoir renouvelé plusieurs fois sans succès les
plantations de leurs jardins, et ne sachant à quoi attribuer la

cause de leurs mécomptes, se sont imaginés qu'apparemment leur terrain ne convenait point au poirier ; comme si une terre cultivée depuis un certain temps en potager n'était pas éminemment propice à la culture des arbres fruitiers !

Nous engageons de nouveau les propriétaires à faire planter à demeure dans leurs jardins des plants de poiriers de premier choix, dits baliveaux, et à les faire greffer en place dans la seconde année. La plantation sera faite sur un terrain très-profondément défoncé et largement fumé. Nous leur recommandons de planter aux distances que nous avons indiquées, soit sur les lignes, soit très en arrière du bord des allées, afin de n'avoir pas le regret, lorsque les arbres ainsi traités auront pris une grande étendue, d'être obligés de les sacrifier pour maintenir libre le passage de ces allées.

CHAPITRE X.

De la multiplication par semis pour obtenir de nouvelles variétés de fruits.

Choix des graines. Théorie Van-Mons. Des jeunes arbres très-épineux. Des vertus contenues dans les germes.

Les semis faits dans le but d'obtenir de nouvelles variétés demandent aussi une attention particulière dans le choix des graines. Les cultivateurs ne sont pas d'accord sur les qualités que ces graines doivent présenter ; mais la plupart reconnaissent que le semis de celles qui ont été recueillies sur nos anciennes variétés de bons fruits ne donne que des sauvageons plus ou moins épineux, dont les produits sont acerbes et très-lents à se montrer. Nous avons de fortes raisons de croire que les semences provenant de fruits greffés participent moins des qualités de la greffe que de celles du sauvageon, quoique l'influence de celui-ci sur la saveur des fruits soit nulle ou insensible. M. Poiteau, à qui nous devons la connaissance de la théorie Van-Mons, donne une raison de ce fait ; il avance, selon cette théorie, qu'un arbre venu de semence qui produit un fruit savoureux sort des lois générales, et que, dans ce cas, la nature tend sans cesse à reprendre ses droits, en agissant peu à peu, d'année en année, sur les semences de cet arbre, pour les faire rentrer sous le joug de la loi primitive. Il en conclut qu'il ne faut recueillir de semence que sur les fruits le plus nouvellement obtenus. M. Van-Mons nous assure que les arbres provenant de chaque nouvelle génération de fruits sont non-seulement meilleurs et plus fertiles, mais encore plus précoces. Il nous apprend qu'il a attendu vingt ans avant d'obtenir des fruits des premiers arbres qu'il avait semés ; les autres arbres, provenant des pepins de ceux-ci, ont produit au bout de quinze années de semis ; la troisième génération s'est mise à fruit au bout de dix ans ; la quatrième, à huit ans ; la cinquième, au bout de six ans, et ainsi de suite jusqu'à la neuvième génération, dont les arbres, très-vigoureux, ont fructifié au bout de quatre ans, donnant toujours des récoltes de plus en plus hâtives et des fruits de plus en plus perfectionnés.

M. Van-Mons a eu la bonté de nous adresser, en 1836, des plants de poiriers et de pommiers de la septième génération et des pepins de la huitième. Nous avons cultivé le tout avec beaucoup de soins, et nous n'avons encore obtenu (1840) qu'une poire d'été très-insignifiante, sur un arbre qui est resté nain. Depuis ce moment, nous avons semé des pepins provenant de la neuvième génération, et tous les arbres que nous avons obtenus ont donné de très-bons fruits ; ils ont produit chez M. Van-Mons dès la quatrième année, tandis que, chez moi, le même semis, par des circonstances particulières, n'a rapporté qu'au bout de six ans. Tous les fruits ont été trouvés bons, quelques-uns même excellents ; l'un d'eux, aussi remarquable par sa bonté que par sa beauté, a même mérité de figurer à l'exposition du Luxembourg de l'année 1847, sous le nom de *Frédéric Le Lieur*.

M. Van-Mons, en nous léguant sa neuvième génération de semis, nous épargne tout le temps qu'il a employé à l'obtenir ; nous n'avons plus maintenant qu'à profiter de ses travaux, en nous empressant de récolter des graines sur les arbres de cette dernière génération, afin de les semer et d'en recueillir promptement une dixième encore plus hâtive et plus perfectionnée.

On conçoit que des semis faits ainsi successivement avec des graines provenant de fruits qui sont les prémices de jeunes arbres très-vigoureux, et d'un rapport extrêmement précoce, doivent, selon toutes les prévisions, donner des sujets également très-vigoureux et très-prompts à se mettre à fruit. Si, de plus, on a l'attention de choisir, pour en prendre la graine, les meilleurs fruits, et ceux qui mûrissent pendant l'hiver de préférence à ceux qui effectuent leur maturité pendant l'été, on doit nécessairement aussi perfectionner les espèces sous ce rapport.

Nous admettons donc, avec connaissance de cause, que les graines devront être prises sur les variétés les plus succulentes et le plus récemment obtenues, et, dans ces variétés, sur les fruits les plus beaux et les plus mûrs.

Quoique ces deux dernières qualités puissent être indifférentes pour déterminer le choix des graines, elles supposent au moins que l'acte de la fécondation s'est passé dans les circonstances les plus favorables, telles qu'une exposition chaude et aérée. Il ne faut pas oublier que c'est la fécondation qui forme la graine et qui lui donne ses qualités, soit qu'elle s'opère avec le pollen de la variété ou avec celui d'une autre.

M. Van-Mons pense que la graine doit mûrir après que le fruit est récolté ; il croit même préférable qu'elle ne soit pas parfaitement mûre. D'autres personnes sont d'un avis contraire ; elles veulent que la graine reste dans le fruit jusqu'à sa décomposition. Ces personnes ne se sont pas aperçues sans doute que la nature avait mis la graine à l'abri de la pourriture du fruit en l'isolant et en entourant le vide qu'il occupe de parois d'une nature imperméable, sèche et coriace.

Les vertus contenues dans les germes sont dues à la nature de la variété sur laquelle s'opère la fécondation, et non à l'état dans lequel se trouve le fruit longtemps après la fécondation de la graine, pourvu qu'il soit parvenu à une maturité complète. Nous pensons aussi qu'il doit y avoir plus de principes sucrés dans des germes fécondés à une exposition sud et bien aérée que dans ceux qui se sont formés à l'exposition du nord. Il faut encore ajouter à ces heureuses circonstances la puissance du pollen sur les stigmates ; on pourrait sans doute, au moyen d'une fécondation artificielle, obtenir des hybrides qui participassent des bonnes qualités des deux variétés.

On pourrait peut-être s'imaginer que des graines récoltées

sur des sujets très-jeunes sont généralement mal conditionnées ;
ce serait une erreur, car celles que M. Van-Mons m'a envoyées,
et qui proviennent de sa neuvième génération, ont produit un
semis qui a donné des sujets extrêmement vigoureux, et tout
aussi épineux que si les graines eussent été récoltées sur des
fruits sauvages. M. Van-Mons prétend, et nous sommes de son
avis, que les épines que portent les jeunes plants de semis, loin
d'être un motif de réprobation, sont, au contraire, d'un bon au-
gure pour la qualité des fruits. En effet, j'ai été à même de remarquer qu'à chaque nouvelle pousse, sur les arbres de M. Van-
Mons, les épines sont moins nombreuses qu'à la précédente, et
que les premiers fruits sont placés dans le haut de l'arbre, sur
des branches sans épines, ou presque sans épines, dont les
feuilles sont beaucoup plus larges et plus étoffées que celles du
bas. L'arbre change même tellement d'aspect que nous avons
vu des têtes d'égrains, ayant très-peu d'épines, porter de beaux
fruits, tandis que les rameaux restés dans le bas, sur le corps
de l'arbre, auraient donné lieu de croire, par les longues et
nombreuses épines dont ils étaient couverts, qu'ils avaient été
greffés. Il semblerait aussi qu'à mesure que l'arbre se développe il tend de plus en plus vers la perfection. Les fruits suivent la même marche, et ce n'est guère qu'à la troisième année
de fructification que l'on peut absolument les juger ; ainsi il
ne faudrait pas condamner un arbre à cause des qualités de ses
premiers fruits. M. Van-Mons cite à cet égard plusieurs exemples, et nous-mêmes pouvons déjà en compter un. Ce fait ne
donnerait-il pas lieu de penser qu'il serait plus rationnel de récolter des graines sur des fruits de troisième année plutôt que
sur ceux qui n'ont pas encore atteint toute leur perfection ?
Ne serait-il pas intéressant aussi de s'assurer si des graines récoltées sur des arbres très-âgés ne produiraient pas des sujets
très-lents à croître et très-tardifs à fructifier ? Nous laissons la
solution de ces questions aux jeunes amateurs qui ont encore le
temps de voir et d'apprécier les résultats des essais qu'ils feront
à cet égard ; l'exemple donné par M. Van-Mons doit être pour
eux un puissant motif d'encouragemant.

Quoique les arbres de M. Van-Mons portent tous de bons
fruits, il en est cependant qui sont de beaucoup supérieurs aux

autres, ce qui nous fait voir que la greffe devra toujours rester en usage pour propager les meilleures variétés. Dans ce cas, on pourra prendre pour sujets les arbres qui ne produisent que des fruits d'une qualité inférieure. Si l'extrême vigueur des arbres de M. Van-Mons et la promptitude avec laquelle ils croissent engageaient quelques personnes à semer des graines récoltées sur ces arbres, dans le seul but d'obtenir promptement de beaux sujets destinés à la greffe, nous devons les prévenir que cette spéculation n'aurait sans doute pas tout le succès que l'on s'en promettrait, parce que la vigueur de ces sujets dépasserait presque toujours de beaucoup celle des rameaux de la greffe, et qu'il faut, au contraire, selon notre théorie, que ce soit le rameau qui procure aux racines du sujet les moyens d'acquérir plus de tissus qu'elles n'en ont naturellement. Nous savons par expérience que, lorsque le rameau n'agit pas dans ce sens, il tue son sujet, et qu'au contraire, quand il le domine, comme cela a lieu dans le pommier de paradis, il fournit alors aux racines du sujet un surcroît de tissus ou de sève qui sert à l'alimenter. Il vaudrait donc mieux propager par bouture les arbres Van-Mons, car nous avons tout lieu de croire que les jeunes bourgeons ou les rameaux de ces arbres émettent très-falement des racines.

Quant aux arbres de la huitième ou de la neuvième génération, si hâtifs à produire, ils n'auraient à coup sûr qu'une très-courte durée s'ils ne recevaient pas un traitement tout particulier. Il ne faut pas oublier que ce sont des productions de l'art, et que les individus qui sont créés en dehors des lois de la nature, et qui produisent avec excès avant le terme fixé par elle, ne peuvent plus par cela même lui être abandonnés. Nous avons été à même, possédant, grâce à l'obligeance de M. Van-Mons, une certaine quantité de ces arbres de semence, d'étudier la culture qu'il convient de leur appliquer pour prolonger leur existence et pour jouir des avantages de leur fécondité précoce, sans pour cela arrêter leur entier développement, et nous avons lieu de présumer que la durée de ces arbres, traités comme nous allons l'indiquer, égalera celle des sauvageons les plus rustiques, et que l'on n'aura plus à reprocher au système Van-Mons de créer des sujets portant à la vérité de très-beaux fruits, mais ne prenant qu'un développement très-restreint, et n'ayant qu'une existence éphémère.

Voici nos remarques au sujet de cette culture. Un arbre qui commence à porter des fruits se couvre chaque année d'une plus grande quantité de fleurs que les autres, parce qu'au fruit ou seulement à la fleur succèdent des bourses dont l'écorce est plissée, le bois court, la fibre cassante, et que la sève ne peut circuler qu'assez lentement à travers les tissus de ces sortes de productions. Les arbres nouvellement mis à fruit se chargent, sur ces bourses, d'une telle quantité de boutons à fruit qu'ils épuiseraient l'arbre si on l'abandonnait à sa nature, et cela d'autant plus promptement que les fruits consomment, au préjudice des bourgeons, une très-grande quantité de sève, sans contribuer en rien à réparer les pertes de l'arbre. C'est donc au jardinier, comme on le voit, à intervenir pour maintenir, ou pour rétablir, au besoin, avec une parfaite égalité, la libre et active circulation de la sève dans toutes les parties de l'arbre. Il y parviendra avec facilité en supprimant de très-bonne heure çà et là quelques boutons à fleur, qui seront remplacés par des lambourdes qui prendront naissance sur les bourses; il supprimera aussi une certaine quantité de bourses, au-dessous desquelles sortiront des rameaux ou des brindilles, ou seulement des dards. C'est au moyen de ces nouvelles productions que la sève, devenue plus abondante, plus active, se répartira plus également et circulera en plus grande quantité dans toutes les parties de l'arbre, que les fruits acquerront plus de volume, plus de sève, et que les arbres prendront un plus grand développement.

Il résulte du système Van-Mons que les arbres de semis les plus prompts à fleurir sont aussi les plus vigoureux, les plus productifs, ceux qui donnent les meilleurs fruits, tandis que les arbres qui servent de sujets pour propager par la greffe nos anciennes variétés de bons fruits sont accablés de toutes les infirmités qui, depuis qu'on les multiplie, se sont ainsi successivement reproduites et propagées parmi ces variétés anciennes. Il est évident que ces arbres marchent à grands pas vers leur dégradation et qu'ils deviennent de plus en plus sensibles aux influences des saisons, de plus en plus exposés aux attaques des insectes qui les rendent stériles et qui leur donnent une mort anticipée ; car il est bien constaté que les insectes font beaucoup plus de dégâts sur les arbres languissants que sur les arbres vigoureux, parce que ceux-ci réparent promptement le mal qui leur est fait. Nous ne doutons pas, pour notre part, que c'est à la grande quantité d'arbres languissants qui sont dans nos vergers, et surtout dans nos jardins, que l'on doit attribuer la présence de cette multitude d'insectes microscopiques qui autrefois étaient inconnus ; il pourrait se faire que leur nombre devint si considérable que des arbres même très-vigoureux ne fussent plus à l'abri de leurs dévastations.

Les perfectionnements qui ont été apportés, depuis moins de vingt ans, à la culture des roses, des dalhias, des géraniums, des azaléas et autres fleurs, nous autorisent à penser que, si on voulait s'occuper avec la même persévérance de l'amélioration des fruits, on obtiendrait des résultats encore plus surprenants, surtout sous le rapport de la fécondité des arbres, et l'on ne nous contestera pas, sans doute, que les succès dans ce genre seraient bien plus profitables que dans l'autre à toutes les classes de la société. Ainsi, par exemple, les espèces de vignes que nous possédons nous en font pressentir de plus parfaites encore. Si l'on parvenait à obtenir des variétés plus hâtives, il ne serait pas impossible de cultiver cette plante dans des climats plus froids que ceux où elle prospère aujourd'hui. C'est ainsi que, par des soins assidus et persévérants, par des expériences habilement conduites, on pourrait arriver aux découvertes les plus précieuses.

CHAPITRE XI.

Inconvénients de la greffe et avantages de la bouture herbacée pour propager les nouvelles variétés obtenues.

Vigueur et abondance des arbres qui portent les nouveaux fruits. Précautions à prendre pour propager ces nouvelles variétés et leur conserver toute la pureté de leur origine. Des inconvénients de la greffe.

Si, par les moyens que nous venons d'indiquer ou tout autre, les cultivateurs parviennent à obtenir de bons fruits, ils auront

à s'occuper des meilleurs procédés à employer pour perpétuer et
maintenir ces variétés dans toute leur pureté ; moins ces procédés seront simples et naturels, plus les arbres qui en proviendront auront de tendance à dégénérer. Il est à propos de remarquer que les arbres qui portent les nouveaux fruits réunissent
la vigueur qu'ont ordinairement toutes les plantes venues de
semence à l'abondance des produits, tandis que ceux qui portent nos anciennes variétés sont pour la plupart stériles, languissants, et dans un état de dégradation presque complet. Nous
croyons apercevoir la cause de cette dégradation dans le mode
employé constamment pour leur propagation, celui de la greffe,
d'autant plus funeste pour le poirier que, ne possédant pas de
sujet nain de son espèce, comme on en possède pour le pommier,
savoir, le doucin et le paradis, on s'est cru obligé de le greffer
sur coignassier pour en tenir lieu, de même que l'on s'est servi,
dans le même but sans doute, de sujets de semis de deuxième et
de troisième choix ; enfin on a trop souvent commis l'immense
faute de prendre pour la greffe des rameaux sur des arbres eux-
mêmes greffés par ce moyen.

Mais avant de démontrer comment la greffe tend peu à peu et
progressivement à l'affaiblissement des arbres, il est utile de
faire remarquer que les espèces que l'on propage ordinairement
par d'autres procédés, tels que les marcottes ou les boutures,
n'offrent aucun signe de dégénération, et que, s'il arrive que
quelques individus soient moins féconds, ou sujets à la coulure,
ou affectés de maladies, ces affections sont individuelles ; dans
ce cas, on s'abstient tout naturellement de propager de tels individus. On ne prend pour étalons que les sujets les plus vigoureux, les plus sains, et produisant abondamment les plus
beaux fruits. Les greffeurs n'ayant malheureusement pas toujours apporté les mêmes soins dans le choix des rameaux destinés à être greffés, et de plus les sujets étant très-souvent de
qualité inférieure ou d'une espèce différente de celle du rameau, il en est résulté dans les arbres ainsi propagés une langueur et un malaise général. On peut encore ajouter à ces causes
de dégradations que, dans un arbre greffé, le rameau domine
le sujet, qu'il lui communique sa langueur aussi bien que sa
vigueur, et que comme, la plupart du temps, la vigueur du su-

jet l'emporte de beaucoup sur celle du rameau, cette vigueur naturelle, se trouvant refoulée par la greffe sans moyens proportionnels d'expansion, devient une nouvelle source de dégradation et même de mortalité pour le sujet; dans ce cas, les greffeurs disent que telle variété tue son sujet.

Le rameau domine encore le sujet lorsqu'il a été pris sur une variété naturellement vigoureuse et qu'il est greffé sur un jeune sujet délicat, mais sain, de son espèce; alors il communique sa vigueur au sujet et semble le faire grossir rapidement. Cette dernière circonstance peut se rencontrer parmi les nouvelles variétés; mais elle se montre très-rarement dans les anciennes, puisque les arbres qui les portent sont presque tous déjà détériorés. Ceci confirme une vérité devenue vulgaire : c'est que la greffe perpétue exactement les mauvaises aussi bien que les bonnes qualités de l'arbre sur lequel on l'a prise; elle propage même les accidents qui surviennent à une portion de l'arbre, ainsi que les maladies et la caducité.

Si nous insistons autant sur ces faits, c'est qu'il importe que l'on soit bien persuadé de leur existence, afin que les jardiniers comprennent que les arbres toujours propagés par la greffe doivent dégénérer progressivement, et d'autant plus rapidement que l'on aura mis moins de discernement dans le choix des sujets et dans celui des rameaux. Nous venons de voir qu'il ne suffit pas seulement que le sujet soit de la même espèce que le rameau, mais qu'il faut encore qu'il ne contienne pas des éléments de vigueur disproportionnés avec ceux de l'arbre sur lequel on a pris ce rameau. Les pépiniéristes, qui n'ignorent pas ces vérités, ne peuvent cependant éviter les inconvénients qui accompagnent toujours une manière d'agir tout opposé, à cause de l'ordre du catalogue de leur pépinière, qui exige que l'on greffe à la suite, sur la même ligne, la même variété.

D'après ces observations, on ne peut méconnaitre que la greffe entraîne avec elle une multitude de chances qui doivent nécessairement occasionner la dégradation des arbres propagés par ce moyen. Nous pourrions ajouter à ces causes déjà si nombreuses de dégradations le bourrelet qui se forme quelquefois au pourtour de l'insertion de la greffe. Ce bourrelet a pour principe la trop grande inégalité d'élasticité qui existe entre les écorces du sujet et celles de la greffe ; dans ce cas, les fibres descendantes, trop nombreuses pour s'insinuer toutes entre le bois et l'écorce du sujet, se reploient sur elles-mêmes, et se contournent autour du point d'insertion de la greffe, où elles sont alimentées par un plus grand volume de cambium, qui les aide à former en cet endroit un monstrueux amas de couches ligneuses. On conçoit que le bois du sujet, n'étant plus ou presque plus recouvert de nouvelles couches ligneuses fournies par la greffe, reste mince et hors de proportion avec la partie greffée, qui continue de grossir ; d'où il suit que cette détérioration dans la constitution des arbres est encore un des inconvénients attachés au mode de propagation par la greffe.

CHAPITRE XII.

De la manière dont végètent les greffes, les boutures et les marcottes.

Tous les yeux qui sont sur un arbre sont autant de germes d'arbres en tout semblables à celui sur lequel sont ces yeux. Démonstration de cette vérité par la pratique. Avantages de faire enraciner ces yeux dans le sol ; inconvénients de les faire se développer sur un autre arbre. Ce système découle de celui de Lahire, mis en pratique dans les vastes serres à boutures de M. Bertin, à Versailles, et dans celles de beaucoup d'autres horticulteurs.

Si nous examinons comment s'opère le développement des greffes, des boutures et des marcottes, nous serons tentés de mettre en usage les ressources infinies que nous offre la nature afin de propager par la voie la plus simple et la plus sûre les belles variétés que l'art, ou plutôt le hasard, jusqu'ici, nous a procurées. L'observation a démontré que tous les yeux ou boutons qui sont sur un arbre renferment chacun, étant détachés de cet arbre, un individu exactement semblable en qualité à celui qui l'a produit. Il résulte de cette observation, comme nous venons de le dire, que nos efforts doivent tendre à mettre à profit les ressources innombrables et directes que nous offre la nature pour propager les bonnes variétés sans nous servir de la greffe, qui n'est qu'un moyen détourné et compliqué, toujours accompagné de très-graves inconvénients, et dont la conséquence dernière est la stérilité et la dégradation progressive des arbres.

La pratique nous a déjà fait connaitre que, si on sépare un œil d'un arbre, si on le place dans une situation convenable, où il puisse se conserver un certain temps sans s'altérer, comme dans une atmosphère chaude, humide et tranquille, si enfin on l'entoure d'une nourriture qui lui soit appropriée, les fibres descendantes de cet œil pénétreront dans la terre et y formeront des racines, pendant que les fibres ascendantes s'élèveront dans l'espace, par la pointe de l'œil, pour former une tige, garnie bientôt de boutons ou d'yeux tout semblables à celui qui les a produits, et ayant la même faculté que lui, celle de reproduire de nouveaux individus identiques par leurs qualités.

Mais si, au lieu de faire reposer l'œil sur la terre, on l'insinue entre le bois et l'écorce d'un sujet de la même espèce que lui ou d'une espèce analogue, les fibres descendantes, au lieu de se transformer en racines, formeront du bois, qui, aidé et nourri par le cambium, s'adaptera sur celui du sujet, pendant que les fibres ascendantes formeront la tige. Plus tard, les fibres descendantes de tous les boutons qui sont sur cette nouvelle tige, et qui s'ouvriront, viendront se superposer sur le bois du sujet et augmenter son ampleur par autant de couches ligneuses. Dès ce moment le sujet ne grossit plus que par le développement du rameau de la greffe, et non par celui de ses propres boutons, que l'on a soigneusement supprimés; il n'est plus que le support des couches ligneuses émises par les seuls bourgeons de la greffe, qui viennent l'envelopper. Le sujet est encore, il est vrai, le conducteur de la sève ou de l'eau envoyée par les spongioles; il semble grossir par ses propres ressources, tandis qu'en réalité c'est la vigueur plus ou moins grande du rameau qui, par la multitude de ses boutons mis en mouvement par l'air, la chaleur, le stimulus enfin, procure son ampleur. Mais si, au contraire, le sujet est seul d'une nature vigoureuse, cette vigueur ne pouvant s'épancher, son tissu se resserre; son écorce, comme disent les jardiniers, s'endurcit; l'arbre ne profite plus ou presque plus, et il reste pour toujours languissant. On conçoit que, si l'on prenait des rameaux sur un tel arbre, on propagerait inévitablement son état de langueur.

Nous avons dit que l'eau ou la sève était envoyée par les spongioles, parce que l'on considère ordinairement cette eau comme étant pure jusqu'à ce qu'elle ait été sécrétée par les feuilles; mais nous avons lieu de penser que cette eau n'est pas d'abord aussi pure qu'on le croit, puisqu'en passant par les tissus du sauvageon elle reçoit déjà une préparation assez importante pour limiter les dimensions de l'arbre greffé, quelle que soit la nature de celui sur lequel on a pris le rameau de la greffe. C'est par cette raison que les pommiers de la plus grande dimension restent nains lorsqu'ils sont greffés sur paradis. On pourrait peut-être croire que l'arbre ainsi greffé reste nain parce que les racines du pommier de paradis ne peuvent fournir assez de sève à la greffe; mais on acquiert la preuve contraire par l'examen des racines du paradis, qui font connaître, par la multitude des spongioles dont ce sujet est pourvu, que ce ne peut être la quantité d'eau de végétation ou de sève qui manque à la greffe. Il faut donc que cette eau, en passant par les tissus du sujet, reçoive une préparation qui ne peut plus être modifiée, à certains égards du moins, par les tissus de la greffe, dont la nature est visiblement changée sous le rapport de l'extension qu'elle prendrait sur tout autre sujet. D'où il suit que la végétation de cet arbre, étant plus concentrée, se porte peu en avant, et que la sève est sécrétée en boutons à fruit vers les extrémités, au lieu de l'être en boutons à bois. Aussi les cultivateurs n'ont-ils pas à s'occuper dans ce cas de substituer aux rameaux à bois des brindilles, des dards ou des rosettes, parce que ces arbres sont toujours très-abondamment couverts de fleurs et de fruits, pourvu toutefois qu'on n'offense pas leurs racines par des labours ou des binages trop profonds, faits à contre-saison, et de manière à priver les spongioles de l'humidité de la terre qui les environne. Si, au contraire, la sève manquait aux arbres greffés sur paradis comme elle manque aux sujets de poiriers de deuxième et de troisième choix, ils resteraient languissants, ne pousseraient pas aussi régulièrement, et ne seraient pas surtout aussi fertiles qu'ils le sont en très-beaux fruits.

Nous sommes conduit par ces observations à reconnaître que de la nature du sujet dépendent : 1° les dimensions de l'arbre, en moins, jamais en plus; 2° celles des fruits; 3° l'abondance

des produits, et peut-être aussi les qualités des graines. Quant
aux autres qualités, bonnes ou mauvaises, particulières à l'arbre
sur lequel on a pris le rameau, elles sont toujours exactement
reproduites par la greffe, même la saveur des fruits, qui est tout-
à-fait indépendante du sujet.

Les marcottes et les boutures que l'on fait selon la méthode
ordinaire émettent leurs racines par les mêmes moyens ; les
fibres descendantes des bourgeons parviennent avec plus ou
moins d'obstacles jusqu'à la terre, en passant entre le bois et
l'écorce de la branche marcottée, bouturée ou provignée. Si les
fibres ne peuvent atteindre la terre pour s'y plonger et former
des racines, elles continuent à former du bois; mais les cultivateurs attentifs évitent de faire parcourir aux fibres descendantes un trop long trajet; ils font ce qu'ils appellent un talon
à la bouture, en coupant le bois aussi nettement et aussi près
que possible de l'œil le plus bas, sans cependant endommager
celui-ci.

Il est à propos de remarquer que le mouvement des fibres
descendantes doit toujours précéder celui des fibres ascendantes : c'est une condition indispensable à la réussite des greffes et
des boutures. Ce premier mouvement étant déterminé, il peut
se passer sans dommage un intervalle de temps assez long avant
que celui des fibres ascendantes se manifeste, ainsi que cela se
voit dans les écussons à œil dormant, qui restent attachés au
sujet par leurs fibres descendantes huit à neuf mois avant de
pousser. Nous avons appliqué ce principe à la greffe en fente,
que l'on croyait communément ne pouvoir pratiquer qu'au printemps; nous l'avons employée à l'automne, au commencement
d'août, assez tôt, en un mot, pour que le rameau eût le temps
de se souder au sujet, mais assez tard pour que les fibres ascendantes ne pussent éprouver aucun mouvement apparent. Persuadé comme nous le sommes que les cultivateurs de profession
devancent souvent la théorie, nous avons à l'automne parcouru
beaucoup de pépinières pour nous assurer si on y faisait usage
de la greffe à œil dormant; nos prévisions se sont réalisées; nous
avons trouvé à Versailles, dans le bel établissement de M. Bertin,
une pièce de terre plantée en lilas, tous greffés en fente.
M. Bertin nous a assuré avoir pratiqué cette greffe à l'automne

avec un égal succès sur tous les arbres fruitiers que l'on greffe ordinairement en fente au mois de mars.

Au printemps nous avons greffé autant de sujets que nous en avions greffé à l'automne, en ayant soin de les choisir de la même espèce et de la même force. Le résultat a été que les greffes faites à l'automne ont poussé plus tôt que celles faites au printemps; ces dernières ont moins bien végété durant le reste de la saison, parce que les hâles de mars ont été cette année-là très-desséchants et très-contraires à la végétation des greffes nouvellement pratiquées. Au reste, nous citons ce fait moins pour donner à cet égard un conseil profitable aux pépiniéristes qui ont beaucoup de greffes à faire que pour faire, en quelque sorte, toucher au doigt la manière de croître des végétaux, et par cela même pour mettre le jardinier mieux en état de régler la culture qui doit leur être appliquée.

Les explications que nous venons de donner découlent du système de végétation exposé par Lahire, auquel M. Poiteau a le premier donné le nom de l'auteur. Ce système, publié en 1708, a été constamment repoussé, jusqu'à ce moment même, par l'Académie des Sciences, tandis qu'il a été adopté à l'étranger par tous les savants et mis en pratique par les cultivateurs, qui ont su en tirer un très-bon parti pour la multiplication des plantes dont ils font un grand commerce. Nos horticulteurs commencent seulement à suivre leur exemple, en construisant des serres spécialement consacrées à la multiplication des plantes par bouture. Leurs serres ressemblent à des manufactures, dans lesquelles il se fabrique des milliers de rosiers de toutes les espèces, des camelias, et d'autres végétaux destinés à être livrés au commerce. On s'étonne, à la vue d'une aussi prodigieuse quantité de plantes, aussi rapidement créées, qu'il y ait des demandes assez nombreuses pour soutenir les maisons de commerce qui se livrent à ce genre d'industrie. Et il a suffi, pour opérer ces merveilles de création, de faire connaître aux horticulteurs une vérité émise il y a plus de cent cinquante ans par un Français dont le nom est presque ignoré dans sa patrie !

C'est de ce mode de multiplication que nous voudrions qu'on se servît pour remplacer la greffe dans la propagation des nou-

velles variétés de fruits, parce qu'il est le seul qui puisse conserver aux arbres toute la vigueur, toute la fertilité et toute la
pureté de leur origine. Nous avions prié M. Bertin, horticulteur très-distingué de Versailles, d'élever dans ses serres à
boutures une certaine quantité de poiriers. Il s'en est occupé
cette année, et il continuera de s'en occuper jusqu'à ce qu'il ait
réussi, tant il est persuadé qu'il ne s'agit que d'apprendre à
connaître l'époque la plus convenable pour bouturer le poirier, ainsi qu'il a fallu trouver celle qui est la plus favorable
au bouturage des autres plantes.

CHAPITRE XIII.

De la bouture en œil.

Comment elle s'opère. Préjugé contre les boutures en général.

Les cultivateurs qui voudraient propager les poiriers et les
pommiers par bouture devront se rappeler que les graines, les
germes et les boutures ne produisent une tige qu'après avoir
commencé à émettre des racines. C'est en plongeant la bouture
dans une terre dont la température est continuellement maintenue très-douce et très-peu élevée, tandis que celle de la serre
est encore plus basse et toujours égale, qu'on est parvenu à
faire produire des racines à toutes les boutures soumises à ce
traitement. Les horticulteurs doivent aussi savoir que, si on
détache un œil d'un bourgeon ou un bourgeon d'une branche,
la sève continue à se porter vers l'extrémité supérieure de
la partie détachée, surtout si elle reste exposée à l'air libre
ou au soleil; dans ce cas, le desséchement de la bouture est
le seul résultat de ce mouvement naturel d'ascension de la
sève. Mais si, au contraire, on la force à se précipiter vers le
talon de la bouture, en la privant de l'action de l'air et de
celle du soleil, elle formera des racines, et cela d'autant
plus promptement qu'on aura piqué les boutures à la surface
d'un sable léger, entretenu toujours humide et maintenu à une
température de 15 à 25 degrés centigrades au plus. Ce sable
blanc sera contenu dans des terrines recouvertes de cloches de
verre, afin d'éviter les mouvements de l'air, qui changeraient

19

à chaque instant la température du milieu dans lequel les boutures se trouvent plongées. Si l'humidité se fixait contre les
parois intérieures de la cloche, on l'enlèverait avec une éponge
ou un linge doux. On prévient l'excès de cette humidité en ne
laissant pas trop abaisser la température de la serre, parce que
l'air froid, en frappant sur l'extérieur de la cloche, fait condenser les vapeurs qui se forment dans son intérieur. Il faut cependant se garder, pour éviter que l'humidité se manifeste à l'intérieur des cloches, d'élever trop haut la température de l'air de
la serre ; si cette élévation dépassait celle de l'air qui circule
sous terre, les yeux extérieurs s'ouvriraient prématurément et
les boutures avorteraient. Il est également indispensable que la
chaleur souterraine soit très-douce, afin que les racines se développent très-lentement, et qu'elles aient le temps de se consolider. Une trop grande excitation aboutirait à l'avortement des
racines. On doit avoir l'attention d'enlever les feuilles qui prendraient de la moisissure, car on ne supprime point les feuilles
que portent les bourgeons herbacés qui sont destinés à être
bouturés.

Lorsque les boutures ont poussé de petits mamelons ou des
appendices de racines, on les repique une à une dans de très-
petits pots de 0^m,03 de diamètre, remplis de terre de bruyère
très-tassée ; on fait un petit trou dans cette terre, et l'on appuie
fortement la bouture vers les parois du vase, ce qui l'éloigne
du centre. On place ces petits pots côte à côte sur une tannée
tiède, et on les couvre d'une cloche ; on donne de l'air peu à
peu, à mesure que les boutons grandissent, et on bassine les
boutures de façon que le dessus de la terre contenue dans les
pots soit toujours frais.

Lorsque les racines ont fait des progrès, on donne à la jeune
plante un plus grand pot rempli d'une terre plus substantielle,
et on place la bouture avec sa motte dans le centre du nouveau
pot. Les plantes ainsi rempotées restent encore dans la serre
ou dans une orangerie jusqu'à ce qu'elles soient assez fortes
pour être repiquées en pleine terre, en place ou en pépinière.

Les moyens de propager les variétés de fruits qui ne sont pas
douées du don de se reproduire exactement les mêmes par la
semence ne sont qu'une application du système de Lahire, qu'on

greffe, qu'on écussonne, qu'on marcotte, qu'on provigne ou qu'on bouture, avec le bois ou sans le bois. C'est à nous de choisir entre tous ces moyens, sinon le plus facile, du moins le plus efficace. Est-ce donc chose si difficile de changer ses vieilles habitudes, de sortir de l'antique routine, lorsqu'il s'agit d'arriver à des résultats bien supérieurs à ceux que l'on obtenait en suivant les sentiers battus?

Plusieurs écrivains ont avancé que les arbres propagés par boutures dégénéraient et n'acquéraient jamais autant d'étendue et de force que les arbres greffés; enfin, que les variétés que l'on propagerait toujours par boutures finiraient par s'anéantir. Nous ne ferions pas mention d'une telle opinion si elle n'avait trouvé des partisans assez nombreux, et si nous n'espérions les mettre à portée de juger par eux-mêmes combien peu est fondée leur croyance à cet égard. Nos observations nous ont fait reconnaître qu'une plante bouturée, avant qu'elle soit ligneuse, égale peut-être en vigueur celle qui est produite par la semence. Nous avons souvent remarqué, sur un certain nombre de boutures ainsi faites, qu'il y en avait peu qui fussent dans le cas d'être réformées pour manque de vigueur, tandis que, parmi les plants venus de semis, il est ordinaire de n'en trouver qu'un quart qui puisse être regardé comme de premier choix et un autre quart de second choix. Nous opposerons encore à l'opinion qui veut que la bouture soit une cause de dégénération l'exemple du peuplier d'Italie, qui, dans notre climat, ne peut se multiplier que par boutures, et qui n'offre cependant aucun signe capable de faire soupçonner que, depuis que nous le cultivons, il ait dégénéré en aucune façon, quoique cependant l'on apporte ordinairement très-peu de précautions dans le choix des boutures de ce végétal. Au contraire, ceux de nos arbres fruitiers qui sont toujours propagés par la greffe se dépouillent d'abord, et chaque année plus hâtivement, de leurs feuilles par les extrémités; de telle sorte que ces arbres, arrêtés de bonne heure dans leurs parties terminales, se trouvent restreints dans leur végétation, ne peuvent s'étendre, et sont presque toujours couronnés avant d'avoir produit quelques fruits, qui, du reste, sont rares, et qui se ressentent le plus souvent du dépérissement des arbres qui les ont produits.

En attendant qu'une saine pratique ait mis en usage le nouveau mode que nous proposons pour multiplier les diverses variétés d'arbres fruitiers, nous indiquerons les précautions que nous avons l'habitude de prendre pour propager les variétés par la greffe. Nous choisissons de préférence les sauvageons de poirier de semis de premier choix pour greffer le poirier, et nous ne nous servons du coignassier pour sujet que dans le cas où nous disposons d'un terrain très-propice à cette essence. Nous nous abstenons rigoureusement de prendre des rameaux sur un arbre greffé sur coignassier, sur doucin ou sur paradis, quelle que soit la vigueur de ces arbres. Les rameaux que nous employons sont toujours choisis sur des arbres greffés sur franc de premier choix, c'est-à-dire sur des sauvageons de leur espèce; nous ne les prenons que sur des arbres vigoureux, sains et en bon rapport; et nous donnons la préférence aux rameaux placés vers le sommet de l'arbre, et toujours à ceux dont la direction est verticale. Nous ne nous servons pour greffer que des yeux bien formés, c'est-à-dire de ceux de l'extrémité supérieure du rameau, jamais de ceux du talon, parce que ceux-ci, se développant plus tardivement, ne peuvent, pendant la durée de la pousse, produire une végétation aussi vigoureuse et qui ait le temps de bien s'aoûter. Ceux qui voudront suivre notre méthode devront aussi avoir l'attention de ne jamais prendre pour rameaux des brindilles ou des lambourdes, parce que ces productions émettent des bourgeons qui sont de leur nature peu vigoureux, moins disposés à donner du bois que des fruits, ce qui arrête le développement de l'arbre dès sa naissance.

Nous nous bornerons aux précautions que nous venons d'indiquer, et que nous regardons comme les plus indispensables pour propager par la greffe les arbres fruitiers. Nous sommes bien convaincu que, si elles avaient toujours été prises, nos arbres, notamment les poiriers, ne seraient pas dans un état aussi déplorable que celui où nous les voyons maintenant.

CHAPITRE XIV.

De la végétation naturelle du pommier et du poirier.

Comparaison avec celle du pêcher. Nécessité de connaître la végétation natu
relle d'un arbre pour le bien gouverner.

Nous allons essayer de faire connaître, dans l'espace le
plus limité qu'il nous sera possible, la manière naturelle de
végéter du pommier et du poirier, afin de mettre le lecteur à
même d'employer les moyens les plus efficaces pour contrarier
ou pour seconder leurs tendances. C'est en étudiant ainsi la
végétation du pêcher que nous sommes parvenu à faire pren
dre à cet arbre, que l'on avait considéré jusqu'alors comme in ·
domptable, toutes les formes qu'il nous a plu de lui imposer
Voulant de même soumettre le poirier et le pommier à diverses
formes, afin de les mettre plus tôt à fruits, d'en obtenir de
plus belles productions, des récoltes mieux réglées, plus abondantes et plus assurées, nous allons d'abord examiner en quoi
leur végétation naturelle diffère de celle du pêcher.

Nous avons déjà remarqué que les yeux et les boutons à
fleurs du pêcher se formaient en même temps que le rameau
qui les porte, pour s'ouvrir tous, à bois ou à fruit, sans exception, au printemps suivant, et que chaque rameau était terminé
ordinairement par un œil à bois.

Sur le poirier et le pommier, chaque rameau est aussi terminé habituellement par un œil à bois ; tous les yeux qui sont
au-dessous de l'œil terminal sont également à bois d'abord.
Au printemps suivant, ces yeux se façonnent, en commençant
par le sommet du rameau, en bourgeons, en brindilles, en
dards, en boutons à fleurs ou à feuilles. Quant aux yeux placés
près du talon du rameau, ils s'oblitèrent, parce qu'ils sont trop
éloignés du bourgeon terminal ; mais ils restent toujours disposés à reprendre leur faculté végétative lorsqu'on les y sollicite
par la taille ou autrement. Les boutons à fleurs, dans les jeunes
arbres, sont plusieurs années à se former. Tous les yeux sont
accompagnés de deux sous-yeux supplémentaires, qui ne s'ouvrent que lorsqu'on les y force, ou naturellement, pour remplacer l'œil principal lorsqu'il est détruit par un accident.

Le pêcher n'a pas de sous-yeux supplémentaires; on trouve sur ses forts rameaux des yeux à bois doubles ou triples, mais ils s'ouvrent tous en même temps. Après la fleur ou le fruit, il ne reste rien sur le rameau pour remplacer ces productions, ce qui oblige à tailler les branches fruitières du pêcher, comme celles de la vigne, en coursons; autrement les branches principales se dégarniraient par le bas et n'auraient bientôt plus de verdure qu'à leur extrémité.

Dans le poirier, après le fruit, ou seulement après la fleur, il reste une partie charnue que l'on appelle bourre, sur laquelle sont distribuées de proche en proche une multitude de boutons à fleurs qui se succèdent pendant plusieurs années. Il existe sur le pêcher une production à peu près semblable, mais elle est rare : c'est un petit dard qui est environné à sa base de fleurs qui se renouvellent autant de fois que le petit dard croît et s'allonge; ensuite ce dard disparaît, et la place qu'il occupait reste nue.

Nous avons dit que dans le pêcher tous les yeux et tous les boutons s'ouvraient dans la même année, et qu'aucun ne restait en réserve.

Dans le poirier ou le pommier, tous les yeux qui sont situés sur un rameau, après s'être modifiés diversement, chacun suivant le rang qu'il occupe sur ce rameau, conserve toujours ses sous-yeux intacts, tous disposés à remplacer ces diverses productions lorsqu'elles seront épuisées, ou même plus tôt, selon la volonté du cultivateur.

Le pêcher greffé ne perce que très-rarement des bourgeons sur la vieille écorce, tandis qu'il suffit de rabattre une branche de poirier ou de pommier pour qu'il sorte, aux environs de l'amputation, des bourgeons qui renouvellent la branche.

En dirigeant le pêcher, on doit sans cesse s'occuper à refouler la sève vers le bas, afin de préparer des branches fruitières qui puissent remplacer celles qui viennent de donner leurs fruits ou seulement leurs fleurs. Dans le poirier, on doit aussi s'occuper de refouler la sève vers le bas des rameaux, mais c'est seulement pour forcer les yeux qui s'y trouvent à s'ouvrir et les empêcher de s'oblitérer. La formation des boutons à fleurs se fait attendre dans le poirier; mais ces boutons sont persistants, et doués d'ailleurs d'autres organes supplémentaires, toujours disposés à servir au rajeunissement de l'arbre.

La comparaison que nous venons de faire suffira sans doute pour indiquer les moyens qui doivent être employés dans la conduite du poirier; car on ne prétendra probablement pas diriger de la même façon deux espèces d'arbres aussi différentes dans leur manière de végéter que le pêcher et le poirier.

Toutefois, pour ne parler ici que de la végétation naturelle du pommier et du poirier, nous ajouterons qu'un rameau quelconque destiné à devenir une tige ou une branche s'allonge par son œil terminal, qui est toujours à bois; ce prolongement forme la seconde section : nous entendons par section la pousse de l'année. Pendant la création de cette nouvelle section, les yeux qui sont immédiatement au-dessous d'elle s'allongent latéralement plus ou moins, en raison directe de leur proximité de la seconde section ; les deux premiers yeux, par exemple, formeront de forts bourgeons, tandis que les yeux qui sont au-dessous de ceux-ci ne formeront que des brindilles, des dards, des boutons à feuilles ; enfin les yeux placés près du talon de cette première section resteront stationnaires et s'oblitéreront.

Au printemps suivant, la tige ou la branche continuera de s'allonger par le développement d'une troisième section ou d'une nouvelle pousse, qui prendra naissance sur la seconde, comme celle-ci a pris naissance sur l'extrémité de la première. Pendant la durée de ce développement, la seconde section végétera de la même manière qu'a végété la première pendant l'année précédente. Ainsi il s'établit chaque année une nouvelle section entée sur la dernière, dont le développement est en tout semblable à celui de la section qui l'a précédée.

Par suite de la végétation naturelle du poirier et du pommier, le bas de chaque section ou de chaque nouvelle pousse est totalement dépourvu de production quelconque, tandis que le haut est garni de rameaux à bois très-rapprochés les uns des autres ; le centre seul contient des brindilles, des dards ou des boutons à feuilles. Chaque branche, qui est un composé de ces diverses sections, prend rapidement une trop grande étendue pour rester proportionnée avec son peu de grosseur, parce que la sève est trop inégalement répartie dans chaque section ; ce qui est contraire à une fructification abondante et régulière, ainsi qu'à la force et à la durée de l'arbre, et même, ajouterons-nous, aux qualités des fruits.

CHAPITRE XV.

Moyens de maîtriser par la taille la végétation naturelle du pommier et du poirier.

On prévoit qu'il nous sera facile de modifier avantageuse-ment pour nous l'ordre de choses naturel. Il suffira, pour dis-tribuer la sève plus également sur toutes les parties de chaque section, de forcer à s'ouvrir les yeux du bas, qui ne s'oblitèrent que parce qu'ils sont à une trop grande distance de ceux du haut ; il suffira, dis-je, d'abréger cette distance en raccourcis-sant le rameau de la section à la moitié ou au tiers environ de sa longueur ; puis d'empêcher la sève d'affluer dans les deux ou trois premiers bourgeons latéraux placés au-dessous du bour-geon terminal en les pinçant, ce qui fera refluer la sève dans ceux du bas, et donnera en même temps plus de force à l'œil terminal qui forme la section supérieure.

Nous verrons qu'au temps de la taille on supprimera, à l'é-paisseur d'un écu, les bourgeons que le pincement n'aurait pas réduits à des proportions fruitières ; on cassera les brindilles, trop allongées, pour les restreindre à 0^m,08 ou 0^m,10 de lon-gueur. Les autres productions de la section seront laissées in-tactes ; c'est désormais au temps et à l'âge de l'arbre à les façon-ner à fruits. On aura aussi à surveiller les productions qui sortiront des sous-yeux des rameaux taillés à l'épaisseur d'un écu, afin de les pincer si elles prenaient trop de force. Les au-tres sections qui croîtront successivement parcourront toutes les mêmes phases et subiront les mêmes opérations.

Ainsi, en suivant notre méthode, on voit qu'à mesure qu'une nouvelle section s'établit elle laisse celle qui est au-dessous d'elle garnie dans toute son étendue de productions fruitières ou tendant à le devenir, et en telle quantité que l'on est bien-tôt obligé de convertir quelques-unes d'elles en brindilles ou en lambourdes, afin de ne pas laisser les branches s'épuiser à nourrir la masse de fruits dont elle porte le germe, et de leur fournir, au contraire, les moyens de se fortifier, de grossir, et de mieux alimenter les fruits dont elles restent chargées. L'arbre soumis à la taille s'étend, il est vrai, plus lentement ; mais ses branches régulièrement raccourcies prennent une force proportionnée à leur étendue, et sont d'ailleurs garnies de productions fruitières dans toute leur longueur.

Après avoir suivi le développement naturel de la végétation du poirier et du pommier, et avoir indiqué sommairement les moyens que nous employons pour modifier cette végétation et la rendre éminemment productive, nous ferons remarquer que nos moyens ne sont aussi simples que parce que la végétation naturelle du pommier et du poirier s'écarte peu de nos exigences et qu'elle est docile à s'y soumettre ; il suffit, comme nous venons de le voir, que le cultivateur prenne la peine de lui tracer le chemin et de lui préparer les voies qu'il veut qu'elle suive. Celui qui n'a rien prévu, rien préparé, qui reste les bras croisés pendant que la végétation suit son cours ordinaire, et qui croit pouvoir la soumettre plus tard à ses volontés en recourant à la violence, n'obtiendra que désordre et confusion dans ses arbres. C'est là une vérité trop évidente pour que les jeunes gens qui cherchent à s'instruire ne doivent pas s'en pénétrer. Je leur réitère à cette occasion l'invitation de s'approprier l'enseignement que nous leur offrons en le soumettant de point en point au contrôle par la pratique.

CHAPITRE XVI.

De la taille en général du pommier et du poirier.

Avantages qu'on obtiendrait si ceux qui enseignent la taille des arbres ou l'agriculture écrivaient leurs leçons. Bon exemple donné à cet égard par M. le professeur de l'École d'horticulture de Fromont. C'est aux sociétés d'horticulture et d'agriculture à obtenir du gouvernement ce bienfait.

Beaucoup de personnes s'imaginent que les principes de la taille des arbres fruitiers reposent encore sur des bases très-incertaines, parce que la plupart des jardiniers ont leur méthode particulière de tailler les arbres, et que chacun d'eux croit avoir la meilleure. Ceci prouve seulement que ces jardiniers ignorent qu'il existe pour la taille des principes invariables, fondés sur la physiologie végétale et sur le mode de végétation propre à chaque espèce. Ces mêmes personnes reprochent aux auteurs qui ont traité de la taille et de la culture des arbres fruitiers de s'être successivement copiés. Nous espérons que ce reproche ne pourra en aucune façon être adressé à *la Pomone française*, bien que nous ayons mis à contribution les auteurs qui nous ont précédé, et que nous ayons même profité de leurs fautes, ce qui nous a donné la possibilité de nous créer une méthode que quelques personnes appellent avec raison méthode de la nouvelle école. Cette méthode n'est sans doute pas exempte d'erreurs; aussi, loin de demander une aveugle confiance à ceux qui voudront bien nous lire, nous les invitons, afin de s'instruire avec nous, à se donner la peine de nous contrôler en appliquant nos principes. Ce que nous pourrions dire des ouvrages qui ont précédé *la Pomone* serait superflu; nous n'exercerons donc notre droit de critique que sur les ouvrages qui ont paru depuis la première édition de *la Pomone française*, et cela à mesure que nous aurons à traiter un article où nous serions en trop grande opposition avec ce que d'autres personnes recommandent. Notre critique n'aura d'autre but que d'éviter aux cultivateurs des erreurs plus ou moins graves, en les mettant à même de baser sur leur propre expérience l'opinion qu'ils doivent avoir à l'égard de faits sur lesquels divers auteurs et nous ne sommes pas d'accord.

La taille des arbres fruitiers a pour but de distribuer la sève également et proportionnellement dans toutes les parties de l'arbre, afin que les fruits acquièrent toutes les qualités dont ils sont susceptibles; elle dispose aussi les arbres à donner régulièrement et abondamment de beaux fruits dans toutes leurs parties, à mesure qu'ils prennent de l'étendue et qu'ils avancent en âge; elle prolonge leur existence en les maintenant en santé, mais elle en restreint le volume; enfin elle sert encore à donner aux arbres une forme quelconque, déterminée par les intérêts ou seulement par le caprice du cultivateur.

La taille, telle que nous la concevons, est basée sur le mode de végétation propre à chaque espèce d'arbres; alors elle est une et invariable, quelle que soit la forme que l'on veuille donner à l'arbre. C'est l'ignorance de ces véritables principes qui a fait croire à quelques professeurs qu'il devait exister autant de sortes de tailles que l'on pouvait concevoir de formes d'arbres ; aussi traitent-ils séparément de la *taille en éventail*, de la *taille en vase*, et même des tailles *anciennes et hétéroclites*. Cette nomenclature de tant de sortes de tailles imaginaires ne sert qu'à inculquer de fausses idées aux jeunes praticiens, qui cherchent en vain à donner une interprétation raisonnable à des mots vides de sens. En effet, que signifie une *taille en éventail*, une *taille en vase*? Il serait plus rationnel, au contraire, de faire remarquer aux jeunes élèves que les tailles ne varient jamais, et que celle de la vigne, par exemple, quelle que soit la forme que l'on veuille lui faire prendre, est toujours la même, parce que les principes en sont fondés sur la manière dont cette plante végète. Il en est de même du pêcher ; ceux qui sont représentés dans les planches VIII et IX, et que nous avons fait dessiner géométriquement à Boissy-Saint-Léger par M. Poiteau, uniquement pour prouver que l'on pouvait soumettre le pêcher à toute espèce de forme, et que cet arbre n'était pas indomptable comme on l'avait cru jusqu'alors, ces pêchers, dis-je, ont été dirigés ainsi par un jardinier qui n'a pas eu recours à plusieurs sortes de tailles : une seule lui a suffi ; c'est celle que nous professons, fondée, encore une fois, sur la marche particulière de la végétation de l'arbre que l'on veut diriger. Autrement on ferait croire aux élèves que l'art de la taille des arbres fruitiers est très-difficile ou au moins très-compliqué, tandis que rien n'est plus simple que la taille, lorsqu'elle est restreinte à ses véritables principes.

M. Dalbret, jardinier en chef, a professé la taille des arbres fruitiers au Jardin des Plantes pendant plusieurs années, à la satisfaction de beaucoup de monde, et avec tout le zèle d'un homme qui a l'intime conviction de l'efficacité des moyens qu'il indique ; et même, pour les faire connaître au-delà de son auditoire, il a fait imprimer ses leçons écrites.

M. Dalbret a donné là un exemple qui devrait être suivi par tous les professeurs d'horticulture, dont la science deviendrait ainsi profitable à tous ; d'ailleurs la publication de leurs leçons écrites serait pour le public une garantie réelle de leur capa-

cité ; car, jusqu'ici, la plupart des professeurs se sont nommés
eux-mêmes, sans concours et sans examen; il a suffi qu'ils
fussent botanistes pour qu'on les crût de fort habiles cultivateurs. Il y a cependant une très-grande différence entre professer la botanique d'après Linnée, de Jussieu, Desfontaines
et autres, et professer l'horticulture d'après quelques auteurs
qui n'ont traité que des spécialités ; car personne n'est dupe
aujourd'hui de ces titres pompeux de *Cours complet d'Agriculture*, donnés sans doute par des éditeurs. Nous ferons remarquer qu'il n'est pas nécessaire qu'un professeur de botanique
ait acquis une longue expérience pratique pour enseigner une
science qui, par sa nature, ne permet pas de bien grosses erreurs, puisque l'on a sous les yeux et sous la main les objets
qui font le sujet des démonstrations. Comment avancer qu'une
feuille ronde est une feuille pointue? Ce n'est pas que nous
voulions déprécier une science que tous les jardiniers devraient
connaître. A Dieu ne plaise! Seulement nous tenons à constater
qu'il n'en est pas de l'horticulture comme de la botanique; en
horticulture, le professeur n'a jamais assez d'expérience; celle
même des personnes qui l'écoutent pourrait quelquefois lui
être utile. S'il expose une théorie, elle doit être appuyée sur
des notions de physiologie végétale, et il aura de plus à indiquer au cultivateur quels sont les moyens qu'il doit employer
pour que la pratique confirme toujours par ses résultats la
théorie qu'il professe.

En observant la marche que suit la végétation d'une plante
donnée, on sait théoriquement quelle est la culture qui doit
lui être appliquée ; si les résultats obtenus par la culture
répondent aux indications de la théorie, on a la preuve acquise que la marche de la végétation de cette plante est bien
connue; dans le cas contraire, il faut l'étudier plus attentivement.

Les résultats heureux obtenus souvent fortuitement en culture peuvent aussi faire découvrir la marche naturelle que suit
la végétation d'une plante. Ainsi la science et la pratique devraient marcher du même pas pour s'éclairer mutuellement;
mais comme les savants sont rarement cultivateurs, les progrès de la science horticole sont généralement très-lents. Il est

donc bien à désirer que les hommes qui sont assez instruits pour professer l'horticulture laissent des traces de leurs enseignements, non-seulement afin que ceux qui viendront après eux puissent les suivre ou les devancer dans la voie de la science, mais encore afin que le professeur lui-même puisse être averti des erreurs qu'il a commises, et ne soit pas exposé à propager indéfiniment des faits erronés. Si, par exemple, M. Dalbret n'avait pas écrit ses leçons, il aurait probablement continué longtemps à enseigner sa singulière méthode de provignement de la vigne et son mode non moins étrange de bifurcation des branches, son système de charpente dans les poiriers, par suite duquel les membres et les branches sont beaucoup trop rapprochés les uns des autres, et autres graves erreurs que nous combattrons à mesure que l'occasion s'en présentera, afin de mettre le professeur à même d'opérer, dans une prochaine édition de cet ouvrage, les corrections que nécessitent ces différents points. S'il ne profitait pas de ces avertissements, ce que nous sommes très-éloigné de supposer, son auditoire ou ses lecteurs auraient au moins la possibilité de vérifier par eux-mêmes ce qu'il faut admettre ou rejeter dans les articles en discussion.

Lorsque M. Poiteau fut choisi pour professer l'horticulture à l'école de Fromont, il s'empressa de justifier cette préférence (qui, du reste, ne pouvait s'adresser à un homme plus capable) en écrivant ses leçons. Nous avons à regretter que ce bel établissement n'ait pu continuer d'exister, et que le cours d'horticulture de M. Poiteau ait été interrompu à la troisième leçon; cette interruption privera la société d'un ouvrage extrèmement nécessaire, et pour l'exécution duquel on attendra peut-être longtemps encore un homme aussi laborieux et aussi consciencieux que M. Poiteau, et réunissant au même degré les connaissances scientifiques et pratiques indispensables pour mener à bonne fin une telle entreprise (1); car un professeur d'horticulture doit être aussi essentiellement opérateur et ma-

(1) Les craintes de l'auteur de *la Pomone* ne se sont heureusement pas réalisées ; car M. Poiteau vient de faire paraître, en 2 vol. in-8°, son *Cours d'Horticulture*, qu'on trouvera à la Librairie agricole, 26, rue Jacob. Prix : 10 francs.

nipulateur que le sont les professeurs de chirurgie, de chimie ou de physique, dans ce qui touche à la partie matérielle de la science.

Faisons des vœux, dans l'intérêt de l'avancement de la science horticole, pour que les professeurs d'horticulture et d'agriculture soient tenus de consigner leurs leçons par écrit. Nous invitons les sociétés horticoles et agricoles à demander au ministre qui nomme les professeurs de leur imposer cette obligation. Notre indulgence et notre reconnaissance sont de droit acquises à ceux qui écriront leurs leçons, parce qu'ils auront posé les premiers jalons d'une route hors de laquelle la science horticole ne peut faire de rapides progrès.

Pour revenir à la taille du pommier et du poirier, nous avons dit que, étant basée sur la connaissance de la manière de végéter de ces arbres, elle était simple et facile, parce que toutes les branches-mères ou secondaires, quelle que soit la forme de l'arbre, se taillent toutes et s'élèvent toutes d'après les mêmes principes. Nous allons essayer de la rendre tellement simple qu'elle soit à la portée des personnes mêmes les moins exercées dans notre art. Il sera à propos qu'on ait toujours présente à l'esprit la manière dont nous avons décrit plus haut la végétation naturelle du poirier et du pommier (ch. XIV).

CHAPITRE XVII.

De la taille appliquée à la formation des membres.

La forme est purement arbitraire. La taille à donner aux branches à mesure qu'elles se prolongent afin de les couvrir de fruits est une et invariable. Des sections. Chaque nouvelle section se taille comme a été taillée celle qui l'a précédée. Taille des quatre premières sections. Raisons de ces procédés. Rien n'est plus simple que la taille du poirier et du pommier; elle devient encore plus facile lorsque l'on fait usage du pincement, de l'ébourgeonnement et du palissage. De l'erreur de ceux qui emploient des moyens violents, comme la courbure des branches vers la terre, pour rendre les arbres productifs. Comment de semblables procédés viennent à être cités devant des sociétés savantes sans que les membres qui pourraient les improuver osent émettre leur opinion à cet égard.

Nous considérerons séparément l'arbre et ses membres. La forme à donner à l'arbre est arbitraire; le traitement des branches ou des membres est invariable et ne doit avoir qu'un but

principal : celui de les garnir de fruits sur toute leur étendue.
Ainsi, quelle que soit la forme de l'arbre, la façon à donner à
toutes les branches est toujours la même. Quant à la forme, la
meilleure est celle qui permet le mieux à la sève de circuler
également et proportionnellement dans toutes les parties de
l'arbre, parce qu'elle favorise l'abondance des récoltes sans
épuiser le végétal, sans l'empêcher de s'étendre et sans lui faire
perdre les formes qui lui ont été imposées; nous ajouterons
que cette égalité de circulation de la sève fait acquérir aux
fruits toutes les qualités dont chaque espèce est susceptible.

Tout le monde sait que la tige d'un arbre , les bras d'une
pyramide ou d'une palmette, les membres d'un éventail ou
d'un vase, ont tous la même origine, celle d'un rameau que l'on
raccourcit au temps de la taille, afin de supprimer les yeux du
haut, dans lequel le mouvement de la sève eût été trop vif, et
d'exciter, au contraire, ce mouvement dans ceux qui restent au-
dessous de la taille, ce qui fait développer les yeux qu'il porte,
grossir la partie où ils sont placés, et détermine en même
temps la formation d'un prolongement plus vigoureux. Ce
sont ces prolongements annuels qui constituent la tige, les
bras ou les membres d'un arbre soumis à la taille. Nous distinguons ces prolongements sous le nom de section première,
section seconde, troisième, etc.

La seconde section s'établira par les mêmes procédés que la
première; elle parcourt, dans la végétation et dans les diverses
transformations de ses productions, la même marche que la
première section a suivie. Il en est de même de la troisième section et de toutes les autres, qui parcourront successivement les
mêmes degrés de développement et de perfectionnement qu'ont
suivis toutes celles qui les ont précédées. Ce perfectionnement
a lieu, pour la première section, lorsque tous les yeux, qui
étaient d'abord à bois, se sont successivement convertis en
dards, brindilles, rosettes, boutons à fleurs, bourses et lambourdes, ce qui s'opère à mesure que de nouvelles sections s'é-
tablissent au-delà de la première : l'art ne fait que hâter, favoriser et régulariser ces transformations.

L'éducation de la première section dure trois ans ; elle doit
servir de modèle pour toutes les autres. Il importe au cul-

tivateur de connaître quelles sont les opérations qui auront été pratiquées sur cette première section, et quels sont les moyens auxquels l'art a recours; quoique nous les ayons déjà indiqués, nous allons les répéter à l'aide de figures.

Pl. XI, fig. 1. Au temps de la taille, on raccourcit le rameau qui doit former la première section suivant sa force et suivant les dispositions des bourgeons de l'espèce à s'ouvrir en plus ou moins grand nombre au-dessous de la taille. Dans le pommier, par exemple, il y a moins de bourgeons disposés à s'ouvrir que dans le poirier; parmi les différentes variétés de poiriers, c'est l'épargne qui offre le moins de bourgeons sur lesquels on puisse compter : les rameaux de ces arbres devront donc être plus raccourcis que les autres. Nous supposons que le rameau sera ravalé au point A pour former la première section.

Fig. 2. A la pousse, l'œil terminal A s'allonge pour former le bourgeon B de la deuxième section; en même temps les deux ou trois yeux *e* et *f*, qui sont placés immédiatement au-dessous de l'œil terminal A, sur la première section, s'ouvrent latéralement en bourgeons à bois d'autant plus forts qu'ils sont plus près du bourgeon terminal A; les autres yeux *m* et *n*, qui sont au-dessous, se transforment en brindilles ou en dards; ceux qui sont près du talon s'ouvriront en boutons à feuilles.

A la seconde taille, on raccourcira à moitié ou au tiers environ de sa longueur le rameau terminal en B, ce qui formera la deuxième section. On taillera, sur la première section, les rameaux *e* et *f* à l'épaisseur d'un écu, s'ils ne sont pas nécessaires à la charpente de l'arbre. On raccourcit les brindilles *m* et *n* à 0ᵐ,11 ou 0ᵐ,13 de longueur; quant aux dards et aux boutons à feuilles qui sont au-dessous, on les laissera intacts; c'est au temps à les façonner à fleurs.

Fig. 3. A la pousse qui suit la seconde taille, l'œil terminal B de la deuxième section s'allonge pour former le bourgeon C de la troisième section; en même temps les deux ou trois yeux *g* et *h*, qui sont au-dessous et près de l'œil terminal B, s'ouvrent à bois; les autres yeux *o* et *p*, encore plus éloignés de lui, s'ouvrent en brindilles ou en dards; enfin ceux qui sont le plus près du talon s'ouvrent en boutons à feuilles.

Les rameaux *e* et *f*, qui appartiennent à la première section, et qui précédemment ont été taillés à l'épaisseur d'un écu , devront produire de leurs sous-yeux des brindilles, des dards ou des rosettes.

A la troisième taille, on raccourcira à moitié ou au tiers environ le rameau en C, ce qui formera le rameau B C de la troisième section.

On taille à l'épaisseur d'un écu, sur la deuxième section, les rameaux à bois g et h s'ils ne sont pas nécessaires à la charpente de l'arbre ; on raccourcit les brindilles o et p à $0^m,08$ ou $0^m,10$; les dards et les autres productions placées au-dessous restent intacts ; le temps se chargera de les façonner à fleurs.

Sur la première section, si les rameaux à bois e et f, qui ont été taillés à l'épaisseur d'un écu , avaient repris trop de force, ils seraient taillés très-courts ; s'ils avaient produit des brindilles, on les casserait à $0^m,08$ ou $0^m,10$.

Fig. 4. A la pousse qui succède à la troisième taille, l'œil terminal C s'allonge pour former le rameau D de la quatrième section ; en même temps, les yeux k et l, qui dépendent de la troisième section et qui se trouvent au-dessous de l'œil terminal C, s'ouvrent en bourgeons à bois ; les yeux placés au-dessous de ceux-ci, q et r, s'ouvrent en brindilles ou en dards ; ceux qui sont près du talon se façonnent en rosettes.

Les rameaux à bois g et h de la deuxième section , qui avaient été taillés à l'épaisseur d'un écu, se sont ouverts ou en brindilles, ou en dards, ou en rosettes; les brindilles o et p, qui avaient été cassées, ont formé des boutons à fleurs, et au-dessus apparaissent des rosettes.

Les productions dépendantes de la première section se sont plus ou moins perfectionnées; quelques-unes sont à fleurs.

Lors de la quatrième taille, on raccourcira le bourgeon terminal au point D, qui formera la quatrième section.

Sur la troisième section, on taillera à l'épaisseur d'un écu les rameaux à bois k et l ; on cassera les brindilles q et r à $0^m,08$ ou à $0^m,10$ de longueur ; les autres productions développées sur cette troisième section resteront intactes.

Sur la deuxième section, les rameaux g et h, qui avaient été taillés à l'épaisseur d'un écu, ont produit des brindilles que

l'on cassera à 0ᵐ,08 ou 0ᵐ,10 ; les brindilles *o* et *p*, qui
avaient été cassées, doivent être garnies de boutons très-renflés;
au-dessous, près du talon de cette deuxième section, sont des
dards, des rosettes, plus ou moins prêts à fleurir.

Sur la première section, toutes les productions sont à fleurs,
sinon celles qui se trouvent près du talon, dont les yeux sont
très-gonflés.

On traitera la deuxième section comme on a traité la première, la troisième comme la seconde, la quatrième comme la
troisième, et ainsi de suite jusqu'à la dernière ; encore une
fois, toutes recevront le même traitement, ayant toujours
pour but de les forcer à se garnir successivement de productions fruitières ; c'est au temps et à l'âge de l'arbre à faire le
reste.

Nous ne faisons point ici mention des petites irrégularités
qui pourraient survenir pendant le cours de la végétation, parce
qu'il faudrait entrer dans des détails qui empêcheraient de
saisir aussi bien l'ensemble de notre méthode, dont on ne
saurait trop se pénétrer pour bien tailler les arbres.

Plus tard il deviendra nécessaire, sur les sections les plus
anciennement établies, de remplacer çà et là quelques boutons
à fleurs et quelques bourses par des rameaux à bois, ou plutôt
par des brindilles ou des lambourdes, afin d'attirer la sève vers
les branches, qui s'épuiseraient à porter continuellement des
fruits. Ainsi on voit par nos répétitions que la taille du poirier
et du pommier est toujours la même, parce que toujours aussi la
marche de la végétation de ces arbres est la même.

C'est sur cette observation que nous avons basé la taille du
poirier et du pommier, qui est une tant pour l'établissement
que pour le prolongement de toutes les branches, quelle que
soit la forme donnée à l'arbre.

Le raccourcissement du rameau de prolongement à moitié
ou au tiers environ de sa longueur a pour but de faire ouvrir
tous les yeux que porte le rameau au-dessous du point de raccourcissement. Si on agissait autrement, les yeux du bas de ce
rameau s'oblitéreraient, la branche resterait dégarnie et faible
par rapport à son étendue, la sève et les fruits y seraient très-
inégalement répartis.

Nous supprimons les rameaux à bois inutiles à la charpente de l'arbre en les taillant à l'épaisseur d'un écu, afin de faire naître à la place de ces rameaux des productions fruitières ; autrement ils deviendraient un obstacle à la forme de l'arbre ; ils feraient confusion, et jetteraient du désordre dans la répartition de la sève.

Les brindilles sont raccourcies de 0^m,12 à 0^m,15, afin que les yeux du talon de ces brindilles, qui sans cela ne s'ouvriraient pas, s'arrondissent et se façonnent en boutons à fleurs ; si on négligeait cette précaution, les fleurs naîtraient à l'extrémité des brindilles, trop minces pour supporter sans se rompre le poids des fruits. D'ailleurs les fruits sont toujours plus beaux, plus assurés et mieux nourris, lorsqu'ils se développent près du corps de la branche.

Quant à la charpente de l'arbre, il n'y a point de jardinier tant soit peu intelligent qui ne soit en état de faire naître sur un arbre sain, en le rabattant, plus de rameaux à bois qu'il n'en faut pour en former la charpente selon la forme voulue, et dont on aura soin de laisser le modèle sous ses yeux. Un jardinier qui taille un arbre sans avoir un plan arrêté, au lieu de le diriger, est bientôt emporté lui-même par la végétation naturelle de cet arbre.

Les branches qui forment la charpente peuvent être parallèles entre elles comme dans une palmette, ou disposées en rayons comme dans un éventail, etc. ; dans ce dernier cas, plus elles s'allongent, plus elles laissent d'espace vide entre elles ; on remplit cet espace en établissant une ramification sur la branche ; seulement il faut que le jardinier sache qu'une bifurcation ne doit jamais être formée par un bourgeon placé immédiatement au-dessous du bourgeon terminal, mais bien à une certaine distance, comme vers la moitié de la section ; autrement la sève, se portant avec trop de véhémence sur un seul point, cesserait d'alimenter les productions inférieures, et l'équilibre de son cours, que nous cherchons à maintenir dans toutes les parties de l'arbre, serait rompu. D'ailleurs la branche de bifurcation doit avoir dès son début, et conserver toujours, une infériorité de force très-marquée relativement à celle qui lui donne naissance.

Le but que nous nous sommes proposé d'atteindre par no

tre méthode est de rendre la culture du poirier et du pommier
aussi simple et aussi facile que celle de la vigne, lorsqu'elle est
dirigée en cordons. Nous croyons avoir réussi en ne laissant
au cultivateur aucun sujet d'indécision dans le travail que
nous lui prescrivons. Ainsi, l'application des diverses opérations de la taille se réduit à un simple mécanisme qui n'a à
s'exercer que sur des productions que le jardinier a fait naître où il a voulu qu'elles fussent, et pour chacune desquelles
nous lui indiquons un traitement spécial, connu, et qui ne
peut varier sensiblement.

Il n'en est pas de même de la taille et des autres opérations
à pratiquer sur des arbres qui ont été d'abord mal dirigés, et
sur lesquels on a laissé se développer, sans s'y être opposé,
les bourgeons selon le mouvement naturel de la sève. Rien sur
ces arbres n'a été prévu, rien n'est à sa place, tout est confusion ; la forme même de l'arbre est rarement déterminée.
Lorsqu'un jardinier entreprend de redresser de tels arbres, il se
trouve souvent très-embarrassé ; pourquoi, en effet, conserver
ou supprimer telle branche plutôt que telle autre ? Son travail
est nécessairement lent, il devient quelquefois très-compliqué,
et il faut beaucoup d'intelligence et de temps pour établir un
ordre de choses désormais régulier, favorable à la direction,
à la fructification et à la prospérité de l'arbre. Ayant eu nous-
même à surmonter ces difficultés sans avoir trouvé de guides,
nous pensons faire une chose utile en communiquant à nos lecteurs les résultats de notre expérience à cet égard ; ils les trouveront consignés dans le chapitre intitulé : *Du rapprochement
et du rajeunissement des arbres fruitiers.*

Nous ne nous sommes jusqu'ici occupé que de la taille, afin
que l'on pût mieux comprendre combien elle est simple et facile ; mais si à la taille nous ajoutons les moyens que nous fournissent le pincement, l'ébourgeonnement et le palissage, on
trouvera encore bien plus de facilité pour rendre les arbres
extrêmement fertiles sans les mutiler. Telle est notre méthode.
Nous disons notre méthode, car jusqu'ici le poirier et le pommier soumis à la taille ont paru si lents à fructifier et ont donné
des produits tellement minimes que l'on s'est imaginé, pour
obtenir des récoltes abondantes, de diriger l'extrémité des

branches vers la terre, ce qui donne aux arbres ainsi traités l'aspect du frêne parasol.

L'emploi de ces moyens dénote, chez celui qui en fait usage, une profonde ignorance des principes de la taille et de la physiologie végétale. Comment concevoir, en effet, que l'on prenne le temps et la peine d'élever des arbres pour imprimer aux branches une direction qui les empêche de continuer à se développer et à donner de bons résultats? Il est plus qu'étonnant que cette manière barbare de traiter les arbres ait fait le sujet de plusieurs rapports lus à la Société royale d'Horticulture de Paris, sans qu'aucun de ses membres ait désapprouvé ce procédé. Cela tient à ce que, dans ces réunions de savants, les cultivateurs de profession manquent de l'assurance nécessaire pour émettre leur opinion, d'où il résulte que les sociétés d'horticulture semblent être dirigées par quelques orateurs dont la fâcheuse éloquence éblouit les hommes pratiques, qui n'oseraient se permettre la moindre objection dans la crainte de se trouver forcés à soutenir une discussion contre des hommes qui manient si bien la parole. Nous dirons en passant qu'il serait à désirer qu'on avisât au moyen d'encourager les cultivateurs à prendre plus souvent la parole, pour communiquer à la société des faits dont eux seuls ont une véritable connaissance. L'encouragement dont nous parlons serait un grand pas fait vers le perfectionnement de tous les genres de cultures. C'est l'ardent désir de hâter ce perfectionnement qui nous fait entretenir nos lecteurs de choses qui peuvent leur paraître étrangères à notre sujet, tandis qu'au contraire elles en sont inséparables.

Quoi qu'il en soit, l'arqûre ou la courbure des branches vers la terre ne sera vraisemblablement jamais pratiquée par les personnes qui auront compris la manière dont nous élevons les arbres fruitiers. Qu'un propriétaire trouve sur son terrain des arbres vigoureux, mais stériles par suite de tailles faites à contre-sens ou par toute autre cause, qu'il les livre à l'arqûre faute de connaître d'autres moyens de les rendre productifs, cela se conçoit; mais qu'on élève des arbres dans le but de les arquer, c'est une erreur qui ne peut provenir que de l'ignorance complète des avantages de la taille et des lois de la végétation, ou d'une aveugle confiance dans les recommandations inconsidérées de personnes qui ne justifient pas dans cette circonstance leur réputation de cultivateur.

Lorsque nos arbres ont atteint l'âge de produire, ils sont aussi couverts de fruits que ceux dont les branches ont été arquées, et de plus ils ont l'avantage, que n'ont pas les autres, de conserver la faculté de toujours s'étendre. Nous supprimons une certaine quantité de boutons à fleurs et de bourses, afin de leur substituer des rameaux qui, attirant la sève dans les branches, les fassent grossir et leur donnent les moyens de mieux nourrir les fruits. La place de ces rameaux vivifiants est toujours déterminée sur chacune des branches de nos arbres, ce qui ne peut se faire sur les branches arquées, où la sève tend toujours à s'accumuler vers un seul point, celui qui est le plus saillant de la courbure.

Nos arbres produisent tous les ans sans s'épuiser des récoltes également abondantes, parce que la sève coule librement et également dans toutes leurs parties. Dans les arbres dont les branches sont arquées, l'épuisement est progressif; il entraîne la destruction de l'arbre, ou au moins celle de la forme, que l'on est obligé de renouveler à l'aide de la serpe et de la scie.

Nos arbres portent abondamment, pendant de longues années, de beaux fruits toujours savoureux et bien faits, tandis que les fruits d'un arbre qui tend à se détériorer perdent chaque année de leur grosseur et de leurs qualités, quoiqu'ils deviennent d'autant plus nombreux que l'arbre s'épuise davantage.

Nous n'insistons autant sur ce point que parce que nous savons que les méthodes les plus vicieuses se propagent toujours trop rapidement. On peut encore se rappeler l'époque à laquelle, sur le simple dire de M. Cadet, on se persuada qu'il n'était plus nécessaire de tailler les arbres, et qu'il devait suffire d'arquer les branches pour qu'elles se couvrissent de fruits; dès ce moment les arbres furent arqués dans toute la France, même dans les localités les plus éloignées du lieu d'où partaient de tels avis. Il n'a fallu rien moins qu'une triste expérience et la dégradation de plusieurs millions d'arbres fruitiers pour désabuser les personnes trop crédules. Ce n'est pas que l'arqûre, telle que la conseille M. Cadet, ne puisse être employée quelquefois, quoique toujours partiellement; mais il faudrait, pour l'appliquer utilement, avoir beaucoup plus de connaissance des lois de la végétation que n'en ont ordinairement les jardiniers. Quant à l'arqûre des branches tout-à-fait renversées, qu'on semblerait vouloir proposer pour modèle, elle n'est pas tolérable; elle ne pourrait convenir tout au plus qu'à un locataire peu consciencieux, qui serait à fin de bail.

Nous avons appris, depuis l'apparition du procédé de M. Cadet, que l'on avait voulu élever de jeunes arbres en renversant leurs branches vers le sol à mesure qu'elles poussaient. On a fait beaucoup valoir l'apparition de quelques fruits sur ces très-jeunes arbres; mais on n'a pas annoncé avec le même empressement que ces arbres avaient bientôt cessé de croître; ceci prouve que, si des arbres déjà très-développés résistent pendant quelques années à l'arqûre de leurs branches, c'est qu'ils sont pourvus d'un principe de vie et de végétation dont l'annihilation demande un peu plus de temps qu'il n'en a fallu pour faire périr un arbre soumis dès sa naissance à ce traitement barbare. Nous espérons que les réflexions auxquelles ces faits doivent nécessairement donner lieu serviront à l'instruction de nos lecteurs et les préserveront de la manie de l'arqûre.

CHAPITRE XVIII.

Du défoncement des terres.

De la manière d'employer le fumier dans les défoncements, et comment il opère de bons effets.

Il ne suffit pas, pour assurer le succès d'une plantation, de renoncer à prendre dans les pépinières des arbres qui ne peuvent prospérer, ni de planter des sauvageons destinés à être greffés en place; il est d'autres soins aussi indispensables, tels que ceux à donner à la terre dans laquelle les arbres doivent être plantés. Il faut que cette terre soit profondément remuée et amplement fumée, afin que les racines des arbres puissent facilement s'y former, s'y étendre et profiter de la fraîcheur du fond du sol, surtout lorsque la surface en est desséchée, pendant les chaleurs de l'été ou les hâles du printemps.

Les propriétaires qui font planter sans faire défoncer ni fumer leur terrain ignorent sans doute combien ces opérations, surtout le défoncement, sont indispensables au succès de leur entreprise. Quant à ceux qui trouvent ces travaux trop dispendieux, et qui se laissent dominer à cet égard par un esprit de parcimonie, nous les engageons à ne point planter; ils éviteront ainsi non-seulement l'achat des arbres, mais encore les frais d'une plantation faite en pure perte. Tant il est vrai qu'il arrive trop souvent en culture que, si l'on manque à une seule condition essentielle, tout ce qu'on a fait est perdu!

Il est bon que les propriétaires sachent que les pépiniéristes ne manquent jamais de faire défoncer et fumer leurs pépinières, sans quoi les arbres ne pourraient s'y développer. Cette connaissance fera apprécier la nécessité de donner aux arbres qu'on veut planter une terre aussi favorable à leur végétation que celle dans laquelle ils ont été élevés. La transplantation, qui fait toujours souffrir l'arbre, surtout lorsqu'il est greffé, le rendra à jamais languissant, si on le met dans une terre moins bien préparée que celle qu'il quitte. C'est parce que la plupart des propriétaires ignorent l'importance de ces précautions qu'ils ne peuvent parvenir à se créer de belles plantations, que les beaux arbres fruitiers sont si rares, même dans les jardins particuliers, et qu'il est si difficile de se procurer de beaux fruits, à moins de les payer un prix exorbitant. Cette privation de bons fruits est d'autant plus déplorable pour la population que le sol et le climat de la France sont, en général, très-favorables à la végétation des arbres fruitiers et à la beauté de leurs produits.

On profitera de la belle saison qui précède le moment de la plantation pour faire défoncer à vive jauge les plates-bandes destinées à recevoir les poiriers et les pommiers. Le mode à suivre pour ce défoncement est de jeter la terre sur la berge à environ 1 mètre devant soi. On creusera jusqu'à $0^m,70$ de profondeur, et on donnera ensuite dans le fond de la jauge un labour de l'épaisseur d'un fer de bêche ou bien un piochage. On couvrira ce labour de $0^m,25$ à $0^m,30$ de terre prise sur la jauge qui va s'ouvrir. Sur ce fer de bêche de bonne terre on étendra un lit épais de fumier qu'on piétinera avec soin. On continuera ensuite le défoncement de la seconde jauge, qui aura, comme la première et comme toutes celles qui la suivront, 2^m,60 environ de largeur sur autant de profondeur, y compris le piochage du fond. On continuera toujours ainsi en reculant de 2^m,50 en 2^m,50 jusqu'au bout du terrain. Enfin on remplira la dernière jauge avec la terre provenant de la première, que l'on a jetée sur la berge en commençant. Cette opération devra être terminée pendant la belle saison, afin de laisser aux terres le temps de se tasser.

Les fumiers, en se décomposant, dégagent des émanations qui se combinent avec celles que l'humidité de la terre a produites ; le tout, absorbé par les spongioles, est transmis dans le système de l'arbre, dont les productions deviennent d'autant plus vigoureuses que les émanations de l'engrais et celles de la terre se trouvent combinées d'une manière plus favorable à son espèce. C'est pourquoi nous préférons employer des engrais qui ne soient pas entièrement consommés, et c'est aussi la raison qui nous les fait placer à une certaine profondeur. Du terreau bien réduit et des terres très-amendées étendues au pourtour des racines déterminent la formation de nouvelles spongioles et la reprise de l'arbre.

CHAPITRE XIX.

Du choix des arbres dans les pépinières.

De l'emballage et du transport des arbres.

On se transportera dans les pépinières à la chute des feuilles, afin de ne pas être exposé à prendre des arbres qui auraient perdu leurs feuilles des extrémités avant celles du bas. Nous avons déjà dit que les dernières feuilles venues devaient être les dernières à tomber, et que lorsqu'il en était autrement c'était un signe visible que l'organisation de l'arbre était viciée. Le dépouillement de ces arbres devient chaque année de plus en plus précoce ; nous en voyons qui perdent les feuilles de

leurs extrémités dès le commencement de juillet ; de tels arbres
sont couronnés dès leur jeunesse, et perdent bientôt la faculté
de s'étendre et de mûrir leurs fruits.

On choisira les poiriers et les pommiers égrains parmi ceux
dont les tiges sont droites, lisses, les cicatrices bien recouvertes,
et qui ont l'écorce vive, nette, sans mousse et sans nœuds, surtout vers l'endroit où doit être placée la greffe en fente, une
ou deux années après la transplantation.

Les quenouilles seront prises parmi celles qui sont greffées
sur poirier franc, à moins qu'on n'ait un terrain extrèmement
propice à la végétation du coignassier. Celles dont le jet de la
greffe aurait été rabattu plus haut que 0^m,33 à 0^m,40 au-dessus du sol seront rebutées, parce que les yeux du bas ne pourraient plus s'ouvrir que faiblement, ou même point du tout.
Si on ne trouvait que des quenouilles qui fussent dégarnies par
le bas, on ferait son choix parmi les demi-tiges, qui, ayant plus
de vigueur, donneront, après avoir été rabattues, de moins
mauvais résultats.

Nous avons vu que les poiriers dits *nains*, provenant de
greffes qui ont moins bien poussé que les autres, devaient être
rejetés, parce qu'il est reconnu qu'un arbre qui ne végète pas
bien dès ses premières années reste toujours languissant, quelques soins qu'on lui prodigue.

Les pommiers greffés sur doucin, et destinés à former des
pyramides, des vases, des contre-espaliers, seront choisis parmi
ceux qui ont poussé le plus vivement, et qui ont été rabattus
assez près de terre pour faire ouvrir les yeux du bas.

Les pommiers greffés sur paradis, et destinés à former des
nains ou des buissons, seront également choisis parmi ceux qui
ont poussé le plus vivement. On aura le plus grand soin de
visiter la tige et les bourgeons les plus forts, pour s'assurer
qu'ils ne recèlent point le germe d'un chancre ; ce germe se
montre toujours sur un œil placé près de terre, ou à l'insertion
d'un fort rameau. L'œil où se cache le vers qui occasionne le
chancre est ébouriffé et détruit ; les pommiers qui en sont
affectés seront rebutés, à moins qu'en taillant l'arbre on ne
puisse supprimer la partie attaquée.

Tous les arbres qui auront poussé peu de bois et qui seront

couverts de boutons à fleurs seront rebutés, parce que de tels
arbres seront arrêtés dans leur végétation avant le temps et
qu'ils ne peuvent que dépérir après la transplantation.

Nous devons encore dire que les pépiniéristes, en rabattant
le jet des greffes le plus haut qu'ils le peuvent, afin de donner
plus d'apparence à leurs arbres, font développer au sommet
cinq ou six rameaux dont on n'a nul besoin; en se conduisant
ainsi, ils nous privent non-seulement des branches du bas,
indispensables à la formation de la charpente des arbres que
nous voulons élever, mais encore ils mettent un obstacle invin-
cible à ce que les arbres puissent jamais acquérir de la vigueur. Pour comprendre tout le dommage qui résulte de cette
manière d'agir, il faut se bien pénétrer de cette vérité, que
les arbres ne grossissent que parce que les fibres descendantes
des bourgeons se prolongent jusqu'à l'extrémité des racines,
où elles font naître les spongioles. Lors donc qu'on raccourcit
le jet de la greffe aussi haut, les yeux du sommet seuls s'ouvrent en bourgeons; les fibres descendantes de ces bourgeons
ont à parcourir, pour arriver à leur but, une longue distance,
sur toute l'étendue de laquelle elles ne trouvent que des yeux
oblitérés, incapables par conséquent de seconder leur mouvement, et elles sont si faibles lorsqu'elles parviennent à atteindre
les racines qu'elles n'y exercent que peu ou point d'effet; tandis
que si, au contraire, en rabattant davantage le jet de la greffe,
on eût forcé à s'ouvrir en bourgeons tous les yeux du talon de
cette greffe, leurs fibres descendantes fussent entrées immédiatement en communication avec les racines et eussent produit à
leurs extrémités une grande quantité de spongioles, au moyen
desquelles elles auraient puisé dans le sol les éléments de force,
de vigueur et de durée nécessaires à la charpente de l'arbre que
nous avons à former. Nous nous répétons, et avec intention,
parce que nous pensons que nous ne saurions trop inculquer
dans l'esprit de la plupart de nos lecteurs une vérité qui, quoique évidente, a été tellement méconnue que cette ignorance
est la cause de la détérioration de la plus grande partie de nos
arbres fruitiers.

On plaçait autrefois des demi-tiges entre les arbres nains
plantés contre les murs, parce que l'on croyait qu'un espa-

lier ne pouvait jamais acquérir assez d'étendue pour couvrir
le mur ; aujourd'hui il n'y a que les jardiniers qui ne savent
pas tailler les arbres qui se servent de demi-tiges pour cet
objet.

Après qu'on aura fait choix des arbres que l'on veut acheter,
on veillera à ce que les racines soient enlevées de terre sans
être ni éclatées ni meurtries. On aura soin, en chargeant les
arbres sur la voiture, que les ridelles soient bien garnies de
paille, et que l'ouvrier qui dirige le chargement n'ait point
aux pieds des souliers ferrés. On garnira aussi de paille les endroits où portent les cordes qui assujettissent les arbres après
le chargement.

CHAPITRE XX.

De la mise en jauge et de l'habillement des arbres.

Ce que c'est qu'habiller un arbre. De la trop grande étendue que l'on veut conserver aux racines des arbres qu'on transplante. Examen détaillé de la végétation des racines, tendant à démontrer comment on doit les raccourcir.
Des spongioles ; de la connaissance de ce qui peut les favoriser.

Aussitôt arrivés à leur destination, les arbres seront mis en
jauge dans du terreau neuf, après avoir été habillés ; ils seront
placés de manière à pouvoir être retirés un à un lors de la
plantation. Si la plantation n'a lieu qu'après l'hiver, le terreau
aura favorisé singulièrement la sortie des mamelons qui forment les spongioles ; dans ce cas, à mesure que l'on retirera
un arbre de la jauge pour le planter, on plongera à plusieurs
reprises les racines dans un baquet rempli de terre franche délayée avec de la bouse de vache ; cette manœuvre nous a toujours parfaitement réussi.

Habiller un arbre, c'est raccourcir ses racines et ses branches
avant de le planter ou de le mettre en jauge. Cette opération,
quoique très-simple, a beaucoup plus d'importance qu'on ne
le croit généralement sur le succès des plantations, parce que
l'arbre se ressent pendant toute sa durée des fautes que l'on a
commises en la pratiquant, et qu'elles sont de nature à être
toujours irréparables.

Comme nous ne partageons point, sur le raccourcissement des racines, l'opinion actuellement en faveur, qui veut qu'on laisse aux arbres toutes celles qu'on a pu leur conserver en les déplantant, nous pensons devoir appuyer notre opinion de toutes les raisons qui nous semblent les plus plausibles, d'autant plus qu'il n'est pas dans nos principes d'enseignement de demander qu'on nous croie sur parole. Nous commencerons donc par examiner comment naissent les racines, comment elles se développent en sortant de la graine, et quelles sont leurs fonctions.

L'embryon contenu dans la graine, après s'être gonflé et avoir rompu ses téguments, s'allonge d'abord en se dirigeant vers le bas, puis bientôt ensuite vers le haut. Le point de jonction de ces deux directions forme un centre de communication continuelle.

Les circonstances les plus favorables au développement de la graine sont d'être enveloppée dans l'obscurité et recouverte plus ou moins d'une terre légèrement humide, maintenue à une température égale ou plus élevée que celle de l'air extérieur ; cette terre doit être assez tassée ou assez compacte à sa surface pour arrêter intérieurement la trop libre circulation de l'air, qui rendrait sa température trop variable.

Dans cette situation, les racines s'étendent dans tous les sens, par l'assimilation des matières qui descendent d'abord des feuilles séminales, puis ultérieurement des feuilles et des bourgeons, par leur écorce, et qui viennent s'accumuler à leurs pointes en molécules ou en filets extrêmement déliés. Ces filets nourriciers ont la faculté d'absorber incessamment et très-rapidement les fluides ou les matières devenues gazeuses qui se trouvent à leur portée, et qui sont de là attirées, au travers des racines et des tiges, par les feuilles, les boutons et les écorces, jusqu'au sommet de l'arbre, avec d'autant plus de force que ces parties sont plus éclairées par le soleil et plongées dans une atmosphère plus ou moins chaude. Ces racines nourricières et avides d'humidité se nomment spongioles ; elles sont le commencement des racines les plus jeunes, qui, une fois devenues solides, n'ont plus la propriété d'absorber les sucs nourriciers, à moins qu'il ne se forme sur leur écorce quelques spongioles ;

encore ne s'emparent-elles de cette manière que de très-peu de
sucs. La partie solide des racines contient les canaux par lesquels passent les sucs nutritifs ascendants destinés à produire
le prolongement des branches; les sucs descendants, destinés à
l'élongation des racines, passent entre le bois et l'écorce de
l'arbre et des racines. Les spongioles ont donc la faculté de
s'accroître constamment par l'addition de nouvelles matières
vivantes venant de l'intérieur du végétal et poussées au dehors
vers leurs extrémités, ce qui nous donne lieu de penser que
tout ce qui pénètre naturellement dans les plantes tourne à
l'extension tantôt des branches, tantôt des racines, et que les
végétaux n'ont point, comme quelques physiologistes le supposent, des matières excrémentitielles. Nous ferons remarquer
à cette occasion que l'on s'expose toujours à commettre de
graves erreurs en voulant retrouver dans le règne végétal des
fonctions semblables à celles qui appartiennent au règne animal; ces comparaisons, auxquelles on est très-enclin, ont dû
être un obstacle aux progrès de la science.

Les racines nouvellement formées périssent si leur apparition n'est pas immédiatement suivie de la formation de nouvelles feuilles.

La principale fonction des racines est de puiser dans la terre
la nourriture nécessaire à l'arbre; dans ce but elles sont pourvues d'une pointe extrêmement hygrométrique, capable d'aspirer incessamment toute matière assimilable qui se trouve
à sa portée. Sa force d'absortion est toujours proportionnée à
la quantité de nourriture qu'exige la plante; lorsqu'au printemps la sève est rapidement employée par les feuilles, les
racines déploient une grande activité; mais à l'automne elles
tombent dans un état de torpeur de plus en plus grand. Cependant elles ne restent complétement inactives à aucune
époque de l'année, à moins qu'elles ne soient gelées; dans
tout autre cas, elles puisent constamment dans le sein de la
terre des sucs nourriciers qu'elles portent à l'extrémité du
végétal, où ils s'amassent, pour ainsi dire, jusqu'au printemps; alors les yeux et les boutons se gonflent, s'arrondissent, et les jeunes pousses viennent ensuite s'en emparer.

L'embryon n'a pas seul la faculté de donner naissance aux

racines; les yeux des rameaux, une fois formés, l'ont ausi, et cette faculté se trouve même dans les anciennes racines lorsqu'on en supprime l'extrémité.

D'après cet exposé de la formation, de la croissance et des fonctions des racines, il est évident que les plus jeunes, ou les spongioles, sont les seules nourricières de la plante, et que, si sa végétation n'est point interrompue, elles continueront sans intermittence de s'allonger, de grossir et de se ramifier, tout en continuant à augmenter dans les mêmes proportions l'extension des branches. Si on soulève toutes les racines, si on en brise les extrémités, l'arbre ne pourra plus reprendre le cours de sa végétation qu'en se créant de nouvelles racines nourricières; les anciennes, quelque allongées et quelque nombreuses qu'on les suppose, ne peuvent servir que de supports, de mères ou de souches aux nouvelles. Il nous importe, dans ce cas, de connaître sur quelle partie de ces racines raccourcies les spongioles se formeront le plus promptement et en plus grande quantité, et à quelle distance du tronc de l'arbre il est le plus avantageux de faire naître les nouvelles spongioles.

L'expérience a appris que l'on favorise la sortie des spongioles en raccourcissant les racines selon leur force, mais toujours sur une partie charnue et assez dilatée pour former promptement autour de l'amputation beaucoup de mamelons, et, par conséquent, beaucoup de spongioles. Si, au contraire, on raccourcissait les racines vers leurs extrémités, il en sortirait moins de spongioles; il pourrait même arriver qu'il ne s'en formât point du tout, parce que l'air aurait desséché cette extrémité. Si enfin il ne se produisait que peu de spongioles, la reprise de l'arbre serait imparfaite, et il resterait toujours languissant, parce qu'il n'y aurait aucun moyen de remédier à ce mal. D'ailleurs la nourriture absorbée par les spongioles aurait à parcourir, pour arriver jusqu'au tronc, une longue distance à travers des canaux plus ou moins obstrués par l'effet le la transplantation; en outre, ces spongioles, placées à une certaine distance du tronc, ne pourraient profiter des éléments contenus dans la terre neuve qui l'entoure; enfin il semble naturel que, moins l'eau de végétation aura de distance à parcourir pour arriver au tronc, plus il y aura d'activité dans sa circulation.

Nous croyons que la règle à suivre dans le raccourcissement des racines d'un végétal que l'on veut transplanter est de proportionner ce raccourcissement à la force et à l'élévation de ce végétal, de telle sorte que l'arbre étant habillé puisse rester debout et se trouver solidement fixé au sol lorsque les racines seront couvertes de terre. Il ne faudrait pas, en appliquant trop rigoureusement notre système, rétrograder, et abattre, comme autrefois, avec la serpe, sur le billot, les racines tout contre le tronc. Nous avons voulu seulement faire comprendre combien il serait nuisible à la végétation d'un arbre transplanté de lui conserver toutes ses racines, quelque allongées qu'elles soient, ainsi que le prescrivent la plupart des écrivains de notre époque.

Après avoir donné contre une telle opinion les raisons que nous croyons les meilleures, nous ajouterons que notre théorie est fondée sur les résultats que nous avons obtenus en suivant avec beaucoup de soins, pendant plus de vingt-cinq ans, les plantations considérables que nous faisions faire dans les parcs, pépinières et jardins de la couronne, modifiant souvent la manière de planter et nous en rendant toujours un compte exact ; nous avons encore journellement sous les yeux les résultats de nos expériences, notamment entre les deux Trianons. Lors de ces essais comparatifs nous assistions à la levée des arbres dans les pépinières dépendant de notre administration ; nous veillions à ce que les racines ne fussent ni meurtries ni éclatées près du tronc et aux endroits de leur bifurcation ; et, pour rendre l'exécution de notre volonté plus facile, nous limitions la longueur des racines en raison de la force et de la hauteur des arbres à déplanter, avec injonction très-expresse de ne jamais employer d'efforts pour sortir l'arbre de terre avant que toutes les racines n'en fussent détachées. Quant aux arbres que nous voulions faire planter avec toutes leurs racines, nous redoublions de précaution afin de les obtenir entières et d'une grande étendue. Mais ces arbres, malgré les soins et le temps qu'on leur consacrait, ont toujours mal réussi ; on peut même considérer ces plantations comme mauquées si on les compare avec celles qui, dans le même terrain, ont été faites avec des arbres dont les racines avaient été raccourcies aux endroits qui promettaient de fournir le plus de spongioles.

Cet exposé de la formation des racines n'a pas seulement pour but de ne laisser aucun doute sur la manière dont on doit habiller les racines d'un arbre avant de le planter, afin d'assurer sa reprise et sa prospérité, mais encore de faire connaître au cultivateur combien il importe que les nouvelles racines qui doivent apparaître se trouvent environnées de tout ce qui peut favoriser les fonctions qu'elles sont destinées à remplir. Il sait déjà que c'est dans une terre profondément remuée que se forment, que circulent et que se combinent les éléments qu'elles peuvent s'approprier. Le mécanisme du développement et des fonctions des racines étant bien connu, il lui sera facile de comprendre qu'il vaut mieux ne point planter que de les mettre dans une situation où les conditions qui doivent les vivifier ne se rencontrent que faiblement ou même point du tout. L'expérience doit lui avoir appris que, si à une terre profondément défoncée on ajoute des matières fermentescibles, placées à une profondeur où elles ne puissent se décomposer que lentement, les jeunes racines, bientôt excitées par ce stimulant, sont attirées vers le foyer de cette douce fermentation, dont les vapeurs nutritives sont absorbées plus avidement que tout autre élément par les spongioles.

Nous avons toujours obtenu de bons résultats en mêlant aux terres défoncées des plâtras et des démolitions concassés ; nous avons eu l'occasion de remarquer que ces matières agissaient non-seulement par les sels qu'elles contiennent, mais aussi en divisant la terre et en y multipliant les couches d'air. Les plantations qui se font sur de grandes lignes réussissent beaucoup mieux lorsqu'au lieu de faire des trous pour chaque arbre on ouvre une tranchée sur toute l'étendue de la ligne ; les émanations sont alors plus abondantes, et la circulation qui s'établit leur permet de se combiner d'une manière plus favorable aux spongioles qui doivent se les approprier.

Les procédés que nous venons d'indiquer, en procurant aux arbres une végétation vigoureuse, forceront les jardiniers à

21

employer les moyens de faire tourner cette vigueur au profit de récoltes abondantes. Ces moyens si simples et si naturels sont à la portée de tous les cultivateurs; il ne tiendra qu'à eux de s'en servir. C'est par suite de leur ignorance complète de ces procédés que quelques jardiniers font tomber leur choix dans les pépinières sur des quenouilles et sur des arbres nains, afin de n'être pas embarrassés de la vigueur de ces arbres.

CHAPITRE XXI.

Plantation des égrains.

Préparation de la terre. A quelle époque on doit greffer les égrains. Du choix des rameaux. D'un outil propre à la greffe. Des soins à donner aux greffes.

On plante les poiriers et les pommiers égrains dans les champs, dans les vergers, et en ligne sur les bords des chemins. On fait ouvrir pendant l'été, pour recevoir ces arbres, des trous de deux mètres carrés sur un mètre de profondeur, y compris le piochage du fond. On aura soin, en enlevant la terre, de mettre d'un côté les gazons qui en couvrent la surface, de déposer les terres de la superficie sur un autre, et les terres du fond sur un troisième côté, afin, lors du remblai, de mettre dessus ce qui était dessous, et réciproquement. Au moment de la plantation, on mélangera une forte quantité de fumier avec la terre de la fouille, et l'on insinuera entre les racines, qu'on aura soin de bien espacer, une terre riche, sèche et légère, qu'on aura dû préparer à l'avance; puis on assurera l'arbre solidement. On ne négligera pas d'entourer la tige d'épines fortement attachées, pour défendre l'arbre contre la dent des bestiaux. Il serait à désirer que le champ où on plante les arbres fût occupé par des cultures qui nécessitent des binages, surtout pendant les premières années de la plantation; il serait inutile de planter dans une pièce de terre que l'on destinerait à être semée en luzerne ou en sainfoin; on perdrait sa peine et son temps.

Après la plantation, lors de la pousse, on aura soin d'ébourgeonner les arbres, et de leur donner au moins trois forts binages. On s'occupera, lorsque la seconde année de plantation sera révolue, de greffer les arbres qui auront poussé vivement et qui seront bien attachés au sol par leurs racines.

Si l'on destine les fruits que doivent porter les égrains greffés à faire du cidre ou toute autre boisson, on choisira, parmi les espèces les plus en faveur, celles qui mûrissent à peu près en même temps, afin de les trouver, au moment de la récolte, réunies dans le même canton. On doit savoir que ce n'est pas seulement la nature du sol qui influe sur les qualités du cidre; elle dépend aussi du mélange déterminé de diverses sortes de fruits; l'expérience a dû apprendre dans chaque canton ce qu'il y a de mieux à faire à cet égard; nous ne pouvons qu'attirer l'attention des propriétaires sur ce sujet, lorsqu'il s'agit de greffer les égrains.

Les rameaux destinés aux greffes seront cueillis à la fin de janvier et piqués dans de la terre franche, à l'exposition du nord, puis entourés de mousse, ou bien piqués dans un gâteau de glaise et descendus à la cave. Au mois de mars, un peu avant que la sève soit en mouvement, on étêtera les égrains et on procédera à la greffe.

Ces arbres ayant une certaine grosseur, on est obligé d'introduire un coin dans le centre de la fente, afin de la maintenir assez ouverte pour recevoir les deux greffes. Les inconvénients que nous avons éprouvés en retirant ce coin nous ont fait adopter, pour le remplacer, un instrument très-simple (pl. VIII, fig. 2); il est de l'invention de M. Le Roux, jardinier, entrepreneur de jardins paysagers. Au milieu est une lame dont le taillant est en biseau des deux côtés; elle est surmontée d'une tête sur laquelle on frappe pour faire entrer la lame et fendre le sujet; à chaque bout de l'instrument est un crochet un peu long, plat, aiguisé et ouvert; on l'introduit dans le centre de la fente, et, en pesant sur l'autre bout, on la tient autant et aussi peu ouverte que le demande le placement des greffes. A l'aide de cet instrument, on opère avec une assez grande rapidité; ensuite il suffit de rendre la main pour que le crochet se trouve dégagé sans la moindre secousse et sans ébranler les greffes. L'emploi de cet outil n'est nécessaire que pour les arbres d'une certaine dimension, lorsque le bec de la serpette est insuffisant.

On aura l'attention de toujours entailler le rameau près d'un œil, de manière que cet œil se trouve placé au niveau de l'aire de la coupe du sauvageon, et non engagé dans la fente, afin que l'empâtement de cet œil recouvre plus promptement la plaie sans faire un trop fort nodus. Avant de placer les greffes, on doit avoir soin de rafraîchir l'aire de la coupe du sujet avec un instrument très-tranchant. Il arrive quelquefois, lorsque les greffes sont placées, que les deux côtés de l'arbre tendent à se rapprocher trop fortement, surtout lorsque les arbres sont gros et vigoureux; ce rapprochement pourrait comprimer les greffes d'une manière nuisible; dans ce cas, on introduit à demeure, dans le centre de la fente, un petit coin en bois dur et sec. Si, au contraire, l'arbre manquait d'élasticité, on ferait une ligature. L'opération terminée, on enduit la greffe avec de la poix à greffer, qu'on aura soin d'appliquer chaude, mais non bouillante, et d'étendre de manière à ne pas laisser le moindre interstice par où les pluies ou l'air puisse pénétrer dans l'ouverture qu'on afaite. On entourera les greffes de ramilles solidement fixées au corps de l'arbre, pour que les jets des greffes ne soient pas exposés à être décollés par les vents ou par les oiseaux qui viendraient s'y abattre.

Au printemps suivant, on raccourcira aux deux tiers de sa longueur environ le jet des greffes, dans le but d'établir la tête de l'arbre sur quatre ou cinq branches principales, également distancées entre elles, et aussi afin d'identifier fortement la greffe avec le sujet, en forçant les fibres descendantes des bourgeons qui sortiront du talon de la greffe à pénétrer dans son écorce. A la pousse on ébourgeonnera. L'année suivante, on répétera la taille et l'ébourgeonnement; ensuite on pourra laisser croître ces arbres en liberté, à moins qu'on n'ait le loisir de les soigner plus longtemps et de continuer à en diriger la charpente, de la régularité de laquelle dépend la durée de leur existence. Tous ces arbres doivent recevoir chaque année trois ou quatre binages profonds.

Si l'on greffe des fruits à couteau, il faut éviter de choisir des rameaux sur des espèces donnant des fruits fondants et d'un gros volume, surtout s'ils sont munis d'une longue queue, parce que, ces arbres prenant une grande élévation, les vents détruisent une partie des récoltes. On choisira donc parmi les fruits fondants ceux qui mûrissent après avoir été cueillis, pendant et après l'hiver, et que l'on doit même avoir récoltés avant leur parfaite maturité.

CHAPITRE XXII.

Poiriers et pommiers dirigés en palmettes à tige simple.

Nous supposons que les arbres dont nous allons nous occuper sont tels qu'ils arrivent ordinairement des pépinières, c'est-à-dire plus ou moins dégarnis du bas. Ceux qui sont destinés à être appliqués contre les murs seront plantés de manière à ce que les racines en soient écartées de 0^m,22, et à ce que la tête soit inclinée vers le mur. Les arbres seront espacés entre eux de 3 à 5 mètres, suivant la nature du sol, qui a dû être défoncé et amplement fumé, comme nous l'avons dit plus haut.

On ravalera la tige à 0^m,50 à 0^m,66 au-dessus de terre, et l'on supprimera à l'épaisseur d'un écu toutes les pousses, même les dards, qui se trouveront au-dessus de ce ravalement, à moins qu'ils ne soient placés au bas de l'arbre, afin d'obtenir e développement général de tous les yeux et sous-yeux qui peuvent se trouver sur cette tige, ce qui donnera la facilité d'établir les premières bases de la charpente de l'arbre.

La forme que nous voulons donner étant celle de la palmette à une seule tige, les branches ou les bras latéraux seront espacés de 0^m,30 à 0^m,35. On ne laissera se développer que les bourgeons nécessaires à cette forme; on supprimera, à mesure qu'il paraîtra, celui des bourgeons doubles qui sera le moins bien placé, afin de favoriser celui que l'on conservera. L'équilibre entre les bourgeons destinés à former des bras s'établira et se maintiendra par le palissage, et ensuite par la taille. Il sera donc à propos, dès le début, de tirer tout le parti possible du palissage et d'y apporter la plus grande attention. Les bras seront dirigés et attachés contre le mur sous un angle de 10 à 15 degrés, plus ou moins, suivant que l'on voudra favoriser ou restreindre le développement de l'un ou de l'autre.

Le bourgeon terminal qui doit former la flèche sera maintenu dans une position verticale ; il ne faut pas perdre de vue
que c'est par le raccourcissement successif de cette flèche que
naîtront les deux bras qui doivent continuer la forme de l'arbre, jusqu'à ce qu'il soit parvenu à garnir sans vide et sans
confusion tout l'espace qui lui est destiné.

Après la chute des feuilles, ou au plus tard vers la fin de
février, avant de donner les façons à la terre, on dépalissera
l'arbre ; on raccourcira la flèche de 0^m,26 à 0^m,33 , suivant
sa vigueur, sur un œil de devant bien conditionné, et placé de
manière à ce que le bourgeon qui en naîtra continue le prolongement de la tige par une ligne parfaitement droite.

Les deux premiers bras seront taillés de 0^m,14 à 0^m,17 de
longueur, plus ou moins ; ceux que l'on voudra modérer seront
taillés moins longs et sur un œil moins bien formé, mais cependant toujours sur un œil placé favorablement pour continuer le
prolongement du bras sur une ligne droite.

A la pousse on palissera les membres plus tôt ou plus tard,
suivant que l'on voudra restreindre l'un ou favoriser celui que
l'on palissera le dernier ; on abaissera plus ou moins les bras,
mais ils ne seront jamais placés horizontalement ; leur plus
grande inclinaison sera de 75 à 80 degrés, point auquel ils
devront arriver successivement et peu à peu.

L'ébourgeonnement ou le cassement des brindilles, sur un
espalier de fruits à pepins, ne doit avoir lieu que vers la fin de
juillet ; plus tôt on s'exposerait à ce que les yeux qui sont placés au-dessous, qui doivent se façonner lentement, et former,
par la stagnation de la sève, des boutons à fleurs, s'ouvrissent
et ne produisissent rien dont on pût tirer parti ; c'est par la
même raison que le pincement, qui est si essentiel dans la conduite du pêcher, doit être employé avec discernement pour les
arbres à pepins. Il ne doit avoir lieu que sur le premier et le
deuxième bourgeon au-dessous de l'œil terminal, sur les bourgeons qui poussent sur le devant, et enfin sur les gourmands,
pour prévenir leur développement. Le pincement doit s'effectuer dès le début de la sève, quand les bourgeons ont 0^m,08 à
0^m,10 de longueur.

Au premier ébourgeonnement, on ne supprimera que les

bourgeons qui auront poussé derrière l'arbre; on pincera ceux qui pousseraient sur le devant. On attendra le moment de la taille pour supprimer le reste, afin de ne pas occasionner une explosion de sève.

Au temps de la taille, le raccourcissement de la flèche aura pour but la création d'un ou de deux bras nouveaux, et le prolongement de l'arbre. Nous disons deux bras; mais on peut en laisser développer quatre et même davantage, si la force de l'arbre le permet. On fera en sorte qu'il se trouve un ou plusieurs bourgeons entre le bras naissant et l'œil terminal, afin de ne pas attirer la sève trop vivement sur un point où elle n'a déjà que trop de tendance à se porter. On raccourcira les bras selon leur force et leur position ; on taillera à l'épaisseur d'un écu les rameaux qui sont sur ces bras, et les brindilles seront raccourcies de 0^m,10 à 0^m,12.

A la pousse, on pincera les bourgeons intermédiaires, on favorisera le développement des bras qui sont placés dans le bas; on emploiera le palissage pour maintenir l'équilibre entre eux; la flèche sera maintenue dans une position verticale.

Aux tailles suivantes, on se conduira d'après les mêmes principes; on supprimera les rameaux à l'épaisseur d'un écu, afin de ne laisser sur les membres que des boutons à feuilles et à fleurs, des dards et des brindilles, qui seront tenues courtes; on laissera aussi des bourses et des lambourdes. On n'établira de bifurcation sur les bras que dans le cas où un accident survenu au bras voisin laisserait un vide. L'intervalle de 0^m,30 à 0^m,35 que nous laissons d'un bras à l'autre suffit pour ne pas être forcé de trop raccourcir les lambourdes et les brindilles. Ces productions doivent d'abord avoir une certaine longueur; ce n'est que plus tard, lorsque l'arbre est en bon rapport, que l'on opère sur elles des rapprochements pour leur donner plus de vigueur et d'étendue.

Le pommier doit être taillé un peu moins long que le poirier, parce que ses yeux se développent en moins grande quantité sous la taille; c'est aussi pour cette raison que l'on emploiera le pincement. Si ce que nous venons de recommander est bien observé, il suffira de sept à huit années pour garnir entièrement un mur de 2^m,50 à 3 mètres d'élévation.

CHAPITRE XXIII.

Palmette à double tige de poiriers greffés en place sur sauvageon ou sur coignassier, et de pommiers greffés sur doucin (pl. XII).

Avantages de la palmette à double tige. Direction de la charpente de l'arbre. Application de la taille par section. Inconvénients de n'avoir sur les branches que des productions fruitières ; précautions à prendre à cet égard. De la distance qui doit régner entre chaque membre ; les conseils donnés à cet égard par un auteur moderne entraîneraient à de graves erreurs. Des variétés de poiriers qui réussissent le mieux en palmettes.

C'est après avoir reconnu que l'éducation d'une palmette à tige simple était moins rapide et moins facile que celle d'une palmette à double tige que nous proposons cette forme pour modèle. La double tige se prête mieux à une égale répartition de la sève dans tous les bras. Nous allons opérer sur des sujets greffés en place, plantés selon nos indications et à des distances convenables : 5 mètres dans les bons terrains, et 3^m,33 dans les terrains médiocres.

Chaque sujet ayant reçu deux greffes placées en A et B, diamétralement opposées l'une à l'autre, et les greffes à œil dormant ayant poussé deux jets devant former les deux tiges qui ont été élevées de manière à être d'égale force, on rabattra, au temps de la taille, chaque jet à 0^m,25 au-dessus du sol, suivant la vigueur de la pousse, sur deux yeux, l'un destiné à continuer le prolongement de la tige, et l'autre à former le premier bras O, immédiatement au-dessous de l'œil terminal. Si l'on avait pris les arbres dans les pépinières, on les rabattrait en les plantant de manière à obtenir deux tiges.

A la pousse, les tiges seront dirigées verticalement, inclinant légèrement l'une à droite, l'autre à gauche, pour établir entre elles un écartement de 0^m,26 à 0^m,32 ; on approchera ces tiges plus ou moins contre le mur, suivant que l'on voudra retarder l'une et favoriser la végétation de l'autre. Les bourgeons placés immédiatement au-dessous de l'œil terminal, destinés à former les deux premiers bras, l'un à droite, l'autre à gauche, seront aidés dans leur développement, et leur égalité de force sera réglée par le palissage; les autres seront pincés. S'il se développait des entre-feuilles, quoique cela arrive rarement sur les arbres à pepins, on les pincerait, en laissant la feuille qui est à leur insertion.

On palissera les bras sous un angle de 10 degrés. Le palissage servira, comme nous l'avons dit, à distribuer la sève également dans les deux tiges et dans les deux premiers bras O.

Le résultat de la première taille, du pincement et du palissage, a dû être, à la fin de la saison, la production de deux tiges d'égale force et de deux bras O, égaux aussi en force. C'est sur ces productions que nous allons pratiquer la seconde taille. Chaque nouveau prolongement d'un bras ou d'une tige établit une nouvelle section.

Avant d'opérer le raccourcissement de la première section, il est à propos de se rappeler que les bras doivent avoir entre eux une distance de $0^m,30$ à $0^m,35$; en conséquence, on raccourcira les tiges de manière à ce que l'œil qui donnera naissance au second bras soit assez éloigné de l'œil terminal pour ne pas attirer sur un même point, comme on a pu le faire sans inconvénient pour l'établissement du premier bras O, une trop grande affluence de sève. Cette condition suppose une taille allongée de $0^m,40$ à $0^m,42$ sur la première section de la tige; elle sera faite autant que possible sur un œil placé sur le devant, afin que la plaie ne reçoive pas directement les rayons du soleil, et aussi pour que le prolongement de la tige soit sans coude et sans nœud apparent. S'il arrivait que les tiges n'eussent pas assez poussé pour supporter cette longueur de taille, ce qui serait extraordinaire, on attendrait l'année suivante pour former le second bras.

On raccourcira le premier bras O à $0^m,20$ ou $0^m,25$ de longueur, suivant sa force, et toujours sur un œil qui puisse donner un prolongement direct, horizontal, sans coude et sans nœud. Cette taille, qui sera aidée du pincement sur les deux premiers bourgeons situés au-dessous de l'œil terminal, a pour but de faire ouvrir tous les yeux qui sont au-dessous du point où elle est faite; nous appelons cette partie *première section du premier bras*.

Lors de la pousse, on dirigera les tiges verticalement, plus ou moins près du mur, suivant qu'on voudra maîtriser l'une et favoriser l'autre. On pincera tous les bourgeons qui sont sur la tige, surtout ceux qui sont entre l'œil terminal et celui destiné à former le second bras P, dont on favorisera le développement. Les bourgeons qui sortiront sur le devant et entre les deux tiges seront pincés plus sévèrement que ceux qui sont en dehors. On supprimera ceux qui paraîtront contre le mur.

Le bourgeon terminal de la première section, sur le premier bras, sera dirigé sur une ligne droite, quoique inclinée; on pincera les deux premiers bourgeons qui se trouvent au-dessous de lui, pour donner de la force au bourgeon terminal qui doit à la taille prochaine former la seconde section, et aussi pour faire ouvrir les yeux du talon de la première section de ce premier bras.

Au palissage, on attachera les tiges verticalement, de manière à maintenir entre elles une parfaite égalité de force.

On palissera le second bras sous un angle de 10 degrés.

On dépalissera entièrement le premier bras pour l'incliner un peu plus que l'année précédente. Si les bourgeons placés près de l'œil terminal avaient, malgré le pincement, pris trop de force, on les ébouquetterait, en attendant le moment de les supprimer à l'épaisseur d'un écu, lors de la taille. Les brindilles trop allongées seront aussi ébouquetées à la longueur qu'elles doivent conserver, c'est-à-dire à $0^m,10$ ou $0^m,12$. Cette dernière opération sera faite assez tard pour que les yeux placés au-dessous de la fracture ne s'ouvrent pas; ils doivent seulement retenir un reste de sève qui les fasse gonfler.

Les résultats de la seconde taille sur les tiges et de la première sur les premiers bras, le tout aidé du pincement et du palissage, ont produit : 1° sur les tiges, la continuation d'une parfaite égalité de force dans leur prolongement et les moyens d'y établir un troisième bras R ; 2° l'établissement du second bras P ; 3° le prolongement de la première section du premier bras, sur lequel sera établie la seconde section. On remarquera que tous les yeux placés sur la première section se sont ouverts plus ou moins, en raison inverse de leur proximité de l'œil terminal; il a suffi que les yeux du bas de cette section s'ouvrissent en rosettes; s'ils s'étaient plus développés, ce serait un indice que la taille aurait été tenue trop courte par rapport à la vigueur de l'arbre, et un avertissement pour allonger davantage celle de la section placée au-dessus.

Après la chute des feuilles on dépalissera entièrement l'arbre pour procéder à la troisième taille. L'onglet de cette taille doit être tenu un peu plus long que si on taillait au printemps. Les flèches seront raccourcies cette fois à 0^m,33 de longueur seulement, à cause des 0^m,11 qui restent libres au-dessous de la taille précédente. Cette taille est restreinte pour maintenir la distance obligée des bras entre eux; mais celle des bras peut être plus ou moins allongée suivant leur force et suivant le besoin qu'on a de faire ouvrir tous les yeux du dessous. La taille des tiges sera toujours assise sur un œil favorablement placé pour effectuer le prolongement de la tige en ligne directe et pour que le recouvrement de la plaie puisse s'effectuer promptement. Cette taille a pour but le prolongement de la tige et la formation du troisième bras R, dont l'insertion sur la tige sera toujours à une certaine distance de l'œil terminal.

Le rameau formant le second bras P sera raccourci de 0^m,22 à 0^m,28 de longueur, afin de faire ouvrir tous les yeux placés au-dessous de la taille, de donner de la force à cette première section du second bras, et d'obtenir du bourgeon terminal un prolongement vigoureux.

Le rameau terminal du premier bras O sera raccourci selon sa force; la partie restant au-dessous de la taille forme la deuxième section du premier bras. Ce raccourcissement doit être calculé, ainsi que le pincement, de manière à faire ouvrir tous les yeux qui se trouvent sur la seconde section, comme cela a eu lieu sur la première. L'œil terminal devra se prolonger vigoureusement en ligne droite, sans coudes et sans nœuds.

On raccourcira sur la première section, à l'épaisseur d'un écu, les rameaux qui sont trop forts pour former des branches fruitières; on raccourcira aussi à 0^m,08 ou 0^m,10 les brindilles qui porteraient à leur extrémité des yeux qui se seraient ouverts après l'ébouquetage; autrement on les laisserait de la longueur qu'elles avaient après cette opération.

On palissera ensuite l'arbre dans la même position où il était avant la taille.

Lorsque l'arbre aura acquis, toujours en suivant la même marche, le nombre de bras que comporte la hauteur du mur contre lequel il est palissé, on inclinera doucement la pointe de la flèche ou de la dernière section (n° 8), pour lui faire former le dernier bras X.

Nous ne poursuivrons pas plus loin la description des moyens à employer pour la formation d'une palmette à double tige, parce que les procédés auxquels nous avons recours pour la création d'un bras sont les mêmes pour tous. Les sections qui composent chaque bras s'établissent aussi toutes de la même manière; elles sont formées après avoir reçu trois tailles; toutes celles du même âge doivent se ressembler. (Voir à cet égard ce qui a été dit pour l'éducation des bras ou des membres, planches X et XI, pag. 247 et suiv., et pag. 304 et 305). Si donc nous voulions suivre l'arbre dans tout son développement, jusqu'à ce qu'il eût rempli le cadre qui lui est destiné, il faudrait, pour ne pas nous répéter à chaque instant, trouver d'autres termes et combiner d'autres phrases pour dire exactement la même chose. Il suffira que le jardinier fasse la plus grande attention aux opérations qu'il aura pratiquées sur la première section du premier bras, ainsi qu'aux résultats qu'il en aura obtenus, pour connaître la marche qu'il devra suivre à l'avenir, parce que la conduite qu'il aura à tenir pour former et gouverner les autres sections de l'espalier, à mesure que l'arbre s'étendra, sera toujours la même, à quelques légères modifications près, qui lui seront toujours suffisamment indiquées par le plus ou le moins de vigueur de la végétation. La connaissance qu'il a du mouvement naturel de la sève lui a déjà appris qu'elle a plus de tendance à se porter vers le haut de l'arbre que vers le bas; il la forcera donc à changer ses habitudes en tenant les tailles plus allongées dans le bas de l'arbre que dans le haut. Ceci est fondé sur ce que plus une branche a de bourgeons, et par conséquent de feuilles, plus elle attire à elle de sève, et plus elle grossit; c'est ainsi qu'il favorisera le développement du bas de l'arbre et qu'il restreindra celui du haut en fermant à la sève les canaux par où elle n'eût pas manqué d'affluer.

Le jardinier doit encore se rappeler que la première section du premier bras, après avoir reçu trois tailles, ne requiert guères plus aucune autre opération jusqu'à sa fructification, qui dépendra du temps, de l'âge de l'arbre, et de l'augmentation du nombre des sections, qui devront toutes être formées comme l'a été la première, dont toutes les productions vont successivement et naturellement se façonner en boutons à fruits, parce que la sève, au lieu de couler rapidement dans ces parties et de leur faire pousser du bois et des feuilles, perdra de son activité ; elle deviendra de plus en plus stagnante ; les boutons cesseront de s'allonger ; ils s'arrondiront et se formeront en boutons à fleurs. Quoique leur nombre annonce l'abondance, on doit veiller à ce que les productions fruitières ne s'emparent pas exclusivement de l'arbre, parce qu'elles tendent à l'épuiser, ou plutôt à épuiser les parties de l'arbre sur lesquelles on ne trouve que des dards, des boutons à fleurs et des bourses. C'est au jardinier à faire naître, sur ces parties trop garnies de fleurs, des lambourdes et des brindilles, afin d'y attirer une sève plus active, et qui soit assez abondante pour nourrir les fruits et les membres qui les portent. C'est en raccourcissant les dards qu'il obtiendra des brindilles, et en diminuant le volume des bourses qu'il obtiendra des lambourdes.

En résumé, quelle que soit la forme que l'on veuille faire prendre au poirier ou au pommier, rien n'est moins compliqué que les moyens à employer pour y parvenir. On sait que la taille ne se pratique ordinairement que sur le nouveau bois ; tout se borne à raccourcir annuellement, vers la moitié ou le tiers de leur longueur, les rameaux terminaux des branches qui forment la charpente de l'arbre, puis à suppprimer à l'épaisseur d'un écu tous les autres rameaux qui ne sont pas nécessaires à la charpente, et qui feraient confusion, afin d'obtenir à leur place des productions qui se mettent promptement à fruit. Mais on ne doit pas abuser de la facilité que l'on a de garnir de fruits les branches à mesure qu'elles s'allongent. Nous avons vu en Belgique le pignon d'une grange, ayant une grande surface, régulièrement couvert par un seul poirier, dont les branches étendues étaient très-minces par rapport à leur longueur; elles n'étaient uniquement garnies que de dards, de boutons à fleurs et de bourses. On se plaignait que les fruits de cet arbre, après avoir été très-abondants et très-beaux, eussent dégénéré. On attribuait ce vice à la terre, que les racines avaient, disait-on, épuisée. On aurait dû s'apercevoir plutôt que le peu de sève qui circulait au travers de ces faibles branches, était entièrement absorbé par les fruits, et que le seul moyen d'attirer la sève dans ces membres, pour les faire grossir et les rendre capables de mieux nourrir leurs fruits, eût été de faire naître sur eux, de distance en distance, des brindilles et des lambourdes. Nous avons déjà vu combien le poirier et le pommier sont dociles, et comment le cultivateur peut changer à volonté les rameaux à bois en boutons à fruits, et ceux-ci en brindilles et en lambourdes.

Nous insistons sur les facilités que les jardiniers ont de faire du poirier et du pommier tout ce qu'ils veulent, parce que l'on doit croire, à la manière déplorable dont ces arbres sont ordinairement dirigés aux environs de Paris, que les jardiniers les taillent tous les ans sans réflexion aucune, tandis qu'il serait si aisé d'obtenir de beaux arbres qui, par leurs formes, fissent l'ornement des habitations, et par leurs fruits les délices de la table du propriétaire.

La recommandation que j'ai faite de laisser un intervalle de $0^m,30$ à $0^m,35$ entre les membres ou les bras d'un éventail ou d'une palmette diffère tellement des conseils que donnent plusieurs auteurs, et tout récemment encore M. Dalbret (page 148), qui n'accorde que $0^m,16$ d'intervalle, que je crois devoir entrer à cet égard dans quelques explications, afin de faire connaître l'erreur que commettraient les cultivateurs qui se laisseraient entraîner dans cette voie; erreur d'autant plus grave qu'une fois commise il n'est plus possible de la réparer. Il est évident qu'un intervalle de $0^m,16$ entre deux membres ne peut suffire pour entretenir le développement des productions fruitières dont les bras ou les membres doivent être pourvus sur toute leur étendue. Comment, en effet, placer dans un intervalle aussi restreint les brindilles

et les lambourdes qui doivent se trouver disposées de distance
en distance sur les bras ou sur les membres, surtout si l'on
considère que cet intervalle de 0ᵐ,16 se trouvera bientôt
encore réduit par l'extension que prendront les membres ? A
peine si cet espace pourra contenir les dards, les boutons à
fleurs et les bourses. Un tel système de charpente, n'admettant ni brindilles, ni lambourdes d'une certaine étendue sur
les membres, doit tendre à épuiser promptement l'arbre et
rendre très - prochaine la nécessité de le rajeunir par le
recépage ; car le simple ravalement reproduirait les mêmes
inconvénients. Un tel conseil n'a pu être donné par un jardinier qui professe l'art de la taille des arbres ; cette erreur
ne peut provenir que du rédacteur. C'est à quoi sont exposés
les jardiniers qui, voulant communiquer leurs connaissances
aux autres, n'ont pas assez de confiance en eux-mêmes pour
dire simplement ce qu'ils savent. Ils devraient se persuader
que les fautes de langage qu'ils sont exposés à commettre ne
les empêcheraient pas d'être compris, et n'auraient pas l'inconvénient d'entraîner dans de graves erreurs les personnes
qui veulent profiter de leur savoir.

, Nous avons déjà dit que la sève circule peu, lentement, et
seulement au profit des fruits, dans les membres qui ne sont
garnis que de dards, de boutons à fleurs et de bourses ; nous
admettons aussi ces productions, mais nous voulons, pour la
beauté des fruits et la prospérité des membres, qu'elles soient
alimentées par des brindilles et des lambourdes, afin que
celles-ci, par leur étendue, le nombre et les diverses qualités
de leurs feuilles, sollicitent et entretiennent le mouvement
de la sève dans toutes les parties des branches qui les portent.
C'est pour remplir ce but que nous laissons de 0ᵐ,30 à 0ᵐ,35
d'intervalle entre les bras ou les membres des palmettes ou
des éventails, pour que toutes ces productions, étant palissées, puissent y trouver place en se ramifiant et en se subdivisant. On sait que la subdivision des branches, surtout de
celles qui sont essentiellement fruitières dans les arbres à
pepins, procure aux cultivateurs qui savent la faire naître à
propos de durables et d'abondantes récoltes de fruits bien
nourris, bien élaborés, ayant tous également les divers ca-

ractères de leur espèce, soit par la forme, la grosseur et la couleur, soit par la saveur et l'époque de la maturité.

Les variétés de poiriers qui réussissent le mieux contre les murs sont, en palmettes ou en éventail :

Le Bon-Chrétien d'hiver,	Le Muscat Robert ou à la Reine,
La Crasanne,	L'Amiré Joannet,
Le Colmar,	La Madeleine,
La Royale d'hiver,	L'Orange d'hiver,
La Poire sans peau,	Le Martin sec,
Le Messire-Jean,	Le Messire-Jean doré,
Le Beurré gris,	Le petit Rousselet de Reims,
Le Chaumontel,	Le Beurré d'été ou Milan blanc,
La Marquise,	Le Beurré de Soulers ou de Pâq.,
La Duchesse d'Angoulême,	Le Beurré d'Aremberg,
Le Doyenné d'hiver,	Le Sucré vert,
Le Muscat royal,	Le Doyenné blanc ou St-Michel.

CHAPITRE XXIV.

Pommiers et poiriers dirigés sous la forme d'un éventail (pl. XIII).

Les sujets destinés à former des poiriers ou des pommiers dirigés en éventail seront plantés à 7^m,80 de distance les uns des autres, soit pour être cultivés au pied d'un mur ou sur une plate-bande, soit pour y former des espaliers ou des contre-espaliers ; ils devront, après avoir été soignés selon les indications que nous avons déjà données, être écussonnés à œil dormant à 0^m,10 ou 0^m,12 au-dessus du sol. Au printemps, on rabattra les sujets tout près de l'écusson, et on couvrira immédiatement la plaie avec de la poix à greffer. On placera des tuteurs pour soutenir les jets des greffes avant que le besoin s'en fasse sentir.

A la pousse, on maintiendra le jet de la greffe dans une direction verticale, à l'aide du treillage ou d'un tuteur. Si les sous-yeux de la greffe s'ouvraient, on les pincerait pour les supprimer plus tard, parce qu'ils se trouveraient trop près de terre pour former les premiers membres, qui doivent être, au moins, à

0m,22 du sol; d'ailleurs, ces bourgeons priveraient le jet principal d'une partie de la force qu'il est utile de lui faire acquérir. Vers la fin de la saison, on ébouquettera le jet de la greffe pour arrêter le mouvement de la sève vers le haut et la faire refluer vers les yeux du bas, qui auront, par ce procédé, plus de dispositions à s'ouvrir.

Au moment de la taille, on raccourcira le jet de la greffe à 0m,40 ou 0m,48 au-dessus de terre, dans le but de faire développer, sur les côtés de la tige, les neuf ou dix bourgeons destinés à former les rayons de l'éventail ou la charpente de l'arbre, A, B, C, D, E.

A la pousse, tous les bourgeons inutiles à la charpente de l'arbre seront pincés et tenus très-courts. On pincera aussi le bourgeon terminal, et ceux des deux ou trois autres rayons placés au-dessous de lui, afin que les cinq ou six rayons inférieurs acquièrent une force à peu près égale à celle des rayons soumis au pincement. On supprimera les bourgeons qui pousseront du côté du mur.

On palissera les rayons A, B, C, D, E, en ayant soin de laisser entre eux une égale distance. On profitera du palissage pour établir l'égalité de force entre les rayons, c'est-à-dire que l'on palissera plus tôt et plus près du mur les bourgeons qui annonceraient devoir prendre plus de force que les autres. On n'a pas la ressource, dans la forme en éventail, d'incliner plus ou moins un rayon pour en détourner la sève : ils doivent toujours être palissés sous le même angle; mais on pourrait tirer en avant un rayon faible, et l'attacher sur une ou deux gaulettes dans la direction que doit avoir ce rayon. On ne doit rien négliger, dès la formation des rayons, pour disposer la sève à suivre un autre cours que celui qui lui est naturel; on y parviendra en restreignant ses passages habituels, en même temps qu'on lui en ouvrira d'autres plus faciles.

Au moment de la première taille, on dépalissera l'arbre; puis on raccourcira chaque rayon sur un œil placé de manière à continuer son prolongement en ligne droite, sans coude et sans nœud. Les rayons les plus voisins du sol, étant naturellement plus minces, seront favorisés par une taille plus allongée que celle des rayons supérieurs. La partie qui reste après cette première taille forme la première section de chaque rayon. Cette partie sera traitée comme l'ont été les premières sections des bras et des membres des arbres dirigés en palmettes ou en pyramides.

A la pousse, on pincera sur chaque rayon les deux premiers bourgeons placés au-dessous de l'œil terminal; celui-ci restera intact, et on favorisera son développement. On pincera aussi les bourgeons qui paraîtraient sur le devant et le derrière des rayons.

On profitera de l'ébourgeonnement et du palissage pour maintenir l'égalité de force entre les rayons, qui seront toujours attachés sur le prolongement de leur première direction, mais plus tôt ou plus tard, plus ou moins près du mur, selon leur vigueur relative. Ainsi le palissage se fera successivement et partiellement; il ne se terminera qu'à la fin de la saison. On ébourgeonnera plus sévèrement les rayons dont on veut arrêter les progrès. A la fin de juillet, on ébouquettera les brindilles à 0^m,16 ou 0^m,18 de longueur.

A l'époque de la seconde taille, on dépalissera l'arbre entièrement, et on raccourcira la pousse terminale de chaque rayon, selon sa force et sa position, toujours sur un œil favorablement placé pour continuer en ligne droite le prolongement de ce rayon. La partie restant après la coupe forme la seconde section des rayons.

On supprimera à l'épaisseur d'un écu les rameaux qui sont sur les premières sections; on raccourcira les brindilles dont les yeux les plus élevés se seraient ouverts après l'ébouquetage. On palissera l'arbre dans la même position où il était avant la taille.

A la pousse, on pincera sur chaque rayon les deux premiers bourgeons placés au-dessous de l'œil terminal; celui-ci restera intact et sera maintenu dans la direction rigoureuse de son prolongement. On pincera encore, sur cette seconde section, les bourgeons qui pousseraient en avant et en arrière du membre.

Si les sous-yeux des rameaux que l'on a taillés à l'épaisseur d'un écu, sur la première section, annonçaient devoir pousser avec trop de force, on les pincerait pour ne leur laisser acqué-

rir que la dimension de brindille. On fera concourir l'ébourgeonnement et le palissage au maintien de l'égalité de force
entre les rayons.

Après cette troisième taille, la première section de tous les
rayons se trouvera garnie de productions fruitières qui n'attendent, pour fleurir, que l'âge viril de l'arbre. Toutes les autres
sections s'établiront successivement de la même manière que la
première. Nous n'aurons plus à nous occuper que des moyens
à employer pour remplir les intervalles qui vont se trouver
vides entre les rayons par leur prolongement continu; ces intervalles seront remplis par des ramifications prises sur chaque
rayon. Ces ramifications F, G, H, I, seront toutes formées de
la même manière et sur la même section. Si l'on suppose que ce
soit sur la quatrième section qu'il devienne nécessaire de faire
ramifier les rayons, après avoir établi cette section par la taille,
on aura soin, à la pousse, de pincer tous les bourgeons qui, sur
cette quatrième section, se trouvent entre le bourgeon terminal
et celui qui est destiné à former la ramification. Ce bourgeon
sera toujours choisi sur le dessous du rayon, et à une certaine
distance de l'œil terminal, afin qu'il reste toujours inférieur
en force à celui-ci, et que la sève se trouve également répartie
sur cette section, en la dirigeant ainsi vers deux points éloignés
l'un de l'autre.

Au temps de la taille, cette ramification sera traitée comme
étant le commencement d'une nouvelle branche, ou plutôt d'un
nouveau rayon, qui se prolongera annuellement par la taille, de
section en section.

Il restera encore d'autres ramifications à établir pour remplir l'espace vide qui se trouve dans le haut de l'arbre. Mais la
position de ces ramifications nécessite d'autres précautions que
celles que nous avons prises pour établir les premières, qui ont
leur origine en dessous des rayons; celles-ci, M, N, O, doivent
la prendre en dessus, par conséquent dans une position où la
sève, ayant beaucoup plus d'activité, pourrait faire explosion
et changer ces ramifications, ainsi placées, en branches gourmandes. En conséquence, nous attendrons, pour les former sur
le dessus des rayons, que l'arbre ait déjà fleuri, afin de profiter
d'une brindille ou d'une lambourde, ou même de la faire naître

dans l'endroit où nous voulons avoir une ramification. Par ce procédé, nous n'aurons pas à redouter qu'elle puisse prendre trop de force, devenir une branche gourmande, et affamer tout ce qui l'avoisine, ce qui occasionnerait, avec la perte de la forme de l'arbre, celle de la régularité des récoltes. Notre pratique est fondée sur ce que les brindilles, et surtout les lambourdes, ont la propriété de pouvoir fournir des branches d'une certaine étendue sans jamais s'emporter et devenir branches gourmandes. Il est à propos de remarquer que nous avons établi les premières ramifications en même temps que la section qui les porte, tandis que les dernières ne sont formées que longtemps après la création de la section sur laquelle elles prennent leur origine.

Lorsque l'arbre sera en bon rapport, on n'attendra pas que les récoltes, qui deviennent toujours de plus en plus abondantes, soient arrivées au point d'épuiser les membres qui les portent pour modérer leur ardeur ; on aura soin de faire naître sur ces membres, de distance en distance, des brindilles, en raccourcissant des dards et des lambourdes, en diminuant de volume des bourses. Les yeux de ces productions, avant d'avoir acquis le nombre de feuilles nécessaire pour se former en boutons à fleurs, auront attiré et fait circuler la sève dans les membres, ce qui contribuera à les faire grossir, tout en leur donnant la faculté précieuse de bien nourrir les fruits qu'ils portent.

CHAPITRE XXV.

Poiriers et pommiers dirigés en vases coordonnés avec la forme en pyramide (pl. XIV).

Des avantages de ces deux formes lorsqu'elles sont alternativement établies sur une même ligne. Plantation et distance. Comment s'établit la forme en vase. Des variétés de poiriers qui se prêtent le plus facilement à cette forme.

Les poiriers et les pommiers dirigés sous forme de vase se faisaient jadis remarquer dans nos jardins ; ils y figuraient, tantôt aux angles, quelquefois au centre des carrés du potager, dont les côtés étaient plantés en contre-espaliers ; mais l'emplacement trop considérable que ces vases isolés occupaient a fait renoncer à cette forme, avec d'autant plus de raison qu'on ne s'était pas avisé d'intercaler les vases entre deux pyramides, ainsi que l'indique notre planche. Tel est le motif qui a fait abandonner la forme la plus favorable aux récoltes abondantes et à la qualité des fruits. La forme pyramidale a été conservée ; mais elle est généralement aussi si mal exécutée qu'elle est sur le point d'être abandonnée, parce qu'on s'est persuadé qu'elle était d'une exécution difficile, et peu favorable à la fructification. Les personnes qui ont suivi ce que nous avons dit jusqu'ici pourront comprendre qu'il n'est pas plus difficile de faire prendre aux arbres la forme pyramidale que toute autre forme. Quant au reproche de stérilité qu'on adresse à cette forme, il ne peut atteindre les arbres dirigés selon nos principes ; ces arbres sont nécessairement aussi fertiles que le comporte leur nature, puisque leurs branches, avec notre méthode, ne peuvent se prolonger qu'autant que toutes les productions situées au-dessous du prolongement ont été disposées à la fructification, soit en substituant aux rameaux à bois, inutiles à la charpente de l'arbre, d'autres rameaux plus disposés à se tourner à fruits, soit par d'autres moyens aussi simples et d'une exécution aussi facile. Ainsi le reproche de stérilité n'est applicable qu'aux pyramides mal dirigées, sur lesquelles on établit une multitude de membres trop rapprochés les uns des autres, et qui se privent ainsi mutuellement de l'air et de la lumière indispensables à la formation des boutons à fleurs et à leur fécondation.

Il résulte de la disposition que nous donnons à notre plantation que les arbres dirigés sous la forme de vases, loin d'occuper inutilement trop de place, ne remplissent que le terrain vague qui reste libre entre deux pyramides. Quant aux racines, elles ont assez d'espace pour ne point se nuire. Ainsi, un emplacement quelconque, occupé par des arbres dirigés de cette manière, produira une fois plus de fruits que si les pyramides étaient disposées sur une seule ligne et les vases sur une autre, comme cela se voit encore au Jardin des Plantes, où ces arbres sont offerts au public comme des modèles, quoique beaucoup s rapprochés qu'ils ne devraient l'être.

Nous pensons que, pour peu qu'on sache assigner un emplacement convenable à une plantation analogue à celle que nous proposons, on obtiendra des rideaux de verdure d'un très-bel effet, couverts tantôt de fleurs, tantôt d'excellents fruits, et offrant, dans toutes les saisons, un ensemble parfait; les deux côtés des allées principales d'un grand potager pourraient être plantés en sauvageons distants les uns des autres de 4 à 5 mètres, et destinés à être greffés en place; on élèverait alternativement sur chaque ligne une pyramide et un vase.

Quoique les moyens que nous indiquons pour la direction des arbres fruitiers soient plus simples que ceux qu'on a proposés jusqu'ici, nous croyons que le jardinier qui, le premier, exécutera le modèle que représente notre pl. XIV, donnera une preuve manifeste de capacité, en même temps qu'il rendra témoignage des progrès de l'art, puisqu'il aura réhabilité deux formes d'arbres, dont l'une était abandonnée parce qu'on n'avait pas su l'utiliser, et dont l'autre était presque complétement discréditée par suite d'une mauvaise direction.

Les sujets destinés à former des arbres dirigés en vase, ayant reçu deux écussons diamétralement opposés, et dont les pousses, qui, à l'aide de tuteurs, doivent être dirigées un peu obliquement de chaque côté, sont arrivées, à l'aide de cette obliquité, à être d'une force égale, seront, au temps de la taille, raccourcis à $0^m,12$ ou $0^m,15$, afin d'obtenir, sur chacun d'eux, trois forts bourgeons, l'un destiné à former la mère-branche, et les deux autres les premiers membres du vase. On fera choix, pour asseoir la taille, d'yeux placés de manière à favoriser la direction évasée que doit suivre la pousse, mais toujours en ligne parfaitement droite, sans coude et sans nœud. Si l'arbre est pris dans les pépinières, on le rabattra afin d'obtenir deux ou trois branches.

A la pousse, on laissera intacts les six bourgeons les mieux placés sur les côtés; on pincera les autres. On palissera ces bourgeons sur deux cerceaux placés au-dessous l'un de l'autre, de diamètre un peu différent, et soutenus par trois tuteurs (1). On profitera du palissage pour équilibrer la force des bour-

(1) Les cerceaux, que le dessinateur a représentés comme placés hors du vase, doivent au contraire se trouver dans l'intérieur.

geons entre eux. Ceux qui doivent former le prolongement des deux mères-branches seront favorisés.

A l'époque de la seconde taille, on dépalissera l'arbre; on retirera le cerceau du bas et on baissera celui du haut pour donner aux branches un peu plus d'évasement ; cet évasement doit être calculé sur les proportions que prendront les pyramides. On raccourcira les deux mères-branches proportionnellement à leur force, toujours sur des yeux placés favorablement pour que la pousse, en continuant le prolongement, s'écarte, en ligne droite, du centre de l'arbre. Cette taille a pour but d'obtenir un prolongement vigoureux et de faire ouvrir tous les yeux qui sont placés au-dessous. Les deux branches-mères devront, pendant quelques années, dominer les quatre premiers membres formant bifurcation, comme ceux-ci domineront les bifurcations auxquelles, par la suite, ils donneront naissance.

Les quatre premiers membres seront rabattus selon leur force, dans le même but qui a fait raccourcir les mères-branches, mais toujours un peu plus que celles-ci, et de manière, avec l'aide du pincement, à forcer à s'ouvrir tous les yeux qui sont au-dessous de la taille. Puis on palissera l'arbre dans la même position où il était avant d'être taillé.

A la pousse, on pincera les deux bourgeons qui sont les plus près de l'œil terminal, afin de faire refluer la sève vers les yeux qui ne se sont pas ouverts, pour les disposer à se façonner en dards, en boutons à fleurs, ou tout simplement en boutons à feuilles. On palissera les bourgeons terminaux des mères-branches et des membres sur un nouveau cerceau. On pincera très-court tout ce qui paraîtra en dehors ou en dedans du vase et ce qui ferait confusion sur les côtés. Vers la fin de juillet, après avoir ébouqueté légèrement les bourgeons les plus forts et cassé les brindilles à $0^m,12$ ou $0^m,15$, on ajoutera un nouveau cerceau pour y attacher les rameaux. On ménagera un petit passage sur l'un des côtés du vase, pour que l'ouvrier puisse s'y introduire et travailler plus facilement à l'intérieur.

Au moment de la troisième taille, on dépalissera l'arbre, on retirera le cerceau le plus bas et on abaissera les autres, pour donner encore un peu plus d'évasement aux membres. On raccourcira le rameau terminal des mères-branches et des membres selon leur force et leur position; on fera choix, pour asseoir la taille, de l'œil le mieux placé pour éloigner du centre de l'arbre le bourgeon de prolongement. On taillera les rameaux à l'épaisseur d'un écu; on raccourcira les brindilles à 0^m,10 ou 0^m,12 de longueur; au lieu de supprimer celles qui sont placées en dedans et en dehors du vase, ou qui sont trop rapprochées les unes des autres, on les taillera à l'épaisseur d'un écu. On palissera l'arbre.

A la pousse, on pincera les deux premiers bourgeons situés au-dessous de l'œil terminal de chaque mère-branche ou de chaque membre. On palissera les bourgeons sur un nouveau cerceau et plus tard on en ajoutera un autre.

Les membres, en s'étendant, s'écarteront nécessairement les uns des autres, et laisseront entre eux un espace vide que l'on remplira par une ramification. On fera choix, après la taille, de l'œil le mieux placé pour établir cette ramification, qui devra toujours être à une certaine distance de l'œil terminal. A la pousse, on pincera tous les bourgeons qui se trouveront entre le bourgeon terminal et celui qui est destiné à former la ramification. Les ramifications sur les membres seront toujours alternes, à moins de cas particuliers. Si la première ramification d'un membre est sur le côté droit, il faut aussi que la première sur tous les autres membres soit du même côté, afin que tout le pourtour du vase soit également plein, sans qu'il y ait de confusion nulle part. Il est bien entendu que les ramifications se multiplieront à mesure que l'arbre prendra de l'étendue; mais toutes s'établiront régulièrement de la même manière et par le même procédé.

Après avoir indiqué suffisamment la manière dont on doit établir les ramifications sur un vase et diriger l'arbre jusqu'à sa troisième taille, il ne reste plus autre chose à faire, pour prolonger indéfiniment le vase, que de continuer à employer les mêmes moyens, et à les répéter dans le même ordre. Ce serait supposer trop peu d'intelligence à nos lecteurs si, après tout ce qui a été dit précédemment, nous nous permettions d'ajouter un mot de plus.

Les variétés de poiriers qui se prêtent le plus facilement
à prendre la forme de vase sont :   .

Le Saint-Germain,	Le Catillac,
Le Beurré d'Aremberg,	Le Doyenné gris,
Le Doyenné d'hiver,	La Bergamote d'hiver,
La Bergamote de Pâques,	La Bergamote d'automne,
La Jalousie,	Le Passe-Colmar.

Les variétés les plus vigoureuses qu'il faut planter à la
suite les unes des autres, afin de leur donner plus d'espace,
sans rompre l'ordre établi, sont :

La Virgouleuse,	La Royale d'hiver,
Le Bon-Chrétien d'hiver,	Le Colmar,
La Crasane,	Le Petit-Muscat.

CHAPITRE XXVI.

Poiriers et pommiers greffés en place, destinés à former des pyramides.

Plantation et distance. Comment s'établit la forme pyramidale. Des variétés les
plus propices à cette forme.

Les sauvageons destinés à être greffés en place pour former des pyramides placées entre deux vases seront plantés
à 4 ou 5 mètres de distance les uns des autres, sur une plate-
bande défoncée et largement fumée. Les sujets seront greffés
à $0^m,12$ ou $0,15$ de terre.

Le jet de la greffe sera maintenu pendant toute la durée de
son développement dans la direction verticale. Au temps de
la taille, on le raccourcira à $0^m,40$ ou $0^m,48$, suivant sa
force. On fera choix pour asseoir la taille d'un œil bien
constitué, et favorablement placé pour continuer le prolongement de la tige sur une ligne verticale.

Le but de cette taille est d'obtenir le prolongement de la
tige en même temps que le développement de tous les yeux
qui sont placés au-dessous, afin de choisir les bourgeons
les mieux placés pour former les premiers bras de la pyramide sur cette portion de l'arbre que nous désignons sous le

nom de première section de la tige, qui contiendra à peu près six ou sept bras; le plus près du sol en sera distant de 0^m,20 à 0^m,24.

A la pousse, on maintiendra le bourgeon terminal, qui doit former la deuxième section de la tige, dans une direction parfaitement verticale; on pincera les deux ou trois premiers bourgeons qui sont les plus rapprochés de celui-ci, afin de les maintenir égaux en force avec ceux qui sont au-dessous. On choisira parmi ces bourgeons ceux qui sont le mieux placés pour former les bras de cette première section; leur distance, qui doit être de 0^m,20 à 0^m,22, sera réglée de façon à leur faire décrire autant de rayons autour de la tige, sans qu'aucun soit directement à plomb sur un autre. Ces rayons ou bras doivent simuler les marches d'un escalier qui seraient appuyées autour d'une colonne. On ne détruira pas les bourgeons inutiles à la création des bras, mais on les pincera de très-près.

Au moment de la seconde taille, on raccourcira la tige de l'arbre, toujours sur un œil favorablement placé pour continuer son prolongement sur une ligne droite et verticale, qui formera la troisième section de la tige. Le but de cette taille est de faire ouvrir tous les yeux qui sont placés au-dessous d'elle, sur cette seconde section; elle sera donc plus ou moins allongée suivant le besoin.

Le rameau terminal de chaque bras, sur la première section de la tige, sera raccourci en raison de la vigueur de l'arbre, et chacun plus ou moins, suivant sa position; les rameaux du bas seront tenus plus longs que ceux du haut de cette première section, afin de leur faire acquérir plus de force, et aussi pour se conformer à la disposition que doit offrir une pyramide. La taille de ces bras devra être assise sur un œil dont la position tende à prolonger le bras horizontalement, inclinant dans sa pousse vers la droite ou vers la gauche, suivant le besoin de le maintenir sur la ligne qu'il doit occuper par rapport à l'ensemble des autres bras, qui ne doivent jamais être d'aplomb les uns sur les autres. On pourra se servir d'un osier pour attirer un bourgeon vers la place qu'il doit occuper, s'il s'en écartait.

A la pousse, on maintiendra le bourgeon terminal ou la flèche qui doit former la troisième section de la tige sur une ligne verticale ; on pincera les deux ou trois bourgeons qui sont les plus rapprochés de l'œil terminal, afin de faire refluer la sève et d'établir une stricte égalité de force avec ceux qui sont au-dessous. On choisira parmi ces bourgeons ceux qui sont le mieux placés pour former les bras de la deuxième section ; on pincera sévèrement tous ceux qui ne doivent pas servir à la formation des bras de cette seconde section.

Les bourgeons qui sont placés près de l'œil terminal, sur les bras de la première section, seront pincés, afin de diminuer leur vigueur, de faire refluer la sève et de donner de la force au bourgeon terminal, que l'on dirigera sur une ligne horizontale.

Au temps de l'ébourgeonnement, vers le mois d'août, on ébouquettera les plus forts bourgeons de la première section qui paraîtraient prendre trop de force ; on pourra aussi casser les brindilles à $0^m,16$ ou à $0^m,18$. Les autres productions de ces bras resteront intactes ; elles se convertiront d'elles-mêmes, avec l'âge, en dards, en rosettes, en boutons à fleurs, en bourses et en lambourdes.

A la troisième taille, on raccourcira la tige sur un œil bien placé pour que le bourgeon de prolongement qui formera la quatrième section de la tige soit sur une ligne parfaitement verticale. Le but de cette taille est de faire ouvrir tous les yeux qui sont au-dessous ; elle sera donc, suivant les cas, plus ou moins allongée.

Le rameau terminal de chaque bras de la deuxième section sera raccourci en raison de la vigueur de l'arbre, et chacun d'eux plus ou moins, suivant sa position ; ceux du bas de cette seconde section seront tenus un peu plus longs que ceux du haut. La taille de ces bras devra être assise sur un œil dont la position tende à prolonger le membre horizontalement.

On raccourcira le rameau terminal des bras de la première section de la tige, toujours dans le but de faire ouvrir tous les yeux qui se trouvent placés au-dessous ; on taillera à l'épaisseur d'un écu les rameaux qui ont été ébouquetés au mois d'août, aussi bien que ceux qui ne l'auraient pas été. Si les brindilles qui ont été cassées avaient poussé, on les rabattrait au-dessous de la pousse.

A la pousse, on maintiendra le bourgeon terminal qui doit former la quatrième section de la tige sur une ligne parfaitement verticale; on pincera, sur la troisième section, les deux ou trois premiers bourgeons les plus rapprochés du bourgeon de prolongement, afin de faire refluer la sève et de maintenir ou de rétablir l'égalité de force avec ceux qui sont situés au-dessous. On choisira parmi ces bourgeons ceux qui sont le mieux placés pour former les bras de la troisième section; les autres, jugés inutiles à la formation de ces bras, seront pincés très-courts.

Le prolongement des bras de la seconde section de la tige sera favorisé dans la direction horizontale; on pincera les deux bourgeons qui sont les plus près de ce prolongement, afin de lui donner de la force et de faire refluer la sève vers ceux du dessous.

Le prolongement des bras de la première section sera favorisé; on pincera les deux bourgeons placés au-dessous de l'œil terminal. Quant aux rameaux de cette première section qui ont été taillés à l'épaisseur d'un écu sur leurs sous-yeux, on veillera à ce qu'ils ne prennent pas trop de force; s'ils devenaient trop vigoureux, on les pincerait.

A l'ébourgeonnement, vers la fin de juillet, on ébouquettera les bourgeons les plus forts, les bourgeons terminaux exceptés; on cassera à cinq ou six feuilles toutes les brindilles. Si, dans le cours du travail, quelque chose ne permet pas de faire ce que nous indiquons, c'est au jardinier intelligent à y suppléer.

Vouloir continuer l'explication de la formation de toutes les sections qui doivent composer une pyramide, jusqu'à ce qu'elle ait atteint sa plus grande élévation, ce serait s'exposer, non-seulement à d'inutiles et continuelles répétitions, mais encore à faire croire aux jeunes élèves que la formation d'un arbre pyramidal est une chose extrêmement compliquée et très-difficile, tandis que rien n'est plus aisé, puisqu'il suffit, pour bien opérer, ainsi que nous venons de le voir, de pratiquer sur une nouvelle section ce qui a été fait sur la précédente.

Il ne servirait donc de rien, pour l'instruction des jeunes gens, de les accompagner de section en section jusqu'à la dernière ; ils seront suffisamment guidés par ce que nous avons fait pour établir les deux premières sections et le commencement de la troisième et de la quatrième. D'ailleurs les élèves, en formant eux-mêmes toutes les autres sections, achèveront leur instruction ; ce sera désormais bien moins en nous lisant qu'ils pourront se perfectionner qu'en opérant sur les arbres mêmes. Nos leçons ont dû les mettre en état d'observer la marche de leur végétation, et de s'en rendre compte ; si, en suivant nos conseils, les opérations auxquelles ils les ont soumis n'ont pas atteint le but qu'ils s'étaient proposés, ils auront à en rechercher les causes, ce qui les mettra à même d'ajouter à notre expérience, qui est devenue la leur, celle qui leur sera propre, et qui ne pourra que s'accroître chaque jour en suivant cette méthode.

Pour ne pas répéter jusqu'à satiété ce que nous avons déjà dit relativement à la conduite des bras, il sera à propos de bien connaître cet article et de s'y conformer, parce qu'il est applicable aux bras et aux membres de tous les arbres de cette sorte. Quant à la direction de la forme pyramidale, elle continuera d'avoir lieu par le raccourcissement annuel du rameau qui termine la flèche, par le pincement, par l'établissement successif des sections ; par le raccourcissement annuel du rameau terminal de chaque bras ; par la suppression, à l'épaisseur d'un écu, de tous les rameaux inutiles à la charpente de l'arbre, ainsi que par le raccourcissement des brindilles ; par l'emploi de quelques brins d'osier fixés aux bourgeons, pour attirer à la place qu'ils doivent occuper ceux qui auraient une tendance à s'en écarter. Telles sont, en résumé, les opérations que nous venons de pratiquer, pour former, prolonger et mettre à fruit tous les bras de la première section de la tige. Ces mêmes opérations seront répétées sur les bras de la première section, à mesure qu'elles se formeront. Nous dirons cependant encore une fois que le raccourcissement de la flèche doit toujours avoir lieu sur un œil bien conformé, et placé de manière à ce que le prolongement se maintienne sur une ligne verticale ; bien entendu que, si le bourgeon terminal

fléchissait , et si celui du dessous annonçait devoir être plus
fort, il faudrait s'empresser de rabattre la tige sur celui-ci.
Le rameau terminal de chaque bras sera raccourci sur un œil
placé au-dessous ou sur le côté des bras, afin que la direction
du bourgeon tende à s'écarter du corps de l'arbre en suivant
une ligne horizontale ; on évite en même temps qu'un bras se
trouve à plomb sur ou sous un autre bras.

Nous nous sommes jusqu'ici occupés des bras dans leur état
le plus simple, c'est-à-dire tels qu'ils se montrent à leur origine ; mais il devient bientôt nécessaire de les considérer comme les rayons d'un cercle dont l'arbre est le centre ; ces rayons,
en se prolongeant, laissent entre eux des espaces vides que
l'on garnira par des ramifications formées sur ces mêmes
rayons. On observera, à cet égard, la règle que nous avons
déjà indiquée : celle d'éloigner toute ramification naissante du
bourgeon terminal, non-seulement pour qu'elle ne rivalise
pas de force avec ce bourgeon, mais encore pour ne pas attirer
sur un seul point un trop grand volume de sève, ce qui serait
contraire, d'une part, au maintien de l'équilibre que nous
nous efforçons d'établir, et, de l'autre, à la loi qui veut qu'une
ramification soit toujours inférieure en force à la branche qui
lui donne naissance. On établira donc ces ramifications à mesure que le besoin s'en fera sentir.

Nous avons recommandé de raccourcir le rameau terminal
des bras selon leur vigueur. Il est à propos de prévenir que
cette règle doit être observée rigoureusement sur les bras des
premières sections, mais qu'il faut la modifier de section en
section jusqu'au haut de l'arbre, attendu que les pousses y
sont progressivement plus vives. Si donc on réglait la longueur des tailles sur cette vigueur, la sève se porterait avec
plus de force encore vers le haut, et abandonnerait le bas de
l'arbre, ce qui entraînerait la perte de la forme que l'on veut
obtenir, et avec laquelle s'évanouirait toute espérance de
récoltes abondantes et régulières. Il ne faudra donc pas tailler
les plus forts rameaux plus longs que les rameaux qui sont
minces ; au contraire, on taillera les plus forts rameaux plus
courts, sur des yeux d'autant moins bien conditionnés qu'ils
sont plus près du talon ; les rameaux minces étant tenus plus

longs, la taille se trouvera, après cette opération, assise sur des yeux plus nombreux et mieux conditionnés.

Lorsque l'arbre est arrivé à une certaine élévation, et que la sève se porte trop abondamment vers la flèche, on refoule la sève en détruisant à la pousse l'œil terminal qui devait former le prolongement de la tige, afin que le prolongement ait lieu par l'un des sous-yeux de l'œil supprimé. Dans ce cas, on pince celui des sous-yeux qui est le moins bien placé pour continuer le prolongement de la tige, et on le pince plus tôt ou plus tard suivant que l'on veut plus ou moins fatiguer le bourgeon terminal. On fixera à la tige une petite baguette sur laquelle on attachera le bourgeon terminal sorti tardivement du sous-œil. Les deux ou trois autres bourgeons placés au-dessous seront pincés de très-bonne heure; on pourra même, selon les circonstances, supprimer aussi l'œil principal de ces bourgeons.

Les variétés qui se prêtent le plus facilement à prendre la forme pyramidale sont :

La Jargonelle ou Bellissime,	La Douville,
Le Martin sec,	Le Saint-Lézin,
La Bergamote d'automne,	Le S.-François ou Bonne-Amet,
La Bergamote de Pâques ou	La Bergamote d'Angleterre,
de Soulers,	Le Beurré d'hiver,
La Bergamote suisse,	Le Doyenné gris,
La Bergamote de Hollande ou	La Poire de livre ou Râteau gris,
Amoselle,	La S.-Germain inconnue la Fare,
La Louise bonne,	La Duchesse d'Angoulême,

Et généralement les nouvelles poires qui tiennent des beurrés et des doyennés.

Les variétés qui ne se prêtent point à la forme pyramidale sont :

L'Épargne.	La Madeleine,
Le Chaumontel,	Le Beurré gris.

CHAPITRE XXVII.

Du pommier greffé sur paradis.

Ces arbres nains sont très-productifs. Les fruits sont plus gros et plus assurés. Ces arbres doivent occuper un terrain spécialement consacré à leur culture. Des soins à donner à ce terrain. Motifs qui ont fait croire qu'on ne pouvait donner une forme régulière au pommier greffé sur paradis. La piqûre qui occasionne les chancres ne guérit jamais; la sève, si abondante qu'elle soit, s'en éloigne de plus en plus. La raison de cet effet ne nous est pas encore connue. But que l'on doit se proposer en taillant les pommiers de paradis. Des précautions à prendre en taillant et après la taille.

Après avoir traité de la culture et des diverses formes que l'on peut donner aux poiriers et aux pommiers greffés sur franc, sur coignassier et sur doucin, il nous reste à indiquer le parti que l'on peut tirer du pommier greffé sur paradis. Ces pommiers, traités avec soin, sont très-prompts à fructifier et donnent d'abondantes récoltes; leurs fruits sont sans comparaison plus assurés, plus beaux et beaucoup plus gros que ceux de la même variété venus sur des arbres en plein vent; mais ils ne se conservent pas aussi longtemps dans le fruitier, parce qu'on a la mauvaise habitude de les cueillir trop tard, tandis qu'il faudrait les récolter avant les autres, parce que la végétation du pommier de paradis s'arrête plus tôt.

Les pommiers greffés sur paradis occuperont un terrain qui leur sera particulièrement consacré. Ils réussissent ordinairement mal dans les plates-bandes, au milieu d'autres arbres et d'autres plantes, parce que les labours annuels nécessaires à ces végétaux sont très-préjudiciables au pommier, dont ils attaquent les racines et le chevelu, qui restent à la surface du sol, ou seulement parce qu'ils éventent la terre, ce qui l'empêche de profiter et surtout de fructifier.

On évitera de planter le pommier de paradis dans des terrains en pente, parce que les racines seraient immanquablement déchaussées par les pluies et les averses. On plantera ces arbres dans un terrain à peu près horizontal; il sera même utile, dans les terres très-légères, de faire en sorte que les lignes sur lesquelles les pommiers sont placés se trouvent un peu au-dessous du niveau du sol, sur une largeur de 0^m,70 au moins, afin de conserver une certaine fraîcheur au pied des arbres.

Les massifs destinés à la plantation de ces pommiers, ainsi que le devant des espaliers, seront défoncés et bien fumés ; les arbres seront espacés de 1ᵐ,66 en tous sens. Les sujets de paradis seront écussonnés en place, l'année même de leur plantation, sur le vieux bois, et traités à cet égard comme le doucin. Les écussons ou les greffes seront placés à 0ᵐ,10 au-dessus du sol, afin qu'ils ne puissent s'enraciner. Si on prend des arbres greffés dans les pépinières, on les rabattra à 0ᵐ,20 ou 0ᵐ,25 au-dessus de la greffe.

Les soins à donner au terrain après la plantation consistent en de légers binages, ou seulement des ratissages, pour empêcher les herbes de croître. On aura soin de tenir toujours le terrain très-propre, surtout à l'entrée de l'hiver, afin qu'il ne reste point d'herbes, tels que mourons, seneçons et autres, dont les racines, qui végètent pendant cette saison, pourraient se mêler avec le chevelu des racines des pommiers, et le soulever lorsqu'au printemps il faudra les arracher ; d'ailleurs, ces herbes s'approprient en pure perte les sucs de la terre.

On répandra du fumier de couches à champignons ou tout autre, pour maintenir le terrain frais et le rendre favorable à la végétation. Les drageons qui pousseront au pied des paradis seront exactement retranchés. On s'abstiendra de marcher dans la plantation, toutes les fois que le terrain sera humide, aussi scrupuleusement que sur une terre fraîchement labourée.

On rabattra les greffes, à l'époque de la taille, à 0ᵐ,20 ou 0ᵐ,24, afin de bien attacher la greffe au sujet par les fibres descendantes des trois ou quatre bourgeons que l'on obtiendra, et dont on favorisera le développement en pinçant les autres, pour établir les membres du nouvel arbre.

La conduite à tenir pour la forme à donner aux pommiers de paradis greffés est la même que celle qui convient aux autres pommiers, avec cette différence que l'on doit se borner à essayer, pendant les quatre ou cinq premières années, de leur faire prendre une forme évasée, afin que les fleurs et les fruits profitent des bons effets de l'air et du soleil. On croit que la nature de cet arbre s'oppose à ce qu'on lui donne une

23

forme régulière, parce que la mort d'une ou de plusieurs de ses branches arrive au moment où on s'y attend le moins; mais ces branches sont remplacées par d'autres très-vigoureuses, qui bientôt, il est vrai, subissent le même sort. Il ne faut pas d'ailleurs vouloir donner à ces arbres plus d'étendue que leur nature ne le comporte; il est rare que l'on puisse leur laisser atteindre plus de 1ᵐ,33 d'élévation sans les exposer à être renversés par les vents, parce que les racines du pommier de paradis ne plongent pas assez avant dans la terre pour y tenir solidement, ou alors il faudrait recourir à l'emploi de tuteurs.

Nous croyons que l'on peut dans cet espace, quoique limité, faire prendre et conserver au pommier greffé sur paradis des formes régulières, surtout depuis que nous avons découvert la cause qui s'y opposait : celle de la perte successive des membres, occasionnée uniquement par les chancres. Nous avons observé que les pommiers, et particulièrement certaines variétés, sont plus sujets que le poirier à être piqués par l'insecte qui occasionne cette maladie. Cet insecte dépose au printemps le germe de sa progéniture sur un œil à peine formé d'un bourgeon naissant, destiné par sa position à devenir très-vigoureux. Le mal est d'abord imperceptible; ce n'est qu'au printemps suivant, à l'époque de la taille, que l'on s'en aperçoit, et par les déjections du ver, et par la forme de la pointe de l'œil, qui est ébouriffé, et dont le germe est détruit. Dans le courant de la saison, le mal devient plus visible : l'écorce qui environne l'œil se dessèche; la plaie augmente lentement; la sève semble s'en éloigner au lieu d'y affluer. Le rameau cependant continue de croître et de s'étendre; ce n'est que lorsque la plaie a complétement cerné la branche que sa perte est décidée pour le printemps suivant. La partie qui doit périr reste verte pendant tout le reste de la saison, parce qu'elle continue d'être alimentée par la sève montante; mais la sève descendante, ne pouvant suivre son cours, détermine, l'année suivante, la sortie de branches gourmandes qui auront le même sort. Il résulte de cet exposé que c'est moins à la perte d'une branche qu'est dû le dommage qu'à la manière lente dont elle périt, et qui désorganise en même temps toutes les autres parties de cet arbre, en bouleversant sa végétation.

Ainsi, les horticulteurs ne parviendront à régler la végétation des pommiers greffés sur paradis, comme ils règlent
celle des autres arbres, qu'en les garantissant de l'attaque de
cet insecte, ou en ne laissant sur les forts rameaux, après les
avoir taillés, que des yeux bien conditionnés et intacts. C'est ce
que nous pratiquons depuis quelque temps avec succès.

On sait que la sève a une tendance naturelle à se porter vers
le point où une plaie quelconque a été faite à un arbre, pour la
cicatriser ; il n'en est pas ainsi lorsqu'il s'agit de la piqûre de
cet insecte. Nous aurons à chercher plus tard pourquoi une
simple piqûre, imperceptible d'abord, peut faire exception à
une loi aussi générale de la végétation. Il est à propos de remarquer que la piqûre atteint le centre du rameau. La moelle,
qui cesse d'être nécessaire à l'existence d'un rameau tout formé,
serait-elle indispensable pour donner au rameau, lorsqu'il est
encore en lait ou qu'il continue de croître, les moyens de se
réparer ?

Le principal but que l'on doit se proposer en taillant un pommier greffé sur paradis est d'obtenir du fruit et assez de bois
pour bien nourrir ce fruit. Cette taille consiste à dégager, lorsqu'il y a lieu, l'intérieur de l'arbre, à faire choix des branches
bien placées pour lui donner une apparence de vase, ou toute
autre forme favorable à la fructification ; de supprimer, à l'é-
paisseur d'un écu, tous les rameaux inutiles, tels que ceux qui
se croisent, qui sont surbaissés et qui se dirigent vers la terre,
ou qui seraient susceptibles de faire confusion. Après ce raccourcissement, on procède à celui des rameaux que l'on a d'a-
bord choisis pour asseoir la forme ou la charpente de l'arbre,
qu'on rabat au tiers environ de leur longueur, selon leur force,
en ayant soin de laisser l'œil sur lequel on taille vers le
point sur lequel on veut que se dirige le bourgeon qui en
sortira. Si le rameau que l'on a taillé ne prenait pas la direction
que l'on voulait qu'il eût, on pourrait l'y ramener en l'attachant
à un osier fixé d'une branche à l'autre. Nous raccourcissons en
dernier lieu les rameaux qui sont destinés à former la charpente,
afin que l'on puisse mieux juger de la régularité de la forme
que l'on veut donner à l'arbre. Il naîtra, à l'extrémité des rameaux à bois ainsi raccourcis, un ou deux rameaux à bois pla-

cés au-dessous du bourgeon terminal, que l'on taillera l'année suivante à l'épaisseur d'un écu ; les brindilles situées au-dessous seront raccourcies à $0^m,10$ ou $0^m,12$; les dards, les boutons à fleurs et les rosettes resteront intacts. Si les brindilles sont courtes elles seront conservées, attendu que leur extrémité sur le paradis est ordinairement terminée par un bouton à fleur ; mais après la fleur ou le fruit on raccourcira ces brindilles. Si les brindilles sont trop nombreuses, elles seront taillées à l'é-paisseur d'un écu ; il se forme ordinairement à la base de ces brindilles ainsi raccourcies des boutons à fleurs ou de nouvelles brindilles d'une plus petite dimension.

Il est à observer qu'une lambourde (c'est-à-dire une branche qui a pris naissance sur une bourse) ne peut en aucun temps, dans aucune position, devenir gourmande ; ces branches ne doivent jamais être taillées à l'épaisseur d'un écu, à moins qu'elles ne soient réunies en telle quantité qu'elles deviennent susceptibles de se nuire et de faire confusion. Si ces branches se montrent près d'une place où on ait besoin de remplir un vide, on peut les employer avec avantage, parce qu'elles sont en même temps, selon l'occasion, branche à bois et branche à fruit : branche à bois par l'œil sur lequel on taille, et branche à fruit par tous les yeux qui sont au-dessous de celui-là.

Lors de la pousse, au printemps, on veillera à ce qu'il ne se développe pas de gourmands, soit sur la tige, soit sur les membres, ou vers le bas, sur le corps de l'arbre ; on les pincera à la longueur de $0^m,10$ ou $0^m,18$ millimètres, c'est-à-dire assez tôt et assez près de leur insertion pour que la sève n'y trouve que des passages obstrués, ce qui la forcera à se répartir dans d'autres parties de l'arbre. Les bourgeons à bois placés près de l'œil terminal pourront aussi être pincés s'ils annoncent devoir prendre trop de force, pour être plus tard taillés à l'épaisseur d'un écu.

L'arbre prenant de l'âge, les bourses et les lambourdes deve-nant trop vieilles, trop nombreuses et trop longues, on les ra-battra sur des boutons à fleurs plus rapprochés du corps de l'ar-bre ou des branches sur lesquelles elles ont pris naissance.

Si on était dans la nécessité de supprimer de fortes branches, on devrait prendre garde que la secousse occasionnée par la serpette n'ébranlât ou ne déracinât l'arbre, attendu que la plus grande partie de ses racines se trouvent à la surface du sol et qu'elles sont de leur nature très-cassantes.

On aura soin, après la taille, de s'assurer qu'il ne reste pas de bagues de chenilles sur les branches conservées. On veillera également avec la plus grande attention à ce que les yeux qu'on laisse au-dessous de la taille, sur les forts rameaux, ne soient pas attaqués par l'insecte qui cause les chancres; dans le cas où un œil serait attaqué, on descendrait la taille au-dessous de son emplacement. Il est facile, avec un peu d'attention, de reconnaître après l'hiver les yeux qui recèlent le germe d'un chancre; la pointe de ces yeux, comme nous l'avons déjà dit, est détruite et comme ébouriffée; à cette époque, on trouve encore quelquefois sous l'écorce du rameau le petit ver qui occasionne la malade.

CHAPITRE XXVIII.

Taille des productions fruitières (pl. XV).

Comment on taille les branches fruitières lorsqu'elles sont établies.

On a déjà vu (pl. XI) comment, sur toute l'étendue de la charpente d'un arbre, quelle que soit sa forme, on fait naître des productions fruitières, à mesure que les branches se façonnent et s'étendent. Il nous reste à faire connaître comment ces branches fruitières doivent être traitées pour les maintenir en état de toujours produire de beaux fruits ou d'être renouvelées selon le besoin. En conséquence, nous avons fait dessiner aussi exactement que possible une branche que l'on peut considérer comme étant un membre appartenant à une palmette, à une pyramide, à un éventail ou à un arbre de toute autre forme, puisque toutes les branches qui composent la charpente des arbres doivent être toutes élevées de la même manière. On a fait en sorte que l'échelle sur laquelle cette branche a été dessinée fût assez grande pour qu'on pût facilement distinguer les tailles des productions fruitières qui se trouvent sur les cinq sections de cette branche. Ce nombre de sections nous a paru contenir tout ce qu'il importe au jardinier de savoir au sujet du traitement des productions fruitières du pommier et du poirier. Le format de notre livre a nécessité la suppression de l'extrémité des branches inférieures.

La branche ou le membre (pl. XV) est composé, comme nous l'avons dit, de cinq sections. La pousse terminale de la cinquième section a été tranchée au point K, et reportée dans le haut de la planche. Toutes les productions de la première section ont été converties successivement en branches fruitières.

La brindille A provient d'un rameau à bois qui a été taillé à l'épaisseur d'un écu; cette brindille a été raccourcie au point n° 1. Ce raccourcissement détermine le prolongement de cette brindille, et le développement des cinq autres pousses placées au-dessous de cette taille, *b*, *c*, *d*, *e* et *f*. Le bourgeon *b* paraissant devoir acquérir trop de force, il a été pincé assez court; il en est sorti postérieurement des boutons à fleurs, et ensuite une bourse. Au-dessous est la brindille *c*. Son raccourcissement a produit son prolongement, qui s'est couronné en même temps que les yeux placés au-dessous de la taille se gonflent et se préparent à se façonner en boutons à fleurs. La brindille *d* a reçu une taille au point n° 1 ; il en est résulté : un prolongement terminé par un petit bouton à fleurs ; plus, à sa base, une petite brindille qui a été raccourcie ; plus enfin, vers la coupe, une autre brindille qui a été également rabattue. Les bourgeons placés entre cette brindille et l'œil terminal ont été pincés pour faire refluer la sève dans le bas et faire grossir les boutons de la brindille *d*. Au-dessous, en *e*, est une autre brindille qui a été raccourcie, ce qui a fait grossir les yeux placés au-dessous du prolongement de cette brindille *e*. Près du membre est une brindille *f*, qui, après avoir été cassée, s'est couronnée par un bouton à fleurs, lequel, après avoir produit son effet, a donné naissance à une bourse sur laquelle se trouvent plusieurs boutons à fleurs; les yeux du dessous se sont aussi façonnés en boutons à fleurs.

Tel est le résultat obtenu sur la première section de la brindille A.

La deuxième section de cette même brindille commence à la taille n° 1; elle a eu pour résultat le prolongement de la brindille A, pendant le développement duquel se sont ouvertes les productions *g, h, i, k, l, m.* La brindille *g* a été raccourcie, ce qui a déterminé son prolongement et fait gonfler les yeux placés au-dessous de la taille. La petite brindille *h* s'est couronnée, et les yeux situés au-dessous, qui étaient à feuilles, se préparent à devenir autant de boutons à fleurs. La brindille *i,* qui est au-dessous, a été raccourcie ; il en est résulté un prolongement au-dessous duquel étaient placées des pousses que l'on a pincées, plus un œil à feuilles qui s'est façonné en boutons à fleurs, ensuite un dard qui était pointu et qui s'est couronné ; après la fleur s'est formée une bourse, et au-dessus un autre bouton à fleurs. Au-dessous de ce dard est un bouton à feuilles qui est devenu un bouton à fleurs ; les autres yeux de la brindille *i,* placés au-dessous de la taille, se préparent à fleurir.

La brindille *k,* qui a un dard couronné près de son insertion, a reçu une taille très-allongée, d'où est résulté un prolongement très-faible, et au-dessous quatre petits dards ou petites brindilles. Le dard couronné a laissé, après la fructification, une bourse sur laquelle s'est formé un bouton à fleurs ; un autre se prépare. Il en est sorti avec la brindille *l,* à son point d'insertion, un petit dard pointu ; ce dard s'est arrondi et a formé un bouton à fleurs. La brindille *l* a été raccourcie, ce qui a déterminé son prolongement et fait grossir les yeux placés au-dessous de la taille. La très-petite brindille *m* est restée intacte. Ainsi se terminent les productions qui appartiennent à la deuxième section de la brindille A.

Le prolongement de cette brindille ayant été raccourci au point n° 3, il en est résulté son prolongement et la sortie de trois ou quatre bourgeons qui ont été pincés de très-près ; le pincement a fait développer les deux brindilles *n* et *o,* qui sont au-dessous des bourgeons pincés, et que l'on a rabattues, afin de faire grossir les yeux du talon de ces deux mêmes brindilles *n* et *o.* Ainsi se terminent les diverses tailles de toutes les productions fruitières qui sont placées sur les trois sections de la brindille principale A.

Le bouton à fleurs B provient d'un œil à feuilles qui a produit un bouton à fleurs, après lequel est restée une bourse sur laquelle sont sortis deux boutons à fleurs, plus une lambourde qui n'a pas été taillée et qui s'est couronnée.

L'œil à feuilles C s'est transformé en bouton à fleurs; à la fleur a succédé une bourse de laquelle est sortie une lambourde couronnée, très-courte; après le fruit s'est formée une forte bourse qui a donné naissance à cinq lambourdes plus ou moins allongées, à l'extrémité desquelles se sont développés des boutons à fleurs. La plus longue a été raccourcie. Plus tard on pourra supprimer la branche fruitière C, en la rabattant vers sa base, afin d'obtenir une lambourde plus rapprochée du membre et de rajeunir cette partie. Ce rajeunissement ne doit s'opérer qu'à mesure des besoins, afin de ne pas dégarnir inutilement l'arbre de fruits.

Les boutons à fleurs DD, placés sur le devant du membre, proviennent de boutons à feuilles qui se sont façonnés à fleurs. Le bouton E a produit une bourse de laquelle est sortie une lambourde couronnée; au fruit a succédé une forte bourse, sur le dessus de laquelle est une très-courte lambourde couronnée. On pourra plus tard raccourcir cette lambourde E.

La brindille F provient des sous-yeux d'un rameau qui a été taillé à l'épaisseur d'un écu; cette brindille, annonçant encore trop de vigueur, a été pincée près de son point d'insertion, d'où sont sorties deux brindilles p et q. Les sous-yeux placés au-dessous du pincement se sont façonnés avec le temps en boutons à fleurs. On a raccourci les brindilles p et q au point n°1; il en est résulté le prolongement de ces brindilles, et le développement des productions fruitières r, s, t, u et v, appartenant à la première section des brindilles p et q.

Le raccourcissement de la brindille r a fait développer deux faibles brindilles que l'on a cassées pour obtenir le grossissement des yeux placés au-dessous. Le bouton à fleur s provient d'un très-petit dard qui s'est couronné, et dont la fleur a laissé une bourse qui a produit deux boutons à fleurs. La brindille t, ayant à sa base un petit dard pointu d'abord, a été raccourcie; ce qui a déterminé son prolongement et en même temps fait grossir les yeux placés au-dessous de la taille et hâté la formation du bouton à fleurs situé sur le dard.

Au-dessous de la première section de la brindille q est sortie la brindille u, parce qu'on a pincé les bourgeons qui se sont ouverts sous l'œil terminal q. La brindille u a été raccourcie, toujours dans le but de faire grossir les yeux placés au-dessous de la taille. La brindille *v* s'est couronnée; après la fleur est restée une bourse qui a produit d'autres fleurs; pendant ce temps les yeux du dessous se sont façonnés en boutons à fleurs; la brindille *v* n'a pas été raccourcie. Après avoir taillé les branches fruitières qui se trouvent sur la première section des brindilles *p* et *q*, nous raccourcirons les brindilles *p* et *q* au point n° 2, et enfin, postérieurement, la brindille *p* au point n° 3. Il y a peu de chose à dire sur les pousses auxquelles ces dernières tailles donnent lieu.

S'il arrivait que la brindille *p* prît trop de force, on la rabattrait sur la brindille *t*, et on inclinerait davantage la brindille *q*, pour remplir le vide que cette suppression occasionnerait. Par la suite on pourra, pour cause d'épuisement, s'il se manifeste, rabattre la brindille F sur les sous-yeux des bourses qui se trouvent à son point d'insertion; mais ces rapprochements ne doivent jamais s'effectuer tout-à-coup, car ils occasionneraient des explosions de sève; ils doivent s'opérer peu à peu, et toujours partiellement.

Après avoir expliqué avec détails les opérations à exécuter sur les productions fruitières qui appartiennent à la première section du membre représenté pl. XV, nous croyons pouvoir nous abstenir de parler des autres productions qui dépendent des autres sections; ce serait fatiguer le lecteur d'autant plus inutilement que les tailles sont indiquées par un trait sur toutes les branches fruitières.

CHAPITRE XXIX.

Des inconvénients qui résultent de ne pas raccourcir la charpente des arbres, et du traitement à suivre pour rétablir ceux qui ont été mal dirigés dans le principe.

Quelques personnes ont conseillé de ne point raccourcir les principaux membres des arbres élevés en quenouilles ou en espaliers, n'admettant la taille que pour les branches qui feraient confusion. Les résultats fàcheux qu'aurait ce conseil, s'il était suivi pour les poiriers et pommiers, seraient que le prolongement annuel des membres deviendrait moindre chaque année, et que la circulation de la sève, qui abandonnerait peu à peu les extrémités, se ralentirait aussi dans toutes les autres parties de l'arbre. Les bourses n'émettraient plus de lambourdes ; les unes et les autres s'épuiseraient en fleurissant, et plus tard la floraison serait stérile. Les lambourdes et les brindilles placées aux extrémités supérieures fleuriraient, mais les yeux du bas s'oblitéreraient, et leur bois finirait par se dessécher. Enfin, les fruits deviendraient de plus en plus rares, perdraient peu à peu leur saveur, leur volume, et les caractères distinctifs de leur espèce. Ces arbres, après avoir couvert le mur de leurs branches pendant un peu de temps, se dégarniraient, laisseraient des vides, et deviendraient bientôt très-inférieurs à ceux qui sont abandonnés dans les champs à leur manière naturelle de végéter.

Loin d'admettre un tel système de conduite, nous conseillons non-seulement de former et d'étendre les arbres par la taille, mais encore d'entretenir par le même moyen la forme et la fructification de ces arbres. On s'efforcera donc, lorsque l'arbre sera formé et en rapport, de maintenir une végétation active dans toutes ses parties, depuis l'insertion des membres jusqu'à leur extrémité, en raccourcissant ou rabattant les boutons à fleurs, les dards, les bourses, les lambourdes et les brindilles usées sur de nouveaux boutons plus rapprochés des membres ; ces lambourdes seront rabattues sur des sous-lambourdes ou même sur des sous-yeux ; toutes ces parties, étant moins allongées, seront mieux nourries, mieux conditionnées, et l'arbre recevra plus d'air. On conçoit que la sève ne peut pas être attirée par la taille vers une partie quelconque de l'arbre sans que toutes les autres se ressentent plus ou moins de ce mouvement ; si ce mouvement n'est pas assez sensible pour faire ouvrir les yeux ou les sous-yeux du bas, au moins il les nourrit, les empêche de s'oblitérer, et les tient disposés à s'épanouir lorsqu'ils seront plus directement et plus vivement excités par la taille.

Nous appliquerons ces principes au rétablissement des arbres de dix à douze ans, déjà en rapport, qui auraient été mal traités dans l'origine, en ayant toutefois la prudence de ne pas vouloir les faire rentrer dans l'ordre trop promptement, non-seulement pour ne pas interrompre les récoltes, mais encore parce qu'en n'employant la contrainte sur les arbres qu'avec modération, nous les amènerons plus sûrement que par la violence au point où nous voulons qu'ils arrivent. Il vaudra donc mieux opérer chaque année quelques rapprochements également répartis dans tout l'arbre, et ramener peu à peu, sous une forme régulière, la vie active et féconde dans tous ses membres, que de prétendre le faire tout d'un coup.

Si l'arbre n'avait pas de forme régulière, qu'il y eût confusion dans certaines parties et des vides dans d'autres, et qu'il fût encore vigoureux, on pourrait faire des ravalements, afin d'obtenir des émissions que l'on favoriserait pour établir une charpente. Dans ce cas on ferait choix des bourgeons les mieux placés; on pincerait les uns et on laisserait les autres intacts.

Si l'arbre a une forme ou une charpente, et que les membres en soient épuisés par des productions trop abondantes ou des mauvais traitements, on pourra ravaler tous les membres près du corps de l'arbre pour les greffer. La greffe, dans ce cas, est nécessaire, lors même que l'on ne voudrait pas changer l'espèce. Si les membres ont un certain diamètre, on les greffera en couronne, afin de placer plusieurs greffes. Le développement du plus beau jet de la greffe, destiné à remplacer le membre, sera favorisé; les autres seront plus ou moins promptement arrêtés dans leur marche par le pincement. Les jets qui ne sont destinés qu'à accélérer le recouvrement de la plaie seront pincés de très-bonne heure; ceux qui doivent attirer la sève vers le jet de prolongement seront pincés plus tard.

Si l'on veut profiter du ravalement d'un arbre usé pour lui donner la forme d'un éventail, on doit le greffer en couronne à ras de terre.   •

CHAPITRE XXX.

Du rajeunissement des arbres fruitiers.

Comment s'opère le rajeunissement des arbres fruitiers. Ce mode était pratiqué du temps de Pline. Il a été exécuté, il y a dix ans, avec un grand succès, dans le jardin de la manufacture royale de Sèvres. Manière de greffer en couronne de M. Briffaut. Des effets du recépage sur les racines. Les arbres recépés perdent leur pivot, et peu à peu leurs plus anciennes racines. Tout se renouvelle dans un arbre recépé. Explication de ces faits. Ces explications donnent lieu de croire que c'est par erreur que l'on a attribué la coloration des bois, telle que l'opère M. Boucherie, à la circulation de la sève. Diverses expériences faites à cet égard en présence de l'auteur. Elles ont démontré que la circulation de la sève n'a aucune part à cette manière de colorer les bois. De quelle manière les plantes vivantes reçoivent les matières ou plutôt les gaz qui les font croître. Ces mêmes matières, en passant par les tissus des végétaux, s'y transforment diversement; les uns se convertissent en poison, les autres en sucre.

Il est indubitable que l'on peut rajeunir les arbres fruitiers comme on rajeunit ceux des forêts; nous offrons, à l'appui de cette assertion, un exemple patent : c'est ce qui a été opéré depuis dix ans, sur une assez grande quantité de pommiers et de poiriers, dans le jardin du directeur de la manufacture royale de Sèvres. La plupart de ces arbres sont maintenant dirigés en éventails, ayant une étendue de 6 mètres d'élévation sur 15 à 17 mètres de face. Lorsque nous visitâmes ces arbres, ils étaient chargés de très-beaux fruits, choisis parmi les espèces les plus nouvelles. Mais nous allons expliquer en détail le travail d'un jardinier qui ignore complétement les principes de la taille, afin de montrer à quel point le rajeunissement des arbres est avantageux, et combien il le deviendrait encore plus si on évitait certaines fautes que nous aurons l'occasion de signaler.

Les arbres dont nous parlons ont été établis sur de très-anciennes pyramides, sur d'anciens vases ou éventails qui, depuis nombre d'années, étaient continuellement mal taillés, et qui ne rapportaient presque jamais de fruits. Le jardinier qui a succédé à celui qui avait amené les arbres à cet état de stérilité, ne connaissant point les principes de la taille, et ayant remarqué que ses confrères ruinaient les arbres en les taillant à tort et à travers, a eu le bon sens et la conscience de s'abstenir de tailler; toutefois il a procédé au rajeunissement de tous les vieux arbres en les sciant à 0m,05 au-dessus du sol et en les greffant en couronne; ses greffes étaient placées à 0m,022 ou 0m,025 l'une de l'autre; quelques arbres en ont reçu jusqu'à vingt et même plus, chacune munie de deux yeux; toutes ont généralement poussé. Le jardinier n'a supprimé aucune pousse; elles ont toutes été attachées d'abord sur des échalas, puis sur des lattes, enfin sur de grandes perches fichées dans la terre et liées ensemble par quelques lattes placées en travers. Cet édifice est soutenu par très-peu de bois sec. Les branches et le treillage

attachés ensemble obéissent au vent, mais en masse; aucune
branche ne peut-être agitée isolément; d'où il résulte que les
fruits ne sont point froissés, et qu'ils se trouvent aussi solidement établis que si l'arbre était palissé contre une muraille,
avec cette différence qu'ils jouissent librement des influences
de l'atmosphère. Nous pensons même que le balancement imprimé à l'arbre par les vents exerce une heureuse influence
sur sa fructification. Nous ajouterons qu'il n'y a point ou
presque point de propriétaires qui ne fussent très-satisfaits de
posséder des arbres en aussi bon rapport; car ils ont nécessité
la construction d'un fruitier.

Les jardiniers qui visiteront ces arbres seront sans doute
corrigés de l'abus qu'ils font de la taille; ceux qui n'en connaissent point les principes comprendront qu'il vaut mieux ne
point tailler que tailler à contre-sens, et qu'il est préférable,
quand on ignore ces principes, de diriger et de palisser toutes
les pousses, comme l'a fait M. Briffaut, qui n'a pu constater
chez ses confrères que les méfaits de la taille, sans avoir été
à même d'apprécier les bons résultats qu'on peut en obtenir.

Les arbres de M. Briffaut pourraient sans doute être mieux
dirigés; la sève pourrait y être mieux répartie, et alors ces
arbres, sans avoir une aussi grande étendue, offriraient des
récoltes encore plus abondantes, et auraient surtout une existence beaucoup plus assurée. Quoi qu'il en soit, le travail de
M. Briffaut est tellement supérieur à celui de la plupart de ses
confrères qu'il mérite des éloges; mais, comme il est présumable
qu'il aura des imitateurs, nous devons exercer une critique sévère sur son travail, afin de mettre ceux-ci à même de surpasser
leur modèle. J'espère que M. Briffaut, au mérite duquel je me
plais à rendre hommage, reconnaîtra la justesse de mes observations, qui sont faites dans l'intérêt de l'art et dans le sien
même; l'expérience ne peut s'acquérir qu'après de longues
années de travail, et j'aurai tout-à-l'heure à signaler mes propres fautes à l'égard du rajeunissement des arbres.

Loin de trouver trop considérable le nombre de greffes placées au pourtour du tronc de l'arbre que l'on veut rajeunir,
nous approuvons ce procédé, parce qu'il est nécessaire de ménager de nombreuses issues à la sève d'un arbre dont on vient

de supprimer la tête et la tige, et dont les racines restent intactes ; mais nous n'approuvons pas qu'on ait laissé se développer également tous les bourgeons de ces greffes ; il eût été préférable de choisir ceux qui étaient le mieux placés et les plus vigoureux, pour établir la charpente du nouvel arbre ; elle se serait formée d'autant plus facilement que tous les autres bourgeons eussent été pincés et réduits successivement à ne servir qu'à attirer la sève vers la couronne, pour recouvrir la large plaie qu'on a dû faire à l'arbre.

M. Briffaut laisse tout pousser ; il établit ainsi sur les côtés de l'arbre qu'il veut former en éventail une très-grande confusion de branches, surtout au point de départ, où elles sont les unes sur les autres. Ces branches forment autant de rayons qui, en divergeant, laissent entre eux des vides qu'il faut remplir par des ramifications ; le jardinier se sert de celles qu'il trouve sous sa main, et qui souvent ne sont ni bien placées ni favorablement constituées pour remplir ces vides. Il y a donc nécessairement entre cette multitude de branches une grande inégalité de force, inégalité qui n'est ici basée sur aucun motif, tandis que l'on pouvait se rendre maître du mouvement de la sève, la distribuer à volonté, la faire arriver abondamment dans certains bourgeons et la rendre plus rare dans d'autres. Enfin, il était facile de créer des mères-branches, sur lesquelles on eût établi des ramifications.

En s'imposant la loi de ne rien retrancher, si ce n'est les rameaux qui poussent devant et derrière l'éventail, et qu'il coupe, avec le sécateur, à $0^m,005$ ou $0^m,007$, M. Briffaut se condamne à voir la sève se porter de préférence vers les extrémités supérieures, laissant les yeux du bas de la pousse annuelle s'ouvrir faiblement et ceux du talon s'oblitérer. La fructification d'un tel arbre doit être nécessairement aussi mal répartie que sa végétation est mal réglée, quoique, dans ce moment, l'une et l'autre soient encore abondantes. Si, au contraire, on eût raccourci, plus ou moins, la pousse de chaque année suivant sa force et sa position, on aurait, à l'aide du pincement des bourgeons les plus rapprochés de l'œil terminal, forcé la sève à refluer vers le bas de l'arbre et à se mettre en équilibre avec les bourgeons du haut ; le peu de bourgeons qui, à la fin de la saison, se fussent trouvés trop forts ou trop allongés pour former des branches fruitières, auraient été taillés *à l'épaisseur d'un écu,* afin d'obtenir, des sous-yeux de ces mêmes bourgeons, des brindilles, des dards ou des rosettes. Ainsi les branches, en s'allongeant, se seraient fortifiées et se seraient garnies de fruits régulièrement sur toute leur étendue, ce que l'on ne voit point dans les arbres dont le talon de la pousse de chaque année est entièrement dénudé.

M. Briffaut, en conservant les branches dans toute leur longueur, éprouve un inconvénient grave : c'est que beaucoup de ses branches restent trop minces par rapport à leur étendue, d'où il résulte qu'elles seront promptement épuisées par les fruits dont elles sont toujours trop disposées à se charger. Bientôt ces fruits cesseront d'être aussi bien nourris, les branches cesseront de s'allonger, et la sève, refoulée vers le bas par suite de l'épuisement des parties supérieures, donnera naissance à des gourmands; alors l'arbre se désorganisera. Telle est la marche d'un végétal qui n'a pas été dirigé et contenu par une volonté prévoyante, et avec une connaissance réelle des lois de sa végétation.

Ce jardinier laisse beaucoup de branches se croiser l'une sur l'autre; il prétend que ces croisements multipliés lient toutes les parties de l'arbre entre elles et contribuent à sa solidité; mais il pourrait obtenir cette solidité avec des morceaux de lattes placés çà et là en écharpe; d'ailleurs l'effet de ces branches croisées ne sera bientôt plus tolérable.

Il est embarrassé de la vigueur de ses arbres, parce qu'il ne connaît d'autre moyen d'utiliser cette vigueur que de les étendre; mais, en étudiant avec plus d'attention le mouvement de la sève, il apprendrait à la répartir partout également, et il ferait tourner cette vigueur au profit de la production des fruits, en concentrant son arbre au lieu de l'étendre jusqu'à extinction.

Quoi qu'il en soit, nous devons à M. Briffaut un exemple très-utile du parti que l'on peut tirer des arbres épuisés par l'âge ou par les mauvais traitements, en les rajeunissant par la greffe en couronne. On conçoit qu'il ne faudrait pas attendre, pour procéder au rajeunissement, que l'arbre fût devenu trop caduc, et que son bois fût altéré jusqu'à l'endroit où l'on se propose de placer les greffes, parce qu'alors elles ne réussiraient pas. Nous avions déjà remarqué, du côté de Ham, de Saint-Quentin, et même en Normandie, que le ravalement était pratiqué sur les arbres à hautes tiges, dans les vergers, lorsque les branches fruitières étaient épuisées, soit par l'âge, soit par de trop abondantes récoltes consécutives. Dans ce cas on scie les principales branches et l'on place sur elles une multitude de greffes en couronne.

En 1804, lorsque nous fûmes chargé de l'administration des parcs, pépinières et jardins de la couronne, nous trouvâmes les arbres du potager de Versailles dans un tel état d'épuisement et de dégradation que nous en fîmes faire le ravalement; mais nous eûmes le tort de ne point faire placer de greffes sur l'extrémité des branches ainsi ravalées. Néanmoins, de nombreux bourgeons percèrent sur l'écorce; les jets les mieux conditionnés furent dirigés sur le treillage; mais après deux ou trois ans ils fléchirent, et un grand nombre, parmi les plus vigoureux, furent attaqués du chancre; enfin ces arbres succombèrent. Cet événement, dont nous avons cherché à découvrir les causes, nous a donné lieu de penser que les bourgeons, sortis sur l'écorce à une époque avancée de la saison, étaient restés trop tendres et trop spongieux, ce qui les avait rendus facilement attaquables par l'insecte qui cause les chancres. Nous avons dû aussi reconnaître qu'il y a une très-grande différence entre la constitution d'un bourgeon sorti de l'œil bien formé d'une greffe, et celle des bourgeons qui, provenant d'yeux oblitérés depuis longtemps, ne percent que tardivement de l'écorce, et qui ne se raniment que par un brusque dérangement de la circulation de la sève.

Les faits que nous venons d'exposer pourront donner lieu à des expériences comparatives, qui mettront ceux qui les feront à même d'énoncer une opinion plus positive à cet égard.

Il nous reste encore à connaître combien de fois un arbre fruitier pourrait être rajeuni. Ce qui se passe dans les forêts nous porte à croire que la même souche pourrait durer pendant plusieurs générations d'hommes; car l'arbre des forêts est coupé à ras de terre, les bourgeons sortent tardivement de l'é-

corce, et la plaie est longtemps à se cicatriser, tandis que celle
de l'arbre fruitier est cicatrisée presque immédiatement, les
bourgeons des greffes, qui s'ouvrent promptement, étant tous
placés de la manière la plus favorable au recouvrement de la
plaie. Or, si, depuis des siècles, on rajeunit tous les vingt-cinq
ans les arbres d'une forêt en les coupant à ras de terre, il est
présumable que les arbres fruitiers, traités avec plus de ménagement, auraient une existence encore plus prolongée.

Nous terminerons ce qui a rapport au travail de M. Briffaut
en disant que sa manière de greffer en couronne n'est pas tout-
à-fait celle qui est enseignée dans nos écoles ; cette greffe a reçu
entre ses mains de légères modifications qui rendent l'opération
plus facile et plus assurée. M. Briffaut a eu la complaisance de
greffer devant nous plusieurs arbres qu'il voulait rajeunir ;
après avoir scié ces arbres à 0^m,005 environ au-dessus du sol ,
il a taillé plusieurs rameaux comme on les taille pour la greffe
en fente ; à mesure que les rameaux étaient préparés, il les je-
tait dans un vase rempli d'eau. Cette manière de tailler les rameaux diffère de celle que l'on pratique ordinairement pour la
greffe en couronne, en ce que l'usage est de n'entamer le rameau que d'un seul côté, comme on taille une plume à écrire.

Par l'ancienne méthode, la seule entaille faite au rameau est
pratiquée à l'opposé de l'œil, d'où il résulte que la partie entamée est placée contre l'aubier du sujet, et l'écorce contre l'é-
corce. L'œil restant en dehors, toutes les fibres descendantes de
l'œil du rameau doivent nécessairement passer entre le bois et
l'écorce de ce rameau, et ne peuvent s'épanouir sur le sujet que
lorsqu'elles sont arrivées au bas de la greffe, ce qui représente
une bouture faite sans talon ; tandis que, par la méthode de
M. Briffaut, qui consiste à entailler le rameau sur les deux côtés de
l'œil en forme de coin , en laissant autant d'écorce d'un côté que
de l'autre, l'introduction de ce coin nécessite un moins grand
déplacement de l'écorce du sujet ; une des parties entamées s'applique contre l'aubier, l'autre contre l'écorce. Les fibres descendantes s'échappent sur les côtés entaillés, et s'épanouissent vers
l'extrémité de la couronne, où elles sont alimentées par le cambium. Une greffe ainsi taillée peut être assimilée à une bouture
faite avec un talon ; aussi la reprise en est-elle plus certaine que

24

celle que l'on applique selon l'ancienne méthode, qui, en outre, ne permet pas de placer, sur une surface donnée, un aussi grand nombre de greffes.

M. Briffaut, avant de se servir d'une plane bien affilée et d'une serpette pour rafraîchir le trait de la scie et unir la coupe, enceint le tronc de l'arbre avec une longue traînée de filasse qu'il tourne plusieurs fois fortement autour du tronc. Après avoir bien lissé et serré cette filasse, il insinue entre le bois et l'écorce du sujet un petit morceau de fer poli de la grosseur à peu près des rameaux taillés, et aussitôt qu'il retire le fer il introduit dans le trou qu'il a fait un des rameaux qu'il sort de l'eau; il frappe ensuite avec un marteau sur le rameau pour le faire entrer avec un peu de force. C'est pour qu'il puisse supporter sans se dégrader les petits coups réitérés du marteau que le sommet des rameaux est coupé horizontalement. Aussitôt que toutes les greffes sont ainsi placées, à 0m,022 ou 0m,025 d'écartement l'une de l'autre, on couvre les bords de l'écorce et tout le bois avec de la poix à greffer, en ayant soin que le pourtour de chaque rameau, à son point d'insertion, en soit bien garni.

La filasse est destinée à maintenir l'écorce, dans le cas où elle céderait. L'opération terminée, on a soin de placer devant les greffes, du côté du midi, une planche ou une tuile, pour abriter les greffes des rayons du soleil et de leur réverbération sur la terre. Le succès constant de cette greffe, que nous avons vue pratiquée pour la première fois par M. Briffaut, nous a décidé à la décrire.

Pour revenir au rajeunissement des arbres, nous ferons observer que tous les cultivateurs savent qu'on perd son temps à planter, à la place d'un arbre mort, un jeune arbre, surtout s'il est de la même espèce. L'expérience a prouvé que les racines du nouvel arbre ne pouvaient s'établir dans un terrain que l'on considère comme épuisé par les racines de celui qui l'a précédé. Mais tous les cultivateurs ne savent pas combien il est avantageux de prévenir la perte des arbres en les recépant, ni ce qui se passe, à cet égard, dans les arbres soumis à cette opération. Beaucoup de personnes s'imaginent que c'est l'épuisement de la terre qui nécessite le recépage; nous allons consigner ici quelques observations à ce sujet.

Le recépage devient nécessaire lorsque les branches sont dégarnies sur une grande partie de leur étendue, soit parce qu'elles ont été épuisées ou desséchées par des récoltes successives et trop abondantes, soit par toute autre cause ; les canaux séveux s'oblitèrent, le tissu des écorces se resserre, et les pousses deviennent chaque année de plus en plus faibles. Dans ce cas, ce ne sont ni les engrais, ni le renouvellement des terres autour des racines, ainsi qu'on le conseille, qui peuvent rétablir la libre circulation de la sève ; nous ne connaissons que le ravalement ou le recépage qui ait ce pouvoir, parce qu'il produit le *renouvellement* de toutes les parties de l'arbre, même celui des racines.

Si nous étudions les effets du recépage ou du *ravalement*, nous verrons que les racines, que cette opération n'a pas d'abord atteintes, continuent de fournir une surabondance de sève qui vient s'arrêter au pourtour de la plaie causée par l'amputation, et y former une multitude de mamelons d'où sortent des bourgeons. Si, après l'amputation, on a greffé l'arbre en couronne, les yeux des greffes s'ouvrent promptement en bourgeons largement constitués et disposés à utiliser une grande quantité de sève, qui, après avoir été élaborée par ces bourgeons, redescend entre les écorces de la tige et celle des racines, ainsi que les fibres qui sortent du talon des bourgeons, et qui se portent vers les extrémités des racines les plus proches, pour y former des spongioles plus en rapport que les anciennes avec les nouvelles pousses de l'arbre. Les anciennes spongioles, plus éloignées du tronc que les nouvelles, cessent peu à peu de fonctionner, et les grosses racines périssent à mesure qu'il s'en établit d'autres plus en harmonie avec l'arbre régénéré.

On conçoit que les nouvelles pousses ne peuvent absorber toute la sève qui était destinée à l'ancien arbre et à toutes ses branches, et que, partout où cette sève reste stagnante dans les racines, elle s'y corrompt et entraîne leur destruction. Toutefois, les anciennes racines, en maintenant la terre dans un certain état de division, facilitent la circulation et la combinaison des gaz avec la chaleur humide de la terre, et de plus la décomposition de ces mêmes racines ; d'où résulte une source intarissable d'aliments sans cesse renaissants, qui procurent de l'activité aux nouvelles spongioles, et par elles à tout le système de l'arbre.

Ceci explique suffisamment pourquoi on ne trouve jamais de pivot à un arbre qui a été recépé, et aussi comment il se fait qu'un arbre venu sur une cépée a souvent plus de vigueur et plus d'étendue que l'arbre qu'il remplace.

On voit, par ces faits, que les personnes qui laissent leurs arbres périr sur pied éprouvent un dommage d'autant plus grand que les racines de ces arbres ont tellement épuisé le sol dans lequel elles ont vécu qu'il devient impropre aux racines des jeunes plants qu'on lui confie, tandis que les arbres que l'on prend le soin de rajeunir continuent de vivre pendant plusieurs générations avec une vigueur toujours nouvelle. Le recépage ou le ravalement devra toujours précéder le dépérissement des racines; autrement l'arbre recépé ne donnerait que des bourgeons grêles, ou même ne pousserait point du tout. Nous dirons en passant que les arbres trop âgés, les arbres séculaires, par exemple, étant recépés, ne repoussent plus de leur tronc aussi bien que quelques espèces, telles que les pêchers, les amandiers, les hêtres, le tremble, et en général tous les arbres résineux, qui n'ont pas besoin d'avoir atteint une si longue existence pour être propres au recépage.

Nous devons regarder la théorie de la circulation de la sève, telle que nous venons de l'expliquer, comme d'autant mieux fondée qu'elle ne se trouve contredite par aucune de nos opérations en culture. Nous nous sommes étendu sur ces faits, parce qu'ils sont de nature à faire faire aux cultivateurs une multitude d'observations qui devront nécessairement conduire à d'heureuses et utiles applications.

La découverte de M. Boucherie, qui consiste à colorer l'intérieur des bois, que les arbres soient abattus ou non, a donné sujet à quelques personnes d'expliquer l'ascension des matières colorantes par la circulation de la sève. Il est à propos de faire connaître en quoi ces explications sont erronées; autrement on serait fondé à croire que notre système de circulation de la sève est faux. En effet, il résulte de l'ascension des liqueurs colorantes, qui d'abord s'opère par l'aubier, que la sève ne monte pas par l'intérieur de l'arbre et ne descend pas par l'aubier.

La meilleure réponse que nous puissions faire à cet égard est de mettre sous les yeux de nos lecteurs les résultats de diverses expériences, relatives à la coloration des bois, faites par M. Millet, employé à l'administration générale des forêts, tant au bois de Boulogne qu'au parc de Mousseaux, et dont nous avons été témoin.

M. Millet, après avoir fait couper plusieurs grosses racines à un arbre sur pied, en a plongé le bout dans un sac de caout-chouc contenant des dissolutions de matières colorantes (1) ; la liqueur est montée assez rapidement jusqu'au haut de l'arbre par l'aubier, qui seul a été coloré.

Un autre arbre séparé de son tronc, une branche de sa tige, ont été plongés par le gros bout dans un réservoir rempli de liqueur colorante, laquelle est montée jusqu'au sommet par l'aubier, qui seul a été coloré.

Nous avons eu lieu de nous assurer que l'ascension des li-queurs colorantes était d'autant plus rapide que le bois était plus récemment abattu ; nous nous sommes aussi assuré que les feuilles n'exerçaient à cet égard qu'une action très-accessoire, puisque des arbres dépourvus de feuilles ont été également colorés.

Deux fortes racines coupées près du tronc, placées du même côté, ayant été immergées dans la liqueur, il en est résulté que l'aubier n'a été coloré que du seul côté de l'arbre où étaient placées les racines. Nous avons aussi acquis la preuve que la liqueur, une fois parvenue au sommet de l'arbre, ne descend pas.

Un arbre ayant été scié par le haut, et séparé de son tronc, a été maintenu dans une position verticale ; on a placé à la partie supérieure un réservoir ou un manchon rempli de liqueur colo-rante. Cette liqueur est descendue assez promptement dans le bas de l'arbre en passant par l'aubier, qui seul a été coloré ; d'où il résulte que, la liqueur étant introduite de cette manière, soit par un bout, soit par un autre, l'aubier seul est coloré.

Cependant M. Millet est parvenu à colorer tout l'intérieur d'un arbre en forçant la liqueur à s'infiltrer par les couches

(1) Matières colorantes : acétate et sulfate de fer, prussiate de potasse, gallate de fer, acétate de plomb, chromate de potasse, etc.

ligneuses au lieu de passer par l'aubier. A cet effet, il a luté ou couvert toute la zone d'aubier avec du mastic de fontainier; de plus il a exercé une forte pression sur la liqueur; cette expérience a été faite sur un arbre récemment abattu et mis dans une position très-inclinée. On a placé le pied de cet arbre dans un sac de caoutchouc rempli de liqueur colorante, que l'on a mis en communication, à l'aide d'un tuyau, avec un réservoir élevé de 2 ou 3 mètres, rempli également de liqueur colorante; la pression a fait monter cette liqueur au travers de la tige, qui, à l'exception des nœuds, des portions sèches, de la moelle, et des parties les plus compactes de l'arbre, s'est trouvée entièrement colorée.

Une tige séparée de son tronc a été maintenue verticalement et sciée par le haut; la zone d'aubier ayant été mastiquée, la liqueur placée au sommet est descendue au bas de l'arbre en passant par les couches ligneuses, qui ont été colorées.

Nous n'avons pas à examiner si ces matières colorantes donnent plus de solidité aux bois qui en sont imprégnés : nous ne le croyons pas, ni si elles les préservent de l'attaque des insectes : nous le croyons, mais c'est au temps à nous l'apprendre ; mais quant aux preuves que nous avons à donner que l'infiltration des liqueurs dans l'arbre n'offre rien qui soit en contradiction avec notre système de la circulation vitale de la sève, il suffit, à notre avis, d'avoir exposé les faits pour démontrer que l'infiltration s'opère par voie de succion capillaire dans des parties mortes ou qu'on peut considérer comme telles, puisqu'elles sont séparées des feuilles et des spongioles, organes de vie indispensables à la végétation de l'arbre.

Nous pouvons briser à volonté les organes vitaux des plantes et en soumettre ensuite les divers fragments à nos opérations chimiques ou industrielles ; mais il nous est impossible de faire fonctionner ces organes selon nos caprices. Les personnes qui veulent tenter des essais à cet égard ne devraient jamais perdre de vue que les racines, ou plutôt les spongioles, n'absorbent que des gaz, des vapeurs ou de l'eau pure, pour la transmettre ensuite aux arbres, et que c'est cette eau de végétation qui, en passant par les tissus du végétal, reçoit une préparation ou une décomposition mystérieuse qui lui donne les qualités qu'elle doit avoir pour former toutes les parties qui constituent l'espèce. Ainsi, la même eau se change en poison ou en sucre selon qu'elle passe par les spongioles et les tissus du manglier ou de l'érable à sucre. Nous avons déjà eu l'occasion de faire remarquer que l'eau de végétation qui passe par les spongioles et les tissus du pommier de paradis change la nature du rameau de greffe placé au sommet de l'arbre, qui, au lieu de prendre le développement d'un pommier très-élevé, se transforme en un arbre nain, tout en conservant les autres qualités de l'espèce.

Nous dirons à cette occasion que la terre n'est pour les plantes qu'un support dans lequel plongent les racines; les qualités de la terre sont de contenir plus ou moins de chaleur et d'humidité, qui, en donnant un degré de rapidité convenable à la décomposition des diverses substances qu'on y dépose, les réduisent en vapeurs, en gaz, en facilitent le mélange, et produisent une lente circulation (1). Les merveilles de la création sont peut-être plus admirables encore dans la vie des végétaux que dans celle des animaux, à cause de la simplicité des moyens, de la destinée et de la fin des individus (2).

CHAPITRE XXXI.

Des incisions sur les arbres.

L'opportunité des incisions longitudinales qu'il est quelquefois nécessaire de pratiquer sur l'écorce des poiriers et des pommiers est indiquée par les fissures partielles qui se manifestent sur les parties de l'écorce où la sève afflue le plus abondamment, et où elle trouve en même temps le moins de résistance; quand on aperçoit ces ouvertures, on doit s'empresser de fendre l'écorce avec la pointe d'une serpette très-affilée, sur une longueur plus ou moins considérable, suivant que l'on juge que la sève est

---

(1) L'eau combinée dans les corps concourt à leur donner de la dureté. L'eau peut être considérée comme le ciment général de la nature.

(2) En observant les traces des matières colorantes dans le bois, on peut penser qu'il nous serait possible de remplir les tissus ligneux de silex ou de matières calcaires, et de métamorphoser l'arbre en un bloc de pierre plus ou moins dur ; on sait que la nature opère cette merveille, mais que la réunion des conditions nécessaires pour qu'elle ait lieu se présente très-rarement.

plus ou moins surabondante, et en ayant soin que la pointe de la serpette ne pénètre pas au-delà de l'écorce. Un jardinier expérimenté prévient ces explosions de sève en ouvrant l'écorce avant qu'elles aient lieu, mais toujours du côté de l'arbre le moins droit ou le plus mince. Les indications données par l'arbre sont une végétation trop hâtive, l'état des feuilles, celui des bourgeons, un je ne sais quoi indéfinissable, mais très-sensible pour le cultivateur qui observe et qui suit à chaque instant les plus petites nuances qui se produisent dans la végétation des plantes avec lesquelles il passe, pour ainsi dire, tous ses moments ; aussi distingue-t-il promptement, au milieu d'un nombre considérable de plantes, celles qui souffrent et qui requièrent plus particulièrement ses soins.

On profite des incisions pour redresser un arbre ; elles le font toujours grossir, surtout à l'endroit sur lequel elles ont lieu. Après l'opération, l'incision n'offre que la trace d'une ligne droite à peine visible ; mais ensuite les écorces se séparent de plus en plus jusqu'à la fin de la saison ; elles offrent alors une solution de continuité d'autant plus grande que l'opportunité de l'opération était plus réelle.

On peut faire sur une tige deux, trois ou même quatre incisions longitudinales. On ne doit point considérer une incision de ce genre comme une plaie accidentelle sur laquelle il est nécessaire d'appliquer de l'onguent de Saint-Fiacre ou de la poix à greffer ; si on le faisait, on renfermerait sous cet onguent une certaine humidité qui deviendrait très-nuisible à l'arbre ; c'est à l'air et au cours rapide de la sève à sécher et à cicatriser ces incisions, surtout lorsqu'elles sont faites en temps opportun et avec un instrument très-tranchant. Les incisions sont beaucoup moins indispensables sur les écorces dont la fibre est verticale, et par suite longitudinale, que sur celle qui est horizontale, et par conséquent cylindrique, comme dans le pêcher, le cerisier, etc., parce que celle-ci ne se prête point aux efforts de la sève, qui alors reste stagnante, se corrompt, et cause une grande désorganisation dans tout le système de l'arbre. Les effets salutaires des incisions naturelles ou artificielles doivent nous faire comprendre combien est grande la perturbation qui règne dans un arbre dont les écorces endurcies résistent aux affluences de la sève, ce qui doit nécessairement avoir lieu dans les arbres greffés sur des sujets qui ne sont pas dans une harmonie parfaite avec le rameau ; il en résulte toujours une foule de conséquences fâcheuses sur lesquelles nous ne reviendrons pas, parce que nous les avons déjà signalées.

Les incisions transversales faites en chevron brisé détournent la sève descendante de l'endroit au-dessous duquel elles sont pratiquées. On s'en sert pour affaiblir une branche trop vigoureuse et en favoriser une autre, mais un cultivateur intelligent ne doit jamais être dans le cas d'employer de tels moyens ; aussi n'en parlons-nous que pour leur conseiller de ne jamais se mettre dans le cas d'y avoir recours.

CHAPITRE XXXII.

Des maladies.

Les causes des maladies du pommier et du poirier peuvent être attribuées en grande partie à l'ignorance des cultivateurs.

Les diverses maladies dont les poiriers et les pommiers sont affectés doivent être attribuées à ceux qui négligent d'assortir les sujets aux rameaux des greffes. Il arrive encore plus souvent que la mauvaise constitution des plants de poiriers provenant de semence, et dont les pépiniéristes se servent pour sujets, au lieu de les rebuter, ne produisent, étant greffés, que des arbres rachitiques. Ce vice de naissance ou de conformation dans les sujets est d'autant plus funeste que ni les soins, ni tous les efforts combinés de l'art ne peuvent rien à cet égard. Ces arbres se couronnent dès leur jeunesse, ne peuvent plus s'étendre, perdent dès le mois de juillet les feuilles de l'extrémité des nouvelles pousses, et le bois, n'étant pas encore assez formé, se sèche et devient noir : c'est ce que nous nommons la brûlure ou le *charbon*. Les fruits de ces arbres, lorsqu'ils en portent, ne peuvent avoir aucune des dispositions indispensables à la maturité ; aussi n'a-t-elle jamais lieu.

La cessation des causes de la maladie incurable que nous venons de signaler dépend entièrement des propriétaires, dont l'ignorance absolue à cet égard a tellement favorisé et enraciné les mauvaises habitudes des pépiniéristes que ceux qui désirent faire des plantations ne pourront de longtemps trouver dans les pépinières des arbres assez vigoureux pour assurer le succès des travaux auxquels ils voudraient se livrer. C'est à eux, comme nous l'avons déjà dit, à élever les poiriers nécessaires aux plantations de leurs jardins.

Les *chancres*, occasionnés par la piqûre d'un insecte; les *obstructions* et les *nodosités*, conséquences de la présence du puceron laniger, ne sont, comme la brûlure, que des maladies accidentelles dont on peut se préserver; mais ces accidents sont d'autant plus funestes que le malaise qu'ils causent aux arbres se propage par la greffe.

CHAPITRE XXXIII.

Des insectes nuisibles.

Les insectes les plus nuisibles aux pommiers et aux poiriers sont les chenilles, les hannetons et leurs larves, le tigre-punaise (de Geoffroy), le puceron laniger, et le ver qui occasionne les chancres.

Les *chenilles,* en dépouillant les arbres de leurs feuilles, occasionnent un dommage considérable, puisqu'il a pour résultat de détruire la récolte présente et l'espoir de celle à venir. On se préserve de leurs ravages en visitant souvent ses arbres, même pendant l'hiver, afin de détruire les nids de chenilles, qui sont renfermés dans des feuilles sèches roulées et suspendues aux branches, auxquelles elles sont fortement attachées. On détruit au printemps les couvains qui sont encore enveloppés dans leurs toiles, avant que les chenilles en soient sorties ; c'est le matin, pendant que la fraîcheur de la nuit se fait encore sentir, pendant qu'elles sont encore tout engourdies et rassemblées, qu'il est facile de les prendre.

On doit aussi, en taillant les arbres, avoir soin de détruire les bagues placées autour des jeunes rameaux. Ces bagues sont composées d'une multitude d'œufs de chenille agglomérés, fortement collés au rameau et unis ensemble.

Les *hannetons*, avant la ponte, dévorent les feuilles des arbres. ⁓st encore avant que la fraîcheur des nuits soit dissipée que l'on doit, dès la pointe du jour, secouer les arbres pour faire tomber les hannetons engourdis, qui n'ont pas la force de s'accrocher aux feuilles et de résister à la secousse qu'on imprime à l'arbre; on les ramasse et on les détruit. Les femelles déposent leurs œufs dans les terres chaudes et légères, au bord des gazons ou dans l'intérieur des pièces dont l'herbe n'est pas très-touffue, ou encore, de préférence, au pied des fraisiers, des framboisiers, des jeunes arbres et des salades, dont les racines peuvent servir d'aliments aux jeunes vers lorsqu'ils seront éclos. C'est pour cette raison qu'il est à propos de planter des salades ou des fraisiers dans les plates-bandes où sont placés de jeunes arbres, afin de les préserver des attaques du *ver blanc*.

L'insecte vulgairement connu sous le nom de *tigre* s'attache à l'écorce des arbres, où il fait sa ponte. Après l'éclosion, les jeunes vers se rendent sur le dessous des feuilles, où ils se fixent; ils en détruisent tout le parenchyme, ce qui épuise les arbres et leur cause un préjudice considérable. Cet insecte pullule extraordinairement. Lorsque le lait de chaux récemment éteinte, étendu sur les arbres avant que les insectes quittent les feuilles pour venir se fixer sur le bois, ne produit pas l'effet qu'on en attend, il faut se résoudre à rabattre l'arbre sur le tronc, à le greffer en couronne, et avoir le plus grand soin de ne laisser aucun de ces insectes s'établir sur le jeune bois du nouvel arbre. Ce moyen ne serait même pas efficace si on laissait subsister dans le même jardin un seul arbre qui fût fortement attaqué par les tigres. Nous avons obtenu de bons résultats en arrosant, au moyen d'une pompe, le dessous des feuilles avec de l'eau dans laquelle on avait mis assez d'acide sulfurique pour la rendre piquante. Ces arrosements doivent se faire et se répéter lorsque les très-jeunes insectes viennent, après l'éclosion, se fixer sur le dessous des feuilles.

Le *puceron laniger* est un très-petit insecte qui se loge par groupes dans les fentes des écorces, aussi bien que sur les parties lisses. Il est recouvert d'une espèce de coton blanc très-léger que le vent emporte par partie, et qui décèle sa présence. La sève se trouve arrêtée aux endroits où sont fixés ces insectes;

elle s'y engorge et forme sur l'aubier des grosseurs au-dessus desquelles l'écorce semble être boursouflée et former des nodus. Cet insecte est peut-être de tous celui qui apporte le plus de trouble dans la végétation de l'arbre sur lequel il s'attache. On a tenté, pour le détruire, beaucoup de moyens qui jusqu'ici ont été inutiles, et même préjudiciables aux végétaux ; le plus court est de ravaler sur les fortes branches ou sur la tige et de greffer en couronne les arbres qui en sont fortement attaqués. On peut, dans les jardins, se préserver de ces insectes en mettant le plus grand soin à les détruire aussitôt qu'ils paraissent ; mais dans les champs ces insectes font périr les arbres qu'il vaudrait mieux regreffer qu'arracher.

Le *ver qui occasionne le chancre* est un insecte que nous croyons ne pas avoir été décrit ; il dépose son germe vers le talon ou sur la pointe de l'œil d'un bourgeon naissant. Ce sont toujours les bourgeons les plus gros, les plus tendres ou les plus spongieux, qu'il attaque de préférence. On ne s'aperçoit de la présence de ce ver qu'au printemps suivant : la pointe de l'œil est ébouriffée ; si elle l'est peu, on trouve encore le ver ; mais si l'œil est tout-à-fait détruit, on peut être certain qu'il n'y est plus. Les effets du mal sont que la place où était l'œil se dessèche jusqu'à la moelle ; cette place, qui n'est d'abord qu'un point, grandit peu à peu, devient noire, et finit par envahir tout le tour de la branche, qui n'est plus alimentée que par la sève ascendante ; de telle sorte qu'avant de périr cette branche occasionne nécessairement un grand désordre dans l'arbre. A ces branches succèdent ordinairement des gourmands.

Nous ne connaissons aucun moyen de détruire l'effet du mal ; seulement nous devons dire qu'il est fort extraordinaire que la sève ne puisse recouvrir et envelopper la piqûre d'un aussi petit insecte. Nous avons souvent essayé d'enlever avec le greffoir l'œil attaqué ; mais il ne reste plus, l'opération terminée, assez de bois pour le soutenir. Nous ne connaissons d'autre moyen de garantir les arbres des effets du chancre que d'asseoir la taille au-dessous de l'œil qui a été piqué ; c'est au jardinier, lorsqu'il taille un fort rameau, à bien s'assurer qu'il ne laisse vers la base aucun œil qui soit disposé à être attaqué du chancre.

Le poirier et le pommier sont également sujets à cette mala-

die, mais certaines variétés le sont plus que d'autres; telles sont
les calvilles, les pommiers greffés sur paradis, sur lesquels
elle cause plus de dégâts, parce que ces arbres ont moins de
moyens de réparer leurs pertes que quelques-uns de leurs congénères.

CHAPITRE XXXIV.

De la récolte, du fruitier, et de la conservation des fruits.

A quelle époque on doit cueillir les fruits. A quel degré de température le fruitier
doit être maintenu. Le cours de la maturité ne doit être ni interrompu ni ac-
céléré. De la conservation des fruits après qu'ils ont atteint un certain degré de
maturité. Leur dépôt dans une glacière. Des précautions à prendre pour garantir les fruits de l'extrême humidité qui règne dans les glacières lorsqu'elles
sont fermées. La température d'une glacière est ordinairement élevée de 1 à
2 degrés au-dessus de 0.

Les pommes et les poires, même celles qui mûrissent en été,
doivent toujours être récoltées avant leur maturité; ces fruits
perdraient leurs meilleures qualités s'ils achevaient de mûrir
sur les arbres. C'est dans le fruitier que la maturation doit se
continuer et se terminer sans éprouver aucune interruption.

On attendra, pour cueillir les fruits, qu'ils aient acquis toute
leur grosseur, et qu'ils présentent les premiers signes de la maturité, qu'ils ne peuvent plus acquérir après avoir été séparés
de l'arbre.

L'époque la plus favorable pour cueillir les fruits est marquée
par le changement qui s'opère dans leur couleur, dans la peau,
qui devient très-tendue, et par les dispositions de la queue,
dont le bout s'arrondit et semble prêt à se séparer de la bourse
à laquelle elle est encore attachée. Les fruits de cette saison, et
ceux qui mûrissent au commencement de l'automne, doivent
être cueillis de quinze à vingt jours avant leur maturité. Les
pommes d'été, qui sont douces, seront cueillies dix à douze jours
avant d'être mûres; elles en deviendront plus juteuses et plus
sucrées.

Quant aux fruits qui mûrissent pendant ou après l'hiver, il
faut les récolter un peu avant que la circulation de la sève soit

arrêtée dans les arbres, parce que plus tard les feuilles qui seraient encore en rapport avec les fruits n'auraient à leur transmettre que des sucs peu favorables à la continuation d'une maturation telle que nous la désirons. Les fruits doivent donc être
cueillis avant que les temps froids n'arrêtent la sève trop brusquement. Quant aux arbres couronnés, dont la sève s'arrête
trop tôt, et avant que les fruits aient atteint un commencement
de maturité, leurs produits restent imparfaits et ne mûrissent
jamais.

C'est ordinairement vers la fin de septembre ou dans les premiers jours d'octobre, selon les années, que se trouvent accom-
plies les conditions les plus favorables à la récolte; alors on
choisira un temps sec, et, après que le soleil aura dissipé la rosée, on cueillera les fruits un à un, en ayant soin de ménager
les bourses, sans cependant en rompre la queue, qui est essentielle à la continuation de la maturation. On placera les fruits
avec précaution dans des paniers, puis on les déposera en tas,
espèce par espèce, sur de la paille récoltée l'année précédente;
la paille nouvelle leur donnerait un goût désagréable. Le local
sera aéré; les fruits y resteront en tas pendant plusieurs jours,
pour les faire suer; de là on les portera au fruitier, où ils seront
rangés sur des tablettes en bois blanc garnies de paille, et munies d'un rebord de $0^m,026$ à $0^m,04$. Ces tablettes seront à peu
de distance les unes des autres, moins pour ménager la place que
pour détruire l'effet du rayonnement et celui de l'agitation de
l'air, qui doit toujours être tranquille, peu renouvelé, afin que
la température reste constamment la même, c'est-à-dire entre 10
et 11 degrés centigrades au-dessus de 0. Un cellier ou une cave
sèche convient parfaitement pour établir un fruitier, qui ne doit
être ni trop humide ni trop sec. On aura soin de couvrir les
fruits aux approches des fortes gelées.

Il ne faudrait pas chercher à hâter la marche de la maturation
des fruits d'hiver en élevant la température du fruitier; cette
maturité doit arriver lentement, sans interruption, à l'aide
d'une chaleur douce et égale. Il ne doit pas en être de même
pour la maturation des fruits d'été: le soleil pourra échauffer la
pièce où ils seront déposés; mais ils devront être abrités de ses
rayons et même de la lumière.

La maturation s'opère par la combinaison des parties acides et fibreuses, qui se convertissent en parties sucrées. La maturité de la pomme se reconnaît à l'odorat, à la couleur de la peau, qui de verte devient d'un jaune plus ou moins clair. Peu de variétés de pommes restent vertes après leur maturité.

La maturité des poires fondantes est parfaite lorsque la teinte verte ou grise de la peau passe plus ou moins au jaune, et lorsque le rouge devient plus foncé. Si on veut s'assurer de la maturité par le toucher, il faut le faire au moyen d'une légère pression sur les flancs. On ne doit jamais appuyer le pouce vers la queue, parce que, si l'on offense cette partie du fruit, d'où partent toutes les fibres, il ne mûrit plus; mais il est toujours préférable de s'abstenir de toucher.

La maturité des fruits cassants ne peut se reconnaître qu'au changement de couleur de la peau.

Il n'est pas nécessaire, pour employer les fruits à cuire, que leur maturité soit complète, parce que la chaleur du feu qui les pénètre la termine, toutefois lorsque l'époque n'en est pas très-éloignée.

Il y a des fruits fondants qui ne peuvent arriver à maturité, soit parce qu'ils ont été cueillis après la chute des feuilles, soit parce que le fruitier est à une température trop basse.

Les fruits greffés sur paradis, doucin ou coignassier, mûrissent plus tôt que les autres.

Il y a des espèces qui perdent leurs qualités lorsqu'elles ne mûrissent pas promptement; telles sont le Chaumontel, la Pastorale, la Merveille d'hiver, le Passe-Colmar, la Grande-Bretagne, la Fondante de Brest; ces variétés font exception. C'est au jardinier à faire des observations à cet égard, et à en prendre note.

Les fruits mûrs doivent sortir du fruitier pour être consommés, ou être placés dans un endroit propre à les conserver, parce qu'un plus long séjour dans le fruitier leur ferait dépasser le point de la perfection pour les faire entrer promptement en décomposition.

On peut voir, par ce que nous venons de dire, qu'un fruitier n'est pas destiné à conserver les fruits, mais bien à les faire

avancer vers leur maturité, au-delà de laquelle commence la
décomposition ; il s'agirait donc, pour les en préserver, d'arrêter les progrès de la maturité à un degré convenable, plutôt
en deçà qu'au-delà : l'expérience seule peut servir de guide
à cet égard. Les fruits arrivés à ce degré seront placés dans
un endroit froid, privé d'air et d'humidité, en un mot dans
une situation tout-à-fait contraire à la végétation et à la fermentation.

M. Loiseleur-Deslongchamps , qui a obtenu un prix pour la
conservation des fruits, a bien voulu me communiquer ses procédés et satisfaire à toutes mes questions. Immédiatement après
avoir acheté des fruits sur le marché, M. Loiseleur-Deslongchamps a enveloppé chaque poire d'un double papier ; le premier était un papier Joseph, le second un papier gris. Ces fruits
ont été placés ainsi dans des boîtes en zinc, contenant chacune
de douze à vingt poires ; le couvercle de ces boîtes a été luté
avec des bandes de papier collé; toutes ont été ensuite mises
dans une grande boîte de bois qui a été déposée sur la glace
dans une glacière. A mesure que l'on a retiré ces boîtes de la
glacière, on a mis les fruits qu'elles contenaient dans le fruitier, afin de les faire mûrir, ou plutôt, comme le croit M. Loiseleur-Deslongchamps , afin de continuer et de terminer leur
maturation.

Quoique nous ne nous soyons jamais occupé de la conservation des fruits au-delà de leur maturité, l'expérience que nous
avons de la marche qu'elle suit, des causes qui peuvent la troubler, ou peut-être même l'arrêter pour toujours, nous engage
à proposer de très-légères modifications aux procédés suivis
par M. Loiseleur-Deslongchamps. Ainsi , avant d'envelopper
les fruits et de placer les boîtes sur de la glace, nous conseille-
rions de laisser les fruits mûrir dans le fruitier, parce qu'une
longue expérience nous a appris que, si on interrompt trop
vivement le cours de la maturation, en exposant les fruits à
une température trop basse, elle ne le reprend plus et les fruits
ne mûrissent jamais ; c'est ce qui arrive souvent dans des fruitiers mal organisés où le froid pénètre, sans que pour cela il y
gèle. Nous voudrions aussi que le couvercle des boîtes fût soudé
au lieu d'être seulement garni de papier, parce que M. Loise-

leur-Deslongchamps s'est aperçu que la grande humidité de la glacière avait fini par détremper la colle.

Il faudrait aussi exiger des ouvriers qui prennent la glace dans la glacière de ne déplacer les boites qu'avec beaucoup de précautions et de ménagements, ce que M. Loiseleur-Deslong-champs n'a pu obtenir.

Nous ajouterons, pour l'instruction de ceux qui voudraient s'occuper de la conservation des fruits, que c'est à tort que l'on s'imagine qu'il gèle dans une glacière, et que les fruits qu'on y dépose ne peuvent plus être d'aucun usage. Il est bon que l'on sache que la température des glacières, même de celles qui conservent le mieux la glace, ne descend jamais au-delà de 2 degrés centigrades au-dessus de 0, et qu'il en est beaucoup dont la température est encore plus élevée; de sorte qu'il y dégèle sans cesse, à moins qu'on ne les laisse ouvertes lorsqu'il gèle au dehors. On conçoit que l'humidité qui règne dans une glacière bien fermée est très-considérable et très-contraire à la conservation des objets qu'on y dépose; on aura donc soin de les en garantir.

Nous avons la confiance que le peu de changements que nous proposons aux procédés de M. Loiseleur-Deslongchamps ne pourront les rendre que plus efficaces.

CHAPITRE XXXV.

Catalogue des meilleures variétés de poires et de pommes.

M. Léon Leclerc, ancien député, s'occupe depuis longtemps de réunir chez lui toutes les espèces de fruits qu'il peut se procurer, même ceux des contrées les plus éloignées. Après avoir cultivé ces fruits, il a réformé ceux qui ne méritaient pas ses soins, et il a fini par rester possesseur d'une très-belle collection d'excellents fruits. Ce sont les meilleurs de cette collection que M. Léon Leclerc a bien voulu nous indiquer, et dont nous donnons le catalogue ci-après. M. Léon Leclerc a remarqué, comme nous, que les arbres qui produisent nos anciennes variétés sont tellement détériorés qu'on doit maintenant les cultiver en espalier pour que leurs fruits deviennent beaux et acquièrent une maturité complète dans le fruitier, tandis que les variétés nouvellement obtenues viennent parfaitement en plein air, et que, quoique très-vigoureux, ils se chargent d'une si grande quantité de fruits qu'ils sont promptement épuisés si on ne leur donne les soins que nous recommandons à cet égard (page 333). Tous ces nouveaux fruits mûrissent parfaitement dans le fruitier.

1. — *Poires.*

L'Épargne ; en espalier.

Le Beurré d'été, ou Milan de la Beuvière.

La Bonne-Louise, ou Beurré d'Avranches; en espalier ; forme élégante, féconde.

Le Beurré gris et roux.

Le Beurré galeux.

Le Rousselet de Reims.

Le Doyenné d'automne, ou Saint-Michel.

Le Saint-Germain ; en espalier.

Le Chaumontel ; en espalier.

La Crassane ; en espalier.

Le Colmar ; indispensablement en espalier ; tardif.

Le Doyenné d'été ; très-hâtif, excellent.

La William, ou Bon-Chrétien William ; très-belle et très-bonne, musquée ; mûrit en août.

La Wilhelmine.

Le Beurré d'Amanlis ; excellent ; mûrit en septembre et octobre.

La Secklecaur; ressemble au Rousselet; plus gros et plus fin; mûrit plus tard.

L'Urbaniste ; très-vigoureux, très-fécond, très-beau, très-bon.

Le Beurré Spence ; très-vigoureux, très-fécond, très-beau, très-bon.

Le Napoléon, ou Bon-Chrétien Napoléon ; beau, et très-fondant.

Le Beurré d'Aremberg ; excellent ; mûrit en janvier.

Le Colmarnelis ; très-beau et très-bon, moins vigoureux que les précédents.

Le Passe-Colmar ; excellent ; mûrit en janvier.

Le Passe-Colmar doré ; encore meilleur que le précédent ; mûrit en octobre et novembre.

Le Beurré Rance; très-beau, très-fondant, très-fécond; mûrit en février.

Le Bon-Chrétien jaspé; plus délicat et plus fondant que le Bon-Chrétien d'hiver ; d'une maturité très-tardive.

La Marie-Louise; excellente ; mûrit en octobre et novembre.

Le Doyenné d'hiver ; trop fécond ; excellent.

La Fortunée.

La Fondante des bois ; excellente , très-fine ; grosseur moyenne.

La Van-Mons Léon Leclerc ; forme de Saint-Germain ; plus grosse, plus relevée ; trop féconde; excellente pour compote ; mûrit en octobre.

Le Bon-Chrétien d'Espagne.

Le Bon-Chrétien d'hiver.

Le Bezy d'Héry.

Le Martin sec.

La Bergamote de Pâques. Ces quatre derniers ont l'avantage de faire, comme le Rousselet de Reims, d'excellentes poires tapées.

Le Bon-Chrétien turc.

La Comtesse de Tervueren, ou Bolivar ; énorme, acerbe.

Léon Leclerc ; se conserve d'une année à l'autre; fort belle chair mi-fondante, passable étant crue, délicieuse en compote.

Le Doyenné d'hiver ; doit être cueilli très-tard ; commence à mûrir en janvier, et continue quelquefois jusqu'en juillet.

La Bergamote de la Pentecôte ; mêmes observations.

Le Beurré d'Angleterre. Ses fruits mûrissent presque tous en même temps, et perdent promptement leur qualité, tandis que la maturité de la plupart des fruits nouvellement obtenus est successive ; on peut en déterminer le commencement, mais non la fin.

2. — *Pommes.*

Le Calville blanc d'hiver.
La Reinette du Canada.
La Reinette dorée.
La Reinette grise.
Le Gros-Faros.
Le Court-Pendu.
La Pomme d'Api rose.
La Pomme de Châtaignier.

Le Roi-de-Rome ; pommier très-hâtif, fleurissant très-tard ; très-productif.

Pomme de Hollande pour compote ; se garde jusqu'en juillet ; chair très-blanche ; arbre très-productif, fleurissant très-tard.

Nous ajouterons à ce catalogue celui des fruits que nous avons trouvés chez M. Dewael, possesseur, près d'Anvers, d'une très-belle propriété que nous avons visitée. M. Dewael a les mêmes goûts que M. Léon Leclerc ; il a eu aussi la bonté de faire pour nous un choix de greffes parmi les meilleurs fruits de sa nombreuse collection.

Les jardins de la couronne n'étant plus sous notre direction, nous sommes obligé de prendre chez les particuliers les renseignements que nous croyons utile de transmettre à nos lecteurs.

Doyenné Sentelet.
Calebasse verte.
Poire d'Amande.
Poire fondante grise.
Poire fondante des bois.
Poire fondante de Chemeuse.
Princesse d'Orange.
Soldat Laboureur.
Beurré anglais.
Poire d'Arbre Courbé.
Poire Dumortier.
Poire Immense d'été.
Colmar gris.
Poire Melon, ou Beurré magnifique.
Poire Dary.

Belle de Bruxelles, ou Fanfareau.
Beurré Capiomont, ou Beurré aurore.
Beurré d'Amanlis, ou Poire Hubard.
Beurré Coloma.
Beurré Le Fèvre, ou de Mort-Fontaine.
Délices d'Hardampont.
Poire Ananas.
Poire Verte longue d'automne.
Poire Willams.
Poire de Curé.
Poire Saint-Michel-Archange.
Duchesse d'Angoulème.

Nous avons pensé que les deux catalogues ci-dessus, qui ne

contiennent que soixante espèces bien choisies, seront plus utiles à nos lecteurs pour déterminer leurs choix que les catalogues des pépiniéristes, qui offrent un grand nombre de variétés, au milieu desquelles sont confondues celles d'une bonne et d'une très-médiocre qualité. Nous avons vu avec surprise dans un de ces catalogues qu'une poire d'automne passable, la Piquery, est qualifiée de la meilleure poire connue, tandis qu'elle n'est réellement que passable et très-petite.

LIVRE QUATRIÈME.

DU PRUNIER.

—●●●—

CHAPITRE I.

Du Prunier en général.

Description du prunier. De ses diverses productions. De sa végétation naturelle.

Le prunier est originaire de la Grèce et de l'Asie. Il est sujet à la gomme, comme tous les arbres dont la fibre extérieure de l'écorce est dirigée horizontalement, au lieu de l'être verticalement. Cet arbre, d'une taille moyenne, forme une tête arrondie ; il a un port gracieux, lorsqu'on a donné aux premières branches de la charpente une force égale et une direction régulière.

Le bois du prunier est dur, agréablement veiné, d'une couleur rouge.

Les fleurs sont composées d'un calice ovale, strié, glanduleux intérieurement, divisé en cinq découpures oblongues, d'abord ouvertes en cloche, et ensuite réfléchies ; de cinq pétales oblongs, ouverts, insérés à l'orifice du calice, et alternes avec ses divisions ; d'une vingtaine d'étamines, insérées également à l'orifice du calice ; elles ont le filet de la longueur des pétales, et les anthères ovales, bilobées ; d'un ovaire libre, ovale, surmonté d'un style tors de la hauteur des étamines, et terminé par un stigmate élargi, aplati en dessus, échancré latéralement ; et d'un ovaire qui contient deux ovules dans une seule loge.

Le fruit est attaché à la branche par une queue plus ou moins longue ; c'est un drupe charnu, ovale ou arrondi ; la peau est fort lisse, et couverte d'une espèce de poussière très-fine que l'on nomme fleur. La chair est plus ou moins ferme et sucrée ; elle enveloppe un noyau osseux, qui renferme une amande à deux lobes et à radicules supérieures.

Les feuilles du prunier sont entières, attachées sur le rameau, dans un ordre alterne, par des queues plus ou moins longues ; leurs bords sont dentelés plus ou moins profondément, et relevés de nervures saillantes ; le dessous est d'un vert moins foncé que le dessus, qui est luisant.

Les diverses pousses du prunier sont les rameaux à bois, les brindilles, les dards, les boutons à fleurs, les bourses, les lambourdes, les gourmands, les branches adventices et les branches chiffonnes.

Nous appelons rameaux ou branches à bois, outre la tige, le rameau de la-greffe, et les premiers bourgeons qui se développent sous l'action de la serpette, parce que tous les yeux dont ils sont garnis sont d'abord à bois, et que, si on taille sur n'importe lequel de ces yeux, il en sort un rameau. Les rameaux sont toujours terminés par un œil à bois ; chacun de ces yeux est solitaire et très-saillant à sa base.

Au printemps, pendant que l'œil terminal s'allonge pour former son prolongement, tous les yeux qui sont placés au-dessous de lui, sur ce rameau, excepté celui qui est immédiatement contigu à l'œil terminal, se façonnent en boutons à fleurs multiples qui se disposent à s'épanouir l'année suivante. L'œil placé au-dessous du bourgeon terminal s'ouvre en bourgeon, et forme une bifurcation que l'on pince lorsqu'il s'ouvre, ou que l'on supprime à la taille si elle n'est pas nécessaire à la charpente de l'arbre.

Les brindilles, comme dans le poirier, ne prennent naissance que sur des branches à bois ou sur des branches qui ont été taillées ; elles sont placées au-dessous des bourgeons les plus forts ; elles sont minces et effilées ; il semblerait qu'il ne leur a manqué que de recevoir une plus grande quantité de sève pour former des branches à bois ; elles ne sont donc restées faibles que par suite de leur position. Les yeux placés sur les brindilles sont, comme ceux des rameaux, les plus forts ; il leur faut aussi une année entière après leur formation pour qu'ils se façonnent en boutons à fleurs multiples. A la taille, on raccourcit les brindilles trop allongées ou qui feraient confusion.

Les dards, comme sur le poirier, ne prennent naissance que
sur des rameaux à bois ; ils sont roides, ligneux, et placés à
angle droit sur ces rameaux ; ils sont très-épineux sur des
pousses vigoureuses ; leur longueur varie depuis 0^m,015 jusqu'à 0^m,08 et plus. Le dard se garnit, depuis son origine jusqu'à
son extrémité, d'une quantité plus ou moins considérable de
boutons à feuilles et à fleurs. Il recèle à sa base des yeux oblitérés qui s'ouvrent lorsqu'ils y sont excités. Il n'a pas, à son
origine, de rides multipliées comme celles qui se font remarquer au-dessus des boutons à fleurs. Le dard du prunier diffère de celui du poirier en ce que le bouton terminal de celui-ci
est solitaire, tandis que celui du prunier est multiple, en faisceau, présentant de trois à cinq fleurs et plus, au milieu desquelles est presque toujours un bouton à feuilles. Les yeux qui
se montrent sur les dards sont semblables à ceux des rameaux ;
il leur faut une année pour se façonner en boutons à fleurs. Si
on recèpe un dard, on peut obtenir à sa base la sortie d'un bourgeon à bois ou d'une brindille.

Les boutons à fleurs du prunier, placés sur les rameaux à
bois, ne sont, la première année, que des yeux à bois simples ;
ils emploient la seconde année à se convertir en boutons multiples qui fleuriront l'année suivante ; ils sont groupés en faisceau, au centre duquel est ordinairement un œil à feuilles, qui
peut se prolonger s'il y est excité par la taille, par le pincement
du bourgeon supérieur, ou tout simplement par la vigueur de
l'arbre.

L'œil à feuilles, placé au centre du faisceau, n'est visiblement que le rudiment d'une lambourde qui, en s'allongeant,
façonne de nouveaux yeux et de nouvelles fleurs qui remplaceront celles qui viennent de s'épanouir, que les fruits se soient
noués ou non. Nous disons que cet œil est le rudiment d'une
lambourde, parce que, comme dans le poirier, cette production
remplace la fleur ou le fruit, et qu'elle prend naissance sur une
bourse. La base des boutons à fleurs étant, comme dans le poirier, très-charnue, se casse au moindre choc.

Les boutons à fleurs du prunier, qui garnissent les rameaux dans toute leur étendue, ayant la même origine,
fleurissent presque tous en même temps ; ces boutons sont

moins saillants et moins multipliés à la base du rameau qu'au sommet, où ils ont quelquefois depuis 0^m,015 jusqu'à 0^m,08 de longueur.

Les boutons à fleurs qui se trouvent dans le bas des rameaux de l'année, étant solitaires, fleurissent quelquefois pendant que ceux du haut se façonnent et deviennent multiples pour fleurir l'année suivante ; d'où il résulte que ces boutons solitaires, tant par leur épanouissement anticipé que par leur position, ne sont quelquefois pas remplacés. Dans ce cas, il faut prévoir la dénudation de ces rameaux ou de ces brindilles, et les rabattre près de leur point d'insertion.

Les bourses du prunier ne diffèrent de celles du poirier que parce que celles-ci sont toujours très-apparentes et placées au-dessous du bouton solitaire, tandis que dans le prunier la bourse se trouve au milieu du faisceau de fleurs, d'où il sort une lambourde plus ou moins allongée.

La lambourde du prunier succède aux fleurs en s'avançant peu à peu, et en façonnant d'autres fleurs qui remplaceront celles auxquelles elle succède. Les lambourdes, en s'allongeant peu à peu chaque année, se dégarnissent par le bas, où elles portent les marques des feuilles et des fleurs qui sont successivement tombées, et où se forment des rides et des cavités très-prononcées ; les fruits alors deviennent plus rares, moins beaux, parce qu'ils sont plus éloignés du corps de la branche. Dans cet état de choses, il devient nécessaire de remplacer ces lambourdes usées, ce qui s'opère en les rabattant sur des sous-lambourdes, afin non-seulement de raviver celles-ci, mais encore d'exciter le développement de quelques yeux presque éteints. Lorsqu'ils sont devenus apparents, on taille sur eux, et les lambourdes qu'ils font éclore déterminent l'apparition de nouveaux yeux ; ce qui permet d'arriver successivement à rétablir de nouvelles lambourdes à la place même où les premières fleurs ont pris naissance sur les branches à bois.

Les précautions que nous recommandons ici ne sont pas nécessaires pour les arbres qui portent des fruits à pepins ; mais elles sont indispensables pour ceux dont les fruits sont à noyaux, non-seulement à cause de la contexture de leur écorce, mais encore parce que l'éclosion de leurs germes ne reste pas aussi

souvent en arrière, et que ces germes s'oblitèrent toujours assez promptement lorsque leur éclosion se fait attendre. Le pêcher offre à cet égard peu ou point de ressource ; le prunier, le
cerisier et l'abricotier, en offrent beaucoup plus que lui ; on
pourra en profiter en prenant les précautions que nous venons
de recommander.

Les bourgeons gourmands du prunier sont, comme ceux de
tous les autres arbres, des rameaux à bois très-vigoureux, se
développant très-rapidement, et dont les yeux sont plats et très-
distancés les uns des autres. Ces productions se développent le
plus ordinairement sur le dessus des branches inclinées, et sont
toujours la conséquence d'un défaut de circulation de sève
dans quelques parties de l'arbre. Les espèces sujettes à la
gomme sont plus exposées que d'autres à produire des gourmands très-vigoureux, qui occasionnent un très-grand trouble
dans la végétation de ces arbres. C'est au cultivateur à prévenir
ces désordres en répartissant la sève également dans les branches qui composent la charpente de ses arbres, et en s'opposant
en temps utile au développement des gourmands.

Les rameaux adventifs sont des bourgeons qui percent de
l'écorce, et qui souvent deviennent des branches gourmandes.
On ne doit pas laisser développer ces productions lorsqu'elles
ne sont pas nécessaires au rajeunissement de l'arbre ou de ses
branches.

Quant aux branches chiffonnes, nous en avons donné une
description très-détaillée à l'article du poirier et du pommier :
on peut le consulter (page 255).

Il résulte de la végétation naturelle du prunier que les rameaux de cet arbre se garnissent de fleurs dans toute leur étendue sans qu'on soit obligé de les raccourcir, comme il faut le
faire pour le pommier ou le poirier, dont les yeux du talon s'o-
blitéreraient si on laissait le rameau de toute sa longueur. La
taille du prunier n'étant pas nécessaire à la conversion des yeux
à bois en boutons à fleurs, elle ne doit donc être employée que
pour obtenir les rameaux à bois indispensables à la charpente
de l'arbre et au renouvellement des lambourdes. On raccourcit
encore un rameau afin de faire naître une bifurcation au point
où elle est jugée nécessaire pour remplir un vide. Cette bifur-

cation doit toujours être à une certaine distance du bourgeon terminal.

CHAPITRE II.

De la multiplication du prunier.

Sur quels sujets il doit être greffé. De l'éducation des sujets. De la greffe. De la taille après la greffe. Des terres propres à la culture du prunier. Des semis. Opinion de M. Van-Mons. Conduite à tenir lorsque les branches dépérissent. Des vergers plantés en pruniers. Du prunier en espalier. Du prunier dans les serres. Remarque sur l'abondance des fruits. Maladies. Insectes; des moyens de les détruire. Catalogue des meilleures variétés de prunes.

On multiplie le prunier de noyaux, ou de drageons, vulgairement connus sous le nom de *pétrasse*, afin de se procurer des sujets pour greffer les variétés que l'on veut propager. Les sujets provenant de la cerisette et du Saint-Julien donnent des arbres moins-élevés, mais plus fertiles que le gros Damas noir, qui produit des arbres plus vigoureux et plus élancés. Le prunellier donne des arbres très-nains. On peut aussi se servir pour sujets de l'amandier, du pêcher et de l'abricotier; mais il vaut toujours mieux greffer le prunier sur des sujets de prunier venus de noyaux.

Les espèces qui se perpétuent les mêmes par la semence se perpétuent aussi les mêmes par les drageons. Les variétés élevées de boutures ont la même faculté; mais les arbres provenant de drageons ont l'inconvénient d'en reproduire d'autres, ce qui épuise l'arbre lors même qu'on a le soin de les supprimer, parce que cette suppression excite les racines à en produire toujours de plus en plus. C'est pour cette raison que l'on doit préférer, dans les pépinières, les pruniers qui ont été greffés sur des sujets venus de noyaux.

Les prunes destinées à fournir la semence seront choisies parmi les plus belles et les mieux conformées de leur espèce, et récoltées sur des arbres sains et vigoureux. Les noyaux seront mis avant l'hiver au germoir, c'est-à-dire dans un cellier ou dans une cave, où ils seront rangés sur du sable terreux, lit par lit, et par espèces séparées. On aura soin que ce sable soit toujours humide. Vers la fin de mars ou la mi-avril, les noyaux étant entrés en germination, on pincera la pointe de la radicule à mesure qu'on les plantera dans la pépinière, dans un terrain défoncé et fumé. On ne supprimera point le pivot des sujets que l'on plantera à demeure pour y être greffés.

Les noyaux dont le germe se montre seront plantés dans la pépinière en lignes, à la distance de 0^m,40, et les lignes seront espacées entre elles de 0^m,65. Si ce plant doit former des tiges plus ou moins élevées, destinées à être greffées en tête, on élaguera peu à peu la jeune tige, en évitant avec soin tous les accidents qui pourraient nécessiter la suppression du bourgeon ou de l'œil terminal. (Voir à ce sujet ce qui a été dit page 260, relativement à l'éducation des tiges de pommiers ou de poiriers égrains.) Lorsqu'elle sera parvenue à la hauteur voulue, on posera deux écussons à œil dormant au-dessous de la tête de cette tige, et si, au printemps, ces écussons ne se disposaient pas à pousser, on grefferait ces tiges en fente.

Le plant de drageon, dont on a le tort et néanmoins l'habitude de se servir, après avoir été raccourci à 0^m,08 au-dessus de terre et avoir eu les racines rafraîchies, sera planté dans la pépinière à la même distance que les noyaux en germination. A la pousse, on choisira le bourgeon le plus vigoureux et le plus près du sol pour former le prolongement, et on écussonnera à la mi-juillet, à œil dormant, lorsqu'il sera assez fort pour supporter cette opération, que l'on pratiquera à 0^m,08 ou 0^m,10 au-dessus de terre. Les pruniers seront enlevés de la pépinière la seconde ou la troisième année après la greffe.

Les pruniers de deux ans de greffe, destinés aux espaliers, seront rabattus, en les plantant, à 0^m,12 ou 0^m,15, au-dessus de la greffe, afin d'obtenir les rameaux nécessaires à la forme que l'on veut donner à l'arbre, qui peut prendre toutes celles que nous avons déjà indiquées (planches XII, XIII, XIV) pour les poiriers et les pommiers, et qui peuvent servir pour établir la charpente du prunier. Le choix des rameaux étant fait pour une de ces formes, on veillera, pendant la durée de la pousse, à établir une parfaite égalité de force entre ces rameaux. Au printemps suivant, on pourra s'abstenir de raccourcir les branches formant la charpente; mais à la pousse on aura soin de pincer le premier et le second bourgeons qui s'ouvriront au-dessous de l'œil terminal, et on dirigera le prolongement de celui-ci sur une ligne parfaitement droite, dans le sens que doit avoir la branche. On fera usage du palissage pour maintenir l'égalité de force entre les branches.

La seconde année, à l'époque de la taille, on ne raccourcira que les rameaux que le pincement n'aurait pu maîtriser, ainsi que les brindilles trop allongées, qui ne trouveraient pas de place et qui feraient confusion. A la pousse, on pincera de très-bonne heure le bourgeon placé au-dessous de l'œil terminal de chaque branche, et tout ce qui poussera devant et derrière, de manière à ne conserver sur le devant que des rosettes.

Les branches principales ne seront raccourcies que pour obtenir des ramifications à l'endroit où elles seront jugées nécessaires pour remplir des vides; on se rappellera, à cet égard, que le bourgeon destiné à former la ramification doit toujours être pris à une certaine distance du bourgeon de prolongement.

On laissera d'abord tous les yeux se façonner à fleurs. La petite lambourde qui se forme au milieu des fleurs sera rabattue vers sa base, lorsque cette base sera dénudée et la lambourde trop allongée, afin d'obtenir une nouvelle lambourde plus rapprochée du corps de la branche. Ce rapprochement sera opéré partiellement, de distance en distance, sur les branches; si on négligeait de l'exécuter à temps, ces petites lambourdes trop allongées s'épuiseraient, la sève les abandonnerait, et elles périraient.

On aura soin de supprimer tout le bois sec ou mourant. On entretiendra une grande propreté sur les écorces, afin d'écarter les insectes et les teignes, qui causent un grand préjudice aux arbres et aux fruits.

On donnera des binages légers aussi souvent qu'il sera nécessaire pour empêcher les mauvaises herbes de croître; mais les labours à la bêche sont interdits au pied des pruniers; ils pourraient offenser les racines, et provoqueraient la sortie des drageons.

Quoique le prunier réussisse sous toutes les formes, on le cultive ordinairement, dans les vergers, à haute tige, greffé en tête, et planté à une distance de 6 mètres en tous sens. Il y a tout avantage à planter des tiges de sauvageons à cette même di-

stance et à les greffer la seconde année de la plantation, lorsqu'elles sont bien attachées au sol par leurs racines, parce qu'un
arbre greffé souffre plus de la transplantation qu'un arbre qui ne
l'est pas. Bien que les racines du prunier courent entre deux
terres lorsqu'elles ne trouvent pas moyen de plonger, il est très-
utile, avant de planter, d'ouvrir des tranchées profondes sur
toute l'étendue des lignes, parce que la circulation des émanations, des gaz et de l'humidité renfermés dans le sol, qui s'établit
dans les tranchées faites sur une grande étendue, facilite les
fonctions que les spongioles ont à remplir, puisqu'elle les dispense d'aller chercher loin du tronc de l'arbre les aliments
dont il a besoin. Une plantation opérée avec ces soins ne peut
manquer de prospérer.

On rabattra la greffe qui aura poussé sur ces tiges assez près
de son insertion pour obtenir trois ou quatre rameaux également
ment espacés, que l'on maintiendra d'égale force et qui formeront la charpente de l'arbre; on palissera ces rameaux sur un
ou deux cerceaux, afin de leur donner une direction évasée.
L'année suivante, à la pousse, on pincera le premier et le second
bourgeons placés au-dessous de l'œil terminal, aussitôt qu'ils
auront atteint de 0^m,028 à 0^m,036 de longueur. On continuera
ainsi jusqu'à ce que les branches, en se prolongeant, laissent
entre elles un espace vide. Alors on raccourcira les branches,
afin d'obtenir des ramifications qui remplissent ces vides. En
conséquence, après la taille, lors de la pousse, on pincera les
bourgeons placés au-dessous de l'œil terminal, pour faire
ouvrir plus bas un bourgeon qui formera la ramification dési-
rée; on fera en sorte qu'elles soient toutes situées du même côté,
afin d'éviter la confusion. Après trois ou quatre ans de soins
donnés à la formation et à la direction de la tête de l'arbre, on
pourra l'abandonner à sa végétation naturelle.

Nous possédons très-peu de bonnes variétés de prunes, lorsqu'il serait facile d'en obtenir un plus grand nombre. Nous
avions fait faire, pour atteindre ce but, un semis assez considérable au potager du roi, à Versailles. Parmi les pruniers
provenant de ce semis, une centaine environ portèrent des fruits
qui furent trouvés presque tous passables; mais aucun ne fut
jugé avoir assez de mérite pour être propagé. Deux arbres

seulement, dont les fruits, un peu inférieurs à la reine-claude pour l'apparence, étaient cependant meilleurs, furent conservés. Nous eûmes l'honneur de présenter à Louis XVIII une corbeille de ces fruits, qui, en effet, furent trouvés par Sa Majesté préférables à la reine-claude, dont l'eau est trop épaisse et trop sucrée, tandis que celle du nouveau fruit était beaucoup plus abondante et assez sucrée pour être très-agréable et exciter l'appétit. Il en est ainsi du chasselas de Fontainebleau, que l'on préfère généralement aux raisins du Midi, quoique ceux-ci soient beaucoup plus riches en principes sucrés que l'autre.

Nous ignorons ce que sont devenus les arbres que nous avons laissés au potager du roi ; plus tard nous n'avons pu en obtenir des greffes.

Ce semis était un premier pas vers l'amélioration de l'espèce ; pour en faire un second, il aurait fallu prendre les noyaux de ces nouveaux fruits, et continuer ainsi de toujours semer les fruits les meilleurs le plus récemment obtenus.

M. Van-Mons affirme que tous les pruniers provenant du troisième semis produisent d'excellents fruits, quoiqu'il n'ait rien trouvé, dit-il, qui surpassât la reine-claude.

Toutes les terres conviennent à la végétation du prunier, pourvu qu'elles ne soient point argileuses et qu'elles soient profondément défoncées. Les terres qui conviennent le mieux à cet arbre sont celles qui sont substantielles, douces et légères.

Lorsque les branches du prunier se dégarniront par le bas sur une trop longue étendue, et lorsque les pousses deviendront de plus en plus faibles, on procédera au ravalement de ces branches, que l'on greffera en fente. Nous possédons des pruniers qui fleurissaient très-abondamment chaque année sans parvenir à nouer leurs fruits, quoique les saisons fussent très-favorables ; depuis que nous les avons ravalés et greffés, ils donnent des récoltes très-satisfaisantes.

Les vergers plantés en prunier sont d'un grand rapport sur les bords du Rhin, ainsi qu'à Agen et dans ses environs, où il se fait un commerce considérable et très-lucratif de prunes sèches. On pourrait s'étonner que la culture du prunier destiné à ce genre de commerce ne s'étende pas et reste toujours confinée dans les mêmes cantons. Il est probable que cette fois on ne donnera pas pour raison de ce fait les qualités toutes particulières de la terre, puisqu'il est bien reconnu que le prunier croît partout où l'on veut le cultiver. Nous voudrions voir les propriétaires qui ont des terrains dont ils retirent peu de profit les planter en pruniers et les faire greffer en prunes d'Agen ; car ce fruit, étant séché, est toujours coté dans le commerce à un prix beaucoup plus élevé que les autres. La prune de Tours était autrefois en vogue ; mais la prune d'Agen et la *golden* drap, ou Coë, assez nouvellement obtenue en Angleterre, lui sont très-supérieures pour le séchage. Cette dernière mûrit en septembre ; elle est longue, très-grosse, très-charnue, sucrée ; elle est bonne étant crue, et fait les plus beaux et les meilleurs pruneaux que nous ayons encore vus ; l'arbre qui les porte produit très-abondamment.

La *quetschen* se reproduit constamment la même par la semence, pourvu que l'arbre sur lequel on la récolte n'ait pas été greffé. Le fruit de la *quetschen* est très-abondant, mais tardif.

Le prunier d'Agen doit être greffé ; l'arbre est très-productif. Le fruit est gros, charnu, sucré, et plus hâtif que la *quetschen* ; ce qui fait que, pouvant être séché dans la belle saison, il est mieux conditionné, sans que l'on soit obligé de le soumettre aussi souvent à la chaleur du four après qu'on en a retiré le pain.

Le prunier est un arbre que l'on peut facilement forcer dans les serres ; on plante à l'automne ou au printemps, dans des pots à ananas, des pruniers de deux ou trois ans de greffe, élevés pour cet objet sous une forme régulière. Les pots sont enterrés à une bonne exposition, très-aérée, où ils restent un an ou dix-huit mois avant d'être placés dans la serre ou sous les bâches. La plantation de ces arbres, faite dans des pots, dispose l'arbre à une fructification beaucoup plus abondante que si l'arbre avait été mis en pleine terre. On choisit de préférence pour chauffer la prune de mirabelle, parce que l'arbre rapporte beaucoup et noue bien son fruit. On chauffe aussi avec avantage la prune de Monsieur hâtive et la reine-claude. Les mêmes arbres peuvent être forcés deux ou trois ans de suite.

On ne cueille le fruit de ces arbres que sur la table, où ils figurent au dessert.

La prune, pour avoir toutes ses qualités, doit mûrir sur l'arbre; une légère secousse fait tomber celles qui sont arrivées à maturité. C'est le matin, à la fraîcheur, que l'on doit récolter ce fruit, et jamais après qu'il a été échauffé par le soleil. Si on cueille la prune avec la queue, et qu'on la dépose dans un lieu frais, elle peut se conserver pendant plusieurs jours.

La prune venue en espalier, à une exposition chaude, est plus grosse, plus belle, plus colorée et beaucoup plus sucrée que celles qui se sont développées en plein vent. Il n'en est pas de la prune comme de l'abricot, dont le parfum n'atteint la perfection que lorsque le fruit mûrit au grand air. La prune n'a point de parfum; sa chair est plus ou moins ferme, son eau plus ou moins sucrée. Il est remarquable que, dans les années très-abondantes, ce fruit manque de sucre; alors il reste fade. Les cultivateurs ne sauraient trop se persuader combien les fruits perdent de leurs qualités lorsqu'ils sont en trop grand nombre sur les arbres. Ils devraient savoir que les tissus d'un végétal ne préparent qu'un certain volume de sucs propres, par leur combinaison avec certaines parties des fruits, à se convertir en matières sucrées; que si les fruits, qui ont la faculté de s'approprier également tous ces sucs, sont trop nombreux pour que chacun en reçoive suffisamment, la transformation du fruit est incomplète : il reste acide, ou devient insipide et sans saveur. Il importe donc que la masse des fruits n'excède pas celle des sucs préparés pour leur perfectionnement. C'est au cultivateur à savoir établir l'équilibre, en ne laissant jamais trop de fruits sur les arbres; il vaut mieux, dans ce cas, rester en dessous de la proportion convenable que de la dépasser.

Le fruit du prunier est considéré comme nourrissant et rafraîchissant. Pris en trop grande quantité, surtout lorsqu'il n'est pas parfaitement mûr, ou dans les années où la récolte est trop abondante, il devient fiévreux. On le donne sous forme de pruneaux aux convalescents; il s'en fait une grande consommation dans nos hôpitaux.

Le prunier n'éprouve d'autres maladies que celles qui ont pour cause le peu d'analogie du sujet avec le rameau de la greffe, ou encore celles que peuvent occasionner des semences mal conditionnées. Il devient alors sujet à la gomme, qui, dans ce cas, malgré des incisions réitérées, reparaît toujours, tandis qu'elle cède aux incisions faites lorsque la maladie provient de la trop grande vigueur de l'arbre, ou d'une surabondance de sève déterminée par des engrais, ou par des circonstances atmosphériques extraordinairement propices à la végétation du prunier, ou enfin par une taille trop courte.

Les insectes qui attaquent le prunier sont les mêmes que ceux qui attaquent le cerisier; ce sont des vers et diverses sortes de chenilles qui apparaissent au moment de la floraison. Les cultivateurs des environs de Marly, de Bougival et autres communes, procèdent à la destruction de ces insectes, après une forte pluie, en secouant vivement chaque branche, l'une après l'autre, à l'aide d'un fort crochet entouré d'étoupe et fixé au bout d'un bâton. On répète cette opération plusieurs fois pendant et après la pluie, afin de déterminer plus facilement la chute des insectes. Il faut avoir la précaution de goudronner le tronc des arbres jusqu'à une hauteur de $0^m,40$, afin d'empêcher les insectes de remonter sur les branches.

Les meilleures espèces de prunes sont :

La Jaune hâtive, ou Prune de Catalogne.	Le Gros Damas violet.
La Prune royale.	La Reine-Claude ou Abricot vert.
Le Gros Monsieur hâtif.	La Reine-Claude violette.
La Mirabelle.	L'Impériale blanche.
Le Drap d'or.	La Prune de Saint-Maurin.
Le Perdrigon violet, ou Prune de Brignolles.	La Prune suisse.
	La Prune de Riom.

Les meilleures espèces à faire sécher sont :

La Golden drap, ou Coë.
La Prune d'Agen.
La Quetschen.

LIVRE CINQUIÈME.

DE L'ABRICOTIER.

———

Description de l'abricotier. De ses diverses pousses. Sa manière de végéter. On
peut soumettre l'abricotier à toutes les formes. Les fruits sont incomparablement plus savoureux lorsqu'ils mûrissent en plein vent. De la multiplication
de l'abricotier. Des sujets pour la greffe. Des terres propres à l'abricotier. Du
rajeunissement de l'abricotier. Il ne réussit point dans les serres.

L'abricotier est originaire de l'Arménie. Il est sujet à la
gomme. Cet arbre, d'une taille moyenne, est très-vigoureux
dans sa jeunesse ; son existence se prolonge pendant de longues
années lorsqu'on prend soin de le ravaler sur ses grosses branches. Le bois de cet arbre est dur, veiné de rouge ; il est revêtu
d'une écorce grisâtre ; celle qui enveloppe les racines de quelques variétés, telle que l'abricotier de Hollande, est d'un rouge
de corail vif. Ses rameaux sont très-étalés ; ils sont garnis de
feuilles placées dans un ordre alterne, larges à la base, en forme
de cœur, dentelées sur les bords, portées par de longs pédoncules, dont l'aisselle couvre des yeux simples, doubles, triples
et multiples, placés sur un support très-saillant, et très-rapprochés les uns des autres. Les fleurs sont sessiles, groupées le
long des rameaux ; elles sont blanches, inodores, soutenues
d'écailles et d'un calice souvent très-rouge ; elles s'épanouissent
ordinairement en mars ou avril, longtemps avant le développement des feuilles, ce qui les expose souvent à être atteintes
par les gelées printanières, qui les détruisent avant même
qu'elles soient épanouies : les jardiniers appellent cela geler en
bourre.

Les fleurs ont un calice monophylle, dont le tube est campa-
nulé, et dont le limbe est découpé en cinq divisions ovales ré-

fléchies; leurs cinq pétales arrondis, légèrement onguiculés, sont insérés à l'orifice du tube du calice; elles portent une trentaine d'étamines, insérées sur deux rangs, au même lieu que les pétales; elles ont les filets simples, les anthères ovales, bilobées, biloculaires, et s'ouvrant latéralement; un ovaire libre, uniloculaire, pubescent, ovale, surmonté d'un style simple, de la hauteur des étamines, terminé par un stigmate élargi et papilleux, échancré d'un côté en sillon qui descend en spirale le long du style, jusqu'à la base de l'ovaire; cet ovaire contient deux ovules pendants. Le fruit appartient au genre de ceux que les botanistes appellent drupe; il est arrondi, divisé sur l'un de ses côtés par un sillon longitudinal; il est formé d'une peau adhérente à une chair plus ou moins savoureuse, parfumée, qui recouvre un noyau formé de deux valves qui ne s'ouvrent naturellement que par la germination; le noyau contient une grosse amande blanche à deux lobes, douce ou amère, renversée, c'est-à-dire dont la radicule est dirigée vers le sommet du fruit.

Les diverses pousses de l'abricotier sont des rameaux à bois et à fruits tout à la fois. Les rameaux de l'année sont garnis de boutons à bois et à fruits entremêlés sur toute leur étendue, très-rapprochés les uns des autres, placés dans un ordre alterne. Les yeux de ces rameaux se façonnent à fleurs multiples dans l'année même de la formation du rameau, pour s'épanouir au printemps suivant; ces yeux sont gros, placés sur un support très-saillant, surtout vers l'extrémité de chaque rameau. Il arrive souvent, lorsque les arbres sont vigoureux, qu'après le solstice d'été les yeux situés vers le haut des rameaux s'ouvrent en petites brindilles de 0^m,05 à 0^m,20 de longueur, garnies de boutons à fleurs et à bois; pareille chose arrive aussi quelquefois dans le bas des rameaux vigoureux. Il en résulte que l'abricotier s'épuise en productions tardives qui, souvent, n'ont pas le temps de s'aoûter avant l'hiver, et dont les extrémités périssent à cette époque. Cet arbre a une végétation extrèmement irrégulière; tantôt il pousse à peine, d'autres fois il se développe avec excès.

Les branches se dénudent à mesure qu'elles vieillissent; l'extrémité des lambourdes cesse de pousser; elle se dessèche, noir-

cit et meurt. Tels sont la marche et les accidents de la végétation naturelle de l'abricotier. C'est au cultivateur à prévenir la
dénudation des branches, en rabattant à temps les lambourdes
sur un œil à bois placé vers leur insertion. Il doit être attentif
à supprimer, avant le mouvement de la sève, tous les bois morts
ou mourants, et les tailler toujours beaucoup au-dessous de la
partie morte. Les désordres d'une végétation aussi irrégulière
proviennent en grande partie du défaut de régularité de circulation de la sève dans un arbre aussi sujet à la gomme que l'a-
bricotier. Cet arbre doit toujours être taillé de très-bonne heure.
On apportera le plus grand soin à répartir la sève le plus également possible dans les rameaux composant la charpente de
l'arbre, aussi bien que dans toutes ses parties ; cette égalité de
force est plus nécessaire à l'abricotier qu'à tout autre arbre. On
doit éviter autant que possible d'être forcé de supprimer des
rameaux à la taille ; c'est par le pincement et par un ébourgeonnement très-suivi que l'on maîtrisera les pousses de cet arbre
et qu'on atteindra ce but. On supprimera par le pincement tous
les bourgeons doubles ou triples ; on pincera très-exactement
les deux ou trois bourgeons qui se développent ordinairement
au-dessous de l'œil terminal de chaque rameau un peu fort. On
pincera très-sévèrement les bourgeons qui sont devant et derrière les branches, et enfin ceux qui sont sur les côtés, lorsqu'ils annonceront devoir prendre trop de force ; ensuite on les
raccourcira à deux ou trois yeux lors de la taille. On ne laissera
développer que les bourgeons qui peuvent trouver place sans
faire confusion et sans rompre l'équilibre de la sève, afin de
n'avoir presque rien à supprimer lors de la taille.

L'abricotier doit nécessairement être traité avec tous les ménagements que nous recommandons, lors même qu'il est en plein
vent. On aura recours au besoin aux incisions, sans cependant
les prodiguer. On visitera souvent les arbres pour nettoyer jusqu'au vif les plaies occasionnées par la gomme, et on aura soin
d'appliquer, après le pansement, de la terre franche pétrie avec
de la bouse de vache sur toutes celles qui sont un peu considérables.

Quoiqu'il soit aisé de soumettre l'abricotier à toutes les formes, puisque cet arbre produit très-facilement des bourgeons

sur la vieille écorce, nous n'en conseillons qu'une seule : celle de vase monté sur une tige plus ou moins élevée, parce que ce n'est qu'en plein vent que les fruits de l'abricotier acquièrent une chair succulente, sucrée et parfumée ; elle reste toujours fade, sans saveur et insipide, lorsque ce fruit mûrit contre les murs. La chaleur seule ne suffit pas pour faire développer dans ce fruit le sucre et le parfum dont il est susceptible ; il faut encore qu'il soit exposé à l'action du grand air. On peut cependant avoir en espalier un ou deux abricotiers de l'espèce connue sous le nom d'*abricotin,* par cela seul que cette variété a le mérite d'être très-hâtive.

L'abricotier se multiplie de semence ; nous ne connaissons que l'abricot de Hollande et l'Alberge qui se reproduisent constamment les mêmes, pourvu toutefois que la semence n'ait pas été récoltée sur un arbre greffé. Les autres variétés donnent toutes, par le semis, des fruits assez bons pour faire croire qu'il n'y a pas d'abricotier sauvage.

On propage les variétés par la greffe sur des sujets de prunier de Saint-Julien ou de gros Damas noir. Il serait plus naturel de les greffer sur abricotier, mais les pépiniéristes prétendent que ce n'est pas l'usage. Nous n'avons pas d'expériences assez positives à cet égard pour donner notre avis ; mais nous pensons que la végétation de l'abricotier, s'il était greffé sur lui-même, serait plus régulière, et que les arbres traités de cette manière seraient moins sujets à la gomme et ne produiraient pas de drageons comme le prunier. Nous sommes fondé à croire qu'ils seraient moins sujets à la gomme, parce que nous avons fait élever un certain nombre d'abricotiers venus de noyaux, qui ont tous porté des fruits sans donner signe de gomme. On peut aussi greffer l'abricotier sur amandier et sur pêcher.

Les terres riches et légères sont les plus favorables à la végétation de l'abricotier, dont la tête doit toujours être exposée au soleil et au grand air.

Nous ne cultivons que l'abricot Noor, parce qu'il a, sur l'abricot-pêche, l'avantage de mûrir aussi bien du côté qui reste dans l'ombre que du côté exposé au soleil ; il est plus sucré, plus juteux, plus savoureux que l'abricot-pêche, après lequel il mûrit immédiatement.

On rajeunit l'abricotier lorsque les branches sont dégarnies sur une trop grande étendue, et lorsque les pousses sont affaiblies ; alors on recèpe les grosses branches assez près de la tige ou de la greffe ; on couvre ensuite les plaies avec de la poix à greffer ou de l'onguent de Saint-Fiacre. A la pousse, on choisira, parmi ceux qui sortiront au-dessous du ravalement, les jets les plus vigoureux et les mieux placés pour remplacer les branches supprimées ; on pincera les autres de manière à ce qu'ils se bornent à attirer vers la plaie la sève qui est nécessaire pour la cicatriser. Ce ravalement doit être fait de très-bonne heure, et toujours avant que la sève soit en mouvement. Il faut bien se garder d'imiter les jardiniers qui attendent, pour opérer, que les fleurs aient été détruites par les gelées printanières ; il résulte de ce faux calcul, non-seulement qu'il y a une grande perte de sève, mais encore que le nouvel arbre s'établit sur des pousses tardives, mal conditionnées, qui s'aoûtent difficilement, et qui, par la suite, ne donnent jamais de bons résultats.

L'abricotier n'est pas propre à être chauffé dans les serres ou sous des bâches ; les fruits obtenus par ce moyen, parvenus à leur grosseur, se gercent et se fendent lorsqu'ils approchent de la maturité qu'ils ne peuvent atteindre. Nous n'avons pu encore nous rendre raison de ce fait.

LIVRE SIXIÈME.

DU CERISIER.

CHAPITRE Ier.

Du cerisier en général.

Le cerisier fut apporté de l'Asie en Italie par Lucullus, l'an
de Rome 680. Nous en distinguons aujourd'hui plusieurs espèces, savoir : les merisiers, les guigniers, les bigarreautiers
et les cerisiers. Le merisier croît dans les forêts : c'est un arbre
élevé, dont les branches sont horizontales ; les guigniers et les
bigarreautiers forment des arbres moins hauts, mais plus gros,
et ne se trouvent que dans les endroits cultivés : les rameaux de
ces arbres sont gros et pendants. Le fruit du guignier a la chair
molle, celui du bigarreautier l'a ferme et croquante. Les cerisiers se divisent en deux espèces, l'une à rameaux droits, l'autre
à rameaux flexibles et pendants.

Les feuilles sont placées sur les rameaux dans un ordre alterne; elles sont ovalaires, allongées, pointues par les deux
extrémités, dentelées et surdentelées par les bords, portées sur
de longues queues.

Les fleurs, qui s'ouvrent en mars et avril, sont composées
d'un calice en godet percé par le fond, et fendu sur les bords
en cinq échancrures concaves; de cinq pétales blancs, arrondis,
minces ; de vingt à trente étamines; d'un embryon arrondi,
qui porte un style terminé par un stigmate. Ordinairement, il
sort d'un bouton plusieurs fleurs dont les pédoncules sont attachés sur un support commun.

Les fruits sont succulents et couverts d'une peau mince et

lisse ; ils renferment un noyau dur et ligneux qui contient une petite amande.

Le cerisier a quatre écorces : la première est coriace et très-dure ; la deuxième, coriace, est beaucoup moins solide ; la troisième, spongieuse et fort tendre, a les fibres transversales et en spirale ; la quatrième est spongieuse : ses fibres sont longitudinales. Cet arbre est sujet à la gomme, que l'on guérit ou que l'on prévient au moyen d'incisions longitudinales faites sur la première écorce.

Le bois du cerisier est agréablement veiné ; il prend un beau poli ; il est employé par les luthiers, parce qu'il est très-sonore.

Les branches à bois sont le jet de la greffe ou les rameaux les plus forts. Chaque rameau est garni, dans toute son étendue, d'yeux simples, très-saillants dans les arbres à bois droit. L'année suivante, ces mêmes yeux, excepté les deux ou trois qui sont placés au-dessous du bourgeon terminal, se façonnent en boutons à fleurs, composés de huit à dix boutons, qui fleurissent au printemps suivant, c'est-à-dire la troisième année après la formation du rameau ; les deux ou trois yeux qui se trouvent au-dessous du bourgeon terminal s'ouvrent en bourgeons à bois et à fleurs. Il sort ordinairement du milieu des boutons à fleurs un bouton à bois qui s'allonge de $0^m,02$ à $0^m,05$. Ce petit rameau n'est évidemment qu'une lambourde, qui, pendant trois ou quatre ans, s'allonge si peu qu'elle ne rend jamais l'arbre épais ni diffus, à moins que l'allongement de ces lambourdes ne soit excité par la taille ou par la trop grande vigueur de l'arbre. Les branches, dans le cerisier, se dégarnissent moins promptement que dans le prunier. Les cerisiers à bois pendant se dégarnissent plus tôt que les autres.

Les rameaux sont toujours terminés par un œil à bois. Les boutons à fleurs sont plus rapprochés les uns des autres vers l'extrémité supérieure de chaque pousse que dans le bas.

La plupart des boutons fleurissent dans la troisième année, et sont remplacés par une petite lambourde au bas et autour de laquelle sont groupés cinq ou sept boutons à fleurs ; les yeux à bois s'allongent en bourgeons ou en brindilles. Les lambourdes sont beaucoup plus minces et plus courtes que les brindilles ;

les unes et les autres sont garnies de boutons solitaires ou multiples à bois ou à fleurs. Si l'œil à bois, qui termine ordinairement
la brindille ou la lambourde, n'existe pas, ou si, par un accident quelconque, il ne se prolonge pas, elles sèchent, meurent,
et laissent un vide, à moins qu'il ne se trouve quelques yeux
latents à leur base. On ne doit pas attendre que ces productions
soient entièrement usées pour les rapprocher ; on force par ce
moyen à s'ouvrir les yeux qui sont à leur base. Les dards ne
semblent pas exister dans le cerisier.

La taille, toujours assez longue, qu'on opère sur le cerisier,
n'a pas d'autre but que de prévenir les vides qui pourraient se
manifester, et de faire ouvrir des bourgeons à l'endroit nécessaire pour remplir ceux qui se sont faits. Nul arbre n'est aussi
docile et ne forme sur les murs un tapis plus régulier et plus
agréable, pour peu qu'il soit bien dirigé.

L'ébourgeonnement sera différé jusqu'à la fin de la saison ;
au lieu de supprimer les bourgeons trop vigoureux que l'on
aura négligé de pincer, on les raccourcira sur deux ou trois
yeux, afin de leur faire produire de petites branches à fruits.

Si quelque partie d'une branche se dégarnit, on peut, en la
rapprochant, obtenir sur l'écorce la sortie de quelques bourgeons, même dans les parties les plus basses de l'arbre ; aussi le
cerisier exige-t-il peu de soins pour la direction de ses rameaux,
que l'on peut ranger dans l'ordre le plus régulier, sans crainte
que les branches placées verticalement prennent trop de force
aux dépens des autres.

CHAPITRE II.

De la multiplication.

Des sujets. De la greffe. Le cerisier se prête à toutes les formes ; il doit être peu
taillé. Du cerisier en espalier. Du cerisier à haute tige. Quelle terre lui convient.
On force le cerisier avec avantage. Des insectes qui attaquent le cerisier. Catalogue des meilleures variétés.

On multiplie le cerisier par les semis, afin d'obtenir de nouvelles variétés, et on propage les bonnes variétés obtenues par
la greffe sur des sujets de merisiers noirs, pour former de grands

arbres, ou sur des sujets de Sainte-Lucie, pour former des arbres beaucoup moins élevés.

On se procure des sujets de merisiers et de Sainte-Lucie en récoltant des graines de ces espèces sur des arbres sains et vigoureux, et en plaçant ces graines au germoir, avant l'hiver, pour les en retirer en germination en mars ou à la mi-avril. A mesure que l'on plantera dans la pépinière ces graines, dont le germe est développé, on pincera la pointe de la radicule, excepté lorsqu'on destine le plant à rester en place pour y être greffé ; dans ce cas, on laisse le pivot intact. Le terrain aura dû être défoncé et fumé. On plantera à 0^m,50 de distance sur les lignes ; ces lignes seront espacées entre elles de 0^m,65. On donnera à ce plant les façons d'usage dans les pépinières, ainsi que nous l'avons déjà indiqué.

Lorsque les jeunes sujets destinés à former des espaliers, des vases ou des pyramides, seront assez forts pour être greffés, on les écussonnera à œil dormant vers la mi-juillet, à 0^m,10 ou 0^m,12 au-dessus du sol.

Les sujets destinés à former des tiges plus ou moins élevées seront élagués peu à peu, ainsi que nous l'avons indiqué pour l'éducation des pommiers et poiriers égrains (page 260). Lorsque les tiges auront acquis la hauteur voulue, on les écussonnera à œil dormant, ou bien on les greffera en fente au printemps.

Les cerisiers destinés à être plantés contre les murs ou à former des vases et des pyramides seront enlevés de la pépinière après la seconde année de la greffe. On les plantera avec tous les soins que nous avons recommandés pour la transplantation des arbres.

Le cerisier se prête à toutes les formes que l'on veut lui faire prendre, pourvu que l'on ne fasse usage de la taille que pour établir la charpente de l'arbre, et qu'une fois établie on ne s'occupe que de l'étendre, et non de le concentrer. On évitera autant qu'on le pourra les suppressions en pinçant les bourgeons mal placés qui tendraient à se développer. A la taille, on n'aura plus qu'à raccourcir ces bourgeons sur trois ou quatre yeux, au lieu qu'on aurait été forcé de les supprimer si on les avait laissés se développer en liberté.

On raccourcira à temps les brindilles et les lambourdes pour les rajeunir, et toujours avant qu'elles soient trop épuisées.

S'il se fait des vides, on pourra les remplir en taillant sur le gros bois, afin d'obtenir des émissions qu'on mettra à profit.

Enfin, si les branches se dégarnissent sur une trop longue étendue, on pourra les ravaler près de la tige, afin de les greffer toutes en fente ou en couronne, pour rajeunir l'arbre, et lui donner une nouvelle existence et une forme que l'on dirigera comme la première.

Quant aux cerisiers à tige, plantés en ligne ou dans des vergers, on aura dû, en les plantant, les rabattre assez près de l'insertion de la greffe pour leur faire pousser cinq ou six rameaux qui seront distribués à égale distance les uns des autres, et maintenus d'une égale force pendant toute la durée de la pousse. Ce sont ces rameaux, auxquels on donnera une direction évasée, qui formeront la charpente de la tête de l'arbre. On pourra palisser ces rameaux sur un ou deux cerceaux. Ces cerisiers seront ainsi dirigés pendant trois ou quatre années, et pourront ensuite être abandonnés à leur végétation naturelle.

Lorsque les productions fruitières de ces arbres seront usées, on les rajeunira en rabattant les branches formant la charpente de l'arbre près de leur insertion, afin de les greffer en fente ou en couronne.

Le cerisier croît dans presque tous les terrains en pente, légers, chauds et substantiels.

On peut chauffer les cerisiers en espaliers, ou seulement en hâter la maturité, en plaçant des vitraux mobiles contre les murs où ils sont plantés. (Voir à cet égard, page 185, ce qui a été prescrit pour le pêcher, afin d'en faire l'application au cerisier pour ce qui lui convient.)

Le plus grand obstacle à la culture en serre du cerisier est d'opérer la destruction d'une très-grande quantité de diverses espèces de chenilles, de vers, de teignes, qui pullulent sur cet arbre. Nous avons compté jusqu'à sept sortes de ces insectes, qui paraissent à mesure que les diverses pousses se développent ; beaucoup sortent d'entre les écailles qui recouvrent les boutons de fleurs, qui sont dévorées à mesure qu'elles s'épanouissent. Il en est de même des feuilles, sur lesquelles s'attache une teigne qui pique le fruit à peine noué, et qui le fait tomber avant la maturité.

Le jardinier, pour détruire ces insectes dans les serres, doit être armé d'une petite pince très-délicate, afin de les saisir un à un. Les soins les plus suivis doivent être donnés aussitôt que le premier mouvement de la sève s'annonce, et se prolonger jusqu'au parfait épanouissement des fleurs.

On chauffe aussi le cerisier en pots que l'on place dans une serre ou sous une bâche. Ces cerisiers sont choisis parmi ceux qu'on a greffés sur Sainte-Lucie, ayant deux ans de greffe, qu'on plante dans des pots à ananas, et qu'on enterre à une bonne exposition aérée, où ils restent un an ou dix-huit mois avant d'être introduits dans les serres. Les espèces que l'on choisit pour chauffer sont à bois droit; on chauffe ordinairement la cerise anglaise.

Le jardinier doit greffer et élever lui-même les cerisiers qu'il destine à être mis en pots, parce que les pépiniéristes ne rabattent jamais assez près de terre le jet des greffes pour que ces arbres prennent, dès leur début, la forme pyramidale qu'ils doivent avoir avant d'être empotés. La forme de ces arbres, lorsqu'ils paraissent sur les tables au dessert, ajoute beaucoup d'agrément au mérite des fruits, qui sont alors répartis également sur l'arbre.

Les meilleures cerises sont :

La Cerise anglaise hâtive.
La Belle de Choisy.
La Cerise du Nord tardive.
La Griotte de Chaux.
La Guigne à fruit rouge.
La Cerise de Portugal.

Le Gros Bigarreau noir luisant.
La Cerise ambrée.
La Belle magnifique, ou Belle de Châtenay tardive.

LIVRE SEPTIÈME.

DU GROSEILLIER.

CHAPITRE Iᵉʳ.

Les groseilliers à grappes.

Description du groseillier. Sa manière de végéter. Soins particuliers pour sa multiplication. Forme à lui donner. De la taille. Des différentes sortes de groseilles à grappes.

Les bourgeons du groseillier à grappes contiennent des yeux à bois, des yeux à feuilles et d'autres à fleurs; leur extrémité est toujours terminée par un œil à bois. Ces bourgeons, droits et flexibles, prennent une direction verticale. Leur grosseur, leur longueur et leur nombre sont en raison de la qualité du terrain, de l'âge du sujet et de la taille plus ou moins allongée qu'il a reçue. Les jeunes bourgeons sont sillonnés d'une espèce d'épiderme blanchâtre, cendré, qui tombe au premier printemps; ils sont recouverts de quatre écorces, toutes analogues à celles du cerisier : la première et la seconde sont cylindriques et très-coriaces; les fibres de la troisième, qui est spongieuse et fort tendre, sont transversales et en spirale; enfin la quatrième est spongieuse, et ses fibres sont longitudinales.

Les feuilles qui se développent sur les bourgeons sont alternes, pétiolées, simples, découpées peu profondément en trois grandes pièces principales, bordées de dents inégales, terminées par une pointe glanduleuse.

A la base des feuilles sont des yeux pointus, bruns et saillants : ceux à bois et à feuilles sont solitaires; ceux à fleurs sont recouverts de trois écailles, dont deux sont caduques; la troisième est une petite foliole persistante. Du centre de ce bouton sort une seule grappe, accompagnée de chaque côté de deux rosettes composées chacune de trois feuilles, toutes d'une dimension remarquablement inégale. Ces rosettes ont à leur extrémité le rudiment nécessaire à leur prolongement.

Les fleurs s'épanouissent dès le commencement du printemps; elles sont rangées sur une grappe au nombre de dix à quinze, attachées à la râfle par des pédoncules fort déliés, sortant d'une très-petite collerette persistante, qui semblerait destinée à maintenir le pédoncule à sa base. Les fleurs, petites, d'un vert jaunâtre, sont composées d'un calice en godet évasé divisé en cinq échancrures; de cinq pétales, de cinq étamines fort courtes; d'un pistil dont le style, fendu en deux branches, est placé sur un embryon qui devient une baie fondante, succulente, d'un goût aigrelet ou acide, contenant de quatre à douze pepins, et recouverte d'une peau fine, unie, luisante et transparente, terminée par les débris de la fleur qui sont persistants sur la baie. Les fruits mûrissent en juin et juillet.

Au printemps, l'écorce des rameaux devient lisse, luisante, d'un brun foncé. Lorsque l'œil terminal s'allonge, il sort communément près de sa base, sur le rameau de l'année précédente, une ou plusieurs grappes, accompagnées de leurs deux rosettes; les autres yeux qui sont placés au-dessous s'ouvrent à bois, en rosettes, ou à feuilles. Le bouton des rosettes en renferme toujours deux, avec ou sans grappe solitaire. Lorsque les rosettes prennent le caractère de brindilles, elles sont d'autant plus allongées qu'elles sont plus rapprochées du bourgeon terminal.

Le groseillier porte donc quelques fruits vers le haut du rameau de la dernière pousse; mais, pendant le cours de la saison, les yeux qui sont à la base des feuilles des rosettes, sur ce même rameau, se façonnent en boutons à fleurs, ainsi que les autres, pour s'épanouir au printemps suivant. On peut, dès la chute des feuilles, apercevoir les nombreux boutons qu'elles ont alimentés, et qui promettent d'abondantes récoltes pour l'année suivante, c'est-à-dire pour la troisième année de la formation de cette portion de la branche. A la quatrième année, cette même portion de la branche donnera une récolte encore plus abondante; mais, passé cet âge, elle tendra à se dénuder et à devenir stérile.

Telle est la marche que suit la végétation du groseillier; elle nous indique celle que nous devons adopter pour obtenir régulièrement de cette plante tout ce qu'elle peut produire, soit en qualité, soit en quantité, sans trop altérer son existence.

Notre expérience et nos observations nous ont conduit à élever le groseillier en pépinière, en le propageant de boutures prises sur des pieds en plein rapport, sains et vigoureux, non sujets à la coulure, et portant de longues grappes garnies de grains transparents et bien espacés.

Nous plantons le groseillier à l'air libre, et en massif plutôt qu'en ligne dans des plates-bandes; nous avons trouvé, dans ce mode, propreté, économie de terrain et de temps, soit pour la culture, soit pour la récolte du fruit. La distance que nous laissons entre chaque touffe est de $1^m,35$ en tous sens.

Le jeune plant de groseillier doit être bien enraciné; on le rabattra, en le plantant à demeure, sur trois ou quatre yeux, afin d'obtenir trois ou quatre bourgeons qui formeront le commencement des premières branches. On détruira avec soin tous les bourgeons qui se montreraient sur la souche; les cultivateurs de Louveciennes emploient pour cette opération une houlette étroite, coupante, et montée sur un long manche.

Au moment de la taille, les trois ou quatre jeunes rameaux destinés à la formation de la touffe seront raccourcis, suivant leur force, sur le premier œil bien constitué le plus rapproché du sommet. Il ne faut pas perdre de vue que ce seront les rosettes que cette taille favorisera qui donneront une récolte abondante l'année suivante, et que les grappes, sur le groseillier à fruit rouge ou blanc, sont toujours plus grosses et plus multipliées vers le haut de la portion de branche en rapport que vers la base. Ainsi, une taille trop allongée, laisserait les yeux du bas improductifs; de plus il est préférable de faire naître le fruit près du sol, sans toutefois l'exposer à être sali par la terre. Les premières grappes doivent être à environ $0^m,35$ au-dessus du sol.

Si après cette taille les yeux du haut s'ouvrent en bourgeons, on les raccourcira à la taille suivante en coursons, comme on le fait pour la vigne. On continuera d'année en année à étendre ainsi le prolongement de chaque branche, sans y laisser s'établir de ramification; il ne doit s'en trouver que dans le bas des

branches, et lorsqu'elles sont jugées nécessaires à la création
de nouveaux membres, soit pour le remplacement des anciens,
soit pour le remplissage d'un vide. On augmentera successivement le nombre des branches, suivant l'âge et la force de la
plante. On ne laissera se développer que les bourgeons nécessaires à la formation graduelle de ces branches composant la
charpente de l'arbre, dont le nombre ne doit pas dépasser neuf
ou dix, non-seulement afin d'éviter la confusion, mais encore
pour permettre à l'air de circuler entre les branches, et pour éviter que leurs productions ne soient étiolées. Ce n'est qu'après
six ou sept années qu'une touffe de groseillier est formée et
qu'elle atteint le maximum de son rapport. Toutes ses branches
doivent être disposées de manière à présenter la forme d'un vase.

En suivant régulièrement cette méthode, les branches se
trouveront chaque année surmontées d'une nouvelle pousse.
Lorsqu'une branche sera composée de six pousses, on la supprimera avant que la septième se soit développée; dans ce cas,
on aura pourvu à son remplacement en favorisant la croissance
d'un jeune bourgeon sorti du talon d'une autre branche. S'il ne
se présente pas de bourgeon, on opérera néanmoins la suppression, parce qu'elle provoquera presque toujours la sortie d'un
bourgeon de remplacement; on favorisera ce bourgeon dans
sa pousse.

Il est à propos de faire remarquer qu'en supprimant régulièrement une ou plusieurs branches pour maintenir la touffe
du groseillier dans l'état le plus favorable à sa fructification,
on est forcé de sacrifier les deux dernières pousses qui la terminent avant qu'elles aient produit; la troisième pousse, celle d'a-
près, n'aura produit qu'une fois; la quatrième, celle du dessous,
aura donné deux récoltes; la cinquième en aura donné trois,
et enfin la sixième, la plus ancienne, aura porté quatre récoltes,
après lesquelles cette sixième portion de la branche commence
à se dénuder : elle deviendrait bientôt tout-à-fait stérile et ab-
sorberait inutilement une quantité de sève qu'il vaut mieux faire
refluer vers les portions de branches qui produisent. En un mot,
il faut, autant que possible, ne point laisser de bois inutile sur
les branches, ce qui est facile en les supprimant toujours à propos et avant qu'il s'en établisse. C'est par cette raison que, l'an-

née même où l'on supprime une branche, on retranche par
avance, après que le fruit est noué, les deux dernières pousses
du sommet qui absorberaient inutilement beaucoup de sève;
cette opération favorise le fruit noué et le bourgeon de remplacement.

Nous avons l'habitude de ne point laisser subsister de branche
au-delà de l'âge de cinq à six ans, tant pour ne point donner
trop d'élévation aux branches, que pour éviter surtout d'épuiser la souche en lui laissant alimenter des portions de bois dé-
nudées et inutiles à une belle fructification. Nous avons observé
que la portion de branche qui a atteint quatre ans est tellement
chargée de fleurs, et que les grappes y sont si multipliées, si
rapprochées les unes des autres, que les feuilles qui devaient les
alimenter et les accompagner avortent; il en résulte que la
plante s'épuise, que le fruit reste petit, peu succulent, et que
les grappes, réunies en paquet, ne permettent pas à l'air de
faire disparaître l'humidité causée par les pluies ou par les rosées; alors la moisissure s'établit au centre et avarie promptement toute la masse, et, dans ce cas, l'abondance cause un double préjudice au cultivateur. Nous n'avons encore rien trouvé
qui ait pu obvier promptement à cet inconvénient. En résumé,
le groseillier doit être conduit de manière à ce que chaque
branche arrive successivement à être composée de six pousses
placées au-dessus les unes des autres, et il est nécessaire de
supprimer les branches avant qu'elles soient surmontées de la
septième.

Les personnes qui récoltent chaque année beaucoup de groseilles, sans avoir pris aucun soin des arbres, seront très-portées
à croire qu'il est parfaitement inutile d'appliquer l'art de la
taille et de la culture à leurs groseilliers; dans ce cas, elles continueront à n'obtenir que des fruits inégaux en volume, et des
grappes dont les grains ne contiennent qu'un jus aigre et peu
abondant. Il faut cependant que ces personnes sachent que le
groseillier bien cultivé offre des fruits tellement beaux qu'on
croirait qu'ils appartiennent à une variété inconnue chez nous.
C'est surtout en Hollande que nous avons remarqué pour la
première fois combien la culture a d'influence sur la beauté et
la saveur des fruits du groseillier.

Le groseillier peut s'élever sur une seule tige, mais il réussit mieux en touffe ; cette touffe est composée de trois pieds plantés en triangle dans le même trou. Il se propage ordinairement de boutures, de marcottes et d'éclats. On a la mauvaise habitude, lorsqu'il a épuisé la terre où il est planté, de l'arracher et d'éclater les plus jeunes brins pour les placer dans une autre terre. Les habitants de Marly, de Louveciennes, de Voisme, de La Selle, de Saint-Cloud, etc., qui cultivent une grande quantité de groseilliers en plein champ, préfèrent le propager de boutures mises en pépinières, où elles restent deux ans. Ces cultivateurs apportent beaucoup de soin dans le choix de ces boutures ; ils les prennent sur les touffes qu'ils ont marquées pendant la belle saison comme les plus franches, c'est-à-dire comme n'étant point sujettes à la coulure, dont les feuilles sont larges et d'un beau vert, les pousses vives, élancées, bien nourries, les grappes longues, le grain transparent, gros, et bien espacé sur la grappe. On conçoit facilement qu'une variété de fruit quelconque, toujours propagée avec de tels soins, doit se conserver bonne et abondante aussi longtemps que l'homme voudra s'occuper de sa propagation. Cependant quelques auteurs, dont la science d'ailleurs a excité notre admiration, ont émis assez récemment une opinion toute contraire ; ils prétendent que les variétés, ainsi que les individus, n'ont qu'une existence limitée, et qu'elles disparaissent totalement lorsqu'elles ont atteint cette limite. Ils se fondent sur ce que le rameau, soit de la greffe, soit de la bouture ou de la marcotte, dont on se sert pour les propager, n'est que la continuation d'une portion d'un individu périssable, plus ou moins près de sa fin. Ce raisonnement serait fondé si l'on prenait le rameau toujours sur le même individu, ou sur des individus âgés ou maladifs ; il arriverait une époque où cette portion d'un individu malade, caduc, reproduirait la maladie ou la caducité ; dans ce cas seulement la variété périrait, ainsi que son type. Nous citerons un fait à l'appui de cet axiome. Nous possédions, dans notre domaine de Ville-sur-Arce, un pommier de Rambourg d'été dont le fruit était d'une grosseur extraordinaire. Cet arbre avait déjà dépassé l'âge de cent cinquante ans que les habitants des villages environnants continuaient toujours d'y venir prendre des greffes. A la fin, les

arbres qui en provenaient devinrent chancreux, galeux, atteints,
en un mot, de toutes les infirmités de la caducité. En conclura-
t-on que cette variété était arrivée au terme de sa durée, ainsi
que tout ce qui provenait d'elle? N'est-il pas évident que, si
cette belle variété eût été moins extraordinaire, on n'aurait pas
pris exclusivement des greffes sur le type même, et que, si l'on
avait agi d'après les principes des gens de Louveciennes, cette
variété serait encore dans toute la force de sa première jeunesse,
parce que c'est sa force, sa jeunesse, et non sa caducité, que
l'on eût toujours propagée en prenant des rameaux sur des sujets vigoureux ? Ceci nous indique suffisamment que nous devons attribuer le dépérissement de nos meilleures variétés de
fruits à l'ignorance des causes qui l'ont produit plutôt qu'à la
nature, tellement bienfaisante dans ses dons qu'elle nous a
donné la possibilité de les propager et de les maintenir toujours purs, toujours jeunes et durables. Nous nous sommes déjà
expliqué à cet égard plus amplement aux articles *Poirier* et
Pommier ; nous espérons que le lecteur est devenu plus familier avec notre méthode, et que nous sommes mieux compris.
Nous terminerons en ajoutant que l'observateur attentif, qui se
rend compte des procédés employés journellement sous ses
yeux, peut également puiser dans tous, bons ou mauvais, d'u-
tiles leçons. En effet, nous venons de voir que les cultivateurs
de Ville-sur-Arce ont, à cet égard, contribué à notre instruction
aussi bien que ceux de Louveciennes (1).

_____

(1) Les cultivateurs de Louveciennes ne sont pas les seuls qui aient reconnu
que la bouture choisie avec discernement était le moyen le plus assuré de propager les variétés dans toute leur pureté ; ceux de Thomery ont également reconnu cette vérité pour la vigne : ils s'en servent même comme d'un moyen
de perfectionner les variétés. Ainsi, un cep qui porte accidentellement des fruits
plus hâtifs, plus beaux qu'un autre, est marqué pour fournir des boutures ou
crossettes. S'il arrive à ces cultivateurs attentifs de marcotter une vigne usée,
ruinée, ce n'est jamais pour se servir eux-mêmes de ces marcottes, mais bien pour
les vendre ; c'est le dernier produit qu'ils tirent d'une mauvaise souche, avant
de la mettre au feu. De là vient que les particuliers qui achètent ces sortes de
plants s'étonnent que du provin, acheté à Fontainebleau même, produise de mauvais fruit, et encore en petite quantité ; ils s'en prennent alors à leur terrain, et
se persuadent que celui de Fontainebleau est éminemment et exclusivement propre à la culture de la vigne. Cette erreur est tellement accréditée que nous n'o-
sons nous flatter de la détruire entièrement. Quoi qu'il en soit, ces cultivateurs se
rendent coupables d'un abus de confiance envers les acquéreurs, puisqu'ils agissent avec connaissance de cause. Mais on ne peut nier que les variétés chez

Nous avons dit que les cultivateurs de Louveciennes aimaient mieux propager le groseillier par des boutures que par des éclats pris sur les vieilles souches qui ont épuisé la terre et qui sont elles-mêmes ruinées. On pourrait s'étonner que ces cultivateurs, qui se montrent si éclairés relativement aux moyens de la propagation, plantent leurs groseilliers à l'ombre de toutes sortes d'arbres, même à celle du noyer. Ils n'ignorent cependant pas que le groseillier serait infiniment mieux placé à l'air libre, et que son fruit y serait plus beau et plus abondant ; mais ils ne connaissent aucune autre plante dont ils puissent obtenir des récoltes à peu près passables sur un terrain et un emplacement aussi défavorables. La conduite de ces cultivateurs, qui sont vraisemblablement dans la nécessité de tirer un parti quelconque de la moindre parcelle de leur terrain, ne doit pas servir de règle à l'amateur ou au propriétaire qui fait cultiver pour sa jouissance et pour sa propre consommation.

Les variétés les plus connues du groseillier à grappes sont : 1° le groseillier ordinaire, à fruit rouge ou blanc ; 2° le groseillier à fruit rose, couleur de chair ; 3° le groseillier de Hollande, à fruit rouge ou blanc ; 4° le groseillier à feuilles d'érable ; 5° une variété à très-gros fruit, rouge foncé, cultivée plutôt comme objet de curiosité que pour l'usage, car le fruit, sans être cassant, est ferme et contient peu de jus ; 6° le cassis ou poivrier, à fruit noir.

Les variétés à fruit blanc, comme toutes les variétés non colorées, sont en général plus douces, moins acides que les autres. On mêle le jus de ces variétés avec celui des groseilles rouges pour donner à celui-ci, par la cuisson, plus de transparence.

Le fruit de la groseille couleur de chair est gros, bien espacé sur de longues grappes. La gelée faite avec le jus de cette groseille a une belle couleur ; elle se conserve mieux que les autres et retient davantage le goût de la groseille, parce que cette variété, plus tardive, mûrissant après les chaleurs de la canicule,

eux se conserveront dans toute leur pureté ; elles pourront même se perfectionner, tandis qu'ailleurs elles iront toujours en dépérissant, et tendront à accréditer, mal à propos, à notre avis, cette opinion qu'elles n'ont qu'une existence limitée.

n'est pas aussi exposée à fermenter, quoiqu'on la laisse moins longtemps sur le feu. On peut obtenir le même avantage des autres variétés plus précoces en faisant empailler les groseilliers lors de leur maturité, par un temps très-sec, afin de les garantir de l'humidité des pluies, des brouillards, et de celle des rosées; les fruits ainsi abrités se conservent parfaitement bien jusqu'aux gelées. Quelques personnes effeuillent les groseilliers avant de les empailler; nous nous en abstenons, dans la crainte de faire développer dans le fruit trop d'acide.

La variété à fruit blanc de la groseille de Hollande a la peau extrêmement fine, ce qui l'expose à s'avarier; la peau de ce fruit est tellement blanche et transparente que l'on pourrait compter les pepins qu'elle recouvre. Le grain est gros, espacé sur de longues grappes; il est moins acide que celui de toutes les autres variétés. Le feuillage et le bois sont d'un jaune pâle, qui contraste d'une manière très prononcée avec celui de la variété à fruit rouge.

Le fruit du groseillier à feuilles d'érable est rouge, la grappe longue, le grain gros et extraordinairement acide. Le bois de ce groseillier a, en longueur et en grosseur, des proportions plus que doubles de celles des autres groseilliers. On peut élever cette variété comme un petit arbre.

Les variétés qui méritent d'être préférées sont le groseillier de Hollande et le groseillier à fruit rose. Le jus de groseille, crû ou cuit, passe pour être rafraîchissant et tempérant.

CHAPITRE II.

Le cassis ou poivrier.

Le cassis ou poivrier est originaire de la Suisse et de la Suède. C'est un arbrisseau aussi touffu que le groseillier à fruit rouge; mais ses feuilles sont plus larges et légèrement pubescentes en dessous; toutes ses parties ont plus de volume; les bourgeons sont plus gros, plus rares, lisses, luisants, d'un jaune pâle. Les boutons à fleurs garnissent le bas aussi bien que le haut du rameau d'un an. Ces boutons ne contiennent qu'une seule rosette accompagnée d'une grappe, quelquefois de deux, sur les forts bourgeons. Les grappes sont garnies de dix à douze fleurs à doubles pétales, verdâtres, lavées d'une teinte de violet roussâtre foncé, en godet rond et profond. Comme les fleurs du bout des grappes s'épanouissent longtemps après celles du talon, elles sont exposées à la coulure. Toutes les parties de cette plante ont une odeur très-forte, que beaucoup de personnes trouvent désagréable.

Le cassis diffère des autres groseilliers à grappes en ce que ceux-ci ne commencent à donner de récolte abondante que sur le bois de deux ans, tandis que le cassis fructifie sur celui d'un an; la grappe des uns est accompagnée de deux rosettes; dans le cassis, au contraire, les rosettes sont solitaires et les grappes doubles. La suppression d'une branche, dans le cassis, n'entraîne la perte d'aucune portion de la branche avant qu'elle ait produit, si ce n'est celle de la pousse de l'année. Les branches du cassis seront supprimées la quatrième année après leur premier rapport, c'est-à-dire que la branche supprimée sera toujours surmontée de quatre pousses.

Les moyens de multiplication sont ici les mêmes que pour les autres groseilliers à grappes.

On attribue aux feuilles et au fruit du cassis des propriétés médicinales; les feuilles prises en infusion sont apéritives, propres à faciliter la digestion; on fait avec le jus du fruit un sirop que l'on prend dans les maux de gorge, ce qui lui a fait donner, dans quelques contrées, le nom de *baie à l'esquinancie*; le fruit infusé dans l'eau-de-vie tempère l'ardeur de l'estomac, et la liqueur qui en résulte n'échauffe pas, dit-on, comme les autres spiritueux. Les propriétés, vraies ou fausses, attribuées au cassis, l'ont rendu l'objet d'un commerce assez considérable, dont les produits sont consommés à Paris et dans ses environs. Senlis est réputé pour ses fabriques de ratafia de cassis.

CHAPITRE III.

Le groseillier épineux.

Des groseilliers épineux. Leur manière de végéter, propagation, etc. La culture influe singulièrement sur la beauté des fruits.

Le groseillier épineux a les mêmes caractères que le groseillier à fruit noir; seulement les brins sont beaucoup plus minces, s'élèvent moins, et prennent en croissant une direction arquée, le bout tendant vers la terre, où il s'enracine lorsqu'il est assez long pour l'atteindre.

Les bourgeons de l'année portent, au temps de la maturité, des fruits fauves à leur base, blanchâtres à leur sommet. Les feuilles, légèrement pubescentes des deux côtés, sont grandes, luisantes, d'un vert foncé, les unes arrondies et peu découpées, les autres divisées en trois lobes principaux assez allongés; leur support est accompagné, à sa base, de trois forts aiguillons dans les deux tiers de la longueur du rameau, et d'un seul dans l'autre tiers. Ces aiguillons n'ont d'adhérence que pendant l'année de leur formation; après cela ils meurent, se dessèchent, et se détachent facilement. Les boutons à fleurs, comme dans le cassis, ne contiennent qu'une seule rosette et une fleur solitaire ou géminée, portée sur un pédoncule assez long; lorsqu'il y a deux fleurs ensemble, elles ont le même pédoncule. Le fruit est beaucoup plus gros que celui des groseilliers à grappes; il est couvert d'une peau dure, qui contient une chair fondante, pleine d'eau acidulée, plus ou moins sucrée, et de douze à trente pepins. Dans quelques variétés, l'ovaire est garni de deux sortes de poils, les uns soyeux et assez nombreux, les autres plus gros, plus courts que les précédents, et terminés par une tête colorée, visqueuse; c'est cette dernière espèce de poils, que l'on peut appeler *papille*, qui grandit avec le fruit et le rend hérissé. Le fruit est terminé par le calice desséché.

Les bourgeons de la nouvelle pousse sont garnis dans toute leur étendue d'yeux qui se façonnent à fleurs pour s'épanouir l'année suivante, excepté le bourgeon terminal, qui est à bois; les boutons sur lesquels on taille poussent à bois.

La fructification du groseillier épineux est semblable à celle

du cassis ; elle a lieu sur le bois d'un an, et successivement sur
celui de deux et de trois ans ; après quoi les rosettes placées
sur ces portions de branches s'oblitèrent. On pourvoira donc
au remplacement des branches qui auront produit trois récoltes. Au temps de la taille, on raccourcira en coursons tous les
bourgeons qui auraient poussé sur les rameaux, excepté ceux
qui ne se seraient avancés que de $0^m,02$ à $0^m,03$ et ceux qu'on
jugerait nécessaires à la formation de nouvelles branches et
de branches de remplacement. On aura aussi l'attention de
laisser assez d'espace entre les branches pour faciliter la récolte
des fruits.

Le groseillier épineux se propage par drageons, par le couchage, ou par boutures. Les drageons qui sortent de la souche
doivent être soigneusement supprimés avant leur entier développement.

Les semis ont produit une grande quantité de très-belles
variétés, dont les plus remarquables sont décrites et peintes
dans le savant et magnifique ouvrage de MM. Poiteau et Turpin (*Le Nouveau Duhamel*). On y voit des variétés à fruit
lisse ou velu, rond ou oblong, colorées de toutes les nuances.
Nous avons trouvé chez M. Bertin, à Versailles, la réunion
complète de cette intéressante collection. C'est en Angleterre
et en Hollande que l'on a obtenu la plus grande partie de ces
variétés (1).

Les pâtissiers et les cuisiniers anglais et hollandais font un
fréquent usage des fruits du groseillier épineux encore verts.
Nous avons fait exprimer le jus de cette groseille parvenue à
maturité, pour en faire une confiture ; celle-ci nous a paru
plus délicate que celle qu'on obtient de la groseille à grappe.

(1) Voir aussi la *Revue horticole*, 3ᵉ série, tome III, 1849.

LIVRE HUITIÈME.

DU FRAMBOISIER.

Description. Sa manière de végéter indique la culture qui doit lui être appliquée ;
elle influe d'une manière très-sensible sur la beauté et la qualité des fruits.
Préparation du terrain ; plantation ; taille ; ce qui arriverait si on ne taillait
pas. La cueille des fruits ne peut être différée. Des variétés. Emploi des fruits.
Des insectes qui attaquent le framboisier. Les jardiniers croient pouvoir donner
au framboisier la plus mauvaise exposition de leurs jardins.

Le raisonnement et l'expérience nous ont appris que, pour
appliquer à chaque plante le genre de culture qui lui convient
le mieux, il fallait d'abord avoir observé et suivi attentivement
la manière particulière de végéter de chacune d'elles, afin de
favoriser ou de contrarier leurs habitudes suivant nos intérêts,
et soumettre à l'expérience la culture indiquée par cette étude,
pour ne l'admettre définitivement que lorsqu'elle est sanction-
née par des succès constants.

Nous avons donc fait précéder la description de la culture
propre à chaque arbre par des observations sur sa manière de
végéter, en commençant par des espèces dont la végétation
présente les résultats les moins compliqués, et dont la culture
semble par cette raison offrir le moins de combinaisons ; nous
espérons par là rendre plus facile à nos lecteurs la méthode
d'enseignement que nous leur proposons de suivre.

La plupart des jardiniers sont tellement persuadés qu'ils savent tout ce qu'ils doivent savoir sur la culture du framboisier,
que beaucoup ne daigneront même pas lire cet article ; ils ont
vainement sous les yeux la manière dont les cultivateurs de la
campagne conduisent le framboisier pour en tirer un bon parti ;
c'est pour eux une leçon inutile ; ils sont trop éloignés de penser qu'ils pourraient, au moyen de quelques observations
suivies, se rendre capables de faire constamment produire à
cet arbuste, et à tous les arbres en général, des récoltes plus

belles, plus abondantes et plus assurées que celles qu'ils obtiennent, tout en répandant sur leurs travaux plus d'intérêt
et en en retirant plus de satisfaction. Tel est l'esprit de conduite que nous voudrions inculquer aux cultivateurs. Nous
avons pensé en faire ressortir davantage l'utilité en appliquant
des lois rationnelles à la culture du framboisier, tout-à-fait
négligée jusqu'ici, tant par les jardiniers que par les auteurs
qui nous ont précédé.

Le bois du framboisier contient beaucoup de moelle ; il
est spongieux, cassant, garni, dans quelques variétés, de
points épineux, très-courts, colorés comme le fruit. Ce bois
meurt après la seconde année de sa formation.

Il est renouvelé chaque année par de nouveaux drageons
qui sortent du pourtour du collet de la souche ou des racines ;
ils ont depuis 1^m,35 jusqu'à 2 mètres de longueur ; ils sont
munis, dans toute leur étendue, de feuilles alternes, composées
de trois à cinq folioles de grandeur inégale, allongées, arrondies vers la queue, terminées régulièrement en pointe, dentelées
profondément et surdentelées.

La queue de chaque feuille couvre à sa base deux yeux ;
l'un, très petit, est destiné à produire une seule feuille ; l'autre, gros, se transforme en une brindille à fruit, longue de
0^m,10 à 0^m,40.

Au printemps suivant, ces yeux se développent ; la brindille s'allonge et produit dans un ordre alterne de très-petits
rameaux accompagnés d'une feuille à leur base. Chaque rameau se divise en plusieurs filets ou pédicules déliés, couverts
d'une gaîne ou foliole à leur naissance, et terminés par un
bouton conique à fleurs.

La fleur est composée d'un calice divisé en cinq grandes
échancrures longuettes et pointues, de cinq petits pétales
blancs, d'un très-grand nombre d'étamines disposées sur deux
rangs, couchées, serrées, rassemblées contre un faisceau de
styles terminés par leurs stigmates, qui reposent sur autant
d'ovaires oblongs, attachés au fond du calice sur un support
commun ; ces ovaires deviennent de petites baies succulentes,
qui, jointes ensemble sur le support, forment le fruit hémis-
phérique nommé framboise. La graine du framboisier est ren-

fermée dans la chair du fruit ; celle du fraisier est à nu, en dehors du fruit. Le genre framboisier est celui qui a le plus de rapport avec celui du fraisier.

Après la récolte, ou plutôt après l'époque de la maturité des fruits, les brindilles se dessèchent, et la tige qui les porte meurt ; elle est remplacée, comme nous venons de le dire, par des drageons sortis au printemps du pourtour du collet de la souche ou des racines.

D'après cet exposé du cours ordinaire de la végétation du framboisier, il est évident qu'on ne doit laisser développer que la quantité de drageons nécessaire au remplacement de ceux qui meurent après la récolte. On arrachera donc, vers le milieu de juin, tous ceux qu'on jugera inutiles ; on ne les laissera ni s'enraciner, ni épuiser la souche et la terre, ni former ombre sur les fleurs et les fruits. Il suffira de réserver quatre ou cinq drageons au plus par touffe en plein rapport ; ceux-ci acquerront plus de force et fourniront des fleurs mieux élaborées et des fruits incomparablement plus beaux, plus nombreux et plus savoureux que si on les avait tous laissés croître, et la souche ne sera pas épuisée par des pousses superflues, ainsi que cela se voit dans presque tous les jardins.

Les tiges du framboisier, en se renouvelant chaque année par les nouveaux drageons qui se forment au pourtour de la couronne de la souche, indiquent suffisamment au cultivateur que cette souche doit être entretenue dans une situation favorable pour fournir longtemps une succession nombreuse de drageons bien conditionnés. On parviendra à ce but en plantant les framboisiers dans des rigoles, afin que la souche reçoive chaque année un léger chargement de terre, et que les racines profitent des engrais qu'on y déposera. Le jeune plant ainsi traité croîtra promptement et s'établira avec vigueur. Lorsque, après six ou sept années de plantation, les rigoles se trouveront comblées, on continuera de charger les souches de terre, qu'on prendra sur les ados, jusqu'à ce qu'ils soient devenus eux-mêmes rigoles, et que les souches se trouvent assez élevées au-dessus du sol environnant pour être fatiguées par les sécheresses ; alors on avisera à faire une nouvelle plantation, et on ne détruira l'ancienne que lorsque celle-ci commencera à être en rapport, ce qui arrive dans la seconde ou la troisième année de la plantation.

On mettra en rigole, au commencement du printemps, le plant de framboisier destiné à une nouvelle plantation; il restera ainsi en pépinière jusqu'à l'automne de la même année, époque à laquelle il pourra être employé. Le plant sera toujours choisi sur des touffes en bon rapport, non fatiguées par l'âge ou par toute autre cause.

Le terrain destiné à une plantation de framboisiers sera exposé à l'air libre et profondément labouré, puis disposé en rigoles de $0^m,50$ de largeur sur $0^m,40$ de profondeur. Les terres provenant de la fouille seront mises de chaque côté en ados. La distance du centre d'une rigole à l'autre sera de $1^m,65$. Les framboisiers seront plantés dans le fond des rigoles, et espacés de $1^m,35$. On mettra dans chaque trou deux forts drageons élevés en pépinière, bien enracinés, et qui seront munis à leur collet de rudiments de nouvelles pousses déjà apparents. On raccourcira ces drageons à $0^m,12$ ou $0^m,15$ au-dessus de terre. On ne doit point viser à obtenir du fruit dès cette première année, mais bien de nouveaux drageons ; ce sont eux qui assurent la réussite de la plantation. Le jeune plant sera entretenu par de légers binages, des engrais, et de faibles chargements de terre. Les souches devront être fumées au moins deux ou trois fois avant que les rigoles soient comblées. On pourra, pendant les deux premières années, cultiver sur les ados des carottes, de l'oignon, des fraisiers, en ayant soin toutefois que ces cultures ne fassent pas tomber la terre dans les rigoles, qui ne doivent être comblées que peu à peu chaque année.

Au mois de mars, lors de la taille, après avoir débarrassé les touffes de tout le bois mort, on raccourcira les tiges selon leur force, depuis $0^m,66$ jusqu'à $1^m,33$ au-dessus du sol. Leur force doit être assez grande pour soutenir, sans être renversées, les brindilles chargées de fruits qui naîtront sur elles. Si le temps semblait devoir faire craindre des gelées tardives, on différerait la taille d'une quinzaine de jours et même davantage; dans ce cas, il n'y aurait à craindre que pour les pousses du sommet. Après que les gelées ne sont plus à redouter, qu'elles aient ou non offensé les jeunes pousses du sommet, on raccourcit les tiges sur les yeux qui, n'étant pas encore ouverts, se sont trouvés garantis ; par ce moyen la récolte est à peu près assurée ; mais il ne faut pas sans nécessité user de ce procédé, qui épuise la souche.

On doit savoir que tous les yeux placés sur les tiges sont à fruit. Le but de la taille est de faire ouvrir tous les boutons qui, jusqu'à 0^m,33 environ au-dessus de terre, restent sur la tige raccourcie. Il ne faut pas tailler trop court, afin d'éviter de faire naître des fruits plus bas ; ils seraient exposés à être avariés et salis. Tous les boutons étant à fleurs, ils se développent après la taille en brindilles plus ou moins allongées, suivant qu'elles sont plus ou moins rapprochées du sommet de la tige raccourcie ; ces brindilles sont garnies de feuilles à l'insertion desquelles se trouvent des grappes de fleurs ; chaque brindille est terminée par une grappe. Il convient donc de proportionner la longueur de la taille des tiges à leur grosseur et à la quantité de brindilles dont elles sont chargées.

Si l'on ne raccourcissait pas les tiges du framboisier, il en résulterait que les boutons du centre ne donneraient que des brindilles avortées, ou même s'oblitéreraient comme ceux du dessous ; les plus fortes brindilles se formeraient vers le sommet de la tige, qui, étant faible et très-flexible dans cette partie, ne pourrait ni bien nourrir ni même soutenir une aussi grande quantité de brindilles chargées de fruits. Il est donc d'une nécessité absolue de tailler le framboisier, afin de faire tourner à l'avantage du fruit les dispositions de cette plante à en produire.

Si, au lieu de raccourcir les tiges, on les coupait toutes, ou en partie, à ras de terre, il arriverait que les nouveaux drageons produiraient vers leur sommet, avant la fin de la saison, une grappe de fleurs à l'insertion de chaque feuille. Cette floraison anticipée a nécessairement lieu plus tard que celle qui s'opère sur le vieux bois ; elle en diffère encore en ce que l'œil, qui devait se façonner et produire après l'hiver une brindille contenant plusieurs grappes, n'en donne qu'une seule. Le nouveau drageon, presque encore herbacé, fonctionne comme le ferait la brindille. Il semblerait que la souche ou les racines du framboisier contiennent une quantité considérable de substance

propre à la formation des fruits, et que, lorsqu'on supprime
les organes qui s'étaient préparés dans le courant de l'année
précédente à la recevoir, elle se porte avec abondance vers les
nouveaux organes, avant même qu'ils aient accompli leur entière formation. Ce fait semblerait devoir attirer l'attention des
physiologistes ; quant aux cultivateurs, il leur suffit de connaître son existence ; ils pourront s'en servir pour retarder de
plusieurs semaines la récolte d'une certaine portion de leurs
framboisiers, et faire coïncider la maturité de ces plants avec
l'époque où l'on confectionne la gelée de groseille, parce qu'a-
lors le prix de la framboise est plus élevé.

Les fruits du famboiser n'atteignent leur grosseur que successivement, suivant la place qu'ils occupent sur les grappes, et
mûrissent de même. Les habitants de Louveciennes, de Voisme,
de Bougival, de Marly, de Vincennes, etc., qui cultivent le
framboisier dans les champs avec beaucoup plus d'intelligence
qu'on n'en développe dans nos jardins, estiment que la récolte
de la framboise se fait en quatre ou cinq cueillettes, dont aucune
ne peut être différée d'un seul jour, parce que le fruit, une fois
mûr, tourne promptement, et que le moindre vent qui agite la
plante le fait tomber. Malgré cette sujétion, la culture du framboisier est d'un assez bon rapport pour que beaucoup de cultivateurs des environs de Paris lui consacrent exclusivement
de bonnes terres très-bien exposées.

Nous ne possédons encore que trois espèces de framboisiers
qui puissent être cultivées avec avantage dans nos jardins.

1° Le framboisier à fruit rouge ou jaune est celui que l'on
cultive le plus ordinairement aux environs de Paris. Le fruit
de ces deux variétés affecte la forme pyramidale. Il existe dans
cette espèce une variété à fruit rouge, de forme sphérique, qui
offre l'avantage d'être plus persistante sur la grappe, ce qui la fait
rechercher par plusieurs cultivateurs, quoique le fruit en soit
moins beau. Le bois de ces variétés est jaunâtre, uni, lisse, sans
épines ou presque sans aspérités.

2° Le framboisier à gros fruit rouge et jaune. Nous tenons
cette variété précieuse de M. Bertin, pépiniériste, propriétaire
à Versailles, qui n'a pu nous appendre ni son nom ni son
origine. Quoi qu'il en soit, le fruit de cette variété est plus hâtif,

plus gros, plus doux que celui de la framboise ordinaire. Le
fruit jaune de la même espèce est encore plus hâtif et beaucoup plus sucré que le fruit rouge de la même variété. Le bois
de la variété à fruit rouge est fortement coloré, parsemé de petits points épineux noirâtres; celui de la variété à fruit jaune
est plus gros, coloré en jaune, ainsi que ses aspérités qui sont
extrêmement nombreuses. Lorsque les drageons de cette variété
sont encore très-tendres, ils sont exposés à être attaqués, un
peu au-dessus de terre, par une espèce de charançon qui détermine une plaie. Quoique la sève qui parcourt le drageon, qui
continue de croître, recouvre cette plaie, le bois n'en reste
pas moins vicié dans cette partie; il est cassant et sujet à être
décollé par les vents. C'est pourquoi nous recommandons d'attacher avec un lien les jeunes drageons de cette variété aux anciennes tiges. On aura aussi l'attention, lorsqu'on détruira les
jeunes drageons trop nombreux, de supprimer de préférence
ceux que les insectes auraient offensés. Le feuillage de la variété
à fruit rouge est d'un vert foncé; celui de la variété jaune est
d'un vert plus tendre.

3° Le framboisier des Alpes, ou des quatre saisons. Ce framboisier fleurit quelquefois jusqu'aux gelées. Le fruit de cette
variéte, ou plutôt de cette espèce, rouge et sphérique, est plus
acide et plus parfumé que celui des autre; nous ignorons s'il
en existe à fruit jaune. Le feuillage et le bois du framboisier des
Alpes sont d'une couleur terne; les points épineux sur le bois ont
une couleur foncée; les boutons sont plus rapprochés que ceux
des autres variétés.

Ce framboisier porte deux fois du fruit sur la même tige, mais
non la même année : une fois à l'automne, sur l'extrémité des
nouveaux drageons de l'année, et une seconde fois au printemps suivant, sur ces mêmes drageons, que l'on raccourcit après
l'hiver au-dessous des boutons qui se sont ouverts l'été précédent; d'où il résulte que cette espèce de framboisier ne diffère
des autres variétés que par une floraison anticipée sur du bois
qui n'a pas encore atteint son entier développement. Nous avons
dit plus haut que les boutons qui s'ouvraient par anticipation,
au lieu de s'ouvrir en brindilles chargées de grappes, ne produisaient qu'une seule grappe de fleurs, et qu'alors le drageon

terminé par cette grappe fonctionnait comme la brindille. Dans ce cas, le sommet des drageons, étant surchargé d'une multitude de grappes, est entraîné vers le sol ; il est indispensable, pour la conservation des fruits, de ne pas les laisser reposer sur la terre ; on les soutiendra donc en les attachant simplement aux tiges de l'année précédente, de façon que leur sommet ne touche pas la terre. Si on maintenait dans une direction verticale la partie qui doit fleurir, les fleurs avorteraient en tout ou en partie. Les grappes du framboisier sont naturellement inclinées, et elles doivent rester dans cette position.

Si, après avoir taillé le framboisier des Alpes, il arrivait que les gelées ou toute autre cause eussent totalement détruit la floraison du printemps, celle des nouveaux drageons aurait lieu non-seulement à leur extrémité, mais encore sur presque toute leur étendue ; dans ce cas, il ne resterait que peu d'yeux sur lesquels on pourrait tailler au printemps suivant, ce qui occasionnerait une grande perturbation dans toute la plante. Pour obvier autant que possible à ces inconvénients, on ne se pressera jamais de tailler le framboisier des Alpes, et l'on ne détruira les nouveau drageons trop nombreux que lorsque les premiers fruits seront noués. Les gelées printanières ayant des conséquences plus graves pour cette espèce de framboisier que pour les autres, on lui donnera un terrain où elle soit peu exposée à en être atteinte.

Soit que le framboisier des Alpes soit plus délicat, que son fruit soit moins beau, ou que la culture ordinaire ne soit pas en harmonie avec ses exigences, toujours est-il que nous avons remarqué que cette espèce n'était point cultivée dans les champs avec le framboisier ordinaire, qu'elle était même rare dans les jardins.

Nous pourrions, sous le rapport de l'usage seulement, assimiler à ces trois espèces de framboisiers une ronce cultivée aux États-Unis d'Amérique à cause de ses fruits, qui se vendent dans toutes les villes de cette contrée avec beaucoup de faveur, sous le nom de framboise. Cette mûre n'est point parfumée, mais elle est plus grosse, beaucoup plus douce et plus succulente que la framboise. L'introduction de cette mûre augmenterait la consommation de la framboise, que l'on ne manque-

28

rait pas d'employer pour la parfumer. Cette ronce offre deux
variétés : l'une à fruit rouge, l'autre à fruit jaune. Elle ne
drageonne point comme le framboisier, mais ses tiges sont beaucoup plus longues que les siennes; on est obligé de les soutenir
avec des gaulettes placées horizontalement et fixées à des échalas, parce qu'elles se propagent comme les ronces par les extrémités lorsqu'on les laisse reposer sur le sol, où elles s'enracinent.
On croit que cette plante n'épuise pas la terre autant que le
framboisier. Nous nous abstiendrons d'indiquer d'une manière
plus précise la culture de cette plante, parce que nous n'avons
pas été à même d'observer assez particulièrement son mode de
végétation.

La framboise est employée pour parfumer la groseille et les
sirops de vinaigre; son jus est rafraîchissant. La gelée de framboise est aussi belle que celle de groseille; mais le degré de
cuisson qu'il faut lui donner pour la conserver lui enlève fort
à propos une partie de son parfum, qui sans cela serait trop
prononcé.

Les insectes les plus nuisibles au framboisier sont les chenilles, surtout celles à bagues, parce que leurs œufs sont fortement appliqués autour des tiges et peuvent échapper au cultivateur; les variétés à bois lisse y sont plus exposées que celles
dont le bois est couvert de nombreuses petites aspérités épi-
neuses. Il est facile, avec un peu de soin, de garantir les framboisiers des désastres causés par les chenilles; il suffira, à mesure que l'on taille, de faire la recherche des bagues et de les
détruire.

Les vers blancs sont encore plus redoutables pour le framboisier que les chenilles; nous avons vu de très-grandes plantations totalement détruites par ces vers, qui ont pour le
framboisier une prédilection égale à celle qu'ils témoignent
pour le fraisier. On ne se garantira des pertes considérables
que ces vers font éprouver aux cultivateurs qu'en faisant chaque année une guerre d'extermination aux hannetons avant le
temps de leur ponte. Il serait à désirer que l'autorité fît *han-
netoner* comme elle fait écheniller.

La plupart des jardiniers ont l'habitude de destiner au
framboisier la plus mauvaise exposition de leur jardin, celle

du nord, ou même celle où se porte l'ombre des bâtiments ou
des arbres touffus; ils ne plantent point dans des rigoles, ne
chargent point les souches de terre et ne fument jamais; ils
croiraient faire un contre-sens. Ils ont aussi coutume de laisser
croître tous les drageons qui se présentent; ce n'est que lorsqu'ils deviennent trop multipliés sur les souches âgées qu'ils
prennent le parti de les arracher après leur entier développement; ils sont alors forcés de se servir d'un outil pour les
extirper, sans réfléchir que les racines qu'ils offensent donneront naissance à plus de drageons qu'ils n'en détruisent. Ces
jardiniers, en se conduisant de la sorte, laissent la terre s'épuiser à nourrir une masse de productions inutiles. Dans cet état
de choses, les drageons deviennent de plus en plus grêles, donnent naissance à des brindilles courtes, menues, peu garnies de
fleurs, dont la plupart coulent ou donnent des fruits avortés,
noueux, mal faits, et dans lesquels les vers s'établissent. Il
faut encore ajouter, à tous ces éléments de destruction prématurée, que la taille de ces framboisiers est souvent faite avec
les gros ciseaux qui servent à tondre les charmilles; toutes les
tiges sont rabbatues à une égale hauteur, sans égard pour la
force respective de chacune. Doit-on s'étonner si les fruits
que portent des framboisiers ainsi traités sont inférieurs aux
fruits sauvages qu'on trouve dans nos forêts ou sur les Alpes!

L'indifférence avec laquelle on cultive depuis longtemps
le framboisier dans nos jardins fait que l'on ne s'est pas encore
avisé de chercher à en perfectionner les fruits en demandant
au semis de nouvelles variétés. Espérons que l'usage d'une
culture mieux appropriée à cette plante nous rendra possesseurs de variétés qui n'attendent, pour sortir du néant, que la
main d'un homme laborieux et intelligent; la création et la
perfection des variétés, en général, semblent avoir été destinées
à récompenser l'intelligence humaine développée par un travail
assidu.

La culture du framboisier, telle qu'on la pratique ordinairement dans les jardins, est tellement opposée à ce qu'elle devrait être, d'après la manière dont nous venons de voir que
cette plante végète, que nous l'avons décrite avec détail, afin
de faire mieux comprendre aux jeunes cultivateurs combien

il leur importe d'étudier et d'observer la manière de végéter qui est propre à chaque plante, afin de les cultiver d'après les connaissances qu'ils auront acquises par cette étude. C'est elle qui doit les guider dans toutes leurs opérations, dont ils doivent prendre l'habitude de se rendre compte ; autrement ils agiront sans jamais rien apprendre, sans discernement, par routine, et ne seront pas plus avancés après vingt années de pratique que le premier jour de leur apprentissage. Nous espérons que ceux que nous aurons convaincus de cette vérité se trouveront par cela même en état d'en tirer un bon parti, et qu'ils parviendront en peu de temps à obtenir de chaque plante tout ce qu'elle peut produire de plus beau, de plus parfait, soit en fleurs, soit en fruits. On sait qu'un terrain extrêmement propice, le hasard, ou un concours de circonstances favorables, peuvent aussi faire naître de très-belles productions ; mais le jardinier observateur et instruit n'attend rien du hasard ; il sait préparer ses terres, faire naître à son gré les circonstances favorables, et les utiliser.

Nous sommes très-éloigné d'avoir fait toutes les observations que comporte la végétation de la plante dont nous venons d'expliquer la culture, telle que nous la pratiquons avec succès depuis plusieurs années ; c'est aux cultivateurs qui nous succéderont à étendre davantage les observations que nous n'avons qu'ébauchées.

LIVRE NEUVIÈME.

DU FRAISIER.

CHAPITRE I.

Du fraisier en général.

Pourquoi cette plante est comprise parmi les arbres fruitiers. Peu de personnes connaissent la manière dont le fraisier devrait être cultivé ; très-peu pratiquent la culture du fraisier telle qu'elle est suivie chez les cultivateurs qui en font une spécialité. Des quatre variétés presque exclusivement cultivées.

Quelques personnes pourraient s'étonner de trouver dans *la Pomone française*, consacrée spécialement à la culture des arbres fruitiers, un article relatif au fraisier, que l'on considère ordinairement comme étant une plante herbacée; mais nous ne faisons ici que suivre la trace de plusieurs auteurs distingués, dont les écrits nous ont toujours donné d'utiles leçons, et qui ont compris le fraisier dans leur traité des arbres fruitiers; tels sont MM. Duhamel, Poiteau et Turpin. Nous suivons d'autant plus volontiers l'exemple qu'ils nous ont donné que la culture du fraisier est très-peu connue de la multitude, quoiqu'on trouve cette plante dans tous les jardins, et nous croyons que les propriétaires nous sauront gré de leur apprendre que la beauté et les bonnes qualités de ce fruit dépendent essentiellement de la manière dont une certaine culture, très-facile du reste à pratiquer, est plus ou moins bien appliquée à cette plante. Ils sauront aussi que c'est la faute de leur jardinier si leur table n'est pas toujours abondamment pourvue de ce fruit, aussi agréable que bienfaisant. D'un autre côté, les jardiniers comprendront qu'il ne suffit pas, pour satisfaire le désir de leurs maîtres, de planter chaque année, suivant la routine ordinaire, un certain nombre de pieds de fraisiers, si au préalable ils ne prennent toutes les précautions nécessaires pour assurer non-seulement des récoltes abondantes et continues, mais encore des fruits parfaits. Ils doivent savoir que le fraisier des Alpes, planté selon leur méthode, donne des fruits petits, ronds, secs, acides, n'atteignant jamais complétement leur maturité, tandis que ces mêmes fraisiers, cultivés par ceux qui s'en occupent spécialement, produisent des fruits gros, allongés, doux et succulents. Cette différence dépend, comme nous venons de le dire, d'une culture plus ou moins appropriée à la plante. Nous espérons, dans cet article, donner aux propriétaires les moyens d'indiquer à leur jardinier nos procédés à cet égard.

Les caractères distinctifs du fraisier sont un calice persistant, à dix découpures lancéolées, dont cinq sont extérieures et plus étroites que les autres; cinq pétales arrondis, en forme de coin, rétrécis en onglet à la base, attachés au bord du calice et alternes avec les divisions intérieures; vingt étamines au moins sont attachées au milieu; les filets sont courts, élargis à la base, terminés par des anthères cordiformes, fixées à un réceptacle commun, de forme conique; ovaires nombreux, ayant chacun un style latéral, simple, épaissi en un stigmate obtus; fruit succulent, ovale, formé du réceptacle commun devenu charnu, à la superficie duquel sont nichés, dans de légers enfoncements, un grand nombre de graines nues, jaunâtres au sommet; enfin un embryon à deux lobes ovales, à radicule courte et supérieure.

N'ayant pas fait une étude suivie des diverses variétés de fraisiers qui composent les collections de notre époque, nous ne nous hasarderons pas à en donner ici un catalogue accompagné de descriptions qui seraient copiées, et que nous ne pourrions garantir; nous y suppléerons en indiquant celui que M. Poiteau a fait insérer dans le *Journal d'Agriculture pratique* (novembre 1839), sous le titre d'*Histoire, multiplication, culture et usage des fraisiers*. On pourra consulter utilement cet article (1). Nous nous bornerons à donner les noms des cinquante-quatre variétés portées dans le catalogue descriptif de M. Poiteau. Parmi ces nombreuses variétés, quatre seulement sont cultivées

(1) On peut aussi consulter la *Revue horticole,* qui a publié un grand nombre d'articles sur la culture des fraisiers, et le *Bon Jardinier* qui contient un excellent article de M. Vilmorin.

par les jardiniers qui approvisionnent les marchés de Paris ; ce sont les seules que nous ayons spécialement étudiées ; on les nomme : la fraise des Alpes, la Keen's seedling, l'Elton de M. Knight, et la fraise de Montreuil. Ces variétés sont regardées aujourd'hui comme celles qui réussissent le mieux et qui rapportent le plus de profit au cultivateur. Comme toutes ces variétés ne suivent pas la même marche dans leur végétation, leur culture doit nécessairement subir quelques modifications ; c'est ce qui nous détermine, pour ne rien confondre, à traiter séparément la culture de chacune de ces plantes.

CHAPITRE II.

Du fraisier des Alpes.

Description de la plante. Quelle terre lui convient. De ses facultés de reproduction. De l'utilité de concentrer les racines. De quelle manière le fraisier des Alpes émet ses moyens de reproduction. Le fraisier des Alpes se reproduit constamment le même par les semences. Du choix des graines. A quelle époque on doit semer. Du premier repiquage dans la pépinière ; du deuxième repiquage dans la pépinière ; du troisième repiquage. On ne met en place ou en pots que des plantes formées. Préjugés contre le plant de semis.

Le fraisier des Alpes (*fragaria semperflorens*) fleurit continuellement jusqu'à ce qu'une trop grande sécheresse ou les frimas viennent suspendre sa végétation. Les tiges de ce fraisier ont de 0ᵐ,15 à 0ᵐ,20 de longueur ; les montants se teignent en violet ; ils se divisent supérieurement en plusieurs rameaux qui se subdivisent eux-mêmes. La première division est accompagnée d'une feuille parfaite opposée au plus jeune rameau ; la base du pétiole de cette feuille est garnie de deux grandes stipules, comme les radicules ; les autres divisions sont accompagnées d'une simple foliole, ou seulement de deux stipules.

Les fleurs, les plus petites de tous les fraisiers cultivés, sont blanches ; les cinq divisions extérieures du calice sont presque toujours fendues au sommet. Les pétales arrondis, avec un onglet, s'élèvent rarement au-dessus de cinq ; les étamines sont petites, nombreuses, alternativement courtes et longues.

Les fruits ont la forme d'un pain de sucre un peu renflé vers

la base ; chaque montant en produit de quatre à dix, qui mûrissent successivement, et dont les premiers qui mûrissent sont
toujours plus gros que les derniers. La chair est blanche au
centre, rougeâtre à la circonférence, et d'un rouge vif à l'extérieur du côté du soleil. C'est la fraise qui est réputée avoir le
plus de parfum ; mais la Keen's seedling en a beaucoup plus.
Il se trouve dans les semis de la fraise des Alpes des individus
à fruit blanc qui sont plus précoces et qui ont un goût plus
délicat et moins acide que les rouges ; mais ceux-ci sont préfé-
rés pour la vente.

Le fraisier des Alpes doit être cultivé de préférence aux variétés qui ne fleurissent naturellement qu'une fois chaque année ; la beauté de celles-ci, et même leurs qualités, ne peuvent
compenser les avantages d'une fructification continue, qui se
prolonge jusqu'aux gelées, et qui offre d'ailleurs, lorsqu'elle est
bien conduite, de beaux fruits très-parfumés et très-savoureux.
On peut considérer les autres variétés comme accessoires et
concourant passagèrement au luxe des tables.

Le fraisier n'est point délicat ; il croît naturellement dans les
terres légères ; mais il ne produit de très-beaux fruits que dans
une terre franche et très-substantielle, rendue légère par beaucoup d'engrais très-consommés. La nature du terrain et une
culture bien combinées ont une puissante influence sur la végétation du fraisier et sur ses productions. Ses tiges et ses feuilles doivent être exposées à l'air libre et au soleil, tandis que ses
racines en seront garanties par les feuilles de la plante et par de
la paille courte dont on couvrira la terre pour préserver aussi
les fruits. Les arrosements seront assez fréquents pour maintenir la terre toujours fraiche. Telles sont les conditions principales pour obtenir du fraisier les plus beaux fruits et les plus
abondantes récoltes possibles ; toutefois, il faut ajouter à ces
premières conditions que le plant en rapport sera jeune, qu'il
aura été élevé en pépinière et repiqué deux fois avant d'être mis
en place, et quelques autres soins que nous allons indiquer.

Le fraisier est doué d'une grande facilité de reproduction,
soit par ses fruits, qui sont couverts extérieurement d'une immense quantité de graines, soit par ses filets ou coulants ; mais
cette dernière faculté, lorsqu'elle n'est point contrariée par le

cultivateur, est un obstacle à une belle et abondante fructification. Les filets sont des tiges rampantes, très-allongées, se dirigeant dans tous les sens, et prenant racine à chacun des nœuds qu'ils portent, lorsque ces nœuds reposent sur la terre; ils affaiblissent d'autant le pied-mère. La multitude de ces filets enracinés a bientôt couvert le sol de petites touffes qui, en se multipliant par le même moyen, s'affament mutuellement, sans qu'aucune puisse acquérir la force nécessaire pour produire de belles et fortes tiges, garnies de fleurs et de beaux fruits. On supprimera donc tous les filets avant qu'ils se soient enracinés, dans le but de concentrer sur le maître-pied toute la force de production dont cette plante est douée.

Après avoir fait tourner au profit du maître-pied un luxe de reproduction qui était nuisible à son parfait développement, on doit encore centraliser ses racines, qui ont nécessairement, comme les filets, une tendance à errer çà et là et à s'écarter du maître-pied ; cette seconde opération essentielle s'effectuera dans la pépinière par deux repiquages qui précéderont toujours la plantation définitive, soit en pot, soit en pleine terre.

La floraison et la fructification épuisent aussi les jeunes plantes; on ne les laissera donc point fleurir avant qu'elles soient sorties de la pépinière, et qu'elles soient assez fortement constituées pour donner pendant toute une saison de belles et abondantes récoltes; autrement on aurait des plantes étiolées, qui ne porteraient que de petits fruits, secs et noueux, n'arrivant jamais complétement à leur maturité; la plante cesserait même de fructifier avant la fin de la saison, ainsi que cela arrive trop souvent lorsque ces soins ont été négligés.

Le fraisier des Alpes émet ses moyens de reproduction spontanément ; les feuilles, les fleurs et les filets poussent en même temps, et leur développement continue simultanément jusqu'à ce que l'intempérie des saisons vienne les arrêter. On a remarqué que les premières fleurs qui paraissent après l'hiver sont presque toujours mal élaborées; les fruits qui en proviennent sont le plus souvent petits et mal faits ; mais ensuite ces plantes produisent très-abondamment de beaux fruits pendant l'es-

pace de trois semaines environ. Ce luxe extraordinaire de fructification est suivi d'un intervalle de repos, mais non tout-à-fait
absolu ; il dure une quinzaine de jours, que le temps soit sec ou
pluvieux, pendant lesquels le fraisier des Alpes reprend, sans
doute, de nouveaux moyens de vigueur, qui ne l'abandonnent
plus jusqu'aux gelées.

Ce fraisier, formant une espèce distincte, se reproduit constamment le même par la graine, que l'on doit avoir soin de
recueillir sur les plus beaux fruits provenant des plantes les
plus franches de l'espèce. On sèmera cette graine, dans les
premiers jours de mai, au pied d'un mur exposé au nord ou au
couchant. Après avoir semé dans un terrain riche, frais et très-
meuble, nouvellement labouré et ratissé, on couvrira légèrement
la graine avec de la terre tombant sur le semis au travers d'un
tamis; puis on affermira cette terre avec la main, ou mieux avec
un petit rouleau. On fera en sorte que le terrain, sans être trop
humide, soit toujours maintenu frais à la surface, jusqu'à la
levée de la graine, qui a lieu ordinairement au bout de quinze
ou vingt jours après le semis. On ne doit point semer dans des
terrines, et encore moins repiquer dans des pots. Quoique la
graine de fraisier, fraîchement récoltée, lève mieux que celle
qui a été conservée, on ne cédera point à cette considération en
semant à contre-saison, c'est-à-dire avant ou après le mois de
mai ; autrement le plant serait trop vieux ou trop jeune. Il importe avant tout de se régler sur l'éducation que les plants du
semis doivent recevoir dans la pépinière, et qui doit être telle
qu'à la fin d'octobre ils puissent être mis en pots ou en pleine
terre avec le degré de force qu'ils doivent avoir pour donner
l'année suivante des récoltes successives et abondantes.

Vers le 15 juillet, lorsque le jeune plant de semis du fraisier des Alpes aura quatre ou cinq feuilles, on le lèvera pour
le repiquer deux à deux, à 0m,08 de distance en tous sens; puis
on le couvrira avec des paillassons soutenus par des gaulettes.
Le terrain sur lequel on fera ce repiquage sera en partie composé de terreau neuf. L'exposition sera aérée, afin que, le jeune
plant ayant bien repris et les paillassons étant enlevés, il profite des bons effets de l'air et du soleil. Autant les rayons so-
naires sont funestes au jeune plant nouvellement repiqué, au-

tant ils lui sont profitables après la reprise. Il faut environ dix à douze jours d'un temps propice pour que la reprise du plant de fraisier nouvellement repiqué soit assurée.

Par ce premier repiquage, on se ménage la facilité de relever en motte ce même plant sans qu'il éprouve la plus légère altération. Si nous nous rendons compte de l'effet de cette opération sur les racines, nous verrons, en arrachant quelques pieds plantés depuis deux jours seulement, qu'à l'extrémité de chaque racine raccourcie on aperçoit déjà poindre trois ou quatre petites aiguilles blanches ; ce sont ces aiguilles ou spongioles qui, en se fortifiant et en se multipliant, retiennent la terre autour d'elles et facilitent la levée en motte de la plante. On conçoit qu'un second repiquage en motte augmentera, dans une progression très-considérable, l'émission de nouvelles petites racines nourricières autour de la motte, et en facilitera encore la transplantation.

Ainsi, dans les premiers jours d'août, lorsque les racines auront acquis assez de force, on enlèvera de nouveau le plant en motte, pour le planter encore en pépinière sur une plate-bande composée de terreau neuf ou de terre très-riche, ayant $1^m,32$ de large, et sur laquelle on aura tracé à l'avance cinq lignes distantes l'une de l'autre de $0^m,15$; on plantera en échiquier, à $0^m,20$ de distance sur ces lignes. Avant de planter on examinera avec soin chaque touffe, afin de détruire les herbes qui pourraient avoir germé au centre de la touffe. On détruira les fleurs et les filets qui se seraient déjà formés, ainsi que les feuilles avariées ; on continuera ces soins jusqu'au moment où on mettra ce plant en place. On devra, en plantant, faire autour de chaque pied un petit bassin. Quinze ou vingt jours après ce second repiquage, on donnera une façon à la main, pour détruire le germe des mauvaises herbes qui commenceraient à pousser. On épluchera en même temps chaque touffe ; on retirera les fleurs, les filets et les feuilles avariées ; on aura soin d'enlever avec la feuille le pétiole jusque près de la terre. Ces débris ne resteront pas sur le terrain ; on les jettera à mesure dans les sentiers pour les enlever ensuite. Cette façon donnera beaucoup d'activité à la végétation de la plantation en pépinière.

Pendant le cours de cette éducation, on reconnaîtra facilement les fraisiers des Alpes qui seront dégénérés ; on doit être soigneux de les détruire. Ces plantes se font remarquer par une végétation plus vigoureuse, parce qu'elles ont des feuilles plus larges, plus étoffées et plus nombreuses que la variété elle-même, et enfin parce qu'elles n'offrent pas successivement des fleurs à détruire ; car un des caractères distinctifs du fraisier des Alpes est de fleurir continuellement ; il arrive souvent que les filets fleurissent même avant d'être enracinés.

A la fin d'octobre ou vers le milieu de novembre, selon que la saison sera plus ou moins favorable, on lèvera en motte dans la pépinière les touffes de fraisiers provenant de semence ou de filets. Nous disons : ou de filets, parce que ceux-ci auront pu être élevés aussi en pépinière exactement de la même manière que le plant de semis. Une partie de ce plant levé en motte sera empotée dans des pots de 0^m,15 de diamètre, soit pour être chauffée, soit pour garantir les plantes des vers blancs. Après l'empotage, les pots seront rangés sur le terrain, côte à côte, dans un coffre que l'on pourra recouvrir de vitraux ou de paillons, pour les garantir des trop grandes pluies qui détremperaient la terre contenue dans les pots, et aussi pour les préserver des trop grands froids.

Les autres plantes seront mises en pleine terre, sur des plates-bandes profondément labourées et bien amendées. Ces plates-bandes, de 1^m,50 de large, devront être sillonnées de quatre lignes espacées de 0^m,31. On plantera les fraisiers des Alpes à 0^m,50 de distance sur les lignes et en échiquier. Avant de planter, on enlèvera soigneusement les herbes qui pourraient se trouver dans les touffes. La plantation terminée, on répandra du terreau neuf entre toutes les touffes, puis on donnera un labour au sentier, sur lequel on pourra repiquer un rang de salade d'hiver. La distance que nous conservons entre chaque touffe est calculée de manière à ce que le feuillage, lorsqu'il sera développé, couvre la terre et l'abrite des ardeurs du soleil, sans nuire aux tiges en leur portant de l'ombre. Au printemps suivant, on donnera une façon à la terre, et on formera de petits bassins autour de chaque touffe. On attendra pour *pailler* que les fleurs commencent à paraître. Les arrosements auront lieu le matin ou le soir, suivant la saison. On aura le plus grand soin de supprimer les filets avant qu'ils se soient enracinés.

On plantera encore, sur une plate-bande de 1m,25 de large, deux rangs seulement de fraisiers de semence, destinés uniquement à donner l'année suivante des filets, pour suppléer au semis dans le cas où il viendrait à manquer. Les filets qui proviendront de cette plantation faite sur deux lignes seulement seront trapus, vigoureux, et non étiolés comme ceux qui proviennent de touffes trop rapprochées. Ces filets seront repiqués au mois de juillet, deux à deux, dans la pépinière, où ils seront élevés comme le plant de semis.

La plupart des jardiniers qui se proposent de hâter sans feu ni fumier les fraisiers sous châssis se dispensent de les empoter; ils se contentent de les planter en pleine terre de manière à les couvrir de châssis au printemps. Ils prétendent que le fraisier ainsi traité végète plus vigoureusement et a une meilleure apparence. Mais il faut considérer que si celui qui cultive le fraisier en pot obtient des plantes moins vigoureuses, elles sont beaucoup plus fertiles, et surtout plus hâtives que les autres; ce qui double, sur les marchés, le prix de sa récolte, qui est terminée lorsque celle des fraisiers plantés en pleine terre sous châssis ne fait que commencer.

Beaucoup de jardiniers, qui n'ont pas l'habitude d'élever le plant de semis de la fraise des Alpes en le repiquant deux fois dans la pépinière, ne se servent de ce plant que pour en obtenir des filets avec lesquels ils font leurs diverses plantations. Ils prétendent que le plant de semis est trop vigoureux, qu'il pousse trop en feuilles et en filets, et que les fruits, trop couverts par le feuillage, ne prennent point de couleur et mûrissent mal. Quoique l'opinion des jardiniers qui cultivent pour leur propre compte ait toujours attiré notre attention, nous avons voulu connaître jusqu'à quel point cette opinion était fondée. En conséquence, nous avons laissé croître sur le terrain même du semis un certain nombre de pieds de fraisiers isolés, afin de suivre leur développement naturel; tous ont poussé avec une vigueur extraordinaire. Après avoir arraché successivement un certain nombre de ces fraisiers à diverses époques de leur développement, nous avons remarqué qu'ils étaient pourvus de quelques racines seulement, très-allongées, sans chevelu. Au printemps suivant, ces fraisiers formaient, en hauteur, des touffes considérables qui ont tardivement produit des fruits dont la plus grande partie n'a point pris de couleur ; les autres fraisiers de ce même semis, élevés dans la pépinière, et ayant subi deux repiquages avant d'être définitivement plantés en pleine terre, ont formé des touffes, il est vrai, beaucoup moins volumineuses, mais qui ont été d'une grande fécondité pendant toute la durée de la saison. Il résulte de ce fait que, si les jardiniers se donnaient la peine de concentrer les racines du fraisier de semis par plusieurs repiquages, ils n'auraient plus à redouter une vigueur qu'ils laissent devenir inutile dans ces sortes de plants. C'est par déférence pour les cultivateurs dont nous combattons ici l'opinion que nous sommes entré dans autant de détails.

Nous continuerons donc à nous servir du plant de semis repiqué deux fois dans la pépinière, soit pour le mettre en pot afin de le chauffer ou seulement de le hâter, soit pour le planter en pleine terre sur des plates-bandes destinées à produire du fruit, soit enfin pour être planté sur deux lignes, afin d'obtenir des filets dans le cas où le semis de l'année suivante viendrait à manquer. Ces filets participent de la vigueur du semis sans en avoir les inconvénients ; si, au contraire, on prenait des filets sur de vieilles touffes, les fruits qu'ils produiraient feraient connaître d'une manière plus ou moins remarquable la dégénération de la plante qui les aurait produits.

§ 1. — *Des fraisiers des Alpes forcés sous bâches ou dans les serres chaudes.*

Époque où on doit les mettre en végétation dans la serre ou sous les bâches. Époque de la récolte.

Les fraisiers des Alpes destinés à fructifier dans les serres chaudes ou sous des bâches, et qui, à cet effet, ont été mis en pots, seront, dès les premiers jours de février, nettoyés et débarrassés de toutes leurs feuilles mortes ou avariées ; puis on lavera les pots et on les introduira dans la serre, où on les placera sur des tablettes très-rapprochées des vitraux, ou dans les bâches sur des gradins parallèles au verre. Les bâches contiennent cinq rangées de banquettes ; on placera cinq pots de fraisiers des Alpes sur chaque banquette, en supposant que les châssis aient 1^m,50 de longueur sur 1^m,35 de largeur. Il y aura sous le gradin, dans le fond de la bâche, un tuyau de chaleur, et au pourtour extérieur un réchaud de fumier.

On visitera de temps à autre les fraisiers en végétation, pour enlever les anciennes feuilles qui se trouvent successivement remplacées par de nouvelles. Il ne faudra pas attendre que les anciennes soient desséchées ; il suffira qu'elles dépérissent pour qu'on s'empresse de les supprimer, ainsi que leur pétiole ; si on attendait davantage, elles absorberaient inutilement une grande quantité de sève qu'il vaut mieux faire tourner au profit de la fructification. Lorsque le temps est froid ou humide, et qu'on ne peut renouveler l'air parce que le soleil est quelques jours sans paraître, les fraisiers des Alpes sont sujets à s'étioler ; alors leurs feuilles, tendres et nombreuses, jaunissent et prennent de la moisissure ; on doit avoir soin de les retirer.

Nous n'entrerons point dans les détails du gouvernement de la serre, ni de celui des bâches à ananas ; car la culture des fraisiers qu'on y introduit est entièrement subordonnée à celle des ananas.

On peut espérer que les fraisiers des Alpes, mis en végétation sous bâche ou dans les serres chaudes au commencement de février, donneront des fruits vers le 15 avril. Les personnes qui ont écrit sur la culture de ce fraisier ont commis une erreur en avançant que l'on pouvait faire trois et même quatre récoltes les unes après les autres.

§ 2. — *Du fraisier des Alpes sous châssis.*

Les fraisiers des Alpes destinés à fleurir sous châssis seront nettoyés et épluchés vers le 15 février, puis introduits sous le châssis. On enfoncera les pots dans la terre ou dans le terreau. Un châssis de 1^m,50 sur 1^m,35 peut contenir vingt-cinq fraisiers des Alpes. Ces plantes seront placées sur un plan incliné, parallèle au verre ; leur végétation ne sera activée que par les vitraux. Les sentiers placés autour des châssis seront couverts d'un lit peu épais de litière, seulement pour empêcher que la terre s'attache aux pieds et que l'air extérieur s'introduise par les fentes des coffres. Les arrosements pouvant se faire avec le bec de l'arrosoir, il devient inutile de pailler la terre sous les châssis.

Les fraisiers mis en végétation sous châssis le 15 février produisent ordinairement vers les premiers jours de mai. On pourra, après les premières récoltes, enlever les châssis, et s'en servir pour la dernière saison des melons, ce qui n'empêchera pas les fraisiers de continuer à fructifier jusqu'aux gelées, si on a eu la précaution de plonger les pots dans du terreau ou dans une terre très-riche, dans laquelle les racines aient pu pénétrer et s'étendre par le fond des pots ; autrement ces fraisiers, après avoir épuisé la terre contenue dans leurs récipients, jauniraient et cesseraient de produire.

CHAPITRE III.

Moyens de préserver les fraisiers des vers blancs.

Beaucoup de personnes se voient forcées de renoncer à la culture du fraisier par la multitude de vers blancs dont leurs terrains sont infestés. Nous n'avons trouvé d'autre moyen certain de remédier à cet inconvénient que de faire fabriquer des pots construits de manière à laisser sortir une partie des racines sans que les vers blancs puissent s'y introduire (1).

Les fraisiers empotés dans ce but, et destinés à fructifier à l'air libre, seront mis en place à la fin de mars, soit sur trois lignes au pied d'un mur exposé au midi, soit dans l'intérieur des carrés, sur une plate-bande de $1^m,33$ de large, sillonnée de quatre lignes ; les pots seront distribués sur les lignes, à $0^m,33$ de distance et en échiquier. Le terreau ou la terre dans laquelle

(1) Les pots les plus convenables pour cultiver la fraise des Alpes, soit à l'air libre, soit sous châssis, sont des pots de $0^m,15$ de diamètre, fabriqués chez M. Follet, rue des Charbonniers, à Paris. Ils ont quatre ouvertures longitudinales, dont deux, prolongement l'une de l'autre, partagent le fond du pot en deux ou trois, et remontent de $0^m,10$ sur les côtés ; les deux autres fentes, également pratiquées sur la carre, s'approchent du centre, mais sans partager le fond comme le font les deux premières. Ces ouvertures sont faites avec une scie dont la voie a les dimensions voulues ; les pots sont ainsi sciés lorsque la terre est assez sèche pour être mise au four.

on les enfoncera sera très-riche et bien préparée, afin que les racines soient excitées à sortir par les quatre longues fentes que l'on a fait pratiquer à dessein au fond des pots ; si les racines y restaient confinées, les plantes ne fleuriraient que pendant cinq ou six semaines, puis elles dépériraient ; mais lorsque les nombreuses petites racines qui se développent autour de la plante se trouvent secondées par d'autres qui ont la liberté de s'étendre au dehors, on voit la plante continuer à se couvrir de fleurs et de beaux fruits jusqu'à ce que les gelées viennent arrêter sa végétation. Les fentes de ces pots sont ménagées de manière à laisser sortir les racines sans que les vers blancs puissent s'y introduire. Il est à propos d'ajouter que les pots ne doivent être enfoncés dans la terre que jusqu'à la moitié de la moulure, pour que les racines ne puissent sortir par-dessus les pots et faciliter l'accès aux vers blancs.

Lorsque les pots seront enfoncés dans le sol, on gouvernera les plantes comme si elles étaient mises en pleine terre ; seulement les arrosements seront plus fréquents et toujours bien réglés. Nous avons remarqué que le fraisier des Alpes mis en pot produisait moins de filets, moins de feuilles, mais beaucoup plus de fruits, que ceux que l'on met en pleine terre ; c'est pourquoi nous n'espaçons les pots sur la plate-bande que de 0^m,35 en tous sens.

Au mois d'octobre, on dépotera ces fraisiers pour les remplacer par d'autres pris dans la pépinière. Les fraisiers dépotés seront plantés en pleine terre, tels qu'ils sont, sans rafraîchir les racines. Ils seront placés à 0^m,50 sur la ligne, et les lignes seront écartées de 0^m,35. Ces fraisiers ainsi plantés produisent très-abondamment de très-beaux fruits pendant six semaines environ, après quoi ils déclinent ; mais ils ont donné le temps d'attendre que le jeune plant soit en plein rapport.

D'après beaucoup d'observations et d'expériences comparées, nous avons acquis la certitude que la fructification des fraisiers est plus hâtive et plus abondante en pots qu'en pleine terre ; nous n'hésitons pas, d'après les bons résultats que nous avons obtenus, à conseiller aux amateurs qui cultivent le fraisier des Alpes en pleine terre de faire mettre en pots chaque année un certain nombre de touffes élevées en pépinière, même lorsqu'il ne serait pas nécessaire de prendre des précautions contre les vers blancs.

CHAPITRE IV.

Observations générales.

Quelques personnes plantent le fraisier en bordure; nous ne conseillerons point de suivre cet usage, parce que les résultats d'une telle plantation sont toujours très-peu favorables. Le meilleur parti que l'on puisse tirer du fraisier planté isolément est de s'en servir pour garantir les dahlias des vers blancs; dans ce cas on prépare dès le mois de mars le terrain destiné aux dahlias, on marque les places qu'ils doivent occuper, et on plante entre ces places des fraisiers levés en motte que l'on a laissés à cet effet dans la pépinière. Les fraisiers que les vers blancs laissent intacts produisent abondamment, parce qu'ils profitent de la culture et des arrosements donnés aux dahlias. Cette faculté de lever le fraisier en motte a encore l'avantage, lorsque les terres sont fortes et sujettes à se comprimer, de permettre de faire la plantation au printemps sur un terrain fraîchement labouré et non battu par les pluies de l'hiver. Nous avons été à même de voir combien le fraisier profite lorsqu'il est planté ainsi au printemps, dans une terre fraîchement remuée.

Nous pensons que cette notice rendra plus générale la culture perfectionnée du fraisier, parce qu'elle convaincra les jardiniers de la nécessité d'élever cette plante en pépinière et de la soumettre à deux repiquages, aussi bien lorsqu'elle est destinée à la pleine terre que pour être forcée dans les serres. Nous répéterons que ce n'est point le grand nombre de fraisiers plantés selon la routine ordinaire qui garantit au propriétaire une jouissance assurée; trois cents touffes élevées chaque année en pépinière suffiront amplement, avec les trois cents qui ont déjà produit l'année précédente, à la consommation journalière d'une famille peu nombreuse. Cette quantité de plants occupera peu de terrain, demandera peu de temps pour l'entretien et pour la cueillette, chaque jeune touffe étant toujours garnie de beaux fruits.

CHAPITRE V.

De la récolte.

De la manière dont la plupart des jardiniers cultivent le fraisier des Alpes.

La cueillette se fera de grand matin, même pendant la rosée. On devra éviter de manier les plantes lorsqu'elles sont exposées aux ardeurs du soleil ; la cueillette sera toujours terminée entre huit et neuf heures au plus tard. On détachera le fruit avec la queue ; non-seulement il se conservera mieux et s'affaissera moins dans le transport ; mais encore, lorsque les queues et les calices restent sur les tiges, celles-ci se dessèchent moins promptement, et absorbent, au préjudice de la plante, une quantité de sève qui peut être mieux employée.

Quelques auteurs étrangers recommandent de supprimer les dernières fleurs des grappes, afin, disent-ils, de faire grossir davantage les premiers fruits. Quoique la théorie semble approuver cette pratique, nous la considérons comme tout-à-fait inutile et même nuisible. Nous pensons que les fruits qui, par leur position sur la plante, doivent nécessairement mûrir les premiers, n'ont rien à gagner à la suppression de ceux qui mûrissent postérieurement. Ce serait donc se priver sans dédommagement de la récolte des derniers fruits.

Une des principales conditions de la culture perfectionnée du fraisier consiste à concentrer ses racines ; plus une touffe peut en être environnée, plus elle devient productive. Cette assertion s'appuie sur les observations que nous avons faites notamment sur un grand nombre de touffes de fraisiers des Alpes qui avaient fleuri sous châssis depuis le mois d'avril, et ensuite à l'air libre jusqu'aux gelées, qui ne commencèrent, en l'année 1838, qu'à la fin de décembre. Trois cents touffes de ces fraisiers ayant été dépotées au mois d'octobre pour être mises en pleine terre, à titre d'expérience, toutes présentèrent une masse d'innombrables racines, très-déliées et très-serrées

les unes contre les autres; ces racines tapissaient particulièrement le pourtour des pots, et s'étaient emparées de la place
que la terre y occupait. Si l'on nous demande pendant combien
de temps ces racines auraient pu encore se multiplier sans que
la fructification de la plante en fût altérée, nous répondrons
qu'il doit suffire à nos jouissances que la durée d'une fructification ainsi conduite n'ait pour terme que les rigueurs ordinaires du climat; cependant il est plus que probable qu'une
interruption de végétation dans ces plantes, occasionnée par
une cause quelconque, entraînerait la destruction d'une grande
partie de leurs petites racines; c'est ce qui nous fait recommander la plus grande exactitude dans les arrosements.

En résumé, on sèmera chaque année, au mois de mai, le
fraisier des Alpes; puis, dans les premiers jours de juillet, on
repiquera le plant de semis, et à son défaut des filets pris sur
des plantes provenant du semis de l'année précédente. Au
commencement du mois d'août, on lèvera en motte les plantes
repiquées, pour leur donner plus d'espace. Enfin, à la fin
d'octobre, on mettra en pots ou en place les fraisiers élevés
dans la pépinière. Si la terre du jardin était forte, elle pourrait
se trouver battue et trop comprimée après l'hiver; dans ce cas
on attendra le printemps pour mettre le plant en place sur une
plate-bande fraîchement labourée.

Ce dernier paragraphe eût suffi aux jardiniers habitués à
suivre nos indications; c'est pour les autres que nous nous
sommes autant étendu sur la culture du fraisier, croyant nécessaire d'appuyer chacune de nos assertions par des faits positifs;
nous avons même regardé comme indispensable à leur conviction
de les faire entrer avec nous dans les voies de perfectionnement
que nous avons suivies à cet égard. En outre, après avoir souvent recommandé d'étudier avant tout la nature de la plante
que l'on désire cultiver, nous avons voulu, par cet article,
laisser aux jeunes cultivateurs un canevas dont ils pussent
s'aider pour étudier la végétation des plantes dont ils auront à
s'occuper.

Nous avons remarqué dans presque tous les établissements
que nous avons visités, et dans lesquels on s'occupe spécialement de la culture du fraisier, qu'on ne sème la fraise des Alpes

que pour en obtenir des filets. On n'y fait en général qu'un
seul repiquage, à l'époque duquel on lève le plant en mottes
pour le mettre en pots ou en pleine terre; aussi tous ces cultivateurs sont-ils d'avis que le plant de semis est trop vigoureux
pour fructifier abondamment. Aucun n'emploie le plant de semis
pour la pleine terre, sinon pour en obtenir des filets. Ces cultivateurs ne conservent jamais pour une seconde année une plantation qui a déjà produit. Beaucoup réunissent, lors du repiquage, deux, trois et même quatre brins, pour en faire une seule
touffe. Nous pensons que le désir de beaucoup récolter pourrait
bien les abuser. La plupart disposent leurs plantations en pleine
terre de manière à pouvoir les couvrir avec des châssis; les plus
éclairés mettent les plantes en pots; c'est le petit nombre. Dans
ces établissements on ne cultive guère que la fraise des Alpes;
la keen's seedling commence à s'y introduire; mais l'elton n'a
pas eu de succès chez ceux qui n'ont pas étudié la manière
particulière de végéter de cette plante et qui ont voulu la traiter comme ils traitent la keen. Ces cultivateurs profitent de
leurs serres et de leurs bâches à ananas pour forcer les fraisiers; ils introduisent dans les serres deux rangées de pots,
l'une sur le devant, l'autre sur une tablette également très-
rapprochée du verre; ceux qui ont voulu placer une troisième
tablette contre le mur ont été forcés d'y renoncer ; les fraisiers
s'y trouvaient trop éloignés des vitraux pour réussir. Ils ont
aussi des bâches qui ne servent que pour forcer le fraisier.
Nous avons remarqué que ces cultivateurs placent des soucoupes sous les pots qu'ils introduisent dans les serres chaudes,
pour recevoir l'eau des arrosements qui s'écoulent par le fond
des pots; ils ont soin même d'entretenir toujours un peu d'eau
dans ces vases, qui ont deux objets, celui d'entretenir la propreté et celui de maintenir frais le fond de ces pots; mais on
se tromperait beaucoup si l'on pensait pouvoir par là se dispenser d'arroser le dessus des pots.

Quant à l'époque où l'on commence à mettre en végétation
les fraisiers que l'on veut forcer, elle est variable et dépend
de la volonté de chaque cultivateur. Celle que nous avons indiquée est adoptée par des jardiniers qui ne manquent presque
jamais leur saison, parce qu'ils se contentent d'avoir terminé

leurs récoltes lorsque celles de la pleine terre commencent. Les
jardiniers qui mettent plus tôt leurs plantes en végétation peuvent gagner beaucoup, mais ils ont moins de chances de succès,
et il leur arrive souvent de manquer leur saison ; alors ils
recommencent avec d'autres plantes qui fructifient plus tardivement que celles de leurs confrères qui ont eu moins d'am-
bition.

Nous avons cru utile de faire connaître le degré d'avancement auquel est arrivée, à l'époque où nous écrivons, la culture du fraisier, telle qu'elle est pratiquée par les cultivateurs
qui en tirent un grand profit ; nous allons signaler par opposition le mode de culture du fraisier suivi par la plupart des
jardiniers qui ne travaillent pas à leurs frais. Ceux-là ne sèment jamais et ne font point d'élèves de fraisiers en pépinière ;
ils se contentent de planter à demeure des filets pris souvent
sur de vieux pieds épuisés ; ils plantent au mois de septembre,
lorsque les chaleurs sont passées, afin que la reprise soit plus
assurée. Ces filets donnent quelques fruits dans le courant de
juillet ; mais, comme ces jardiniers ignorent l'utilité de sacrifier les premières fleurs qui paraissent sur les jeunes plantes
avant que celles-ci aient acquis la force nécessaire pour continuer d'en produire utilement, ils s'empressent de récolter le
peu de fruit qui se présente, ce qui épuise les jeunes fraisiers,
qui cessent de fleurir avant la fin de la saison. Il résulte de cette
manière d'agir qu'au lieu d'obtenir en mai une première récolte suivie de plusieurs autres, ces jardiniers ne commencent
à récolter qu'en juillet et cessent presque aussitôt de rien
obtenir, si ce n'est, pour l'année suivante, des plantes trop
âgées, avortées, et dont les fruits ne mûrissent jamais parfai-
ment. Ce qui étonne le plus dans la conduite de ces jardiniers,
c'est qu'ils opèrent chaque année de la même manière, sans être
corrigés ni par l'expérience, ni par la honte de voir leurs
voisins, de simples maraîchers, venir régulièrement apporter
sur le marché leurs récolte de fraises depuis le commencement
du printemps jusqu'à la fin de l'automne.

CHAPITRE VI.

De la kenn's seedling.

Description de la plante. Marche de sa végétation. Reproduction par filets. De l'é-
ducation des filets en pépinière par deux repiquages. La keen ne peut être mise
en pot pour être forcée que la seconde année de son éducation en pleine terre. On
peut même empoter des plantes de trois ans. Époque de la mise en végétation
dans les serres ou sous les bâches ; époque de la récolte. Ce fraisier peut produire immédiatement une seconde récolte en pleine terre après avoir été chauffé.

La keen's seedling ne fleurit naturellement qu'une seule
fois dans l'année. Ses tiges sont grosses, et longues de $0^m,05$;
les montants ont à peu près $0^m,12$; ils se divisent en plusieurs
rameaux, qui se subdivisent eux-mêmes. Quelquefois la tige
a moins de $0^m,03$ de long ; alors les montants, étant plus rapprochés de la souche, présentent un groupe de fleurs plus
concentrées.

Les fleurs paraissent avant que les nouvelles feuilles soient
entièrement développées ; elles sont d'un blanc pur, grandes,
à pétales larges et arrondis ; elles exhalent, sous les bâches,
une légère odeur d'aubépine.

Les feuilles, peu nombreuses, sont luisantes, plissées, plus
longues qu'ovales, bordées de larges dents aiguës ; elles sont
assez inclinées pour laisser le cœur de la plante exposé à l'air
et au soleil. Les pétioles sont inclinés, longs, gros et très-lisses.
Lorsque les feuilles ont atteint leur développement, elles sont
sujettes, selon les localités, à prendre des taches de rouille ;
ces taches se font remarquer bien plus fréquemment dans les
cultures de Versailles que dans celles de Paris ; elles ne paraissent, au surplus, avoir aucune influence fâcheuse sur la qualité
des fruits.

Ces fruits sont très-gros, d'une forme conique ; mais il arrive souvent qu'ils sont monstrueux, aplatis par le bout. Chaque tige en produit de dix à vingt, mais les dernières fleurs
avortent souvent. Le pédoncule est long ; il facilite l'opération
des confiseurs qui glacent ces fraises. Lorsque le fruit est mûr,
le centre est marqué par un point très-rouge, environné d'une

chair blanche qui rougit de plus en plus en approchant de la circonférence ; le fruit est extérieurement, lorsqu'il est mûr, d'un rouge très-foncé dans tout son pourtour, et luisant comme s'il était verni ; la chair en est ferme, compacte, douce, succulente et très-parfumée. Cette variété est aussi hâtive que la fraise des Alpes, soit sous verre, soit en plein air. La durée de son rapport est de huit jours sous verre et de quinze en pleine terre. La construction de cette plante et la manière dont elle végète la rendent éminemment propre à être forcée, les boutons à fleurs n'étant jamais privés par les feuilles de l'action de l'air et du soleil ; elle est d'autant plus productive que l'on peut empoter sans inconvénient de très-fortes touffes âgées de deux à trois ans.

Les variétés qui ne fleurissent naturellement qu'une seule fois chaque année émettent leurs moyens de reproduction l'un après l'autre, d'une manière très-tranchée : d'abord la fructification, ensuite les filets. La végétation du printemps ne produit ordinairement sur la keen's seedling que les feuilles absolument nécessaires au développement des tiges et des fleurs ; ce n'est qu'après que les fruits ont déjà acquis une certaine grosseur que la plante commence à pousser des filets et de nouvelles feuilles ; c'est alors qu'elle forme de nouveaux cœurs et qu'elle prend une plus grande étendue.

L'observation nous a fait reconnaître que l'on ne pouvait trop tôt mettre en pépinière les filets de la keen ; lorsqu'on tarde trop, cette plante ne produit qu'un seul montant qui ne donne que très-peu de fruit, deux ou trois ; ce n'est que l'année suivante qu'elle rapporte abondamment et qu'on la met en pot à l'automne pour la chauffer. Nous avons pensé que, pour obtenir des filets plus hâtivement, il suffirait de supprimer sur les pieds-mères les tiges à mesure qu'elles paraîtraient ; en effet, toutes les plantes que l'on a ainsi empêchées de fleurir ont immédiatement produit des filets que l'on s'est empressé de mettre en pépinière. Ces plantes n'ont cependant pas été jugées, au mois d'octobre, encore assez fortes pour être empotées ; mais, ayant été mises en pleine terre pour attendre, elles y ont fructifié beaucoup plus abondamment que celles qui provenaient de filets plus tardifs.

Nous venons de voir que l'obstacle apporté au développement des fleurs a eu pour résultat immédiat l'émission plus
précoce des filets. Ce fait nous a donné lieu de présumer qu'un
empêchement semblable apporté au développement des filets
serait immédiatement suivi d'une seconde floraison. L'expéri-
mentation de cette idée a été faite sur plus de deux cents touffes de keen, qui, aussitôt après leur fructification sous bâches,
ont été privées d'eau, afin d'en arrêter la végétation. Lorsque
ces touffes ont été presque fanées, on les a dépotées et mises
en pleine terre, en supprimant une partie des feuilles, mais
sans rien retrancher aux racines. Cette opération a été faite à
la fin de juin ; les plantes ont promptement recommencé une
nouvelle végétation, qui s'est d'abord annoncée par des fleurs ;
on a favorisé leur développement, qui a produit des fruits dans
les premiers jours d'août ; cette seconde fructification a été
aussi belle et peut-être plus abondante que la première.

De ce fait, exposé avec assez de détails pour que chacun
puisse facilement le répéter, il résulte que les variétés de fraisiers qui ne produisent naturellement qu'une seule fois chaque
année produiront désormais deux récoltes, au gré des cultivateurs qui voudront prendre la peine de changer à leur profit
l'ordre naturel de la végétation de ces variétés. Chaque année,
depuis trois ans, nous obtenons ainsi une seconde récolte ; cette
année encore M. Truffaut a bien voulu nous envoyer le dépo-
tage de plus de cinq cents touffes de keen, qui venaient de
produire sous ses bâches une récolte admirable et très-lucra-
tive pour lui, et qui en ont produit immédiatement une seconde
chez moi en pleine terre.

La reproduction aura nécessairement lieu par filets pour les
variétés qui ne se reproduisent pas constamment les mêmes
par la graine. On ne prendra de filets que sur de jeunes plantes. On les mettra de suite en place, à 0^m,66 de distance sur les
lignes.

Au mois d'octobre, on plantera sur des plates-bandes de
1^m,35 de large, sillonnées de quatre lignes, les touffes de keen
élevées en pépinière ; on les plantera à 0^m,50 de distance sur
les lignes ; on empêchera de fleurir celles sur lesquelles on
voudra prendre des filets. Ce n'est qu'au mois d'octobre suivant

qu'on lèvera les mêmes plantes en motte pour les empoter
et plus tard les chauffer.

Si le plant de keen était destiné à fructifier en pleine terre
et à y rester deux ou trois ans, on l'espacerait de 0ᵐ, 50 en tous
sens.

Vers les premiers jours de février on introduira dans les
serres chaudes et sous les bâches les pots contenant la keen.
On nettoiera la plante et on la débarrassera des feuilles mortes
ou avariées ; puis on lavera les pots avant de les ranger sur
les tablettes, qui seront très-rapprochées des vitraux. On introduira aussi les pots sous les bâches ; on ne placera que quatre pots de keen sur chaque banquette par panneau.

Cette plante, dans les serres ou sous les bâches (1), ne nécessite pas la surveillance et les soins qu'il faut avoir pour le
fraisier des Alpes, dont le feuillage, tendre, abondant et élancé,
peut, lorsqu'il est offensé, avarier promptement toute la plante
et la faire avorter. Le feuillage de la keen ne s'élève pas ; il est
d'abord très-peu serré et laisse à découvert le cœur de la plante,
qui fleurit avant l'émission de nouvelles feuilles. Cette plante
est très-favorable au cultivateur qui veut la chauffer, parce
qu'il peut empoter, comme nous l'avons déjà dit, de très-forts
pieds, qui donnent jusqu'à six ou sept montants, sans que le
feuillage soit un obstacle à une floraison abondante et toujours
précoce.

On peut espérer que les fraisiers keen mis en végétation
sous bâche ou dans les serres au commencement de février
donneront leurs fruits vers le 15 avril. La récolte de la keen
sera terminée vers le 10 mai.

Les touffes qui auront fleuri dans la serre chaude seront
détruites après la récolte ; celles qui auront fructifié sous bâches
seront privées d'eau et de chaleur, et, lorsque la végétation sera
arrêtée, on les dépotera pour les mettre en pleine terre, où elles
donneront une seconde récolte. Au mois d'octobre, on pourra
lever ces plantes en motte et les rempoter, pour être encore
une fois forcées dans les serres ou sous bâches.

_____

(1) Les bâches sont chauffées à l'eau chaude par un appareil du prix de 250 fr.,
qui suffit pour chauffer une étendue de 20 mètres de longueur sur 1ᵐ,50 de largeur et 1 mètre réduit de profondeur.

Lorsque la keen est plantée en pleine terre pour y rester, ce n'est que la seconde année qu'elle produit très-abondamment. Nous avons obtenu, en pleine terre, une seconde récolte, en supprimant les feuilles aussitôt après la première; mais les fleurs n'ont pas noué en aussi grande quantité que sur les plantes qui avaient produit sous bâches et que l'on avait dépotées; cependant ce moyen de faire fleurir une seconde fois des plantes qui ont fructifié une première fois en pleine terre mérite qu'on s'en occupe.

Si on désire obtenir par les semis de nouvelles variétés de la keen ou de l'elton, on se conformera, pour la récolte des graines, pour les semis et pour l'éducation du plant en pépinière, à ce qui a déjà été indiqué à cet égard pour le fraisier des Alpes.

CHAPITRE VII.

L'elton de M. Knight.

Description de la plante. Elle se propage par filets. Marche de sa végétation; elle diffère de celle de la keen. L'éducation des filets en pépinière est terminée par deux repiquages. L'elton peut être mise en pot et chauffée la première année après son éducation. Pourquoi on ne doit point chauffer de plants de l'elton qui ont deux ans. Elle produit en pleine terre la première année après son éducation.

L'elton ne fleurit naturellement qu'une seule fois dans l'année; ses tiges sont grosses, velues, longues de $0^m,03$ environ; les montants ont à peu près $0^m,05$ de long; ils se divisent en plusieurs rameaux.

Les fleurs paraissent après l'émission des feuilles; elles sont lentes à se développer, d'un blanc mat, de moyenne grandeur; les pétales sont arrondis; les divisions du calice sont oblongues et réfléchies; chaque tige produit de huit à quinze fleurs, qui ne sont pas sujettes à couler; toutes mûrissent successivement, ce qui prolonge la durée des récoltes.

Les feuilles sont rondes, glauques, velues, profondément dentelées, nombreuses et verticales; les pétioles sont roides, droits, couverts de longs poils très-nombreux, qui se teignent en rouge; à leur base sont de grandes stipules allongées et aiguës. Le feuillage de ce fraisier contraste avec celui de la keen ; il est net, d'un vert doux et uni, qui le fait distinguer de tous les autres ; il dérobe le cœur de la plante aux influences de l'air, ce qui est un obstacle à ce qu'on puisse, lorsque cette plante est devenue un peu forte, l'introduire avec avantage dans les serres.

Les fruits sont gros, allongés, ordinairement très-bien faits ; chaque tige en produit de huit à quinze, qui mûrissent tous successivement ; la longueur du pédoncule fait rechercher ce beau fruit par les glaciers, qui en tirent un parti admirable. La chair est intérieurement très-rouge ; le centre est marqué d'un point encore plus rouge, autour duquel règne un filet blanc ; tout le pourtour extérieur du fruit est d'un rouge brillant et vernissé lorsque la fraise est mûre ; sa chair est ferme, douce, succulente, et n'a nullement l'acidité que quelques personnes qui l'ont décrite lui ont trouvée ; il est probable que ces personnes n'ont pas eu à leur disposition des fruits bien mûrs. L'elton est plus tardive de trois semaines au moins que la keen. C'est une des fraises les plus belles et les plus productives que nous possédions, cultivée soit en serre, soit en pleine terre.

L'elton se propage par les filets, comme tous les fraisiers qui ne se reproduisent pas les mêmes par la semence ; on les pique en pépinière deux à deux. Il n'est pas nécessaire, comme pour la keen, de se hâter de mettre en pépinière les filets de l'elton destinés à être chauffés. Ces plantes seront toujours assez fortes au sortir de la pépinière pour être empotées ; on choisira même pour cet usage les touffes les moins fortes ; il n'en sera pas de même pour celles qui sont destinées à fructifier en pleine terre. On conçoit que le volume du feuillage de l'elton, déjà peu favorable à la floraison de cette plante, lui devienne tout-à-fait contraire lorsque son développement se trouve augmenté par la chaleur de la serre. Beaucoup de jardiniers ayant voulu traiter l'elton comme la keen n'ont pas réussi et ont renoncé à la cultiver, la regardant comme venant mal et peu productive. S'ils eussent étudié sa végétation, ils ne se seraient pas privés, par igorance, de la culture d'une plante aussi belle que productive.

Nous répéterons que la végétation de l'elton commence par

le développement de ses feuilles, qui sont nombreuses et affectent une direction verticale ; ensuite paraissent lentement les tiges, les fleurs et les fruits ; puis enfin les filets. La marche lente que suit cette végétation indique assez au cultivateur qu'il doit préférer, pour forcer ce fraisier, de jeunes plants à des plants plus forts et plus âgés ; le feuillage épais de celui-ci deviendrait dans la serre un obstacle au développement des fleurs. Le cultivateur doit encore observer que, la floraison de cette plante étant lente à se montrer, on la ferait avorter si on la forçait brusquement par une température d'abord trop élevée ; ce qui indique que la serre à ananas ne lui convient point. Ces observations n'ont point échappé à un cultivateur aussi distingué que M. Truffaut, qui obtient de l'elton, chauffée sous ses bâches, des quantités considérables de très-beaux fruits, doux, juteux, succulents et savoureux, dont il tire tous les ans un grand produit. Très-peu d'horticulteurs traitent les plantes avec autant de discernement et de bonheur que MM. Truffaut père et fils. L'épaisseur du feuillage n'empêche dans la serre que la formation de la fleur ; il n'est pas un obstacle à la maturité du fruit lorsqu'il est noué, puisque les grappes chargées de fruits pendent le long des pots, et se trouvent exposées au soleil ; mais, nous le répétons, la floraison de cette plante doit s'opérer lentement pour venir à bien.

Au mois d'octobre on lèvera en motte, dans la pépinière, les touffes d'elton, soit pour les empoter, soit pour les planter définitivement en pleine terre. On choisira pour empoter les touffes les moins grosses ; celles qui sont destinées à la pleine terre seront plantées dans des plates-bandes sillonnées de quatre lignes, les plantes espacées entre elles de 0m,50 ; on placera les plants sur les lignes, à 0m,50 les uns des autres.

Vers les premiers jours de février on introduira sous les bâches les pots contenant les eltons ; on les mettra en végétation par une chaleur très-douce, que l'on ne s'empressera point d'augmenter, afin de donner aux fleurs le temps de se former ; une forte chaleur dans le principe ne serait profitable qu'aux feuilles. Nous bornerons nos conseils à cette seule observation pour ce qui concerne la conduite à tenir dans la culture de la plante sous bâche.

L'elton, mise en végétation dans les premiers jours de février, ne donnera ses fruits que dans les premiers jours de mai; toutes les fleurs venant à nouer, la récolte se prolongera jusqu'en juin.

L'elton, mise en pleine terre, portera des fruits quelque temps après les premières récoltes de la quatrième saison, et continuera de produire jusqu'au temps où le fraisier des Alpes recommence à se couvrir de fruits. Ce fraisier réussit parfaitement en pleine terre, où il peut rester deux ans; il y produit abondamment, même la première année, surtout si les filets ont été mis de bonne heure en pépinière.

Nous possédons, depuis cette année, la *british queen* et la *victoria queen*, que les pépiniéristes anglais nous ont signalées comme des plantes très-supérieures à celles que l'on a déjà. Nous attendrons leurs produits pour les juger.

CHAPITRE VIII.

Fraisier de Montreuil.

Ce fraisier est cultivé à Bagnolet, à Sceaux, à Charonne, à Châtou, et dans d'autres communes des environs de Paris, où il est vulgairement connu sous le nom de *dent de cheval*. Son fruit est gros, difforme, d'un beau rouge; la chair en est sèche, sans saveur ni parfum; mais la plante est peu délicate et supporte jusqu'à un certain point le manque d'eau. Ce fraisier produit beaucoup pendant le courant de juin et une partie de juillet, après quoi il reste stationnaire jusqu'à l'année suivante. Les glaciers et les confiseurs n'emploient la fraise de Montreuil qu'à défaut d'autres; cependant cette variété, malgré le peu de qualité de ses fruits, sera toujours préférée au fraisier des Alpes par les cultivateurs qui s'occupent spécialement de la culture du pêcher ou d'autres cultures analogues, parce que le fraisier des Alpes, étant beaucoup plus délicat, produirait moins entre leurs mains que celui de Montreuil. En outre, pendant la saison du palissage et celle de la cueillette des pêches, il serait impossible à ces cultivateurs de trouver le temps nécessaire à la récolte journalière des fraises. Ceci explique suffisamment pourquoi les jardiniers de Montreuil ne peuvent profiter des avantages qu'offre ailleurs la culture du fraisier des Alpes.

Nous ne nous étendrons pas davantage sur une variété dont nous ne conseillons pas la culture. Nous pensons que l'elton pourrait la remplacer avec beaucoup d'avantages.

CHAPITRE IX.

Des insectes et des maladies du fraisier.

Les insectes nuisibles au fraisier sont les larves du hanneton, appelés vers blancs, les loches, les limaçons, les limaces et les cloportes, qui attaquent les fruits dans les bâches ou sous les châssis. C'est la nuit que l'on peut le plus facilement faire la chasse à ces insectes et parvenir à les détruire; quant aux vers blancs, nous ne connaissons point de plantes qu'ils préfèrent au fraisier et dont on pourrait se servir pour les en détourner. Nous croyons que les cultivateurs ne pourront se garantir des ravages occasionnés par les vers blancs qu'en détruisant les hannetons ou en les éloignant de leurs cultures. Lorsqu'un pied de fraisier est attaqué par le ver blanc, on s'en aperçoit au feuillage, qui se flétrit; dans ce cas, nous conseillons d'arracher la touffe pour chercher avec facilité les vers et les détruire. Il est inutile de replanter une touffe qui a été fatiguée par les vers blancs ou autrement; on a dû laisser dans la pépinière des plants destinés à réparer les dégâts occasionnés par ces insectes.

Nous nous sommes aperçu que les punaises des jardins, lorsqu'elles sont encore très-petites, s'attachent sur les fruits de l'elton, qui sont mûrs à l'époque où ces punaises sont encore toutes jeunes. Nous n'avons pas trouvé de fruits entamés, mais le nombre considérable de ces petits insectes qui couvrent les fruits en fait désirer la destruction. Ces jeunes insectes paraissent ronds et très-rouges; ils sont conduits par les gros, qui sont longs, plats, et rayés de rouge et de noir.

Le fraisier est sujet à une maladie dont les premiers symptômes se montrent d'abord sur les feuilles du pourtour des touffes ; ces feuilles se fanent, se dessèchent successivement, jusqu'au centre de la touffe, ce qui la fait périr. Les racines suivent ou devancent les progrès de la maladie ; elles perdent d'abord leur chevelu, qui disparaît totalement ; les grosses racines prennent une teinte livide de suie, se dessèchent et meurent. Nous nous sommes assuré de ces faits en arrachant plusieurs touffes de fraisiers à divers degrés d'intensité de la maladie. Quant aux recherches que nous avons faites pour connaître les causes du mal, elles nous portent à croire que leur principe est dans les racines, qui se trouvent atteintes par des substances qui leur sont pernicieuses, surtout lorsque les eaux pluviales ou les arrosements leur donnent plus d'activité ; ainsi, les fumiers encore verts, ou qui ne sont pas entièrement dissous et amalgamés avec la terre, seraient la cause la plus commune de cette maladie. Nous avons observé, dans un jardin où l'on ne cultive, depuis sept années, rien autre chose que des fraisiers des Alpes, que la maladie y était commune : des carrés entiers en étaient affectés. Il faut remarquer que l'on est ici dans la nécessité de planter presque toujours sur une terre récemment fumée, tandis que les maraîchers, qui cultivent le fraisier dans du terreau consommé, ne connaissent point ou presque point cette maladie. Nous ne mentionnons ici que deux observations ; nous pourrions en citer un plus grand nombre que nous avons faites : toutes nous portent à croire que le fraisier est de la nature des plantes de terre de bruyère, auxquelles l'engrais végétal convient essentiellement, et que, s'il prospère dans des terres très-riches et bien fumées, c'est que l'engrais animal était mêlé, dissous et confondu avec la terre avant qu'on y eût planté le fraisier.

CHAPITRE X.

Modifications dans la culture du fraisier.

En quoi la culture du fraisier conseillée par M. Poiteau diffère de celle-ci. L'auteur de *la Pomone* termine son ouvrage en démontrant que le professeur d'horticulture doit nécessairement pratiquer avec succès, et même avec perfection, ce qu'il veut enseigner.

Il a paru en 1838 et en 1841, dans le *Journal d'Agriculture pratique* et dans les *Annales de la Société royale d'Horticulture de Paris*, deux articles sur la culture du fraisier (1). Les préceptes qu'ils contiennent diffèrent tellement de ceux que nous venons d'indiquer que nous allons en signaler les différences, afin de donner à nos lecteurs la facilité de vérifier par eux-mêmes quel est celui des deux modes qu'il convient d'adopter ; nous sommes d'autant plus enclin à en agir ainsi que les deux articles sont de M. Poiteau. Ce serait, de notre part, trop de présomption que de croire que, sans donner de très-fortes raisons, on suivra nos conseils plutôt que ceux d'un homme aussi expérimenté. Le seul avantage que nous croyons avoir dans cette occasion sur M. Poiteau tient à ce que notre article sur le fraisier est le narré exact de notre culture, pratiquée depuis plusieurs années avec un succès égal à celui qu'obtiennent les jardiniers les plus habiles que M. Poiteau a pu visiter, mais dont il n'a vraisemblablement pas répété chez lui les procédés de culture ; autrement il se serait aperçu des erreurs qu'il avance dans ces deux articles, et que ne commettent certainement pas les cultivateurs distingués qu'il cite et dont nous avons aussi visité les établissements pour notre instruction.

L'auteur des articles en question conseille de *semer le fraisier des Alpes en juin et juillet, et, si le plant est dru, de le repiquer à l'âge de six semaines ; s'il est clair, de ne le mettre en place*

(1) Depuis cette époque, un certain nombre d'articles relatifs à la culture du fraisier ont paru dans la *Revue horticole*, et M. Vilmorin vient de refaire entièrement, dans l'édition du *Bon Jardinier* pour 1851, le chapitre *Fraisier*. Nous engageons nos lecteurs à consulter ces différents ouvrages, s'ils veulent être au courant des derniers progrès de cette intéressante culture.

qu'à la mi-septembre; il ajoute que, *si on sème au printemps, on récoltera des fruits à l'âge de six semaines :* d'où il résulterait, évidemment, qu'il serait inutile de semer en juillet. Quant à nous, nous semons au commencement de mai, et en juillet nous repiquons dans la pépinière tout le jeune plant; puis, au commencement d'août, nous relevons en motte ce même plant pour le planter à de plus grandes distances; enfin, à la mi-octobre ou dans le commencement de novembre, nous levons ce plant en grosse motte afin de le planter, soit en pot, soit en pleine terre pour y rester. Nous traitons le plant de coulants exactement de la même manière que le plant de semis.

C'est *en octobre* que M. Poiteau conseille *de détacher les coulants des maîtres-pieds pour les mettre en place ou en pépinière.* Il rafraîchit les racines et *coupe les plus grandes feuilles.* On vient de voir que nous traitons le plant de coulant comme le plant de semis, mais nous ne coupons aucune feuille, et nous le mettons en pépinière au commencement de juillet.

Dans son second article, M. Poiteau a cru remarquer que *les jardiniers les plus habiles sèment dans le courant de juin en pépinière, qu'ils continuent de soigner ce plant sur place pendant le reste de la campagne, parce qu'il est plus aisé,* ajoute-t-il, *de le garantir là des accidents de l'hiver que s'il était repiqué. En mars, ils plantent chacun des plus beaux pieds de ce plant à la distance de* $0^m,35$ *sur* $0^m,45$. *Dès le mois d'avril ce plant produit des coulants et des fleurs, que l'on démonte soigneusement; on ne permet qu'aux feuilles de croître jusqu'en juin; alors on laisse les fraisiers pousser des fleurs et des coulants. Ce sont ces coulants que l'on plante au mois d'août, soit en pleine terre, soit en pots, afin de donner l'année suivante des récoltes abondantes.* M. Poiteau appelle ces coulants *du troisième âge;* il pense que *les coulants qui se développent en juin sont les plus fertiles.* Nous croyons que cette assertion est totalement erronée. Nous ne plantons de coulants qu'à défaut de plant de semis, et nous ne prenons des coulants que sur des fraisiers de semis élevés en pépinière et mis en place à la fin d'octobre après deux repiquages.

Un peu plus loin M. Poiteau conseille *de prendre les coulants sur de vieux pieds que l'on veut détruire;* ce qui suppose que ces pieds sont usés. Nous ne pouvons donc que protester contre ce procédé, aussi bien que contre celui *d'éclater les vieux pieds pour les multiplier.*

M. Poiteau semble croire, d'après l'assertion d'un très-célèbre physiologiste anglais, M. Knight, que *les coulants n'é-puisent pas les maîtres-pieds et ne nuisent pas à la grosseur et au nombre des fruits.* Il pense aussi qu'*il n'est pas indispensable que les coulants soient enracinés pour faire de bons plants.* M. Poiteau fait dire à Duhamel que *tous les nœuds d'un cou-lant sont disposés alternativement de manière à produire l'un une nouvelle plante et l'autre un nouveau coulant, de sorte qu'un coulant ne donne qu'à peu près la moitié de jeunes plan-tes qu'il y a de nœuds sur sa longueur.* Duhamel n'a pu com-mettre une erreur aussi palpable.

M. Poiteau, contradictoirement avec Duhamel, conseille deux choses : 1° *de retrancher les fleurs de l'extrémité supérieure des grappes, dans le but de faire grossir les fruits du bas ;* ce qui est une erreur, puisque les fruits du haut de la tige ne peuvent nuire en rien au développement de ceux du bas, attendu qu'ils n'existent déjà plus lorsque les autres commencent ; 2° *de sup-primer une certaine quantité de hampes, afin que les fruits qui restent sur les hampes conservées soient plus beaux.* Ceci est en-core une pratique erronée, qui ne laisse aucun dédommagement sensible de la perte qu'elle occasionnerait. Ici M. Poiteau pro-fesse d'après une théorie qu'il s'est formée en l'absence de la pratique, tandis qu'une théorie ne devrait jamais être que l'ex-pression abrégée de la plus saine pratique ; autrement les théo-riciens croiraient pouvoir prescrire des lois aux cultivateurs, tandis que les uns et les autres doivent s'éclairer mutuellement.

Après avoir reconnu qu'*en bonne culture on ne doit conserver le fraisier que deux ans,* M. Poiteau ajoute que, *la physiologie venant en aide au jardinier, il est possible de conserver les fraisiers en état de fertilité pendant six à huit années, en les rechaussant, et que l'expérience a confirmé la vérité de cette théorie.* Nous protestons contre une telle pratique.

M. Poiteau conseille *d'éviter de mouiller les fleurs, les fruits, et même les feuilles du fraisier, parce que les Anglais, qui sont encore nos maîtres,* ajoute-t-il, *dans plusieurs points de culture,*

*prennent toutes les précautions possibles pour ne mouiller que
les racines.* Ils conseillent de *placer chaque pot dans une petite
terrine, et de verser de l'eau dans la terrine seulement, afin
que les fraisiers puissent ne s'imbiber que par les racines, sans
être obligé d'arroser par-dessus les pots.* M. Poiteau a pu voir,
en effet, dans les bâches et dans les serres chaudes de nos cultivateurs, des soucoupes sous les pots ; mais elles sont plutôt employées pour entretenir la propreté, en recevant l'eau
des arrosements qui se font par-dessus les pots, que pour éviter
ces arrosements, et nous pensons, au contraire, qu'il serait
nuisible de s'abstenir de mouiller les feuilles, les fleurs, et
même les fruits.

M. Poiteau conseille *de planter dès le mois d'août, dans les
pots, de forts œilletons destinés à être forcés;* il recommande
*de les soigner de manière à ce qu'ils grossissent le plus pos-
sible pendant tout l'automne.* Ceci est une grave erreur ; l'é-
ducation des plants doit se faire en pleine terre par plusieurs
repiquages en motte ; on ne doit mettre dans les pots ou en
pleine terre que des plantes toutes formées, ce que nous faisons
à la fin d'octobre ou dans les premiers jours de novembre.

M. Poiteau recommande *un procédé indiqué par Lindley, et
pratiqué,* ajoute-t-il, *avec un plein succès au potager de Versailles, pour avoir en août et septembre une récolte de fraises des
Alpes au moins aussi abondante que celle de juin. Ce procédé
consiste à supprimer jusqu'au mois de juin toutes les hampes et les coulants, et, en juin, de couper toutes les feuilles ras
terre ; on bine profondément, etc.* Ce conseil, s'il était suivi,
donnerait une récolte moins belle au mois d'août que la récolte
naturelle de juin, et priverait évidemment de la récolte du printemps. Nous pouvons affirmer ce fait, parce que nous avons
malheureusement suivi le conseil donné par Lindley.

On ne plante point en pleine terre les plantes que l'on veut
chauffer sous des bâches ou sous des châssis, on les plante en
pots.

On hâte les fraisiers plantés en pleine terre en les couvrant
de châssis. C'est le verre seul, sans le secours du fumier, qui
met les plantes en végétation et les conduit jusqu'à la maturité,
qui serait encore beaucoup plus précoce si les fraisiers ainsi

traités avaient été plantés dans des pots au lieu de l'être en pleine terre.

Un labour d'un fer de bêche n'est pas non plus suffisant pour planter des fraisiers ; il faut donner un profond labour, et placer le fumier dans le fond de la jauge.

Les plates-bandes sur lesquelles on plante les fraisiers n'ont pas 1^m,35 ou 1^m,70 *de large* ; elles doivent avoir 1^m,35. Elles ne sont pas *rayonnées de quatre ou cinq sillons* ; elles doivent l'être de quatre, afin que l'on puisse cultiver les plants et récolter les fruits avec une égale facilité de chaque côté de la plate-bande, sans y mettre les pieds.

M. Poiteau conseille *de mettre en pots, en août et en septembre, trois ou quatre fois plus de fraisiers des Alpes que l'on n'a de place à leur donner dans les serres, afin de faire au moins trois ou quatre saisons. On commence à chauffer à la fin de novembre ou de décembre.* On ne fait point trois saisons de fraises, surtout de la fraise des Alpes, qui n'est jamais épuisée avant que la récolte de la pleine terre commence ; d'ailleurs trois saisons sont impossibles, puisqu'il faut au moins trois mois d'une saison à l'autre. Il ne sert de rien de mettre des fraisiers en végétation dès le mois de décembre et de janvier, parce que dans ces mois il est ordinairement impossible de renouveler l'air des serres aussi souvent qu'il le faudrait pour faire nouer les fleurs du fraisier. Les plus habiles cultivateurs commencent ordinairement à mettre en végétation leurs fraisiers, soit sous bâches, soit dans les serres, vers les premiers jours de février, pour récolter vers le 15 avril. Il est évident que M. Poiteau a été tout-à-fait induit en erreur à cet égard.

Il serait à désirer que toutes les personnes qui écrivent sussent qu'elles ne doivent pas s'en rapporter aux simples renseignements donnés par les cultivateurs, sans les avoir vérifiés eux-mêmes en les mettant en pratique. Cette critique est aussi destinée à faire mieux comprendre combien il est impossible de professer une culture quelconque sans l'avoir soi-même pratiquée avec succès ; c'est ce qui nous fait répéter à la fin de cet ouvrage le vœu, que nous avons déjà formé dans l'intérêt de la science, que le ministre qui nomme des professeurs d'agriculture et d'horticulture, sans qu'ils aient subi ni concours ni examen, leur impose au moins l'obligation d'écrire leurs leçons et de les adresser à toutes les sociétés d'horticulture, afin que, parmi les membres de ces sociétés, ceux qui s'occupent plus spécialement de telle ou telle culture en particulier puissent, étant consultés par les présidents, donner de bons avis, empêcher les erreurs de se propager, et mettre les professeurs à même de faire des cours instructifs pour tous, au lieu de leçons qui, lorsqu'elles ne sont pas stériles, ne sont du moins profitables qu'à un très-petit nombre de personnes.

CATALOGUE DES FRAISIERS DÉCRITS PAR M. POITEAU.

1re *Section*. FRAISIERS COMMUNS.

Fraisier des bois à fruit rouge.
— à fruit blanc.
— à fleurs doubles.
— à fleurs simples.
— de Montreuil.
— de Florence.
— des Alpes.
— de Plymouth.
— Buisson.
— de Gallion.

2e *Section*. FRAISIERS ÉTOILÉS.

Fraisier de Champagne.
— Duchesne.
— Deslongchamp.
— de Bargemont.
— hétérophylle.
— de Suède.

3e *Section*. CAPRONS.

Capron commun.
— mâle.
— abricot.
— framboise.
— royal.

4e *Section* FRAISIERS ÉCARLATES.

Fraisier du Canada.
— de Virginie.
— écarlate d'Autriche.
— — d'automne.

Fraisier écarlate américain.
— — rose Berry.
— — — noire.
— — — carminée.
— — de la baie d'Hudson.
— — de grappes.
— — oblong.
— — Gimstone.
— — Garnston.
— — nec plus ultra.
— — Vernon.
— grosse écarl. de M. Knight.
— princesse Charlotte.

5e *Section*. ANANAS.

Ananas de la Caroline à fruit rond.
— — à fruit long.
— de Bath.
— à grandes fleurs.
— à fruits longs.
— de Keen.
— de Myatt.
— Dowton.
— noir de Gibbe.
— Pitmaston noir.
— Prince Noir.

6e *Section*. FRAISIERS CHILIENS.

Fraisier du Chili.
— — hermaphrodite.
— — jaune.
— Souchet.
— Wilmot.

QUELQUES FAITS

DE

PHYSIOLOGIE VÉGÉTALE

Mis à la portée de tout le monde.

CHAPITRE Iᵉʳ.

Considérations générales.

La culture ne peut faire de rapides progrès si elle ne s'appuie sur la connaissance de l'organisation des plantes, autrement dit, de la physiologie végétale, et, d'un autre côté, on ne peut acquérir la science que nous venons de nommer que par l'étude approfondie et pratique des effets de la végétation. C'est en voulant atteindre ces connaissances que je me suis aperçu que les principes de la physiologie végétale, tels qu'ils ont été professés jusqu'ici, mériteraient cependant un nouvel examen. Je ne me dissimule pas que cette entreprise soit hardie : on ne renonce pas sans peine à des erreurs traditionnelles et généralement accréditées; mais, quelque difficile que soit cette tâche, j'ose compter sur la bienveillance de ceux qui me liront et qui voudront bien répéter les expériences qui m'ont éclairé.

Je ne me propose, au surplus, que de signaler le peu de certitude, pour ne pas dire plus, de quelques principes donnés jusqu'à ce jour par nos professeurs comme autant de vérités, et dont l'admission retarde indéfiniment, pour ceux qui les admettent, les progrès qui restent à faire faire à la physiologie végétale, dont le but devrait tendre à perfectionner l'agriculture bien plutôt qu'à satisfaire une vaine curiosité. J'indiquerai par quelques exemples pratiques comment il faut procéder pour faire progresser cette science, en passant toujours d'une vérité bien établie à une autre également prouvée, préférant rester stationnaire plutôt que d'admettre une seule proposition douteuse, ou dont l'exactitude ne serait pas confirmée par les effets de la végétation. C'est ainsi seulement qu'on suit une voie sûre, et qu'on évite, en admettant une première erreur, de se créer de vains systèmes que la végétation vient tout d'abord contredire. C'est aux cultivateurs que je m'adresse plus particulièrement; tous sont en position de vérifier mes assertions et d'en tirer des conséquences utiles aux progrès de l'agriculture. Toutefois je ne me serais pas hasardé à faire part au public de mes opinions en physiologie végétale, si elles n'étaient liées d'une manière inséparable à la culture des plantes, solidement appuyée sur le grand nombre d'expériences auxquelles je me suis livré, et si les ouvrages que j'ai le plus étudiés ne m'y eussent surtout encouragé. « On ne sera peut-« être pas étonné, dit Sénebier (1), quand j'avouerai, à la fin « de cet ouvrage volumineux (*cinq volumes*), que la physiologie « végétale est encore au berceau, qu'on y flotte au milieu des « incertitudes, que la plupart des faits y sont presque isolés, « que plusieurs de leurs conséquences sont trop généralisées, « et que tous ceux qui entreprendront cette étude avec l'inten-« tion de la perfectionner trouveront partout, à chaque pas, « des occasions heureuses pour exercer leur génie et leur adres-« se. Quels que soient nos efforts, la solidité des diverses opé-« rations faites sur les végétaux ne peut se comparer à celles « faites sur les animaux; on fait résonner la glotte des ani-« maux, respirer leurs poumons après leur mort; on parvient « encore à y fixer souvent dans le même état les faits qu'on « étudie, au lieu qu'en tuant les plantes, soit pour les in-

---

(1) Nous ne citons que Sénebier, parce que ce savant s'est approprié les idées des auteurs les plus célèbres qui ont écrit avant lui, en répétant leurs expériences, qu'il a trouvées en général exactes; mais on peut remarquer que toutes ces expériences, faites dans le but de connaître comment la vie circule dans les plantes, ont été tentées sur des organes privés de vie, sur des feuilles séparées de leurs rameaux, par exemple, sur des rameaux détachés de leurs branches. Il n'est pas étonnant que toutes les expériences ainsi faites aient donné des résultats semblables, et que les savants soient d'accord à cet égard; mais il n'est pas moins certain que ces expériences n'ont pu démontrer d'une manière positive comment s'opère la circulation de la sève dans les organes vivants, comment a lieu dans l'intérieur de la plante sa décomposition, enfin son assimilation, etc.; d'où il suit, d'après Sénebier, qu'elles ne donnent que des résultats hypothétiques, et, d'après nous, que les conséquences tirées de ces expériences sont erronées.

« jecter, soit pour toute autre opération, on ne connaît pas
» mieux la route de la sève ; on sait qu'on nuit essentiellement
« aux plantes en leur ôtant l'usage de la lumière, mais on ne
« sait pas mieux la cause du mal qu'elles éprouvent. »

« La physiologie végétale, s'il y avait une science qui pût
« mériter ce nom, dit encore Sénebier, enseignerait les secrets
« de l'organisation des plantes, la structure et la liaison de
« leurs parties, la correspondance de leurs effets, leurs rap-
« ports avec les substances qui les environnent ; on y découvri-
« rait les mystères de leur nutrition, de leur accroissement, de
« leur fructification, avec les nuances de leur dégradation, jus-
« qu'à leur destruction totale.

« Elle dévoilerait les prodiges de leurs reproductions diffé-
« rentes, etc.; tous les organes des végétaux laisseraient voir
« le jeu de leurs opérations, l'élaboration des matières qu'ils
« préparent. Nous saurions ce que nous ignorons, et ce que
« nous croyons important de découvrir.

« Il faut l'avouer ici, cette science est hérissée de difficultés,
« et plusieurs objets sollicitent à la fois notre attention. L'é-
« corce, le parenchyme sont superficiellement connus, le réseau
« cortical et celui qu'il recouvre sont seulement indiqués ; les
« fibres sont toujours dans une obscurité profonde, et les par-
« ties mêmes qui paraissent avoir été le mieux observées ren-
« ferment encore une foule de problèmes sans solution.

« Ces connaissances ne seraient cependant pas inutiles ; elles
« pourraient éclairer la théorie des êtres organisés. On prévoit
« la lumière que cette physiologie répandrait sur l'agriculture,
« qui cesserait alors d'être soumise à une routine aveugle ou à
« des tâtonnements onéreux, et l'on pourrait enfin espérer que
« les sueurs des laboureurs fertiliseraient la terre qu'ils arrosent
« souvent sans fruit.

« Les organes des végétaux sont d'autant plus difficiles à
« pénétrer qu'ils sont plus simples ; on n'y découvre presque
« que des parties similaires ; la fibre la plus subtile, qu'à force
« d'art on parvient à séparer, est peut-être encore composée et
« divisible à l'infini ; ce problème des fibres se présente partout.
« Si les organes de la fructification sont mieux connus, c'est
« sans doute parce qu'ils offrent une plus grande variété dans

« leurs formes, et encore la connaissance de ces parties de-
« viendrait-elle inutile si on la séparait de celle de leurs rap-
« ports et de leur jeu.

« En effet, concevrait-on l'action des étamines pour la fécon-
« dation, si l'on ne découvrait que le fluide contenu dans les
« globules tombe sur le pistil, dont le stigmate ouvert recueille
« ce qui peut s'en échapper? C'est en effet une entreprise hardie
« de la part des physiologistes que d'oser expliquer le jeu
« d'une machine dont on ne connaît pas toutes les pièces, dont
« on n'a pu même approfondir aucune des parties qui frappent
« les sens, et qui nous laisse dans l'ignorance du rapport réci-
« proque de ces parties entre elles et des objets sur lesquels
« elles peuvent agir. »

Voilà ce que pensait Sénebier. On comprend sans peine
que ce n'est pas dans des dificultés aussi grandes que je veux
m'engager; il me suffit, après avoir constaté que nous ne savons presque rien en physiologie végétale, d'examiner de nouveau, avec plus d'attention, diverses opinions adoptées généralement, et qui, selon moi, sont loin d'être démontrées. Ainsi, par
exemple, quoique l'anatomie des végétaux n'offre rien de
semblable à celle des animaux, on a cependant voulu trouver
dans les uns les mêmes fonctions que dans les autres; on s'est
persuadé alors qu'ils devaient recevoir de la nourriture, des
aliments quelconques, et ces mots ont suffi pour entraîner avec
eux les idées de digestion et de déjections. Il serait donc à désirer qu'on n'employât pas les mêmes termes dans les deux
règnes pour exprimer des fonctions analogues; mais comme
notre langue ne possède pas encore ces délicatesses, il est à
propos de se prémunir contre les fausses idées qu'ils peuvent
faire naître dans notre esprit, lorsqu'ils sont empruntés à un
règne pour être appliqués à un autre.

Il n'est pas étonnant que, depuis des siècles, on se soit successivement imaginé que l'organisation vitale des plantes avait
beaucoup d'analogie avec celle des animaux; on a dû admettre
alors que la vie, dans les arbres, était toujours accompagnée
de la faculté de respirer et de transpirer, de recevoir des aliments et de les rendre, d'absorber, etc.; enfin, de faire tout ce
qu'éprouvent les animaux vivants. Ces préjugés se sont telle-

ment enracinés dans les esprits, en traversant les générations, que nous voyons de nos jours des savants, qui font de la physiologie végétale une étude spéciale, être imbus de ces fausses idées sur l'organisation vitale des plantes.

Nous ne doutons pas cependant que beaucoup de personnes avant nous n'aient reconnu cette erreur; mais elles n'ont pas eu apparemment le courage de la signaler, dans la crainte de se trouver seules contre tous. Nous nous sentons plus de hardiesse, car nous comptons sur les lumières de notre siècle, et si nous nous adressons à la multitude des cultivateurs plutôt qu'à des sociétés savantes, c'est que celles-ci ne jugent trop souvent que par l'organe d'un rapporteur les questions qui leur sont soumises.

Nous n'oserions néanmoins publier des opinions aussi contraires à celles de nos maîtres, si, à l'appui de cette opinion de Sénebier que nous venons de citer, nous n'avions encore à ajouter la déclaration suivante, qui a été faite récemment, et hautement proclamée au sein même de l'Académie, par un de ses membres les plus distingués, M. Gaudichaud :

« Déclarons avec franchise, dit ce savant, que presque tous « les principes de physiologie végétale, établis jusqu'à ce jour « dans la science, sont de tous points contraires à la vérité; « que les quatre cinquièmes au moins ne reposent que sur des « idées spécieuses, qu'ils sont conséquemment sans bases, sans « preuves, sans rien qui puisse les étayer ni les démontrer, « et qu'ils s'évanouissent même pour la plupart devant la « moindre analyse sérieuse qu'on en fait. On a donc, du moins « selon moi, enseigné jusqu'à ce jour, et bien sans le vouloir, « sans doute, l'erreur à la place de la vérité. »

Cette déclaration confirme, on le voit, l'opinion de Sénebier à cet égard.

La physiologie végétale, contrairement à toutes les autres sciences, pour l'étude desquelles on recherche toujours les ouvrages le plus récemment mis au jour, parce que l'on espère souvent, avec raison, y trouver quelques nouvelles lumières, semble devenir de plus en plus obscure, et, par la reproduction des mêmes erreurs, s'approprier trop souvent celles que les anciennes ont fait naître. Je pourrrais citer à cet égard, si

je ne me proposais d'y revenir dans les chapitres suivants, les
ouvrages les plus récents et les plus estimés de notre époque.

On a aussi remarqué avec étonnement que la physiologie
végétale et la culture n'avaient pas suivi, comme les autres
sciences, les progrès du siècle ; ceci n'a rien qui doive nous
surprendre, si nous considérons que ces sciences sont enseignées par des hommes savants, qui tous se sont plus ou moins
illustrés par leurs travaux, tandis que nos chaires de culture
sont occupées par des professeurs de botanique ou de physiologie végétale qui sont restés constamment étrangers aux
pratiques de la culture, et qui, par conséquent, ne peuvent ni
la connaître ni l'aimer. Ces professeurs rougiraient même de
faire ce qu'ils prétendent enseigner ; car ils se considèrent
comme des hommes de science, tandis qu'ils ne regardent ceux
qui cultivent que comme de simples manœuvres. Avec de telles idées, il est évident qu'ils sont loin de se douter que l'étude
la plus approfondie de la culture devrait toujours précéder
celle de la physiologie végétale. En effet, à quoi leur sert de
découvrir les organes des plantes, s'ils ne possèdent pas les
moyens de constater d'une manière positive quelles sont les
fonctions que remplissent ces organes ? Ils ignorent sans doute
que ces moyens résident exclusivement dans les effets de la
végétation, et que, pour en tirer un parti utile, il faut savoir
suivre les plantes jour par jour dans toutes les phases de leur
développement, se rendre maître de cette végétation même, la
régler, la ralentir, l'accélérer, la suspendre, ou même là faire
dévier de sa marche ordinaire, afin de mieux connaître jusqu'à quel point l'organe que l'on veut étudier remplit les
fonctions qu'on lui attribue.

On voit donc clairement que le physiologiste doit être avant
tout un très-habile cultivateur, et c'est parce que les savants
n'ont pas daigné s'occuper sérieusement de culture que la
physiologie végétale est restée une science purement conjecturale. C'est pourquoi, avant d'entrer en matière, il était important de faire connaître les obstacles qui se sont opposés jusqu'ici au progrès tant de la culture que de la physiologie
végétale, et de montrer que plus on écrira sous l'influence de
systèmes erronés, plus la physiologie deviendra une science

obscure ; elle l'est déjà à un tel point que les jeunes gens qui cherchent à s'instruire ne savent quel auteur ils doivent étudier, et qu'après avoir éprouvé beaucoup de déceptions et perdu beaucoup de temps ils restent convaincus qu'il n'y a point d'instruction à espérer des livres qui traitent de la culture, ce qui rend inutiles pour le progrès le petit nombre de bons ouvrages écrits sur cette matière. Il est bien à craindre, si l'on tarde à arrêter ce mal, que l'on n'en vienne à se persuader que la physiologie végétale n'est et ne sera jamais qu'une science conjecturale, tandis qu'elle est susceptible de devenir une science aussi exacte que toute autre. Il suffirait pour cela, nous le répétons, que ceux qui veulent la professer fissent précéder leurs savantes anatomies et leurs observations microscopiques d'une étude approfondie des procédés de la culture et des effets de la végétation, dont la connaissance peut seule les empêcher de s'égarer dans leurs prévisions.

Nous nous proposons, dans cet écrit, de ne nous occuper que des choses les plus essentielles à l'étude de la physiologie et surtout les plus utiles aux cultivateurs. Après avoir indiqué, comme nous venons de le faire, la cause des erreurs de jour en jour plus nombreuses que l'on consigne dans les livres qui traitent de cette branche de la science, nous dirons comment on peut les découvrir et les rectifier, tout en se préservant d'en commettre de nouvelles ; car la moindre faute dans cette voie, on le comprend, en entraînerait des milliers d'autres, et c'est parce que nous sentons l'importance de ne rien avancer de douteux dans ces vérités préliminaires que nous nous bornerons aux choses indispensables, laissant à d'autres plus instruits la mission de pénétrer plus avant dans les secrets de la nature. Quant à nous, heureux si nous pouvons en aplanir les premières difficultés, nous nous contenterons de faire connaître l'influence de l'air et des rayons lumineux sur les végétaux, les fonctions du sol à leur égard, les divers mouvements de la sève et les éléments qui la composent. Nous nous occuperons aussi des graines, des germes et des principaux organes des plantes, tels que les racines, les feuilles, le bois, l'aubier, la moelle et l'écorce, quoiqu'à vrai dire, comme le fait observer de Candolle, on pourrait, à la rigueur, ne reconnaître dans les plantes que trois organes principaux : la racine, la tige et les feuilles, dont les modifications constituent tout l'appareil des fleurs et des fruits. Ces connaissances, très-succinctement développées, seront mises à la portée de tous les cultivateurs ; elles nous permettront de signaler successivement une foule d'erreurs admises jusqu'ici comme des vérités, faute d'un examen suffisamment approfondi ; et s'il nous est interdit, comme nous l'avons avancé plus haut, de voir comment la vie accomplit ses actes dans l'intérieur des plantes, nous examinerons au moins avec soin toutes les parties extérieures de celles-ci, afin de chercher à découvrir, dans les différences qui les distinguent, dans leurs formes, leurs couleurs, leurs vernis, leurs dispositions particulières, et jusque dans leurs plus petites nuances, les moyens dont la nature s'est servie pour pourvoir à leur développement et à leur conservation ; car la Providence a dû suppléer à tout ce que les plantes ne peuvent faire par elles-mêmes pour prévenir leur perte. Quant à leur plus ou moins grande prospérité, elle dépend, comme nous le verrons, du concours fortuit de diverses circonstances, mais plus particulièrement encore du génie de l'homme, de ses soins et de son travail assidu.

CHAPITRE II.

De la Terre.

On ne s'attend pas, sans doute, à ce qu'en traitant de la terre nous allions entrer dans l'analyse des différentes natures de sols ; nous laissons ce soin aux chimistes, car nous nous adressons surtout aux cultivateurs, et ce que nous disons n'a d'autre but que de leur être utile. Nous croyons d'ailleurs qu'il importe peu aux fermiers de savoir si leur terre contient plus ou moins d'argile ou de silex. Cette connaissance pourrait satisfaire leur curiosité, mais elle ne leur indiquerait certainement pas les moyens de se procurer des récoltes plus belles ou plus abondantes que s'ils ne savaient rien. Au fond, comme ils sont dans l'impossibilité de changer la nature de leur sol, il leur suffit de savoir que telle ou telle terre est trop sèche ou trop humide, trop chaude ou trop froide, trop compacte ou trop légère, afin de remédier à ces inconvénients autant qu'il est en leur pouvoir, et de répartir leurs engrais en conséquence.

Nous considérons uniquement la terre comme le support des plantes et comme le réservoir de la sève. Plus la terre est meuble et profondément remuée, plus elle devient perméable aux racines, qui s'y attachent d'autant plus librement, et plus aussi elle se laisse pénétrer facilement par les éléments atmosphériques, ce qui la rend susceptible de contenir et de conserver une plus grande quantité de sève et de favoriser la décomposition des corps fermentescibles qu'on y dépose. Ces corps, en se décomposant, produisent de la chaleur, de l'eau, des gaz ou des vapeurs, et par conséquent une certaine quantité de sève. Il y a des terres qui sont plus ou moins favorables à la décomposition des corps, tant par leur nature que par leur division ou leur exposition ; tels sont, par exemple, les terrains calcaires.

Les engrais améliorent la terre en ce sens que, après avoir produit de la sève, leur résidu, ou *caput mortuum*, sert à augmenter le volume de la terre, tout en la rendant plus légère, en la divisant, et en la rendant plus perméable aux influences atmosphériques. Les qualités de la terre sont purement mécaniques ; celle qui n'abandonne sa sève que lentement, et qui s'échauffe facilement, passe pour être la plus fertile.

On peut priver la terre de la sève qu'elle contient en faisant évaporer cette sève par des labours inconsidérés et trop fréquents, en ne la renouvelant pas par des arrosements naturels ou factices. La sève s'épuise encore par le jeu trop actif des racines. On conçoit qu'une terre qui contient trop de parties argileuses ne permet pas aux eaux pluviales de la pénétrer également, ce qui la rend peu favorable à la fermentation, et lui donne la propriété de s'opposer à la libre circulation de la sève, si on ne prend soin de la diviser.

Une terre nouvellement défoncée n'a d'abord de sève que celle qui est produite par les eaux pluviales ; cette sève est froide et peu propre à exciter le développement des plantes ; mais lorsque les influences atmosphériques auront pénétré cette terre, il s'établira dans son sein une fermentation dont le résultat sera de donner à la sève plus de chaleur et d'activité.

Une terre profondément défoncée et amplement fumée, et qui

aurait été destinée à être plantée en pépinière, ne conviendrait en aucune façon à la culture des céréales, parce qu'une sève trop abondante et trop vive causerait une trop grande surexcitation dans la végétation du blé, dont les tiges ne pourraient acquérir la consistance dont elles ont besoin pour supporter leurs épis ; de plus, ce luxe de végétation n'a jamais lieu qu'au préjudice de la formation du grain. D'ailleurs, les plantes doivent croître avec une certaine lenteur, afin que l'air, la lumière et les rayons solaires aient le temps de les consolider, de leur donner de la force ; autrement elles seraient sujettes à s'étioler.

On voit, d'après cela, que la terre doit contenir une quantité de sève en rapport avec la nature des plantes qu'on veut lui confier ; nous n'entendons cependant pas approuver ici l'opinion de quelques fermiers qui craignent mal à propos de labourer trop profondément leur sol en se servant uniquement de la charrue. Nous leur ferons observer qu'une seule année suffit pour que la petite couche de terre du fond, que la charrue aurait amenée à la surface du sol, soit pénétrée par les influences atmosphériques, et mise, par conséquent, en état d'échauffer suffisamment la sève et de la rendre active, tandis qu'en ne labourant que superficiellement ils exposent leurs récoltes à tous les inconvénients de la sécheresse ou de l'humidité ; car les terres à peine effleurées par la charrue non-seulement perdent promptement leur sève, mais elles n'ont pas le moyen d'en former de nouvelle, soit parce qu'elles ne peuvent absorber les éléments atmosphériques, qui se trouvent dans l'impossibilité de les traverser profondément, soit parce qu'une terre trop compacte empêche la vapeur contenue dans le sol de s'élever jusqu'à sa surface.

La sève provenant de matières animales est contraire à la végétation de certaines plantes, telles que celles qu'on cultive en terre de bruyère, parce que leurs racines sont trop délicates pour supporter la fermentation trop chaude et trop vive de ces matières. Il faut, à ces plantes, une sève provenant de la décomposition des végétaux, parce que l'action de celle-ci est plus lente et plus douce.

Il y a des plantes qui émettent une quantité si prodigieuse de

racines, telles que les astères, les phlox, par exemple, que la
terre qui a servi à ces plantes finit par n'être presque plus apparente à l'œil ; elle se trouve tellement divisée par les racines
qu'il semblerait qu'elle a disparu. Dans ce cas, les jardiniers ne
manquent jamais de dire que la plante a mangé sa terre, lorsqu'au contraire il est bien constaté que les racines exhaussent le
sol, et augmentent, loin de le diminuer, le volume de la terre
dans laquelle elles se développent. La terre est donc inépuisable, car elle ne sert pas, comme on le pense vulgairement, de
nourriture aux plantes. Nous citerons, à l'appui de cette assertion, un exemple incontestable.

Lorsqu'un arbre déjà âgé cesse de croître et de pousser avec
vigueur, lorsque tous ses fruits deviennent petits, tachés ou
crevassés, on se persuade que la cause du mal vient de ce que
les racines ont enlevé à la terre toutes les matières qui avaient
été jusque-là si favorables à la végétation, et l'on juge qu'il serait urgent de rendre au sol par des engrais ce que l'on suppose lui avoir été ôté. Nous pensons, au contraire, que la terre
n'est jamais épuisée par l'arbre qu'elle porte, et qu'il faut, lorsqu'il devient languissant, en chercher la raison dans l'arbre
lui-même, parce que le mal vient ordinairement de ce que la
sève a cessé de couler librement dans toutes les parties du végétal, dont l'âge, ou des circonstances fortuites, ont obstrué les canaux séveux. Pour se rendre facilement compte de la vérité de
cette assertion, il suffira de procéder au rajeunissement de l'arbre, soit en le recépant, soit seulement en le rabattant sur ses
plus grosses branches, afin de les greffer en couronne; on ne
tardera pas à voir, après l'opération, cet arbre, qui était languissant, former bientôt une tête plus vigoureuse et beaucoup
plus belle qu'elle ne l'avait été auparavant, et se couvrir de fleurs
et de fruits dès la troisième année du rajeunissement ou de la
greffe. La végétation vigoureuse du vieil arbre ainsi rajeuni
continuera pendant de longues années, au bout desquelles il
deviendra nécessaire de le rajeunir encore. Il résulte de cette
pratique, qui est suivie dans beaucoup d'endroits où l'on aime
mieux rajeunir les arbres que les arracher, un fait évident :
c'est que l'arbre seul était usé, et non la terre.

Malgré cette démonstration, il y a encore des personnes qui

31

prétendent que le vieil arbre, choisissant sa nourriture (comme
si les plantes pouvaient la choisir !), enlève à la terre toutes les
matières qui conviennent le mieux à son existence ; et c'est par
cette raison, disent-elles, que les jeunes individus de la même
espèce que l'on plante à la place des arbres arrachés ne peuvent prospérer dans le lieu précédemment occupé par leurs
congénères. Nous ne devons pas laisser cette assertion sans réponse, parce qu'en effet si, au lieu de rajeunir le vieil arbre,
on l'eût arraché et remplacé par un jeune arbre de son espèce, il est constant que ce dernier n'eût pas prospéré. Après
beaucoup d'observations suivies pendant plusieurs années pour
nous rendre compte de cette anomalie, nous avons été conduit à examiner plus particulièrement ce qui se passe en cette
circonstance à la superficie du sol, et nous avons cru remarquer
que l'air et les pluies détachaient des parties extérieures de l'arbre des matières qui pénétraient dans le sol avec les eaux, et
qui, en se combinant avec lui, exerçaient une action délétère
ou plutôt étaient sans action sur les racines des jeunes plantes de
la même espèce que le vieil arbre arraché, tandis qu'elles ne produisaient pas le même effet sur les racines de celui-ci. Nous nous
sommes arrêté à ces conjectures, parce qu'elles nous semblent
conformes en tout point à la marche que suit ordinairement
la nature, qui n'a pas dû permettre que les dépouilles annuelles
d'un arbre soient en aucun cas préjudiciables à son existence,
mais a voulu, au contraire, qu'elles le devinssent pour les semences de ce même arbre, qui sans cela germeraient, s'enra-
cineraient autour de lui, et s'empareraient à son préjudice de
l'humidité contenue dans le sol, ce qui apporterait un obstacle
considérable au développement que le vieil arbre doit atteindre. Telle est notre opinion à cet égard ; nous devons avouer
qu'elle a pour bases les causes finales, et l'on sait qu'il ne nous
est pas toujours donné de les bien comprendre. Sans doute, les
matières dont nous parlons ne se détachent des arbres, et surtout des feuilles, que lorsque la sève, circulant avec moins
d'activité, laisse l'humidité extérieure s'attacher aux feuilles et
y opérer un commencement de décomposition ; alors les pluies
détachent rapidement les sucs contenus dans les feuilles et les
entraînent avec elles dans la terre, où ils conservent pendant

longtemps leurs effets morbifiques, ou plutôt où ils forment une sève qui est sans action sur les racines les jeunes arbres de la même espèce que celui qui produit ces sucs. Nous ne devons pas omettre de faire remarquer que ce n'est pas seulement la terre qui est autour du tronc de l'arbre qui est infectée de cette sève inerte, mais encore tout le terrain que couvraient les branches de l'arbre arraché.

Le contraire a lieu pour les arbres à feuilles persistantes, tels que les arbres résineux ; leurs graines ne germent jamais mieux que dans un sol alimenté de leurs dépouilles, ce qui n'est pas une raison, cependant, pour que le jeune plant puisse y effectuer son entier développement.

Il y a des espèces d'arbres dont les jeunes racines sont plus sensibles que d'autres à l'effet des matières délétères ; ainsi un jeune pêcher ne peut croître dans un terrain qui a été occupé pendant un certain temps par des pêchers, à moins que le nouveau sujet ne soit greffé sur abricotier ou sur prunier, lorsque les anciens l'avaient été sur amandier ou sur pêcher.

Si on avançait que le territoire de Montreuil porte continuellement des pêchers, nous serions obligé de considérer Montreuil comme une exception à la loi générale ; mais nous n'en sommes pas réduit à ce subterfuge, car il faut remarquer que la culture du pêcher s'est singulièrement étendue autour du village, que les plantations ont eu lieu dans des terres neuves, relativement à cette culture, et que c'est là, surtout, que les pêchers produisent de bonnes récoltes, tandis que tout ce qui croît sur le sol intérieur de la commune n'offre plus maintenant qu'une végétation qui, chaque jour, devient de plus en plus languissante. Au reste, tous les cultivateurs savent que, dans le cas de renouvellements de plantations, on ne doit jamais remplacer un arbre par un autre de son espèce ; mais nous ignorons encore quelle est celle qu'il est préférable de faire succéder à une autre. Nous pensons que les matières qui sont sans action sur les unes sont, au contraire, favorables à la végétation des autres ; il serait donc très-important d'avoir, à cet égard, des données certaines. Ainsi nous avons remarqué, sur la grande route au-dessus de Saint-Cyr, des bois blancs de Hollande dont la végétation est très-vigoureuse. Ces jeunes arbres ont succédé à de vieux ormes. Sur la même route, près de Viroflay, on a remplacé des ormes par des ormes ; ceux-ci n'offrent qu'une végétation languissante, et leur croissance est arrêtée pour toujours, quelque chose que l'on fasse maintenant ; d'où il résulte que ces arbres, nouvellement plantés, ont besoin déjà d'être remplacés par des arbres d'une autre essence.

Ce que nous venons de dire peut être appliqué aux céréales, avec cette différence, pourtant, que des plantes annuelles ne peuvent imprégner le sol de leurs dépouilles malfaisantes aussi fortement et pour aussi longtemps que de grands arbres qui l'ont occupé pendant plus d'un siècle. Il reste aussi à connaître quelle est la plante annuelle qu'il est le plus avantageux de faire succéder à une autre de la même durée. On sait que les plantes auxquelles on ne laisse point porter de graines n'épuisent point la terre ; ce qui signifie que, dans ce cas, on peut semer plusieurs fois de suite la même plante dans le même terrain. Mais ne serait-ce point plutôt parce que c'est à l'époque de la formation de la graine, ou de sa maturité, qu'il se détache de la plante une plus grande quantité des matières qui pénètrent dans la terre avec les pluies et qui deviennent nuisibles aux racines des jeunes plantes de la même espèce ? Ou bien, encore, ne pourrait-on pas supposer que le chaume, qu'on a l'habitude de retourner et d'enterrer après la récolte, produit une sève qui, quoique abondante, est impropre au développement des germes de l'espèce qui a produit ce chaume ? Ce qui me porte à émettre cette supposition, c'est que, depuis vingt années, je cultive du maïs dans le même champ, toujours avec un égal succès. Or, il est à remarquer que les tiges et les racines, après la récolte, au lieu d'être enfouies dans la terre, comme on le fait pour les céréales, sont arrachées et brûlées sur place. Je livre ces faits aux cultivateurs, afin que, par des expériences réitérées, ils puissent se rendre compte de ce qu'il y a de fondé dans mes prévisions à cet égard, et en tirer peut-être un enseignement utile.

Au reste, une vérité conduit à une autre, et l'on ne saurait trop se convaincre que c'est dans la sève seule, et non dans la terre, qui ne sert absolument que de support aux plantes, qu'il faut chercher ce qui les offense ou les perfectionne, en ralentissant ou en hâtant le développement de leurs germes.

On a remarqué que, dans un sol calcaire, il y a des plantes qui végètent admirablement bien, et l'on attribue ce luxe de végétation aux parties calcaires qui doivent, dit-on, s'introduire dans les plantes. Il est à propos de répéter, à cet égard, que rien ne peut être admis dans l'intérieur d'un végétal que par ses spongioles, que celles-ci ne sauraient recevoir que de l'eau, des vapeurs ou des gaz, comme nous le verrons plus tard aux articles *Sève* et *Racines*, et que, pour que les parties calcaires dissoutes dans l'eau n'en altèrent pas la fluidité, elles doivent y être au moins en très-minime proportion. Nous croyons donc plus rationnel d'attribuer cette grande fertilité des sols calcaires, à l'égard de certaines plantes, aux qualités fermentescibles de ces terrains, qui produisent une grande abondance de sève et lui permettent de circuler librement, conditions également favorables, surtout relativement à certaines espèces.

C'est encore mal à propos que l'on attribue aux qualités du sol les parties métalliques et ferrugineuses que l'on trouve dans quelques végétaux, car, dans ce cas, la quantité de matière métallique qu'on y trouve devrait être en proportion avec celle qui est contenue dans le sol, et, lorsque le terrain en est totalement dépourvu, les plantes qui y croissent ne devraient en présenter aucune trace. Or, le contraire a lieu, puisque ces plantes en contiennent toujours une égale proportion, quelle que soit la nature de la terre qui les produit, ce qui nous autorise à croire que ces productions métalliques sont uniquement dues à la plante elle-même, comme les autres matières qu'on y découvre. En effet, si elles ne produisaient pas elles-mêmes tout ce qui est nécessaire à leur reproduction, et même à leur conservation, leur organisation serait imparfaite, tandis que plus nous l'étudions, plus nous voyons qu'elle ne laisse rien à désirer, et qu'elle est infiniment supérieure à tout ce que le mécanisme le plus habile et le génie des hommes ont jamais pu concevoir.

Beaucoup de personnes s'imaginent encore que c'est la nature du sol qui donne aux fruits les qualités qui les distinguent. Nous ne citerons, pour détruire cette assertion, que deux ou trois faits, mais qui nous semblent péremptoires. Ainsi, par exemple, quelle que soit la qualité du sol dans lequel on placera un cep de muscat, son fruit, pourvu qu'il soit exposé de façon à mûrir, conservera toujours une saveur toute particulière, et qui sera due, comme on le voit, à l'espèce, et non au terrain où la vigne aura végété. De même, si on plante deux abricotiers dans la même terre, l'un contre le mur et l'autre en avant de ce mur, les fruits de l'un, étant exposés tour à tour aux influences de l'air, de la lumière, du soleil et des rayons calorifiques, seront sucrés et juteux, tandis que ceux de l'abricotier placé en espalier resteront, par la privation de ces diverses influences, fades et insipides ; ce qui prouve évidemment que ce n'est pas la nature du sol qui influe sur la qualité des fruits.

Il est très-important de se pénétrer de cette vérité, parce que, en attribuant à la terre des fonctions qu'elle n'a pas, on s'expose à tomber dans une foule d'erreurs dont il est ensuite impossible de s'affranchir.

Les qualités de la terre, quelles qu'elles soient, ne peuvent donc rien ajouter à celles des fruits ; ces qualités dépendent essentiellement de l'espèce qui les produit et de l'action qu'exercent sur eux l'air, la lumière et les rayons solaires et calorifiques, ainsi qu'on vient de le voir. Aucune parcelle de terre ne peut être introduite dans l'intérieur de la plante qu'après avoir été décomposée et réduite à l'état d'eau, de gaz ou de vapeur, en d'autres termes, qu'après avoir été transformée en sève. La terre peut contenir beaucoup, peu ou point de sève, et avoir la propriété de la conserver plus ou moins longtemps ; c'est ce qui a fait attribuer mal à propos à la terre des propriétés dues exclusivement à la sève, dont elle n'est réellement que le réceptacle. Lorsqu'on sait maîtriser cette sève dans le terrain où elle est trop abondante, ou y suppléer par des engrais dans ceux où elle ferait défaut, on a véritablement un terrain favorable à la culture et qui opère des merveilles en végétation ; c'est ce qui se passe à Thomery, d'où l'on tire chaque année le beau chasselas de Fontainebleau, qui a une réputation si justement méritée. On croit généralement que le sol de Thomery est exclusivement propre à la végétation de la vigne, tandis que c'est à l'habileté des cultivateurs de ce canton, qui ont su en tirer un parti favorable, qu'il faut attribuer la supériorité de ses produits. Ce sol étant *négatif* pour la vigne, ils y ont suppléé par des engrais abondants et par une culture admirablement appropriée à ce végétal. Ce terrain ainsi traité contient justement assez de sève pour que la végétation se termine de bonne heure, ce qui facilite la maturité du bois, et par conséquent celle du fruit. Les pousses minces et grêles de cette vigne donnent des grappes sur lesquelles les grains, se trouvant très-espacés, peuvent parfaitement mûrir, tandis que, dans un sol où la sève serait plus abondante, dans un terrain plat et dont les eaux pluviales ne pourraient s'écouler, la surabondance de sève donnerait lieu à des productions d'une vigueur exagérée, à des grappes très-grosses, garnies de grains trop multipliés, tellement serrés les uns contre les autres que les rayons solaires ne pourraient les atteindre, et dont la maturité ne s'opérerait jamais complétement.

Il est à propos, pour rendre ce fait plus sensible, de dire un mot des diverses phases par lesquelles la vigne doit passer pour atteindre sa parfaite maturité. La grappe, comme la feuille, élabore la sève et en retient ce qui est nécessaire à son développement; le surplus retourne à la masse de la sève descendante. Chaque grain, en se formant, se couvre d'un épiderme qui devient de plus en plus lisse et brillant, afin d'écarter les rayons solaires, lumineux ou calorifiques, qui tendent incessamment à pénétrer dans l'intérieur du fruit; mais, lorsque celui-ci a atteint son entière grosseur, les rayons qui eussent été funestes à son développement devenant nécessaires à sa maturité, l'air dont il est enveloppé favorise à sa surface l'émission d'une gomme, ou plutôt d'une résine terne, que nous appelons *fleur*, et qui sert à faciliter l'introduction des rayons solaires, lumineux et calorifiques, dans l'intérieur du fruit, pour y changer l'acide qu'il renferme en parties sucrées, et opérer, en résumé, sa parfaite maturité. Nous disons que l'air favorise la production de cette *fleur*, parce qu'elle ne se montre pas sur les parties qu'il ne peut atteindre, comme on peut s'en assurer en examinant des grappes dont les grains sont entassés les uns sur les autres, ou en observant le point où plusieurs fruits se trouvent en contact.

Il résulte de tout ce que nous venons de dire que la qualité du sol n'a aucune influence sur les plantes ; que la sève, habilement ménagée, peut seule les faire fructifier, et que la maturité des fruits, ainsi que leur saveur, sont dues à l'influence des rayons solaires, lumineux et calorifiques, qu'une merveilleuse orgisation sait tantôt réfléchir et tantôt absorber. S'il nous restait des doutes à cet égard, nous dirions qu'à Thomery même, dans les veines de terre où la vigne, étant plus vigoureuse, donne des grappes à grains plus serrés, on a soin de les éclaircir avec des ciseaux, afin que l'air puisse circuler facilement au travers, et nous ajouterons que ces grappes sont toujours les plus belles, parce que la suppression d'une partie des grains rend immanquablement les autres plus gros et plus exquis ; ce qui nous prouve que partout ailleurs, et même dans nos jardins, au moyen d'une culture bien entendue, on pourrait se procurer de semblables productions ; car rien n'est impossible à l'intelligence de l'homme, dont les soins et le travail peuvent dompter la nature et la plier à ses exigences, à ses besoins, à ses goûts, et même à ses caprices.

Il est essentiel aussi de remarquer que la sève proprement dite ne se décompose pas avec les engrais qu'on dépose dans la terre ; que c'est l'humidité seule contenue dans le sol, et qui provient de la décomposition de ces matières fermentescibles, qui produit la sève. La preuve en est que, lorsque la masse des engrais est trop considérable par rapport à l'humidité de la terre, les jardiniers sont dans l'usage d'y suppléer par des arrosements.

Le cultivateur ne doit donc considérer la terre que comme le support des végétaux et le réservoir où circule la sève. Nous insistons sur cette vérité, parce que beaucoup de personnes sont tentées de donner au sol des fonctions qui ne lui appartiennent pas. Cette erreur, on le comprend, en entraînerait une foule d'autres ; c'est pourquoi nous ne saurions trop prévenir nos lecteurs contre les préjugés dans lesquels nous avons été bercés à cet égard.

CHAPITRE III.

De la sève.

La sève est une substance plus ou moins fluide, qui se forme dans le sein de la terre, comme nous venons de le voir, par la décomposition des corps fermentescibles qu'on y dépose, et sous les influences atmosphériques dont le sol est pénétré. Cette sève, qu'on appelle *terrestre,* a la faculté admirable de provoquer le développement des germes de toutes les espèces de plantes indistinctement, tandis que la sève qui a commencé à circuler dans un arbre ne peut exciter que le développement des germes de cet arbre et de ceux de ses congénères qui ont été greffés sur des sujets analogues. Cette sève est introduite dans les plantes par les racines, qui, après avoir été sollicitées par la sève à prendre un certain développement, sont douées de la faculté de s'approprier cette même sève et de la transmettre dans l'intérieur des végétaux, en absorbant l'eau, le gaz et les vapeurs qui se trouvent à leur portée dans le sein de la terre. Les plantes ne peuvent recevoir de sève que sous les formes que nous venons d'énumérer, ce qui nous indique de quelle manière les engrais qu'on leur destine doivent être préparés, et comment il faut que le sol soit disposé pour que la circulation des vapeurs et des gaz y soit facile, sans être cependant trop rapide.

« La chimie, dit M. Dumas, est peut-être bien près du moment où elle pourra donner la formule de la composition du meilleur engrais, dont la production ne sera plus alors que purement industrielle. » Quant à nous, nous pensons que les chimistes ne pourront s'occuper des engrais d'une manière utile à la culture qu'autant qu'on connaîtra parfaitement les organes des plantes qui les leur transmettent, le mode de leur assimilation, et la réaction qu'exerce chaque nature de sol sur chaque espèce d'engrais. Ces connaissances acquises, il nous semble qu'il restera encore beaucoup de choses à apprendre avant que la chimie devienne utile au cultivateur sous ce rapport.

La sève a éminemment la faculté de provoquer le dévelop-

pement des radicules des graines, des yeux, des germes ou
pythons, de chaque espèce de plantes, et c'est à tort que beaucoup de personnes s'imaginent que la sève, ou même la terre,
doit nécessairement contenir toutes les substances dont les
plantes sont composées. Selon ces personnes, la sève terrestre
produit le silex qui enveloppe certains végétaux ; elle contien-
drait également les gommes, les résines, le charbon, etc., en un
mot tout ce qui entre dans la composition des plantes, tandis
que la sève terrestre n'a ni couleur, ni saveur, ni odeur ; elle ne
contient absolument rien que de l'eau, du gaz ou des vapeurs
absorbées par les racines de toutes les plantes indistinctement.
Ces racines décomposent la sève et l'assimilent à la nature de
chacun des végétaux auxquels elles appartiennent. Cette eau ou
cette sève ne crée rien ; elle est uniquement destinée à exciter
le développement des germes de toutes les espèces de plantes, à
les soutenir, et à les entretenir dans leur végétation. Ce sont les
germes exclusivement qui renferment les principes de toutes les
matières qui constituent les végétaux.

Les cultivateurs n'ont que trop souvent remarqué, dans les
vergers et dans les jardins, des arbres dont les jeunes pousses
perdaient leurs feuilles par les extrémités dès les premiers jours
de juin, et souvent même plus tôt ; mais lorsque la chute des
feuilles a lieu dans le mois de juin, les pousses noircissent et
présentent l'aspect d'un rameau que le feu aurait réduit à l'état
de charbon, d'où est venu à cette maladie organique le nom de
brûlure ou de *charbon*. Le vulgaire ne manque pas d'attribuer la
cause de cette maladie à une sève viciée ou à une terre qui ne
contient plus assez de parties nutritives pour l'alimentation des
nouvelles pousses de l'arbre. L'admission de ce préjugé entraîne
ceux qui y ajoutent foi dans une foule d'erreurs. Quant à nous,
nous pensons que la maladie organique dont nous parlons existe
exclusivement dans le germe, comme elle existait autrefois dans
la plante qui a produit ce germe. Les fonctions de la sève se
bornent à exciter le germe à se développer ; elle ne peut rien
engendrer, rien créer ; son développement est vicié parce que le
germe lui-même l'était. La terre n'a pas même, comme la sève,
accès dans la plante ; elle ne peut donc également rien engendrer,
et, quelles que soient ses qualités, si le germe est vicié, il res-

tera toujours tel. Si l'on veut une preuve de ce que nous venons d'avancer, il suffira de rabattre sur ses grosses branches l'arbre dont les pousses sont attaquées tous les ans par le *charbon*, et de les greffer en couronne avec des rameaux choisis sur des arbres sains et vigoureux ; on verra que ces greffes, dont les radicules seront excitées à se développer par la sève intérieure de l'arbre vicié, seront saines, vigoureuses, et exemptes de charbon, tandis que, si on laisse, au-dessous des greffes, des bourgeons s'épanouir sur l'arbre attaqué, ils seront tous atteints de la maladie. On est donc ainsi bien forcé de reconnaître que la sève, de quelque part qu'elle vienne, n'a d'autres fonctions à remplir que d'exciter les germes à s'épanouir, en leur laissant toutes les qualités qui leur sont inhérentes, bonnes ou mauvaises, et que la terre se borne à permettre, soit à la sève, soit aux racines, une circulation plus ou moins facile.

Les radicules des germes, après avoir été suffisamment excitées par la sève, s'emparent de cette même sève, la décomposent et se l'assimilent, selon la nature de la plante. Les différentes modifications que subit l'eau ou la sève, par sa décomposition au sein des végétaux, se font assez remarquer, non-seulement par la saveur et le parfum varié qu'on lui attribue, mais encore par son poids, qui diminue ou qui augmente selon que la plante qui la reçoit est plus ou moins avancée dans son développement lorsqu'elle se l'assimile.

Quelques physiologistes ont admis l'existence de deux sèves : l'une ascendante, provenant des racines ; l'autre descendante, provenant des feuilles, qu'ils considèrent comme autant de racines aériennes, aspirant dans l'atmosphère les vapeurs et les gaz qui les environnent pour les transmettre à la plante. Quelque séduisante que soit cette opinion, d'ailleurs très-accréditée, nous sommes fondé à penser qu'il n'existe dans les arbres qu'une seule et même sève, celle qui vient de la terre et qui leur est envoyée par les racines, et qui, après avoir été élaborée et avoir subi divers changements dans le cours de son ascension, descend du sommet de l'arbre jusqu'à l'extrémité de ses racines, en se perfectionnant toujours de plus en plus par son passage à travers les divers tissus de la plante, sous l'influence de l'air, de la chaleur et de la lumière.

On comprend que les deux mouvements de la sève en sens inverse doivent nécessairement produire des effets différents, mais cependant toujours combinés de manière à concourir à la croissance de l'arbre : l'un, celui d'ascension, en favorisant l'élongation de toutes les parties de la plante; l'autre en augmentant le diamètre de toutes ses parties.

La sève monte entre le bois et l'aubier; elle descend entre l'aubier et le liber. On a la preuve de cette assertion dans le bourrelet qui se produit sur la lèvre supérieure de l'écorce, lorsqu'on a enlevé à une tige ou à une branche un anneau de cette écorce, tandis qu'il ne s'en forme point autour de la lèvre inférieure de l'anneau; de plus, la tige ou la branche cernée continue toujours à s'allonger, ce qui prouve que la sève ascendante passe par l'intérieur du végétal.

La sève ascendante et la sève descendante, qui ne sont, comme nous venons de le voir, qu'une seule et même sève, mais que nous nommons ainsi pour distinguer les deux mouvements dont elle est susceptible, peuvent communiquer entre elles, par les radiations médullaires, du centre à la circonférence; ces radiations coupent à angle droit tous les tubes par lesquels passe la sève dans son mouvement ascensionnel. Ce qui prouve que la sève ascendante exerce une action du centre à la circonférence, c'est qu'elle entretient la vie dans toutes les parties de l'arbre qui sont placées au-dessous du point où on a enlevé un anneau cortical, et qu'elle fait même développer en bourgeons les yeux qui se trouvent placés près de la lèvre inférieure de cet anneau, la sève ascendante ayant seule la propriété d'opérer le développement des germes en longueur, comme nous venons de le dire, surtout quand ces germes se trouvent à l'abri de l'action de la sève descendante par l'enlèvement de l'anneau.

Les divers mouvements de la sève ne sont jamais plus rapides qu'au printemps, avant la pousse des bourgeons et des feuilles, surtout lorsque la température du jour a été élevée et celle de la nuit très-basse; c'est par suite de cette observation qu'on recueille en Amérique la sève des érables à sucre vers cette époque. On obtient souvent d'un arbre, en une seule nuit, plusieurs baquets de sève, dont l'émission devient de moins en moins abondante à mesure que les bourgeons se développent. La sève cesse même tout-à-fait de s'épancher au dehors avant l'entier développement des feuilles.

Il est digne de remarque qu'un arbre puisse produire plus d'un tonneau de sève pendant plusieurs printemps [consécutifs sans que sa végétation en paraisse sensiblement altérée. J'insiste sur ce fait, parce que je l'ai observé moi-même, chaque printemps, aux États-Unis, pendant l'espace de dix années ; plus les journées étaient chaudes et les nuits glaciales, plus la sève coulait abondamment par les entailles faites au bas des arbres. En effet, on conçoit que la sève, mise en mouvement par la chaleur du soleil, se trouvant condensée par le froid de la nuit, se précipite vers le bas de l'arbre.

D'après cet exposé, on peut se rendre un compte exact du flux plus ou moins considérable de la sève dans les arbres. Cherchons maintenant si ce ne serait pas le contact immédiat de l'air avec la sève, à mesure qu'elle sort de l'arbre, qui en développerait les parties sucrées. Il m'est arrivé quelquefois d'inciser, parmi la grande quantité d'espèces de noyers qui se trouvent dans les forêts de l'Amérique, des individus sur lesquels j'ai recueilli un sirop consistant, en larmes très-blanches et très-sucrées, d'une saveur agréable, qui n'annonçait en rien tenir de celle du noyer. La sève qui coule des arbres dont les fruits sont à noyau est convertie en gomme à mesure qu'elle est frappée par l'air ; il en est de même de celle du figuier qui donne le caoutchouc. C'est également l'air qui change en résine la sève des arbres résineux, etc., etc. De tout ceci il résulte que l'on pourrait, si on connaissait bien les mouvements de la sève, tirer de grands avantages de toutes les espèces d'arbres que nous cultivons ; il suffirait d'élever un certain nombre d'individus en caisse, afin de leur faire produire de la sève au commencement de chaque printemps, en les soumettant aux divers traitements que nous jugerions convenables. Il faudrait pour cela rentrer les arbres dans une serre pendant le jour, et les en sortir pendant la nuit ; la sève alors monterait et descendrait avec assez de violence pour couler par les entailles que l'on aurait faites et pour être solidifiée par le contact de l'air. Nous nous contentons d'indiquer les expériences qu'on pourrait tenter à cet égard, et nous sommes persuadé qu'elles offriraient beaucoup d'intérêt à ceux qui les entreprendraient.

Il est encore à remarquer au sujet de la sève que les bourgeons de l'extrémité supérieure des rameaux poussent avec plus de vigueur que ceux qui sont placés plus bas. On a attribué jusqu'ici la cause de ce fait à la force du mouvement ascensionnel de la sève, qu'on suppose agir avec plus d'énergie sur les yeux placés au sommet des rameaux que sur ceux qui sont situés à leur base. Nous allons démontrer que cette croyance, bien que depuis longtemps établie, n'en est pas moins erronée. La sève, dans son mouvement ascensionnel, agit avec une égale énergie sur les radicules de tous les yeux d'un même rameau ; elle n'exerce pas une plus grande influence sur celles du sommet que sur celles du talon, les yeux de ces radicules fussent-ils même oblitérés depuis longtemps.

On va voir que la cause de cette inégalité de végétation est uniquement due à l'action de la sève descendante, action qui devient de plus en plus sensible sur les radicules des yeux à mesure que la sève descend. En effet, l'œil terminal d'un rameau placé tout-à-fait en dehors de l'action de la sève descendante ne manque jamais de se développer complétement ; celui qui vient immédiatement au-dessous de lui se développe encore vigoureusement, parce qu'il n'éprouve que faiblement l'action de la sève descendante ; et ainsi de suite jusqu'à la base du rameau, où les radicules des yeux, se trouvant de plus en plus comprimées ou enveloppées par l'accumulation de la sève descendante dans cette partie, ne peuvent s'ouvrir, parce qu'elles sont sous la domination de cette sève, qui devant elle-même passer par des tissus formés les années précédentes, et devenus plus serrés que ceux du rameau, ne saurait s'écouler aussi facilement. Si donc on parvenait à mettre les radicules d'un œil quelconque à l'abri de l'action de la sève descendante, lors même que cet œil serait placé au talon du rameau, il donnerait néanmoins un bourgeon aussi vigoureux que ceux du sommet; il deviendrait alors évident que c'est bien l'action de la sève descendante, comme nous l'avons annoncé, qui s'opposait au développement de cet œil.

Nous mettons les radicules d'un œil ou d'un sous-œil à

l'abri de l'action de la sève descendante en pratiquant, immédiatement au-dessus de cet œil, sans l'offenser, deux incisions transversales, parallèles, peu écartées l'une de l'autre, et deux incisions longitudinales placées à chaque extrémité des incisions transversales ; ces deux incisions longitudinales servent à diriger la sève descendante au-dessous de l'œil, et à la conduire assez bas pour qu'il n'éprouve pas les effets immédiats de l'action de la sève descendante avant qu'il ait commencé à se développer.

Nous voyons par ce fait, signalé d'abord dans *la Pomone* et pratiqué aujourd'hui par tous les cultivateurs pour se procurer des bourgeons à l'endroit où l'on juge nécessaire d'en faire naître, que, bien que les bourgeons, dans leur état normal, soient plus forts au sommet qu'au talon du rameau, l'on n'est pas pour cela fondé à croire que la sève, contrairement à toutes les lois de la physique, doive acquérir plus de force à mesure qu'elle parvient vers le terme de son ascension.

Si les incisions dont nous venons de parler sont faites avant le premier mouvement de la sève dans l'arbre, on obtiendra un rameau ; si on les pratique lorsque la sève est déjà en mouvement, il se développera une brindille ; si l'arbre est muni de ses feuilles, on aura un dard ; plus tard encore, un bouton à fleur qui s'épanouira l'année suivante. Il est bon de remarquer que, plus l'arbre est imprégné de sève au moment où on fait l'incision, plus l'entaille doit être profonde sur l'aubier.

L'époque précise où l'on doit pratiquer ces incisions, afin de faire naître ces diverses productions, ne nous est pas aussi parfaitement connue que celle où cette opération doit être faite pour obtenir simplement un rameau ; celle-ci est invariable : il faut toujours qu'elle précède le premier mouvement de la sève dans l'arbre.

De cet exposé des mouvements de la sève il suit que l'on peut faire développer à volonté un rameau sur une tige, ou sur une branche, partout en un mot où il sera jugé nécessaire, pourvu qu'il existe à cette place un œil ou sous-œil, fût-il même oblitéré depuis très-longtemps et déjà recouvert par les écorces.

Il est à propos de remarquer que l'action de la sève descendante sur les radicules au-dessus desquelles on a pratiqué les

incisions n'est suspendue que momentanément, parce que les
plaies occasionnées par ces incisions sont promptement cicatrisées, et que la sève descendante reprend alors son cours naturel. Ceci nous fait encore connaître que, si l'action immédiate de
cette sève sur un œil s'oppose à son premier développement, elle
n'est pas un obstacle à la continuation de l'épanouissement de
ce bourgeon lorsqu'il a atteint un certain degré d'avancement,
parce qu'alors ses fibres radiculaires, ne trouvant plus d'obstacle à leur allongement, lui transmettent la sève dont il a
besoin pour continuer de végéter.

Les effets produits par l'interruption de l'action de la sève descendante sur un œil, ou plutôt sur les radicules de cet œil, étaient
sans doute déjà connus du savant et célèbre M. Knight, puisqu'il
nous apprend qu'il plaçait des écussons sur toutes les branches
de ses pêchers, là où il était nécessaire qu'il y eût des rameaux;
il écussonnait dès le commencement du mois de juin, aussitôt
que les yeux des nouveaux bourgeons étaient assez formés (il
prenait sans doute les rameaux de greffe sur des pêchers dont
la végétation avait été forcée dans les serres); il employait
deux ligatures pour chaque écusson, l'une fortement serrée
au-dessus de l'œil; l'autre, au-dessous, serrée modérément, de
manière seulement à maintenir l'écusson à sa place. Aussitôt
que l'œil de l'écusson commençait à pousser, il enlevait la
ligature du bas et laissait l'autre en place sans la desserrer.
M. Knight assure qu'en agissant ainsi les rameaux sortis des
écussons se trouvaient toujours assez bien aoûtés pour être
taillés au printemps suivant. Il est donc évident que M. Knight
connaissait le principe que nous venons de poser, celui d'intercepter l'action de la sève descendante sur un œil afin de le
faire développer; mais il est fâcheux qu'il n'en ait tiré aucune
conséquence. Il aurait pu formuler ce principe en disant que
l'interruption de l'action de la sève descendante sur un œil produisait sur cet œil le même effet que si l'on supprimait avec la
serpette toute la partie de la tige ou de la branche placée au-
dessus de lui. Ainsi on aurait su plus tôt que, pour faire
pousser un écusson, il n'est pas absolument nécessaire, comme
cela se pratique ordinairement, de rabattre la tige ou la branche sur l'œil même de l'écusson, mais qu'il suffit d'en détour-

ner la sève descendante, ce que nous pratiquons avec succès, non-seulement sur un seul œil, mais encore sur plusieurs autres placés sur la même branche, et qui tous poussent avec une égale force, ainsi que nous l'avons plusieurs fois expérimenté. On peut encore conclure de ce fait que la reprise des écussons est le résultat de l'impossibilité où l'on met la sève descendante d'affluer sur cet œil ou plutôt sur ses radicules, et de la libre circulation de la sève ascendante, qui parvient jusqu'à l'œil de l'écusson au moyen des radiations médullaires.

Si nous jetons un coup d'œil sur les principaux effets de la sève, nous reconnaîtrons que, dans son mouvement ascensionnel, elle produit des bourgeons, des feuilles, des yeux et des boutons à fleurs, puis des fruits, et que, dans son mouvement rétrograde, elle perfectionne toutes ces productions; elle les consolide, les fait grossir, les colore, et leur donne le sucre, la saveur, le parfum dont elles sont susceptibles. Il faut encore ajouter que la sève, dans son mouvement rétrograde, tend à parvenir jusqu'aux extrémités des racines, qu'elle vient aussi perfectionner en augmentant leur diamètre. Si on arrête sa marche à une certaine époque, elle formera des racines au point même où elle trouve un obstacle, pourvu que l'on favorise convenablement ses dispositions à cet égard; mais il ne faudrait pas croire, comme le prétendent de Candolle et plusieurs autres savants, que la sève descendante excite le développement des racines; elle mettrait plutôt, ainsi que nous venons de le dire, un obstacle à leur élongation; elle ne favorise que l'accroissement de leur grosseur. Ainsi quand, à la lèvre supérieure du point où on a enlevé un anneau d'écorce, et lorsque ce point a été mis à l'abri du contact de l'air et maintenu dans une humidité convenable, il se forme des racines, c'est à l'ascension de la sève terrestre seule qu'il faut attribuer l'élongation de ces nouvelles productions, et non point à l'action de la sève descendante.

L'accumulation de la sève descendante sur un fruit le fait grossir et accélère sa maturité. Si donc, par exemple, on enlève un anneau d'écorce entre deux grappes de raisin, on accumule par ce procédé la sève descendante sur la grappe qui est placée au-dessus de l'anneau enlevé, et cette grappe mûrit beaucoup plus tôt et grossit beaucoup plus que celle qui est au-dessous. Il est à remarquer cependant que cette dernière grappe n'éprouve aucun dommage par cette opération ; car elle grossit et mûrit en même temps que toutes celles qui croissent sur le même cep. Ce fait doit nous faire penser que les fruits qui terminent une branche ou un rameau ont la faculté de recevoir et d'élaborer la sève ascendante comme le font les feuilles, et de s'en approprier ce qui est nécessaire à leur développement. On peut encore en conclure que cette décortication n'arrête pas le cours ordinaire de la sève ascendante , puisqu'elle continue le prolongement du rameau, prolongement qui s'opère de la manière que nous avons déjà indiquée.

Nous venons de dire que la sève descendante fait grossir et mûrir les fruits. Il ne faut donc pas laisser sur les arbres une plus grande quantité de fruits que cette sève ne peut en nourrir, parce qu'aucun d'eux n'atteindrait la perfection que peut acquérir son espèce, attendu que, la sève étant également répartie entre tous, aucun n'en recevrait suffisamment. Dans ce cas, nous supprimons une grande partie des fruits ; la suppression doit toujours avoir lieu assez à temps pour qu'elle soit profitable à ceux qui restent.

La sève ascendante, dans certaines circonstances, change encore les yeux en autant de boutons à fleurs. Ce fait se produit lorsque la sève descendante s'accumule vers le talon d'un rameau, et lorsque sa marche est entravée par la difficulté qu'elle éprouve à passer au travers des tissus plus serrés et plus compactes des années précédentes ; la sève ascendante agit alors avec beaucoup d'énergie sur les yeux de ces pousses des années précédentes, et leur transformation en boutons à fleurs se trouve être d'autant plus avancée que le mouvement de la sève descendante a été plus longtemps ralenti. Si cette transformation n'a pu être entièrement achevée dans le cours de la première année, elle s'opère l'année suivante, parce que la sève descendante rencontre un nouvel obstacle, et arrive avec encore moins de rapidité vers ces mêmes yeux. D'où il résulte que la formation des boutons à fleurs sur le bois des années précédentes a toujours lieu par l'action que la sève ascendante exerce sur l'arbre depuis le commencement de son mouvement d'ascension jusqu'à la fin de la saison, tandis qu'au contraire les boutons à fleurs ne se forment sur l'extrémité des rameaux de l'année que lorsque la sève est près d'arriver vers le but final qu'elle doit atteindre. Ainsi, lorsque l'œil terminal d'un rameau est entièrement formé et arrêté, si la température reste assez élevée pour faire encore éprouver un mouvement d'excitation à la sève, ce mouvement se fait sentir également sur tous les yeux des rameaux, mais les effets en sont plus sensibles sur les yeux qui se trouvent le plus à l'abri de l'action de la sève descendante, par conséquent sur les deux ou trois yeux qui sont au sommet du rameau, lesquels se trouveront convertis en boutons à fleurs dès le printemps suivant. C'est alors que si, au moyen des incisions, on a mis un ou plusieurs yeux du talon à l'abri de l'action de la sève descendante, ces yeux se formeront artificiellement en boutons à fleurs, comme ceux qui sont au sommet du rameau sont naturellement devenus tels. On voit, par cet exposé du mouvement de la sève, quel concours de circonstances il faut pour faire naître naturellement et artificiellement des boutons à fleurs sur un rameau de l'année.

La formation des boutons à fleurs n'est cependant pas si irrévocablement arrêtée que ceux-ci ne puissent changer de nature ; en effet, lorsqu'au printemps la sève afflue avec trop d'abondance vers ces boutons, ils s'allongent et deviennent des bourgeons. On a remarqué que les boutons à fleurs se perfectionnent et grossissent jusqu'au moment de fleurir, même pendant l'hiver, lorsque le froid n'est pas trop rigoureux.

Nous ajouterons que les végétaux qui terminent leur végétation de bonne heure, tels que la poire de doyenné et autres, portent souvent dans l'arrière-saison des fleurs vers le haut des rameaux de l'année, parce que ces rameaux sont susceptibles, après que les yeux terminaux sont complétement formés et arrêtés, d'éprouver encore, jusqu'à un certain point, l'effet du mouvement ascensionnel de la sève.

Rien de ce qui concerne la sève ne saurait être inutile à constater ; on ne lira donc pas sans intérêt le fait suivant, que nous avons été à même de remarquer. Nous avons vu, dans une serre chaude, des ananas plantés en pleine terre, sur un plancher sous lequel on avait déposé une épaisse couche de fumier, dont la vapeur, en s'élevant, servait à faire développer les racines des plantes ; sur un autre plancher se trouvait un égal nombre d'ananas, cultivés de la même manière, mais avec cette différence que les racines n'étaient alimentées que par la vapeur d'un courant d'eau chaude. Or, à la fin de la saison, on a reconnu que ceux-ci n'étaient ni moins beaux, ni moins vigoureux, ni moins bons que les premiers. Ne pourrait-on pas conclure de ce fait que c'est moins à la qualité des matières qui produisent la sève qu'au calorique dont elle est imprégnée qu'elle doit sa force d'action et sa puissance excitative sur les germes des racines qu'elle est appelée à faire développer?

Nous voyons que les mêmes éléments, l'eau, le gaz et les vapeurs, sont également aspirés par les spongioles de toutes les espèces de plantes indistinctement ; ces matières fugaces, et qui forment la base de la nourriture commune à ces plantes, donnent cependant des produits si variés, si différents, et même si opposés entre eux, que l'on serait tenté de penser que chaque plante sait faire choix des matières nutritives qui lui conviennent le mieux ; mais il n'en est évidemment pas ainsi ; c'est dans l'organisation toute particulière de chaque espèce de plante que réside la faculté que possède l'une de produire du sucre, l'autre de l'acide ; celle-ci un baume, celle-là un poison ; celle-ci un bois dur, solide et compacte, celle-là un bois mou et léger ; celle-ci une écorce suave, celle-là une écorce fétide, etc. Il a donc suffi au Créateur, en imposant à toutes les plantes une nourriture identique, de les avoir douées de la faculté de la décomposer et de se l'assimiler chacune à sa manière. Ce prodige est sans cesse exposé à nos regards, et il peut servir à nous faire mieux comprendre comment toute chose a pu être créée de rien.

Les organes qui produisent des matières si différentes avec des éléments exactement semblables doivent nécessairement avoir entre eux des différences essentielles, et si nous ne pouvons apprécier ces différences, c'est à l'imperfection de nos sens qu'il faut l'attribuer. C'est également en vain que l'on voudrait, à l'aide de produits chimiques tels que ceux qui s'obtiennent dans nos laboratoires, expliquer les mouvements de la sève, son élaboration, sa décomposition, son assimilation, enfin ses produits merveilleux. Foucroy pense que le principe gommeux peut aisément se changer en principe sucré dans les fruits qui mûrissent. « Il en est au moins, dit-il, de la nourriture des végétaux « comme de celle des animaux ; ainsi le degré de la maturité des « fruits détermine la quantité de matière (*mucosa*) sucrée for- « mée par la fermentation sourde qui s'opère continuellement, « et par une combinaison considérable d'oxygène et de carbone « nécessaire pour la production du sucre. »

On trouvera sans doute qu'il y a loin de ces productions chimiques à celles des corps organisés, où tous les produits sont le résultat de plusieurs combinaisons différentes, qui se modifient successivement en passant par des organes divers. Ce n'est pas qu'il soit absolument contraire à la bonne logique de soupçonner qu'il s'opère dans les plantes ce que l'on observe dans nos laboratoires de chimie, puisque l'on trouve dans les végétaux les éléments que l'expérience nous apprend devoir constituer les huiles, les gommes, les résines, les fécules, etc. On peut conclure avec quelque probabilité que leurs combinaisons donnent naissance à ces produits ; mais l'impossibilité de voir ce qui se passe dans les plantes ne nous permet pas de changer ces probabilités en certitudes, à moins de démontrer clairement que la nature agit dans la production des végétaux d'une manière analogue à ce qui se passe dans nos laboratoires ; et il n'est que trop probable qu'on n'atteindra jamais ce but. En effet, quelle chimie que celle qui fabrique dans la même plante, au moyen d'organes si voisins et si semblables en apparence, des matières aussi différentes pour le goût que la feuille et l'écorce du pêcher, par exemple, et son fruit ; que la racine du *phytolacca*, qui est un poison très-violent, et sa jeune tige, qui est une nourriture douce et calmante, etc. ! Il faut donc nous contenter de reconnaître ces faits, de les constater et de les admirer, sans trop vouloir en expliquer les causes par des opérations chimiques. C'est en bornant nos investigations à ce qu'il nous est possible de connaître de l'organisation des plantes que nous apprendrons plus promptement et plus positivement les choses qu'il importe le plus aux cultivateurs et aux physiologistes de savoir, et si les causes de la circulation de la vie dans les plantes doivent toujours rester pour nous un mystère, nous pouvons du moins, après en avoir observé les effets, mieux comprendre la marche de la végétation, afin d'employer les moyens les plus propres à la plier à nos exigences, et de la porter à sa plus haute perfection.

CHAPITRE IV.

De la graine.

La graine et le germe qu'elle renferme sont le produit des fonctions des organes sexuels de la plante; ce germe est destiné à propager, à multiplier les espèces, et à donner de nouvelles variétés plus parfaites que l'espèce primitive, lorsque des circonstances fortuites ou lorsque le cultivateur sait faire accomplir l'acte de la fécondation par des variétés étrangères déjà perfectionnées.

Dès la plus haute antiquité les organes sexuels des plantes étaient connus; on sait que, du temps même d'Hérodote, on était dans l'usage de couper des branches de dattiers et de palmiers mâles, et de les apporter près des arbres femelles de la même espèce. Ces organes de la reproduction des végétaux sont peut-être les seuls qui aient quelque analogie avec ceux du règne animal.

La graine, si petite qu'elle soit, n'en renferme pas moins, dans ses étroites limites, toutes les parties de la plante dont elle émane. Toutes ces parties y sont tout entières préexistantes, quoiqu'à l'état rudimentaire, comme le poulet est renfermé dans l'œuf. C'est la chaleur portée et soutenue à un certain degré qui fait éclore l'un, comme c'est l'action de la sève terrestre qui excite le développement de l'autre. Il faut bien reconnaitre que les plantes vivent de leur propre vie, excitées et soutenues dans leurs fonctions par l'action incessante de la sève qui leur est communiquée par les racines.

Dès que l'embryon est fécondé, il acquiert une vie particulière et devient un centre d'action; il attire à lui la sève des parties environnantes, comme le fait, dans les deux règnes organiques, tout ce qui a une excitation spéciale. La sève qui était dans les pétioles, les étamines et le style, se dirige vers l'ovaire et les graines; tous les ovaires dont les embryons n'ont pas été fécondés se dessèchent et meurent comme les autres parties de la fleur. Pour qu'un ovaire *noue*, il n'est pas nécessaire que toutes les ovules aient été fécondées ; on a même remarqué que, lorsque quelques-unes avortaient, les fruits devenaient plus gros et plus succulents. Ce fait établi, le cultivateur peut à son gré obtenir de plus beaux fruits que ceux que produisent naturellement ses arbres.

Les graines conservent plus ou moins longtemps leurs facultés germinatives, selon qu'elles sont plus ou moins exposées à une chaleur humide qui, ne remplissant pas les fonctions de la sève, expose les germes à l'avortement; mais il y a beaucoup d'espèces de graines qui, ayant au contraire besoin, pour se développer, d'être excitées longtemps et vivement par une sève très-active, ne sont pas exposées à se mettre fortuitement en végétation et par-là même à s'avarier. Celles-ci demandent, pour pouvoir germer, une réunion de circonstances que le cultivateur seul peut faire naître, tandis qu'au contraire il doit s'appliquer à soustraire les autres aux moindres influences excitatives.

La germination est l'acte par lequel l'embryon fécondé d'une graine, stimulé par l'action de la sève terrestre, sort de l'état d'engourdissement dans lequel il était demeuré depuis plus ou moins longtemps ; alors cette graine, étant placée dans l'obscurité, et éprouvant un degré de chaleur et d'humidité convenable, absorbe l'eau ambiante, se gonfle, et par suite de ce gonflement rompt ses enveloppes. Dès que la rupture a lieu, la radicule sort par la fissure, s'enfonce dans la terre, s'empare de la sève qui a excité son développement, et la transmet à la plumule naissante, qui se dirige vers la lumière en étalant ses cotylédons.

En effet, la graine renferme deux organes, la radicule et la plumule. La radicule se développe toujours avant la plumule ; elle pénètre dans la terre, s'y enfonce de plus en plus, s'empare de la sève qui a provoqué son prolongement, et la transmet à la plumule, qui s'allonge à son tour dans une direction opposée. On trouve encore dans la graine, outre la radicule et la plumule, un ou deux lobes que l'on nomme cotylédons ou feuilles séminales. Toutes les espèces n'en sont pas également pourvues, mais, dans celles qui sont de nature à en posséder, cet organe est indispensable au premier développement de la radicule, et par conséquent à l'existence de la plante. Certaines espèces en ont deux, et alors on les aperçoit au-dessus du sol ; dans celles qui n'en ont qu'un, il reste dans la terre.

Les physiologistes ne sont pas précisément d'accord sur les fonctions que remplissent les cotylédons ; diverses expériences nous ont appris que leur suppression fait périr la plante, ou diminue sa vigueur et son volume, suivant l'époque où elle a été faite, soit en totalité, soit en partie. En fin de compte, il nous semble que ces cotylédons servent surtout à fournir des matières alimentaires à la radicule naissante, jusqu'à ce que celle-ci soit assez fortement constituée pour puiser dans la terre la sève qui est nécessaire à son développement. Dès lors les cotylédons, devenant inutiles à la plante, se vident, se dessèchent et disparaissent entièrement.

Aussitôt que les fibres radiculaires et tigellaires ont commencé leur développement, il s'établit entre eux des rapports d'accroissement mutuels qui assurent leur prospérité. Le point de communication ou l'espace qui sépare les fibres radiculaires des fibres tigellaires se nomme le collet de la plante. Il est visible et même palpable lors du premier développement du germe ; mais ensuite cet intervalle se comble peu à peu, à mesure que s'opère l'accroissement en diamètre du végétal. Toutes les plantes sans exception ont un collet, les greffes comme les boutures ; dans ce cas, le collet n'est pas perceptible, mais il n'en existe pas moins. Cet organe sert-il toujours de communication entre les fibres descendantes et les fibres ascendantes ? Nous l'ignorons ; c'est aux dissections et aux anatomies à nous l'apprendre. Au reste, la solution de cette question a peu d'intérêt pour les cultivateurs.

C'est donc bien évidemment la sève ascendante, soit qu'elle provienne directement de la terre, soit qu'elle provienne des racines de l'arbre, qui attire les fibres radiculaires du germe à elle, et les fait s'allonger vers le bas, comme elle fait allonger ses fibres tigellaires vers le haut un peu plus tard, c'est-à-dire aussitôt que la sève ascendante leur est transmise par les fibres radiculaires. On voit que chacune de ces espèces de fibres suit la direction que la nature leur a imprimée. Les fibres radiculaires prennent toujours en s'allongeant une direction opposée au point d'où arrive la lumière ; il semble que la pointe de ces fibres cherche l'obscurité, tandis que celle des fibres tigellaires tendent en s'allongeant à s'élever toujours vers le point où la lumière est la plus vive. La tendance de ces fibres à suivre chacune leur direction naturelle est telle que, si on met dans un tube de verre, avec de la terre, une graine que l'on veut faire germer, et si l'on retourne ce tube plusieurs fois sens dessus dessous, on verra les fibres former un coude pour reprendre chacune leur direction naturelle. Cette tendance des fibres à reprendre toujours une direction donnée est plus prononcée dans les jeunes plantes de semis que dans celles qui sont plus âgées ; nous verrons même plus tard qu'il y a des circonstances où cette tendance n'existe pas.

La radicule est l'organe le plus indispensable à l'existence de la plante, aussi est-il toujours le premier à se développer. On pourrait supprimer la plumule au-dessus des cotylédons sans occasionner la perte totale du végétal, tandis qu'on le ferait périr si on supprimait la radicule. Nous avons encore à ajouter, au sujet des graines, que quelques variétés se reproduisent constamment les mêmes par leurs semences : celles-ci ne peuvent être fécondées par d'autres plantes, à moins de circonstances tout-à-fait exceptionnelles ; mais si, par une cause quelconque, il arrive qu'une fleur soit *hybridée*, et qu'elle produise une graine qui donne naissance à une variété nouvelle, les semences de cette variété entreront toujours de plus en plus dans la voie de l'hybridité, par la raison que, les premières fleurs de ce sujet étant peu nombreuses et mal constituées, elles sont exposées à être fécondées par les plantes voisines. Ne trouverait-on pas là l'explication du système Van-Mons, qui consiste à recueillir les premières graines d'un arbre venu de semence, à semer ces graines, et à attendre que les arbres de ce second semis aient produit d'autres graines pour les récolter aussitôt et en faire un troisième semis, puis de celui-là un quatrième, et à continuer ainsi de semis en semis, ou autrement de génération en génération, afin d'obtenir promptement et constamment de nouvelles variétés de bons fruits, dont chaque nouveau semis rend l'apparition de plus en plus hâtive ?

Quoique les arbres ainsi obtenus poussent avec une grande apparence de vigueur, cette vigueur n'est pas en rapport avec leurs facultés prolifiques ; ce qui nous donne lieu de penser que cette faiblesse les fait entrer de plus en plus dans la voie de l'hybridité, et que cette hybridité est la source des qualités que nous admirons en eux, et notamment de leur aptitude à produire rapidement des fruits dont la perfection tend sans cesse à s'accroître. (Voir dans *la Pomone,* page 276 et suivantes, l'exposition du système Van-Mons.)

Les pousses vigoureuses dont est ordinairement muni un jeune arbre provenant de graines hybridées, et sa précocité à porter des fruits, ne sont nullement en rapport avec sa vigueur prolifique, comme nous l'avons déjà dit ; celle-ci est due à l'âge de l'arbre ; d'où il résulte que les fleurs de ce jeune arbre se trouvent fécondées par les plantes qui l'avoisinent, jusqu'à ce qu'il ait acquis la force nécessaire pour remplir lui-même ces fonctions. C'est donc, selon toutes les apparences, la faiblesse du sujet, sous le rapport de la virilité, qui produit son hybridité. On peut d'ailleurs juger par les produits des graines hybridées, et par les traits qui les caractérisent, quelle part la plante qui a servi à la fécondation a prise dans cet acte. Ces traits, ou plutôt cette analogie avec les plantes fécondantes, se font toujours remarquer sur le sujet venu des graines, et quelquefois même par avance sur le fruit qui doit le produire ; plusieurs plantes nous en fournissent des exemples. Ainsi, j'ai vu, parmi des fraisiers, une touffe d'*Elton* sur laquelle on remarquait des *keen's seedling*, quoique les caractères de ces deux variétés soient tout-à-fait différents et même opposés ; j'ai également remarqué un cerisier d'une variété hâtive dont tout le sommet était dominé par une tige produisant des cerises tardives. On peut encore citer, parmi les plantes annuelles, les haricots, les choux, le maïs, etc. Une seule tige de maïs à grains rouges, placée au centre d'une pièce plantée en maïs blanc, suffit pour qu'il se trouve bon nombre d'épis sur lesquels on remarque des grains rouges, tandis que plusieurs tiges de maïs blanc ne féconderaient pas un seul grain placé sur les épis de la variété rouge ou jaune. On sait que le maïs rouge hybride aussi facilement le maïs jaune que celui-ci hybride le blanc ;

d'où l'on peut conclure que le maïs blanc est un produit dû uniquement aux soins de la culture, et qu'aussitôt qu'ils seront négligés la nature reprendra ses droits. Il faut ajouter que les grains qui auraient conservé leur blancheur la première année donneraient généralement, étant semés l'année suivante, du maïs jaune ou rouge, s'il s'était trouvé de ces variétés dans le champ où ils avaient d'abord été semés.

Les personnes qui voudront se donner la peine de tenter des expériences pour étudier ce qui concerne l'hybridité des plantes trouveront l'occasion de faire beaucoup de découvertes intéressantes. Nous pourrions nous-même en citer encore plusieurs; mais nous ne les avons pas assez répétées pour donner leurs résultats comme certains.

Tout globule de pollen mis en contact avec l'eau, pendant qu'il est encore dans l'anthère, s'ouvre intempestivement, et la fécondation n'a pas lieu, à moins que d'autres fleurs s'épanouissant plus tard ne viennent réparer cet accident. Dans quelques plantes, l'acte de la fécondation est protégé d'une manière admirable; ainsi on en voit fermer leurs corolles à l'approche de la pluie, d'autres courber leurs pédicelles ou cacher leurs fleurs sous les feuilles pendant la nuit, comme pour les mettre à l'abri de l'humidité. Il n'est pas jusqu'aux plantes qui croissent sous les eaux qui n'aient des moyens tout spéciaux pour assurer leur reproduction; chez les unes elle s'opère, même au fond des mers, dans une duplicature de la feuille; chez d'autres, telles que les menthes, les *carex* aquatiques, etc., les tiges attachées au sol s'allongent jusqu'à la surface de l'eau et ne fleurissent que lorsqu'elles l'ont atteinte; enfin celles qui, par une cause quelconque, ne peuvent fleurir à l'air et donner leurs graines, ont encore l'admirable faculté de se propager par surgeons jusqu'au fond des eaux; tant la nature a été prévoyante lorsqu'il s'est agi de donner aux plantes les moyens d'assurer la conservation de leur espèce, et l'on ne sait ce que l'on doit le plus admirer de la variété et de la multiplicité de ces moyens, ou de la merveilleuse simplicité avec laquelle elle protége et assure leur action.

Nous démontrerons plus tard que les fleurs peuvent se transformer en bourgeons ou en feuilles, mais nous ne croyons pas que les organes de la reproduction puissent changer de sexe entre eux, c'est-à-dire, comme M. Baper prétend l'avoir observé sur l'*euphorbia palustris* et sur le *gentiana campestris*, que les femelles puissent devenir des mâles et les mâles des femelles, bien que nous ayons remarqué quelquefois des grains de maïs disposés en chapelet sur les fleurs mâles. Il nous semble plus rationnel d'attribuer ce fait à l'apparition d'un organe femelle égaré parmi les mâles.

Le système Van-Mons, dont nous venons de dire un mot au sujet de l'hybridité, n'est pas seulement un fait curieux à constater, il nous donne encore l'occasion de combattre deux opinions qui nous paraissent également mal fondées. La première, celle que tous les cultivateurs sont enclins à adopter, c'est que de jeunes arbres qui portent des fruits aussi promptement que les arbres Van-Mons, loin d'être vigoureux, doivent être chétifs ou languissants. Cependant, il n'en est pas ainsi ; car ces arbres fleurissent au moment où ils jouissent d'une vigueur telle que l'on s'aperçoit déjà qu'il n'y aura qu'une excessive abondance de fruits qui pourra dompter cette extrême vigueur. Une partie des arbres Van-Mons que je cultive a été semée il y a huit ans; ils ont crû si rapidement que, s'ils étaient dans une pépinière marchande, personne ne voudrait les enlever à cause de leur force ; on les supposerait beaucoup plus âgés qu'ils ne le sont.

La seconde erreur que je tiens à combattre est celle dans laquelle tombent tous les physiologistes, en admettant que la vigueur des graines est acquise aux dépens de la pulpe du fruit. Ainsi, les pepins récoltés sur des fruits sauvages, secs et acerbes, sont réputés devoir produire des sujets très-vigoureux, tandis que les pepins provenant de gros fruits charnus, succulents et sucrés, passent pour être mal conditionnés, et incapables de fournir autre chose que des sujets faibles et languissants. Cependant les arbres Van-Mons sont une preuve manifeste que ces deux opinions sont également mal fondées. Les arbres, venus de semences, qui produisent ces bonnes variétés, quoique d'abord très-vigoureux, se mettent à fruit promptement, c'est-à-dire cinq ou six années après avoir été semés, parce que, comme nous l'avons dit plus haut, ils sont plus souvent fécondés par les espèces environnantes que par eux-mêmes ; alors ils cessent peu à peu de s'étendre, se couvrent de fleurs, et ils périraient sous la charge des fruits, s'ils n'étaient cultivés et dirigés comme nous l'avons indiqué dans *la Pomone* (page 240). Ces arbres sont des productions dues à l'art et à l'industrie des hommes ; ils ne peuvent plus être abandonnés aux soins de la nature, parce que, étant créés contrairement à ses lois, elle n'a aucun moyen d'accorder une longue existence aux individus qui produisent avec excès et avant le terme fixé par elle. La force végétative leur fait défaut quand on veut les pousser trop loin, ce qui nous oblige à ne pas les négliger un seul instant, et à reconnaître que le Créateur a voulu que le perfectionnement des choses qu'il a faites fût le prix de l'intelligence, du travail continuel et de la patience de l'homme.

CHAPITRE V.

Des germes, yeux ou pythons.

Tous les yeux, ou pythons, qui se trouvent sur un arbre, à l'insertion de chaque feuille, ont, comme la graine, la faculté de produire un autre individu de leur espèce, avec cette différence que la graine donne des variétés dissemblables entre elles, tandis que le python reproduit constamment et exactement un arbre tout semblable à celui duquel il a été détaché, soit pour être greffé, soit pour être bouturé. Chaque œil ou python renferme une radicule, un étui médullaire, et une tigelle ou bourgeon. Nous pensons que, dans les plantes, ce sont les molécules vivantes qui, en se développant, donnent de l'extension et de la solidité à toutes les parties qui les constituent, soit aux tubes tubulaires, cellulaires ou ligneux, soit à l'amidon, à la dextrine ou aux matières gommeuses, résineuses et sucrées.

La plante ou même l'arbre dont nous admirons l'étendue était tout entier préexistant dans le germe d'où il est sorti ; mais il y était à l'état rudimentaire. Les germes se développent à peu près tous de la même manière ; il leur faut le concours de l'air, une chaleur légèrement humide, soutenue à un certain degré pendant plus ou moins de temps, suivant les espèces. Le développement du germe a toujours lieu d'abord par ses racines, qui se dirigent vers l'obscurité, tandis que la tigelle s'élance

ensuite vers la lumière qui l'attire. A peine les racines commen-
cent-elles à s'épanouir qu'elles s'emparent de l'humidité qui a
excité leur développement; cette humidité n'est autre chose que
la sève terrestre, que les racines décomposent et transmettent
à la tigelle. Celle-ci, soutenue dans son prolongement par la
sève, se garnit de germes de distance en distance, à mesure
qu'elle croit en hauteur. Chaque nouveau germe est accompagné
d'une feuille et d'un étui médullaire qui lui est propre, sans
cependant que cet étui corresponde directement avec le rameau
sur lequel il est attaché; d'où il résulte que chaque germe étant
séparé de sa tige ou de son rameau peut, comme nous venons
de le dire, reproduire un arbre en tout semblable à celui qui
lui a donné naissance, soit qu'on bouture ce germe, soit qu'on le
greffe. Il faut ajouter que ce canal médullaire est le point central de la vie des tissus environnants, puisque sa destruction,
lorsqu'il se forme, entraîne celle des tissus, et occasionne une
plaie ou plutôt un chancre qui s'agrandit incessamment, et qui
finit par cerner entièrement la tige ou le rameau sur lequel il
est placé, sans que rien puisse s'opposer à sa perte.

Nous sommes donc fondé à croire que l'élasticité seule de
l'écorce ne suffit pas, comme on le pense généralement, pour
recouvrir les plaies faites aux arbres, si, sous cette écorce, il
ne se trouve pas certaines fibres préexistantes et vivantes. Nous
avons acquis une certitude complète à ce sujet, en détruisant
avec une aiguille un œil et son germe, lorsqu'ils commençaient
à se former sur un bourgeon naissant et encore tendre. Au printemps suivant, l'écorce qui environnait l'œil ainsi détruit est
devenue terne, puis jaunâtre; elle s'est desséchée, et il s'est
formé, sur l'emplacement même de l'œil, un chancre qui s'est
successivement agrandi à mesure que le rameau s'allongeait et
prenait de l'ampleur; enfin, au bout de trois ou quatre années
de végétation, le rameau fut trouvé entièrement cerné par le
chancre. Les incisions longitudinales, et même cruciales, que
nous avons pratiquées chaque année autour du chancre, n'ont
jamais pu forcer la sève à arriver jusqu'au centre de la plaie
pour la recouvrir.

Il est plus aisé de concevoir que d'expliquer comment une
plaie, qui ne formait d'abord qu'un point sur un bourgeon nais-

sant, a pu s'agrandir jusqu'à cerner entièrement ce bourgeon, sans être cependant un obstacle à son accroissement en grosseur et en longueur. Nous voyons que la plaie a d'abord occupé le centre du bourgeon naissant; que ce centre s'est peu à peu déplacé par l'accumulation successive de la sève descendante à l'opposé de cette plaie, ce qui n'a pas empêché le bourgeon, comme nous venons de le dire, de croître en grosseur, mais ce qui a rendu la sève plus rare vers les extrémités de la plaie, c'est-à-dire vers sa circonférence. Il est donc permis de penser que la sève ascendante, qui se répand du centre à la circonférence par les radiations médullaires, étant aussi devenue plus rare et moins fluide, a cessé peu à peu d'y affluer, et qu'alors la plaie a fini par envahir toute la circonférence du bourgeon.

En détruisant un œil et son germe sur un bourgeon naissant, nous avons causé le mal que fait un certain insecte ailé, lorsqu'il dépose, au commencement du printemps, le germe d'un ver sur la pointe d'un œil non encore entièrement formé. Ce ver, en détruisant l'œil et son germe, occasionne les chancres, qui se font remarquer particulièrement sur les pommiers et sur les poiriers, et encore sur certaines variétés plutôt que sur d'autres.

La vie qui circule dans les tissus d'un bourgeon dépend donc du canal médullaire des germes ou pythons qui sont sur ce bourgeon, et non des yeux, puisque les plaies que leur suppression avec la serpette occasionnent se cicatrisent parfaitement.

Chaque tigelle, bourgeon ou rameau, est susceptible d'un accroissement invariable en longueur, mais illimité en grosseur; l'un est dû à l'action de la sève descendante, l'autre à celle de la sève ascendante. L'accroissement des bourgeons en longueur est terminé lorsque le bourgeon se couronne, à la fin de la saison, par un œil terminal qui s'arrondit. Cet œil formera l'année suivante le prolongement du rameau ; mais le rameau ou la tige n'acquerra pas plus de longueur entre le talon de ce rameau et l'œil terminal qui renferme le rudiment d'un nouveau rameau ou d'une nouvelle tige ; quant à l'accroissement indéterminé en grosseur, il s'opère par la sève descendante autour de l'axe de ce bourgeon.

Nous avons dit au commencement de ce chapitre que les yeux ou pythons qui se développent sur les arbres sont toujours accompagnés d'une feuille ; cependant il existe quelques espèces de plantes dont les germes sont tellement multipliés qu'il suffit d'un morceau d'écorce, de racine ou de feuille avec son pétiole, ou même seulement d'une fraction de feuille, pour en propager l'espèce ; ces plantes font exception à la loi générale. On acquiert la preuve de cette vérité en détachant un œil d'un arbre et en le mettant dans une situation où il puisse facilement se développer. Si l'œil détaché de l'arbre est destiné à être bouturé, c'est la chaleur douce et humide de la couche sur laquelle il est déposé, ou, autrement dit, c'est la sève vaporisée à la surface de la couche, qui vient exciter les fibres radiculaires de cet œil à s'allonger, et leur développement s'opère d'autant plus facilement que les fibres tigellaires sont placées dans une atmosphère dont la température est maintenue plus basse que celle de la couche dans laquelle plongent les fibres radiculaires ; c'est cette différence de température qui assure le succès de la reprise des boutures. Si les fibres tigellaires commençaient à se mouvoir avant les fibres radiculaires, il y aurait avortement de la bouture. Si l'œil séparé de l'arbre est destiné à servir de greffe, c'est la sève envoyée par les racines du sujet qui vient exciter les radicules de la greffe à s'allonger ; ces radicules s'emparent alors de la sève du sujet, pour la transmettre plus convenablement appropriée à l'œil de la greffe, qui doit, comme la bouture, émettre d'abord ses radicules.

On voit que les greffes sont toujours alimentées par leurs propres racines, ce qui prouve évidemment que la greffe ne peut jamais perfectionner ou changer les variétés. Pour rendre plus sensible cette vérité et la faire mieux comprendre, nous allons exposer ce qui se passe lorsqu'on greffe le pêcher sur prunier, sur amandier, ou sur abricotier. Quoique ces sujets soient loin d'être d'une nature semblable, ils ont cependant entre eux un lien commun qui fait que la sève de l'un peut réveiller les radicules engourdies de l'autre, lesquelles ensuite s'approprient cette sève en la modifiant chacune selon sa nature. Les radicules adhérentes à l'œil du pêcher, étant stimulées par la sève de l'un de ces trois sujets, s'épanouissent entre l'aubier et l'écorce du sujet, et les fibres tigellaires de l'œil du pêcher ne tardent pas non plus à se mouvoir dans une direction opposée; elles sont soutenues dans leur élongation par la sève du sujet, qui est transmise, plus appropriée à son espèce, au bourgeon naissant, par les radicules de l'œil du pêcher; d'où il résulte évidemment que la greffe ne reçoit directement que la sève qui lui est envoyée par ses propres radicules.

Les radicules n'ont pas seules la faculté d'approprier la sève à la plante à laquelle elles adhèrent; les tissus ont cette même propriété; ainsi, lorsque la sève descendante fait grossir toutes les parties de la greffe par lesquelles elle passe, elle fait également grossir le sujet, sans cependant changer sa nature, parce que, lorsqu'elle arrive dans les tissus de ce sujet, elle rencontre des organes qui ont, comme les racines, la faculté de décomposer la sève et de l'approprier au végétal qu'elle doit alimenter. Quant aux yeux ou pythons restés sur l'arbre, et qui s'épanouissent en bourgeons, ils se développent de la même manière, c'est-à-dire que leurs radicules, excitées par la sève ascendante, après s'être allongées, s'emparent de la sève et la transmettent aux bourgeons naissants.

En suivant graduellement, comme nous venons de le faire, le développement d'un bourgeon, on est naturellement conduit à trouver la manière la plus rationnelle de placer le rameau d'une greffe sur un sujet quelconque, sans être obligé, comme on l'a fait jusqu'ici, de fendre ce sujet en deux ou en quatre, pour y introduire cette greffe. Cette méthode barbare date de l'enfance de l'art, et il est étonnant qu'on n'y ait pas renoncé plus tôt, pour en adopter une autre plus conforme aux principes d'une saine physiologie, et à la fois plus prompte, plus facile, et surtout d'un succès beaucoup plus assuré (voir la Pomone, pages 269, 270 et 369). Nous ne doutons pas que des cultivateurs plus exercés que nous dans l'art de la greffe ne parviennent, par l'application de ces principes, à des perfectionnements encore plus étendus.

CHAPITRE VI.

Des racines.

La racine est l'organe qui se développe le premier dans tous les végétaux, ce qui nous indique qu'il est la source la plus vive de toute végétation. Les racines croissent dans l'obscurité et dans un milieu légèrement humide et chaud ; elles tendent à s'y enfoncer, tandis que la tige, au contraire, cherche à s'élever, en prenant toujours sa direction vers la lumière, comme nous l'avons déjà vu.

Les racines sont terminées par de petits filets ou suçoirs très-déliés, que l'on nomme chevelu ou spongioles, parce qu'elles ont à un très-haut degré la propriété de pomper l'humidité et de la transmettre dans les tissus des grosses racines ; celles-ci n'ont que très-faiblement la faculté de s'approprier l'humidité contenue dans le sol ; elles servent seulement de conduits aux vapeurs et aux gaz transmis par les spongioles. Lorsqu'au printemps la sève descendante afflue, cette sève s'ouvre sur le corps des grosses racines, même sur celles qui sont près du tronc, des passages par une infinité de spongioles, qui procurent aux arbres un excès de vigueur souvent préjudiciable à leur fructification ; c'est alors que les boutons à fleurs, changeant de destination, se développent en bourgeons.

Les racines fonctionnent pendant presque tout le cours de l'année, parce qu'elles sont placées dans un milieu humide, dans lequel la température n'éprouve point de transitions rapides ; aussi sont-elles moins assujetties à des affections morbifiques que les parties des arbres qui sont sans cesse exposées à tous les changements brusques et fréquents de l'atmosphère.

L'extrême délicatesse des spongioles et leur sensibilité sont une garantie assurée que rien, absolument rien, de nuisible à l'organisation de la plante ne peut s'y introduire naturellement ; dans le cas où l'eau, les vapeurs et les gaz seraient trop caustiques, les spongioles, tout d'abord offensées, cesseraient de fonctionner, et si ces matières étaient de nature à faire périr les spongioles, l'arbre mourrait privé de nourriture, mais non empoisonné (comme on l'a récemment avancé devant l'Institut).

On comprend que, pour des êtres privés de volonté et de locomotion, la faculté de choisir les matières nutritives est inutile, aussi bien que le mouvement qu'il faudrait exécuter pour les saisir. Si donc quelquefois les racines semblent se diriger vers une veine de terre plutôt que vers une autre, même à travers un mur, et aller ainsi au-devant de la sève, il ne faudrait pas en augurer qu'elles ont la faculté de choisir ; c'est, au contraire, la sève qui, en circulant, vient les stimuler et les entraîner dans son courant ; car l'air et les gaz ont, comme on le sait, une circulation souterraine plus ou moins rapide et toujours favorable à la végétation des racines. Quant à la certitude qu'aucune matière nuisible à l'organisation de la plante ne pourra s'y introduire naturellement, elle est complète, puisqu'elle est fondée sur l'extrême délicatesse des organes seuls chargés de transmettre dans l'intérieur de la plante ces matières alimentaires ; d'où il résulte que tout ce que les spongioles peuvent aspirer sans en être offensées est admis avec une entière sécurité dans l'intérieur de la plante. Est-il rien de plus simple et de plus admirable que cette organisation pour assurer la conservation des espèces, et n'offre-t-elle pas un immense avantage sur celle des animaux ?

Nous remarquerons même à cet égard que, plus ceux-ci sont d'un ordre élevé, moins la garantie de leur conservation est assurée, parce qu'alors elle leur est plus ou moins entièrement confiée ; sous ce rapport, l'instinct de la brute est plus sûr que le génie de l'homme ; nous ne saurions donc partager l'opinion de Macaire, qui prétend avoir fait absorber à des plantes de l'eau chargée d'acétate de plomb, et les avoir vues s'en débarrasser par des déjections. En effet, pour admettre ce fait, il faut d'abord reconnaître que ces plantes n'étaient pas dans leur état normal, autrement elles n'eussent pu absorber quelque chose de contraire à leur végétation ; car les spongioles d'abord offensées, comme nous l'avons déjà dit, auraient cessé de fonctionner. De plus, on ne peut admettre que les plantes reçoivent une surabondance de matières qu'elles seraient plus tard obligées d'exsuder, puisque le système horizontal et le système

longitudinal suffiraient, et au-delà, pour utiliser cette surabondance de sève, si elle avait lieu ; il n'en est donc pas ainsi. La
pauvreté du sol peut bien quelquefois ne pas fournir aux végétaux une sève aussi abondante que celle qui leur serait nécessaire, mais jamais les spongioles ne leur en transmettent au-
delà de leurs besoins ; autrement l'organisation et le mécanisme
des plantes seraient défectueux, tandis que chaque nouvelle
investigation nous en découvre la beauté, la simplicité et la
perfection.

Quelques chimistes, qui veulent tout soumettre aux lois de
leurs laboratoires, cherchent à trouver dans les plantes, en les
analysant, les traces des diverses substances dont ils supposent
qu'elles sont composées; comme si les racines avaient la faculté
de décomposer la terre pour se l'assimiler (1). Ces personnes
n'admettent pas que le silex que l'on trouve dans les végétaux
soit produit par eux-mêmes, parce que, disent-elles, le silex
est un corps simple ; cependant le silex qui est mélangé avec
la terre, n'étant ni soluble, ni fermentescible, ne peut fournir
ni de l'eau, ni des gaz, ni des vapeurs, et par conséquent ne
peut être introduit comme aliment dans l'intérieur de la plante.
Il reste dans le sol, où on le trouve en plus ou moins grande
quantité. Nous sommes fondé à ne pas admettre que la terre,
le silex, ou toute autre matière *non soluble*, puisse s'introduire dans l'intérieur des plantes avec la sève, parce que les

---

(1) L'auteur, dans les derniers temps de sa vie, à la suite de fréquents entre-
tiens avec plusieurs chimistes distingués, entre autres avec M. Colin, professeur
à l'Ecole militaire de Saint-Cyr, était disposé à admettre que certains sels pouvaient peut-être pénétrer par la sève dans l'intérieur des végétaux. Néanmoins,
les expériences qu'il avait faites à ce sujet, et l'extrême délicatesse des spongioles,
l'ont fait persister à penser que, quand même cette admission aurait lieu, ce ne
devrait être que dans des proportions très-peu sensibles, et qu'il faudrait toujours
bien reconnaître que c'est dans le germe surtout qu'il faut rechercher tout ce qui
constitue une plante. Cette opinion lui paraissait tellement rationnelle qu'il aurait
désiré la rendre évidente à tous les yeux, et nous lui avons souvent entendu dire,
avec cet amour pour la science dont il était pénétré, et cet abandon de ses propres
convictions si rare dans un homme de son âge et de son caractère, qu'il ne sou-
haitait qu'une seule chose : c'est que ses idées fussent profitables aux jeunes gens
qui entrent dans la carrière; qu'on ne se passionnât pas pour les vieilles doctrines; qu'on examinât de bonne foi ses appréciations; qu'on les vérifiât, qu'on
les jugeât sans partialité, et qu'approuvé ou condamné il serait toujours satisfait,
pourvu que la science, et surtout les cultivateurs, qu'il aimait en père, pussent en
retirer un enseignement utile.

organes qui forment les spongioles sont trop délicats pour
donner passage à d'autres matières qu'à des gaz ou à des vapeurs. Lors même que, par impossible, le silex y serait admis
avec la sève, il faudrait toujours que, pour être assimilé à la
plante, il éprouvât dans les feuilles une décomposition radicale,
ce qui ne nous paraît point compatible avec la nature même
du silex. Enfin si, contre toute probabilité, on veut que les minéraux deviennent tellement solubles qu'ils puissent pénétrer
dans l'intérieur des plantes avec la sève, comment se fait-il
qu'on n'en trouve de traces que dans certains végétaux, tels
que le blé, la canne à sucre, les bambous, etc., tandis que
d'autres, qui végètent sur le même sol, n'en contiennent pas un
atome? N'est-il donc pas plus naturel de penser que tout ce
qui constitue une plante lui appartient et qu'elle le produit elle-
même? Nous citerons, à l'appui de cette assertion, l'opinion de
Chaptal, qui nous enseigne que différents sels peuvent être
décomposés dans les plantes par l'action de la végétation ou
par leur contact avec les acides végétaux, et que leurs bases
se combinent alors de manière à produire des composés nouveaux. Ce fait, comme on le voit, nous prouve qu'il est possible que divers sels soient composés et décomposés dans les
tissus végétaux eux-mêmes.

Des expériences multipliées nous ont démontré qu'il n'y a
que les spongioles placées à l'extrémité des racines, et celles
qui sont sur le corps même des grosses racines, qui aient la
faculté d'aspirer l'eau, les vapeurs et les gaz qui circulent dans
le sol; nous donnerons pour preuve que, lorsqu'on relève les
spongioles au-dessus du sol, les grosses racines, quoique maintenues dans l'humidité, sont incapables de suffire à leur propre
alimentation; elles ne servent donc absolument que de conduits
à la sève transmise par les spongioles. Il nous paraît donc
évident que les matières siliceuses ou graveleuses que l'on remarque à l'intérieur et à l'extérieur des plantes ne sauraient
être, comme on le prétend généralement, des portions du sol
que la sève a charriées, la délicatesse extrême de l'organisation
des spongioles ne permettant pas d'admettre qu'un corps solide, quelque divisé qu'il soit, puisse s'introduire dans des organes qui ne donnent passage qu'aux vapeurs, aux gaz et à

une eau épurée par les filtres naturels toujours placés au-dessus de ces mêmes organes. Il est donc plus que probable que ces matières graveleuses et siliceuses sont produites par la plante elle-même, comme le sont les autres matières solubles qui s'y font remarquer.

Sénebier a acquis la certitude que de l'eau bourbeuse, aussi bien que du jus de fumier, ne peut être absorbée par les plantes. Ce n'est qu'après avoir passé par les filtres naturels de la terre, ainsi que nous venons de le dire, que cette eau devient une sève assez épurée pour que les spongioles puissent s'en emparer. Cependant l'eau distillée, et privée de gaz, ne suffirait pas au développement complet des végétaux, comme Duhamel et Bonnet s'en sont convaincus par de nombreuses expériences.

Nous avons déjà dit que l'eau aspirée par les spongioles éprouve tout d'abord un commencement de décomposition, qui devient de plus en plus prononcé à mesure qu'elle monte jusqu'au sommet de l'arbre. Il est incontestable qu'en descendant cette eau, ou plutôt cette sève, a déjà contracté des qualités amères ou sucrées, ou même d'une tout autre nature, suivant l'espèce de la plante, sans que les feuilles aient en rien contribué à développer ces qualités, puisqu'elles sont presque toujours acquises avant le développement des feuilles, ainsi que nous l'avons constaté à l'égard de l'érable à sucre ; mais, à mesure que les fibres composant la feuille commencent à s'épanouir, la sève cesse peu à peu de se répandre par les entailles faites au bas de l'arbre, parce qu'elle est alors employée au développement des fibres de la feuille et à la formation des matières qui les recouvrent. Pendant ce temps les plaies se cicatrisent, et, les feuilles et les tissus étant perfectionnés, la sève plus élaborée prend son cours naturel. On est donc dans une double erreur lorsque l'on croit, d'une part, que c'est l'action des feuilles sur la sève qui détermine et soutient son ascension, et, de l'autre, que ce sont les feuilles qui évaporent dans l'air les parties aqueuses contenues dans la sève.

Pour faire mieux connaître ce qui a rapport aux spongioles, nous indiquerons ici les causes accidentelles qui provoquent quelquefois leur apparition ailleurs qu'à l'extrémité des racincs ; cette cause a sa source dans un mouvement déréglé de la sève.

On sait que le premier mouvement d'ascension de la sève, au printemps, est toujours déterminé par la chaleur du jour, et que son mouvement rétrograde est produit par la fraîcheur de la nuit ; il arrive donc que, lorsqu'il y a entre ces deux moteurs du mouvement de la sève une très-grande inégalité de température, la fraîcheur glaciale de la nuit précipite la sève avec rapidité vers le bas de l'arbre : alors elle fait irruption sur le corps des grosses racines, d'où il sort une plus ou moins grande quantité de spongioles. D'après cet exposé, il n'est pas extraordinaire que, dans les climats où la différence qui existe entre la température de la nuit et celle du jour est très-sensible, la végétation des arbres soit d'un luxe étonnant.

Cette observation nous conduit à remarquer qu'il se passe, dans la végétation annuelle des plantes, quelque chose d'analogue qui la rend constante et permanente ; on sait qu'au printemps la chaleur de la terre, qui est alors plus élevée que celle de l'air extérieur, excite les racines à se mouvoir et à pomper la sève, et qu'ensuite la température de l'atmosphère, devenant à son tour plus chaude que celle de l'intérieur de la terre, contribue à l'élaboration de cette sève dans les plantes, en fait développer les germes et les fleurs, et concourt au perfectionnement des fruits. L'étude des différences et des inégalités successives de température, qui agissent à tour de rôle sur les parties extérieures et sur les racines de l'arbre, serait non moins curieuse qu'instructive, non-seulement pour les physiologistes, mais surtout pour les cultivateurs qui dirigent des serres chaudes ; en tenant un journal exact de la chaleur respective de la terre et de l'air contenus dans la serre, et du progrès de la végétation pendant un certain nombre de jours, ils pourraient jeter de grandes lumières sur ce sujet ; en poussant à l'excès, comme expérience, soit l'excitation des racines, soit le développement des parties foliacées, on arriverait à faire des découvertes précieuses et à se rendre positivement compte des alternatives de température nécessaires à la plus grande fructification possible des plantes. Ceux qui s'occupent de primeurs y trouveraient un moyen infaillible de disposer à leur gré de toutes les ressources de la végétation et d'obtenir un succès aussi égal que constant. Il ne serait certainement pas indigne des sociétés savantes de proposer un prix à cet égard.

Il est certain que c'est l'âge plus ou moins avancé des racines, plutôt que celui des branches, qui détermine la fructification de l'arbre qu'elles alimentent ; ainsi, un poirier venu de pepins, qui avait végété pendant vingt ans avant de fructifier, n'ayant produit que de mauvais fruits, on en a supprimé la tête et on l'a greffé ; les rameaux de cette greffe ont fleuri et produit des fruits après trois ans de végétation seulement ; il est donc évident que ce n'est pas l'âge de la nouvelle tête de cet arbre qui a déterminé sa fructification, mais bien plutôt celui des racines.

Parmi toutes les conjectures auxquelles ce fait peut donner lieu, nous avons pensé qu'une bouture de vigne d'un an seulement, aux racines de laquelle on donnerait artificiellement plusieurs phases de végétation dans une seule année, fructifierait l'année suivante. Pour vérifier jusqu'à quel point cette conjecture pouvait être fondée, nous avons coupé un sarment de vigne en petits morceaux de 0 ,02 à $0^m,04$ de long, en laissant un œil au milieu de chaque morceau ; puis nous avons enlevé, à l'apposé de l'œil, une bande d'écorce, et placé la partie entamée sur de la terre mise dans un pot ; ce pot a été placé dans une serre à boutures. Bientôt la partie entamée s'est enracinée, et l'œil s'est allongé en bourgeon ; lorsqu'il a eu atteint $0^m,08$ environ de hauteur, la plante a été soigneusement dépotée et enterrée jusqu'au sarment dans un pot plus grand. Nous avons ainsi changé la plante trois fois de pot, toujours en enterrant à chaque fois la bouture jusqu'à son sommet. Après chaque changement de pot, le bois de la bouture est devenu de plus en plus gros. Au printemps suivant, toutes les boutures, placées avec leurs pots contre un mur au midi, ont fleuri et donné dans la saison des grappes aussi belles et aussi bien conditionnées qu'auraient pu les produire des vignes de trois à quatre ans de plantation. Après la serre à boutures, la serre chaude a été nécessaire pour activer la croissance de ces boutures. Il faut remarquer que, des trois couronnes de racines qui se trouvent ainsi superposées, il n'y a que la dernière, celle qui se trouve placée le plus près de la surface du sol, qui soit véritablement bien conditionnée ; il ne paraîtrait donc pas nécessaire, pour déterminer la fructification de ces vignes, que les plus anciennes racines eussent été plus ou moins bien établies.

Parmi les effets produits par les racines sur la végétation des arbres, nous ferons remarquer le rôle qu'elles remplissent à l'égard de l'eau introduite dans leurs canaux par les spongioles ; cette eau se trouve immédiatement décomposée, avant même qu'elle soit parvenue au tronc de l'arbre. Si donc on greffe sur un pommier de paradis un rameau pris sur un pommier d'une nature très-élevée, ce rameau ne produira qu'un arbre nain, parce que la sève destinée à alimenter le rameau de la greffe a été préparée par les racines d'un arbre naturellement nain. Ceci nous fait assez voir l'étonnante influence des tissus sur la sève qui les traverse.

Tout en constatant que la nature des racines a une action considérable sur le plus ou moins grand développement des arbres qu'elles alimentent, nous ferons observer qu'elles n'ont aucune influence sur le bois, sur la forme et la couleur des feuilles ou des fleurs, non plus que sur la grosseur, la couleur, la forme ou la saveur des fruits. Si les fruits sont quelquefois plus gros sur les arbres nains que sur les autres, c'est qu'ils sont moins exposés à l'agitation des vents, qui interrompent incessamment l'action qu'exerce sur eux la sève descendante, et que ces arbres peuvent, étant moins agités, profiter de tous les avantages que leur procure la sève, pour faire grossir et pour amener plus tôt leurs productions à maturité.

Quelques personnes croient encore que la nature du sauvageon influe sur les qualités des fruits ; cette erreur est partagée par un grand nombre de pépiniéristes, qui fondent leur opinion sur ce qu'il y a certaines espèces qui réussissent mieux sur telle essence que sur telle autre. Cela est très-vrai, mais ce n'est pas une raison pour en conclure que ces essences communiquent leurs qualités aux fruits qu'on y a greffés ; une saine théorie et de nombreuses observations sont contraires à l'opinion de ces pépiniéristes. Il est constant que les racines du sujet n'influent qu'en moins sur le volume de l'arbre qu'elles alimentent, et jamais en plus, c'est-à-dire qu'une espèce d'une

nature très-élevée, greffée sur un sujet d'espèce naine, formera un arbre nain, tandis qu'une espèce naine, greffée sur
un sujet de nature élevée, ne formera jamais un grand arbre.
Dans ce cas, l'espèce naine tuera son sujet, parce que ses pousses ne pourront jamais employer toute la sève fournie par les
racines d'un sujet d'une espèce élevée. Il n'y aurait d'autre
moyen pour sauver le sujet que de lui laisser développer librement les bourgeons adventifs qui ne manquent jamais, dans ce
cas, de pousser au-dessous de la greffe. En un mot, lorsque la
sève ascendante ne peut être entièrement et convenablement
élaborée avant de retourner aux racines, l'arbre est condamné
à périr plus ou moins prochainement, ou à languir indéfiniment.
Si, dans cet état de choses, on se sert, pour greffer, de rameaux
pris sur cet arbre, on propagera à jamais cette langueur.

Nous avons tout lieu de croire que les racines influent sur la
qualité des graines, parce que nous avons vu, en Amérique, un
assez grand nombre de variétés de pommes et de pêches, se re-
produisant constamment par la semence, perdre cette propriété
lorsqu'elles avaient été greffées. Les graines alors se trouvaient
plutôt sous l'influence des qualités du sauvageon que de celles
du rameau de la greffe. C'est sans doute pour cette raison que
nous obtenons si rarement de bons fruits, en semant nos meilleures variétés de fruits greffés. Nous sommes tellement convaincu de cette vérité que nous attachons beaucoup de prix
aux semences que nous avons récoltées cette année, sur des arbres venus des pepins de la neuvième génération de Van-Mons.
Ces semences produiront des arbres qui commenceront une
dixième génération, qui donnera sans doute des fruits encore
meilleurs que les précédents et toujours plus vigoureux et plus
prompts à fructifier.

La manière dont les racines fonctionnent nous fait assez connaître comment on doit agir lorsqu'on lève les arbres dans les
pépinières pour les transplanter. La théorie qui prévaut dans
ce moment, professée par des personnes qui n'ont sans doute
jamais étudié la manière dont végètent les racines, exige que
celles d'un arbre que l'on transplante soient conservées de toute
leur longueur, ce qui, outre d'autres désavantages inhérents à
cette méthode, expose encore le pépiniériste à faire éclater les

racines en levant les sujets. D'après le grand nombre de plantations que nous avons été à même de faire faire dans les parcs, pépinières et jardins de la Couronne, en variant nos procédés et en nous rendant compte des résultats de nos essais, nous nous croyons fondé à agir tout autrement que ne le recommandent ces théoriciens. On sait généralement qu'il n'est pas possible de sortir un arbre de terre sans briser ses spongioles, et qu'il ne peut reprendre que lorsqu'il en aura formé de nouvelles à l'extrémité de ses racines plus ou moins raccourcies. Nous croyons donc, d'après ce fait, qu'il est très-avantageux que ces nouvelles spongioles se forment assez près du tronc pour que la sève pompée par elles n'ait qu'un court trajet à parcourir avant de parvenir au tronc de l'arbre. Ce n'est pas que nous prétendions qu'il faille écourter les racines; on doit toujours les laisser d'une longueur proportionnée à la force et à la hauteur de l'arbre transplanté (voir à cet égard *la Pomone française*, p. 316 et suiv.). Au reste, comme nous l'avons déjà dit, ce n'est que par les spongioles que peuvent s'introduire dans les racines l'humidité et les gaz qui forment la sève; ce n'est également que par elles que les racines peuvent s'étendre; enfin, les spongioles étant un principe de vie pour les plantes, on ne saurait trop concentrer ce principe dans un arbre que l'on transplante, afin de lui donner toute l'action possible, surtout dans une circonstance aussi critique pour la vie d'un arbre que celle de sa transplantation.

Quoique les racines ne soient pas garnies d'yeux comme les rameaux, elles ne sont cependant pas dépourvues de germes, qui donnent naissance quelquefois à des bourgeons adventifs; nous connaissons même certaines espèces d'arbres (le *sophora Japonica*, le *paulownia*, et autres) que l'on propage de préférence par les racines. Il serait utile de former une classe des arbres qui ont cette propriété, et d'essayer si on ne pourrait pas exciter la naissance de ces germes sur ceux qui ne l'ont pas naturellement. On sait que l'on peut faire adopter un germe à une racine en la greffant, soit avec un rameau de son espèce pour propager l'arbre, soit avec une tout autre variété de ses congénères; depuis que nos plus habiles cultivateurs, tels que les Bertin, les Chauvière, les Paillet, les Truffaut, les Lévêque, et tant d'autres, ont étudié la marche que les racines suivent dans leur développement, il leur est devenu plus ou moins facile de faire prendre racine aux bourgeons, aux rameaux, ou simplement aux yeux de toutes les espèces d'arbres. Il leur a suffi pour cela d'avoir reconnu que l'excitation qui porte l'œil de la bouture à se développer ne doit jamais l'emporter sur celle qui détermine les fibres radiculaires à chercher à s'enfoncer dans le sol. C'est cette considération qui, justement appréciée par nos cultivateurs, les a conduits à faire construire des serres spécialement destinées à n'élever que des boutures, telles qu'on peut les voir dans les établissements des horticulteurs distingués que je viens de citer. Il faut donc reconnaître que ce sont les racines qui sont les seules et premières sources de la vie dans les plantes.

Les spongioles sont essentiellement hygrométriques; elles ont la faculté de se diriger vers l'humidité et vers les lieux d'où elle part; la sève qu'elles envoient dans l'intérieur de l'arbre leur revient toujours à un plus haut degré d'élaboration, et augmente leur force de succion; il y a donc entre les racines et les bourgeons développés par la sève montante un échange continuel et réciproque de moyens d'accroissement plus favorables à l'extension de l'arbre qu'à sa fructification; cependant, les boutons à bois se changent en boutons à fleurs toutes les fois que, par des causes quelconques, ce prolongement des racines se trouve entravé, et que leur extrémité est forcée de se bifurquer ou de se contourner au lieu de s'étendre. Si l'accroissement des racines se trouvait même tout-à-fait arrêté, la sève descendante faisant naître à leur extrémité une multitude considérable de nouvelles spongioles, l'arbre se chargerait de fruits, pourvu toutefois que le bois eût atteint l'âge voulu pour pouvoir fructifier.

Nous trouvons la preuve de cette assertion en examinant ce qui se passe dans la végétation des arbres que l'on destine à être chauffés. Après avoir choisi les arbres dans la pépinière, on raccourcit leurs racines, puis on les plante dans des pots que l'on enfonce en terre, et l'on a soin de les arroser pendant tout l'été; l'année suivante, ces arbres, introduits en pots dans la serre, ne manquent jamais de se couvrir de fleurs, tandis que les mêmes espèces d'arbres, du même âge, que l'on a laissés dans la pépinière ou que l'on a plantés en pleine terre, restent quelquefois dix ans encore avant de fleurir. Il est donc évident que la floraison des arbres plantés dans des pots est due à ce que les racines, ne pouvant plus s'étendre, ont été forcées de former une multitude considérable de nouvelles spongioles au pourtour intérieur des pots. Les cultivateurs intelligents trouveront dans la connaissance de ce fait un moyen facile et naturel de faire fleurir les arbres aussitôt qu'ils auront atteint l'âge de la fructification.

Si nous observons ce qui se passe dans la végétation des orangers, cultivés d'abord en pots, puis en caisses, nous reconnaîtrons que les spongioles seules suffisent pour produire des arbres dont la tige soit forte et élevée, la tête ample et bien garnie de nombreuses branches plus ou moins étendues, et qui se couvrent chaque année de feuilles, de fleurs et de fruits très-abondants. Il ne faut, pour obtenir ce résultat, que savoir supprimer à propos, à des époques plus ou moins rapprochées, les spongioles qui se trouvent usées ou raccornies faute d'espace pour s'étendre, et par ce moyen en faire naître de nouvelles toujours placées à peu de distance du tronc de l'arbre. Ainsi, lorsque les feuilles d'un oranger deviennent jaunes et ternes, les cultivateurs ne manquent jamais de dire que l'arbre a mangé sa terre, qu'elle est épuisée, qu'il faut lui en donner de nouvelle ou mettre des engrais sur la caisse. Nous ferons d'abord remarquer que toutes ces expressions entraînent avec elles de fausses idées ; quant au malaise de l'arbre, on ne saurait le contester ; mais si nous ouvrons un des panneaux de la caisse, nous trouverons la véritable cause du mal; elle réside ordinairement dans la multitude de spongioles avariées dont les parois de la caisse sont tapissées, et qui, étant contournées et repliées sur elles-mêmes, ne trouvant plus d'espace pour s'étendre, étant par conséquent privées de la possibilité de remplir leurs fonctions, ne sauraient envoyer à l'arbre toute la sève qui lui est nécessaire pour végéter vigoureusement. Il devient donc urgent de supprimer cette masse de spongioles, dont la plus grande partie est recoquillée, et qui ont pris une direction contraire à leur nature. Cette suppression entraîne forcément celle de la terre, que les spongioles traversent dans tous les sens ; sans cette circonstance, cette terre, que l'on prétend épuisée, eût pu, sans inconvénient, continuer à servir. En effet, si l'on n'avait pas attendu que les spongioles se fussent raccornies pour mettre l'arbre en pleine terre ou pour lui donner une caisse plus grande, il n'aurait pas cessé un seul instant de végéter.

On peut de tous ces faits tirer les conclusions suivantes :

1° De grosses et longues racines ne sont pas indispensablement nécessaires au développement, à la fructification, ni même à la durée de l'existence des arbres qui sont condamnés à n'avoir pour racines que des spongioles, puisque nous voyons, dans l'orangerie du château de Versailles, un oranger, qui date de François 1er, et dont les racines sont contenues dans une caisse de 1m,67 de face sur 1m,30 de hauteur, végéter avec plus de vigueur et former un plus bel arbre que s'il eût été planté en pleine terre dans son pays natal, où rien ne l'eût mis à l'abri de l'action du soleil.

2° Les spongioles étant la seule partie des racines qui alimente les arbres, on ne saurait trop favoriser leur multiplication aussi près du tronc que possible, sans toutefois négliger les moyens à prendre pour que l'arbre soit solidement attaché au sol et la terre qui l'environne suffisamment humectée.

3° Les grosses racines, en s'étendant au loin, n'ont d'autre utilité réelle que celle d'attacher l'arbre assez solidement au sol pour qu'il ne soit ni ébranlé ni renversé par les grands vents, et encore de procurer aux spongioles qui se développent à leur extrémité un champ plus vaste dans lequel elles peuvent recueillir une plus abondante quantité de sève. Toutefois il est préférable de ne pas laisser les racines prendre autant d'étendue lorsqu'on peut y suppléer par une culture facile et bien appropriée à l'espèce du végétal.

4° C'est évidemment compromettre le succès d'une plantation que de laisser aux racines des arbres que l'on transplante toute leur longueur, attendu que les nouvelles spongioles indispensables à la reprise du sujet ne peuvent naître qu'à l'extrémité de ces longues racines, et qu'alors elles sont trop éloignées du tronc de l'arbre pour que la sève transmise par elles y arrive avec rapidité. D'ailleurs, les spongioles ne naissent pas aussi abondamment à l'extrémité des longues et minces racines que lorsqu'elles peuvent se développer plus près du tronc. Cependant, les théoriciens de notre époque conseillent avec une grande assurance de laisser aux arbres que l'on transplante les racines dans toute leur étendue. L'antique usage voulait qu'on les raccourcit trop sévèrement peut-être ; néanmoins les belles plantations qu'ont laissées nos aïeux n'autorisent certainement pas les novateurs à prescrire un mode de plantation tout-à-fait opposé au leur, surtout lorsque leur théorie, au lieu de s'appuyer sur l'expérience, ne se fonde que sur des raisonnements tout-à-fait spécieux. Le cultivateur, en apprenant à connaître les fonctions que remplissent les spongioles et celles des grosses racines, trouvera dans son propre jugement ce qu'il y a de mieux à faire, suivant les circonstances, à l'égard de la transplantation des arbres.

5° La végétation de l'oranger cultivé en caisse nous prouve encore qu'il n'est pas vraisemblable que les plus grosses branches d'un arbre correspondent directement avec les plus grosses racines de ce même arbre, et qu'en offensant telle ou telle branche on offense également telle ou telle racine, de même qu'en offensant la racine on nuit à la branche qu'elle est censée alimenter spécialement. Il serait plus rationnel de penser, d'après la manière de végéter de l'oranger cultivé en caisse, que la sève se rend d'abord dans le tronc de l'arbre et que de là elle est distribuée dans toutes les parties de la plante où elle est nécessaire.

L'opinion trop accréditée de la correspondance directe de chaque branche à autant de racines tient à un système qui peut être séduisant, mais qui est tout-à-fait erroné. Il suffit, pour s'en convaincre, de voir qu'en offensant une branche on nuit à toutes les racines, comme, en détruisant une seule racine, on nuirait à l'arbre entier et à toutes ses branches. Je sais qu'on opposera à ce fait une expérience pratiquée par Mastel, et répétée après lui par de Candolle, qui consiste à introduire une branche d'arbre dans une serre, le tronc restant en dehors ; cette branche, excitée par la chaleur, développera de suite ses bourgeons, ses feuilles et ses fleurs. « Ce n'est pas de la serre, « dit à ce sujet de Candolle, qu'elle tire l'eau, car, si on inter- « cepte sa communication avec la racine, elle périt ; et si,

« comme je l'ai fait, ajoute-t-il, on choisit un arbre à deux
« maîtresses-branches et à deux maîtresses-racines correspon-
« dantes, et qu'on adapte en terre une bouteille d'eau à chaque
« racine, on voit que celle qui correspond à la branche de la
« serre se vide promptement, tandis que l'autre reste sensible-
« ment pleine. C'est donc, conclut-il, l'action de la chaleur sur
« l'enveloppe cellulaire de l'écorce qui développe sa vitalité, et
« celle-ci agit jusque sur les racines, comme le font toutes les
« causes qui déterminent la sève vitale des parties foliacées. »

Mais, quelque concluante que puisse paraître cette expérience, elle est trop en contradiction avec ce qui se passe tous
les jours sous nos yeux, surtout à l'égard des arbres élevés en
caisses, pour ne pas la mettre au nombre de celles qui doivent
être plusieurs fois répétées avant qu'on puisse définitivement
les admettre et les considérer comme irréfutables.

On peut encore conclure de ceci que les yeux et les bourgeons qui adhèrent à l'arbre n'ont point, comme on vient de le
proclamer tout récemment encore devant l'Académie des Sciences, une vie individuelle ; ils vivent de la vie commune, puisqu'on nuit à tous en nuisant à un seul. Cette vie est entretenue
par le jeu des racines, et ne saurait lui être transmise par le sommet de la plante. Les yeux, les bourgeons n'ont de vie individuelle que lorsqu'ils sont détachés de l'arbre, lorsque leurs radicules puisent directement dans le sol même leur propre
subsistance.

Nous avons été à même de nous convaincre que la concentration des racines opérée dès la première jeunesse de l'arbre,
loin de nuire à sa prospérité, lorsqu'on le met en pleine terre,
en assure, au contraire, la reprise, la vigueur et la fécondité,
pourvu que l'on ait soin de maintenir les spongioles en bon
état. Nous avons suivi les résultats de deux plantations d'orangers faites en pleine terre dans des serres ; l'une fut faite à racines nues, avec des orangers greffés venant de Gênes ; l'autre,
avec des orangers élevés en caisses depuis dix ans environ. La
première plantation n'a pas réussi, malgré les soins dont elle a
été l'objet ; la seconde a prospéré, et ses branches ont promptement couvert de verdure et de fleurs le mur de la serre, et, depuis l'époque de leur plantation, ces arbres n'ont cessé, chaque

année, de produire, dans les serres de M. Fould, au château de Rocquencourt, une grande quantité de fruits aussi bons et aussi sucrés que ceux qui nous arrivent de l'Algérie.

D'après ce que nous venons de voir, il est présumable que presque toutes les espèces d'arbres, étant traitées dès leur première jeunesse comme on traite l'oranger, offriraient des sujets privés, il est vrai, de longues et fortes racines, mais abondamment pourvus de spongioles, par conséquent des organes seuls capables d'assurer à la plante, lorsqu'on la mettra en pleine terre, une vigueur, une fécondité et une prospérité étonnantes. Ne pourrait-on pas alors se servir de ce moyen pour élever les arbres destinés à être chauffés dans les serres, plutôt que de faire leur éducation en pleine terre dans les pépinières, et de les empoter un an seulement avant que de les chauffer, ainsi que cela se pratique ordinairement? Bien que ces arbres émettent, durant cette première année de mise en pot, assez de spongioles pour fleurir abondamment dans la serre l'année suivante, toutes les fleurs de ces arbres ne nouent pas également bien, et les fortes racines que l'on a raccourcies, ne pouvant plus s'allonger, grossissent tellement qu'elles font éclater les pots; ce double inconvénient ne se produirait pas si on élevait les arbres en pot au lieu de les élever d'abord en pleine terre.

Il y aurait aussi un avantage considérable à diriger de cette manière la première éducation de presque tous les arbres fruitiers. Nous avons vu, en 1804, dans la pépinière nationale du faubourg du Roule, des pistachiers qui avaient été plantés ainsi en pleine terre par M. l'abbé Nolin, directeur des pépinières de Louis XVI; ces arbres produisaient tous les ans une quantité considérable de très-bons fruits; ils étaient, pendant l'hiver, couverts de paillassons, et la terre de la plate-bande recevait une couverture de feuilles sèches. En élevant ainsi en pots les arbres fruitiers destinés aux jardins potagers, la reprise de tous ces sujets, plantés en motte, serait certaine; une telle plantation offrirait une végétation d'une vigueur inconnue jusqu'ici dans nos jardins, puisqu'il n'est que trop vrai que la plupart des arbres, surtout les poiriers, tirés des pépinières, sont stériles ou meurent de langueur. Ce serait donc une chose très-utile que de s'occuper de perfectionner la première éducation des

arbres, et de chercher les moyens de leur donner toute la vigueur et la fécondité dont chaque espèce est susceptible. Ces
arbres seraient aussi plus dociles à prendre et à conserver les
formes qu'on voudrait leur faire prendre.

Le système d'éducation des arbres fruitiers, dont nous proposons aux cultivateurs de faire l'essai, ne peut être encore présenté par nous que comme une simple théorie. Ce n'est que
cette année que nous avons fait mettre en pot toutes sortes de
sujets propres à fournir des arbres fruitiers; plus tard nous
connaîtrons ceux auxquels cette éducation peut le mieux convenir (1). L'expérience nous apprendra à quel âge il faut placer
ces sujets dans les pots, combien de temps ils doivent y rester,
et si c'est là ou en pleine terre qu'il convient le mieux de les
greffer, etc., etc.; enfin quel est le mode le plus convenable à
suivre pour chaque espèce en particulier. Nous ne savons encore rien de positif à ce sujet; mais nous nous proposons d'étudier cette culture, et nous nous empresserons de communiquer
aux cultivateurs les résultats de nos expériences. En attendant,
il est toujours fort important que les amateurs, et même les
pépiniéristes, sachent qu'il est possible, jusqu'à un certain
point, de façonner les racines des arbres de manière à les disposer à remplir parfaitement l'objet auquel on les destine.
Nous sommes convaincu qu'il y a quelque chose de très-utile
à faire à cet égard, surtout depuis que nous avons acquis la
preuve évidente que l'avenir de l'arbre est tout entier dans ses
racines, ou plutôt dans ses spongioles.

Nous répéterons encore ici qu'il serait à désirer que la science,
au lieu de se borner à disséquer les plantes, suivît d'un peu
plus près les phénomènes de la nature, et cherchât dans les
merveilles de la végétation la cause de ce qui se passe sans cesse
sous nos yeux.

---

(1) L'auteur écrivait ceci en 1818; depuis ce temps, il a mis ces arbres en pleine
terre, et, chose très-remarquable, malgré leur extrême jeunesse, beaucoup ont
déjà donné quelques fruits.

CHAPITRE VII.

Des bourgeons.

Le bourgeon est le développement extérieur d'un œil ou python, qui se manifeste au dehors, après le premier mouvement imprimé aux radicules, comme nous avons vu que la plumule ou la tigelle est le développement de la graine.

Le bourgeon, aussi bien que la plumule, en s'allongeant et en se constituant, se garnit de distance en distance de nouveaux germes, accompagnés de feuilles et de fibres. Le moteur qui détermine le développement des fibres radiculaires est bien évidemment la sève ascendante. Dans les boutures, c'est encore la sève ascendante qui vient exciter les fibres radiculaires de la bouture à sortir de leur engourdissement, et les détermine à s'allonger ; ensuite les fibres tigellaires de la bouture suivront ce premier mouvement, comme nous l'avons déjà démontré. Le moteur ne vient donc pas du sommet de la plante, ainsi que quelques personnes l'ont prétendu, ni du haut du bourgeon, puisque son développement ne précède pas, mais suit, au contraire, celui des fibres radiculaires.

La distance qui sépare les yeux les uns des autres sur les bourgeons se nomme *mérithalle* ; cette distance, après la chute des feuilles, reste invariable; dès-lors, chaque mérithalle ne peut plus croître qu'en grosseur, d'abord par l'action de la sève descendante, et secondairement par l'adjonction des fibres radiculaires du python qui est placé au-dessus de lui, si toutefois celui-ci vient à s'épanouir en bourgeon.

Le nombre des mérithalles qui se trouvent sur un bourgeon est déterminé, soit dans la graine, soit dans le python, avant son développement; quant à la longueur des mérithalles, elle dépend du plus ou moins d'abondance de la sève ascendante qui excite les fibres tigellaires à s'allonger. Ce n'est donc point comme on le prétend, le mérithalle inférieur, ni l'œil qui le domine, qui engendre le mérithalle supérieur à mesure que le bourgeon s'allonge, puisque tous les mérithalles étaient préexistants dans l'œil ou python. Le bourgeon n'est que le développement de ce python. En effet, pour qu'un être donne l'existence à un autre, il faut qu'il soit parvenu à l'âge adulte ; or, le dernier mérithalle et l'œil qui le termine sont à peine formés lorsque le mérithalle supérieur a déjà commencé à s'allonger, ce qui indique assez clairement que le moteur de cette élongation provient de la base du bourgeon, ou plutôt qu'il était déjà constitué dans le germe à l'état rudimentaire.

Le dernier mérithalle qui se trouve sur un bourgeon ou sur une tige est toujours terminé par un œil qui le domine en s'arrondissant ; c'est cet œil terminal qui est destiné, par sa position et sa constitution, à continuer le prolongement du bourgeon ou de la tige ; si on le supprime, en rabattant le rameau sur un œil inférieur, cet œil continuera également le prolongement de la tige ; mais ne renfermant pas autant de mérithalles, ni autant de fibres radiculaires, il donnera un prolongement qui ne sera ni aussi gros, ni aussi allongé qu'il l'eût été si l'œil terminal naturel l'eût fourni.

Nous avons été confirmé dans notre opinion à cet égard en greffant en couronne le tronc d'un très-gros pommier, autour duquel on a placé, dans le même ordre que sur le rameau de la greffe, tous les yeux de ce rameau. A l'automne, on a pu facilement se rendre compte de la vigueur de chacun de ces yeux par les pousses qu'ils avaient émises ; or, celle qui provenait de l'œil terminal du rameau s'est trouvée beaucoup plus forte et plus allongée que la pousse de l'œil placé au talon de ce même rameau, tandis que celles provenant des yeux intermédiaires du rameau offraient peu de différence entre elles. L'inégalité de toutes ces pousses est probablement due à l'inégalité du nombre des radicules que chaque œil greffé a émises, car à coup sûr la sève fournie par le sujet était également abondante sur tout le pourtour. C'est, selon toutes les apparences, au nombre, à la force et à l'état des fibres radiculaires de chaque greffe qu'il faut attribuer leur vigueur respective ; car, bien que nous ayons déjà parlé des racines et de la sève, il est à propos d'ajouter ici que l'on peut distinguer deux sortes de racines : 1° celles qui plongent directement dans le sol, pour transmettre la sève terrestre à l'intérieur de l'arbre ; 2° celles qui se trouvent au talon de chaque œil. Ces dernières, lorsque l'œil s'ouvre en bourgeon, descendent entre l'aubier et l'écorce de l'arbre, et sont destinées à transmettre la sève intérieure au bourgeon naissant. Ceci nous fait comprendre suffisamment comment la sève ascendante peut être portée, sans interruption, de l'extrémité des racines souterraines jusqu'au sommet de l'arbre, par le jeu des racines mêmes, et nous explique le mouvement réglé et soutenu de l'ascension de la sève dans les végétaux ; on peut encore en conclure que le principe de la vie de l'arbre et celui de sa prospérité sont dans le nombre de ses racines bien plutôt que dans leur grosseur et leur étendue.

Les arbres ont une existence dont la durée est limitée ; mais nous pouvons la restreindre ou l'étendre presque indéfiniment, selon notre volonté, en procédant à leur rajeunissement.

L'espace que doit occuper un arbre est déterminé par l'espèce et la hauteur de l'individu, sans qu'il nous soit jamais possible de lui faire dépasser ces limites.

Il y a, dans la végétation des arbres, différentes phases qu'on pourrait considérer comme quatre âges très-distincts. Pendant leur première jeunesse, ils croissent par leurs extrémités ; le bouton terminal de l'année précédente donne à la fin de l'année un autre rameau plus long et plus gros que n'était celui sur lequel il a pris naissance et dont il fait le prolongement. Cette augmentation de longueur des nouveaux rameaux, comparativement aux anciens, continue pendant toute la durée de la première jeunesse de l'arbre. Nous avons indiqué, dans *la Pomone*, les procédés à suivre pour s'opposer à la marche naturelle de la végétation de ce premier âge, afin d'imposer aux arbres, avec plus de facilité, les formes que nous voulons leur donner.

Ce qui constitue le second âge, c'est la décroissance successive qu'éprouvent les nouvelles pousses de l'arbre, qui, d'année en année, deviennent moins longues que les rameaux sur lesquels elles ont pris naissance ; en outre, ce ne sont plus les bourgeons qui s'ouvrent vers l'extrémité des grosses branches qui sont les plus forts et les plus vigoureux, mais au contraire ceux qui sont le plus près de l'insertion des grosses branches ou de leur talon. Il faut donc, à cette époque de la vie du végétal, appliquer des moyens propres à maintenir l'équilibre de la sève dans l'arbre en opérant sur les bourgeons du bas des branches, au lieu de les employer sur ceux du haut, comme pendant le premier âge. Ce second âge est celui où l'arbre se met à fruit.

Le troisième âge est celui de la vieillesse; il commence lorsque l'arbre cesse de s'allonger par ses extrémités. La sève se concentre alors dans le tronc de la tige et à la naissance des grosses branches, et elle n'est plus employée qu'à former et à mûrir les fruits. Les bourgeons qui s'épanouissent sur les grosses branches sont plus forts vers l'insertion de ces branches qu'à leur extrémité, ce qui est le contraire de ce qui s'est passé pendant la végétation de la première jeunesse de l'arbre. Si le cultivateur est bien pénétré des principes que nous avons enseignés dans la *Pomone*, tous ses soins devront se borner à prolonger l'existence de l'arbre, à lui conserver sa forme, et à ne pas abuser de ses dispositions à se couvrir de fruits, en ne lui laissant porter que les mieux conditionnés et les mieux placés, et en supprimant tous les autres.

La décrépitude, ou le dernier âge de l'arbre, s'annonce par l'absence totale de la sève sur l'extrémité des branches, qui alors se dessèchent et meurent; dans ce cas on dit que l'arbre est couronné. Mais on ne doit jamais attendre qu'il soit parvenu à cet état de décrépitude, dont il est facile de prévenir les effets, pour procéder à son rajeunissement. Nous avons traité ce sujet assez au long dans la *Pomone* pour ne pas avoir besoin d'y revenir ici. Par cette opération, on procure à la tête de l'arbre de nouveaux canaux que la sève, toujours la même et toujours abondante, parcourt avec facilité; l'arbre recommence ainsi une nouvelle jeunesse, qui sera même ordinairement plus vigoureuse que la première. Les moyens que l'on doit employer pour mettre cette vigueur à profit sont toujours également les mêmes que ceux que nous avons déjà indiqués dans la *Pomone*; il faut seulement les appliquer avec discernement, et en se proposant plutôt de diriger que de trop restreindre cette vigueur. On comprendra que chaque espèce demande à être traitée selon sa nature, et chaque âge selon sa force; l'intelligence du cultivateur doit alors lui servir de guide, et nous croyons avoir fait tout ce qui dépendait de nous en attirant son attention sur cette marche de la végétation.

Parmi les différentes causes auxquelles on peut attribuer les faits que nous venons de signaler, l'une des principales est la diminution successive de longueur et de grosseur des derniers rameaux, qui ne produisent plus que des tissus serrés, à travers lesquels la sève ne peut plus circuler librement. Il n'est pas étonnant alors qu'elle se concentre sur le tronc de la tige et à l'insertion des grosses branches, où les canaux séveux sont larges et multipliés.

Tous les faits que nous venons de signaler se passent sous les yeux de l'homme depuis l'origine du monde, et il n'est pas douteux que d'autres avant nous aient remarqué la différence de végétation que présentent les différents âges des arbres. Il en est un certain nombre, sans doute, qui en auront fait leur profit; mais aucun auteur, que nous sachions, ne les a encore rappelés, et nous nous estimons heureux d'être le premier à les publier; car nous attachons un grand prix à penser que nos observations pourront être utiles aux cultivateurs. Mieux ils connaîtront les effets de la végétation de chaque plante, plus leurs opérations seront rationnelles, et mieux ils atteindront leur but. C'est une étude dans laquelle on peut toujours espérer faire de nouvelles découvertes, et le plus habile d'entre nous est certainement celui qui, ne se contentant pas des efforts qu'il a déjà tentés, se convainc de plus en plus chaque jour que de nouveaux progrès lui restent à faire dans cette science inépuisable.

CHAPITRE VIII.

Des épines.

La présence des épines sur un arbre annonce que ses fruits sont encore loin d'avoir atteint leur perfection; les épines semblent être autant de bourgeons avortés; elles sont garnies à leur base de plusieurs yeux peu saillants, qui donnent naissance à des feuilles courtes et peu étoffées. Il semblerait que les épines sont incompatibles avec des fruits gros et succulents. En effet, lorsque l'on sème des pepins de pommes ou de poires, les

jeunes arbres qui en proviennent se couvrent d'épines chaque
année jusqu'à ce qu'ils soient devenus productifs.

Nous avons dit que l'arbre est tout entier renfermé dans son
germe ; nous pouvons ajouter que la qualité même de ses fruits
y est préexistante, indépendamment de tous les soins que peut
lui donner la culture. Ainsi, l'arbre de semis, dont la graine
n'a été fécondée que de manière à produire de petits fruits acerbes, ne change ni de nature, ni d'apparence, en avançant vers
l'âge de la fructification ; mais si l'arbre est destiné à donner de
bons fruits, il prend peu à peu un autre aspect : ses feuilles deviennent plus larges, plus étoffées ; il paraît moins sauvage, ses
nouveaux bourgeons perdent leurs épines. C'est toujours sur
les jeunes rameaux non épineux que paraissent les premiers
fruits.

Nous avons aussi remarqué que les premiers fruits suivent
les progrès du perfectionnement du bois et des feuilles de l'arbre
qui les produit, et ce n'est que la troisième année du rapport
qu'ils ont acquis toute la perfection dont leur espèce est susceptible. Quant aux épines, les feuilles qui les environnent,
devenant plus étoffées, élaborent une sève qui ne convient plus
à leurs tissus et ne saurait leur être assimilée ; dès ce moment,
les épines n'étant plus alimentées se dessèchent et disparaissent
en totalité de la surface de l'arbre.

Après avoir constaté que la présence des épines vivantes est
incompatible avec le perfectionnement des fruits, voyons maintenant si elle ne serait pas nécessaire à la prospérité du jeune
arbre pendant tout le temps de sa première éducation. En effet,
la sève élaborée par les petites feuilles qui entourent ces épines
doit être de nature à s'assimiler facilement à des rameaux semblables, dont les tissus sont serrés, compactes, durs et très-so-
lides ; ainsi, le jeune arbre, en s'assimilant cette sève, acquiert
une charpente assez forte pour supporter plus tard la charge
des fruits, et il n'est pas hors de propos de remarquer, à cet égard,
que les arbres de semence qui ont d'abord été les plus épineux
se couvrent ensuite de fruits jusqu'à l'excès, lorsqu'ils commencent à produire.

Les épines nous paraissent donc, avec raison, un organe indispensable à la première éducation de l'arbre venu de semence

et destiné à une fécondité qui nécessite une charpente extrêmement solide.

Les pépiniéristes qui élèvent des arbres à haute tige, destinés à être plantés dans les champs, et greffés en tête, ont très-bien compris que les épines sont indispensables pour faire acquérir de la solidité aux tiges d'arbres que l'on destine à être exposés à toutes les intempéries de l'atmosphère. Aussi, quand ils veulent élever des arbres à haute tige, ils choisissent, parmi les plants de l'année, les sujets les plus vigoureux, et ils les rabattent et les plantent en ligne dans la pépinière ; la seconde année, ils les rabattent près de terre, et, lors de la pousse, ils font choix du bourgeon le plus vigoureux pour en former la tige du jeune arbre. Cette tige s'allonge par son œil terminal, dont la vigueur s'accroît d'année en année ; cette vigueur, ou plutôt ce principe de vie, réside dans l'œil lui-même et dans ceux qui sont placés immédiatement au-dessous de lui, et très-rapprochés les uns des autres : on pourrait les considérer comme autant d'yeux supplémentaires du bourgeon terminal. La plupart de ces yeux s'ouvrent, soit en bourgeons épineux, soit en épines très-courtes, semblables à des dards, et il se forme au-dessous du rameau de prolongement une espèce de couronne de bourgeons latéraux. L'éducation de cette tige consiste à dégorger cette couronne, c'est-à-dire à supprimer peu à peu les bourgeons trop rapprochés les uns des autres et qui feraient confusion. Il faut avoir soin, en supprimant ces bourgeons, de ne pas attaquer l'écorce de la tige ; mais cependant il est nécessaire d'approcher la serpette assez près du corps de l'arbre pour que la plaie se cicatrise facilement et promptement sans laisser de trace, et pour ne présenter, lorsque l'arbre sera formé, qu'une tige lisse et sans nœuds. On ne doit point se presser de dégarnir la tige de ses bourgeons latéraux ; autrement elle s'allongerait trop rapidement et n'acquerrait pas assez de consistance pour supporter la tête de l'arbre, surtout celle du poirier.

Telle est la manière dont les pépiniéristes élèvent les arbres à haute tige, avant de les greffer en tête. Si, pour obtenir une tige de la même nature que la tête de l'arbre, on se persuadait qu'il est très-avantageux de greffer le sauvageon près de terre, on se tromperait étrangement, car il n'y a aucun bon résultat à espérer de cette méthode. J'ai reconnu par plusieurs expériences qu'il est plus facile et plus prompt d'élever des arbres à haute tige avec des sauvageons épineux qu'avec le jet d'une greffe, quelque vigoureuse qu'on la suppose ; car cette tige, n'ayant pas naturellement de bourgeons latéraux, reste toujours grêle, tandis que le sauvageon, à mesure qu'il s'élève, se garnit depuis le haut jusqu'en bas de bourgeons ou d'épines qui, en attirant la sève, font grossir la tige et en rendent les tissus plus serrés et plus compactes.

On ne doit pas non plus perdre de vue que les feuilles qui accompagnent les épines élaborent une sève d'une nature analogue à celle des tissus épineux et solides qu'elles environnent, tandis que la sève qu'élaborent les feuilles d'une greffe n'est propre qu'à être assimilée par des tissus plus charnus et plus succulents que ceux que nous venons de mentionner. Ceci explique encore l'utilité des épines et les fonctions qu'elles remplissent.

On ne saurait donc trop admirer l'organisation si simple et cependant si admirable des plantes, qui fait naitre, selon le besoin, des organes propres à remplir telle ou telle fonction, et qui, dès qu'ils ont accompli leur mission, cessent de fonctionner et disparaissent.

CHAPITRE IX.

Des feuilles.

Quoique la feuille soit un organe caduc dans la plupart des végétaux, elle n'est pas moins indispensable que les racines à l'existence de la plante.

Les yeux ou pythons qui donnent naissance aux feuilles se composent d'une multitude de fibres extrêmement déliées qui, au printemps, dès le premier mouvement de la sève, viennent s'épanouir au dehors de l'arbre. Ces fibres sont liées entre elles par un tissu nommé *parenchyme*, et recouvertes par un épiderme extrêmement mince, mais imperméable à l'humidité.

Les feuilles sont portées sur un pétiole, tantôt presque nul, tantôt court, gros et rond, tantôt allongé, mince et flexible ;

elles sont rondes ou lancéolées, dentelées ou non dentelées, glauques ou glabres, et généralement disposées en gouttière. Il n'est pas une seule de ces différences, quelque minime qu'elle soit, qui n'ait un but particulier d'utilité, et qui ne tende à assurer la prospérité de la plante.

Les feuilles servent à élaborer la sève; mais il ne faudrait pas confondre *élaborer* avec *évaporer*, parce que rien de ce que transmettent les racines dans l'intérieur du végétal ne lui est inutile. Toute la sève, que les racines seules envoient dans l'arbre, vient circuler dans les feuilles, où elle est exposée, comme on le voit, au contact presque immédiat de l'air, de la lumière, de la chaleur et des rayons solaires, dont elle n'est séparée que par une mince pellicule. Ces agents excitateurs de la végétation disposent donc la sève, lors de son retour vers les racines, à se décomposer de plus en plus complétement, et à s'assimiler enfin entièrement au végétal. Nous disons assimiler entièrement, parce que, quelles que soient les théories qui aient pu être émises, nous sommes convaincu qu'il n'y a dans les arbres ni transpiration, ni déjection, et que les spongioles n'aspirent rien de trop, rien qui ne puisse être entièrement assimilé à la plante qu'elles alimentent.

Le pétiole est formé de la réunion de toutes les fibres qui composent la feuille ; il est d'abord fortement adhérent au rameau qui le porte, et il conserve cette adhérence aussi longtemps que la sève circule abondamment dans la feuille et que l'œil qui est à sa base n'a point encore atteint le dernier degré de sa formation. Ceci explique pourquoi les feuilles sont annuelles, bisannuelles ou trisannuelles. Mais lorsque la sève est parvenue au point de perfection qu'elle doit atteindre, elle devient plus épaisse, coule moins rapidement dans la feuille, et se trouve enfin arrêtée dans sa course, à l'insertion du pétiole sur le rameau, où elle forme un bourrelet destiné à compléter l'organisation de l'œil qui remplacera la feuille au printemps suivant. Ce bourrelet a encore pour but de cicatriser la plaie occasionnée par la chute du pétiole lorsqu'il se détachera naturellement du rameau.

Enfin, la sève devenant toujours de plus en plus épaisse, et circulant de moins en moins facilement dans la feuille, le pé-

tiole prend une teinte jaunâtre, s'arrondit à sa base, et semble
prêt à se détacher du rameau. Peu à peu les pointes de la
feuille jaunissent, le parenchyme se dessèche, les grosses nervures changent de couleur. Alors, mais seulement alors, l'eau,
les pluies, les rosées et l'humidité contenues dans l'air se fixent
sur les feuilles et pénètrent de plus en plus dans leur tissu, à
mesure que la sève cesse de faire circuler la vie dans leur
vernis et leur duvet organiques. L'humidité alors hâte leur destruction, et, dans cet état de choses, la moindre secousse imprimée à l'arbre suffit pour en détacher les feuilles qui sont
emportées par les vents.

N'a-t-on pas lieu, maintenant, de s'étonner que l'on ait pu
attribuer aux feuilles deux fonctions aussi opposées que celles
qui consisteraient, d'une part, à élaborer la sève envoyée par
les racines, et, de l'autre, à attirer à elles l'humidité contenue
dans l'atmosphère pour la transmettre dans l'intérieur du végétal ? Cette double fonction des feuilles implique une contradiction manifeste, aussi contraire aux lois d'une saine physique
qu'à celles d'un jugement droit. Il est facile de comprendre
comment de telles erreurs, une fois admises, doivent en entraîner une foule d'autres à leur suite ; ce motif seul nous fait
désirer qu'il soit procédé à un nouvel examen des causes qui ont
pu donner lieu à de semblables assertions, qui sont malheureusement regardées comme vraies en physiologie végétale, et que
nous voyons propager dans tous les cours de botanique.

On a voulu que les feuilles respirassent, qu'elles éprouvassent
des transpirations plus ou moins abondantes, qu'elles eussent
des déjections, et que sais-je encore ? Malpighi et d'autres ont
prétendu avoir reconnu ces déjections ; mais *Bonnet* et Sénebier déclarent n'avoir jamais pu les apercevoir, et cependant ils
ajoutent que ces déjections sont probables, puisque les plantes
prennent des aliments. Nous citons cette étrange conclusion de
Sénebier pour faire mieux comprendre comment une proposition douteuse, une fois admise comme certaine, peut entraîner
à sa suite une multitude d'erreurs. A coup sûr, si Sénebier eût
considéré plus philosophiquement l'œuvre de la création, il
eût tout d'abord compris que des sujets privés de locomotion ne
devaient pas être exposés aux inconvénients que présenterait

l'accumulation de leurs déjections, et il serait arrivé à conclure qu'ils possèdent, ainsi que nous avons pu nous en convaincre, l'admirable faculté de s'assimiler entièrement toutes les matières aspirées par leurs spongioles.

Je citerai encore ici l'ouvrage de M. Lindley, professeur de botanique au collége de l'Université de Londres, parce que cet ouvrage est le plus nouveau et le plus estimé que nous connaissions. Ce professeur admet, dans son *Cours de physiologie végétale,* « que les feuilles tiennent lieu d'estomac et de poumons « dans les plantes; que celles-ci respirent, qu'elles digèrent, « qu'elles transpirent ; qu'elles ont, par leurs racines, des dé- « jections qui vicieraient la terre qui les environne si elles « n'avaient pas la faculté de s'en éloigner en s'allongeant. »

On conçoit que ces propositions, une fois admises, sont plus que suffisantes pour vicier tous les systèmes que pourraient émettre ceux qui les auraient adoptées. Il ne nous semble pas douteux que, si l'auteur avait soumis chacune de ses observations aux effets de la végétation, il n'eût acquis la certitude qu'elles sont complétement fausses, ainsi que nous nous en sommes assuré, et comme nous tâcherons de le démontrer par ce qui suit.

Les feuilles ne sont pas, nous le répétons, des racines aériennes, absorbant dans l'atmosphère les gaz, l'eau et les vapeurs qui les environnent, pour les transmettre ensuite dans l'intérieur de l'arbre ; il suffit, pour s'en convaincre, de remarquer que le dessus des feuilles est couvert de gomme, de cire, de résine, de vernis ou même de *fleur,* et que le dessous est garni de matières duvetées qui les préservent de l'humidité. L'eau des pluies glisse sur les feuilles gommées, et les vapeurs qui s'élèvent de la terre restent comme condensées sur leur partie duvetée, jusqu'à ce que l'air vienne les dissiper. Nous pourrions donner, comme un exemple analogue, ce qui se passe sur les couvertures des bâches, des serres, etc.; l'eau reste sur les vitraux des châssis, parce que le verre n'a pas, plus que le duvet des feuilles, la propriété d'absorber l'humidité. Il résulte donc de ces observations que nous sommes fondé à croire que les feuilles, loin d'absorber les vapeurs dont elles sont environnées, sont, au contraire, entièrement à l'abri de leur atteinte, et que, lorsqu'elles cessent de l'être, c'est un signe certain qu'elles marchent vers leur destruction.

Si les feuilles étaient des racines aériennes, comme on le prétend, il arriverait immanquablement que, n'étant pas douées d'une constitution aussi délicate que les spongioles, elles exposeraient incessamment l'arbre à recevoir dans son intérieur des matières qui pourraient offenser son organisation, ce qui a dû être rendu impossible à l'égard de sujets privés de locomotion, et même du choix de leurs aliments. Si nous observons le règne animal, nous verrons que presque tous les individus qui le composent ont la liberté de choisir leur subsistance au milieu d'une foule de produits divers, et, de plus, la faculté de se mouvoir pour s'en saisir; nous concevrons alors que, jouissant d'aussi grands avantages, ils aient pu être chargés du soin de leur conservation. Dans le règne végétal, il en est tout autrement; mais la nature y a pourvu. Les racines des plantes, ayant dû rester constamment attachées au sol, ont été disposées de façon à être sans cesse entourées d'abondantes matières alimentaires également propres à la nutrition de toutes les plantes indistinctement; quant aux autres parties de la plante, placées au-dessus du sol, dans l'atmosphère, continuellement exposées à toutes les influences des agents excitateurs ou modérateurs de leurs fonctions vitales, elles n'ont pas pu être douées de la propriété d'absorber des aliments dont l'arbre qui les porte n'a, du reste, aucun besoin. Ainsi, le jour, elles sont livrées au mouvement et la nuit au repos, alternative reconnue nécessaire à la végétation, et particulièrement à la fructification aussi bien qu'à la santé des végétaux.

La gomme, la cire, la résine, le vernis brillant, etc., répandus sur les feuilles, n'ont pas seulement pour objet de les rendre imperméables à l'humidité et de leur faire braver les pluies, les brouillards, les rosées et l'eau qui se vaporise dans les endroits couverts d'arbres, mais encore de les garantir des rayons d'un soleil trop ardent. Si on forçait une feuille, comme cela a souvent lieu en palissant, à présenter au soleil et à la lumière le côté opposé à celui que la nature a destiné à recevoir ces influences, on trouverait le lendemain qu'elle a repris sa position naturelle. Plus le vernis d'une feuille est brillant, plus les rayons du soleil sont reflétés, au lieu d'être absorbés par elle, et plus la plante se trouve à l'abri d'une surexcitation dans ses fonctions. Nos conjectures à cet égard sont fondées, puisqu'il est notoire que, en dérobant une partie du soleil aux plantes dont les feuilles sont vernissées, elles acquièrent une végétation beaucoup plus vigoureuse que si on les laisse entièrement et trop longtemps exposées à toute l'action d'un soleil ardent. L'expérience a démontré, en effet, que les orangers, les camélias, les rhododendrons, etc., végètent avec bien plus de vigueur à une demi-ombre qu'en plein soleil. Ce n'est pas que les moyens employés par la nature à l'égard de ces plantes soient insuffisants pour assurer leur conservation; mais ils ne sont, en quelque sorte, que des préservatifs contre les chances d'une exposition plus ou moins favorable aux organes et aux fonctions de la plante; c'est à l'homme qu'il a été réservé d'étudier la nature, de pénétrer ses intentions, et de compléter, en quelque façon, à l'égard des plantes, l'œuvre de la création.

La *fleur*, dont sont garnies les prunes, les raisins, les feuilles de choux, celles des pavots, etc., n'a pas seulement pour but de rendre ces parties imperméables à l'humidité, mais encore d'empêcher l'épiderme lisse et brillant du fruit ou de la feuille de repousser les rayons du soleil, lorsque leur influence est devenue nécessaire au complet développement de la plante. En effet, la *fleur*, qui est terne, laisse passer les rayons du soleil, qui répandent dans le fruit ou dans les feuilles une chaleur bienfaisante qui leur eût été nuisible si elle avait pu y pénétrer avant l'apparition de cette fleur.

Quelle organisation merveilleuse que celle qui pourvoit aux besoins de chaque plante, qui supplée à l'impossibilité où elle est de vouloir, et qui fait à propos le contraire de ce qu'elle exécutait l'instant d'auparavant! C'est en essayant de pénétrer dans ces mystères plutôt que dans l'organisme intérieur des plantes, que nous parviendrons à connaître d'une manière de plus en plus certaine la marche de leur végétation, et à leur appliquer un mode de culture approprié à leurs besoins.

Le duvet et les poils dont les feuilles sont plus ou moins garnies ne servent pas seulement, comme nous l'avons déjà dit, à préserver les feuilles de l'humidité qui s'élève du sol et qui reste comme condensée sur elles jusqu'à ce que l'air vienne la dissiper; ils sont encore nécessaires pour conserver le calorique des feuilles; or c'est ce même calorique contenu dans la feuille, qui, se trouvant en contact avec un air ambiant plus froid, détermine sur le duvet une condensation de vapeurs plus ou moins abondantes. On peut, à notre avis, conclure logiquement de ces faits que le duvet ou les poils qu'on remarque sur les plantes ne sont point, comme on le prétend, des tubes qui servent à conduire l'eau dans l'intérieur des feuilles, ou, selon d'autres personnes, des organes excrétoires.

Les mots de *duvet* et de *vernis* représentent à la pensée des matières inertes, tandis que le duvet et le vernis dont nous entendons parler, et que l'on trouve sur les plantes, sont des matières organiques. Quoique ces matières soient extrêmement délicates, elles n'en sont pas moins destinées à être continuellement exposées à toutes les intempéries de l'atmosphère; elles ont donc dû nécessairement être constituées de manière à braver ces intempéries et à protéger également les fibres épanouies qu'elles recouvrent. Lorsque leur protection n'est plus nécessaire, ces organes suspendent leurs fonctions en cessant de vivre, et alors seulement la feuille commence à devenir perméable à l'humidité qu'occasionnent les pluies ou à celle qui est contenue dans l'air. Ces pluies et cette humdité la pénètrent tour à tour et déterminent bientôt sa chute. Elle retourne alors à la terre, où sa décomposition donne lieu à d'autres combinaisons.

Nous lisons dans les *Leçons de Botanique* de M. Guillemin, professeur distingué de l'Institut horticole de Fromont, que « les poils garantissent les organes des plantes, et surtout les « feuilles, de l'action de l'atmosphère. Si la lumière, ajoute-t-il, « est vive, si l'air est embrasé, si, en un mot, l'action élabora- « toire est très-intense, il faut aux plantes une organisation qui « les fasse résister à cette intensité d'action ; et la nature semble « avoir muni les feuilles, dans les climats secs et chauds, de « poils nombreux qui garantissent le tissu des ardeurs de l'at- « mosphère. Dans les circonstances opposées, c'est-à-dire lors- « que l'atmosphère est humide, les poils peuvent aussi préser- « ver les feuilles. » M. Guillemin termine en ajoutant que c'est assez s'étendre sur ces causes finales.

On ne comprend cependant pas facilement comment les poils,
qui sont ordinairement placés au-dessous des feuilles, peuvent
les garantir de la trop grande ardeur du soleil; mais, malgré ce qu'il y a de contradictoire dans ce passage, on peut remarquer que, grâce aux causes finales, ce savant professeur a
fait un grand pas vers la lumière en reconnaissant qu'il faut
aux plantes une organisation qui les fasse résister à l'intensité
de l'action de l'atmosphère. C'est précisément cette organisation
merveilleuse des plantes, envisagée sous le rapport des causes
finales, que nous nous appliquons à étudier, afin de découvrir
les intentions de la nature à leur égard, et de pouvoir la seconder.

Les *stomates*, par exemple, ou petites cavités plus ou moins profondes et évasées, que l'on remarque sur les feuilles de certaines
espèces de plantes, nous ont paru avoir pour objet, d'une part,
de multiplier l'étendue de la surface des feuilles, et, de l'autre,
de retenir les parties les plus denses de l'air, afin que l'humidité qui y est contenue ne soit pas à chaque instant déplacée
par l'agitation de l'air ambiant, aussi facilement qu'elle le serait
sur une feuille lisse. Nous devons conclure de ces faits que les
stomates ne sont pas, comme on le prétend généralement, des
organes respiratoires et sécrétoires, et que les plantes dont les
feuilles sont garnies de stomates végètent plus vigoureusement
sous un abri que lorsqu'elles restent exposées au grand air. Du
reste, les effets de la végétation sont venus confirmer nos prévisions à cet égard.

Selon de Candolle, les stomates sont les organes par lesquels
les plantes se débarrassent des matières surabondantes qu'elles
sont censées recevoir; les feuilles et les fruits, qui ont peu de
stomates, exhalent peu ou point, et la vigne n'exhale des gouttelettes d'eau que du côté inférieur de sa feuille, parce que, dit-
il toujours, elle n'a de stomates que de ce côté. Mais c'est à
tort, comme nous venons de le voir, que l'on prétend que les
stomates sont des organes aspirateurs et excréteurs; car ce n'est
que l'humidité contenue dans l'air et celle qui s'élève du sol qui
restent déposées dans les stomates, sans pouvoir, dans aucun
cas, pénétrer dans les feuilles ou en provenir. C'est cette humidité, quelquefois visible sous forme de gouttelettes, qui a pu

35

tromper ceux qui l'ont remarquée, en leur faisant croire qu'elle devait être le résultat d'aspirations ou de déjections. D'ailleurs, de Candolle reconnaît lui-même que les végétaux cellulaires sont tous dépourvus de stomates; comment alors leurs déjections s'opèrent-elles? Et si on admet, comme il le dit encore, que « l'absorption ne doit appeler dans le végétal que l'eau qui peut « s'y incorporer, puisque celle qui serait surabondante n'aurait « aucune issue, » pourquoi refuser d'admettre qu'il en soit ainsi pour toutes les plantes, et ne pas reconnaître que la nature, si riche et si admirable dans ses moyens, a dû pourvoir à tous les besoins des végétaux en ne leur envoyant rien qu'ils ne pussent s'assimiler?

On a remarqué que la poussière qui s'élève de la terre et qui se fixe sur les feuilles y forme un enduit qui, selon son épaisseur, s'oppose à l'action plus ou moins immédiate de la lumière et du soleil sur l'épiderme de la feuille, et par conséquent sur la sève. C'est pour cette raison que les cultivateurs répandent de l'eau sur les feuilles, afin de détacher et d'entraîner cette poussière, et non, comme le professent plusieurs physiologistes, pour donner aux feuilles les moyens d'aspirer librement l'eau et l'humidité contenues dans l'air qui les environne, ni, comme d'autres le pensent encore sans plus de fondement, pour faciliter les déjections des feuilles.

Nous avons dit que les feuilles étaient recouvertes d'une enveloppe vivante, imperméable à l'humidité pendant tout le temps que la sève circulait dans la feuille. Un physiologiste très-distingué, membre de l'Institut, a, pour combattre cette assertion, présenté à l'Académie les feuilles fanées de ses herborisations, qu'il est toujours obligé, dit-il, d'arroser, pour leur donner plus de rigidité et pour les étendre plus facilement dans son herbier. Mais qui ne voit que l'humidité, qui pénètre facilement des feuilles mortes, ne s'introduirait pas également dans des feuilles vivantes, revêtues d'un épiderme vivant et vernissé, sous lequel la sève circule abondamment?

Si les feuilles étaient destinées à absorber l'humidité pour la transmettre dans l'intérieur des plantes, la nature les aurait placées dans de meilleures conditions pour remplir ce but; elles ne seraient ni échancrées, ni disposées en gouttières, ni portées sur un pétiole flexible. Elles ne seraient pas, en un mot, constituées de façon à favoriser de toutes manières l'écoulement des eaux qui pourraient les atteindre. Les vues de la nature à cet égard sont si évidentes que nous ne pouvons les méconnaître.

L'épiderme des feuilles, sans cesse exposé à toutes les intempéries de l'atmosphère, et pouvant être, par suite, souvent avarié, doit nécessairement avoir été doué de moyens réparateurs prompts et faciles, afin que, si cet organe se dessèche faute d'être alimenté par la sève, et qu'il cesse ses fonctions, il soit soumis, comme tous les corps secs, à l'impression de l'humidité contenue dans l'air; mais cette humidité ne venant pas des racines ne peut y retourner, ni être admise dans l'intérieur de la plante; elle pénètre seulement les feuilles, les empêche de se dessécher entièrement, de manière que, lorsque les racines reprennent leurs fonctions et envoient de la sève, elles puissent la recevoir de nouveau; s'il en était autrement, toutes les feuilles seraient détruites. De Candolle établit que, dans le cas d'une sécheresse extraordinaire, qui prive le tissu foliacé de l'eau qui lui est nécessaire pour se maintenir dans son état de turgescence naturelle, les stomates et les pores insensibles de la surface des feuilles sont doués de la faculté admirable de s'imbiber rapidement d'eau, mais que tel n'est pas le cours ordinaire que suit la végétation. Quant à nous, nous pensons que l'eau venant de l'extérieur empêche seulement que les feuilles se dessèchent, mais qu'elle ne peut ni les alimenter, ni leur donner la vie, ni les faire fonctionner.

Sans déroger au principe qui veut que les feuilles, dans leur état normal, repoussent toute espèce d'humidité extérieure, nous citerons un fait connu de la plupart des cultivateurs, afin de faire mieux comprendre dans quelles conditions doivent se trouver les feuilles pour agir avec efficacité, lorsque certaines causes ont dérangé leur état normal. Si une plante cultivée en caisse ou en pot se trouvait fanée ou flétrie, et que la terre et les racines fussent desséchées faute d'avoir été arrosées, le premier soin d'un cultivateur instruit devrait être de plonger la tète de la plante dans un baquet contenant de l'eau; il l'y laisserait de quatre à cinq heures, puis il remettrait le sujet en place et arroserait la terre et les racines. Il est très-rare qu'une plante qui se trouve dans cette situation, et qu'on traite de cette manière, ne revienne pas à la vie.

Maintenant, si nous cherchons à nous rendre compte des bons effets de cette pratique, nous reconnaîtrons d'abord que, la sève ayant cessé de couler dans les feuilles, leur épiderme a dû en être d'autant plus affecté que la sève est restée plus longtemps dans l'inaction ; ensuite, que si, dans ce cas, on eût commencé par arroser les racines pour remettre la sève en mouvement, il est très-probable qu'elle n'eût pu parvenir jusqu'aux enveloppes avariées les plus extérieures de la feuille, parce qu'elle les eût trouvées séparées et désunies entre elles par l'effet prolongé de la grande sécheresse qu'elles avaient éprouvée ; mais, en commençant, comme nous supposons qu'on l'a fait, par procurer à ces enveloppes une certaine humidité extérieure, elles se sont gonflées, rapprochées, et ont été bientôt en état de recevoir avec avantage la sève mise en mouvement par l'arrosement des racines. On comprend ensuite que, si l'épiderme était sorti de son état normal et avait été avarié par la sécheresse, il est devenu un moment perméable à l'humidité ; mais ce n'a pu être pour la transmettre dans l'intérieur de la plante, puisque cet épiderme avait cessé ses fonctions, et qu'il ne les a reprises que lorsque la sève est venue, en la parcourant, la rendre à la vie, et, par conséquent, à l'imperméabilité.

Dans l'examen que nous faisons ici de la marche de la végétation à l'égard des feuilles, tout contribue à démontrer de plus en plus évidemment que, dans leur état normal, les feuilles sont imperméables à l'humidité extérieure ; d'ailleurs, les lois d'une saine physique nous enseignent qu'un corps quelconque ne reçoit de chaleur ou d'humidité des corps environnants qu'autant qu'il en est privé ; or, tant que la sève circule abondamment dans les feuilles, et qu'elles en sont abreuvées, elles n'ont aucune propension à attirer à elles l'humidité contenue dans l'air ou dans les autres corps qui les entourent.

Nous citerons encore ce qui se passe souvent dans nos jardins, lorsqu'une atmosphère embrasée, un soleil ardent et une lumière très-vive et trop longtemps prolongée produisent sur les plantes une surexcitation dans leurs fonctions vitales ; on voit alors les plus jeunes pousses et les feuilles se pencher, se faner et n'avoir plus de ressorts. La cause de cette perturbation n'est autre que la très-grande différence qui existe entre la température de l'atmosphère et celle de l'intérieur de l'arbre ou de la terre. Cette grande inégalité, qui agit sur les fluides, devient un obstacle à leur mélange et à leur circulation dans la plante; le cours de la sève est suspendu jusqu'à ce que, d'une part, les agents excitateurs cessent leur action, et, de l'autre, jusqu'à ce que l'air étant raréfié rétablisse l'équilibre entre la température de l'intérieur de la terre et celle de l'atmosphère. Nous remarquerons que la nature semble avoir peu fait pour les plantes à cet égard, puisqu'elle n'a environné les racines que de quelques degrés de plus de chaleur dans les temps froids, et les a laissées plongées, pendant les temps chauds, dans une température beaucoup moins élevée que celle de l'atmosphère. Sans nul doute, ces dispositions sont suffisantes pour assurer la conservation des plantes, mais elles sont loin de leur assurer une grande prospérité. C'est donc au cultivateur qui comprend les vues de la nature, et qui se conforme à ses vœux, à suppléer, en faveur de quelques individus, à ce qu'elle n'a pu faire que pour la généralité. Ainsi, d'après ce que nous venons de dire, il aura soin, pour que les plantes n'éprouvent pas d'interruption dans leur végétation et qu'elles acquièrent toute la vigueur dont elles sont susceptibles, que leurs racines soient toujours plongées, autant que possible, dans une terre dont la température soit moins froide pendant l'hiver que celle de l'atmosphère, et ne soit pas considérablement moins chaude, pendant les grandes chaleurs, que celle où se trouve placée la tête de l'arbre; il veillera enfin à ce que la plante soit soustraite à l'action trop immédiate des agents excitateurs, tels que les rayons du soleil et une trop vive lumière.

Au printemps, lorsque le soleil s'élève sur l'horizon, la chaleur atmosphérique ranime simultanément tous les germes ou molécules organiques restés jusque là sans action, et bientôt la sève et la vie circulent avec une rapidité et une abondance extraordinaires dans toutes les parties de l'arbre, depuis le sommet jusqu'à l'extrémité des racines. Nous ferons remarquer que cette activité de la sève ne doit être attribuée qu'à la chaleur qui dilate et qui a réveillé les germes engourdis; elle ne provient nullement des feuilles, comme on le prétend, puisque les arbres n'en sont pas encore pourvus à cette époque, et que, lorsqu'ils en seront garnis, la sève circulera moins rapidement, tout en se perfectionnant beaucoup plus. Il résulte de ce fait, selon nous, que les feuilles ne sont créées que pour perfectionner la sève qui leur est envoyée par les racines, source de toute vitalité, et non, comme on veut se le persuader, pour fournir au végétal, ainsi que les racines, leur part de sève puisée dans l'atmosphère. Nous citerons à cet égard le discours que M. Dumas a prononcé lors de la clôture de son cours de chimie organique à la Faculté de Médecine, en 1841. Ce discours est tellement remarquable qu'il doit être devenu familier à toutes les personnes qui s'occupent de végétation ou de culture. Nous allons rapporter ce qui a trait à notre sujet, afin d'éviter de fausses interprétations qui pourraient faire croire que nous avons une opinion différente de celle de ce célèbre professeur. Il résume tous les phénomènes de la vie organique par la formule suivante :

« De l'atmosphère primitive de la terre il s'est fait trois « grandes parts : l'une qui constitue l'air atmosphérique actuel; « la seconde, qui est représentée par les végétaux ; la troisième, « par les animaux.

« Entre ces trois masses, des échanges continuels se passent: « la matière descend de l'air dans les plantes, pénètre par cette « voie dans les animaux, et retourne à l'air à mesure que ceux-« ci la mettent à profit.

« Les végétaux verts constituent le grand laboratoire de la « chimie organique; ce sont eux qui, avec du carbone, de l'hy-« drogène, de l'azote, de l'eau et de l'oxyde d'ammonium, « construisent lentement toutes les matières organiques les plus « complexes.

« Ils reçoivent des rayons solaires, sous forme de chaleur « ou de rayons chimiques, les forces nécessaires à ce tra-« vail.

« Les animaux s'assimilent ou absorbent les matières orga-« niques formées par les plantes ; ils les attirent peu à peu, ils « les détruisent. Dans les organes, des matières organiques « nouvelles peuvent naître, mais ce ne sont toujours que des

« matières plus simples, plus rapprochées de l'état élémentaire
« que celles qu'ils ont reçues.

• Ils défont peu à peu les matières *organisées*, créées lente-
« ment par les plantes; ils les ramènent peu à peu vers l'état
« d'acide carbonique, d'eau, d'azote, d'ammoniaque, état qui
« leur permet de les restituer à l'air, en brûlant ou en détrui-
« sant ces matières organiques; les animaux produisent tou-
« jours de la chaleur qui, rayonnant de leur corps dans l'es-
« pace, va remplacer celle que les végétaux avaient absorbée.

« Ainsi, tout ce que l'air donne aux plantes, les plantes le
« cèdent aux animaux. Cercle éternel dans lequel la vie s'agite
« et se manifeste, mais où la matière ne fait que changer de
« place.

« La matière brute de l'air, organisée peu à peu dans les plan-
« tes, vient donc fonctionner sans changement dans les ani-
« maux et servir d'instrument à la pensée; puis, vaincue par
« cet effort, et comme brisée, elle retourne, matière brute, au
« grand réservoir d'où elle était sortie! Magnifique extension
« donnée au célèbre verset : *Memento quia pulvis es et in pul-
« verem reverteris.* »

Dans cette formule, qui résume, selon M. Dumas, toute la
statistique des êtres organisés, il faut démontrer d'abord que la
matière descend de l'air dans les plantes, expliquer comment
a lieu l'absorption, et quelles circonstances la favorisent et l'accompagnent.

« A coup sûr, dit M. Dumas, quand a germé le gland qui a
« produit, il y a cent ans, le chêne qui fait notre admiration
« maintenant, le terrain sur lequel il était tombé ne renfer-
« mait pas la centième partie du charbon que le chêne ren-
« ferme aujourd'hui. C'est l'acide carbonique de l'air qui a
« fourni le reste, c'est-à-dire la masse à peu près entière. En
« conclurons-nous que les plantes prennent leur carbone à
« l'atmosphère? »

Ainsi, lorsque M. Dumas dit que la matière abandonnée par
les animaux descend de l'air dans les plantes, pénètre par cette
voie dans les animaux, et retourne à l'air à mesure que ceux-ci
la mettent à profit, je pense qu'il est bien entendu que l'air et les
gaz pénètrent dans les plantes en s'introduisant d'abord dans la

terre, où alors les racines les absorbent, et que c'est de cette manière, sans doute, que le comprend M. Dumas. Nous insistons sur ce passage du discours, parce qu'il y a beaucoup de personnes qui considèrent les feuilles comme des racines aériennes qui attirent à elles les rosées, les vapeurs, les gaz, pour les absorber, et qui fonctionnent dans l'atmosphère d'une manière analogue à celle dont les racines fonctionnent dans la terre. Ces personnes ne manqueraient pas d'interpréter le discours de notre célèbre professeur en faveur de leur système; mais il est bien constaté pour nous que ce sont les racines seules, et non les feuilles, qui aspirent l'eau, les vapeurs et les gaz, et qu'une fois que ces matières sont introduites dans la plante par les racines elles parviennent jusqu'au sommet de l'arbre en traversant des tissus dans lesquels elles se décomposent successivement; enfin la sève, après avoir exécuté son mouvement ascensionnel, descend du sommet de l'arbre jusqu'à l'extrémité des racines, d'autant plus perfectionnée par les feuilles qu'elles ont fonctionné sous l'influence d'un air libre, d'une vive lumière et d'une chaleur humide appropriée à leur espèce.

Il faut bien reconnaître que les feuilles et toutes les parties de la plante exposées à l'air ne cèdent à l'atmosphère qui les environne que celles de leurs parties qui ont outre-passé le point de maturité, et qu'elles n'absorbent que les rayons solaires, lumineux, frigorifiques et calorifiques.

Enfin, tous les cultivateurs savent, comme nous l'avons déjà dit, que l'espèce de vernis, de gomme, de résine dont les feuilles sont plus ou moins couvertes, ont pour objet de les prémunir des atteintes de l'humidité. En effet, si on plonge un rameau vivant, attaché à l'arbre et garni de ses feuilles, dans un baquet rempli d'eau, on l'en retirera sans que les feuilles en soient imbibées. Lorsque les jardiniers lavent les feuilles de leurs camélias, de leurs orangers ou d'autres plantes, c'est, comme nous l'avons exposé ci-dessus, pour en détacher la poussière qui s'y trouve collée, et qui empêcherait les agents excitateurs d'agir directement sur les gommes et résines dont les feuilles sont recouvertes.

Quant aux feuilles, nous le répétons, elles n'absorbent aucune humidité; s'il en était autrement, et que tous les fluides répandus dans l'atmosphère eussent la possibilité de pénétrer dans les feuilles et d'y former une sève particulière appelée à agir concurremment avec celle qui est fournie par les racines, il n'en résulterait que désordre et confusion.

CHAPITRE X.

De la moelle.

On peut considérer la moelle comme l'axe autour duquel s'accomplit le développement de l'arbre ou de ses bourgeons.

La moelle est un corps inerte, qui n'augmente ni ne diminue avec l'âge de la plante. Celle qui se forme dans une tige venue de graine est nécessairement extrêmement déliée, parce que le premier jet de cette graine n'est d'abord qu'un filet, et il faut bien se rappeler que, lors même que l'arbre est devenu immense, la moelle n'a pas augmenté de volume.

Les arbres qui contiennent beaucoup de moelle n'en ont sensiblement que sur les bourgeons adventifs, qui poussent tout-à-coup de très-gros jets, ou sur des tiges que l'on a rabattues. Ainsi, par exemple, le sureau, qui est une espèce d'arbre contenant beaucoup de moelle, n'en a cependant, lorsque sa tige est venue de graine, qu'un filet presque imperceptible; mais, si on rabat cette tige, il en sort de forts bourgeons ou rameaux qui ne se composent, pour ainsi dire, que de moelle. On a aussi remarqué que les arbres qui avaient beaucoup de moelle portaient beaucoup de graines.

L'existence de l'étui médullaire d'un œil est, comme nous l'avons vu, indispensable à son développement; si, lors de la formation du bourgeon, on détruit cet étui, on occasionne un chancre ou une plaie qui ne guérit jamais, et qui s'agrandit continuellement jusqu'au point de cerner la tige et d'en faire périr la partie supérieure.

On peut considérer cet étui comme un point central et vital des tissus qui l'environnent; cependant, lorsqu'une tige ou un bourgeon est entièrement formé, la moelle peut en être détruite sans occasionner aucune perturbation dans la plante. On voit sans cesse des arbres caverneux dont la moelle a été détruite par une cause quelconque, et qui n'en végètent pas avec moins de vigueur.

CHAPITRE XI.

Des agents excitateurs et modérateurs des plantes.

Après nous être très-sérieusement occupé d'anatomie, de dissections et d'observations microscopiques, nous avons été convaincu plus que jamais que la possibilité de respirer n'est nullement nécessaire à l'existence des plantes, et que l'on ne peut raisonnablement attribuer cette faculté à aucun de leurs organes plus particulièrement qu'à un autre ; mais en même temps nous avons aussi acquis la certitude que l'air atmosphérique est indispensable à l'existence des végétaux. Ces deux croyances, également bien fondées, nous ont naturellement conduit à chercher en quoi l'air atmosphérique peut être indispensable à la vie des plantes autrement qu'en le respirant et en se l'appropriant. Divers procédés de culture et différents effets de la végétation nous ont appris que l'on devait considérer l'air comme un corps mobile, interposé entre les plantes et les agents excitateurs de leurs fonctions vitales, pour modérer leur action et régulariser leurs effets.

Parmi les agents excitateurs, les uns, tels que l'air, la chaleur, la lumière, les rayons solaires, et sans doute encore le fluide électrique, sont positifs ; les autres sont négatifs : on peut ranger parmi ceux-ci l'humidité, l'obscurité et l'air chaud ou froid qui stimule ou qui engourdit les organes de la vie dans les plantes. Ce sont eux qui font mouvoir la sève, qui la décomposent dans les plantes et la préparent à leur être entièrement assimilée. Nous disons entièrement, puisqu'il n'y a pas la plus petite parcelle de la sève transmise dans la plante par les racines qui puisse se perdre naturellement, soit, comme on le suppose, par l'évaporation, soit par la transpiration, ou de toute autre manière.

L'action des agents excitateurs ne pouvant se faire sentir sur les plantes qu'après avoir pénétré la couche d'air qui repose sur elles, il en résulte qu'ils n'agissent pas toujours avec une égale énergie, lorsqu'ils doivent traverser un air sec ou chargé d'humidité, calme ou agité, froid ou chaud. On entrevoit, d'après ce simple exposé, comment l'air atmosphérique est indispensable à l'existence des végétaux autrement que pour le respirer et se l'approprier. Un air très-sec, quoique nuisible à la végétation, ne peut dessécher que les parties de la plante dans lesquelles la sève a cessé de circuler librement, parce qu'elle ne saurait, dans aucun cas, s'évaporer au travers des feuilles vivantes, qui, de leur nature, sont imperméables. Il en est de même de l'humidité extérieure contenue dans l'air, et qui se dépose sur les feuilles vivantes; elle ne peut ni les pénétrer, ni être transmise de cette manière dans l'intérieur de la plante.

Nous sommes d'autant plus autorisé à ne pas admettre que les plantes respirent que les physiologistes ne nous ont pas fait connaître d'une manière tant soit peu positive quels sont les organes respiratoires des plantes, et qu'aucun d'eux n'a encore vu fonctionner ces organes. Cependant quelques personnes se sont imaginé que les feuilles sont les poumons des végétaux; mais il faudrait, pour s'en assurer, qu'elles eussent pu se rendre compte de la nature de l'air absorbé par les plantes, de l'action qu'il y exerce, de ce qu'il y devient, comment il s'en exhale, de la manière dont on peut en mesurer la quantité, etc.

Si la respiration était essentiellement nécessaire à l'existence des plantes, comment se fait-il que celles qui perdent leurs feuilles pendant l'hiver ne cessent pas de vivre? Si d'ailleurs l'air commun était absorbé par les plantes, comment donneraient-elles si peu d'azote et autant d'oxygène, puisqu'il n'y a dans l'air atmosphérique qu'un tiers de gaz oxygène sur deux tiers d'azote?

L'analogie supposée entre les animaux et les plantes a fait croire encore que les trachées formaient les poumons des végétaux, qu'elles aspiraient l'air commun, et que celui-ci circulait dans toutes leurs parties. Mais, si l'on regarde les trachées comme étant des vaisseaux séveux, on ne peut plus les admettre comme organes de la respiration. Les trachées alors devraient être placées dans les parties des plantes qui sont en contact avec l'air, et c'est le contraire qui a lieu, puisqu'il n'y a point de trachées dans l'écorce ni dans l'épiderme des végétaux.

Après avoir cité ce qui nous a semblé être le plus rationnel pour démontrer que les plantes ne sont pas assujetties à respirer, nous allons continuer à expliquer comment l'air atmosphérique est cependant indispensable à leur existence. On comprendra facilement que, les plantes étant sans cesse exposées à toutes les intempéries de l'air ambiant, elles périraient infailliblement s'il n'existait dans l'atmosphère même des compensateurs pour tous les genres de désastres dont elles peuvent être les victimes.

C'est d'après cette idée, et en observant les effets de la végétation, dans le but de connaître jusqu'à quel point cette théorie est fondée, que nous apprendrons à distinguer quels sont les moyens que la nature s'est réservés pour écarter ou neutraliser les dangers incessants auxquels elle a elle-même exposé les plantes en leur refusant la faculté de se mouvoir. C'est dans ce but que nous allons citer quelques faits qui nous ont été révélés par la végétation.

Les diverses qualités de l'air n'agissent sur la végétation que parce qu'elles modèrent, modifient et régularisent en quelque sorte l'action des agents excitateurs des fonctions vitales des plantes. Ces agents n'ont d'action sur les végétaux qu'après avoir traversé la couche d'air qui enveloppe et protége ceux-ci. L'air s'oppose donc plus ou moins à l'action immédiate des agents excitateurs, suivant qu'il est sec ou humide, froid ou chaud, léger ou pesant, calme ou agité. Avant de citer des faits de végétation à cet égard, il est à propos de ne pas perdre de vue les considérations suivantes :

1° Que l'air est un mauvais conducteur des rayons calorifiques et frigorifiques ;

2° Que les végétaux vivants n'engendrent point de chaleur, comme les animaux, qui en produisent en raison de l'air qu'ils aspirent et expirent ; mais que les uns et les autres en produisent après leur mort, par leur décomposition ;

3° Que la sève qui circule dans l'intérieur des plantes n'y est admise que par leurs propres racines ;

4° Que les parties des plantes exposées à l'air ne sont perméables qu'aux rayons solaires, lumineux, calorifiques et frigorifiques ; que l'air, soit sec, soit humide, ne pénètre que les parties de la plante dans lesquelles la sève a cessé de couler ou ne circule pas librement, et que l'humidité extérieure, loin de porter la vie dans la plante, entraîne la destruction des parties dans lesquelles elle s'introduit ;

5° Que les plantes vivantes n'absorbent point l'air atmosphérique qui les environne, puisque celui qu'elles contiennent est d'une autre nature que lui ;

6° Que l'air, par le mouvement qui lui est imprimé, a la propriété de se mettre en équilibre de température avec les corps qui l'environnent, et donne, par conséquent, à celui qui a le moins de calorique, ce qu'il en enlève à celui qui en a le plus.

On doit se rappeler aussi que nous avons dit que l'agitation de l'air avait une grande influence sur la végétation des plantes, soit parce qu'elle mélange les différentes couches d'air ensemble et tend à égaliser leur température, soit par le mouvement qu'elle imprime aux feuilles et aux branches, soit enfin parce qu'elle déplace et renouvelle incessamment la couche d'air interposée entre les plantes et les agents excitateurs de leurs fonctions vitales, et en change à chaque instant le foyer. Au contraire, l'absence totale du vent ou le calme parfait de l'air est presque toujours plus ou moins contraire à la végétation ; il peut même occasionner, lorsqu'il est trop prolongé, la destruction des plantes, en les abandonnant à toute la force d'action des rayons calorifiques ou frigorifiques, qui parviennent, dans ce cas, à faire éprouver aux végétaux un excès de chaleur ou de froid assez intense pour les détruire. Si donc, par une atmosphère embrasée, un ciel pur, un temps calme, des plantes se trouvent exposées sans abri à l'action d'une vive lumière et à celle des rayons solaires, la couche d'air qui repose sur elles, n'étant pas renouvelée par le vent, devient de plus en plus incapable de modérer l'action des agents excitateurs, et ces plantes, n'étant plus protégées par l'agitation de l'air, éprouvent une surexcitation qui est toujours suivie d'un accès de prostration, et qui quelquefois même détermine leur mort. Dans ce cas les jardiniers ne manquent pas de dire que ces plantes ont reçu un coup de soleil, ou bien qu'elles ont été frappées par un mauvais vent. La plupart du temps, il eût suffi, pour éviter cette perte, de soustraire la plante à l'action trop immédiate des agents excitateurs.

Si, au contraire, au commencement du printemps ou à la fin de l'automne, par une atmosphère froide, un ciel pur, un air calme, des plantes sont abandonnées, après le coucher du soleil, en plein air, sans abri, elles recevront alors directement toute l'action de l'air froid, qui, descendant des régions supérieures, tombe verticalement sur elles et sur la terre, et remplace l'air chaud qui s'élève à mesure que l'air froid descend ; ce dernier s'accumule alors au point de produire la congélation, ce qui entraîne presque toujours la perte du végétal.

Si ce que nous venons d'exposer se passe à l'automne, la gelée produit peu de dégâts, parce qu'à cette époque les plantes ont à peu près terminé leur végétation et atteint toute la consistance qu'elles doivent avoir ; mais si les conditions atmosphériques dont nous venons de parler se manifestent au printemps, lorsque les plantes commencent à se développer, comme elles ont alors peu de consistance, elles sont très-sensibles au froid qui les pénètre, les flétrit ou les roussit. Dans ce cas, les jardiniers disent encore que c'est la lune rousse qui occasionne ces accidents, parce qu'ils ont souvent lieu vers l'époque de l'année où paraît la lune rousse ; mais, en réalité, la cause de ces effets est due au peu d'avancement des plantes dans leur végétation, et aux circonstances dans lesquelles se trouve alors l'atmosphère. Quoi qu'il en soit, le cultivateur attentif, qui prévoit une température froide, peut très-facilement en garantir ses plantes ; il lui suffit d'interposer un corps quelconque entre elles et les régions supérieures d'où vient l'air froid ; une simple feuille de papier, placée entre une plante et la couche d'air, peut garantir le végétal du choc de cet air, et en diriger la chute jusque sur le sol.

Il y a peu de personnes qui n'aient éprouvé les effets que l'on attribue si mal à propos à la lune rousse ; toutes les fois que ces personnes se sont promenées au printemps, ou à l'automne, après le coucher du soleil, dans un lieu découvert, sous un ciel pur et un air très-calme, elles ont dû sentir tomber, plus particulièrement sur leurs épaules, un air glacial et de plus en plus pénétrant. Elles eussent fait cesser presque instantanément cette sensation douloureuse en déployant un parapluie, ou simplement un parasol, au-dessus de leur tête ; dans ce cas, l'air

froid serait tombé verticalement sur le parasol, et s'y serait
éparpillé en prenant une direction oblique, qui l'eût conduit
jusqu'à terre. Quant à la portion d'air qui se trouve sous le parasol, elle conservera à peu près la même température aussi
longtemps que l'air ne sera pas agité, et que le parasol restera
ouvert pour empêcher l'air froid de lui communiquer sa température.

Les physiciens expliquent ce phénomène par la loi du rayonnement des corps ; mais, comme la plupart des cultivateurs ne
connaissent pas cette loi, j'ai cru plus utile, pour être mieux
compris, de paraître l'ignorer comme eux, sans cependant négliger les moyens de les tirer d'une erreur dans laquelle ils ont
été bercés. Beaucoup de cultivateurs ont cru remarquer que les
plantes étaient plus sensibles à un degré donné de froid lorsque
la lune éclairait le phénomène dont il s'agit. Toutefois, si la lumière projetée par la lune a quelque influence sur la végétation,
ce serait sans doute en attirant vers elle les sommités des plantes, comme le fait la lumière du jour. Dans ce cas, en effet, il
n'est pas invraisemblable que les sommités ainsi dirigées vers
le ciel reçoivent plus directement l'air froid qui descend verticalement, et en éprouvent plus de dommages.

Si les choses se passent ainsi que nous le croyons, les plantes
seraient des instruments beaucoup plus parfaits que ceux dont
nous nous sommes servis jusqu'ici pour apprécier le pouvoir
des rayons lumineux reflétés par la lune, puisque M. Arago affirme, après beaucoup d'expériences, que les rayons lumineux
de la lune sont négatifs. C'est aux physiciens à nous apprendre
si, en effet, la lumière reflétée par la lune a une puissance d'attraction quelconque sur les végétaux, et, si cette attraction a
lieu, de nous faire connaître dans quelle proportion elle se
trouve, comparativement à celle que possède la lumière émanée
directement du soleil.

La lumière, en général, même celle qui est produite par la
clarté des flambeaux, exerce une telle puissance sur les plantes
que rien de ce qui a rapport à ce sujet ne doit nous être indif-
férent. Nous dirons à cette occasion que nous avons remarqué,
dans les serres d'Angleterre, certaines plantes qui y réussissent
beaucoup mieux que dans les nôtres, notamment la vigne, qui

produit constamment et régulièrement des raisins plus beaux,
et surtout plus prompts à mûrir. Cela tient à ce que les jardiniers peuvent, avec succès, mettre plus tôt que nous leurs vignes
en végétation dans leurs serres, ces constructions en Angleterre
étant faites avec plus de soins, de solidité qu'on n'en apporte
chez nous. Les serres anglaises ferment mieux que les nôtres;
les appareils de chauffage sont beaucoup plus puissants, et donnent assez de chaleur pour que le cultivateur puisse en tout
temps régler la température intérieure des serres sur celle du
dehors, ce qui les dispense, ainsi que nous le faisons en France,
de couvrir les vitraux avec des paillassons pendant la nuit.
Dans ces conditions, les plantes qui végètent dans les serres, en
Angleterre, profitent plus tôt et plus longtemps des bienfaits
de la lumière du jour, et même de celle que donnent les astres
pendant la nuit, si toutefois cette dernière lumière a quelque
influence sur la végétation, comme tout nous porte à le croire.

Nous nous adresserons encore aux physiciens pour qu'ils
veuillent bien nous apprendre quelle est la cause d'un phénomène dont les effets sont connus de la plupart des jardiniers.
Tous ont remarqué que la température de leurs couches chaudes
diminue de 5 à 7 degrés au moment où le soleil paraît le matin
sur l'horizon ; cet abaissement momentané de chaleur se manifeste dans les couches construites à l'intérieur des serres aussi
bien que dans celles qui sont exposées à l'air libre. Les jardiniers
qui cultivent des ananas sont plus à même que d'autres de remarquer ce phénomène, parce qu'ils placent des thermomètres
de distance en distance dans l'intérieur de leurs couches chaudes, afin de maintenir toujours les racines des ananas au degré
de température le plus favorable à la végétation de cette
plante.

Après avoir examiné comment l'air calme ou agité compro-
met ou favorise la végétation, voyons la différence d'action
qu'exerce sur elle un air sec ou chargé d'humidité. La pratique
journalière nous apprend que, lorsque l'air contenu dans l'intérieur d'une serre se trouve être desséché par une chaleur naturelle ou artificielle trop élevée, les plantes contenues dans cette
serre languissent, parce que les agents excitateurs ont une
action trop directe sur elles en traversant un air sec, et leur

occasionnent une surexcitation nuisible. Nous parvenons à modérer leur énergie en rendant à l'air une certaine dose d'humidité. Dans ce cas, on répand de l'eau en forme de pluie très-fine sur les sentiers de la serre, contre les murs, sur les tuyaux de chaleur, sur la terre, et même sur les plantes, afin que cette eau soit absorbée, non par les feuilles, incapables de remplir une telle fonction, mais bien par l'air, afin de le rendre moins impropre à protéger la végétation des plantes baignées dans cette atmosphère.

Si les parties vivantes de la plante, exposées à l'air libre, sont excitées à remplir leurs fonctions trop rapidement, et que les racines apportent une certaine lenteur à fournir de nouvelles matières en remplacement de celles qui ont été employées, la plante languit. Si cette surexcitation est causée par une lumière trop vive ou par des rayons solaires trop ardents, on pourra lui donner le temps de reprendre toutes ses forces vitales en la soustrayant aux rayons du soleil, ou en lui procurant de l'ombre. Si la plante languit parce que l'air est trop sec ou trop chaud, on la placera dans un lieu humide et frais ; elle retrouvera alors naturellement sa vigueur par le repos que lui procureront la fraîcheur des nuits et l'humidité des rosées dont l'air est imprégné et qui couvre ses feuilles. La plante alors a le temps de rétablir l'équilibre entre les fonctions qu'elle doit remplir et les agents excitateurs de ces fonctions, sans que pour cela il devienne indispensablement nécessaire, comme on le prétend, que la plante absorbe l'humidité dont elle est couverte ou environnée, puisque, comme nous l'avons déjà dit, les feuilles vivantes, celles dont les fonctions ne sont point interrompues, ne peuvent jamais être pénétrées par l'humidité. Ainsi l'état normal restitué aux plantes est uniquement dû à l'air qui a absorbé cette eau en assez grande quantité pour devenir plus compacte, et pour modérer avec efficacité l'action que les rayons solaires et lumineux exercent sur les végétaux.

Si, au contraire, l'air renfermé dans les serres a absorbé trop d'humidité par l'effet des arrosements ou par les vapeurs qui s'élèvent de la tannée ou des fumiers en fermentation, l'excès de cette humidité se condense et demeure sur les corps qui l'absorbent le moins, sur les vitraux de la serre aussi bien que sur les feuilles : c'est ce que les jardiniers nomment *la buée*. On doit éviter de laisser cette buée exister trop longtemps, non-seulement parce qu'elle présente aux agents excitateurs un obstacle trop grand pour qu'ils puissent exercer sur les plantes une action salutaire, mais encore parce qu'elle peut avarier ou même détruire l'épiderme des feuilles. C'est pourquoi, dans ce cas, on a soin de renouveler l'air intérieur des serres aussi souvent que la température extérieure le permet.

Quant à l'air chaud ou froid qui se trouve interposé entre les plantes et les agents excitateurs, on comprend que les rayons solaires deviennent moins brûlants, en arrivant sur la plante, lorsqu'ils ont à traverser un air froid ; tandis que, si l'air est chaud, ces mêmes rayons la pénètrent avec beaucoup de force et peuvent même lui être funestes. Ce sera aux jardiniers, lorsqu'ils connaîtront mieux les effets qui résultent de ces différences de la température de l'air, à savoir donner à leurs plantes les soins nécessaires.

Indépendamment de ces causes, la plante peut encore languir quand les organes placés au point où se termine l'ascension de la sève ont fonctionné avec trop de rapidité et ne peuvent plus supporter l'excitation toujours croissante qui la domine; alors il ne suffit plus de soustraire ces organes à la puissance de cette excitation ; c'est le repos qu'il leur faut afin qu'ils reprennent peu à peu toute leur énergie. Ce serait nuire à la plante, lorsqu'elle est dans cet état, que d'exciter par des arrosements les racines à fonctionner ; on doit attendre non-seulement que les causes d'excitation soient écartées, mais encore que le repos ait commencé à produire des effets salutaires. Tous les jardiniers savent et pratiquent ce que nous disons ici à cet égard. Nous ajouterons que les organes placés au sommet des plantes sont ceux qui donnent toujours les premiers signes de la souffrance causée par la surexcitation, parce qu'ils sont les plus jeunes, les plus tendres, et les plus directement exposés à l'action des agents excitateurs.

Nous avons souvent vu, vers le milieu du jour et quelquefois dès le matin, l'extrémité des tiges des dahlias se faner ; on ne pouvait en attribuer la cause aux rayons du soleil, puisque le temps était couvert, ni aux racines, la terre étant suffisamment humectée ; mais alors l'atmosphère était chargée de fluide électrique. Il est probable que la surexcitation était produite par l'air atmosphérique et par son action sur les extrémités supérieures des plantes; d'où l'on peut conclure que le fluide électrique exerce une grande puissance sur la végétation, mais seulement dans de certaines circonstances et sur certaines plantes plus que sur d'autres. Nous croyons que, lorsque la surexcitation est causée par le fluide électrique, il serait mauvais de donner de l'eau aux racines, mais très-utile de bassiner légèrement la plante avec de l'eau, ainsi que la surface du sol.

Telle plante grasse semble ne vivre que par ses feuilles, parce qu'on suppose qu'elles ont la faculté d'aspirer l'air atmosphérique; mais c'est bien plutôt parce que les racines de ces plantes sont peu nombreuses, et de nature à végéter dans une terre sèche et aride. Les organes de ces plantes ne sont pas apparemment très-disposés à éprouver de la surexcitation dans leurs fonctions ; alors les racines suffisent toujours pour fournir le peu de sève ou de matières que ces sortes de plantes peuvent décomposer et élaborer lentement dans un temps donné.

Nous n'admettons donc, dans les parties des plantes exposées à l'air, ni absorption, ni excrétion, parce que les racines ne fournissent aux plantes que la sève que leurs organes peuvent s'assimiler en la décomposant. Lorsqu'au printemps la sève est en mouvement, avant qu'elle puisse être employée à la formation des bourgeons et des feuilles, elle retourne aux racines avec une rapidité égale à celle qu'elle avait mise à monter, pour exciter les yeux à s'ouvrir en bourgeons ou à fleurir. Tout ce que les plantes reçoivent du sein de la terre leur devient propre ; elles ne lui rendent que les productions qui ont outre-passé leur point de maturité, c'est-à-dire de perfection.

On ne peut considérer les gommes, les cires, les résines, qui se montrent sur le tronc des arbres, la miellée sur les feuilles, comme des excrétions naturelles. Ce flux de matières n'est produit que par des causes accidentelles, qui ont eu pour agents soit le cultivateur même, soit des insectes ; il est aussi quelquefois le résultat d'une maladie.

Il est très-probable que la couleur de la plante et la sensibilité de ses plus récentes productions rendent celle-ci plus impressionnable à l'action des agents excitateurs de leurs fonctions.

Les vernis, les gommes, les cires, les résines répandues sur les feuilles et sur d'autres parties délicates des plantes, servent aussi à les garantir des effets désastreux auxquels les exposeraient inévitablement les pluies continuelles, les averses, les brouillards humides et les rosées abondantes, si elles n'étaient plus au moins enduites de ces sortes de vernis, qui exercent en outre une très-grande influence sur les réactions chimiques des agents excitateurs lorsqu'ils viennent à y pénétrer. On peut encore remarquer que l'organe qui est le plus délicat dans une plante est toujours celui qui est le plus environné de moyens préservatifs, pendant tout le temps que sa délicatesse subsiste.

Les combinaisons que nous offre l'air avec les végétaux et les agents excitateurs de leurs fonctions vitales ne se bornent pas au petit nombre de celles que nous venons d'exposer ; il y a sans doute encore beaucoup d'autres matières répandues dans l'atmosphère et dans la nature, qui, combinées avec celles-ci, doivent également concourir à la conservation des plantes. On ne saurait trop se persuader que toutes les différences qui caractérisent les végétaux entre eux ont un but d'utilité spéciale, et que rien dans une plante n'a été créé en vain. Cette persuasion, qui ne serait que rationnelle, nous rendrait plus attentifs à observer ces différences, et à chercher en quoi chacune d'elles peut favoriser la végétation de la plante sur laquelle elle se fait remarquer ; car c'est toujours à atteindre ce but que ces différences ont été destinées.

Nous avons déjà dit que telle espèce d'arbre était munie de feuilles portées par un long et flexible pétiole, ce qui annonçait que la végétation de ces espèces ne deviendrait jamais plus vigoureuse que lorsqu'elles seraient exposées, en plein air, à l'action des vents, tandis qu'elles resteraient languissantes si elles étaient abritées. Nous avons dit aussi que les vernis brillants qui recouvrent les feuilles étaient destinés à réfléchir les rayons du soleil, et annonçaient toujours une espèce d'arbre aimant mieux une demi-ombre qu'un plein soleil ; nous avons cité à ce sujet les camélias, les orangers, les magnolias, les rhododendrons, etc., etc. Les prévisions qui nous sont suggérées par la présence du pétiole des feuilles, ou par tous autres objets, étant soumises aux effets de la végétation, ces effets nous feront toujours connaître si nos prévisions étaient fondées ou non. En suivant cette marche, nous ne serons jamais exposés à commettre d'erreurs. On comprendra facilement que l'on ne pourrait entreprendre, avec espoir de succès, l'étude des objets que nous venons de mentionner, si on restait toujours imbu des mêmes erreurs en physiologie végétale.

On devra donc, avant de commencer cette étude, cesser de croire que les plantes s'approprient l'air atmosphérique, qu'elles respirent, qu'elles transpirent, qu'elles ont des déjections, que leurs feuilles aspirent l'humidité contenue dans l'air, qu'elles la transmettent dans l'intérieur de la plante, etc.; enfin abjurer une foule d'autres erreurs enseignées dans nos écoles de physiologie végétale, erreurs toutes plus graves les unes que les autres, et dont une seule suffirait pour nous tenir à jamais éloignés de la vérité.

CHAPITRE XII.

Quelques objections à l'occasion de l'expérience faite sur l'*helianthus* ou tournesol.

Quelques physiologistes, imbus de l'opinion que les plantes respirent, qu'elles ont des déjections et de très-copieuses transpirations, ont, pour accréditer cet étrange système, mis en expérience une jeune plante de tournesol cultivée en pot. Le tout a été pesé soir et matin pendant quinze jours seulement, ainsi que l'eau des arrosements, dont on a déduit, par estimation, l'évaporation. Les pesées faites à la fin de chaque journée ont offert jusqu'à 600 grammes de perte; celles faites le matin ont fait connaître que la plante perdait très-peu de son poids pendant la nuit. Les expérimentateurs, satisfaits d'un résultat qui semblait confirmer leur opinion, n'ont point continué cette expérience jusqu'à la maturité de la plante, et ils se sont empressés d'annoncer que les 600 grammes d'eau absorbée par les racines, et dont on ne retrouvait pas l'équivalent, étaient une perte occasionnée par la transpiration des feuilles du tournesol.

Ils ont même donné, comme preuve de la transpiration très-abondante de cette plante, l'eau qui se faisait remarquer tous les matins en forme de gouttelettes sur la pointe des feuilles ou sur leurs parties duvetées. Ils ont comparé cette eau à une sueur très-abondante; mais ils n'ont pas réfléchi que, d'après leurs propres observations, l'eau qui restait le matin sur les feuilles ne pouvait, en aucune façon, être considérée comme provenant de l'abondante transpiration de la plante, puisque les pesées faites tous les matins n'accusaient presque pas de perte. D'ailleurs, nous ne pouvons laisser ignorer que cette eau ne peut être que le résultat d'un excès d'humidité contenu dans l'air, et d'une différence de température entre l'atmosphère et les feuilles sur lesquelles cette humidité est venue se condenser, ainsi que nous l'avons déjà dit, comme la vapeur se condense sur les vitraux des châssis; elle y reste jusqu'à ce que l'air l'ait absorbée de nouveau ou qu'il l'ait entièrement dissipée d'une manière quelconque. On ne peut donc, dans aucun cas, croire qu'elle provient de l'intérieur de la plante. L'imperméabilité des feuilles, et de toutes les parties dans lesquelles circule librement la sève, ne permettent pas plus à l'humidité renfermée dans la plante de s'en échapper qu'à celle qui est extérieure d'y pénétrer, tant que les feuilles sont vivantes et dans leur état normal.

Quoi qu'il en soit, les physiologistes ont décidé, depuis que cette expérience a été faite sur le tournesol, que les plantes transpirent, et ils ont même supputé exactement de combien la transpiration du tournesol surpasse celle du corps humain; ils ont su enfin en tirer toutes les conséquences qui pouvaient être favorables à leur système. Ceci est d'autant plus fâcheux que cette expérience sur le tournesol est malheureusement citée dans tous les cours de physiologie végétale comme une preuve irrécusable de la transpiration des plantes, devenue, dit-on, indispensable, pour les débarrasser d'une sève trop abondante ou trop aqueuse; comme si les racines pouvaient transmettre à la plante une sève impropre ou trop abondante, et comme si les végétaux, qui ont la faculté de décomposer la sève et de se l'assimiler entièrement, avaient encore besoin qu'on les fît transpirer pour les soulager. C'est ainsi qu'une fausse supposition, étant admise, a entraîné après elle une foule d'autres erreurs qui font aujourd'hui la base de la plupart des principes de la physiologie végétale.

Au reste, cette expérience serait sujette à contradiction : l'estimation des pertes accusées par les pesées n'a pu être nécessairement que très-approximative, et il serait pour le moins permis d'en contester l'exactitude. Dans tous les cas, nous nous croyons fondé à attribuer la disparition des 600 grammes d'eau ou de sève absorbée par les racines du tournesol, et dont on ne retrouve pas la trace (en admettant toutefois que ceci puisse être prouvé, ce qui est presque impossible), à une tout autre cause qu'à celle de la transpiration de la plante. Cette diminution est le résultat, comme nous l'avons déjà dit, de la décomposition de la sève et de son assimilation au végétal, assimilation qui a dû être d'autant plus considérable et plus parfaite que la plante qui l'a opérée s'est trouvée fonctionner sous l'influence d'une vive lumière et d'un soleil ardent, par un temps calme et sous un ciel sans nuage. Cette décomposition de la sève, accompagnée de telles circonstances, et son assimilation dans un corps qui devient tantôt plus léger, tantôt plus pesant, est-elle donc, pour nous autoriser à ne vouloir pas l'admettre, une merveille plus étonnante que toutes celles que nous offrent la végétation, et même la chimie ? Continuerons-nous toujours à juger de l'organisation des végétaux d'après celle des animaux, lorsque nous voyons que cette organisation échappe sans cesse à nos investigations par son admirable simplicité ? Ne devrait-on pas considérer plutôt que les végétaux sont, pour ainsi dire, soumis aux corps qui les environnent, et que, les conditions de leur existence étant indépendantes de tout mouvement et de toute volonté de leur part, il ne peut se faire qu'ils soient encore assujettis à des excrétions et à des transpirations qui entraîneraient nécessairement à leur suite une foule d'infirmités auxquelles rien ne pourrait les soustraire ?

Il est évident que, si la nature eût agi comme on le suppose, elle eût singulièrement compliqué l'organisation des végétaux, tandis que nous sommes forcés de reconnaître que ces phénomènes se dérobent chaque jour à nos regards par leur extrême simplicité.

Quant à nous, il nous semble, et nous le répétons en forme de résumé, quoique nous l'ayons déjà dit bien des fois dans le cours de ce petit traité, que, si l'on veut considérer un végétal dans sa plus grande simplicité, il faut savoir d'abord qu'il est tout entier préexistant, quoiqu' à l'état rudimentaire, dans le germe que recèle la graine; que la sève terrestre provoque le développement des radicules de cette graine; que celles-ci, en s'allongeant, s'emparent de la sève qui les a excitées et la transmettent dans l'intérieur de la plumule, qui s'allonge à son tour, et que la nouvelle plante continue ainsi de croître jusqu'à la fin de la saison; qu'ensuite, au printemps suivant, la sève que les spongioles ont envoyée dans l'intérieur de l'arbre détermine de la même manière l'épanouissement des radicules des yeux ou pythons placés entre le bois et l'écorce de l'arbre; que ces radicules envoient la sève aux bourgeons naissants, comme les radicules de la graine l'ont envoyée à la plumule, et que c'est en suivant chaque année cette marche régulière que le végétal atteint tout l'accroissement dont son espèce est susceptible.

Mais, afin de prévenir les fausses idées que pourraient faire naître les mots de *sève terrestre*, nous nous hâterons de dire qu'il arrive très-souvent qu'il n'entre pas un seul atome de terre dans les différentes matières qui servent à constituer la sève; que si, par exemple, on garnit le fond d'un verre de cire ou de poix, et qu'on y fixe un grain de blé ou de toute autre plante, et si l'on renverse ce verre au-dessus d'un vase contenant de l'eau chaude ou tiède, on verra la sève provenant de cette eau se dégager et venir se fixer dans le fond du verre, où elle fera épanouir les radicules des graines.

Nous pourrions encore citer pour exemple une couche de fumier établie dans une cour pavée: la fermentation de cette couche produira une sève qui fera épanouir les radicules de toutes les espèces de graines que l'on aura convenablement disposées sur cette couche. On peut conclure de ces deux expériences que la terre n'est pas absolument nécessaire à la formation de la sève. Cependant les terrains calcaires, qui entrent facilement en fermentation lorsqu'ils sont légèrement humectés et pénétrés par les rayons solaires, produisent aussi plus ou moins de sève; faudra-t-il alors attribuer à cette sève des qualités particulières, et

croire qu'elle est assez fortement imprégnée de matières calcaires pour que son introduction dans les plantes en laisse voir
des traces? Nous ne le pensons pas. Au reste, c'est aux chimistes
à prononcer à cet égard; quant à nous, il nous semble que,
quelles que soient les matières qui ont produit la sève, cette sève
agit également sur les racines de toutes les plantes indistinctement, mais que la production de la sève est plus abondante dans
telle ou telle terre que dans telle autre, parce que la circulation
de l'air se fait plus librement dans celle-ci que dans celle-là, et
parce que la chaleur est plus forte dans l'une que dans l'autre.
C'est presque toujours à ces qualités, et non aux parties détachées du sol qui ont pu concourir à la formation de la sève, que
l'on doit la vigueur et la fertilité des plantes.

Ce n'est que par les spongioles que la sève peut être admise
dans l'intérieur des plantes; ces spongioles sont si ténues
qu'elles ne sauraient livrer passage qu'à de l'eau, à des gaz ou à
des vapeurs, et encore faut-il que cette eau n'ait rien perdu de
sa fluidité; car, si elle était bourbeuse ou chargée de jus de fumier, ou seulement teinte d'une couleur quelconque, elle ne
pourrait être introduite dans la plante par ses spongioles. Comment donc concevoir que des métaux ou des minéraux puissent
y avoir accès? Cependant, il est incontestable que l'on trouve
ces métaux et ces minéraux dans certaines plantes. Il faut bien
alors admettre ce que nous venons de dire : que toute la plante
était prédisposée dans le germe contenu lui-même dans une
graine ou python, qu'elle y était tout entière quoiqu'à l'état rudimentaire, et que le germe en s'épanouissant a développé successivement toutes les parties du végétal et tout ce qui le constitue. Pour prouver cette assertion, nous ferons observer que,
lorsque les minéraux entrent dans la constitution d'une plante,
celle-ci en contient toujours une quantité proportionnelle à
son volume, soit que la terre sur laquelle elle végète renferme
beaucoup, peu ou point de matières minérales, graveleuses ou
siliceuses.

Nous venons de répéter que l'eau, les gaz et les vapeurs sont
les seuls corps étrangers qui puissent s'introduire dans les
plantes; nous devons ajouter que les rayons lumineux, solaires,
calorifiques et frigorifiques, ont aussi le don d'y pénétrer avec

plus ou moins d'intensité, soit isolément, soit combinés entre eux. Les effets chimiques de ces rayons sur les plantes doivent donc être très-variés. Nous avons vu, lorsque nous avons parlé de l'érable à sucre de l'Amérique du Nord, que l'action des rayons calorifiques pendant le jour, et celle des rayons frigorifiques pendant la nuit, en se succédant rapidement et brusquement dans ce court intervalle, produisaient une sève aussi abondante que sucrée; ces mêmes rayons, agissant avec moins d'énergie sur l'érable venu dans nos climats, n'ont donné à la sève ni les mêmes qualités, ni la même abondance.

La quantité considérable de sève que l'on obtient des érables à sucre dans l'Amérique du Nord nous fait connaître qu'il entre chaque année dans les arbres un torrent de sève proportionné à leur dimension; d'un autre côté, si l'on remarque qu'il ne sort pas naturellement de l'arbre un seul atome de cette sève, on cessera d'être étonné du développement gigantesque que prennent avec l'âge certaines espèces. Il ne faut pas oublier que les arbres ne perdent annuellement que leurs parties caduques, telles que les feuilles, les fleurs, les fruits et les graines. Ces deux dernières parties poussent et mûrissent aux dépens de l'extension de l'arbre, tandis que les feuilles, au contraire, contribuent à son accroissement pendant tout le temps qu'elles fonctionnent.

La sève n'est définitivement que de la vapeur produite par l'eau et la chaleur combinées ensemble; nous disons combinées, parce que la réunion de ces deux agents est indispensab!e à la formation de la sève. Le manque d'eau, dans les sables brûlants du désert, rend ces sables incapables de fournir de la sève et les prive, par conséquent, de toute apparence de végétation; de même, l'absence d'une certaine somme de calorique, sur le sommet des plus hautes montagnes, les rend également stériles, et si quelques plantes éparses s'y font encore remarquer, c'est que ces plantes sont du petit nombre de celles auxquelles le peu de calorique qui se dégage de l'eau froide suffit pour tenir lieu de sève et exciter leur développement.

Ceci nous indique que l'une des qualités les plus excitatives de la sève est la chaleur, et que, selon le degré auquel elle s'élève, telle plante peut être surexcitée au point de périr, tandis que telle autre se trouve dans l'impossibilité de se développer, faute d'une excitation suffisante.

Si nous examinons une plante jusque dans ses plus petits détails, nous verrons, comme nous l'avons déjà avancé, que rien de ce qui la compose n'a été créé en vain, et qu'il n'est pas jusqu'aux plus légères différences de forme ou de couleur qui n'aient leur but particulier d'utilité. C'est ainsi qu'en voyant des feuilles recouvertes d'un vernis brillant nous sommes avertis qu'il faut mettre la plante qui les porte à l'abri du soleil, tandis qu'on peut, sans inconvénient, exposer à l'ardeur de ses rayons celles dont les feuilles sont glauques, etc., etc. Nous pourrions citer une foule de faits qui découlent des lois de la physique ou de la chimie ; mais il suffit que nous ayons indiqué cette vérité pour espérer qu'elle sera utilement explorée par les savants.

Les végétaux, dépourvus de moyens de locomotion, incapables d'avoir une volonté, et comme abandonnés au milieu d'éléments de toutes sortes qui sembleraient devoir les détruire, sont cependant merveilleusement préservés de toute atteinte fatale ; les organes les plus essentiels à leur existence sont rendus, pour ainsi dire, invulnérables à toute influence morbifique, par la couche d'air qui les enveloppe et les protége contre l'action incessante des agents excitateurs, qui, sans cela, les feraient succomber. L'air, qui est aussi indispensable à la vie des végétaux qu'à celle des animaux, remplit chez les premiers une tout autre mission que chez les derniers ; il entre dans les poumons des animaux, tandis qu'il suffit qu'il soit simplement superposé aux végétaux pour modérer l'action des agents excitateurs. Il faut bien se rappeler que les aliments qui doivent servir à la nutrition, ou pour mieux dire au développement des plantes, sont préparés extérieurement et sans qu'elles aient besoin de s'immiscer dans leur préparation, et ne leur sont offerts que lorsqu'ils sont arrivés au point de leur être entièrement assimilables. La mastication, la transpiration, les déjections deviennent donc tout-à-fait inutiles dans le système de leur organisation, qui est réduite à une simplicité difficile à imaginer pour ceux qui ne conçoivent la vie que sous les conditions de la respiration, de la mastication, etc.

Il est d'autant plus fâcheux d'attribuer aux plantes des fonctions qu'elles n'ont pas besoin de remplir que l'on se met ainsi dans la nécessité de leur trouver des organes analogues aux fonctions qu'on leur attribue ; de là une source intarissable d'erreurs fatales à l'avancement de la science. Nous citerons, à l'appui de notre assertion, deux ou trois exemples seulement. Le premier nous est fourni, comme nous l'avons déjà vu, par un professeur de physiologie végétale qui, pour avoir admis que les plantes ont des déjections, se trouve entraîné à prétendre que *ces déjections ont lieu par les racines, ce qui force celles-ci,* dit-il, *à s'étendre pour s'éloigner du lieu où elles sont déposées.* On croira avec peine que c'est au dix-neuvième siècle que de telles doctrines sont émises dans une chaire de botanique du collège de l'Université royale de Londres.

Nous trouvons notre second exemple dans un auteur célèbre (Sénebier), qui, ayant admis que les plantes reçoivent une nourriture surabondante, conclut qu'elles doivent nécessairement avoir des déjections ; et cet auteur, quoiqu'il n'ait jamais pu les apercevoir, n'en persiste pas moins dans son opinion à cet égard.

Notre troisième exemple se trouve dans Grow, qui, ainsi que nous l'avons déjà dit, se figure avoir vu les déjections des plantes par cela seul qu'elles doivent exister. Il est bien certain, néanmoins, que, si elles eussent existé comme Grow le prétend, Sénebier les eût aperçues.

Ces exemples suffisent, à notre avis, pour nous autoriser à répéter, avec M. Gaudichaud, qui l'a proclamé devant l'Académie, que notre physiologie végétale n'est qu'une science conjecturale, basée sur des principes peu solides, et dont les quatre cinquièmes, au moins, sont à réformer.

CHAPITRE XIII.

Réfutation de quelques assertions émises en 1845 au sein même de l'Académie.

On prévoit d'avance que nous nous proposons de signaler ici une partie des erreurs qui sont professées par les hommes les plus distingués de notre époque. Cette dernière tâche nous est d'autant plus pénible que nous avons à citer des noms illustres dans les sciences, et auxquels nous nous empresserons toujours de rendre un éclatant hommage; mais c'est, à nos yeux, un motif de plus pour prémunir nos lecteurs contre certaines assertions que le prestige attaché à ces noms recommandables fait recevoir sans examen, et qui nous semblent par cela même pouvoir devenir d'autant plus funestes aux progrès de la science. Nous allons donc nous occuper de certaines propositions qui se sont produites pendant les débats qui ont eu lieu en 1845, entre M. de Mirbel et M. Gaudichaud. Celui-ci reprochait à son collègue de n'avoir à fournir, à l'appui de son système, que des observations microscopiques qui, étant faites sans des études préalables et suffisantes d'anatomie, ne pouvaient servir qu'à égarer ses jugements et ne sauraient tout au plus être considérées que comme un jeu, mais un jeu dangereux, qui compromettait l'avenir de la science ou en retardait au moins le progrès. Quant à M. Gaudichaud, il se présentait devant l'Académie les mains pleines de dissections, de macérations et d'anatomies savamment et habilement préparées, mais qui, étant faites également sans des études préalables et suffisantes des effets de la végétation, nous paraissent aussi, comme nous allons le démontrer, n'avoir servi qu'à égarer le jugement de ce célèbre anatomiste. Ces anatomies, il est vrai, sont si bien faites que chacun peut y voir et y suivre les fibres descendantes placées au bas des bourgeons; mais M. Gaudichaud se trompe étrangement quand il en conclut que : « L'augmentation en diamètre des arbres « est due exclusivement à l'adjection annuelle ou naissante des « filets radiculaires qui naissent dans les bourgeons, et descen-« dent plus ou moins directement et rapidement jusqu'à l'extré-« mité des racines. Vous voyez, Messieurs, dit-il, que ces filets « dévient de leur route naturelle dès qu'ils rencontrent un ob-« stacle; ils dévient, donc ils marchent; ils marchent, donc ils « sont mus par une force puissante qui agit dans toute la lon-« gueur du végétal. Or, je soutiens et je prouve par d'innom-« brables faits que cette force s'exerce du sommet organique à « la base, ou autrement dit des bourgeons aux racines. » Pour appuyer cette étrange assertion le savant anatomiste ajoute : « Est-il une seule personne ici qui n'ait vingt fois en sa vie mis « de jeunes rameaux chargés de bourgeons à feuilles et à fleurs

« dans l'eau ou dans la terre humide et convenablement éclairée,
« et qui n'ait vu les premiers donner leurs feuilles, les seconds
« épanouir leurs fleurs et jusqu'à un certain point leurs fruits,
« organes qui existaient à l'état rudimentaire dans ces bour-
« geons divers, et qui n'ont fait que se développer par l'action
« d'agents essentiels de leur vie, mais dans lesquels il n'a évi-
« demment rien monté, ni des racines, ni des collets, puisque
« ceux-ci n'existaient pas..... Enfin ne savons-nous pas, dit en-
« core M. Gaudichaud, en ajoutant ici une nouvelle erreur à
« celles qui précèdent, que, dans ces formations spontanées, le
« système vasculaire ascendant précède toujours le système des-
« cendant ou radiculaire? Le fait principal que nous voulons
« démontrer, dit toujours le savant académicien, est celui de
« l'accroissement en diamètre des végétaux par la descente des
« fibres radiculaires. »

Nous allons successivement démontrer, non par notre propre
opinion, que nous ne nous permettrions certainement pas de
mettre en opposition avec celle de ce savant distingué, mais par
les seuls effets de la végétation, que toutes ces assertions sont
complétement erronées, et qu'elles reposent sur des illusions
produites par la vue des nombreuses dissections offertes à l'A-
cadémie. Tant il est vrai que l'on ne peut aborder les principes
de la physiologie végétale sans avoir au préalable des connaissances toutes particulières des effets de la végétation, et que ce
serait l'idée la plus étrange qui ait jamais pu naître dans l'esprit
des hommes que de vouloir, par des anatomies seules, ou par
des observations microscopiques, quelque savamment faites
qu'on les suppose, expliquer les fonctions des divers organes des
végétaux, puisque autant vaudrait se fatiguer à rechercher les
phénomènes de la vie sur des êtres morts ou pétrifiés.

1° Il n'est pas exact de dire que l'accroissement en diamètre
de toutes les parties de l'arbre est uniquement dû aux fibres
radiculaires qui descendent sous l'écorce, en rampant sur l'aubier. En effet, un rameau sur lequel aucun œil ne s'est encore ouvert en bourgeons, et par conséquent sur lequel il ne
peut exister de fibres radiculaires, ne laisse pas que de doubler
et de tripler de grosseur, depuis le 15 d'août environ jusqu'à
la fin de septembre. Cette première erreur, détruite sans répli-

que possible, affermit notre jugement et nous laisse l'esprit libre pour chercher la véritable cause de l'accroissement du rameau en diamètre ; nous trouverons alors qu'il est dû nécessairement à la sève décomposée et élaborée au travers des feuilles, et à son entière assimilation à la plante. Notre assertion est fondée sur ce que, si nous supprimons toutes les feuilles d'un rameau, nous nous apercevons immédiatement qu'il cesse de grossir. Cette seconde vérité bien constatée, nous pouvons rechercher quelles sont les fonctions des fibres radiculaires qui sont en bas des bourgeons qui s'épanouissent ; nous trouvons qu'elles sont tout autres que celles que leur attribue si gratuitement notre savant anatomiste ; nous voyons que le développement des fibres radiculaires, qui précède toujours un peu celui des fibres du bourgeon naissant, sert à le fixer assez solidement au rameau ou à la branche sur laquelle il se développe pour n'être décollé ni par les vents, ni par son propre poids. Ces fibres radiculaires se développent toujours les premières, et servent surtout d'intermédiaire pour transmettre au bourgeon naissant, d'une manière particulièrement appropriée à sa nature, la sève qui arrive des racines de l'arbre. Enfin, les fibres radiculaires remplissent les fonctions de véritables racines à l'égard du bourgeon auquel elles adhèrent.

Il est donc constant que la sève descendante peut seule opérer l'accroissement en diamètre de toutes les parties de l'arbre qu'elle parcourt indistinctement, y compris les racines, et que les fibres radiculaires ont une tout autre destination que celle que leur attribue M. Gaudichaud ; elles ne coopèrent à l'accroissement de l'arbre en diamètre que partiellement, et toujours pour une très-faible portion, puisque ces fibres ne se trouvent qu'en bas des yeux qui s'ouvrent en bourgeons. Si d'ailleurs il était vrai que les fibres radiculaires fussent spécialement et exclusivement destinées à faire croître les branches en diamètre, on verrait celles du pêcher devenir beaucoup plus grosses que celles des autres espèces d'arbres sur lesquels ne s'ouvrent en bourgeon que deux ou trois yeux placés au sommet des rameaux, tandis que sur le pêcher tous les yeux s'épanouissent à la fois et sans exception. La multiplicité des fibres radiculaires, sur un rameau ou ailleurs, n'est donc pas une cause sensible d'accroissement en diamètre de ce rameau; elle n'est qu'accidentelle.

2° M. Gaudichaud veut établir que la force qui détermine les fibres radiculaires à toujours descendre s'exerce du sommet à la base, ou, en d'autres termes, des bourgeons aux racines. L'erreur dans laquelle tombe ici notre savant académicien est évidente par la démonstration irrécusable, que nous avnos déjà donnée dans le cours de cet ouvrage, du mode de développement des fibres radiculaires et tigellaires, qui est dû à l'action de la sève ascendante, tandis que la sève descendante est au contraire un obstacle manifeste au développement des fibres radiculaires, et par conséquent des fibres tigellaires. Nous avons donc une preuve certaine que ce n'est pas du sommet de l'arbre que part la force qui excite le développement en longueur de quelque organe que ce soit dans la plante, mais que cette force vient réellement des racines, seule source de toute vie. Nous rappellerons ici que nous avons démontré que, en interceptant le passage à la sève descendante au-dessus d'un œil, les fibres radiculaires de cet œil s'allongeaient aussitôt, et qu'ensuite l'œil se développait en bourgeon. Nous ajouterons que la sève descendante n'est pas seulement un obstacle au premier développement des fibres radiculaires, mais encore que cette sève, en faisant grossir l'arbre, empêche ces mêmes fibres de fonctionner. En effet, nous voyons les bourgeons latéraux d'une jeune tige disparaître successivement et être recouverts par la sève descendante, parce que les fibres radiculaires de ces bourgeons, étant elles-mêmes enveloppées, ont cessé de les alimenter. Il ne peut donc rester aucun doute à cet égard; c'est bien la sève qui, en descendant du sommet de la plante jusqu'à l'extrémité de ses racines, fait croître en diamètre toutes les parties de l'arbre qu'elle a parcourues; mais elle ne peut nullement les provoquer à s'allonger.

M. Gaudichaud, voulant toujours prouver que tout dans la plante vient du haut vers le bas, et non des racines, prend ses exemples, selon l'habitude des anatomistes, sur des corps morts. Il cite des rameaux séparés de l'arbre, mis dans l'eau, et qui n'en continuent pas moins de se couvrir de feuilles, de fleurs, et même à fructifier, sans avoir de racines; il ajoute qu'il y a des plantes qui, à mesure qu'elles croissent, perdent leurs racines; enfin qu'il en existe même sans racine, et qui n'en végètent pas moins bien.

Quant aux rameaux qui fleurissent et s'épanouissent dans l'eau, quoique dépourvus de racines, c'est, nous ne craignons pas de le dire, une pure illusion. Qui ne voit, en effet, que ces rameaux, en fleurissant et en se couvrant de feuilles, font un dernier effort qui ne peut se prolonger, puisque cet épanouissement a lieu sans que les fibres radiculaires se soient d'abord développées? D'ailleurs, il est évident que ces derniers signes de vie ne sont pas communiqués par le haut des rameaux, mais bien par le bas, et qu'ils sont dus à ce que la base de ces rameaux plonge dans l'eau, laquelle parvient jusqu'à leur sommet par les lois de la capillarité, et non par le jeu des organes vivants de la plante. Quoi qu'il en soit de cette vie prétendue, elle n'est qu'une déception et ne peut avoir de durée et de réalité qu'aux yeux de ceux qui s'imaginent, malgré leurs propres expériences, que tout dans les plantes vient du haut vers le bas; et il est impossible de ne pas reconnaître qu'un tel système ne saurait avoir une véritable solidité.

3° Nous arrivons aux plantes dont la tige et le tronc ont été résorbés ou ont disparu, et qui n'en végètent pas moins bien; « ce qui prouve évidemment, dit M. Gaudichaud, que tout dans « les plantes s'organise du haut vers le bas. Cette assertion, of- « ferte à notre croyance, ajoute-t-il, aura de la peine à y être « admise, parce que nous ne sommes pas encore au courant des « véritables principes que je professe, et que nous croyons en- « core, par habitude, que toutes les parties aériennes des végé- « taux s'organisent de la base au sommet. »

Ce savant anatomiste pense avec fondement que nous aurons beaucoup de peine à nous persuader qu'un végétal qui n'a plus de tige, et qui continue de croître et de prospérer, n'est pas un être de raison. En effet, nous ne croirons jamais qu'une plante puisse accomplir toutes les phases de sa végétation sans feuilles, et surtout sans racine. Le *Velosia*, que M. Gaudichaud cite *comme une plante modèle à cet égard, a cependant une tige composée d'un étroit filet central, il est vrai*; mais comment ne pas voir que cet étroit filet suffit pour donner passage à une assez

37

grande quantité de sève ascendante, se dirigeant des racines vers le sommet de la plante, pour y faire développer tout ce qui dépend du système ascendant, c'est-à-dire les fibres radiculaires et tigellaires, et que ce n'est qu'après ce développement que la sève, descendant du sommet des rameaux jusqu'à l'extrémité des racines, fait croître ou décroître, plus ou moins, tout ce qui se trouve sur son passage, suivant que la sève décomposée et élaborée approche davantage du terme de son assimilation à la plante ?

M. Gaudichaud, voulant toujours prouver que les plantes s'organisent par leur sommet et que tout leur vient du haut, et non des racines ; que l'accroissement en diamètre est dû exclusivement à l'adjection des fibres radiculaires descendantes des bourgeons jusqu'à l'extrémité des racines, cite encore à l'appui de cet étrange système l'opération de l'enlèvement d'un anneau cortical, et fait observer qu'après cette opération « le « bourgeon terminal continue de s'allonger et de former des « feuilles ; qu'il faut bien reconnaître que les fibres ascendan- « tes, qui, comme on le dit, vont à la rencontre de ces feuilles, « ne viennent ni des racines auxiliaires, ni des collets. Et si « plus tard, ajoute-t-il, vous voyez manifestement un bourre- « let ligneux se constituer au bord supérieur de la décortica- « tion, y former des racines, etc., et que rien de semblable « n'a lieu au bord inférieur, vous serez bien obligé d'admettre « que ces tissus vasculaires descendent. »

Nous répondrons à cette assertion que d'abord il n'est pas exact de dire que ce sont les fibres radiculaires qui donnent exclusivement lieu au bourrelet que l'on voit se former peu à peu sur la partie supérieure du point où on a enlevé un anneau cortical ; nous sommes fondé à croire que ce bourrelet est toujours, et dans toutes les circonstances, le produit de la sève descendante, lorsque le cours de celle-ci se trouve être interrompu par un obstacle quelconque. Nous remarquerons, au contraire, que cet obstacle ne peut jamais en être un pour l'ascension de la sève, qui continue, malgré l'enlèvement de l'anneau, à toujours monter, et, par conséquent, à opérer la continuation du prolongement des bourgeons ou de la tige. Notre opinion à cet égard est basée sur ce fait que, si on en-

lève un anneau d'écorce sur un bourgeon de vigne naissant,
aussitôt qu'il est assez ligneux pour supporter cette opération,
ce bourgeon continuera de s'allonger, et il se formera sur la
partie supérieure de l'anneau un bourrelet dans la composition duquel il est évidemment impossible qu'il y ait une seule
fibre radiculaire. Ce bourrelet est donc uniquement dû à l'accumulation de la sève descendante. Ceci est sans réplique possible. Cette accumulation de sève descendante fait grossir et
mûrir plus tôt toutes les parties où elle se fait remarquer, et il
ne peut exister une seule fibre radiculaire au-dessus de cet
anneau, parce qu'il n'y a pas au-dessus de ce même anneau
un seul python qui se soit ouvert en bourgeon. Si on mettait
ce bourrelet à l'abri du contact de l'air et qu'on y entretînt
une certaine humidité, il en sortirait des racines.

M. Gaudichaud veut aussi que le prolongement des bourgeons ait lieu par la superposition des mérithalles au-dessus
les uns des autres, et non par l'allongement des fibres, ce qui
est, selon lui, une chose bien différente.

Ce savant fait en outre observer que rien n'arrive au-dessous de la décortication, parce qu'il ne voit rien paraître sur
le bord inférieur de l'anneau, tandis qu'il voit se constituer
un bourrelet sur le bord supérieur de ce même anneau. Nous
avons cependant la certitude que la sève ascendante, qui
monte entre le bois et l'aubier, arrive par les radiations médullaires jusqu'au sommet du bord inférieur de la décortication, qu'elle y entretient la vie, mais que, n'y trouvant pas
de germes ou de pythons qu'elle puisse faire développer, elle
continue sans obstacle le cours de son ascension par l'intérieur,
se dirigeant d'abord vers le sommet des bourgeons, pour descendre ensuite entre l'aubier et l'écorce et opérer le grossissement de l'arbre. Nous pourrons acquérir la certitude que cette
assertion est fondée en enlevant un anneau d'écorce sur une
tige un peu forte, et en plaçant des greffes en couronne au
pourtour de la partie inférieure de l'anneau cortical. La sève
ascendante, trouvant alors des germes prêts à s'épanouir, exci-
tera d'abord les radicules de ces greffes à s'allonger ; ces radicules céderont avec d'autant plus de facilité à cette excitation qu'elles sont jeunes et que leur élongation n'est point

entravée par l'action de la sève descendante, qui, dans ce cas, ne peut les atteindre. Bientôt après les fibres ascendantes des greffes commenceront à leur tour leur évolution en hauteur.

Tout vient donc du bas du végétal vers le haut, même la sève descendante, qui ne descend que parce qu'elle est montée. N'est-il pas évident que c'est la sève ascendante envoyée d'abord par les racines de l'arbre qui a excité les fibres radiculaires des greffes à s'allonger, et que ce sont ensuite ces mêmes fibres radiculaires qui ont transmis aux fibres tigellaires des greffes les éléments nécessaires à leur élongation? Nous répéterons que toute croissance en longueur dans un végétal est alimentée par l'ascension de la sève, et que toute croissance en diamètre est due à la descente de cette même sève, qui perfectionne toutes les parties qu'elle a d'abord fait allonger.

Il est constant que les fibres radiculaires tendent toujours à descendre, comme il est constant que les fibres tigellaires tendent toujours à s'élancer vers le ciel : c'est là ce qui constitue la nature des unes et des autres ; mais il n'est nullement exact de dire que les fibres radiculaires descendent du sommet des bourgeons jusqu'à l'extrémité des racines, car les fibres radiculaires sont toujours placées, non au sommet de l'œil ou python, mais à sa base. Ce sont elles qui alimentent le bourgeon naissant auquel elles adhèrent ; d'ailleurs le mouvement des fibres radiculaires devance toujours l'épanouissement de l'œil en bourgeon, et elles existent avant le bourgeon. Enfin, nous répéterons encore, bien qu'en d'autres termes, que la sève ascendante ne forme point de bourrelet au bord inférieur du point où a été enlevé l'anneau cortical, parce que le cours de son ascension n'est pas du tout interrompu par cet anneau, puisqu'elle a d'autres moyens de parvenir librement jusqu'au sommet des bourgeons, pour continuer leur prolongement; ce n'est que lorsque, arrivant à la partie supérieure de l'anneau, elle trouve un obstacle, qu'elle s'y amasse et forme un bourrelet. Rien de plus simple et de plus évident. Nous invitons M. Gaudichaud à prendre cet exposé en considération, parce qu'il lui importe de ne pas appliquer les principes de la science qu'il professe avec tant de talent à des causes de *descension* qui sont tout-à-fait illusoires et en opposition avec ce qui a lieu dans le cours de la végétation des plantes.

Il est évident que ce qui procure l'élongation des diverses parties de la plante vient du bas, et non du haut, même dans les boutures, qui n'ont pas encore de racines et qui n'en acquièrent que par les émanations légèrement chaudes et humides qui, en s'élevant de la terre, excitent les fibres radiculaires encore engourdies de la bouture à s'allonger, tandis que les fibres tigellaires, étant plongées dans une atmosphère dont la température est moins élevée, sont efficacement retardées dans leur élongation. La différence de température du milieu où se trouvent placés les germes de ces fibres ascendantes et descendantes assure le succès de la bouture. C'est en se conformant rigoureusement à ce principe que les cultivateurs sont parvenus aujourd'hui à faire prendre racine à toutes les espèces de plantes, comme nous l'avons déjà rapporté.

Nous pensons qu'un végétal quelconque, pris à son origine et dans la plus grande simplicité organique, est d'abord renfermé dans une graine ou dans un œil ou python; l'un et l'autre contiennent également une radicule et une plumule. La radicule de la graine, comme celle de l'œil que l'on bouture, s'enfonce dans la terre; si l'œil reste attaché à l'arbre, sa radicule s'enfonce et descend entre l'écorce et l'aubier; puis les fibres tigellaires, adhérentes à cette radicule et alimentées par elle, se développent en se dirigeant vers la lumière. Ce sont toujours les jeunes radicules qui transmettent la sève au bourgeon naissant, même lorsque celui-ci se développe sur l'arbre. C'est la sève ascendante qui fait allonger la radicule aussi bien que la plumule, soit que cette sève vienne de l'arbre, soit qu'elle s'élève de la terre, pour se diriger vers les germes radiculaires, afin de les faire développer. A mesure que la sève parvient jusqu'à l'extrémité des rameaux, elle augmente leur élongation, et elle descend de plus en plus perfectionnée, pour retourner jusqu'à l'extrémité des racines, faisant croître en diamètre toutes les parties qu'elle a parcourues. Cet accroissement en diamètre devient d'autant plus sensible que la sève, plus élaborée, s'assimile davantage à la plante, de telle sorte que l'accroissement en diamètre, par l'action de la sève descendante, se manifeste depuis le sommet

du bourgeon de l'arbre le plus élevé jusqu'à l'extrémité des racines les plus éloignées du tronc. Si, au contraire, on supposait
que cet accroissement a lieu exclusivement par l'addition des
fibres radiculaires, il ne pourrait s'effectuer que depuis la base
des rameaux, attendu qu'il n'y a de fibres radiculaires qu'à la
base des pythons qui s'épanouissent en bourgeons. Nous avons
vu que, lorsque le bourgeon a atteint toute la longueur qu'il
doit avoir et qu'il est devenu un rameau, il acquiert une grosseur double et même quelquefois triple, depuis le 15 août environ jusqu'à la fin de septembre, bien qu'il n'y ait eu aucune fibre radiculaire sur ce rameau. Il est donc bien évident
que c'est la sève descendante qui fait croître le végétal en grosseur. Nous sommes même fondé à croire que les fibres radiculaires ne contribuent pas plus que les fibres tigellaires à augmenter son diamètre; en un mot, que l'un et l'autre peuvent
être considérés comme composant le système d'élongation, et
que c'est au tissu de ces fibres que s'assimile la sève descendante, celle qui augmente le diamètre de la plante.

Il nous a semblé que M. Gaudichaud adoptait en quelque
sorte le système de Delahaye, ce qui nous engage à dire deux
mots à cet égard. Ce système renferme deux propositions dont
l'une est aussi exacte que l'autre est erronée. La première consiste à nous faire connaître que chaque œil ou python d'un arbre
renferme le rudiment d'un autre arbre semblable en tout, pour
ses qualités, à celui qui a donné naissance à cet œil. La vérité
de cette proposition nous est démontrée depuis que l'on fait
usage de la greffe, et que les cultivateurs de tous les pays multiplient avec une grande facilité par bouture certaines espèces
d'arbres, c'est-à-dire depuis plus de mille ans; aussi a-t-on lieu
d'être surpris que Delahaye ait trouvé à cet égard des contra-
dicteurs, même au sein des sociétés savantes.

Par la seconde proposition de ce même système, il affirme,
comme un fait positif, que les fibres radiculaires qui sont placées à la base de chaque œil qui s'ouvre en bourgeon descendent
entre l'aubier et l'écorce, et sont exclusivement destinées à faire
croître l'arbre en diamètre, depuis le sommet des bourgeons
jusqu'à l'extrémité des racines ; c'est cette erreur que nous venons de réfuter. Un simple examen suffit, en effet, pour démon-

trer que cette seconde proposition du système de Delahaye est erronée, puisque la végétation nous apprend que les fibres radiculaires, ainsi que les fibres tigellaires, forment, par leur élongation limitée, un axe autour duquel la sève descendante augmente d'une manière illimitée le diamètre de ces parties, c'est-à-dire de la tigelle et des racines.

Quant aux plantes qui perdent, dit-on, leurs racines à mesure qu'elles croissent, et à celles qui n'en ont point du tout, et qui n'en végètent pas moins bien, nous ne nous refusons pas à les admettre comme des exceptions; mais nous pensons qu'elles doivent être examinées avec beaucoup d'attention, parce que, si leur existence est réelle, ces plantes serviront à nous faire encore mieux connaître les lois de la nature.

M. Gaudichaud cite plusieurs faits qui, au premier aperçu, semblent favoriser son système, comme, par exemple, celui d'une bouture faite avec un pieu ou un échalas de saule enfoncé dans une terre humide; mais il est bon de rappeler que ce bois a la propriété de s'imprégner de beaucoup de sève, et de la conserver longtemps; lorsqu'arrive la chaleur, elle vaporise et fait monter cette sève jusqu'au sommet de l'échalas, et les radicules des pythons qui s'y trouvent, excitées par cette sève, s'allongent et descendent entre l'aubier et l'écorce. Les yeux adhérents à ces radicules ne tardent pas à leur tour à s'épanouir en bourgeon, et l'échalas, qui paraissait n'être qu'un simple bâton, se trouve avoir acquis des racines; il s'anime, et bientôt se couvre de rameaux et de feuilles. Tout ce qui semble merveilleux dans cette métamorphose s'explique cependant très-facilement, lorsqu'on sait comment la sève ascendante peut réveiller les germes radiculaires dont 'e principe de vie n'est pas encore éteint dans l'échalas de bois de saule; mais pareil phénomène n'aurait certainement pas lieu avec un échalas de bois d'orme, de chêne, ou de toute autre essence dure et compacte, dans laquelle la sève se conserve moins longtemps, parce qu'elle ne trouve pas un passage aussi facile que dans le saule. Leurs radicules, pour se mouvoir, ont besoin d'être toujours abondamment pourvues de sève, ce qui fait qu'elles ne peuvent, comme les radicules du saule, parcourir, entre l'aubier et l'écorce de l'échalas, un long trajet sans périr. Ceci prouve, au contraire, que les plantes ne s'organisent pas par leur sommet, mais bien par le jeu de la sève ascendante, qui vient du bas ou des racines. C'est d'après cette connaissance que les cultivateurs, lorsqu'ils ont à bouturer des essences serrées et compactes, au lieu de prendre des rameaux et de les plonger dans la terre, ont l'habitude d'en détacher les yeux qui, placés convenablement, émettent plus facilement des racines.

M. Gaudichaud cite encore à l'appui de son système un fragment de *cissus*, cueilli en 1831 à Rio-Janeiro, qui, après avoir été séché au four, fut introduit, en 1833, dans les serres du Muséum de Paris, où il a produit des racines et plusieurs rameaux très-vigoureux ; mais ce fait, quoique très-extraordinaire, ne prouve cependant rien en faveur du système de M. Gaudichaud ; seulement il nous apprend, d'une part, que le bois de *cissus* a des propriétés encore plus conservatrices de ses germes que le bois de saule, et, d'autre part, qu'il est très-probable que le four dans lequel on a desséché les *cissus* n'était pas à une température assez élevée pour détruire les germes de ce fragment de plante. La mention de tels faits n'est propre qu'à égarer le jugement des personnes qui ne connaissent pas assez la marche de la végétation pour s'apercevoir de ce qu'ils ont de spécieux et de toutes les fausses idées qu'ils peuvent faire naître.

M. Gaudichaud annonce que, dans sa nouvelle doctrine, il n'y a plus de souches, plus de collet, plus d'écorce appréciable, plus de cambium, plus de filets ascendants, plus rien de ce que l'on a admis jusqu'à ce jour pour expliquer le développement des végétaux. Je ne sais si nos professeurs attachent à ces mots un sens mystique, mais, dans ce cas, c'est à eux à se corriger et à s'entendre, afin qu'il ne devienne pas nécessaire de réformer des termes dont les cultivateurs se servent journellement pour désigner des objets qui existent matériellement, tels que le collet, dont nous avons déjà donné la description, le cambium, ou autrement dit une sève épaissie, fournie à la fois par les radiations médullaires et par la sève descendante, et qui est placée entre l'aubier et l'écorce (1).

---

(1) Lorsque cette sève est assez abondante pour que l'écorce se détache facilement de l'aubier, on a coutume de dire que l'*arbre est en sève*.

Quant aux fibres ascendantes, nous ne saurions malgré tout en nier l'existence, puisqu'après avoir été renfermées d'abord sous l'écorce du rameau elles deviennent visibles en s'épanouissant au dehors de ce même rameau, pour constituer de nouveaux bourgeons, de nouvelles feuilles et de nouveaux pythons, ainsi qu'on peut s'en convaincre journellement. Il est donc à propos de conserver ces diverses dénominations, et surtout de ne pas se refuser à reconnaître l'existence de choses aussi palpables que les objets qu'elles désignent.

On aura peine à croire que des assertions aussi étranges aient été émises devant l'Académie des Sciences sans qu'aucun de ses membres ait protesté, et surtout sans que M. Mirbel, professeur d'agriculture au Jardin des Plantes, ait à son tour désabusé son collègue, qui venait de lui démontrer si victorieusement que son système était complétement erroné. Nous attribuons ces anomalies à l'effet qu'ont pu produire les nombreuses dissections, macérations et anatomies présentées à l'Académie comme des preuves matérielles en faveur d'un nouveau système.

Il y a ici confusion dans les idées. M. Gaudichaud présente sans cesse des anatomies pour prouver les assertions auxquelles elles donnent lieu ; il faudrait, au contraire, pour assurer l'exactitude de ces assertions, les faire coïncider, ainsi que les anatomies, avec les effets de la végétation ; mais comment espérer que la lumière nous viendra de ce côté, lorsque les savants qui s'occupent de physiologie végétale négligent l'étude la plus essentielle à cette science, celle de la culture ?

Ce qui vient de se passer à l'Académie ne nous explique que trop comment la physiologie végétale n'a fait aucun progrès depuis Sénebier ; elle est restée ce qu'elle était lorsqu'il la qualifiait de science conjecturale, par conséquent obscure et remplie d'erreurs, ce qui nous autorise pleinement à désirer, d'une part, que beaucoup d'assertions, que l'on donne comme démontrées jusqu'à l'évidence, soient de nouveau examinées, et, de l'autre, que l'on n'en admette jamais aucune qui n'ait été soumise aux épreuves des effets de la végétation, toutes les fois que cela sera possible. Nous sommes profondément convaincu que c'est le seul et unique moyen de rendre la physiologie végétale une science véritablement exacte.

Nous répéterons que les immenses travaux d'anatomie faits par M. Gaudichaud, et qui ont le mérite, outre leur grande netteté, d'appartenir à toutes les parties du monde, seraient en quelque sorte perdus pour lui et pour la science si ce savant anatomiste négligeait d'ajouter à tant de talent, de zèle et d'amour pour la science, l'étude de la culture des plantes. Ceci paraîtra peut-être une énormité aux yeux des savants, mais la critique que je viens de faire de quelques-unes des assertions émises par eux pourra les convaincre que les connaissances du cultivateur leur sont indispensables ; car on reconnaîtra aisément que ce n'est qu'à l'aide de ces connaissances que j'ai pu combattre les opinions de M. Gaudichaud, et nous ne voyons personne qui réunisse à un aussi haut degré que ce savant les qualités requises pour opérer la réforme que sollicite la physiologie végétale.

Au reste, nous allons voir qu'il est absolument du même avis que nous à cet égard, lorsqu'il indique aux physiologistes la direction qu'ils devraient suivre dans leurs études, et leur apprend : « qu'il est nécessaire, avant d'étudier la physiolo-
« gie végétale, de connaître par des faits positifs les lois qui
« régissent les développements en hauteur et en largeur des
« végétaux. Il faut savoir avant tout, dit ce savant, ce qu'est
« le végétal pris à son origine et dans sa plus grande simpli-
« cité organique, le suivre dans ses phases diverses de déve-
« loppement, et dans les agencements de ses nouveaux tissus ;
« noter jour par jour les modifications incessantes qu'il éprou-
« ve, et le conduire ainsi jusqu'à l'âge adulte ; enfin constater
« par des effets de végétation les prévisions auxquelles les
« anatomies donnent lieu. »

Ces conseils sont donnés par un homme zélé pour la science, et qui veut être utile aux jeunes gens qui entrent dans la carrière, et pour lesquels ces belles anatomies auront d'autant plus de valeur que, ayant une plus profonde connaissance des effets de la végétation, ils pourront en tirer de plus nombreuses et de plus importantes conséquences. Dans tous les cas, M. Gaudichaud a trop laborieusement acquis sa science pour modifier ses prévisions sur une opinion étrangère, et ne peut prendre conseil que de la nature, en l'étudiant lui-même et en vérifiant de nouveau les vérités sur lesquelles nous nous hasardons à appeler son attention.

Nous pourrions continuer de critiquer ainsi tout ce qui nous paraît plus ou moins hasardé dans les divers ouvrages de physiologie végétale, mais ce serait un travail immense, et qui ne formerait ni un ensemble, ni un cours de physiologie; d'ailleurs nous n'avons pas la prétention de produire un ouvrage de cette nature, ne possédant d'autres connaissances que celles que nous avons puisées dans une très-longue expérience et dans une assiduité persévérante en culture. Nous nous sommes contenté d'indiquer la marche à suivre et les erreurs à éviter; nous espérons que d'autres, plus habiles, continueront nos travaux et exploreront tous les trésors de cette science si belle et encore si ignorée; elle fera le charme de leur vie, en augmentant sans cesse leur admiration pour le Créateur de tant de merveilles.

FIN DE LA PHYSIOLOGIE VÉGÉTALE.

TABLE DES MATIÈRES.

FIN DE LA TABLE.

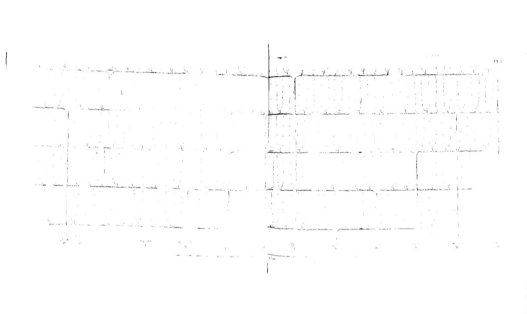

Pl. II

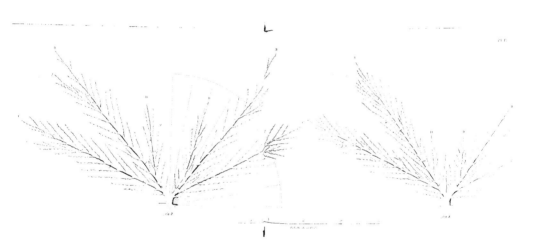

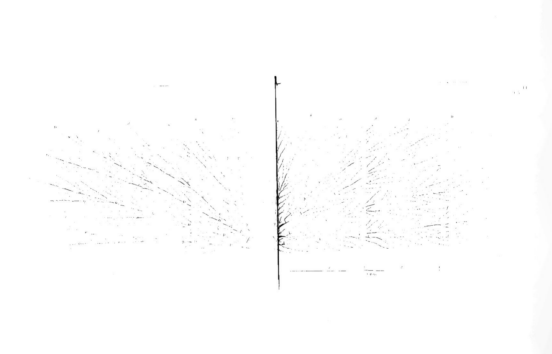

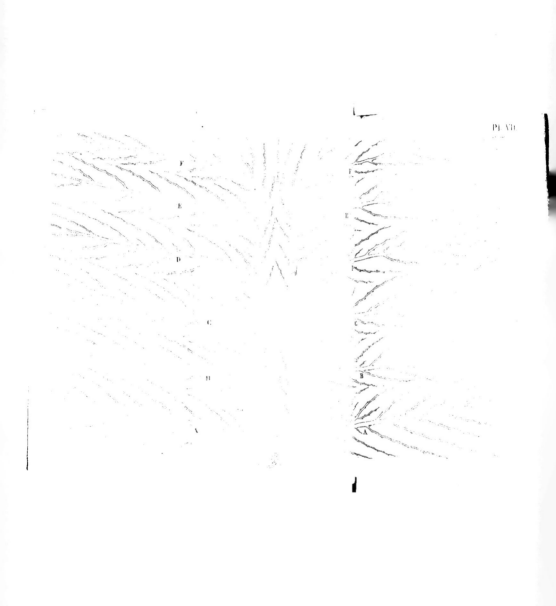

Pl. VII.

même Echelle a Pl. 9

fig. 2

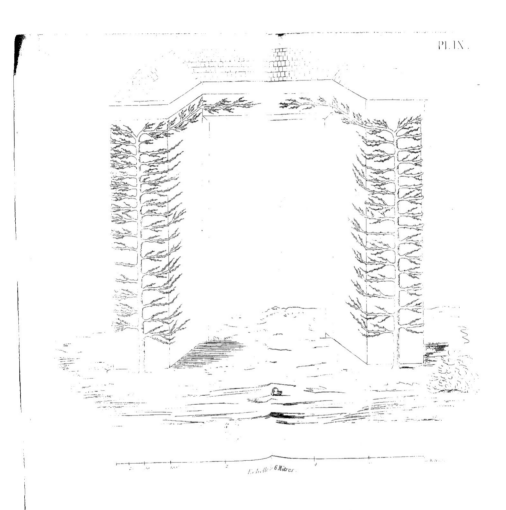

Echelle 6 Mètres.

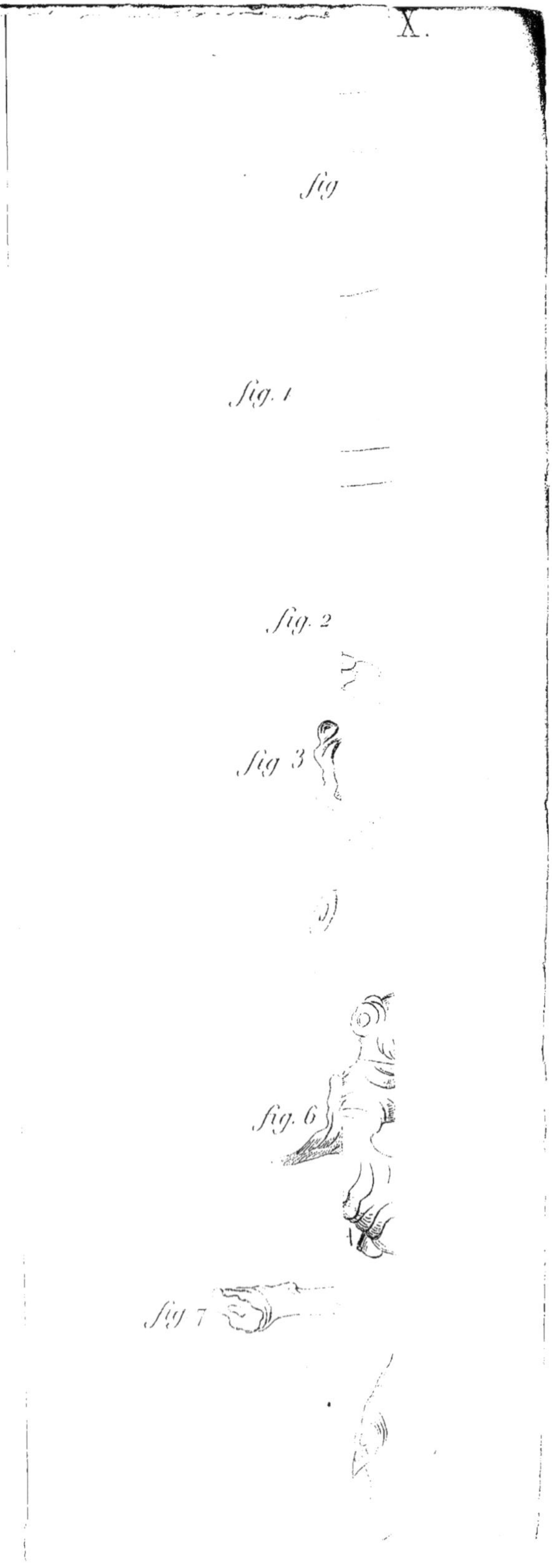
X.
fig
fig. 1
fig. 2
fig 3
fig. 6
fig 7

A SUPPRIMER

8

R

P

O

D

I

C

H

B

G

A

F

Pl. XLi

Pl XIX

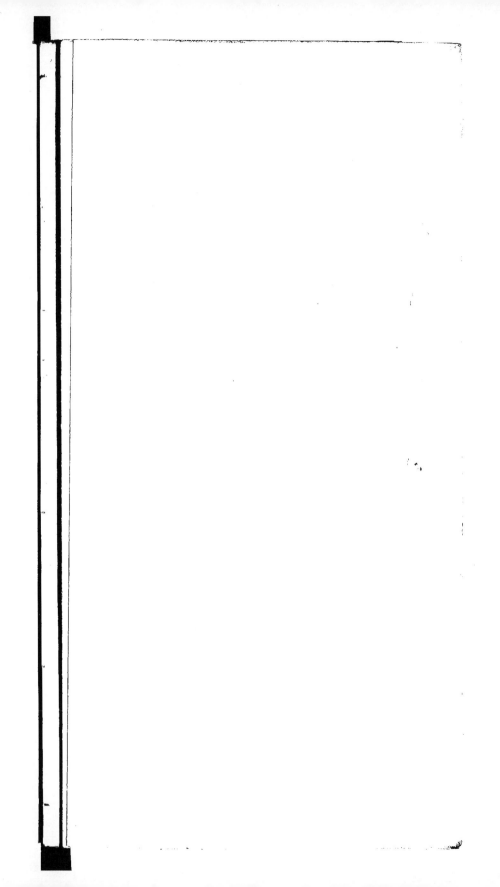

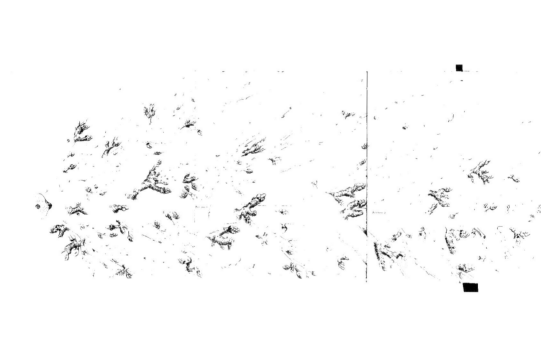

Imprimé en France
FROC031448061120
25664FR00020B/518